# REPARATUREN ZU HAUSE

Peter Birkholz ▪ Michael Bruns ▪ Karl-Gerhard Haas ▪ Hans-Jürgen Reinbold

Stiftung Warentest

# ZU DIESEM BUCH

Der Wasserhahn tropft nervtötend, eine verzogene Tür klemmt, nach einem geselligen Abend ist im Teppichboden ein hässliches Brandloch zurückgeblieben, ein überlasteter Regalträger reißt aus der Verankerung, das Bügeleisen streikt oder die Heizung bleibt kalt – solche Probleme gibt es im Haushalt immer wieder. „Reparaturen zu Hause" soll Sie in die Lage versetzen, sich in diesen Fällen selbst helfen zu können. In der Regel ist das gar nicht so schwer, auch wenn Sie kein begeisterter Heimwerker sind.

Mit der richtigen Werkzeug-Grundausstattung, dem nötigen Wissen in den wichtigsten Arbeitstechniken und den fotografierten Schritt-für-Schritt-Anleitungen in diesem Buch können Sie viele Probleme erfolgreich bewältigen – bis hin zu einfachen Umbaumaßnahmen, die den Wohnkomfort oder die Sicherheit verbessern. Auch wenn Sie eine Wohnung vor dem Auszug renovieren müssen, kann Ihnen dieses Handbuch wertvolle Dienste leisten.

Die Überschriften der Kapitel wurden so auf den Punkt gebracht, dass sie die schnelle Orientierung nach den gesuchten Begriffen ermöglichen. Anhand der Material- und Werkzeuglisten in jedem Kapitel kann man zunächst überprüfen, ob alle benötigten Hilfsmittel vorhanden sind: Nichts ist ärgerlicher, als wenn man – typischerweise am Samstagnachmittag oder Sonntag – feststellt, dass man die Arbeit unterbrechen muss, nur weil eine wichtige Kleinigkeit fehlt.

Jede Arbeitsanleitung ist in sich abgeschlossen. Um zu viele Wiederholungen zu vermeiden, wird bei Bedarf aber auf grundlegende Arbeitstechniken, verwandte Themen und zusätzliche Informationen verwiesen, die bei Fragen weiterhelfen können.

Es gibt Tipps und Empfehlungen, wie man bei der Anschaffung von Werkzeugen und Geräten solide Qualität erkennt und welche Funktionen die Arbeit wirklich erleichtern. Aktuelle Testergebnisse zu einzelnen Produktgruppen aus dem Heimwerkerbereich werden regelmäßig in den test-Heften veröffentlicht und sind über das Internet auf den Seiten der Stiftung Warentest www.test.de abrufbar.

Bevor Sie aber größere Sanierungs- oder Umbaumaßnahmen in Angriff nehmen, sollten Sie wissen, welche Instandhaltungsarbeiten Sache des Wohnungs- oder Hauseigentümers sind, welche Rechte und welche Pflichten Mieter haben. Auch die Frage der persönlichen Haftung bei selbst durchgeführten Reparaturen sollte geklärt sein, bevor man sich zum Beispiel an die Hauselektrik oder an Wasserleitungen wagt.
Generell gilt in diesen Bereichen:
Vorsicht ist die Mutter der Porzellankiste – die Sicherheit ist oberstes Gebot. Lieber einmal zu viel den Fachmann einschalten als einmal zu wenig. Arbeiten an Gasinstallationen wurden übrigens ganz bewusst ausgeklammert: Sie sind für Heimwerker tabu – hier muss grundsätzlich der ausgewiesene Fachmann ran. Nehmen Sie sich deshalb die Zeit, um das Kapitel „Verträge und Bestimmungen" in Ruhe durchzulesen.

Nun aber viel Erfolg!

# INHALTSVERZEICHNIS

## VERTRÄGE UND BESTIMMUNGEN



## DAS GRUNDWISSEN



## MÖBEL PFLEGEN UND REPARIEREN

## WAND UND BODEN



## TÜREN UND FENSTER

## ELEKTROGERÄTE UND ELEKTROINSTALLATION



## BAD UND KÜCHE

## HEIZUNG



## SERVICE

# VERTRÄGE UND BESTIMMUNGEN

# IN DER MIETWOHNUNG

Bevor es überhaupt ans Reparieren geht, stellt sich erst einmal die Frage: Muss der Mieter überhaupt selbst anpacken, oder ist das ganze Sache des Vermieters? Es lohnt also, einen Blick in den Mietvertrag zu werfen.

## KEINE ANGST VORM KLEINGEDRUCKTEN

Dort wird in der Regel beschrieben, welche Arbeiten der Mieter selbst ausführen muss. Meist sind das die Schönheitsreparaturen, also Streichen und Tapezieren, und dazu sogenannte Kleinreparaturen, also Kleinigkeiten, die – würde man einen Handwerker beauftragen – unter 100 Euro bleiben.

Nur: Was im Mietvertrag steht, ist nicht immer auch rechtswirksam. Oft führt der Vermieter dort Klauseln auf, die einer rechtlichen Überprüfung nicht standhalten. Sie gelten selbst dann nicht, wenn der Mieter sie eigenhändig unterschrieben hat. Wer wirklich wissen will, ob Mieter oder Vermieter für die Arbeiten zuständig sind, muss die aktuelle Rechtsprechung kennen.

Denn im Mietrecht gilt, wie auch sonst bei Alltagsgeschäften, „Vertragsautonomie“: Im Rahmen der gesetzlichen Vorschriften ist ein Vertrag frei verhandelbar. Die meisten Mietverträge sind jedoch als Formular bereits vorgedruckt und müssen nur noch ausgefüllt werden. Solche standardisierte Vordrucke stellen Allgemeine Geschäftsbedingungen dar, kurz: AGB. Wer ein solches Klauselwerk benutzt, will im Regelfall nicht mehr jede einzelne Position in Frage stellen. Von „frei verhandelbar“ kann also bei den meisten Mietverträgen keine Rede sein, zumal der Mieter bei der „Verhandlung“ auch noch am kürzeren Hebel sitzt: Meist kommen mehrere Mietinteressenten zur Besichtigung, auf der anderen Seite sind aber preisgünstige und attraktive Wohnungen eher selten zu finden. In der Praxis läuft es also nach der Methode: Entweder der Mieter unterschreibt den Vertrag so, wie es der Vermieter will, oder er bekommt die Wohnung nicht.

Wegen dieses Ungleichgewichts am Verhandlungstisch gelten für Allgemeine Geschäftsbedingungen strenge Regeln: Die AGB müssen ausgewogen sein, sie dürfen die Gegenseite nicht unangemessen benachteiligen. Sie müssen klar formuliert sein, in allgemein verständlicher Sprache und dürfen keine überraschenden Klauseln enthalten, mit denen niemand rechnen konnte. Falls eine Klausel nicht ganz eindeutig ist, gilt immer die Interpretation, die für den Mieter am vorteilhaftesten ist. Und schließlich darf das gefürchtete „Kleingedruckte“ nicht so klein und eng gedruckt sein, dass man es kaum lesen kann.

### ABKÜRZUNGEN

| | |
|---|---|
| **AG** | Amtsgericht |
| **Az.** | Aktenzeichen |
| **Bay OLG** | Bayerisches Oberlandesgericht |
| **BGB** | Bürgerliches Gesetzbuch |
| **BGH** | Bundesgerichtshof |
| **GG** | Grundgesetz |
| **LG** | Landgericht |
| **OLG** | Oberlandesgericht |
| **WEG** | Wohnungseigentumsgesetz |

Anders ist das Ganze, wenn es sich nicht um AGB handelt. Das würde zum Beispiel für die Klauseln in einem individuell ausgehandelten Vertrag gelten. Dann gelten die strengen Anforderungen des AGB-Rechts nicht, die Klauseln bleiben wirksam, auch wenn sie ungerecht sind, denn der Mieter konnte ja bei den Vertragsverhandlungen Einfluss darauf nehmen. Manche Vermieter versuchen sich daher damit zu retten, dass sie den Mieter einen handschriftlichen Zusatz unterschreiben lassen: „Dieser Vertrag wurde individuell ausgehandelt." oder indem sie keinen Vordruck verwenden, sondern den gesamten Vertrag handschriftlich aufsetzen. Das ändert aber nichts am AGB-Charakter, wenn der Vermieter ganz ähnliche Verträge schon zuvor „ausgehandelt" hat oder später auch mit anderen Mietern abschließt. Wenn der Vermieter einen Vordruck handschriftlich ergänzt, kann das nur als Individualvereinbarung durchgehen, wenn der Zusatz dem Text einen ganz anderen Sinn gibt.

## VIELE UNWIRKSAME KLAUSELN

Wegen dieser strengen Anforderungen weisen viele – wenn nicht die meisten – Verträge Klauseln auf, die unwirksam sind. Das heißt: Sie sind nicht rechtsgültig, sondern werden so behandelt, als seien sie nie abgeschlossen worden. Das gilt auch dann, wenn der Mieter den Vertrag unterschrieben hat. Auch eine an sich rechtsverbindliche Unterschrift ändert nichts daran, dass eine Klausel wie „Mündliche Absprachen gelten nicht" per se unwirksam ist. Was mündlich abgemacht wurde, hat sogar Vorrang. Das Problem ist nur, dass es schwer zu beweisen ist, wenn keine Zeugen zugegen waren.

### TIPP: SACHSTAND DOKUMENTIEREN

Um überflüssigen Streit zu vermeiden, sollten Sie

- vor dem Einzug Fotos vom Zustand der Wohnung machen,
- beim Einzug ebenso wie beim Auszug gemeinsam mit dem Vermieter ein Wohnungsübergabeprotokoll anfertigen, um den Zustand der Räume zu dokumentieren,
- fristgemäß, spätestens beim Auszug, alle Renovierungsarbeiten erledigen, bei denen die Fristen abgelaufen sind. Heben Sie (als Beweis) die Quittungen für das Material auf.

Unwirksam ist es beispielsweise, dem Mieter Kosten für Reparaturen aufzubürden, die er von Gesetzes wegen nicht tragen muss. So sollte in einem Fall der Mieter auf eigene Kosten nicht nur die Schönheitsreparaturen ausführen, sondern auch Licht- und Klingelanlage, Schlösser, Wasserhähne, Klosettspüler, Abflüsse, Öfen, Herde, Heizungs- und Kochgeräte, Boiler und anderes in „gebrauchsfähigem Zustand erhalten und zerbrochene Glasscheiben ersetzen" – mithin Reparaturen übernehmen, von denen die meisten ganz klar der Instandhaltungspflicht des Vermieters unterliegen. Das Bayerische Oberlandesgericht entschied, dass diese Pflichten nicht auf den Mieter abgewälzt werden können (BayOLG Az. RE-Miet 1/96, 1Z RE-Miet 1/96).

## HAUSORDNUNG: SO VIEL LÄRM IST ERLAUBT

Immer gerade dann, wenn man sich tagsüber mal für ein Stündchen aufs Ohr legen will, dröhnt irgendwo im Haus eine Bohrmaschine. Oder der Nachbar zimmert an seinem neuen Schrank. Und wenn um Mitternacht dann noch die Überbleibsel der Bastelei krachend durchs Treppenhaus in den Keller geschleppt werden, geht das auf die Nerven: Lärm macht krank.

Die Hausordnung regelt, was im Haus erlaubt ist und was gar nicht geht.

Dort stehen meist auch Hinweise zu Ruhezeiten, die von allen Nachbarn zu beachten sind. Zwar ist während der festgelegten Ruhezeiten nicht jedes Geräusch verboten, und empfindliche Menschen müssen auch manches störende Geräusch hinnehmen. Wer seine Bohrmaschine allerdings unbedingt während der Mittagsruhe oder nach 22 Uhr benutzen möchte, braucht sich nicht zu wundern, wenn der Nachbar sich darüber aufregt.

Es kann dem Hausfrieden dienen, wenn sich ein Mieter zunächst selbst bemüht, die Ursache des Lärms zu beseitigen. Aber das muss er nicht: Er kann vom Vermieter verlangen, dass der sich darum kümmert, den Lärm zu verhindern. Denn der Vermieter ist verpflichtet, die Wohnung in einem Zustand zu halten, der den „vertragsgemäßen Gebrauch" ermöglicht (Bürgerliches Gesetzbuch § 535). Andernfalls hat der Mieter das Recht zur Mietminderung (BGB § 536) – auch wegen Lärms, wie viele Urteile belegen.

Empfindlich reagieren Richter bei Radau während der Nachtstunden zwischen 22 und 6 Uhr. Als übliche Ruhezeiten gelten an Werktagen die Zeiten zwischen 13 und 15 Uhr sowie von 22 bis 7 Uhr. Doch beanstandet der BGH nicht, wenn die Ruhezeiten per Hausordnung auch auf 12 bis 14 Uhr sowie von 20 bis 8 Uhr ausgeweitet werden (BGH, Az. V ZB 11/98).

## TIPPS GEGEN DEN LÄRM

Wenn Sie sich von Ihren Nachbarn gestört fühlen, reden Sie mit ihnen darüber. Oft steckt hinter der Störung kein böser Wille, sondern eine falsche Einschätzung der Lautstärke oder einfach Gedankenlosigkeit.

- Setzen Sie sich bei fortwährender Lärmbelästigung mit Ihrem Vermieter in Verbindung. Er muss dafür sorgen, dass Sie Ihre Wohnung unbeeinträchtigt nutzen können.
- Falls gute Worte nicht helfen, sprechen Sie mit anderen Mietern über die Störungen und führen sie ein Lärmprotokoll. Vor Gericht zählt nur der Nachweis einer dauerhaften Beeinträchtigung durch Lärm. Nennen Sie Zeugen!
- Und zu guter Letzt: Denken Sie selbst bei der Anschaffung neuer Werkzeuge auch an die Nachbarn und kaufen Sie geräuscharme Geräte.

## EINBAUTEN: EINRICHTEN ERLAUBT

Oft ist die Wohnung nicht ganz so, wie es der Mieter gern hätte. Kleinere Umbauten, neue Fußböden, eine Einbauküche, ein Hochbett, neue Fronten für die Einbauküche oder der fest eingebaute Wandschrank an der falschen Stelle: Wer da selbst zur Werkzeugkiste greift, darf das nicht ohne Zustimmung des Vermieters tun. Alle Baumaßnahmen, die die Wohnung grundlegend verändern oder in die Bausubstanz eingreifen wie zum Beispiel ein Mauerdurchbruch, sind genehmigungspflichtig. Schließlich sind die Räume zwar gemietet, aber letzten Endes handelt es sich um fremdes Eigentum. Und nur weil die Miete pünktlich überwiesen wird, darf der Mieter nicht frei darüber verfügen.

Tut er es doch, kann das teuer werden. Der Vermieter kann verlangen, dass die Umbauten umgehend rückgängig gemacht werden. Weigert der Mieter sich, kann das sogar eine fristlose Kündigung nach sich ziehen. Allerdings muss der Vermieter sich damit beeilen: Wenn die Kündigung nicht spätestens zwei bis drei Monate, nachdem er den Rückbau verlangt und der Mieter nichts unternommen hat, eintrifft, lehnen viele Gerichte sie schon ab. Dann bleibt den Mietern zwar die Kündigung erspart, doch zurücknehmen müssen sie die Einbauten dennoch. Die viele Arbeit und das investierte Geld sind dann umsonst, hinzu kommen noch die Kosten für den Rückbau.

Die Genehmigungspflicht gilt vor allem für größere Arbeiten, zum Beispiel das Verlegen von Fliesen, das Verputzen von Wänden oder das Abziehen von Dielen. Das Kriterium dabei ist aber nicht, ob die Veränderungen beim Auszug wieder rückgängig gemacht werden können. Oft schreibt der Mietvertrag auch vor, dass Einbauten wie zum Beispiel eine Markise oder eine Trennwand in der Dusche nicht gemacht werden dürfen. Das ist rechtens, solche Arbeiten sind dann nur mit Genehmigung des Vermieters erlaubt. Bei Kleinigkeiten würde eine solches Verbot allerdings zu weit gehen. Zum Beispiel dürfen Mieter auf eigene Faust andere Schalter oder Steckdosen einsetzen, auch wenn das laut Mietvertrag genehmigungspflichtig sein soll.

**TIPP: EINBAUTEN**

Wenn Sie beim Einzug in eine neue Wohnung Einrichtungsgegenstände oder Einbauten übernehmen, die ein Vormieter eingebaut hat, halten Sie im Mietvertrag schriftlich fest, was damit bei Ihrem künftigen Auszug passiert!

## VERMIETER MUSS ZUSTIMMEN

Doch oft darf der Vermieter seine Zustimmung gar nicht verweigern. In vielen Fällen haben Gerichte entschie-

den, dass er sein Okay geben muss. So dürfen Mieter zum Beispiel eine Einbauküche installieren, wenn die Wohnung keine ordentliche Küche hat (Landgericht Konstanz, Az. 1 S 216/88). Ähnlich ist es, wenn eine Mieterin wegen ihrer Körperfülle mit der Badewanne nichts anfangen kann und deshalb eine Dusche eingebaut werden muss (Amtsgericht Hamburg, Az. 40a C 1309/94).

Diese Zustimmungspflicht bezieht sich aber eher auf Notwendigkeiten. Geht es hingegen nur darum, dem Mieter das Leben zu erleichtern, darf der Vermieter ablehnen. „Grundsätzlich hat der Mieter keinen Anspruch auf Zustimmung zum Einbau einer Innentoilette“, entschied das Landgericht Berlin (Az. 61 S 384/98). Das Amtsgericht Tiergarten urteilte gar, dass der Vermieter fristlos kündigen darf, wenn der Mieter ohne Genehmigung Dusche, Handwaschbecken und Toilettenschüssel einbaut und dies trotz Abmahnung nicht rückgängig macht (Az. 2 C 394/98).

## „SCHANDFLECK" SATELLITENSCHÜSSEL

**Für Auseinandersetzungen** sorgt häufig der Wunsch des Mieters, eine Satellitenschüssel anzubringen. Viele Vermieter sehen das nicht gern, weil dies das äußere Erscheinungsbild der Fassade beeinträchtigt und sie deswegen auch Ärger von anderen Wohnungseigentümern bekommen können. Das Oberlandesgericht Frankfurt legte fünf Voraussetzungen fest, um vom Vermieter – auch gegen seinen Willen – die Erlaubnis zum Aufstellen einer Satellitenschüssel zu erwirken (Az. RE Miet 1/91):

- Das Haus hat weder eine gemeinschaftliche Satellitenanlage noch einen nutzbaren Kabelanschluss.
- Die Anlage muss fachmännisch installiert werden.
- Sie muss baurechtlich zulässig sein.
- Sie muss möglichst unauffällig an einem für den Empfang der Programme tauglichen Ort aufgebaut werden.
- Dem Vermieter dürfen keine Kosten entstehen.

**Die Installation der Parabolantenne** am Gebäude muss dann mit dem Vermieter abgesprochen werden, um eine geeignete Montageweise zu finden (LG Stuttgart, Az. 6 S 553/97). Bohrt der Mieter ohne Zustimmung des Hausbesitzers zur Kabelführung einfach ein Loch in den Fensterrahmen, beschädigt er damit dessen Eigentum und macht sich schadenersatzpflichtig. Und auch bei Satellitenschüsseln gilt: Der Mieter muss beim Auszug den ursprünglichen Zustand wieder herstellen, also die Antenne entfernen.

## KLEINE ÄNDERUNGEN ERLAUBT

Lediglich über Kleinigkeiten darf der Mieter frei entscheiden. Natürlich darf er die Wohnung nach seinem Geschmack einrichten, die Wände streichen oder tapezieren. Allerdings ist die Verwirklichung des eigenen Geschmacks nur erlaubt, soweit es nicht genehmigungsbedürftige Umbauten betrifft. So darf der Mieter nicht einfach eine vom Vermieter gestellte Küche auswechseln. „Der Mieter hat nur ausnahmsweise Anspruch darauf, anstelle der vermieteten Einbauküche eigene Möbel einzubringen", entschied das Landgericht Berlin (Az. 62 S 115/96).

Kleinere Ausstattungen, die dem normalen Wohnen dienen, dürfen Mieter ohne Zustimmung des Vermieters anbringen, zum Beispiel eine Wandvertäfelung, andere Bodenbeläge, ein Hochbett oder Podest oder auch einen Wandschrank. Auch Styroporplatten an den Decken und Plastikfolien auf Türen und Türrahmen sind erlaubt, wenn sie keine irreparablen Schäden an Holz oder Lackierung anrichten (Amtsgericht Tempelhof-Kreuzberg, Az. 19 C 39/01). Auch darf der Mieter Zimmertüren aushängen und Einbauschränke vorübergehend entfernen (Landgericht Berlin, Az. 67 S 351/94). Das Amtsgericht Hamburg meinte gar, dass „die Verlegung eines Laminat-Fußbodens, die mit der Kürzung der Zimmertüren einhergeht, vom vertragsgemäßen Gebrauch der Mietwohnung gedeckt" sei (Az. 39 AC 114/98).

Wenig Sorgen müssen sich Mieter machen, die das Chaos lieben – oder es schlechterdings nicht in den Griff bekommen: Während der Mietzeit ist der Vermieter „grundsätzlich nicht berechtigt, dem Mieter vorzuschreiben, wie dessen Wohnung auszusehen hat und was dort aufbewahrt werden darf, solange seine Eigentumsrechte nicht beeinträchtigt werden", stellte das Amtsgericht Dieburg klar (Az. 21 C 93/92).

Auch wenn die Genehmigung des Vermieters vorliegt, müssen Mieter bei ihren Arbeiten dafür sorgen, dass sie unnötige Beeinträchtigungen vermeiden und möglichst keine Schäden an Wänden, Decken, Fußböden oder zum Beispiel Fliesen anrichten. Wenn festgestellt wird, dass Löcher im Rahmen von Kunststofffenstern nicht repariert werden können, kann dem Mieter die Rechnung für ein neues Fenster inklusive Montage aufgebrummt werden.

### DÜBELLÖCHER OHNE ENDE?

**Standardausstattung:** In die Wände zu bohren, ist grundsätzlich erlaubt – und wenn es sein muss, in einem Badezimmer sogar bis zu 32 Löcher, meinte das Landgericht Hamburg. Im konkreten Fall waren die Bohrlöcher Voraussetzung, um das Bad überhaupt nutzen zu können: Bis dahin fehlten Halterungen für Spiegel, Spiegelkonsole und Lampen, Handtücher, Zahnputzgläser, Seifenschale, Klopapierrolle, Klobürste, Duschstange sowie ein Haltegriff für die Badewanne. Alles Dinge, die üblicherweise zur Ausstattung eines Bades gehören (Az. 307 S 50/01).

**Normaler Gebrauch:** Dübellöcher im „verkehrsüblichen Umfang" gehören zum vertragsgemäßen Gebrauch einer Mietwohnung, unterstrich das Landgericht Berlin (Az. 64 S 269/93). Das Durchbohren der Badezimmertür zum Anbringen von Kleiderhaken fällt aber nicht darunter (Amtsgericht Kassel, Az. 451 C 721/95).

## BODENBELÄGE

Wird die Wohnung ohne Bodenbelag vermietet, darf der Mieter selbst einen verlegen. Den muss er allerdings bei seinem Auszug wieder entfernen, wobei keine Klebereste zurückbleiben dürfen (LG Köln, Az. 1 C 45/77). Wurde der Fußboden vom vorherigen Mieter verlegt, gilt er als mitvermietet, wenn im Mietvertrag nicht etwas anderes steht. In dem Fall muss der Mieter den Bodenbelag nicht entfernen, wenn er auszieht (LG Mainz 3 S 4/96).

## EINBAUTEN BEIM AUSZUG ENTFERNEN

Beim Auszug muss der Mieter den ursprünglichen Zustand der Wohnung wiederherstellen. Er hat nicht nur ein Wegnahmerecht, sondern sogar eine Wegnahmepflicht und muss alle Gegenstände und Einbauten, die er in die Wohnung gebracht hat, auf seine Kosten entfernen, sofern mit dem Vermieter nichts anderes vereinbart wurde. Der Vermieter ist zur Übernahme selbst dann nicht verpflichtet, wenn er dem Einbau zuvor zugestimmt hat.

Deshalb darf der Vermieter beim Ein- oder Umbau als Gegenleistung für seine Zustimmung eine zusätzliche Sicherheitszahlung verlangen, damit er nicht auf den Kosten für den Rückbau sitzen bleibt, falls der Mieter seinen Pflichten nicht nachkommt.

Wer glaubt, beim Auszug vom Vermieter für zurückgelassene Einbauten eine Ablösesumme verlangen zu können, der irrt. Wenn aber der Vermieter darauf besteht, dass die Einrichtung in der Wohnung bleibt oder dies vertraglich vereinbart worden ist, besteht ein Anspruch auf finanziellen Ausgleich.

## AUSNAHMEN VON DER WEGNAHMEPFLICHT

Von der Wegnahmepflicht gibt es Ausnahmen. Haben zum Beispiel Ausbauarbeiten eines Mieters zur Wertverbesserung des Hauses geführt, so ist der Mieter nicht verpflichtet, die Wohnung bei Ende des Vertrags in einen schlechteren Zustand zurückzuversetzen, entschied in einem Fall das Landgericht Hamburg. Der Mieter hatte in Bad und Küche dauerhafte Einrichtungen geschaffen, die auch über dessen Mietzeit hinaus nutzbar blieben (Az. 16 S 230/86). Ähnliches gilt, wenn der Aufwand für eine Wiederherstellung des ursprünglichen Zustands verlorene Mühe wäre, beispielsweise, wenn die Räume nach dem Auszug des Mieters ohnehin umgebaut oder modernisiert werden sollen (BGH, Az. VIII ZR 231/84).

Die Pflicht zum Rückbau gilt auch dann nicht, wenn die Veränderungen ohnehin notwendig waren und der Vermieter seine Zustimmung sowieso hätte geben müssen, zum Beispiel wenn ein alter, defekter Kühlschrank gegen ein neues, effizienteres Gerät ersetzt wurde.

Ähnlich ist es, wenn die Wohnung erst durch die Umbauten in einen vertragsgemäßen Zustand kam oder wenn der Vermieter nach dem Auszug die Wohnung so umbauen möchte, dass die Einbauten des Mieters ohnehin herausgenommen werden müssen. Er darf dann auch kein Geld verlangen für den Aufwand, den der Mieter durch den unnötig gewordenen Rückbau einspart (Bundesgerichtshof, Az. VIII ZR 231/84).

Mieter sollten deshalb vor Umbauten mit dem Vermieter eine Vereinbarung treffen: ob die Arbeiten rückgängig gemacht werden müssen, ob eventuell der Nachmieter sie zu übernehmen hat, ob und in welcher Höhe er sich dann zu den ursprünglichen Kosten beteiligen soll, oder ob der Vermieter Wertersatz leistet.

Auf jeden Fall sollten Mieter und Vermieter vor und nach dem Umbau den Zustand der Wohnung gründlich dokumentieren, am besten mit Hilfe von Fotos.

## SONDERREGELN FÜR BEHINDERTE

Etwas anders ist die Lage, wenn der Mieter eine Behinderung hat und Umbauten notwendig sind, damit er nicht aus seiner Wohnung ausziehen und womöglich in ein Heim umsiedeln muss. Oft reicht es nicht, unpraktische Möbel durch behindertengerechte zu ersetzen, Stolperfallen zu beseitigen und die Nutzung der einzelnen Zimmer neu zu ordnen oder die Wohnung mit kleinen Hilfsmitteln auszustatten.

Einfache Maßnahmen wie Haltegriffe an den Wänden von Flur und Bad, Einstiegshilfen für die Badewanne, rutschsichere kleine Rampen an Türschwellen für Rollstuhlfahrer oder das Verkleben von rutschsicherer Auslegware bedürfen keiner Zustimmung des Vermieters.

Genehmigungspflichtig sind hingegen beispielsweise das Entfernen von Türschwellen, das Verbreitern von Türen, das Beseitigen der Duschtasse zu Gunsten einer ebenerdigen Dusche, aber auch das Entfernen der Badewanne, selbst wenn stattdessen eine Dusche eingebaut wird.

Immerhin ist das Recht auf barrierefreies Wohnen gesetzlich festgelegt in Paragraf 554 a Bürgerliches Gesetzbuch: „Der Mieter kann vom Vermieter die Zustimmung zu baulichen Veränderungen oder sonstigen Einrichtungen verlangen, die für eine behindertengerechte Nutzung der Mietsache erforderlich sind." Das gilt auch, wenn im Mietvertrag vereinbart wurde, dass der Mieter auf dieses Recht verzichtet.

Allerdings darf der Vermieter eine zusätzliche Kautionszahlung verlangen, damit für ihn sicher gestellt ist, dass der ursprüngliche Zustand der Wohnung wieder hergestellt werden kann.

Sind Mieter in ihrer körperlichen Beweglichkeit dauerhaft eingeschränkt, können sie demnach bei berechtigtem Interesse die Zustimmung des Vermieters zu baulichen Veränderungen in der Wohnung verlangen. Bezahlen muss der Mieter den Umbau aber selber.

## RÜCKBAU MIT EINKALKULIEREN

Schon beim Umbau sollten Mieter an den späteren Rückbau denken. Denn wer sich entscheidet, zu seinen Kindern oder in ein Pflegeheim zu ziehen, muss in der Regel alle Maßnahmen rückgängig machen. Oft ist der Rückbau sogar teurer als der vorherige Umbau. Das passgerechte Erneuern von Türschwellen kostet eben mehr als sie herauszuschlagen. Der Mieter darf zwar dabei all seine Einrichtungsgegenstände ausbauen und ebenso mitnehmen wie seine Möbel, doch auch ein Behinderter muss auf eigene Kosten den Zustand wiederherstellen, der vor seinen Umbauten bestand – es sei denn, er hat mit dem Vermieter vorher schriftlich etwas anderes vereinbart.

Es empfiehlt sich also, vor aufwendigen Investitionen mit dem Eigentümer einen schriftlichen Vertrag abzuschließen, in dem er sich zum Beispiel bereit erklärt, von ihm genehmigte Umbauten beim Auszug des Mieters zu übernehmen. Darin kann auch festgehalten werden, dass der Mieter einen geeigneten Nachmieter stellen darf, der die Einrichtung übernimmt.

## ANSPRÜCHE DES VERMIETERS AUF REPARATUREN

Beschädigt der Mieter Eigentum des Vermieters, muss er es natürlich ersetzen oder reparieren. Wenn die Schäden aber beispielsweise als Abnutzung durch den normalen Wohngebrauch entstehen, kann der Vermieter die Reparaturkosten nicht auf den Mieter abwälzen.

## KLEINREPARATUREN: NUR BEI VERTRAGLICHER VEREINBARUNG

Die Instandhaltung einer Wohnung obliegt grundsätzlich dem Vermieter (§ 535 BGB). Gleichwohl kann der Mieter verpflichtet werden, sich um Bagatellen selbst zu kümmern. Der Streit beider Vertragsparteien um solche vermeintlichen Kleinigkeiten hat sogar schon den Bundesgerichtshof beschäftigt (BGH, Az. VIII ZR 38/90 und Az. VIII ZR 91/88). Seinem Urteil zufolge durften Bagatellreparaturen im Einzelfall damals höchstens 100 Mark kosten. Die Oberlandesgerichte Hamburg und München hielten auch noch Kosten von 150 Mark pro Reparatur für zulässig (Az. 5 U 135/90 und Az. 29 U 6529/90).

Heute dürfte diese Grenze eher bei etwa 100 Euro anzusetzen sein. Sie gilt aber nur, wenn der Mietvertrag eine Höchstgrenze für die vom Mieter zu tragenden Kosten zur Beseitigung von Bagatellschäden nennt: Eine Gesamtsumme von maximal 300 Euro pro Jahr dürfte gerade noch zulässig sein. Steht davon nichts im Vertrag, ist die gesamte Klausel über Kleinreparaturen unwirksam, und der Mieter muss nichts zahlen.

## NUR TEILE, AUF DIE MIETER ZUGRIFF HABEN

Außerdem darf sich die Vereinbarung nur auf die Teile der Wohnung beziehen, die dem direkten und häufigen Zugriff des Mieters ausgesetzt sind, beispielsweise Durchlauferhitzer, Therme, Herd oder Einbauküche, auch Jalousien, Fenster und Türverschlüsse – nicht aber auf Sachen, auf die er gar keinen Einfluss hat wie beispielsweise die Leitungen für Gas, Wasser oder Strom.

Voraussetzung ist in jedem Fall, dass im Mietvertrag der Umgang mit Bagatellschäden ausdrücklich festgelegt ist, und zwar sowohl die Kostenobergrenze für eine Einzelmaßnahme als auch die maximal zulässige Gesamtsumme, die innerhalb eines festgelegten Zeitraums zur Beseitigung von Bagatellschäden aufzubringen ist.

Die Zweite Berechnungsverordnung prägt dabei den Begriff der „kleinen Instandhaltung“. Demnach umfassen die kleinen Instandhaltungen „nur das Beheben kleiner Schäden an den Installationsgegenständen für Elektrizität, Wasser und Gas, den Heiz- und Kocheinrichtungen, den Fenster- und Türverschlüssen sowie den Verschlussvorrichtungen von Fensterläden“.

Unwirksam wäre deshalb, dass komplette Schließanlagen oder auch Außenscheiben zu ersetzen sind, da beides nicht dem alleinigen Zugriff des Mieters unterliegt (vorausgesetzt natürlich, der Mieter hat die Schäden nicht selbst verursacht). Oder wenn der Mieter für die Reinigung eines verstopften Hauptabwasserrohrs aufkommen soll: Die Verstopfung muss nicht zwingend mit der Nutzung des Rohrsystems durch den einzelnen Mieter zu tun haben (LG Berlin, Az. 26 O 179/92). Es handele sich damit um eine unzulässige Überbürdung der Instandhaltungs- und Instandsetzungspflicht des Vermieters auf den Mieter.

Und: Auf den Mieter abgewälzt werden dürfen nur die Kosten einer Reparatur, nicht deren Durchführung. Klauseln im Mietvertrag, wonach der Mieter selbst tätig werden muss – Handwerker beauftragen oder Beseitigen der Schäden in Eigenarbeit –, sind unwirksam. Als Mieter sollte man sich unter Kostenaspekten aber sehr wohl überlegen, ob man den Austausch einer Dichtung bei einem tropfenden Wasserhahn eventuell doch selbst erledigt.

## SCHÖNHEITSREPARATUREN

„Die Wohnung ist vom Mieter zu renovieren: Küche und Bad alle drei Jahre, Wohnräume und Flure alle fünf Jahre, Nebenräume alle sieben Jahre“. So steht es seit Jahren in Millionen Mietverträgen. Und viele Mieter haben ein schlechtes Gewissen, wenn sie nicht in regelmäßigen Abständen zu Pinsel und Farbe greifen

Das müssen sie aber nicht. Denn die Klausel ist unwirksam – auch wenn Vermieter und Mieter sie seit Jahren so in Mietverträgen vereinbaren und unterschreiben. Seit einigen Jahren kippen die Gerichte – allen voran der Bundesgerichtshof – solche Regelungen (zum Beispiel BGH, Az. VIII ZR 308/02). Der Grund ist simpel: Starre Fristenpläne nehmen keinerlei Rücksicht darauf, wie die Wohnung in Wirklichkeit aussieht. Wären die oben genannten Fristen gültig, müsste zum Beispiel jemand, der die Räume nur als Zweitwohnung wenige Tage im Monat nutzt, alle drei Jahre die Küche streichen, obwohl sie womöglich noch in perfektem Zustand ist und jeder Neuanstrich vollkommen überflüssig wäre.

Experten schätzen, dass etwa jeder zweite Mietvertrag unwirksame Renovierungsklauseln enthält. „Bei Verträgen, die vor dem Jahr 2002 abgeschlossen wurden, dürften es sogar 80 Prozent sein", vermutet Ulrich Ropertz, Sprecher des Deutschen Mieterbunds. Die Folgen könnten für Mieter kaum besser sein: Sie brauchen überhaupt nicht zu renovieren, stattdessen ist der Vermieter dran. Denn das Bürgerliche Gesetzbuch sieht vor, dass jemand, der gegen Geld eine Sache vermietet, auch dafür sorgen muss, dass diese Sache in Ordnung ist. Sprich: Wer eine Wohnung vermietet, muss sie in einem Zustand halten, der allgemein als gebrauchstauglich gilt.

## KLAUSEL NULL UND NICHTIG

Die sogenannten Schönheitsreparaturen sind also Sache des Vermieters. Zwar ist es erlaubt, wenn er das Anstreichen und Tapezieren auf den Mieter abwälzt. Aber das geht nur in engen Grenzen. Werden die verletzt, ist die entsprechende Klausel null und nichtig – und „Null" heißt: Im Vertrag steht im Grunde nichts zum Thema Schönheitsreparaturen. Logischerweise gilt dann die Regelung, die im Gesetz steht: Der Vermieter muss renovieren, und zwar auf eigene Kosten. Wenn die Farbe blättert und die Tapeten abgewetzt sind, kann der Mieter also den Vermieter auffordern, endlich die Wohnung zu reparieren und in vertragsgemäßen Zustand zu bringen. Reagiert der nicht, darf er die Miete kürzen.

Wann genau der Vermieter renovieren muss, hängt vom Einzelfall ab. Da kommt es auf den aktuellen Zustand der jeweiligen Wohnung an. Als Faustregel kann gelten: Sind die üblichen Fristen abgelaufen, spricht der „Beweis des ersten Anscheins" dafür, dass der Vermieter ran muss. Ist er anderer Meinung, muss er darlegen, warum die Renovierung noch nicht nötig ist. Der Mieter kann abwarten, ob ihm dieser Nachweis gelingt.

Bei alledem kommt es aber entscheidend darauf an, ob die im Vertrag genannten Renovierungsfristen „starr" sind. Das ist bei der eingangs genannten Klausel der Fall, denn sie lässt ihrem Wortlaut nach keine Ausnahmen zu. Ebenso ist es, wenn im Vertrag „spätestens alle fünf Jahre" oder „mindestens" steht. Wenn es dort aber heißt: „Die Räume sind im Regelfall alle fünf Jahre zu renovieren", wäre die Klausel zulässig. Denn dann kann der Mieter auch später streichen, wenn die Räume soweit noch in Ordnung sind. Ähnlich ist es, wenn die Fristen durch Zusätze wie „im Allgemeinen", „in der Regel" oder „meist" relativiert werden. Auch die Formulierung, nach der Mieter „in der Regel spätestens" nach Plan renovieren sollen, lässt genug Spielraum (BGH, Az. VIII ZR 351/04).

## VIELE STOLPERFALLEN BEI RENOVIERUNGSKLAUSELN

Darüber hinaus hat der Bundesgerichtshof zahlreiche weitere Stolperfallen bei Renovierungsklauseln aufgedeckt. So ist zum Beispiel die Pflicht zur Renovierung bei Einzug unwirksam. Das wäre nur ausnahmsweise erlaubt, wenn der Mieter als Ausgleich eine angemessene Gegenleistung erhält, also zum Beispiel einige Monate mietfrei wohnen darf.

Was gar nicht geht, ist den Mieter zu verpflichten, Türen und Fenster von außen zu streichen. Deshalb hat der BGH folgende Klausel gekippt: „Der Mieter hat auszuführen: Tapezieren, Streichen der Wände und Decken, der Heizkörper sowie der Türen und Fenster." (Az. VIII ZR 210/08). Denn bei genauem Hinsehen umfasst sie auch den Außenanstrich. Damit ist die komplette Klausel unwirksam, und der Mieter muss gar nichts machen.

Unwirksam sind auch Versuche, dem Mieter vorzuschreiben, wie er während der Mietzeit zu renovieren hat. Der Bundesgerichtshof hat entschieden, dass die Art der Schönheitsreparaturen während der Laufzeit des Mietvertrags allein Sache des Mieters ist (Az. VIII ZR 166/08). Eine Renovierungsklausel, die bestimmte farbliche Anforderungen enthält, ist unwirksam, weil sie den Mieter in der Gestaltung seines persönlichen Lebensbereichs eingeschränkt. Das gilt zum Beispiel für eine Klausel, die den Anstrich in „neutralen, hellen, deckenden Farben und Tapeten" verlangt (Az. VIII ZR 224/07). Die Folge: Damit ist die gesamte Regelung zu Schönheitsreparaturen unwirksam und der Vermieter muss selber auf seine Kosten regelmäßig renovieren.

## RENOVIERUNG BEI AUSZUG

Etwas anders ist es beim Auszug: Da dürfen Vermieter verlangen, dass die Wohnung nicht in abenteuerlichen Farben gestrichen oder tapeziert wird. Denn sie haben ein berechtigtes Interesse, die Wohnung so zurückzuerhalten, dass sie von vielen Interessenten akzeptiert wird (BGH, Az. VIII ZR 224/07). Im vorliegenden Fall sah der Vertrag jedoch vor, dass die Räume alle drei beziehungsweise fünf Jahre „in neutralen Farbtönen" gestrichen werden müssen. Da das nicht erlaubt ist, war die komplette Schönheitsreparaturklausel unwirksam, und der Mieter musste gar nicht renovieren, auch nicht beim Auszug.

Trotz seines berechtigten Interesses darf der Vermieter aber nicht bestimmte Farben wie zum Beispiel Weiß für den Auszug vorschreiben. Vielmehr darf der Mieter die Wohnung in den von ihm gewählten Farben und

Tapeten hinterlassen – wenn die nicht völlig ungewöhnlich sind. Eine hellblau marmorierte Flurtapete sei keinesfalls exzentrisch, urteilte zum Beispiel das Landgericht Lübeck (Az. 14 S 221/00)

Nicht in Ordnung sind auch Klauseln, nach denen Mieter bei Auszug renovieren müssen, ohne dass ihre Renovierungsarbeiten während der Mietzeit berücksichtigt werden. So kann der Vermieter den Mieter nicht verpflichten, beim Auszug die Tapeten zu entfernen (Az. VIII ZR 152/05). Denn eine solche Klausel würde bedeuten, dass Mieter auch Tapeten entfernen müssen, die sie erst wenige Wochen vorher angebracht haben. Damit kippt auch hier die komplette Schönheitsreparaturklausel.

Dasselbe gilt für die pauschale Klausel „Die Wohnung ist renoviert zurückzugeben". Sie ist unwirksam, weil sie auch dann gelten würde, wenn die Wohnung bei Einzug frisch renoviert war. Die Formulierung erweckt den Eindruck, die Mieter müssten auf jeden Fall renovieren, auch wenn sie nur ganz kurz dort wohnten. In Wahrheit müsse aber nur gestrichen und tapeziert werden, wenn „nach dem Abnutzungsstand hierfür ein Bedürfnis besteht", entschied der Bundesgerichtshof. (Az VIII ZR 316/06).

Deshalb kippten die Richter auch noch folgende Klausel: „Sind bei Mietende Renovierungen noch nicht fällig, zahlt der Mieter anteilig 20, 40, 60 oder 80 Prozent, wenn die letzten Schönheitsreparaturen ein, zwei, drei oder vier Jahre zurückliegen." Auch diese sogenannte Quotenklausel lässt den tatsächlichen Zustand der Wohnung unberücksichtigt (Az. VIII ZR 247/05).

### UNZULÄSSIGE MIETERHÖHUNG

**Viele Vermieter,** die feststellen, dass sie unwirksame Klauseln verwendet haben, versuchen im Nachhinein, aus der Sache wieder herauszukommen; zum Beispiel, indem sie mit einer Mieterhöhung drohen, wenn der Mieter nicht freiwillig renoviert oder eine neue Vereinbarung zu Schönheitsreparaturen unterschreibt.

**Das ist nicht erlaubt:** Der BGH hat klargestellt, dass eine Mieterhöhung speziell wegen der Renovierung unzulässig ist (Az. VIII ZR 181/07). Denn das würde einen Zuschlag zur ortsüblichen Vergleichsmiete bedeuten, und der sei gesetzlich nicht vorgesehen. „Das Risiko der Unwirksamkeit von Formularklauseln hat derjenige zu tragen, der solche Klauseln verwendet", schrieben die Richter.

### BEISPIELE FÜR UNWIRKSAME KLAUSELN:

- „Die Mieträume sind bei Auszug sauber in fachmännisch renoviertem Zustand zurückzugeben". Grund: Der Mietvertrag sah ebenfalls vor, dass der Mieter während der Mietzeit renoviert. Dann noch zusätzlich bei Auszug malern zu müssen, wäre eine unangemessene Doppelbelastung (BGH, Az. VIII ZR 308/02).
- „Schönheitsreparaturen sind fachgerecht auszuführen. Der Mieter darf nur mit Zustimmung des Wohnungsunternehmens von der bisherigen Ausführungsart abweichen." Grund: Das versteht der Durchschnittsmieter so, dass er auch während der Mietzeit nicht von den vorgegebenen Farben abweichen darf (BGH, Az. VIII ZR 199/06).
- „Insbesondere hat der Mieter bei seinem Auszug die Räume zu reinigen, die von ihm angebrachten oder vom Vormieter übernommenen Bodenbeläge sowie Wand- und Deckentapeten zu beseitigen." Grund: Die Erneuerung des Bodenbelags ist allein Sache des Vermieters. Dies kann nicht auf den Mieter abgewälzt werden (Az. VIII ZR 152/05).

- „Der Mieter ist insbesondere verpflichtet, auf seine Kosten die Schönheitsreparaturen wenn erforderlich, mindestens aber in der nachstehenden Zeitfolge fachgerecht auszuführen: bei Küche, Bad und Toiletten zwei Jahre, bei allen übrigen Räumen fünf Jahre.“ Grund: Die Fristen sind starr (Az. VIII ZR 361/03).

### TIPP: GELD ZURÜCK VOM VERMIETER

Sogar Mieter, die ihre Wohnung schon gestrichen haben, profitieren von unwirksamen Klauseln. Sie können Kostenersatz verlangen, wenn sie renoviert haben, ohne dazu verpflichtet zu sein (BGH, Az. VIII ZR 302/07).
Ein Mieter hatte beim Auszug renoviert, obwohl er das mangels wirksamer Klausel nicht musste. Als er das merkte, verlangte er die Erstattung seiner Kosten vom Ex-Vermieter und bekam Recht. Der Vermieter muss dann die „übliche“ Vergütung zahlen. Hat der Mieter die Sache mit Freunden erledigt, darf er neben den Materialkosten das fordern, was er für die Hilfe hätte zahlen müssen. Auch eine Vergütung für den Einsatz seiner Freizeit kann er verlangen.
Hat der Vermieter die Klausel zu Schönheitsreparaturen so formuliert, dass der Mieter nicht an starre Fristen gebunden ist, sondern je nach Abnutzungszustand der Wohnung zu Pinsel und Farbe greifen soll, ist das zulässig. Dann muss der Mieter tatsächlich selber ran.

- „Der Mieter ist verpflichtet, die Ausführung der Schönheitsreparaturen in Küchen, Baderäumen und Duschen alle drei Jahre, in Wohn- und Schlafräumen, Fluren, Dielen und Toiletten alle fünf Jahre und in anderen Nebenräumen alle sieben Jahre durchzuführen, soweit nicht nach dem Grad der Abnutzung eine frühere Ausführung erforderlich ist.“ Grund: Zu starre Fristen, da wohl eine Verkürzung, nicht aber eine Verlängerung der Zeiträume vorgesehen ist (Az. VIII ZR 360/03).
- „Der Mieter ist verpflichtet, die während der Dauer des Mietverhältnisses notwendig werdenden Schönheitsreparaturen ordnungsgemäß auszuführen. Auf die üblichen Fristen wird insoweit Bezug genommen (Küchen/Bäder 3 Jahre, Wohn- und Schlafräume 4 bis 5 Jahre, Fenster/Türen/Heizkörper 6 Jahre).“ Grund: Zu starre Fristen. Die Regelung könnte wirksam sein, wenn der Vertrag dem Mieter an anderer Stelle das Recht einräumt, von diesen Fristen abzuweichen, wenn der Zustand der Wohnung es rechtfertigt (BGH, Az. VIII ZR 106/05 und VIII ZR 152/05).
- „Die Schönheitsreparaturen umfassen das Weißen der Decken und Oberwände.“ Mit „Weißen“ könnte einfach nur Anstreichen gemeint sein – aber ein Mieter könnte es auch so verstehen, dass weiß gestrichen werden muss. Hier greift die grundsätzliche Regelung, die für alle Allgemeinen Geschäftsbedingungen gilt: Kann eine Klausel in mehrdeutiger Weise verstanden werden, wird sie gemäß § 305 c Abs. 2 BGB so ausgelegt, wie es für den Kunden – hier: den Mieter – am günstigsten ist. Und der fährt natürlich am besten, wenn die Klausel unwirksam ist. Das ist der Fall, wenn „Weißen“ die Farbe „Weiß“ meint (BGH, Az. VIII ZR 344/08).

## QUOTENKLAUSELN

Wichtig ist das vor allem beim Auszug. Denn in vielen Mietverträgen steht eine sogenannte Quotenklausel. Sie legt üblicherweise fest, dass der Mieter auf Basis eines Kostenvoranschlags vom Vermieter die Kosten einer Renovierung anteilig zu zahlen hat, je nachdem, wie lange der letzte Anstrich zurück liegt:

- bei einem Jahr meist 20 Prozent,
- bei zwei Jahren 40 Prozent,
- bei drei Jahren 60 Prozent,
- bei vier Jahren 80 Prozent.

Doch auch solche Quotenklauseln sind häufig unwirksam. Das gilt immer, wenn die Schönheitsreparaturklausel an sich schon unwirksam ist. Darüber hinaus müssen die Fristen und Prozentsätze sich an den üblichen Renovierungsfristen orientieren, also keinesfalls kürzere Zeiträume benennen. Außerdem muss die Regelung dem Mieter die Möglichkeit lassen nachzuweisen, dass die Kosten niedriger sind als vom Vermieter veranschlagt. Der Kostenvoranschlag des Vermieters darf also nicht für verbindlich erklärt werden. Ferner muss die Klausel ausdrücklich vorsehen, dass der Mieter auch selber zu Pinsel und Farbe greifen darf statt zu zahlen.

Im Übrigen muss der Vertrag deutlich machen, dass die genannten Zeiträume nicht starr sind, sondern dass sich Kostentragungspflicht nach dem jeweiligen Zustand der Wohnung richtet (Bundesgerichtshof, Az. VIII ZR 52/06). Das ist zum Beispiel der Fall, wenn die Klausel Formulierungen wie „in der Regel" oder „normalerweise" oder „im Allgemeinen" enthält.

Außerdem muss die Abgeltungsklausel verständlich und klar sein. Steht dort zum Beispiel, dass der Mieter bei Beendigung des Mietverhältnisses zur Zahlung einer „zeitanteiligen Entschädigung angelaufener Renovierungsintervalle" verpflichtet sein soll, ist das klar genug (BGH, Az. VIII ZR 95/07).

## TIPP: HILFE BEI SCHÖNHEITSREPARATUREN

Wenn Sozialhilfeempfänger laut Mietvertrag zu Schönheitsreparaturen verpflichtet sind, können sie die Kosten dafür zusätzlich vom Staat verlangen. Nach einem Urteil des Sozialgerichts Düsseldorf reicht der vom Gesetzgeber im Sozialhilfe-Regelsatz enthaltene geringe Betrag für Reparaturkosten bei weitem nicht aus, auch wenn der Mieter die Arbeiten selbst ausführt. Sozialhilfeempfängern, die die Arbeiten aus gesundheitlichen Gründen nicht selbst erledigen können, muss der Staat auch die Kosten für eine Hilfskraft ersetzen. Im konkreten Fall bekam der Kläger 211 Euro zugesprochen (Az. S 45 [24] SO 62/06).

## DAS GEHÖRT ZU DEN SCHÖNHEITSREPARATUREN

Beim Stichwort „Schönheitsreparaturen" legen Vermieter gern den Akzent auf den zweiten Teil des Wortes. Doch alle möglichen Reparaturarbeiten sind keineswegs damit gemeint. Was Vermieter oder Mieter leisten müssen, hat der **Bundesgerichtshof** geklärt: „Schönheitsreparaturen umfassen nur das Tapezieren, Anstreichen oder Kalken der Wände und Decken, das Streichen der Fußböden, Heizkörper einschließlich der Heizrohre, der Innentüren sowie der Fenster und Außentüren von innen."

Die Innenseite von Fenster und Türen gehört also dazu, keinesfalls aber der Außenanstrich. Putzarbeiten ausführen, Mauern oder Tischlern muss der Mieter nicht. Auch die **Fußböden sind Vermietersache**. Hier kann der Mieter allenfalls zu den üblichen Pflegemaßnahmen verpflichtet werden, nicht aber zum Austausch des Teppichbodens oder zum Abschleifen des Parketts. Solche Arbeiten dürfen auch nicht vertraglich auf den Mieter abgewälzt werden (Oberlandesgericht Hamm, Az. 30 Re Miet 3/90).

Der Vermieter kann nur dann die Ausbesserung oder den Ersatz des Bodenbelags verlangen, wenn dieser Spuren aufweist, die eindeutig für einen **übermäßigen, vertragswidrigen Gebrauch** sprechen – zum Beispiel Schäden wie Brandlöcher oder Rotweinflecken. Möbelabdrücke oder Laufspuren gehören dagegen zum normalen Verschleiß. Dafür muss der Mieter nicht aufkommen.

## STREITPUNKTE: DÜBEL, WANNE, TEPPICH

Streit gibt es oft um Dübellöcher. Aber das Anbringen von Dübeln – auch in Kacheln – zur Befestigung von Regalen und Schränken entspricht dem normalen Gebrauch.

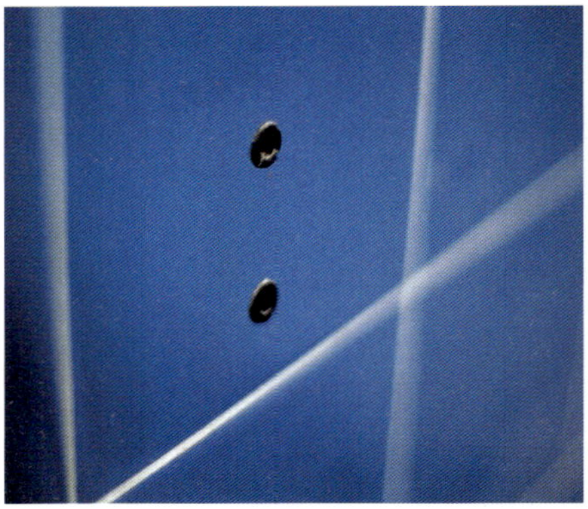

Der Mieter muss die Löcher beim Auszug lediglich verspachteln, aber deshalb nicht die gesamte Wand neu verputzen. Nur eine aus dem Rahmen fallende Häufung von Dübellöchern ist als „übernormale Abnutzung" anzusehen, dann beispielsweise, wenn ein eifriger Sammler seine Wände mit kleinen Bildern tapeziert, von denen jedes seinen eigenen, stabilen Haken benötigt.

Auf jeden Fall sollten Mieter sich bemühen, Dübellöcher möglichst in die Fugen zwischen den Kacheln zu setzen, um diese nicht unnötig zu beschädigen.

Für den üblichen Verschleiß, wie zum Beispiel das Abstumpfen einer alten Badewanne, kann der Mieter keinesfalls haftbar gemacht werden (LG Köln, Az. 11 S 47/83). Auch „die Erneuerung des infolge normalen und damit vertragsgemäßen Gebrauchs verschlissenen Teppichbodens" gehört nicht zu den Schönheitsreparaturen (OLG Hamm, Az. 30 REMiet 3/90). Und: Das Streichen von Fußbodendielen gehört nicht zu den Schönheitsreparaturen, wenn die Wohnung mit einem Fußbodenbelag vermietet worden war (LG Berlin, Az. 62 S 87/96).

Gestritten wird auch um Fliesen: „Hat der Mieter die Wandfliesen mit Farbe überstrichen, so kann der Vermieter nach Vertragsbeendigung die Verfliesung erneuern und die Kosten als Schadenersatz verlangen, sofern der Mieter nicht nachweist, dass die Farbe von den Fliesen hätte entfernt werden können" (LG Köln, Az. 12 S 312/95).

## INSTANDHALTUNGSPFLICHT DES VERMIETERS

Davon sollten Mieter die Finger lassen: Fällt im Bad der Putz von der Decke oder ist das Küchenfenster verzogen, muss der Mieter sich um solche Reparaturen nicht selbst kümmern: Sie gelten nicht mehr als Kleinreparaturen. Es handelt sich vielmehr um eine Instandsetzung – und damit ist der Vermieter in der Pflicht. Seine Aufgabe ist es, die Wohnung während der Mietzeit in einem zum vertragsgemäßen Gebrauch geeigneten Zustand zu halten (§ 535 BGB). Die notwendigen Erhaltungsmaßnahmen hat der Mieter zu dulden (§ 554 BGB).

Seiner Instandhaltungspflicht kann der Eigentümer auf zweierlei Weise nachkommen: durch Instandhaltung oder durch Instandsetzung. Der Übergang zwischen beidem ist fließend:

Unter **Instandhaltung** versteht man vorbeugende Maßnahmen, um den ordnungsgemäßen Zustand einer Wohnung aufrecht zu erhalten. **Instandsetzung** meint, einen vertragswidrigen Zustand zu beenden. So ist der Vermieter beispielsweise verpflichtet, eine defekte Heizung zu reparieren. In einem Fall hatte sich der

Vermieter sogar um den Abfluss einer Badewanne zu kümmern, der sich im Lauf der Zeit mit Kalk zusetzte. „Der Mieter ist nicht verpflichtet, den im Fußboden liegenden Traps des Badewannenabflusses regelmäßig zu reinigen", urteilte das Amtsgericht Spandau. Und das gelte auch, wenn der Mieter kleine Instandhaltungsarbeiten vertraglich übernommen habe (Az. 2a C 689/97). Der Austausch einer alten Badewanne, deren Oberfläche im Lauf der Jahre rau und unansehnlich geworden ist, ist ebenfalls eine Instandsetzung – für normale Abnutzung muss der Mieter nicht haften (LG Köln, Az. 11 S 47/83).

Egal ob Instandhaltung oder Instandsetzung: Dem Mieter dürfen daraus keine Kosten entstehen. Beides ist mit der Miete entgolten.

Die Instandsetzungspflicht des Vermieters entfällt aber, wenn der Mieter schon bei Unterschrift unter den Mietvertrag die Mängel kannte. Dasselbe gilt, wenn der Mieter einen Schaden verursacht hat, der nicht durch normalen und bestimmungsgemäßen Gebrauch entstand – beispielsweise, wenn Abfälle ins WC gekippt werden und dabei der Abfluss verstopft.

Auch für das ordnungsgemäße Funktionieren der Heizung steht der Vermieter in der Pflicht. Mieter sollten

daher von Arbeiten an der Heizungsanlage die Finger lassen. Der Vermieter muss durch die Einstellung der Anlage dafür sorgen, dass die Wohnung so warm wird, wie es vertraglich vereinbart war. Fehlt im Mietvertrag eine Vereinbarung über die einzuhaltende Mindesttemperatur in den Räumen, kann man auf Grund verschiedener Gerichtsurteile davon ausgehen, dass eine Temperatur von 20 bis 22 Grad Celsius als ausreichend gilt (AG Hamburg, Az. 41a C 1371/93; LG Berlin, Az. 64 S 266/97.

Wird eine Wohnung mangelhaft beheizt, kann dies den Mieter unter Umständen zur fristlosen Kündigung berechtigen. Auch kann wegen eines Mangels an der Mietsache eine Mietminderung in Frage kommen.

## MIETMINDERUNG

Das Mittel der Mietminderung ist Ein gesetzlich verbrieftes Recht. Kann ein Mieter seine Wohnung nicht so nutzen, wie er es normalerweise erwarten darf, liegt – juristisch gesprochen – ein „Mangel an der Mietsache" vor. Alle Räume der Wohnung, Treppen, Flure, Keller und Zugänge müssen sich in einem ordnungsgemäßen Zustand befinden. Technische Anlagen wie Fahrstuhl, Durchlauferhitzer oder Heizung müssen funktionieren. Ist das nicht der Fall, ist der Mieter berechtigt, die Miete zu mindern – und zwar mit Beginn des Zeitpunkts, zu dem der Mangel auftritt. Allerdings muss der Vermieter über etwaige Schäden und Mängel unverzüglich in Kenntnis gesetzt werden – aus Gründen der späteren Beweiskraft schriftlich, unter Umständen sogar mit Nachbarn als Zeugen. Denn er muss ja die Chance bekommen, den Mangel zu beheben.

Die Möglichkeit der Mietminderung ist kein Gnadenakt des Vermieters. Sie muss weder beantragt noch genehmigt werden, sondern ist gesetzlich verbrieftes Recht (§ 536 BGB). Es kommt nicht darauf an, ob der Vermieter einverstanden ist. Der Vermieter kann dieses Recht auch nicht durch eine Klausel im Mietvertrag ausschließen oder beschränken. Steht dort zum Beispiel, dass Lärm der Nachbarn nicht zur Minderung berechtigt, ist das unwirksam (Landgericht Heidelberg, Az. 311 O 291/03).

Eine Minderung ist auch dann statthaft, wenn der Vermieter den Mangel nicht verschuldet oder verursacht hat, etwa weil eine benachbarte Baustelle die Nachtruhe stört. Fällt die Beeinträchtigung weg, muss sofort wieder die volle Miete gezahlt werden. Wichtig: Wenn es einen Mangel an der Wohnung gibt, der behoben werden muss, weil sonst weitere Schäden oder eine Verschlimmerung des bereits bestehenden Schadens zu befürchten ist, müssen Mieter dies dem Vermieter melden. Ansonsten machen sie sich eventuell schadenersatzpflichtig – und das kann teuer werden.

Ist der Mieter für einen Mangel selbst verantwortlich, ist eine Mietkürzung ebenso ausgeschlossen wie bei Lappalien, beispielsweise einer defekten Glühbirne im Treppenhaus. Ebenfalls ausgeschlossen ist eine Mietminderung, wenn der Mieter den Mangel schon bei der Wohnungsübernahme kannte. Wer sehenden Auges in ein Haus neben einer Baulücke einzieht, kann nicht später wegen Baulärms mindern, wenn dort ein Neubau hochgezogen wird (Landgericht Berlin, Az. 29 O 493/02).

Voraussetzung für die Minderung ist aber, dass der Mieter vorher den Vermieter über das Problem informiert. Das kann mündlich, telefonisch, per Mail oder per Brief geschehen – wichtig ist nur im Streitfall, dass der Mieter den Zugang der „Mängelanzeige“ beweisen kann. Dort sollte der Mieter das Problem schildern und eine Frist für die Beseitigung setzen.

Wie lange die Frist sein sollte, kommt auf den jeweiligen Fall an: Eine schiefe Zimmertür kann eine oder zwei Wochen warten, bei einer kaputten Waschmaschine muss es schneller gehen. In dringenden Fällen – zum Beispiel ein geplatztes Wasserrohr – können Mieter gleich selbst den Handwerker rufen und dem Vermieter die Rechnung nebst Mängelanzeige anschließend schicken.

Sobald der Brief abgeschickt ist, kann der Mieter mindern, schließlich weiß der Vermieter nun Bescheid und hat die Möglichkeit, sich rasch um das Problem zu kümmern, sodass ihm längere Mietausfälle erspart bleiben.

Die Höhe einer Mietminderung richtet sich nach dem Umfang der Be-

### SO MINDERN SIE DIE MIETE

Teilen Sie den Mangel an der Wohnung **dem Vermieter** mit – aus Beweisgründen am besten schriftlich. Es geht aber auch mündlich im Beisein von Zeugen. Fordern Sie ihn auf, den Mangel zu beseitigen. Setzen Sie dafür eine **angemessene Frist**: je nach Dringlichkeit der Sache wenige Tage oder ein bis zwei Wochen.

**Kündigen Sie** schon mit der Mängelmeldung **an**, dass Sie bei Überschreitung der Frist die Miete um einen bestimmten Prozentsatz reduzieren werden.

Falls Sie gar nicht einschätzen können, um wie viel Prozent eine Mietminderung angemessen wäre, leisten Sie weitere Mietzahlungen nur „**unter Minderungsvorbehalt**“.

Zahlen Sie bei der erfolgreichen, **restlosen Beseitigung** aller aufgetretenen Mängel sofort wieder die volle Miete.

**Grundsätzlich gilt:** Reden Sie mit Ihrem Vermieter, bevor Sie mit dem Anwalt drohen. Das erleichtert beiden Parteien die Erfüllung des Vertrags und macht auch den weiteren Umgang miteinander leichter.

### BEISPIELE FÜR MIETMINDERUNGEN

- **Briefkasten defekt:** 2 Prozent (AG Potsdam, Az. 26 C 406/94).
- **Fahrradkeller plötzlich nicht mehr zugänglich:** 2,5 Prozent (AG Menden, Az. 4 C 407/06).
- **Badewannenabfluss defekt:** 3 Prozent (AG Schöneberg, Az. 5 C 72/90).
- **Sprechanlage ausgefallen:** 5 Prozent (AG Rostock, Az. 41 C 183/98).
- **Klingel fehlt:** 5 Prozent (AG Potsdam, Az. 26 C 406/94).
- **Mülltonne fehlt:** 5 Prozent (LG Coburg, Az. 32 S 139/00).
- **Direkt vorm Schlaf- und Wohnzimmer wird ein Parkplatz neu gebaut:** 5 Prozent (AG Berlin-Spandau, Az. 6 C 526/99).
- **Fenster blind und feuchtigkeitsbeschlagen:** 5 Prozent (AG Kassel, Az. 802 C 2502/92).
- **Wasser dringt durch die Fenster:** 5 Prozent (LG Berlin, 61 S 437/81).
- **Gerüche aus Nachbarwohnung wegen Tierhaltung:** 10 Prozent (AG Bergisch Gladbach, Az. 23 C 280/90).
- **Laute Knackgeräusche aus der Heizung:** 10 Prozent (LG Hannover, Az. 9 S 211/93).
- **Ratten im Hof:** 10 Prozent (AG Aachen, Az. 5 C 5/00).
- **Tauben nisten im Haus:** 10 Prozent (LG Berlin, Az. 64 S 84/95).
- **Teppichboden mangelhaft:** 15 Prozent (OLG Celle, Az. 2 U 216/93).
- **Baugerüst vorm Haus, dadurch Verdunkelung und erhöhte Einbruchgefahr:** 15 Prozent (AG Hamburg, Az. 38 C 483/95).
- **Toilette spült mangels Wasserdruck unzureichend:** 15 Prozent (AG Münster, Az. 49 C 133/92).
- **Warmwasserboiler im Bad defekt:** 15 Prozent (AG München, Az. 232 C 37276/90).
- **Prostitution im Haus:** 25 Prozent (AG Regensburg, Az. 3 C 1121 + 1146/90).
- **Einzige Dusche kann nicht genutzt werden:** 33 Prozent (AG Köln, Az. 206 C 85/95).
- **Totalausfall der Heizung im Winter:** 75 Prozent (LG Berlin, Az. 64 S 291/91).
- **Keine Küche, obwohl im Mietvertrag zugesichert:** 100 Prozent (LG Itzehoe, Az. 1 S 397/96).

einträchtigung. Allerdings lassen sich allgemeingültige Regeln über den prozentualen Anteil, der von der Miete abgezogen werden kann, nicht aufstellen. Denn „Beeinträchtigung“ wird – wie Lärm – subjektiv empfunden. So wird beispielsweise der objektive Mangel eines fehlenden Sandkastens in einer neueren Wohnanlage von einem Single subjektiv nicht einmal wahrgenommen, während es für eine Familie mit Kindern Anlass für eine Mietminderung sein kann. Jedes Beispiel für die Höhe einer Mietminderung kann also immer nur Anhaltspunkt sein und nicht die Regel. Im Streitfall ist die endgültige Beurteilung der Höhe einer Mietminderung Sache des Richters.

### TIPP: EIN- / AUSZUG

Die Dokumentation hilft, überflüssigen Streit zu vermeiden. Sie sollten deshalb:

- vor dem Einzug Fotos vom Zustand der Wohnung machen,
- beim Einzug ebenso wie beim Auszug gemeinsam mit dem Vermieter ein Wohnungsübergabeprotokoll anfertigen, um den Zustand der Räume zu dokumentieren,
- fristgemäß, spätestens aber beim Auszug, alle Renovierungsarbeiten erledigen, bei denen die Fristen abgelaufen sind. Heben Sie (als Beweis) die Quittungen für das Material auf.

## DIE HEIZUNG MUSS FUNKTIONIEREN

Wird die Heizung zu spät oder gar nicht in Betrieb genommen, darf der Mieter die Miete kürzen. Dasselbe gilt, wenn die Heizungsanlage nicht ausreichend funktioniert. Gerichte halten in der Regel eine Raumtemperatur von 20 bis 22 Grad für angemessen. Steht im Mietvertrag weniger, ist das unwirksam (Amtsgericht Charlottenburg, Az. 19 C 228/98). Die Heizperiode dauert in Deutschland üblicherweise von 1. Oktober bis 30. April. Die Höhe der Mietminderung hängt vom Einzelfall ab. Die Gerichte urteilen da sehr unterschiedlich. So ließ das Amtsgericht Charlottenburg bei Temperaturen unter 18 Grad zehn Prozent Minderung zu (Az. 19 C 228/98), das Amtsgericht Köln bei 16 bis 18 Grad sogar 20 Prozent (Az. 152 C 1249/74). Bei komplettem Ausfall der Heizung reicht die Spanne von 50 Prozent (LG Kassel,

Anschrift

Ort, 00. Monat Jahr

**MÄNGELANZEIGE MIT MINDERUNGSANKÜNDIGUNG**

Mietobjekt: (Straße, Hausnummer, Mietvertragsnummer)

Sehr geehrter Herr (Vermieter),

ich möchte darauf hinweisen, dass die Wohnung folgende Mängel hat / dass der Wohnung weitere Schäden drohen wegen folgender Mängel: (genaue Beschreibung der Mängel und wo sie auftreten, zum Beispiel:)

Die Heizkörper im Wohnzimmer werden seit dem 5. Dezember nicht mehr warm. Dieser Zustand hält auch nach einer Entlüftung der Heizkörper an.

Diese Mängel mindern die Tauglichkeit der Wohnung zum vertragsgemäßen Gebrauch, weil (Schilderung der Wohnwertminderung, zum Beispiel:) wir uns an kühlen Tagen dort nicht aufhalten können.

Laut Gesetz (§ 536 BGB) bin ich berechtigt, die Miete zu mindern. Ich halte eine Minderung um ... Prozent für angemessen, solange der Mangel nicht beseitigt ist. Den Minderungsbetrag von ... Euro ziehe ich von der Warmmiete ab und überweise bis zur Mängelbeseitigung nur noch ... Euro.

Ich bitte Sie, den Mangel bis spätestens (taggenau bestimmtes Datum, nicht „binnen zwei Wochen“) 12. Dezember zu beseitigen. Falls bis dahin nichts erfolgt, behalte ich mir vor, einen zusätzlichen Teil der Miete gemäß vorherrschender Rechtsprechung als sogenannten Druckzuschlag einzubehalten.

Mit freundlichen Grüßen

(Unterschrift)

Az. 1 T [illegible]7/87) über 70 Prozent (LG Berlin, Az. 67 T 70/02) bis 100 Prozent (LG Berlin, Az. 65 S 70/92).

## WEITERE BEISPIELE AUS DER RECHTSPRECHUNG:

- Nachts darf der Vermieter die Heizung drosseln, aber nicht völlig abstellen. Auf etwa 18 Grad müssen sich die Räume auch nachts heizen lassen (Landgericht Berlin, Az. 64 S 266/97).
- Wenn die Temperatur nur bei voll aufgedrehten Thermostatventilen erreicht werden kann, liegt kein Mangel vor (AG Münster, Az. 6 C 218/81).
- Die Wassertemperatur sinkt längere Zeit unter 40 Grad: 7,5 Prozent Mitminderung (Amtsgericht Köln, Az. 206 C 251/94).
- Unterdimensionierte Heizkörper, die eine Raumtemperatur von 20 Grad nicht schaffen: bis 10 Prozent (Amtsgericht Münster, Az. 28 C 330/86).
- Mehrere Minuten Wartezeit auf warmes Wasser: 10 Prozent (LG Berlin, Az. 64 S 108/01).
- Räume nur auf 16 bis 18 Grad beheizbar: 30 Prozent (AG Görlitz, Az. 1 C 1320/96).
- Überhitzt sich im Sommer die Wohnung so stark, dass dort nachts deutlich mehr als 25 Grad herrschen, können Mieter die Miete mindern, sofern in dem Haus bauliche Wärmeschutzvorschriften nicht beachtet wurden (Amtsgericht Hamburg, Az. 46 C 108/04).

## WANN DER VERMIETER NICHT ZUSTÄNDIG IST

Jeder Mieter möchte eine Wohnung in gutem Zustand. Dafür zahlt er Miete, und der Vermieter kümmert sich darum, dass die Räume fehlerfrei sind.

Von dieser Regel gibt es einige wenige Ausnahmen: Wenn der Mieter den Mangel selbst verschuldet hat, muss er sich auch selbst um die Beseitigung kümmern.

Beispiel: Wenn sich im Abflussrohr der Spüle eine Verstopfung bildet, liegt dies häufig daran, dass Mieter unsachgemäß Abfälle über die Spüle entsorgen. Ein solcher Fall landete vorm Amtsgericht Ibbenbüren: Das Rohr musste von einem Installateur gereinigt werden. Der bezeugte, dass die Verstopfung „aus verhärtetem Fett und Essensresten“ bestand, die sich unmittelbar hinter dem Geruchsverschluss im Ablauf der Spüle befanden. Das Gericht schloss daraus, der Mieter habe es bei der Benutzung der Spüle nicht die übliche Sorgfalt walten lassen. Deshalb musste er die Kosten der Rohrreinigung selber tragen (Az. 3 C 45/2000).

Eine Haftung des Vermieters ist ebenfalls ausgeschlossen, wenn der Mieter schon bei Abschluss des Vertrags den Mangel kannte. Dann sind Ansprüche aus daraus resultierenden Schäden ausgeschlossen, ebenso das Recht auf Mietminderung (§ 536 b BGB).

Schwierig kann es auch werden, wenn der Mieter die Mängelanzeige verschläft oder ihm „um des lieben Friedens willen“ schlechterdings der Mut fehlt, die Wohnungsmängel zu melden. Die Mietminderung ist „sowohl für die Vergangenheit als auch für die Zukunft ausgeschlossen“, wenn ein Mieter nach Bezug der Mieträume einen Mangel feststellt und danach die Miete über einen längeren Zeitraum – in der Regel sechs Monate – vorbehaltlos weiterzahlt (LG Berlin, Az. 67 S 344/00).

## KAMPF DEM SCHIMMELPILZ

Schwarze Flecken auf den Tapeten sehen nicht nur hässlich aus, die Sporen der Schimmelpilze können auch gesundheitsschädlich sein. Und schenkt man den Gewächsen keine Beachtung, schädigen sie unter Umständen sogar Putz und Mauerwerk.

Entwickelt sich die Wohnung zu einem Feuchtbiotop, ist Streit programmiert: Die Mieter wollen die Miete kürzen, weil die Wohnung mangelhaft ist, der Vermieter will kündigen, weil die Mieter angeblich die Wohnung verkommen lassen.

Der Tenor ist meist: Der Mieter muss beweisen, dass die Wohnung an sich mangelhaft ist. Der Vermieter muss nachweisen, dass die Feuchtigkeit nicht durch Bauschäden oder -mängel hervorgerufen wird, beispielsweise durch eindringendes Regenwasser, sondern dass der Pilz hauptsächlich deshalb gedeiht, weil der Mieter unzureichend lüftet. In der Praxis sind beide Beweise oft nur sehr schwer zu führen.

Wichtig: Wenn Sie Schimmelpilze in Ihrer Wohnung entdecken, teilen Sie dies Ihrem Vermieter unverzüglich und schriftlich mit, denn der Schimmel muss umgehend gründlich beseitigt werden, um Gesundheitsstörungen zu vermeiden.

## LÜFTEN UND HEIZEN VERHINDERT DEN SCHIMMEL

### In normalen Wohnungen

Lüften Sie täglich drei- bis viermal jeweils für zwei bis fünf Minuten gründlich durch; sorgen Sie dabei, wenn möglich, für Durchzug.

- Während der Heizperiode nicht dauerlüften, beispielsweise durch Kippen des Fensters. Das verschwendet nur unnötig Energie.
- Behindern Sie nicht die Wärmeabgabe der Heizkörper durch vorgestellte Möbel oder dichte Vorhänge.
- Bei hoher Konzentration von Wasserdampf nach dem Kochen oder Duschen sollte sofort gelüftet werden.

### Bei feuchtebelasteten Wohnungen

- Die Türen von Küche und Bad, in denen viel Dampf freigesetzt wird, geschlossen halten, damit sich die Feuchtigkeit nicht in der Wohnung verteilt.
- Halten Sie auch die Türen zu wenig beheizten Räumen geschlossen, damit sich dort keine feuchte Luft an den kühlen Wänden niederschlägt.
- Heizen Sie Schlafzimmer tagsüber (auf 16–18 Grad), damit die Raumluft genügend Feuchte aufnehmen kann.
- Verzichten Sie auf zusätzliche Luftbefeuchter, beispielsweise an Heizkörpern.
- Stellen Sie Möbelstücke, insbesondere solche mit geschlossenem Sockel, möglichst nicht an Außenwände. Wenn es gar nicht anders geht, rücken Sie die Möbel mindestens fünf Zentimeter von der Wand ab, damit dahinter die Luft zirkulieren kann. Notfalls können Sie auch Lüftungsöffnungen im Sockel selbst anbringen.

# IM WOHNEIGENTUM

Vor dem Umzug in die Eigentumswohnung ist die Vorfreude meist groß, suggeriert diese Wohnform doch, man könne endlich tun und lassen, was man wolle. Die hohen Erwartungen werden allerdings nicht selten nach wenigen Monaten enttäuscht, wenn der Immobilienbesitzer merkt, dass sich das Leben in der neuen Wohnung nur wenig von dem in der bisherigen Mietwohnung unterscheidet: Es gibt Essensgerüche im Treppenhaus, Kinderlärm und Streit um Haus, Hof und Garten. Zudem fehlt der – aus Sicht eines Mieters – für alles allein Verantwortliche: der Vermieter.

## DARAUF MÜSSEN EIGENTÜMER ACHTEN

Die eigenen vier Wände in einer Eigentumswohnung umschließen eben kein Eigenheim, sondern nur einen Anteil an einer Wohnanlage, in der alle Eigentümer ihre individuellen Interessen durchsetzen wollen. So gibt es zwar keinen reglementierenden Mietvertrag. Aber an eine Hausordnung, Teilungserklärung oder Gemeinschaftsordnung müssen sich auch Wohnungseigentümer halten. Darin ist festgelegt, wie der Einzelne sein Eigentum nutzen darf. Das Wohneigentum ist das alleinige „Sondereigentum" des Eigentümers, während das Gemeinschaftseigentum (beispielsweise das Grundstück) allen gehört und von allen genutzt wird.

Zum individuellen Sondereigentum zählt alles, was innerhalb der Wohnung verändert, beseitigt oder eingefügt werden kann (§ 5 WEG), ohne dass das gemeinschaftliche Eigentum oder das Sondereigentum eines anderen davon beeinträchtigt wird: beispielsweise nicht tragende Wände, Fußbodenbelag, Putz, Heizkörper, Armaturen, Waschbecken, Dusche und Wanne, Innentüren sowie die Installationsleitungen für Strom, Wasser und Heizung ab der Abzweigung von den Hauptsträngen. Der Wohnungseigentümer hat sein Sondereigentum instand zu halten (§ 14 WEG), darf daran reparieren, es verändern, streichen und nach Gutdünken damit verfahren, sofern dem nicht gesetzliche Vorschriften oder die Rechte Dritter entgegenstehen.

Die unterschiedliche Auslegung dieser Rechte führt immer wieder zum Rechtsstreit. So ist vielen Eigentümern nicht klar, dass „ihre" Fenster beispielsweise nicht zum Sondereigentum gehören: Man kann sie nicht verändern, ohne den Gesamteindruck des Hauses zu berühren. Lediglich der innere Fensteranstrich ist Sondereigentum. Müssen sie außen gestrichen oder instandgesetzt werden, ist dafür die Gemeinschaft zuständig – sofern nichts anderes schriftlich vereinbart ist: Die Teilungserklärung kann festlegen, dass jeder Miteigentümer, in dessen Sondereigentumsbereich Fenster liegen, für die Instandhaltung dieser Fenster zuständig ist und dafür auch finanziell aufkommen muss.

Die Gemeinschaft ist grundsätzlich zuständig für alle gemeinschaftlichen Einrichtungen, bei denen sich Veränderungen – auch Anstriche – auf das Gesamtbild oder die Beschaffenheit des Hauses auswirken: Fassade, Dach, Balkon, Außentüren, Fahrstuhl, aber auch tragende Wände in den Wohnungen.

Legt der Wohnungseigentümer – selbst zum Zweck der Reparatur – daran eigenmächtig Hand an, kann dies der Anlass für erheblichen Ärger sein. Haben sich beispielsweise die Eigentümer geeinigt, dass jeder sein Balkongeländer selbst streicht, so bedeutet das noch lange nicht, dass jeder die Farbe dafür selbst wählen darf (BayOLG, Az. 27 BR 79/96). Selbst eine Parabolantenne darf nicht ohne Zustimmung der anderen an der Außenwand installiert werden (BayOLG, Az. 2 Z BR 92/00).

Hat der Besitzer seine Wohnung vermietet, ist er für alle von seinen Mietern unzulässigerweise vorgenommenen baulichen Veränderungen verantwortlich und muss sie notfalls selbst beseitigen (OLG Köln, Az. 16 Wx 58/00).

Fazit: Die Nutzungsrechte des Eigentümers an den Wohnräumen gehen zwar weiter als die eines Mieters, doch darf er nicht nach Gutdünken umgestalten, schon gar nicht am Gemeinschaftseigentum. Hier hilft nur ein Blick in die Gemeinschaftsordnung.

# GARANTIE – HAFTUNG – VERSICHERUNGEN

Wer für Reparaturen zu Hause die Werkzeugkiste auspackt, sollte sich zunächst informieren, ob für das defekte Teil noch Gewährleistung oder Garantie besteht. Beides wird von Normalverbrauchern oft synonym gebraucht, doch stecken dahinter zwei verschiedene Sachverhalte:

## GEWÄHRLEISTUNG

Die Gewährleistung ist gesetzlich vorgeschrieben. Kein Händler darf sie ausschließen. Gesetzlich zwingend sind zwei Jahre, nur bei Gebrauchtwaren darf die Gewährleistung auf ein Jahr verkürzt werden. Diese Verkürzung greift aber nicht automatisch, sondern nur, wenn der Händler ausdrücklich beim Verkauf darauf hinweist. Die Gewährleistung gilt auch bei reduzierter Ware aus Sonderangeboten oder Ausverkäufen. Und sie gilt auch bei zweiter Wahl und bei Ware, die ausdrücklich mit Fehlern verkauft wird.

Beispiel: Ein Klappsofa wird verkauft mit dem Hinweis darauf, dass der Klappmechanismus defekt ist. Für diesen Defekt ist dann die Gewährleistung ausgeschlossen. Wenn aber nach eineinhalb Jahren der Bezug reißt, gilt dafür die zweijährige gesetzliche Gewährleistung.

Für Verschleißteile gilt: Auch hier greift grundsätzlich die zweijährige Gewährleistung. Allerdings verkürzt sich die Frist im konkreten Fall auf den Zeitraum, für den solche Waren gewöhnlich halten. Beim Leder einer Armbanduhr sind es also durchaus zwei Jahre, aber bei einer Rasierklinge deutlich weniger.

In den ersten sechs Monaten der Gewährleistung greift für den Kunden ein wichtiger Vorteil: Geht in dieser Zeit etwas kaputt, wird automatisch angenommen, dass der Defekt bereits bei Übergabe der Ware schon im Gerät angelegt war. Der Kunde muss also nicht nachweisen, dass er selber für den Defekt nichts kann.

Nach den sechs Monaten erfolgt eine Beweislastumkehr: Im Streitfall muss dann der Kunde beweisen, dass er selber nicht für den Schaden verantwortlich ist. In der Praxis ist das aber oft einfach: Hat der Bildschirm des Fernsehers einen Sprung, kann es natürlich sein, dass der Kunde dagegen gestoßen ist. Aber wenn der Fehler irgendwo im Gerät verborgen liegt, wo ein Normalverbraucher niemals Zugang hat, zum Beispiel wenn plötzlich der Motor der Waschmaschine streikt, ist offensichtlich ein Fehler des Geräts schuld.

Ansprechpartner für die Gewährleistung ist immer der Händler, nicht also der Hersteller. Ist etwas kaputt, kann der Kunde darauf bestehen, dass der Händler sich um das Problem kümmert. Er muss sich nicht auf irgendeine telefonische Hotline verweisen lassen. Er muss die Ware auch nicht einschicken, und schon gar nicht auf eigene Kosten. Denn die Gewährleistung muss immer kostenlos sein.

Wichtig: Als Ort, an dem die Gewährleistung stattfindet, gilt der bestimmungsgemäße Ort der Ware. Da der Kunde die Ware ja meist zu Hause benutzen will, ist das also in der Regel seine Wohnung. Das bedeutet in der Praxis: Ist die Waschmaschine kaputt, muss der Händler kommen und sie vor Ort reparieren oder sie auf eigene Kosten abholen und zurückbringen.

Während der Gewährleistung hat eigentlich der Kunde die Wahl: Reparatur, Austausch gegen ein neues Gerät (im Juristendeutsch: Ersatzlieferung) oder Rücktritt vom Vertrag. Darüber hinaus kann er auch eine Preisminderung wählen, doch dann kann in der Praxis das Problem entstehen, dass Kunde und Händler sich nicht auf einen angemessenen Betrag einigen können. Außerdem behalten sich in der Praxis viele Händler im Kleingedruckten vor, dass sie zwei Reparaturversuche unternehmen dürfen. Dies ist im Regelfall zulässig, allerdings dürfen es nicht mehr als zwei Versuche sein. Scheitert auch die zweite Reparatur, kann der Kunde vom Vertrag zurücktreten.

Wichtig: im Fall der Ersatzlieferung muss der Kunde für die Zeit, in der er das Gerät benutzen konnte, keinen Wertersatz leisten (Bundesgerichtshof, Az. VIII ZR 200/05). Wenn aber der Kauf rückgängig gemacht wird, der Kunde also die defekte Ware zurückgibt und der Händler den Kaufpreis erstattet, darf er davon einen Nutzungsausfall abziehen (Bundesgerichtshof, Az. VIII ZR 243/08).

## GARANTIE

Die Garantie kann der Hersteller frei ausgestalten. Meist dauert sie länger als die zweijährige Gewährleistung, bietet aber oft weniger. Weil Garantien nicht vorgeschrieben sind, können Hersteller sie nach eigenen Wünschen gestalten. So dürfen sie Bedingungen stellen, die bei der Gewährleistung nicht erlaubt wären. Zum Beispiel können sie verlangen, dass der Kunde defekte Ware auf eigene Kosten einschickt, dass er regelmäßig den Herstellerservice nutzt oder die Beweislast zu tragen hat.

Tipp: Steht davon nichts in der Garantieurkunde, gehen die Gerichte eher davon aus, dass die Garantie die gleichen Rechte gibt wie die Gewährleistung. Dann muss der Kunde die Ware also nicht auf eigene Kosten einschicken.

In den ersten zwei Jahren laufen Garantie und Gewährleistung parallel. Was günstiger ist, kommt auf den Einzelfall an. Meist handelt es sich um eine Haltbarkeitsgarantie. Dann hat der Kunde den Vorteil, dass die Beweislastumkehr nach sechs Monaten bei der Garantie nicht greift. Wenn er möchte, dass die defekte Ware ausgetauscht oder repariert wird, ist die Garantie meist unproblematischer. Wer dagegen wegen eines Mangels den Kauf rückgängig machen oder eine Preisminderung durchsetzen will, ist mit der Gewährleistung besser dran. Denn solche Rechte räumen Garantien üblicherweise nicht ein.

## UNVERZICHTBAR: DIE PRIVATE HAFTPFLICHT-VERSICHERUNG

Viele Hobbyhandwerker greifen auch in die Hausinstallationen für Elektrik, Wasser und selbst Gas ein. Ihnen muss klar sein: Bei unfachmännischer Arbeit haften sie selbst für etwaige Schäden. Begeht hingegen ein geprüfter Elektrotechniker oder Installateur einen Fehler, haftet dafür sein Betrieb.

Versicherungen können einen Schaden zwar nicht verhindern, aber sie helfen, die finanziellen Folgen zu mindern. Dabei gilt: Die Haftpflichtversicherung ist ein Muss. Wer einen Schaden verursacht, trägt die finanziellen Folgen. Eine Privathaftpflichtpolice braucht deshalb jeder – zu groß ist das Risiko, versehentlich eine kleine oder große Katastrophe auszulösen, zumal bei Familien mit Kindern.

Die Privathaftpflicht ist für die typischen Risiken des Alltags da. Sie zahlt auch bei fahrlässig verursachten Schäden und sogar bei grober Fahrlässigkeit. Auch gemietete Wohnungen sind üblicherweise im Versicherungsschutz enthalten. Wenn der Heimwerker also aus Unachtsamkeit eine Wasserleitung in der Mietwohnung anbohrt und die Wohnung unter Wasser setzt, übernimmt die private Haftpflichtversicherung die Schäden am Haus, ebenso den Wasserschaden, der eventuell in der Wohnung des Nachbarn darunter entsteht.

Achtung: Anders ist das, wenn der Heimwerker nicht Mieter ist, sondern Eigentümer der Wohnung. Die Haftpflichtversicherung trägt immer nur Schäden, die Fremde beim Schadenverursacher geltend machen. Wer sich selber einen Schaden zufügt, kann von der Privathaftpflichtpolice nichts erwarten. Sie würde in diesem Fall also nicht die Schäden in der eigenen Wohnung tragen, sondern nur für die Ansprüche aufkommen, die ein geschädigter Nachbar stellt.

Vom Versicherungsschutz nicht abgedeckt sind normalerweise Ansprüche aus Schäden am gemieteten Objekt, sofern es sich um Glasschäden, Schäden an Heizungsanlagen, Warmwasserbereitern, an Elektro- oder Gasgeräten handelt sowie Schäden durch Abnutzung und Verschleiß. Man kann diese aber mit einer Zusatzvereinbarung in den Versicherungsvertrag aufnehmen lassen.

Die Versicherungssumme sollte möglichst hoch sein. Finanztest rät zu einer Erstattung von mindestens 2,56 Millionen Euro pauschal für Personen- und Sachschäden sowie 51 000 Euro für Vermögensschäden. Doch Vorsicht: Bestimmte Risiken sind nicht mit der gesamten Versicherungssumme abgedeckt. Bei Ersatzansprüchen wegen Mietsachschäden, dem Verlust von fremden Schlüsseln und Unfällen auf Baustellen, für die der Bauherr verantwortlich ist, unterscheiden sich die Höchsterstattungen der Versicherer erheblich.

## HILFREICH: DIE HAUSRATVERSICHERUNG

Die Hausratversicherung greift bei Einbruch sowie bei Schäden durch Brand, Leitungswasser oder Sturm. Sie ist nur für den Hausrat da, ersetzt also nur bewegliche Gegenstände, nicht hingegen fest eingebaute Teile des Hauses wie zum Beispiel Tapeten, verklebte Teppichböden oder Heizungsanlagen. Für die ist die Gebäudeversicherung zuständig.

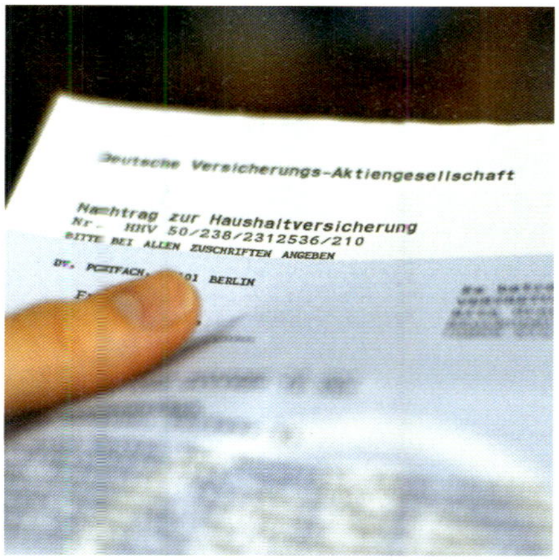


Und bei manchen Schäden nehmen es die Gesellschaften sehr genau. So muss bei einem Einbruch schon Gewalt im Spiel gewesen sein, zum Beispiel indem ein Fenster aufgebrochen wurde. War es stattdessen nur in Kippstellung, liegt einfacher Diebstahl vor, der nicht versichert ist.

Ähnlich bei Brand: Da muss es tatsächlich eine offene Flamme gegeben haben. Sengschäden werden nicht ersetzt, etwa wenn die Zigarettenglut einen Flecken ins Sofa brennt. Bei Leitungswasser muss es schon ein Leck im Rohr oder fest damit verbundenen Schläuchen sein, zum Beispiel zur Waschmaschine. Fällt hingegen nur der Putzeimer um und ruiniert den Teppich, gibt es keinen Schadenersatz.

Sobald der Versicherer zahlen muss, kann der Kunde sich freuen. Denn er erhält – wo eine Reparatur unmöglich ist – grundsätzlich den Neuwert oder das, was ein gleichwertiges Stück heute kosten würde. Für einen alten Fernseher, der vor 15 Jahren mit 1000 Mark im preislichen Mittelfeld lag, gibt es soviel, dass der Kunde sich ein heute aktuelles Gerät kaufen kann – auch wenn das aufgrund des technischen Fortschritts weitaus besser ist. Das gilt auch, wenn der alte Fernseher damals gebraucht zum Schnäppchenpreis erworben wurde.

Nachteil: Der Neuanschaffungswert wird auch bei der Versicherungssumme zu Grunde gelegt. Jedes Teil fließt dort zum Neupreis ein. Vor allem Kunden, bei denen sich über die Jahre viele alte Bücher in den Regalen angesammelt haben, stellen plötzlich überrascht fest, dass allein dafür einige zigtausend Euro Versicherungssumme zusammenkommen. Dasselbe gilt für jedes noch so verstaubte Teil im Keller, ebenso für Garderobe: Auch ein Pelzmantel, den der Versicherte günstig vom Flohmarkt mitgenommen hat, wird zum aktuellen Neupreis bewertet.

Deshalb ist es auch für Altkunden sinnvoll, ab und zu einen Streifzug durch die Wohnung zu machen, um den Gesamtwert des Hausrats zu dokumentieren und eventuell die Versicherungssumme zu erhöhen. Dabei hilft die Wertermittlungsliste

### TIPP: BESTANDSAUFNAHME MIT FOTOS

Nutzen Sie die private Inventur gleich, um besonders wertvolle Stücke in Ihrem Haushalt zu fotografieren. Die ausgefüllte Wertermittlungsliste und die Fotos bewahren Sie dann am besten außer Haus auf – zum Beispiel bei Bekannten oder im Schließfach der Bank.

der Stiftung Warentest, die unter www.test.de/hausratliste kostenlos im Internet steht. Vergessen Sie nicht Sachen, die mittlerweile im Keller oder auf dem Dachboden liegen.

Liegt die Versicherungssumme zu niedrig, kann das teuer werden. Dann liegt nämlich Unterversicherung vor, und im Schadenfall gibt es entsprechend weniger.

Beispiel: Als Versicherungssumme sind 80 000 Euro vereinbart. In Wahrheit würde aber die Neuanschaffung des gesamten Hausrats 100 000 Euro kosten. Damit ist der Hausrat nur zu 80 Prozent versichert. Würde jetzt bei einem Diebstahl ein Schaden von 10 000 Euro entstehen, bekäme der Kunde nur 8 000 Euro ersetzt.

Das Problem der Unterversicherung lässt sich einfach lösen, indem ein sogenannter Unterversicherungsverzicht vereinbart wird. In der Regel legen die Gesellschaften dann pauschal eine Versicherungssumme von 650 Euro pro Quadratmeter fest. Vorteil: Der Kunde bekommt in jedem Fall den vollen Schaden ersetzt, jedoch maximal die Versicherungssumme. Nachteil: In den Fällen, wo der Hausrat mehr wert ist, würde er also bei einem Totalschaden auf einem Teil der Kosten sitzen bleiben. Außerdem kann auf diese Weise bei sehr großen Wohnflächen eine Versicherungssumme zustande kommen, die den Wert des Hausrats deutlich übersteigt. Dann zahlt der Kunde zu viel Prämie.

Mit einer Selbstbeteiligung lässt sich der Beitrag senken. Für 250 Euro Selbstbehalt sind Prämienersparnisse von rund 20 Prozent möglich. Wertsachen wie Bargeld, Wertpapiere, Schmuck, Briefmarken, Pelze, Antiquitäten oder Kunstgegenstände sind in der Regel höchstens bis 20 Prozent der Versicherungssumme geschützt. Überspannungsschäden sind häufig kostenlos mitversichert, müssen aber bei einigen Anbietern extra versichert werden. Das kostet meist 10 bis 20 Euro jährlich. Gedeckt sind dann meist bis zu 10 Prozent der Versicherungssumme.

# DAS GRUND-WISSEN

# DIE WERKZEUG-GRUNDAUSSTATTUNG

## QUALITÄT VON WERKZEUGEN

Wir testen immer wieder Werkzeuge für die verschiedensten Einsatzgebiete und veröffentlichen die Ergebnisse in der Zeitschrift test und bei www.test.de.

Um Reparaturen überhaupt ausführen zu können, egal ob im eigenen Haus oder in der Mietwohnung, benötigen Sie eine gewisse Werkzeug-Grundausstattung, die sich an Ihren handwerklichen Ambitionen aber auch Möglichkeiten orientieren sollte. Eine Grundauswahl haben wir für Sie hier zusammengestellt.

Für gelegentliche Anwendungen genügt oft eine mittlere Qualitätsstufe. Wer jedoch häufiger zum Werkzeug greift, sollte die Produkte bekannter Markenhersteller bevorzugen. Sie sind zwar meist teurer, doch halten sie dafür oft ein ganzes Leben lang. Qualitätswerkzeuge gibt es im Fachhandel, aber auch in vielen Baumärkten. Leider ist die Haltbarkeit den Werkzeugen äußerlich kaum anzusehen. Ein versierter Fachmann kann anhand von Bearbeitungsspuren, der Präzision von Schliffen oder der Passgenauigkeit von Verbindungen und Gelenken zwar gewisse Rückschlüsse auf die Qualität ziehen, doch auch er könnte ohne Hilfsmittel nicht den Werkstoff und seine Zähigkeit oder Härte bestimmen.

Schützen Sie Ihre Feilen und die Schneiden von scharf geschliffenen Werkzeugen mit Hüllen, die Sie beispielsweise aus Papierklemmleisten oder Installationsrohr zuschneiden können.

Einige Werkzeughersteller haben Qualitätskennzeichnungen in Form von Sternen oder Farben für sogenannte Standard- oder Profiqualität eingeführt, doch auch hier ist nicht erkennbar, welche Kriterien dabei zugrunde gelegt werden. Ohne einer solchen Kennzeichnung den Sinn absprechen zu wollen: Dahinter steht wohl mehr eine Verkaufsstrategie als das Bemühen, nachvollziehbare Qualitätskriterien zu deklarieren.

Gewisse Rückschlüsse auf die Qualität lassen sich aus Materialangaben ziehen, wie HSS (Hochleistungs-Schnellstahl) bei Bohrern, beziehungsweise Chrom-Vanadium bei Schraubendrehern und -schlüsseln. Doch Vorsicht: Bei Werkzeugen mit Schneiden wie Stechbeiteln oder auch Seitenschneidern kann ein einfacher Kohlenstoffstahl schneidhaltiger sein als die hochlegierten, zähharten Stähle. Man kennt diesen Effekt von nichtrostenden Messern, die vergleichsweise schlecht schneiden. Material und Verwendungszweck eines Werkzeugs müssen also aufeinander abgestimmt sein.

Skepsis ist auch angebracht bei Werkzeugen, die in den Ramschregalen vor der Kasse angeboten werden oder als ganzes Sortiment zum Niedrigstpreis. Nur eine einzige scharfe Feile zu besitzen, ist befriedigender als einen ganzen Satz stumpfer.

Werkzeuge mit Gummigriffen können mit PAK (polyzyklischen aromatischen Kohlenwasserstoffen) oder gesundheitsschädlichen Weichmachern belastet sein. PAK gelangen beispielsweise als Verunreinigungen aus Abfällen der Erdöl- und Kohleindustrie in das Material und gelten als krebserzeugend oder Erbgut verändernd. Da sie gut fettlöslich sind, gelangen die gefährlichen Schadstoffe über die Haut leicht in den menschlichen Organismus. Mehrere Baumärkte, aber auch Lebensmittel-Discounter haben Werkzeugsätze mit verunreinigten Gummigriffen aus dem Angebot zurückziehen müssen, nachdem die Stiftung Warentest eine Belastung mit PAK nachgewiesen hatte. Den genauen Nachweis einer Belastung mit PAK kann nur eine chemische Analyse erbringen, doch Hinweise darauf liefert auch unser Geruchssinn. Strömen die Griffe oder Beläge einen intensiven Geruch nach Gummi oder Chemikalien aus, lassen Sie besser die Finger davon. Ein solider Hammer mit Holzgriff tut es auch.

## SCHRAUBENDREHER

Schraubendreher, auch Schraubenzieher genannt, dürfen in keinem Werkzeugkasten fehlen. Für den allgemeinen Gebrauch genügen Schraubendreher mit Flachschlitzklinge in drei Größen sowie je zwei Kreuzschlitz-Schraubendreher mit Phillips- und Pozidriv-Klingen. Für spezielle Schrauben ist die Anschaffung weiterer Schraubendreher notwendig (→ Seiten 62 ff.).

Auch sollte ein Elektriker-Schraubendreher im Haus sein. Er kann zum schnellen Prüfen auf elektrische Spannung verwendet werden. Zum zuverlässigen Prüfen von Steckdosen und elektrischen Leitungen sind jedoch zweipolige Spannungsprüfer erforderlich (→ Seite 220).

Nur wenn die Schraubendreherklinge exakt zum Schraubenkopf passt, lassen sich auch festsitzende Schrauben herausdrehen.

## HAMMER

Ein Hammer darf natürlich in keinem Werkzeugkasten fehlen. Es gibt je nach Handwerkssparte mindestens 50 verschiedene Typen, vom Ausbeulhammer bis zum Zuschlaghammer. Der Schlosserhammer mit 300 oder 500 Gramm schwerem Kopf ist jedoch der Klassiker. Er eignet sich zum Einschlagen von Nägeln und für leichte Meißelarbeiten. Die flache Schlagfläche wird als Hammerbahn bezeichnet, die keilförmige Gegenseite als Finne. Zum Einschlagen dünner Stifte, zum Beispiel bei Bilderrahmen, sollte besser ein leichterer Hammer verwendet werden.

Achten Sie beim Hammerkauf auf eine solide Verbindung von Hammerkopf und Stiel. Der Stiel sollte im Auge des Hammerkopfs mit einer sichtbaren Keilhülse gesichert sein. Ist stattdessen das Auge mit Lack vergossen, soll damit häufig nur die unsolide Verarbeitung kaschiert werden.

### TIPP: HILFEN BEIM HÄMMERN

Wer ungeübt ist, kann sich mit einer Kombizange oder einem **NAGELHALTER** aus Kunststoff den blauen Daumen ersparen. Die Nägel lassen sich aber genauso mit einem kleinen Streifen Karton in Position halten.

Mit einem Karton- oder Kunststoffstreifen als Nagelhalter lassen sich Verletzungen vermeiden.

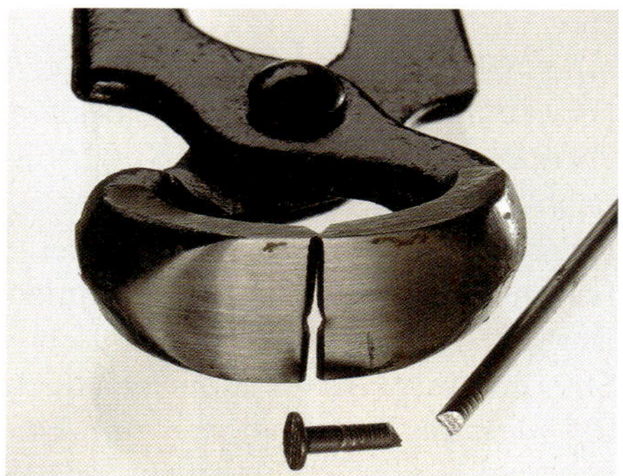

Nehmen Sie zum Kauf einer Zange mit Schneiden einen ungehärteten Nagel/Drahtstift mit und knipsen Sie mit der Zange ein Stück ab.
Sollte bereits das weiche Metall Spuren in der Schneide hinterlassen, ist die Zange nicht geeignet.

Seitenschneider, Kombizange, Spitz- und Rundzange sind sinnvolle Ergänzungen zur üblichen Kneifzange. Die isolierten Griffe sollten keinesfalls zu Arbeiten an spannungsführenden Teilen verleiten.

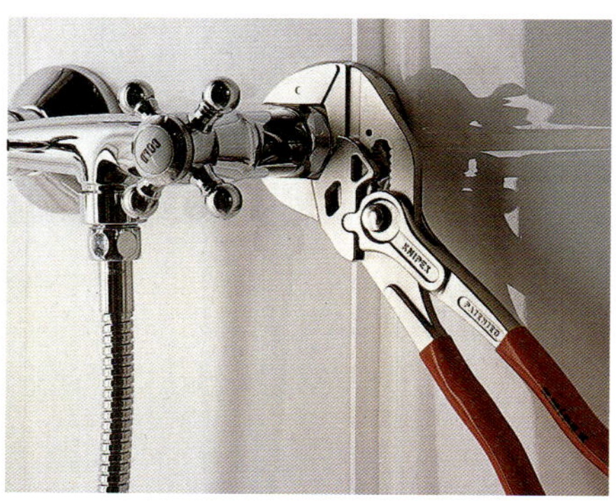

Spezialzange (Zangenschlüssel), die die Funktionen von Greifzange und verstellbarem Schraubenschlüssel in sich vereint. Dank glatter, paralleler Backen eignet sie sich auch für veredelte Armaturenoberflächen.

## ZANGEN

Die klassische **Kneifzange** (Beißzange, Kanternzange) ist ein wirkungsvolles Instrument zum Herausziehen von Nägeln und Abknipsen weicher, ungehärteter Drahtstifte. Die Schneide sollte gehärtet sein, damit Drahtnägel keine Scharten hinterlassen.

Ein **Seitenschneider** ist eine Zange, die meist bei Elektroarbeiten zum Abschneiden von Drähten und Kabeln benutzt wird. Seine Schneide ist im Gegensatz zur Kneifzange seitlich angeordnet.

Eine **Kombizange** dient zum Halten und Greifen von Werkstücken, Schrauben oder Muttern, auch beispielsweise zum Ein- und Ausdrehen von Haken. Sie besitzt ebenfalls eine Schneide zum Durchtrennen von Kabeln und meist einen seitlich angeordneten Drahtschneider. Sie und auch andere Zangen wie Seitenschneider werden häufig mit isolierten Griffen angeboten, was jedoch unter keinen Umständen dazu verführen sollte, Elektroarbeiten unter Spannung durchzuführen.

Für feinere Arbeiten ist die **Spitz- oder Justierzange** mit ihrem pinzettenartigen Zangenkopf geeignet.

Zum Festziehen beziehungsweise Lösen von Rohrmuffen im Sanitärbereich braucht man eine **Rohrzange**, die sich mit einer Stellmutter auf unterschiedliche Weiten einstellen lässt.

Für größere Verschraubungen, zum Gegenhalten oder bei der Heizungsinstallation benötigen Sie eine **Wasserpumpenzange**. Sie verfügt über ein verstellbares Gelenk, so dass sich unterschiedliche Maulweiten einstellen lassen. Die Greifbacken sind verzahnt, was die Griffigkeit erhöht, jedoch auch sichtbare Spuren am Werkstück hinterlässt. Für Arbeiten an verchromten Wasserarmaturen ist sie deshalb denkbar ungeeignet. Die Wasserpumpenzange wird fälschlicherweise oft als Rohrzange bezeichnet, obwohl sie sich die Funktionsprinzipien beider eindeutig unterscheiden.

## SCHRAUBENSCHLÜSSEL

Schraubenschlüssel dienen zum Lösen und Festdrehen von Gewindeschrauben. Mit schlechten oder sogar unpassenden Schlüsseln sind festsitzende Schrauben schneller ruiniert als gelöst. Häufig vorkommende Schlüsselweiten sind 8 bis 19 Millimeter.

Gabelschlüssel lassen sich von der Seite her über die Mutter schieben, bieten aber nur zwei Anlagekanten für die Kraftübertragung. Bei Ringschlüsseln mit Doppelsechskantprofil wird die Sechskantschraube allseitig umfasst, was ein Abrutschen vermeidet und die Schraubenköpfe schont. Nachteil: Ringschlüssel benötigen genügend Platz, um von oben auf die Schraube aufgesteckt zu werden. Es gibt sie auch in gekröpfter Ausführung, um an tiefliegende Schrauben zu gelangen, und in Kombination als Maul-Ring-Schlüssel. Erwähnenswert sind auch Steckschlüssel, die man mit festem Griff einzeln kaufen kann bis hin zu ganzen Steckschlüsselkästen samt Ratsche (Knarre), Verlängerungen und Gelenken.

Nicht erst seit dem Zeitalter der Mitnahmemöbel werden Inbusschrauben mit innenliegendem Sechskant verwendet. Um sie zu drehen, gibt es Stiftschlüssel, gebogene Sechskantprofile mit einem langen und einem kurzen Schenkel. Das kurze Ende kommt in den Schraubenkopf, das lange dient als Handgriff. An schwer zugänglichen Stellen lässt sich dieses Werkzeug auch anders herum benutzen. Handschonender sind Inbusschlüssel mit festem Griff.

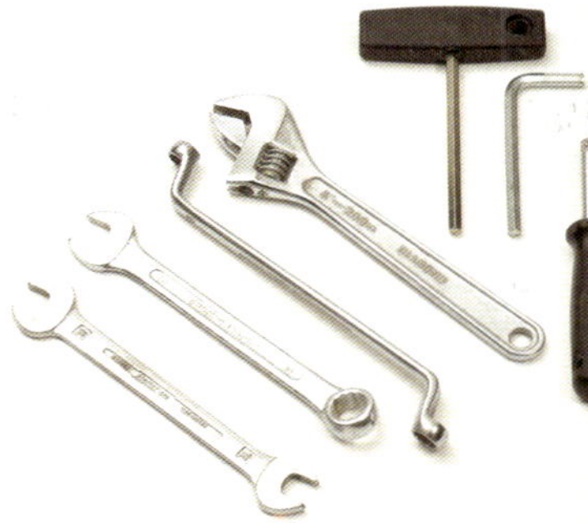

Schraubenschlüssel braucht man in vielen Größen und Ausführungen. Ein verstellbarer Schlüssel hilft, wenn der passende nicht zur Hand ist. Inbusschlüssel gibt es nicht nur als gebogenen Sechskant. Mit Steckschlüsseln erreicht man auch schwer zugängliche Schrauben.

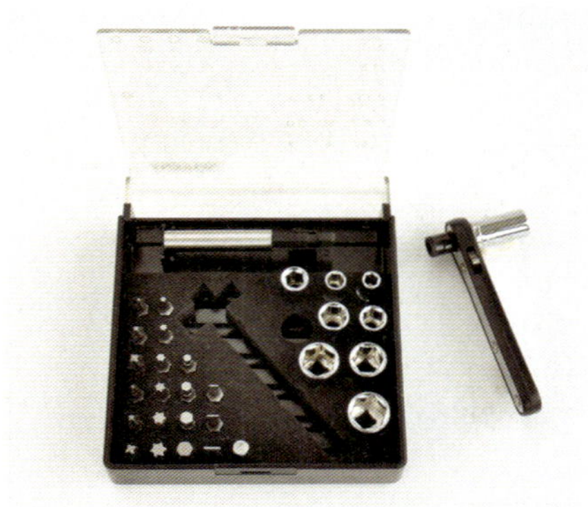

Steckschlüsselsortimente gibt es in verschiedenen Ausführungen mit ½-Zoll-, ⅜-Zoll- oder ¼-Zoll-Vierkant. Alle Teile kann man auch einzeln kaufen.

## SÄGEN

Der Fuchsschwanz (Abbildungen → Seite 44) mit einer Blattlänge von 35 bis 70 Zentimeter ist die klassische Handsäge, für Reparaturarbeiten aber eher zu grob. Hierzu besser geeignet ist die kleinere Feinsäge mit fester Rückenschiene. Mit ihr lassen sich Ausschnitte anfertigen oder Holzleisten ablängen.

Eine interessante Sägenvariante ist die japanische Zugsäge. Sie erfreut sich zunehmender Beliebtheit und wird, wie der Name vermuten lässt, gezogen statt gestoßen. Allerdings erfordert sie vom Anwender einige Umstellung und Übung. Die Sägeblätter sind dünner und schneiden deshalb gut, sie neigen dadurch aber zum Ausknicken. Einmal verbogen sind sie unbrauchbar.

## TRITTE UND LEITERN

Um Wand und Decke zu erreichen, sollten Sie gewagte Balanceakte auf Stühlen oder Tischen vermeiden. Bei Raumhöhen bis 2,5 Meter genügt manchmal ein zwei- oder dreistufiger Tritt oder Treppenhocker. Bei höheren Räumen empfiehlt sich eine Spreiz- oder Klappleiter mit vier bis acht Stufen. Die Höhe sollte so bemessen sein, dass Sie je nach individueller Körpergröße auf der oberen Plattform stehen können, ohne mit dem Kopf gegen die Decke zu stoßen. Eine zu hohe Leiter ist ebenso unzweckmäßig wie eine zu niedrige.

**Darauf sollten Sie beim Leiterkauf achten:**

- **Große, rutschsichere Standfüße** mit festen Kappen gegen Beschädigung des Fußbodens
- **Trittsichere Stufen** (mindestens acht Zentimeter breit)
- **Sicherung gegen Überspreizen**, zum Beispiel mit Spanngurt oder -kette. Den gleichen Effekt hat auch eine einrastende Sicherheitsplattform.
- **Sicherheitsbügel mit Werkzeugablage**

Zum Sägen von Metallprofilen empfiehlt sich eine kleine Bügelsäge, auch PUK-Säge genannt. Sie besteht aus einem einfachen, federnden Drahtbügel. Ihre auswechselbaren Sägeblätter werden ebenfalls auf Zug eingespannt.

Der Fuchsschwanz dient zum Ablängen von Brettern und Leisten, die japanische Zugsäge schneidet schnell und effizient, benötigt aber Erfahrung. Die Feinsäge ermöglicht saubere, passgenaue Schnitte, und die kleine PUK-Säge dient zum Ablängen von Profilen und Rohren aus Metall und Kunststoff.

## FEILEN UND RASPELN

Die Feile ist ein klassisches, unentbehrliches Handwerkzeug, das in keinem Werkzeugkasten fehlen darf. Mit ihr können nahezu alle Metalle, Holz und Kunststoffe zerspanend bearbeitet werden. Bei häuslichen Handwerksarbeiten wird man sie meist zum Entgraten oder zum genauen Anpassen von Werkstücken verwenden. Man unterscheidet Feilen nach der Form, dem Hieb (Zahnteilung) und dem Anwendungsgebiet. Feilen mit einer Länge von 150 Millimeter oder weniger werden als Schlüsselfeilen bezeichnet. Bei der Herstellung einer Feile werden deren Zähne noch vor dem Härten linienförmig, manchmal auch kreuzweise, in vorbestimmter Dichte in das Feilenblatt eingehauen (Hieb). Die Anordnung in Linien unterscheidet die Feile von der Raspel, bei welcher die Zähne punktförmig eingehauen werden. Letztere ist nur für die Holzbearbeitung oder weiche Materialien geeignet, wenn viel Material abgetragen werden soll.

Für den Hausgebrauch sollte mindestens eine Halbrundfeile von 200 Millimeter Länge, Hieb 1 angeschafft werden. Damit kann man beispielsweise abgeschnittene Rohrenden von außen und innen entgraten. Hieb 0 bezeichnet eine gröbere Feile, Hieb 2 eine feinere. Die Angabe findet man meist am Übergang zur Angel, dem Teil, an dem das Heft (der Griff) aufgesteckt ist.

Für die Holzbearbeitung sind als interessante Alternative zu herkömmlichen Feilen und Raspeln die Surform-Werkzeuge der amerikanischen Firma Stanley erwähnenswert, die inzwischen in fast identischer Form auch von anderen Werkzeugfirmen wie Lux angeboten werden. Sie arbeiten mit auswechselbaren gitterförmigen Blättern, die in entsprechende Handhalter eingespannt werden. Man erzielt mit diesen Werkzeugen eine hohe Abtragsleistung bei gleichzeitig relativ glatter Oberfläche. Man könnte sie als eine Synthese aus Feile, Raspel und Hobel bezeichnen. Es gibt diese Werkzeuge mit flachen und gebogenen Klingenblättern mit Bezeichnungen wie Kombihobel, Standardhobel, Blockhobel, Standardfeile, Rundfeile oder Schaber. Handhalter aus Metall sind solchen aus Kunststoff vorzuziehen, da sie sich beim Arbeiten etwas weniger verziehen.

## STECHBEITEL

Der Stechbeitel oder das Stecheisen ist eines der vielseitigsten Werkzeuge in der Holzbearbeitung. Mit dem rasiermesserscharf geschliffenen Stechbeitel werden Aussparungen in das Holz „gestochen“, Zinken hergestellt oder dünne Späne abgenommen, um Holzteile passgenau in- beziehungsweise aneinander zu fügen. Es gibt sie in den verschiedensten Formen und Breiten, auch halbrund, als Hohlbeitel. Ein stumpfer Stechbeitel ist unbrauchbar, weshalb die Schneide häufig nachgeschliffen und stets vor Beschädigung, aber auch wegen der Verletzungsgefahr geschützt werden muss. Man schlägt den Stechbeitel mit einem Holzklüpfel, niemals mit einem Hammer aus Metall.

## SCHLEIFMITTEL

Für großflächige Schleifarbeiten wird man sicherlich zum Elektrowerkzeug greifen, doch zum Anschleifen einer kleinen Oberfläche oder Brechen einer Kante genügen ein paar Blatt Schleifpapier oder Schleifleinen. Letzteres ist mechanisch stärker belastbar und lässt sich in Streifen reißen, was zum Schleifen von Rundungen vorteilhaft

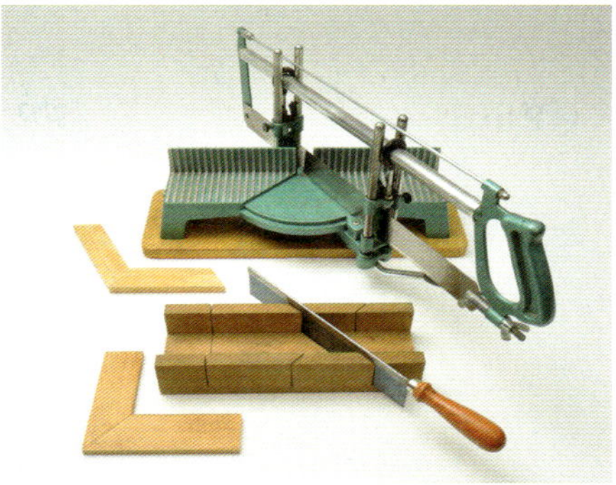

Mit einer Feinsäge und einer Gehrungslade lassen sich Leisten halbwegs winkelgenau zuschneiden. Präziser ist eine Gehrungssäge, die auch beliebige Winkeleinstellungen ermöglicht.

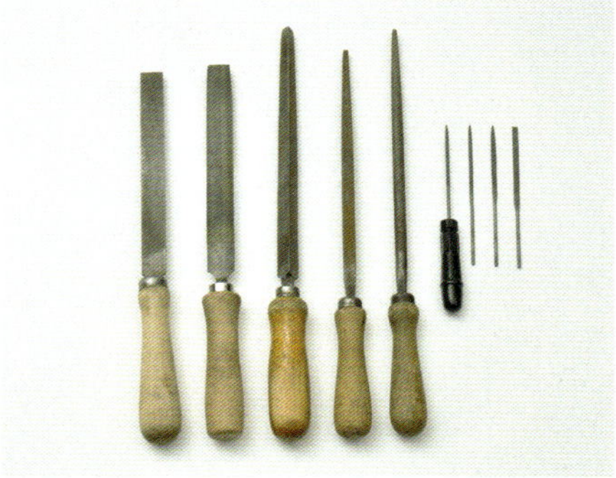

Feilen unterscheidet man nach Form, Hieb und Anwendungsgebiet. Hier eine Halbrund-, Flach-, Dreieck- und Rundfeilen sowie einige Schlüsselfeilen.

Surform-Werkzeuge verschiedener Anbieter mit Metall- oder Kunststoffgriffen: Kombihobel, Standardfeile, Blockhobel und zwei Schaber.

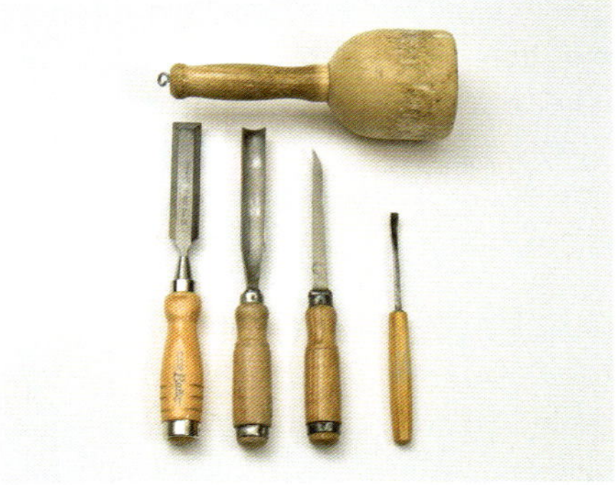

Stechbeitel verschiedener Breiten, Hohlbeitel, Geißfuß; dazu (oben) ein Klüpfel

Winkel-, Flach- und Rundpinsel in mehreren Größen sind die Grundausstattung für kleinere Malerarbeiten.

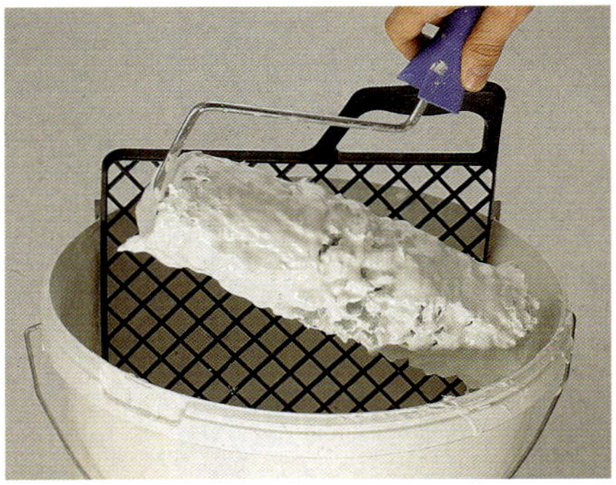

Zum Wändestreichen brauchen Sie einen Streichroller, meistens mit Lammfell. Wichtig: Vor dem Rollen an der Wand die mit Farbe getränkte Rolle am Abstreifgitter gut abrollen.

ist. Die Zahlen auf der Rückseite bezeichnen, wie fein oder grob die Schleifkörner sind.

Das Maß ist die Einheit Mesh, nämlich die Anzahl der Maschen eines Siebes pro Zoll (25,4 mm). Die Skala reicht von 8 (extrem grob) bis 1 200 (sehr fein). Für Holzarbeiten kommen Körnungen von 40 bis zirka 180 zum Einsatz. Nassschleifpapiere mit feinerer Körnung werden zum Anschliff lackierter Oberflächen verwendet. Ein Schleifklotz aus Kork oder Hartgummi, auf den das Schleifpapier gespannt wird, erleichtert die Arbeit. Auch feine Stahlwolle liefert einen guten Schliff und entfernt sogar Lackreste von Glasscheiben.

## MALERWERKZEUGE

Für Malerarbeiten sollten ein paar Pinsel in verschiedenen Größen im Haushalt sein. Rundpinsel lassen sich vielseitig für unterschiedliche Lackierarbeiten einsetzen. Flachpinsel sind vor allem für größere Flächen gedacht. Um besser in Ecken zu kommen, kann man einen Winkelpinsel benutzen und auch mit der schmalen Kante streichen. Hochwertige Pinsel werden aus Chinaborsten angefertigt, die in eine Metallzwinge eingespannt sind. Da auch gute Pinsel beim ersten Einsatz Haare verlieren können, streichen Sie sie vor dem Gebrauch mit etwas Wasser aus.

Kleine Schaumstoffrollen eignen sich ebenfalls für Lackierarbeiten. Mit ihnen lässt sich die Farbe besonders gleichmäßig auftragen. Zum Streichen von Wänden nimmt man die größeren Streichroller. Hier sind Roller mit Lammfell zu bevorzugen, falls der Farbenhersteller keine andere Empfehlung gibt. Sie nehmen die Farbe am besten auf.

## SPANNVORRICHTUNGEN

Werkstücke sollten fest am Arbeitstisch, einem Bock oder einer Vorrichtung fixiert sein, damit sie bei der Bearbeitung nicht wegrutschen oder gar außer Kontrolle geraten können. Wer hat das nicht schon erlebt, dass man nur schnell ein Loch in ein kleines Blech oder einen Winkel bohren will, und urplötzlich wird das Werkstück vom rotierenden Bohrer mitgerissen. Bei etwas Glück rotiert es nur um den Bohrer und man kann die Maschine schnell abschalten. Bei etwas weniger Glück beibt allerdings eine blutige Schramme zurück.

Die klassische Schraubzwinge, lieferbar in allen Größen, leistet noch immer gute Dienste, wenn Werkstücke zum Bohren oder Sägen am Tisch fixiert werden sollen oder wenn Druck ausgeübt werden muss, um zwei Holzteile zusammenzuleimen. Für besonders Eilige gibt es die Schnellspannzwinge, die auf Hebeldruck gespannt wird, doch sie hält oft nicht, was sie verspricht. Bei billigen Zwingen gehen die Schutzkappen aus Plastik verloren, oder sie reißen gar, weshalb man besser ein paar kleine Stückchen Hartfaser zum Zwischenlegen im Werkzeugkasten haben sollte. Es gibt auch Zwingen zum Spreizen oder um die Ecken von Rahmen zu fixieren.

Ein Maschinenschraubstock hält beim Bohren auch kleine Teile fest und ersetzt den üblichen Parallelschraubstock, wenn keine dauerhafte Werkbank zur Verfügung steht.

## MESSWERKZEUGE

Ein Meterstab (Zollstock) darf in keinem Werkzeugkasten fehlen. Er sollte leichtgängige, aber straff sitzende Federgelenke haben.

Eine Wasserwaage hilft, Gegenstände waagerecht oder senkrecht auszurichten. Sie sollte aus Teakholz oder Leichtmetall bestehen. Am besten prüfen Sie die Wasserwaage vor dem Kauf auf Umschlag. Dazu legen Sie sie auf eine gerade, möglichst waagerechte Fläche und schauen sich die Position der Blase in der Libelle an. Drehen Sie anschließend die Wasserwaage um 180 Grad. Befindet sich dann die Blase an einer anderen Position, ist das Gerät untauglich. Wasserwaagen mit einer Maßeinteilung erleichtern das Aufhängen von Bildern. Man kann beim Anlegen gleichzeitig den Abstand der Aufhängeösen markieren.

Zwingen, Schraubklemmen und Klammern sollten paarweise beschafft werden. Ein Maschinenschraubstock, am Werktisch festgeschraubt, leistet vielfältige Dienste.

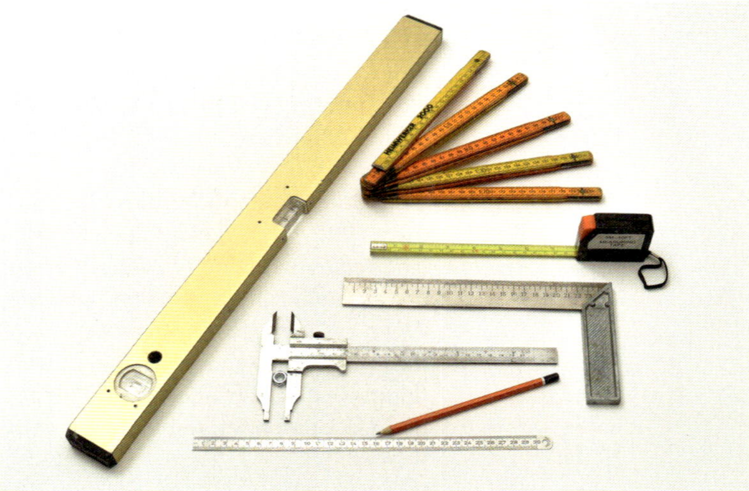

Meterstab, Bleistift (zum Anzeichnen) und eine Wasserwaage sind für genaues Arbeiten erforderlich. Bei Strecken über zwei Meter ist das Bandmaß praktischer. Achten Sie darauf, dass es sich ausgezogen feststellen lässt. Ein Messschieber ist unentbehrlich zum Messen von Durchmessern, beisielsweise von Bohrern oder Schrauben. Seine Messgenauigkeit beträgt $\frac{1}{10}$ Millimeter.

# ELEKTROWERKZEUGE UND ZUBEHÖR

Für kleinere Reparaturarbeiten im Haus müssen Sie nicht gleich einen ganzen Maschinenpark anschaffen. Manchmal stellt sich später sogar heraus, dass sich beim Einsatz von Handwerkzeugen mit etwas Erfahrung und Geschick bessere Ergebnisse hätten erzielen lassen.

Für den Anfang genügt deshalb vielleicht schon eine Schlagbohrmaschine. Entwickeln Sie später ein Interesse, auch umfangreichere Arbeiten im Haushalt durchzuführen, können Sie mit wachsender Erfahrung weitere Elektrowerkzeuge hinzukaufen.

## SCHLAGBOHRMASCHINE

Eine Schlagbohrmaschine bohrt in Holz und Metall und mit eingeschaltetem Schlagwerk auch in Wandbaustoffe.

1-Gang-Schlagbohrmaschinen mit etwa 600 Watt Leistungsaufnahme sind relativ handlich und liefern genügend Power für die meisten Arbeiten. Wenn oft mit besonders großen Bohrerdurchmessern, Bohrkronen beziehungsweise Lochsägen oder Vorsatzgeräten gearbeitet werden soll, empfiehlt sich die Anschaffung einer stärkeren Schlagbohrmaschine mit zwei Gängen. Der Schnellgang dient zum Bohren mit kleinen Durchmessern, der langsame Gang liefert genügend Kraft für dicke Bohrer und zum Eindrehen von Schrauben.

Damit sich die Bohrmaschine auch zum Schrauben eignet, sind Rechts-/Linkslauf und eine Elektronik, mit der sich die Drehzahl variieren lässt, eigentlich selbstverständlich.

Schnellspannbohrfutter haben bei den meisten Modellen das klassische Bohrfutter mit Zahnkranzschlüssel abgelöst. Sie sind einfacher zu bedienen, und man kann auch keinen Schlüssel verlieren. Komfortabler ist der Bohrerwechsel, wenn sich zum Spannen die Bohrspindel automatisch arretiert oder per Knopfdruck im Stand arretieren lässt.

Die Schlagbohrmaschine bohrt in Holz, Metall und Wandbaustoffe.

## BOHRHAMMER

Wer in einem Haus mit Betonwänden wohnt, sollte besser einen kleinen Bohrhammer benutzen. Während das Rastenschlagwerk von Schlagbohrmaschinen die Energie zum Vorantreiben des Bohrers aus der Andruckkraft des Anwenders bezieht, hämmert sich der Bohrhammer mit seinem Hammerwerk fast von allein durch den Beton. Es genügt, die Maschine nur leicht anzudrücken. Bohrhämmer benutzen zur besseren Kraftübertragung statt eines herkömmlichen Spannfutters eine spezielle Werkzeugaufnahme mit der Bezeichnung SDS-plus, in die ausschließlich Bohrer oder Meißel mit dem dafür vorgesehenen Schaft passen. SDS-plus wurde in den 70er Jahren von der Firma Bosch entwickelt und stand für „Steck, Dreh, Sitzt“. Inzwischen ist der Begriff international zum „Special Direct System“ mutiert.

Bohrhämmer der 2-Kilo-Klasse gibt es von Markenherstellern ab zirka 100 Euro. Zum Bohren in Beton und Mauerwerk genügen Bohrhämmer mit 1-Gang-Getriebe (bis zirka 1 000 Umdrehungen pro Minute).

Zum vorsichtigen Anbohren von Fliesen auch bei Lochziegeln oder weichen Wandbaustoffen (Porenbeton, Bims) oder bei der Verwendung von Bohrkronen muss das Schlagwerk abschaltbar sein (Schlagstopp).

Wer den Bohrhammer auch zum Bohren in Holz und Metall einsetzen will, findet im Zubehörhandel einen SDS-plus-Adapter, mit dem ein normales Dreibacken-Bohrfutter aufgesetzt werden kann. Die Hammerfunktion muss dann unbedingt ausgeschaltet bleiben, denn das Dreibackenfutter verkraftet die Stöße des Hammerwerks nicht. Auch auf höhere Drehzahlen zum Bohren kleiner Durchmesser muss verzichtet werden, denn Eingang-Bohrhämmer liefern selten mehr als 1000 Umdrehungen pro Minute.

Eine neuere Generation von Bohrhämmern wird als Kombihammer bezeichnet. Sie verfügen über ein Zweistufengetriebe und eine Schnellwechselvorrichtung, bei der die SDS-plus-Aufnahme und ein meist schlüsselloses Dreibackenfutter gegeneinander ausgetauscht werden können.

Bohrhämmer mit Drehstopp lassen sich auch für leichtere Meißelarbeiten nutzen. Anstelle des Bohrers wird dann ein Meißel mit SDS-plus-Schaft in die Maschine eingespannt. Eine typische Meißelarbeit, die sich mit einem kleinen Bohrhammer erledigen lässt, ist das Abschlagen von Fliesen.

Der Bohrhammer erfordert sogar beim Bohren in Beton nur eine geringe Andruckkraft. Die Schlagenergie produziert er in seinem Hammerwerk selbst.

Bohrhämmer mit Drehstopp eignen sich auch für leichte Meißelarbeiten wie das Abschlagen von Fliesen.

## AKKUBOHRSCHRAUBER

Vor allem zum schnellen und kraftsparenden Ein- und Ausdrehen von Schrauben, doch auch zum Bohren in Holz, Kunststoff und Blech lohnt sich die Anschaffung eines Akkubohrschraubers. Dessen Leistung wird wesentlich bestimmt von der Speicherkapazität in Amperestunden (Ah) des

### DARAUF SOLLTEN SIE BEIM KAUF VON ELEKTROWERKZEUGEN ACHTEN:

**Billigwerkzeuge** halten in der Regel nicht lange und lassen meist auch in der Leistung zu wünschen übrig.

**Markenware:** Für nur gelegentlichen Einsatz sind die Einstiegsmodelle der Markenhersteller die bessere Wahl. Wer Langlebigkeit erwartet oder mehr Leistung braucht, sollte zu den höherwertigen Modellen oder gar zu Profimaschinen greifen. Oft werden Elektrowerkzeuge mit Preisvorteil als Set mit passendem Zubehör im Koffer verkauft.

### AKKUS UND UMWELT

Die noch vor wenigen Jahren weit verbreiteten **Nickel-Cadmium-Akkus (NiCd)** sind wegen ihres hohen Gehalts an dem gesundheitsschädlichen Schwermetall Cadmium inzwischen nicht mehr akzeptabel. Das giftige Cadmium sammelt sich in Pflanzen und im Körpergewebe an, ohne abgebaut zu werden, und erreicht so toxische Konzentrationen. Diese Akkus dürfen deshalb seit 2010 nicht mehr in den Handel gebracht werden.

Abgelöst wurde die NiCd-Technik weitgehend von den **Nickel-Metallhydrid-Akkus (NiMH)**, die zudem (theoretisch) eine etwa doppelt so hohe Energiedichte wie NiCd-Akkus aufweisen. Sie bilden derzeit im Handel noch das Rückgrat der akkubetriebenen Elektrowerkzeuge.

Relativ neu, doch deutlich auf dem Vormarsch, sind die **Lithium-Ionen-Akkus (Li-Ion)**, die sich bisher eher in Handys, Laptops und Digitalkameras bewährt haben. Sie haben eine noch höhere Energiedichte und keinen Memory-Effekt, der ihre Speicherfähigkeit nach und nach immer geringer werden lässt. Doch gelten sie bisher nicht als besonders langlebig und zudem als wärmeempfindlich, was eine Mikroprozessor gesteuerte Ladetechnik erfordert, die die Erwärmung der Zellen während des Ladevorgangs überwacht. Inwieweit sich Li-Ion-Akkus im rauen Betrieb von Elektrowerkzeugen bewähren, bleibt derzeit also noch abzuwarten. Daran, dass sie sich durchsetzen werden und die Entwicklung weitergeht, bestehen allerdings kaum noch Zweifel. Wer Altbewährtes dem jeweils neuesten Trend vorzieht, kann durchaus noch zu einem Markengerät mit NiMH-Akku greifen, auch preislich vielleicht eine günstige Entscheidung.

Nach wie vor gilt für alle Akkus und Batterien welcher Technologie auch immer: Sie gehören nicht in den Hausmüll, sondern in die Recycling-Sammelboxen an den Baumarktkassen beziehungsweise bei der örtlichen Müllentsorgung.

Akkus und seiner Ladetechnologie. Akku und Ladegerät müssen perfekt aufeinander abgestimmt sein, um hohe Leistung und Dauerhaftigkeit zu erreichen. Dies mag ein Argument dafür sein, auch hier Markenprodukte bekannter Hersteller zu bevorzugen, die einige Entwicklungsarbeit in ihre Produkte investieren. Akkus altern erfahrungsgemäß auch dann, oder gerade dann, wenn sie nicht benutzt werden. Nur selten wird ein Akku länger als drei bis fünf Jahre seinen Dienst verrichten. Für nur gelegentliche Anwendungen lohnt sich deshalb die Anschaffung eines teuren Spitzenprodukts kaum, zumal ein Ersatzakku oft fast genauso viel kostet wie ein ganzes neues Gerät. Ein Muster an Nachhaltigkeit, sprich Lebensdauer und Ressourcenschonung, sind Akkugeräte deshalb nicht. Bei der Neuanschaffung gilt es also, den richtigen Kompromiss zwischen Häufigkeit der Verwendung, Lebensdauer und Preis zu finden. Mehr über Umweltverträglichkeit und Nachhaltigkeit der Akkutechnologie → Kasten „Akkus und Umwelt".

Wer einen Akkubohrschrauber verwendet, möchte möglichst viele Schrauben eindrehen können, ohne häufige Ladepausen einlegen zu müssen. In unseren Vergleichstests wird diesem Kriterium besondere Bedeutung zugemessen.

Es gibt Geräte mit elektrischen Spannungen zwischen etwa 9,6 und 24 Volt, wobei die höhere Akkuspannung nicht immer das größere Drehmoment liefert. Entscheidend für die Gebrauchstauglichkeit ist nicht zuletzt auch das Ladegerät, welches den Akku möglichst schnell wieder einsatzfähig machen sollte. Ladezeiten von über einer Stunde sollte man nicht mehr akzeptieren, die Messlatte liegt derzeit eher bei 15 Minuten. Wem das nicht ausreicht, der sollte sich für einen Schrauber mit Zweitakku entscheiden. Es lohnt sich, einen Blick in die Ergebnistabellen unserer Vergleichstests zu werfen, am schnellsten und aktuell unter www.test.de.

Nicht unwichtig für die Kaufentscheidung sind das Gewicht des Akkuschraubers, seine Schwerpunktlage und seine Länge. Manche Schrauber erweisen sich in der Praxis als zu lang, wenn beispielsweise zwischen Regalbrettern geschraubt werden soll. Bei manchen kann das Bohrfutter abgeschraubt und das Schrauberbit direkt in eine dafür vorgesehene Aufnahme gesteckt werden. Das Gerät wird dann um vier bis fünf Zentimeter kürzer.

Die Drehzahl der Spindel ist zwar bei allen Produkten stufenlos über den Schalter steuerbar, doch lohnt sich die Anschaffung eines Akkuschraubers mit mechanischem Zweiganggetriebe. Durch den stärker untersetzten ersten Gang steht mehr Drehmoment zum Schrauben zur Verfügung, während der zweite Gang die höhere Geschwindigkeit zum Bohren liefert.

Zahnkranzbohrfutter gibt es nur noch bei Billigschraubern. Am einfachsten zu bedienen sind Geräte mit Schnellspannbohrfutter und automatischer Spindelarretierung.

## STICHSÄGE

Ein vielseitig einsetzbares Elektrowerkzeug für den Heimgebrauch ist die elektrische Stichsäge. Mit einem sich auf und ab bewegenden Sägeblatt sägt sie nicht nur alle Holzwerkstoffe (Spanplatten, MDF-Platten) und Kunststoffe, sondern auch Keramik und Metalle. Kräftigere Modelle durchtrennen sogar Stahlplatten von bis zu 10 Millimeter Stärke. Dabei kommt es allein auf die Wahl des richtigen Sägeblatts an. Diese gibt es nicht nur für verschiedene Werkstoffe, sondern auch in verschiedenen Längen, wodurch die maximale Schnitttiefe der Stichsäge bestimmt wird. Spezielle Sägeblätter für enge Kurvenschnitte sind besonders schmal, aber auch bruchempfindlicher. Es lohnt sich, die Anwendungshinweise der Sägeblattanbieter genau zu studieren.

Akkubohrschrauber eignen sich außer zum Schrauben auch zum Bohren in Holz und Metall. Akkubohrschrauber mit Mittelhandgriff sind gut ausbalanciert und liegen beim Arbeiten besser in der Hand.

Ein generelles Problem aller Stichsägen ist das seitliche Ausweichen des Sägeblatts aufgrund seiner Elastizität, was bei dickeren Materialien wie beispielsweise Küchenarbeitsplatten dazu führt, dass der Schnitt auf seiner

### DREHMOMENT

Als Drehmoment bezeichnet man eine Kraft multipliziert mit einem Abstand zum Drehpunkt. Maßeinheit für die Kraft ist das Newton (N), für den Abstand das Meter (m). Das Produkt aus beiden ist folglich das **Newtonmeter (Nm)**.

Das zum Eindrehen ein und derselben Schraube erforderliche Drehmoment bleibt gleich, egal ob man einen Schraubendreher mit dünnem oder dickem Griff benutzt, dennoch merkt man den Unterschied: Der dickere Griff liefert den größeren Abstand zur Drehachse, der Kraftaufwand ist folglich geringer.

Bezogen auf einen Akkubohrschrauber ist das Drehmoment sein Durchzugsvermögen beim Bohren oder Schrauben. Beim Eindrehen einer Schraube in Holz steigt das erforderliche Drehmoment kontinuierlich an, je tiefer die Schraube in das Holz eindringt. Eine Gewindeschraube dagegen verlangt zum Eindrehen nur ein geringes Drehmoment, zum Festziehen allerdings kurzzeitig ein hohes. Für beide Situationen haben sich die etwas eigenartig anmutenden Begriffe **weicher Schraubfall** und **harter Schraubfall** gebildet.

Ein Akkubohrschrauber sollte übrigens über eine mehrstufige Drehmomentbegrenzung verfügen, damit man den Schraubenkopf nicht zu tief in das Holz versenkt. Man tastet sich zu Beginn an die optimale Drehmomenteinstellung heran, bis der Schraubenkopf der Senkschraube bündig mit der Oberfläche abschließt. Bei dünneren Schrauben bestünde sogar die Gefahr, dass der Kopf abreißt.

Ausschnitte und Kurvenschnitte lassen sich mit einer Stichsäge leicht anfertigen. Die Bügelgriff-Version erlaubt einhändiges Arbeiten und ist bei Heimwerkern sehr beliebt.

Profis bevorzugen Stichsägen mit Knaufgriff. Er erlaubt eine präzisere Führung bei Kurvenschnitten. Vorteilhaft bei allen Stichsägen ist eine werkzeuglose Schnellwechselvorrichtung für das Sägeblatt.

Lange gerade Schnitte lassen sich am schnellsten und besten mit einer Handkreissäge durchführen. Modelle mit elektronischer Drehzahlregelung eignen sich gut für Leichtmetalle und Kunststoffe.

Gesamtlänge nicht winkeltreu verläuft. Probeschnitte mit verschiedenen Sägeblättern und Pendelhubeinstellungen sind zu empfehlen, wenn es auf Genauigkeit ankommt. Ein Pendelhub, bei dem das Sägeblatt bei der Aufwärtsbewegung zusätzlich nach vorn gedrückt wird, ermöglicht einen schnelleren Schnitt. Wenn es auf saubere Schnittkanten ankommt, sollten Sie die Pendelung ausschalten.

Bei Stichsägen mit Elektronik lässt sich die Arbeitsgeschwindigkeit den Eigenschaften des Materials anpassen. Ein Überhitzen des Sägeblatts ist in jedem Fall zu vermeiden. Beim Sägen von Blechen ab 3 Millimeter Stärke empfiehlt es sich deshalb, etwas zu ölen, um die Reibung des Sägeblatts herabzusetzen. Ein werkzeugloser Sägeblattwechsel vereinfacht die Bedienung wesentlich.

## HANDKREISSÄGE

Für lange gerade Schnitte eignen sich Stichsägen nur bedingt. Hierfür nimmt man besser eine Handkreissäge. Sie sägt Massivholz und Holzwerkstoffplatten, teilweise auch Leichtmetall wie Aluminium. Wichtig ist eine solide Konstruktion der Grundplatte. Sie darf auch bei Schrägschnitten mit geringer Tiefe nicht nachgeben.

Für Zuschnitte von Profilbrettern und üblichen Plattenmaterialien genügt eine Handkreissäge mit zirka 55 Millimeter Schnitttiefe.

## OSZILLATIONSWERKZEUG

Beim Oszillationswerkzeug handelt es sich um ein Gerät, welches außer schleifen auch sägen und trennen kann. Entwickelt hat es der Elekro-Werkzeughersteller Fein, der sein Produkt „Multimaster“ nennt. Andere Anbieter wie Bosch nennen es Multifunktionswerkzeug.

Im äußeren Aufbau ähnelt es einem Winkelschleifer, doch die vom Werkzeug ausgeführte Bewegung ist nicht rotierend, sondern oszillierend, also eine rein schwingende Bewegung um eine Drehachse. Der Winkel, mit dem das eingespannte Sägeblatt beziehungsweise die Schleifplatte schwingt, beträgt nur etwa drei Grad, doch ist diese Bewegung ausreichend, um Rohre durchzusägen, Einstiche in

1

2

3

**1** Eine große Stärke der Oszillationswerkzeuge liegt im wandbündigen Abschneiden von Rohren oder Profilen.

**2** Auch zum Heraustrennen einzelner Fliesen sind Oszillationswerkzeuge hervorragend geeignet.

**3** Hier wird eine Türzarge gekürzt, um Fertigparkett zu legen. Die exakte Höhe liefert ein Reststück.

Holz oder Metall vorzunehmen, Fliesen herauszutrennen oder – wie mit einem Dreieckschleifer – Farbe in Ecken und an Kanten von Fenstern abzuschleifen. In unseren Tests erreichte ein Multimaster beim Schleifen zwar nicht ganz die Abtragleistung eines guten Dreieckschleifers, doch seine positiven Gesamteigenschaften, auch die in den anderen Disziplinen, überwiegen, so dass bei seiner Anschaffung das Geld für einen zusätzlichen Dreieckschleifer eingespart werden kann. Es soll allerdings nicht verschwiegen werden, dass die Zubehörteile für Oszillationswerkzeuge sehr teuer sind und ihre Anschaffung sowie der notwendige Ersatz den Preis der Maschine schnell übersteigt. Das Verletzungsrisiko ist beim Oszillationswerkzeug übrigens sehr gering – im Gegensatz zum Winkelschleifer, der mit hoher Umdrehungszahl läuft.

Die Einstiegsmodelle oder billigeren Oszillationswerkzeuge verfügen über keine Schnellspanneinrichtung, und man verliert schnell die Lust am Werkzeugwechsel. Auch fehlt ihnen eine elektronische Drehzahlregulierung. Für manche Schleifarbeiten läuft ein solches Gerät erfahrungsgemäß zu schnell, was zum Ablösen oder Reißen des Schleifpapiers führt.
Falls Sie sich für die Anschaffung eines Oszillationswerkzeugs entscheiden, sollten Sie ein drehzahlgeregeltes Gerät mit Schnellspanner und einem zugehörigen Set von Werkzeugen wählen, welche man später viel teurer bezahlen müsste.

## ELEKTRO-FUCHSSCHWANZ

Elektro-Fuchsschwänze arbeiten nach dem gleichen Prinzip wie Stichsägen, sind aber mehr fürs Grobe ausgelegt, zum Beispiel zum Abtrennen von Rohren und Balken, mit entsprechenden Sägeblättern schneiden sie sogar Porenbetonsteine. Für präzise Schnitte sind sie nicht geeignet. In der stärkeren Profiausführung nennen sich diese Maschinen auch Säbelsägen, Tigersägen oder Reziproksägen.

Mit einer Kapp- und Gehrungssäge lassen sich Leisten, Profilbretter und Paneele ablängen und winkelgenau zuschneiden.

Für Kapp- und Gehrungsschnitte in Fußbodenleisten und Bilderrahmenleisten eignet sich die Feinschnittsäge. Mit dem seitlich montierten Sägeblatt kann sie auch nahezu wandbündig abschneiden.

## KAPP- UND GEHRUNGSSÄGE

Die Kapp- und Gehrungssäge wird zum Ablängen von Leisten und Profilbrettern sowie zum Anfertigen präziser Gehrungsschnitte benutzt. Einfache Modelle gibt es ab 100 Euro, die Spitzenmodelle kosten mehr als 500 Euro. Die Anschaffung einer solchen Maschine lohnt sich also nur, wenn umfangreiche Arbeiten anstehen. Die meisten Winkelschnitte können auch mit einer Hand-Gehrungssäge ausgeführt werden.

## FEINSCHNITTSÄGE

Sollen nur Fußleisten und Profile abgelängt oder Rahmenleisten auf Gehrung angepasst werden, tut es eine elektrische Feinschnittsäge. Mit Hilfe eines Sägetisches ermöglicht sie auch präzise Kapp- und Gehrungsschnitte. Außerdem kann sie – als Handmaschine verwendet – eingebaute Teile nahezu wandbündig schneiden. Diese Säge gehört nicht zur Grundausstattung.

## SCHLEIFWERKZEUGE

Schwingschleifer und Dreieckschleifer arbeiten mit vibrierender oder kreisender Bewegung und haben eher eine geringe Abtragsleistung. Sie eignen sich für den feinen Schliff von ebenen Oberflächen. **Dreieckschleifer**, auch Deltaschleifer genannt, sind die Spezialisten zum Schleifen von Ecken und Kanten. Für größere Flächen sind sie ungeeignet.

Der **Exzenterschleifer**, der mit einer exzentrisch gelagerten, rotierenden Schleifplatte arbeitet, hat den Schwingschleifer weitgehend verdrängt, weil sich mit ihm sowohl höhere Abtragsleistungen als auch polierte Oberflächen erreichen lassen.

Der **Winkelschleifer** (auch Trennschleifer oder „Flex“ genannt) eignet sich dagegen nur für eine grobe Oberflächenbearbeitung, zum Beispiel zum Glätten von Schweißnähten oder zum Entrosten. Bei der Holzbearbeitung hinterlässt er unschöne, kreisförmige Spuren oder sogar Brandflecken. Winkelschleifer benutzt man auch zum Trennen von Metall und Stein. Dazu schneidet man das Material mit der Kante der rotierenden Trennscheibe.

**Bandschleifer** arbeiten mit einem umlaufenden Schleifband, also einer linearen Schleifbewegung, und bieten eine hohe Abtragsleistung. Das Arbeiten mit dem Bandschleifer erfordert etwas Übung, sollen keine Unebenheiten in die Oberfläche geschliffen werden. Eine Staubabsaugung und ein Bürstenschleifrahmen sollten dazugehören. Letzterer sorgt für eine gleichmäßige Auflage und verringert den Anpressdruck, wenn eine hohe Oberflächengüte erreicht werden soll.

Auf den Kopf gestellt und am Tisch festgespannt lassen sich einige Fabrikate auch stationär zum Schleifen kleiner Werkstücke einsetzen.

## OBERFRÄSE

Die Oberfräse ist das Kreativwerkzeug unter den Elektrowerkzeugen. Mit ihr kann man Profile nacharbeiten, Holzverbindungen herstellen oder Aussparungen für Beschläge ausfräsen. Viele dieser Aufgaben lassen sich in Handarbeit nur mühevoll erledigen.

Wer sich intensiver mit Schreinerarbeiten beschäftigen will, kommt letztlich um die Anschaffung einer Oberfräse nicht herum. Es lohnt sich dann durchaus, sich gleich für eine leistungsfähige Maschine in der 1000-Watt-Klasse zu entscheiden. Diese hat nicht nur mehr Leistung, sondern bietet auch vielfältigere und präzisere Einstellmöglichkeiten.

## TACKER

Tacker sind Heftgeräte, mit denen man beispielsweise textile Bespannungen oder Dämmstoffe, aber auch Kabel an einem Trägermaterial befestigen kann. Sie ähneln den bekannten Heftgeräten auf dem Schreibtisch, verarbeiten aber stabilere Drahtklammern, auch Drahtstifte, aus einem Magazin.

Handbetriebene Tacker, die Klammern bis etwa 14 Millimeter Länge verarbeiten, eignen sich vor allem für Dekorationsarbeiten. Dabei muss für jede Auslösung die eingestellte Federspannung überwunden werden, was für die Hand recht anstrengend werden kann. Wer viel damit arbeitet, dem ist deshalb ein elektrisches Gerät zu empfehlen.

Elektrotacker verarbeiten auch längere Klammern, mit denen zum Beispiel Wand- und Deckenverkleidungen angebracht werden können. Es gibt sie mit Netz- oder Akkubetrieb. Die Schlagkraft kann verstellt und damit an das Material und die Klammerhöhe angepasst werden.

Der Exzenterschleifer liefert mit der exzentrisch rotierenden Scheibe eine hohe Abtragsleistung und gute Oberflächenqualität. Mit einem weichen Schleifteller (Zubehör) lassen sich auch gewölbte Oberflächen bearbeiten.

Eine Oberfräse lässt sich vielseitig einsetzen. Sie rundet Kanten ab, fräst Nuten und Aussparungen für Holzverbindungen.

Elektrische Tacker haben eine Sperre, die ein unbeabsichtigtes Auslösen verhindert. Noch sicherer sind jedoch Geräte mit einer zusätzlichen Freischusssicherung, die verhindert, dass eine Klammer „verschossen" werden kann, wenn das Gerät nicht angedrückt wird.

### TIPP: WERKZEUGE AUSLEIHEN

Werkzeuge, die selten eingesetzt werden, muss man nicht unbedingt kaufen. Findet sich das gesuchte Gerät nicht im Freundeskreis, kann es auch bei einem Werkzeugverleih tage- oder wochenweise ausgeliehen werden. Viele Baumärkte und Werkzeug-Fachhändler bieten einen solchen Service für ihre Kunden an.

Es gibt auch Firmen, die sich auf das Verleihen von Werkzeugen und sogar Baumaschinen spezialisiert haben. Die Kosten liegen selbst beim Leihen des Gerätes für eine ganze Woche deutlich unter dem Kaufpreis, jedoch sollte man sich vorher genau nach den Extragebühren für die Abnutzung von Bohrern oder Sägeblättern erkundigen.

# BOHREN

Das Bohren von Löchern in Holz und Metall oder von Dübellöchern in Wände ist eine Arbeit, die auch weniger ambitionierte Heimwerker erledigen können. Dabei ist zu beachten, dass für die verschiedenen Werkstoffe der jeweils richtige Bohrer und das passende Bohrverfahren gewählt werden. Kleine Bohrdurchmesser erfordern immer eine höhere Drehzahl, große Durchmesser eine geringere.

Zum Bohren in Metall oder Holz benötigt man lediglich eine Drehbewegung, die man auch mit einer Handbohrmaschine oder einem Akkubohrschrauber erzeugen kann. Stein und Beton jedoch fordern zusätzlich einen axialen Schlag, den nur eine Schlagbohrmaschine oder – besser – ein Bohrhammer liefert.

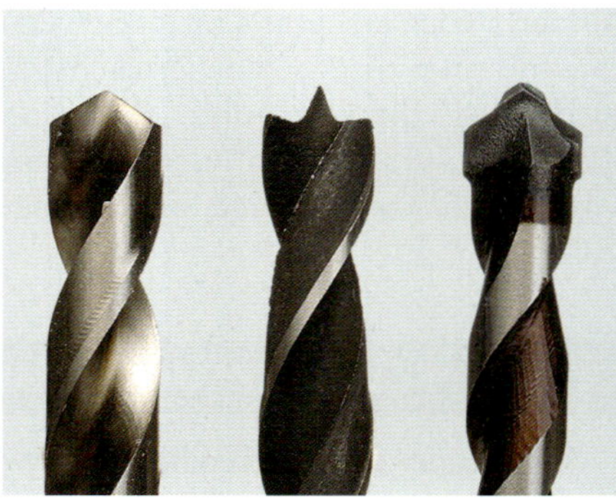

Die klassischen Bohrerarten. Von links: HSS-Bohrer für Metall, Holzspiralbohrer mit Zentrierspitze, Betonbohrer mit Hartmetallschneiden.

Spezieller Metallbohrer mit Zentrierspitze und seitlichen Vorschneidern. Er eignet sich besonders für absolut kreisrunde und gratfreie Bohrungen in Blechen. Nachteil: Ein Nachschärfen der komplizierten Bohrerspitze ist nicht möglich.

## BOHREN IN METALL

Bei Metall kommen normalerweise HSS-Bohrer zum Einsatz. Sie eignen sich für NE-Metalle (Aluminium, Kupfer, Messing, Zink), Eisen und unlegierten Stahl. Die Bezeichnung HSS steht für einen legierten Schnellarbeitsstahl, der eine Warmfestigkeit bis zu 600 Grad Celsius besitzt. Das Kürzel ist vom englischen Namen High Speed Steel abgeleitet HSS (Kürzel nach EN ISO 4957 HS). Wegen der erhöhten Verschleißfestigkeit sollte man beim Kaufen von Spiralbohrern auf diese Bezeichnung achten. Der etwas höhere Preis gegenüber Bohrern aus einfachem Werkzeugstahl wird durch die höhere Standzeit mehr als ausgeglichen. Für Edelstahl sind Bohrer aus kobaltlegiertem Schnellarbeitsstahl (HSS-E) oder gar Bohrer mit Titanbeschichtung erforderlich. Sie sind wesentlich teurer als HSS-Bohrer, ermöglichen aber letztlich erst das Bohren von Spezialstählen ohne extrem hohen Bohrerverschleiß.

Um die Standzeit der Bohrer zu verlängern, sollte vor allem bei tieferen Bohrungen in Metall ab und zu mit ein paar Tropfen Öl gekühlt werden.

Damit der Bohrer auf der glatten Metalloberfläche nicht abrutscht, körnt man die Bohrstelle mit einem Hammerschlag auf einen spitzen Metallstift (Körner) an und sorgt so für eine Führung der Bohrerspitze beim Anbohren.

Zum Bohren von dünnen Blechen gibt es Bohrer, deren Kopf ähnlich wie ein Holzbohrer geschliffen ist. Sie schneiden eine kreisrunde Platte aus dem Blech und erzielen so perfekte Bohrungen ohne Ausfransen. Diese Bohrer eignen sich auch gut zum

Arbeiten mit Akkubohrschraubern. Weiterer Vorteil: Mit der scharfen Zentrierspitze genügt es in der Regel, den Bohrer in das Metall zu drücken, um ihn genau zu positionieren. Ein Ankörnen ist hier nicht erforderlich.

## BOHREN IN HOLZ UND HOLZWERKSTOFFEN

Holzspiralbohrer für kleinere Durchmesser haben eine lange Zentrierspitze und zwei Vorschneider außen. Diese ritzen die Holzfasern an, bevor sie von den innenliegenden Spanhebern herausgeschnitten werden.

Für größere Bohrdurchmesser (10 bis 50 Millimeter) werden meistens Forstnerbohrer, Kunstbohrer oder Beschlaglochbohrer eingesetzt. Ihr zylindrischer Schneidkopf ist ebenfalls mit einer Führungsspitze und zwei Messern als Spanabheber ausgestattet. Forstnerbohrer haben zwei fast halbkreisgroße Umfangschneiden. Mit ihnen lassen sich auch Bohrungen erstellen, die seitlich offen sind. Kunstbohrer haben außen nur zwei Vorschneider aus Hartmetall. Sie ritzen den Kreis nicht so präzise wie die Umfangschneiden des Forstnerbohrers, halten aber in Holzwerkstoffen, wie zum Beispiel beschichteten Spanplatten und Hartholz, viel länger. Bei billigeren Beschlaglochbohrern fehlt die Umfangschneide ganz. Der Rand reißt deshalb leichter aus. Dieser Schaden wird jedoch in der Regel vom Beschlag abgedeckt.

Manchmal findet man im Handel auch die billigen Flachfräsbohrer. Mit ihnen lassen sich aber kaum präzise Bohrungen erstellen. Ähnliches gilt für verstellbare Holzzentrumsbohrer. Sie können am ehesten im Bohrständer eingesetzt werden. Für tiefe Bohrungen in Holz gibt es noch Schlangen- oder Balkenbohrer.

## BOHREN IN MAUERWERK UND BETON

Mauerwerk aus Vollsteinen mit dichtem Gefüge, zum Beispiel Backstein, Klinker und Kalksandstein oder gar Wände aus Beton erfordern den Einsatz einer Schlagbohrmaschine oder eines Bohrhammers.

Besteht die Wand jedoch aus Lochsteinen, aus Steinen mit porigem Gefüge wie Bims und Porenbeton, wird nur drehend (also ohne Schlag) gebohrt, da sonst die Stege zwischen den Luftkammern leicht zerstört werden. Ähnlich empfindlich sind Wände aus Plattenmaterialien wie Gipskarton.

Bohrer für mineralische Werkstoffe, kurz als Steinbohrer bezeichnet, haben eingelötete Hartmetallschneiden. Anders als die geschliffenen Schneiden der Holz- und Metallbohrer erzeugen sie keine Späne, sondern zermahlen den Baustoff zu Staub. Die Bohrerwendel dient dazu, das Bohrmehl aus dem Bohrloch abzutransportieren. Um einem Wärmestau vorzubeugen, sollte der Bohrer öfter gelüftet werden.

Hammerbohrer sind wie Schlagbohrer mit Hartmetallschneiden ausgestattet. Sie sind speziell auf die zum Bohren in Beton erforderliche hohe Schlagenergie von Bohrhämmern abgestimmt. Sie haben einen speziellen Schaft (SDS-plus) mit Führungsnuten

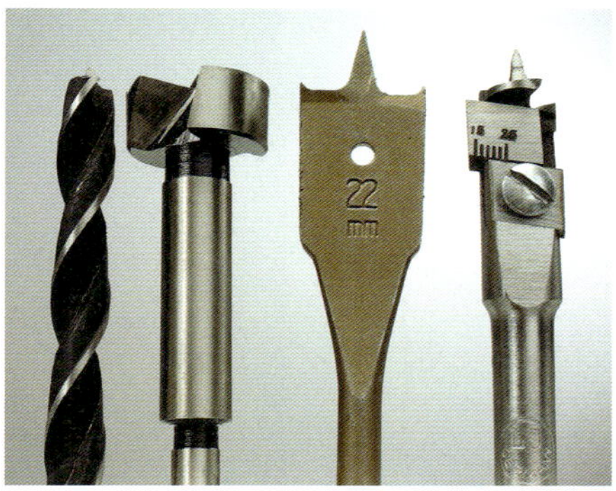


Bohrer für Holz. Von links: Holzspiralbohrer, Forstnerbohrer, Flachfräsbohrer, verstellbarer Holzzentrumsbohrer.

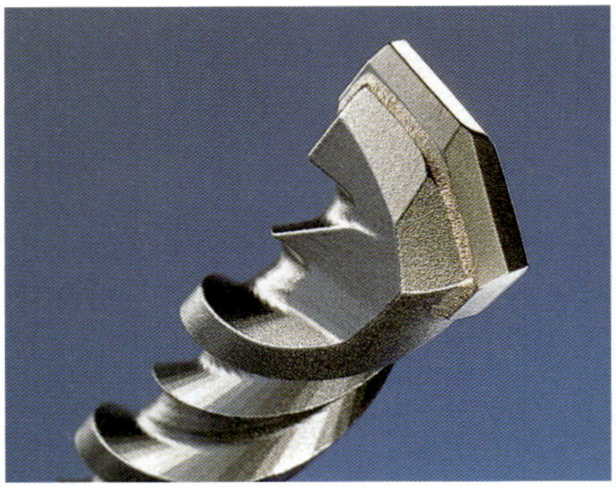

Hammerbohrer für Gestein mit spezieller Wendelung für schnellen Bohrmehlabtransport. Die an der Spitze eingelötete Hartmetallschneide hat die Aufgabe, den Baustoff zu zermahlen.

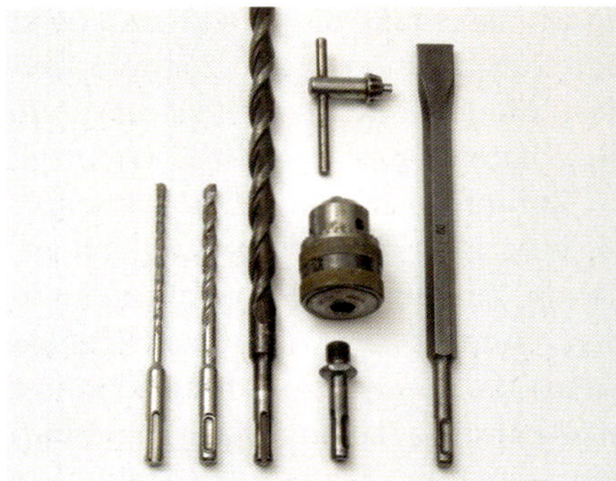

Bohr- und Meißelwerkzeuge mit SDS-plus-Schaft. Zum einfachen Drehbohren kann mit Hilfe eines Adapters ein Dreibackenfutter eingesetzt werden. Das Hammerwerk muss dazu unbedingt abgeschaltet werden.

für die Werkzeugaufnahme der Bohrhämmer und können nicht in normale Dreibacken-Spannfutter eingesetzt werden.

Für Bohrungen mit größerem Durchmesser, zum Beispiel für Anschlussdosen bei der Elektroinstallation, kommen meist Bohrkronen oder bei weichen Materialien wie Gipskarton auch Lochsägen zum Einsatz. Bohrkronen gibt es in unterschiedlichen Ausführungen zum Dreh- und Hammerbohren, bestückt mit Hartmetallzähnen oder Hartmetallkörnern.

### SO ERKENNEN SIE DEN BAUSTOFF

**Die Außenwände** eines Hauses sind tragende Wände und bestehen in der Regel aus Beton oder Mauerwerk.

**Tragende Innenwände** erkennt man an der größeren Wandstärke gegenüber den nicht tragenden Zwischenwänden. Klopft man dagegen, so klingen sie weder hohl, noch spürt man eine Schwingung oder ein Nachgeben.

**Zwischenwände** hingegen, auch vorgesetzte Schalen aus Gipskarton- oder Faserplatten, klingen beim Klopfen hohl und federn ein wenig.

**Das Bohrmehl** von Beton ist staubfein, aber noch rieselfähig und hat eine weiße bis hellgraue Farbe.

Porenbetonmehl ist ebenfalls weiß, aber grobkörnig und leicht schmierig. Porenbeton setzt dem Bohrer nur wenig Widerstand entgegen, im Gegensatz zu normalem Gußbeton, der den Einsatz eines Bohrhammers erfordert.

Ziegel und (Loch-)Ziegel aus Ton liefern rotes oder gelbliches Bohrmehl. Schwierig ist es herauszufinden, ob es sich um Vollsteine oder Lochsteine, zum Beispiel Hohlkammerziegel, handelt. Man merkt es leider erst dann, wenn man beim Bohren in ein Loch „fällt“.

Kalksandsteine haben ein weißes Bohrmehl, das sich sandig anfühlt.

Gipskartonplatten liefern ein feines weißes Mehl, das am Bohrer kleben bleibt. Bei Gipsfaserplatten ist es hellgrau.

# DÜBELVERBINDUNGEN

Dübel dienen dazu, einer Schraube oder einem Nagel in einem mineralischen Baustoff Halt zu verleihen.

Befestigungselemente, die einen Dübel samt passender Schraube in sich vereinigen und die für hohe Lasten verwendet werden, nennt man hingegen (Mauer-)Anker.

Dübel und Maueranker werden in verschiedenen Durchmessern und Längen angeboten. Ihre Durchmesserangabe ist üblicherweise identisch mit dem Durchmesser des erforderlichen Bohrlochs.

Wichtig für die Wahl des Dübels sind der Baustoff, die Montageart und die Belastung, der er ausgesetzt wird. Bei der Belastung kommt es zusätzlich auf deren Angriffspunkt an und in welcher Richtung sie wirkt.

Für sicherheitsrelevante Befestigungen – insbesondere, wenn ihr Versagen zu einer Gefahr für das Leben oder die Gesundheit von Menschen werden kann oder erhebliche Sachschäden zur Folge hätte – müssen grundsätzlich bauaufsichtlich zugelassene Dübel verwendet werden. Angaben über die bauaufsichtliche Zulassung findet man auf der Verpackung oder einem Beipackzettel mit entsprechender Montageanleitung. Namhafte Dübelhersteller informieren auch im Internet über technische Einzelheiten.

Im Heimwerkerbereich findet man am häufigsten Kunststoffdübel aus Polyamid, wobei der am weitesten verbreitete klassische Spreizdübel („Fischerdübel“) längst von einer Vielzahl verbesserter Varianten abgelöst worden ist, die beispielsweise die Spreizkräfte gleichmäßiger auf das Bohrloch verteilen und somit für größeren Halt sorgen. Es lohnt sich also, die Informationsblätter und Angaben auf den Schachteln der Dübelhersteller etwas genauer zu studieren. Kunststoffdübel halten naturgemäß am besten in Beton und Mauerwerk aus Vollstein, dort, wo das Material dem hohen Spreizdruck am besten standhält. In einer nachgiebigen Mörtelfuge hingegen hält ein Spreizdübel schlecht und im Hohlraum eines Lochziegels möglicherweise gar nicht.

Bei den schon erwähnten Spreizdübeln aus Kunststoff werden die Spreizteile an die Bohrlochwandung gepresst, sie werden durch Reibschluss gehalten.

Beim Erstellen von Dübelverbindungen sind die unterschiedlichen Wandbaustoffe zu berücksichtigen.

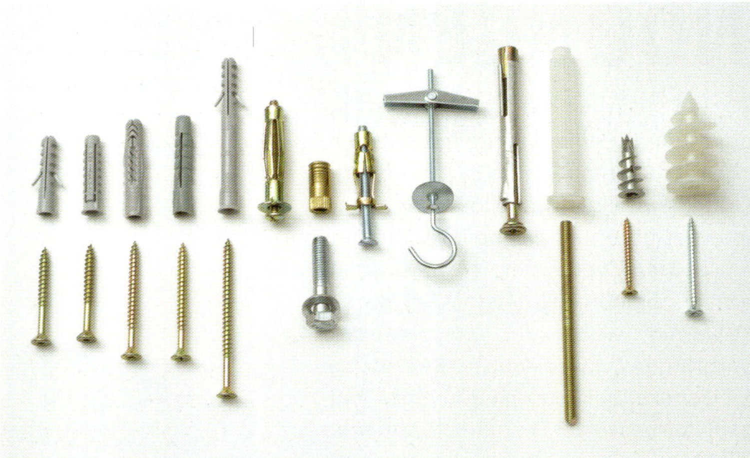

Links oben die Mutter aller Spreizdübel. Daneben ein neuerer Dübel mit Dreifachspreizung, danach zwei Universaldübel, die auch in Lochsteinen halten, und ein Durchsteckdübel für Rahmenbefestigung. Drei Spreizdübel aus Metall sind für Befestigungen an der Decke geeignet, auch der Kippdübel. Eine Ankerbefestigung mit Spreizkonus und ein Injektionsanker, der mit einem Zweikomponentenzement unlösbar in das Mauerwerk eingesetzt wird. Ganz rechts je ein Dübel für leichte Befestigungen an Rigipsplatten und in Isolierstoffen. Beide werden ohne vorzubohren hineingedreht.

Beim Formschluss klappt der Dübel im Hohlraum des Baustoffs aus oder verknotet sich. Solche Dübel eignen sich besonders für die Montage in Lochziegeln oder Plattenbaustoffen. Es gibt sie in unterschiedlichen Ausführungen, zum Beispiel als sogenannte Allzweck- oder Hohlraumdübel.

Beim Stoffschluss verbindet ein Mörtel oder ein Reaktionsharz den Dübel mit dem Wandbaustoff. Diese Verankerungsart eignet sich auch für randnahe Befestigungen, weil kein Spreizdruck entsteht, der ein Ausplatzen der Ecke bewirken könnte.

Die Bohrung für den Dübel muss dem angegebenen Durchmesser entsprechen und so tief sein, dass sie Dübel und Schraube aufnehmen kann. Der Verputz einer Wand gilt nicht als tragfähig, dementsprechend muss die Bohrtiefe größer ausfallen und eventuell auch ein längerer Dübel verwendet werden.

Nach dem Bohren muss das Bohrmehl aus dem Loch entfernt werden. Es reduziert sonst die Haltekräfte.

Zur sicheren Dübelbefestigung gehört immer die passende Schraube. Die verwendbaren Schraubendurchmesser und -längen sind auf der Verpackung angegeben. Bei Dübelbefestigungen in feuchten Räumen, wie Bad oder Keller, sollten nichtrostende Schrauben verwendet werden.

Bei der Dübelmontage sind drei Arten zu unterscheiden. Am bekanntesten ist die Vorsteckmontage: Der Dübel wird in das Bohrloch gesteckt, bis er bündig mit der Wand abschließt. Anschließend wird der Montagegegenstand mit einer Schraube befestigt.

Bei der Durchsteckmontage wird der Dübel durch den Montagegegenstand hindurch in das Bohrloch gesteckt. Verwendet werden dabei entsprechend längere Rahmendübel. Diese Methode erleichtert vor allem die Montage von Gegenständen mit mehreren Befestigungspunkten, zum Beispiel von Holzunterkonstruktionen für Wandverkleidungen.

Bei der Abstandsmontage kann das zu montierende Bauteil in einem bestimmten Abstand zur Wand befestigt werden, zum Beispiel bei Rohrleitungen.

Bei Metall-Spreizdübeln (eigentlich Ankerbefestigungen) wird die Klemmwirkung von einem Konus erzeugt. Metalldübel sind tragfähiger und sicherer als solche aus Kunststoff, da sie höhere Spreizkräfte auf die Bohrlochwand übertragen können. Für Befestigungen an Decken sind nur Dübel aus Metall zugelassen, da bei Kunststoff die Gefahr des „Fließens“ besteht, das heißt, sie verformen sich allmählich durch die Auszugskräfte.

Sogenannte **Verbundanker** sind für höhere Belastungen geeignet und im Regelfall auch bauaufsichtlich zugelassen. Handelsüblich sind Systeme, bei denen Zweikomponenten-Reaktionsharze mit Hilfe einer Glasampulle oder einer Mischdüse in das Bohrloch gegeben werden. Das Harz dringt teilweise in die Poren des umgebenden Mauerwerks oder Betons ein, härtet zeit- und temperaturabhängig aus und verklebt eine Ankerstange oder Schraube mit der Bohrlochwand. Solche Anker halten ohne Spreizung beziehungsweise Vorspannung und vermeiden so eine mögliche Rissbildung im umgebenden Baustoff durch hohe Spreizkräfte.

**Schraubdübel**, auch bekannt als Betonschrauben, sind ein relativ neues Befestigungssystem, welches auch in den Do-it-yourself-Markt vordringt. Die Schraube wird in ein Bohrloch eingedreht, welches einen exakt vorgeschriebenen Durchmesser haben muss. Mit einem Spezialgewinde schneidet sie beim Einschrauben ein Innengewinde in den Baustoff. Die Verankerung erfolgt durch den Formschluss des Spezialgewindes. Die Belastungsfähigkeit hängt deshalb vor allem vom Verankerungsgrund ab. Typische Einsatzgebiete sind Geländer- und Fensterbefestigungen.

**Gipskartondübel** sind nur für gering belastete Befestigungen geeignet. Sie werden ohne vorzubohren in Gipskartonplatten eingedreht. Für Deckenbefestigungen, beispielsweise für Lampen, sind sie wegen ihrer geringen Tragfähigkeit kaum geeignet, ein Rauchmelder jedoch lässt sich damit minutenschnell an einer Gipskartondecke installieren. Für höher belastete Montagen an Hohlraumwänden wurden spezielle Metall- und Kunststoffdübel entwickelt.

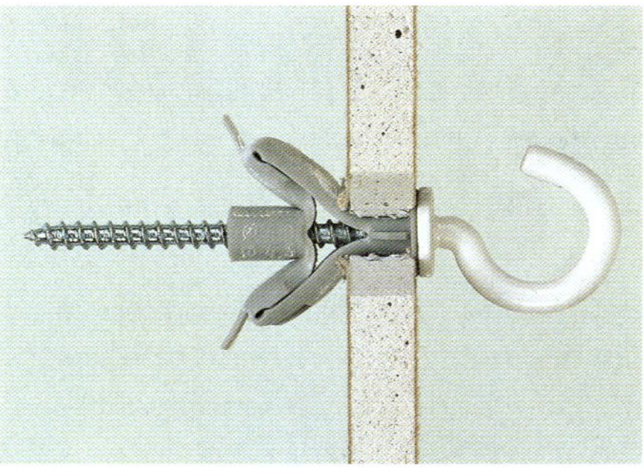

Dieser Universaldübel knickt in Hohlräumen zusammen und hält so im Formschluss auch in einer Gipskartonwand.

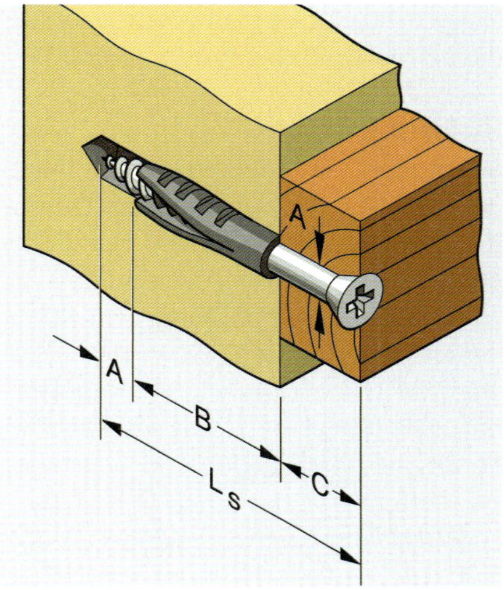


Die Schraubenlänge hat hohen Einfluss auf die Tragfähigkeit der Dübelverbindung. Bei Kunststoffdübeln sollte die Schraube mindestens so lang sein wie die addierten Werte der Dicke des Anbauteils (C), der Dübellänge (B) und des Schraubendurchmessers (A).

**Dämmstoffdübel** werden für Befestigungen auf Wärmeschutzfassaden verwendet. Die meisten Dämmstoffdübel sind aus Polyethylen oder Polyamid und haben die Form einer groben Gewindespirale mit Flachkopf und einer Schraubenaufnahme. Sie schneiden sich formschlüssig in das Dämmmaterial ein. Sie werden in Längen von 50 bis 155 Millimeter angeboten. Unter der Bezeichnung Thermax bietet der Hersteller Fischer einen Dübel an, mit dem auch schwerere Gegenstände wie Laternen oder Geländer an wärmegedämmten Fassaden angebracht werden können, ohne dass Kältebrücken entstehen. In einem Kurztest (test 07/2008) hat sich das System als zuverlässig und robust erwiesen.

# SCHRAUBEN, NAGELN, TACKERN

Schrauben, Nageln und Tackern sind die am meisten verwendeten Befestigungs- und Verbindungstechniken. Während Schraubverbindungen später wieder gelöst werden können, sind Nägel und Tackerklammern eher für die einmalige Befestigung gedacht.

## SCHRAUBEN

Schrauben unterscheidet man nach der Art des Gewindes, nach Durchmesser und Länge, sowie der Form des Kopfes und dem Antrieb.

Als Gewindeschrauben bezeichnet man Schrauben, die ein entsprechendes Gegengewinde (Innengewinde), zum Beispiel in Form einer Mutter benötigen. Holzschrauben verfügen zwar ebenfalls über ein Gewinde, welches jedoch selbstschneidend ist und das Gegengewinde beim Eindrehen erzeugt.

Kopfformen: Bei Arbeiten mit Holz und Holzwerkstoffen kommen vor allem Schrauben mit Senkkopf zum Einsatz. Sie lassen sich bündig in der Oberfläche des Werkstücks versenken. Deshalb beziehen sich die Längenangaben bei Senkschrauben auf deren Gesamtlänge mit Kopf, im Gegensatz zu Schrauben, deren Köpfe über die Oberfläche heraus stehen. Schrauben mit Halbrundkopf oder Linsenkopf werden vor allem zum Befestigen von Beschlägen, Schildern und Leisten benutzt.

Weiterhin gibt es Schrauben mit zylindrischen Köpfen sowie solche mit Sechskantköpfen zum Festziehen mit einem Schraubenschlüssel. Schlossschrauben haben einen runden abgeflachten Kopf, der das Ansetzen von Werkzeugen erschwert. Die Schlossschraube kann nur von der Mutterseite her gelöst werden. Ein unter dem Kopf sitzender Vierkant verhindert, dass sich die Schraube beim Anziehen oder Lösen der Mutter mitdreht.

Antriebe: Die häufigsten Antriebe bei Holzschrauben sind der klassische Flachschlitz sowie die beiden Kreuzschlitzvarianten: Phillips und Pozidriv. Bei Blechschrauben und Schnellbauschrauben hat sich der Phillips-Kreuzschlitz durchgesetzt, bei Holzbauschrauben der Pozidriv. Der Pozidriv hat steilere Flanken und zusätzliche Einkerbungen, die das Herausrutschen des Schraubendrehers oder Schrauberbits vermindern sollen. Pozidriv-Schrauben sind an den zusätzlichen feinen Schlitzen leicht zu erken-

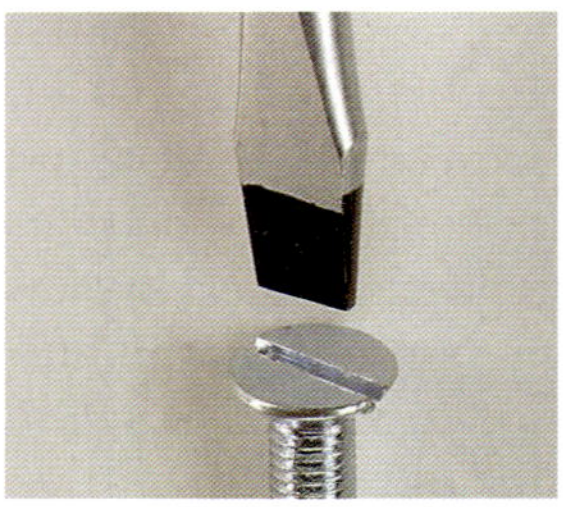

Flachschlitz

Pozidriv-Kreuzschlitz

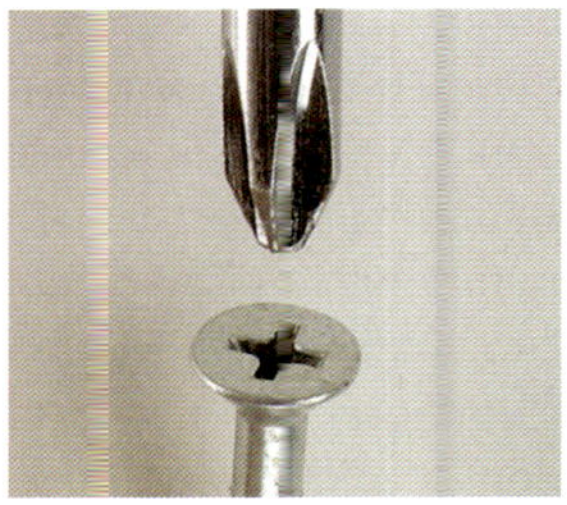

Phillips-Kreuzschlitz

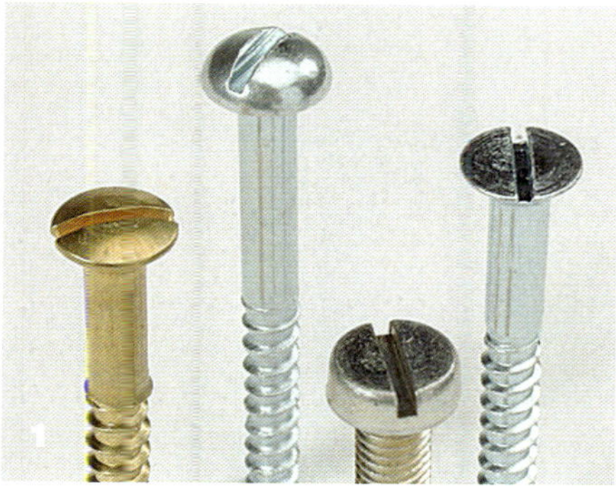

nen. Der Kopf sieht aus wie ein Doppelkreuz. Auch der Pozidriv-Schraubendreher ist an den zusätzlichen Flanken erkennbar. Dies ist wichtig für den Anwender, denn mit dem falschen Schraubendreher lassen sich festsitzende Schrauben nicht lösen, sondern nur ruinieren. Der Schraubendreher muss aber nicht nur in der Form, sondern auch in der Größe passen.

Jeder Käufer von Selbstmontage-Möbeln kennt Schrauben mit Innensechskant, die sogenannten Inbusschrauben.

Bei Industrieanlagen, Fahrzeugen oder Geräten kommen noch noch weiterere Schraubenantriebe zur Anwendung, die verhindern sollen, dass Unbefugte die Schrauben lockern oder gar entfernen können.

Immer häufiger findet man Torx-Schrauben in den Baumarktregalen. Sie haben einen sechseckigen Stern mit runden Ecken als Antrieb. Torx-Schrauben mit zusätzlichem Stift in der Mitte werden auch als Sicherheitsschrauben verwendet. Hier passen gewöhnliche Torx-Schraubendreher nicht, sondern nur solche mit einem Loch in der Mitte. Der Torx-Antrieb hat gegenüber dem Kreuzschlitz- oder gar dem Flachschlitzantrieb den Vorteil, dass hohe Drehmomente übertragen werden können und die Gefahr des Abrutschens geringer ist.

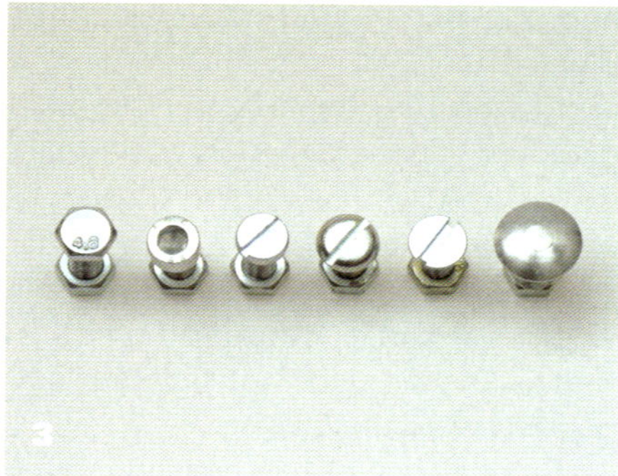

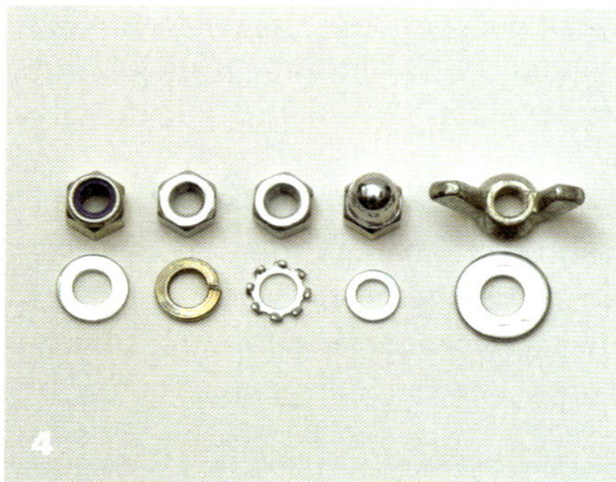

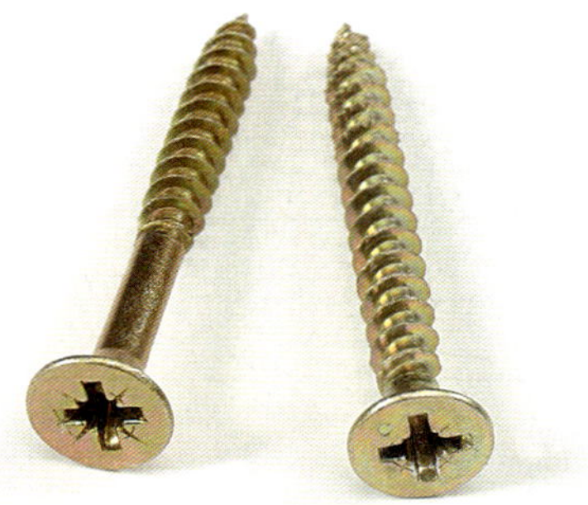

**1** Unterschiedliche Kopfformen bei Schlitzschrauben. Von links: Linsenkopf, Halbrundkopf, Zylinderkopf, Senkkopf.

**2** Die gängigen Schraubenköpfe: Torx-Schraubenkopf (oben links), Pozidriv-Kreuzschlitz (oben rechts), Flachschlitz (unten links), Phillips-Kreuzschlitz (unten rechts).

**3** Einige der häufig verwendeten Gewindeschrauben: Sechskantkopf, Inbus, Zylinderkopf, Halbrundkopf, Senkkopf, Schloss.

**4** Zu den entsprechenden Muttern gehört eine Unterlegscheibe und gegebenenfalls eine Sicherung gegen Lösen. Am bequemsten: die selbstsichernde Mutter. Federring oder Zahnscheibe tun es auch. Die Hutmutter deckt das Gewindeende ab. Rechts eine Flügelmutter, falls die Verbindung häufiger gelöst werden soll.

**5** Spanplattenschrauben mit durchgehendem und Teilgewinde. Schrauben mit Teilgewinde benutzt man zum Befestigen von Leisten.

## SCHRAUBEN IN HIRNHOLZ

Sollen Schrauben in Hirnholz (in Faserrichtung) eingeschraubt werden, halten sie sicherer, wenn sie in einen quer zur Faserrichtung eingeleimten Holzdübel geschraubt werden.

Hierzu wird ein Holzdübel oder ein Stück einer Dübelstange in die Leiste eingeleimt und bündig abgesägt.

Anschließend müssen die Holzschrauben bis in das Dübelholz hineingedreht werden.

Die klassischen Holzschrauben mit spitzem Gewinde werden heute weitgehend von Spanplattenschrauben, auch als Spax-Schrauben bezeichnet, ersetzt. Sie haben ein stärker ausgeprägtes Gewinde und einen schlankeren Kern, so dass das Vorbohren, wie dies bei Holzschrauben notwendig ist, entfallen kann. Die meist gelb verzinkten Spanplattenschrauben haben das Zeug zur Universalschraube, denn sie eignen sich auch für Weich- und Hartholz, Kunststoffe und selbst für dünne Bleche.

Richtige Blechschrauben haben jedoch ein engeres, weniger steiles Gewinde. Sie schneiden ihr Muttergewinde selbst ins Blech. Es gibt sogar selbstbohrende Ausführungen, die mit einem Schrauber ohne Vorbohren in Profile, Bleche und Metallplatten eingedreht werden können.

Gewindeschrauben schließlich haben ein genormtes, meist metrisches Gewinde und sind mit allen Innengewinden oder Muttern gleicher Norm kompatibel.

## SCHRAUBERBITS

Zum Schrauben mit dem Akkuschrauber oder einer Bohrmaschine benötigt man Schrauberklingen, kurz Bits genannt. Wie die Spitzen der Schraubendreher müssen auch die Antriebe der Klingen zu den Schraubern passen. Sie sollten deshalb entsprechend gekennzeichnet sein (zum Beispiel PH2 für einen Bit mit Phillips-Kreuzschlitz in der Größe 2 oder PZ3 für Pozidriv 3). Bei minderwertigen Produkten ist das oft nicht der Fall. Zerstörte Schraubenköpfe oder schnell abgedrehte Bitspitzen sind dann oft die Folge. Bei teureren Bits sollen zusätzliche Beschichtungen aus Keramikpartikeln, Titan- oder Diamantstaub verhindern, dass der Bit bei hoher Belastung aus dem Schraubenkopf herausrutscht und

### BITGRÖSSEN FÜR HOLZ- UND BLECHSCHRAUBEN

| Bitgröße | Schraubendurchmesser | |
|---|---|---|
| | Holz (mm) | Blech (mm) |
| 0 | 2,0 | 2,2 |
| 1 | 2,5–3 | 2,9 |
| 2 | 3,5–5 | 3,5–4,8 |
| 3 | 5,5–7 | 5,5–6,3 |
| 4 | – | 8,0–9,5 |

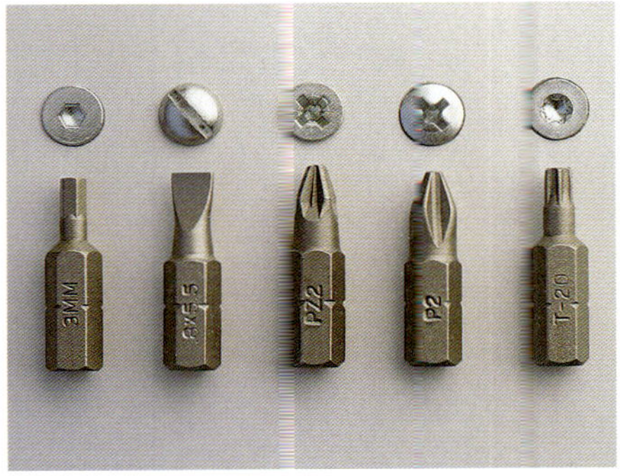


Nur mit den passenden Schrauberbits lassen sich Schrauben sicher drehen. V. links: Innensechskant, Flachschlitz, Pozidriv, Phillips-Kreuzschlitz, Torx.

Lange Doppelbits sind praktisch, weil man gleich zwei Bits an einem Stück hat. Aber auch hier muss man auf den jeweils richtigen Antrieb achten.

durchdreht. In einem Vergleichstest von 17 Bit-Sets im Februar 2007 hat sich allerdings herausgestellt, dass viele unbeschichtete Stahl-Bits sogar etwas besser abschnitten als manch beschichtetes Exemplar.

Einige Schraubenhersteller liefern den passenden Bit zu ihren Schrauben übrigens gleich mit.

## NAGELN

Nageln ist eine einfache Verbindungsart, dennoch erfordert sie etwas Übung und den richtigen Umgang mit dem Hammer. Wählen Sie ein Hammergewicht, das zum Nagel passt.

Das spitze Ende des Hammerkopfes, Finne genannt, ist hilfreich beim anfänglichen Positionieren des Nagels und schont die Finger. Die große, leicht ballige Schlagfläche wird als Hammerbahn bezeichnet. Sie wird benutzt, um den Nagel mit kräftigen Schlägen einzutreiben. Wird der Nagel krumm, ziehen Sie ihn heraus und ersetzen Sie ihn durch einen neuen.

Wählen Sie Größe und Art des Nagels passend zum Material und dem zu befestigenden Gegenstand. Die glatten Nägel mit geriffeltem oder glatten Kopf werden Drahtstifte genannt. Drahtstifte mit gestauchtem Kopf oder Leistenstifte lassen sich auch versenken (Senkstift) und überspachteln. Fast unsichtbar sind dünne Colornägel in der Farbe des Werkstücks. Zum Annageln von Pappe oder Folien verwendet man Nägel mit besonders großen Köpfen, im Außenbereich oder für Dachpappe in verzinkter Ausführung. Für die Befestigung von Bezugsstoffen gibt es Polsternägel. Zum Aufhängen von Bildern an Wänden benutzt man besser Stahlnägel. Schraubnägel mit einem leichten Gewinde eignen sich besonders zum Verlegen von Dielen, Fußbodenplatten

### TIPP: FESTSITZENDE SCHRAUBEN LÖSEN

Bei Reparaturarbeiten trifft der Heimwerker oft auf Schrauben, die besonders fest sitzen. Bei leicht angerosteten Gewindeschrauben bewirkt etwas **ROSTLÖSER** oft Wunder. Fehlt die Kraft, um eine Schraube zu lösen, kann bei manchen Schraubendrehern ein **SCHRAUBENSCHLÜSSEL** auf einen Sechskant unter dem Griff gesetzt werden. Mit ihm lässt sich ein deutlich größeres Drehmoment erzeugen. Andere Schraubendreher haben ein Loch im Griff, das nicht nur zum Aufhängen dient. Hier kann ein weiterer Schraubendreher durchgesteckt werden, der einen entsprechenden Hebelarm bietet. Festsitzende Schlitzschrauben lassen sich oft lösen, wenn man den Schraubendreher schräg ansetzt und mit Hammerschlägen auf den Schraubendreher versucht, die Schraube in Drehung zu versetzen.

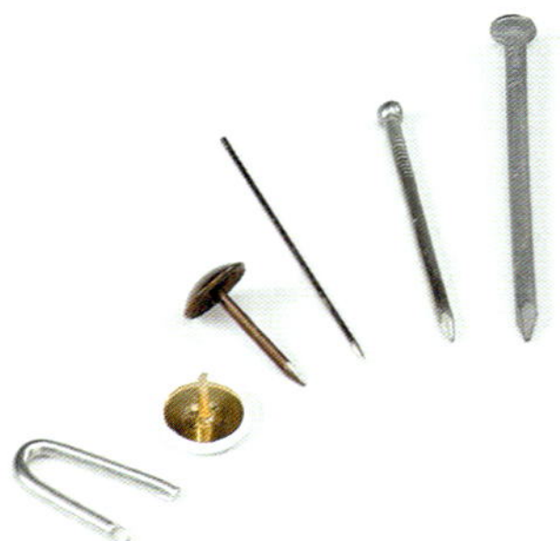

Eine kleine Nagelauswahl (von links): Krampen zum Befestigen von Drahtzäunen, Reißbrettstift für Dekozwecke, Polsternagel, Goldleistenstift ohne Kopf für unsichtbare Befestigungen, Drahtstift gestaucht, Drahtstift mit Senkkopf.

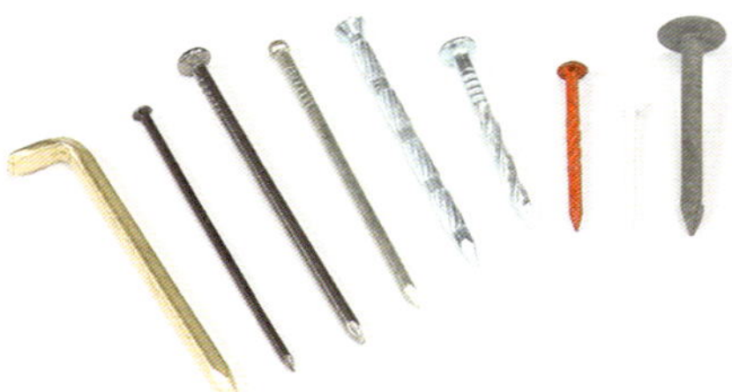

Von links: Wandhaken, Stahlnagel für Befestigungen in der Wand, Drahtstift mit Senkkopf, gestauchter Drahtstift, Stahlnagel geriffelt für Befestigungen in Bims- und Ziegelsteinen, Stahlnagel mit Gewinde für Dielen und Bodenplatten, Colornagel, Dachpappenstift verzinkt.

Bilderhaken mit Stahlstiften sind die klassischen Befestigungsmittel für Bilder aller Art. Bei schweren Bildern sind Dübel und Schrauben vorzuziehen.

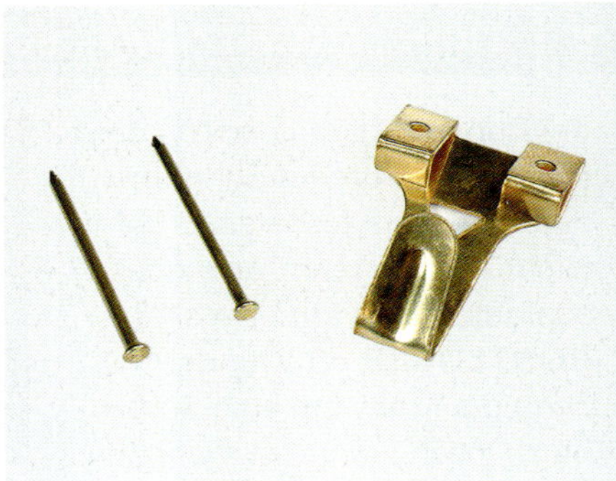

Damit Holz nicht splittert, sollte die Nagelspitze vor dem Eintreiben mit einem Hammerschlag gestaucht werden.

Damit das Holz nicht reißt, schlagen Sie Nägel immer etwas versetzt ein. Direkt nebeneinander eingeschlagene Nägel könnten in diesem Beispiel die untere Leiste spalten.

Holzverbindungen halten besser, wenn Sie die Nägel schräg eintreiben.

und Treppenstufen. Das Gewinde sorgt für einen hohen Auszugswiderstand und beugt dem Knarren vor.

Leim kann für die zusätzliche Festigkeit einer genagelten Verbindung sorgen. Mit Nägeln kann man auch Werkstücke beim Verleimen fixieren, um ein „Schwimmen“ zu verhindern. Kurze Nägel mit abgekniffenem Kopf eignen sich sogar zum unsichtbaren Fixieren von Teilen für die Leimverbindung.

## TACKERN

Tackern geht schneller als Nageln, wenn Dekostoffe, Folien, Dämmmaterial und sogar Wand- oder Deckenbekleidungen auf weichem Untergrund, zum Beispiel Holz, angebracht werden.

Als Befestigungsmittel dienen Klammern, die den Heftklammern im Büro ähneln, aber auch kleine Stifte. Die Unterschiede der Klammern sind teilweise gerätebedingt, aber auch anwendungsbezogen. Die schmaleren Feindrahtklammern werden zum Befestigen von Textilien, Geflechten, Draht oder Holzleisten verwendet, die breiteren Flachdrahtklammern für riss-

Mit einer Kneif-/Beißzange können Sie einen Nagel wieder herausziehen. Ein dünnes Holzstück als Unterlage verhindert dabei Abdrücke auf empfindlichen Oberflächen.

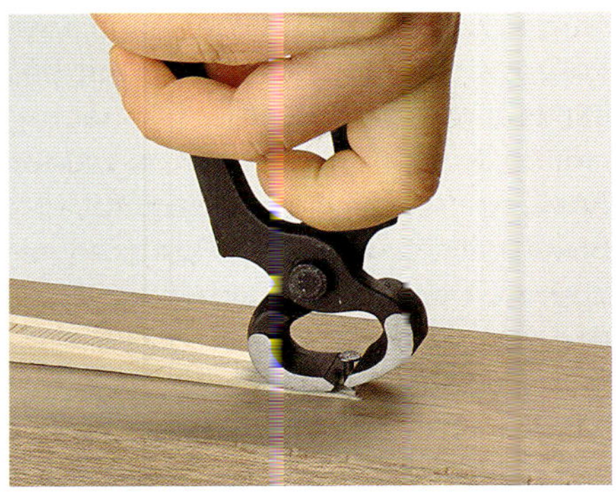

empfindliche Materialien wie Folien, Papier und Pappe. Beim Spannen von Stoffen und Folien setzen Sie die Klammern in kurzen Abständen im Zickzack oder schräg nebeneinander.

Schwere Materialien wie Profilbretter und Paneele werden auch oft mit speziellen Paneelkrallen, die auf eine Unterkonstruktion getackert werden, verlegt. Dieses Verfahren ist einfacher und sicherer, als die Klammern zielgenau durch die Unterkante an der Nut zu schießen.

Bei Deckenbekleidungen mit Profilen oder Paneelen sollten Klammern mit mindestens 23 Millimeter Länge zum Einsatz kommen. Allerdings können nicht alle Tacker solch lange Klammern verarbeiten. Beachten Sie die Verlegehinweise der jeweiligen Geräte- und Materialhersteller.

Mit speziellen Kabelklammern können auch Leitungen verlegt werden. Für Netzspannungsleitungen von 230 Volt sind spezielle Klammern mit einer Isolierung erforderlich. Der Tacker muss dafür geeignet sein.

Da normale Tackerklammern mit der Zeit rosten, sollten Sie bei Arbeiten im Außenbereich Feindraht- und Schmalrückenklammern aus nicht rostendem Stahl verwenden.

Bei den meisten Geräten kann die Schlagkraft reguliert werden, damit bei weichen Materialien die Klammer nicht zu tief eindringt. Bei längeren Heftmitteln oder hartem Untergrund kann es passieren, dass die Kraft des Tackers (→ Seite 55) nicht ausreicht, um die Klammer bündig einzutreiben. Manche Geräte haben deshalb eine Nachschlagfunktion, mit der man die Klammer vollständig eintreiben kann, ohne dass weitere Klammern aus dem Magazin nachgeschoben werden.

Wählen Sie für jede Anwendung die passende Klammer; die meisten Geräte können jedoch nicht alle Klammerarten und -größen verarbeiten. Achten Sie deshalb beim Kauf der Klammern darauf, ob sie in Ihr Gerät passen.

Das Bespannen von Sitzflächen ist ein typisches Einsatzgebiet für den Tacker. Hierzu genügt schon ein mechanischer Handtacker.

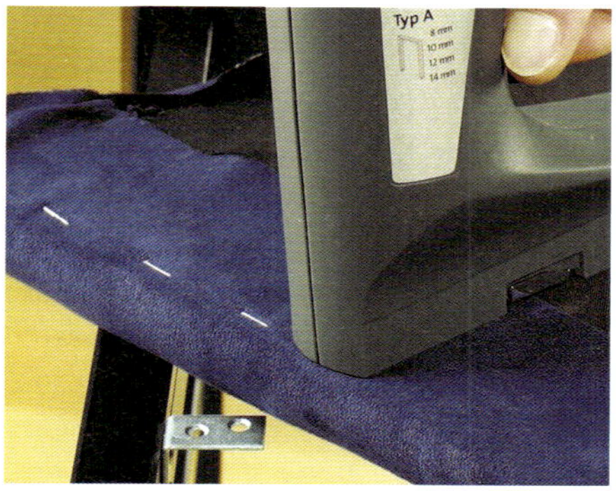


Setzen Sie für eine gleichmäßige Spannung des Stoffes mehrere Klammern mit geringem Abstand nebeneinander.

Zum Verlegen von Profilbrettern und Paneelen ist ein Elektro- oder Drucklufttacker sinnvoll. Er verarbeitet auch längere Klammern und ermüdet den Benutzer nicht so stark wie ein Handtacker.

# KLEBEN

### KLEBFESTIGKEIT

Die Festigkeit einer Klebung wird durch die Haftung zwischen dem Klebstoff und den einzelnen Fügeteiloberflächen = Adhäsion sowie durch die innere Bindefestigkeit der Klebstoffs = Kohäsion bestimmt.

Gute **Adhäsion** setzt eine optimale Klebstoffbenetzung der Oberflächen voraus. Sehr glatte Flächen oder Verunreinigungen, zum Beispiel Staub oder Fett, reduzieren sie.

Die **Kohäsion** wird durch gleichmäßige, dünne Klebschichten begünstigt. Ein hoher Anpressdruck erhöht die Festigkeit der Klebeverbindung. Er muss solange anliegen, bis eine Mindestfestigkeit erreicht ist.

Bis zum Erreichen der Endfestigkeit benötigt ein Klebstoff eine definierte **Abbindezeit**.

Mit Klebstoffen können die unterschiedlichsten Materialien und Geometrien fest und dauerhaft miteinander verbunden werden, vorausgesetzt, man wählt das geeignete Klebeverfahren und beachtet sorgfältig die jeweiligen Verarbeitungshinweise.

Klebstoffe werden üblicherweise in flüssiger oder streichförmiger Form geliefert. Dabei gibt es anwendungsfertige Einkomponenten(1K-)Klebstoffe und Zweikomponenten(2K-)Klebstoffe, deren meist reaktionsfähige Bestandteile erst kurz vor der Verarbeitung angemischt werden. Überwiegend basieren Kleber auf Kunststoffen, die physikalisch oder chemisch abbinden. Das heißt, sie Erstarren durch Verdunsten von Wasser oder einem anderen Lösungsmittel oder infolge einer chemischen Reaktion.

## VORBEREITUNGEN

Für eine haltbare Verbindung ist die Verarbeitungstemperatur des Klebstoffs von großer Bedeutung, ebenso wie die Oberflächeneigenschaften und die Geometrie der Fügeteile. Bei zu niedrigen Temperaturen laufen manche chemischen Prozesse so langsam ab, dass keine feste Verbindung entsteht. Die Fügeteile müssen trocken, fett- und staubfrei sein.

Kleine Klebeflächen sind weniger haltbar; eine Vergrößerung kann zum Beispiel durch Anschrägen der Verbindungsflächen erfolgen.

Bei schwierig zu verklebenden Materialien, oder wenn die Klebung Feuchtigkeit und Korrosion ausgesetzt ist, kann eine Vorbehandlung mit flüssigen Primern die Haftung verbessern. Der Primer ist Bestandteil der auch im Kleber verwendeten Stoffe, weshalb unbedingt der zum Kleber passende Primer verwendet werden muss

## VERARBEITUNG

Üblicherweise wird der Klebstoff gleichmäßig und dünn aufgetragen, und es müssen die vorgeschriebenen Zeiten beim Zusammenfügen der Bauteile und Aushärten der Klebschicht eingehalten werden. Teilweise ist es notwendig einen hohen Pressdruck auszuüben. Dazu nimmt man am besten Schraub- oder Klemmzwingen.

Enthält der Klebstoff organische Lösungsmittel, muss während der Verarbeitung auf gute Belüftung geachtet werden, da diese gesundheitsschädlich sein können. Generell ist ein Hautkontakt mit Klebstoffen zu vermeiden.

## ALLESKLEBER

Der Begriff lässt mehr vermuten, als der Kleber halten kann, da zwar viele, doch längst nicht alle Materialien verklebt werden können. Geeignet sind sogenannte Alleskleber für Pappe, Papier, Leder, Holz, Hart-PVC und Plexiglas.

Für Glas, Porzellan und Metalle und verschiedene Kunststoffe sind entsprechende Spezialkleber die bessere Wahl.

Zum Kleben streicht man eine Klebefläche dünn mit Klebstoff ein und drückt die zu verbindenden Teile sofort zusammen. Um den Druck beim Abbinden aufrecht zu erhalten, sollte man die Klebverbindung fixieren, zum Beispiel mit einer Schraubzwinge. Bei Papier und Pappe tut es auch ein Gewicht, mit dem man die Klebstelle belastet. Nach etwa zehn Minuten ist die Verbindung belastbar, die Endfestigkeit nach etwa fünf Tagen erreicht.

## KONTAKTKLEBER

Kontaktkleber sind Lösungsmittelklebstoffe, die für Holz, Metall, Leder, Kunststoffe, Gummi und Schaumstoffe geeignet sind. Sie werden auf beide zu verklebenden Teile aufgetragen. Erst nach 5 bis 15 Minuten – wenn das Lösungsmittel verdunstet ist – werden die Teile unter hohem Druck zusammengefügt. Für die Festigkeit ist nicht die Dauer, sondern die Höhe des Pressdrucks entscheidend! Die Verklebung ist danach fast sofort belastbar und bleibt dauerhaft elastisch. Sie eignet sich daher zum Beispiel auch zum Kleben von Schuhsohlen.

## REAKTIONSKLEBER

Zu den häufigsten Reaktionsklebstoffen zählen 2K-Klebstoffe aus Epoxid- oder Acrylatharzen, sowie 1K-Klebstoffe aus Zyanacrylaten, die auch als Sekundenkleber bekannt sind. Epoxidkleber sind sehr vielfältig einsetzbar. Ihre Abbindezeit ist meist länger, sie härten aber elastischer aus als Acrylatharze, welche sehr hart und spröde sind.

Reaktionsklebstoffe binden durch Zugabe von Härtern, aber auch anderen Komponenten wie Luftfeuchtigkeit, Wärme oder UV-Licht chemisch ab und bilden sehr feste und dauerhafte Verbindungen. Dabei ist die richtige Dosierung der Komponenten stets zu beachten.

Reaktionsklebstoffe enthalten keine Lösungsmittel und sind deshalb besonders geeignet für glatte, nicht poröse und feste Materialien wie Metalle, Glas, Keramik und harte Kunststoffe. Auf Metalloberflächen müssen vorher Oxid- und Korrosionsschichten durch Schleifen entfernt werden.

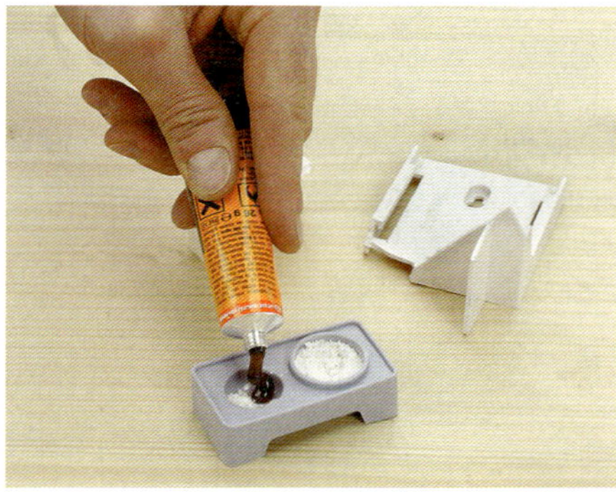

Mit einem Mehrkomponentenkleber lassen sich gebrochene Kunststoffteile wieder fest zusammenfügen. Füllen Sie zuerst die getrennt verpackten Komponenten nach Anweisung des Herstellers in den mitgelieferten Mischbehälter.

Verrühren Sie die Komponenten gründlich. Meist lässt sich das Mischergebnis durch unterschiedliche Farben der Einzelkomponenten gut erkennen: Rühren Sie so lange, bis ein gleichmäßiger Farbton entsteht.

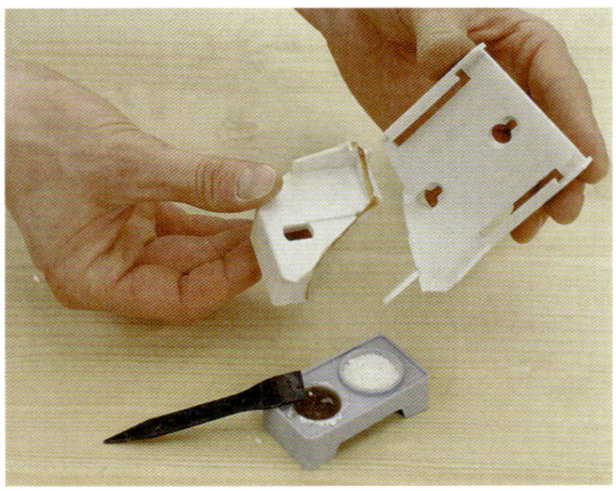

Jetzt können Sie den fertigen Klebstoff auf die Klebestellen auftragen und die Werkstücke zusammendrücken.

Klemmzwingen aus dem Modellbaubedarf sind eine wertvolle Hilfe beim Anpressen der zu verbindenden Teile.

Mit Rundholzdübeln und Holzleim lassen sich sehr stabile Holzverbindungen erzielen. Die Dübel sind gleichzeitig Fixierhilfe gegen das Verschieben der Teile gegeneinander. Noch belastbarer sind verleimte Zapfenverbindungen.

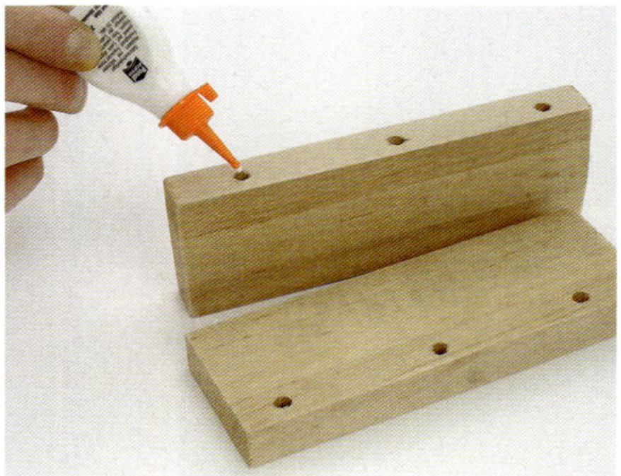

Drücken Sie in alle Dübellöcher ein paar Tropfen Leim.

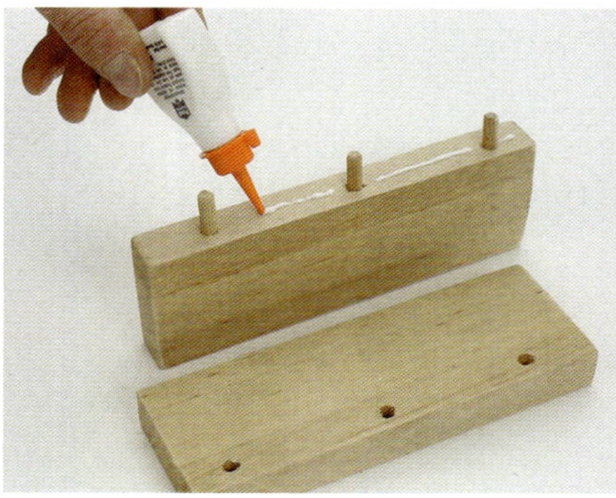

Auch die zu verbindende Fläche wird mit Leim bestrichen.

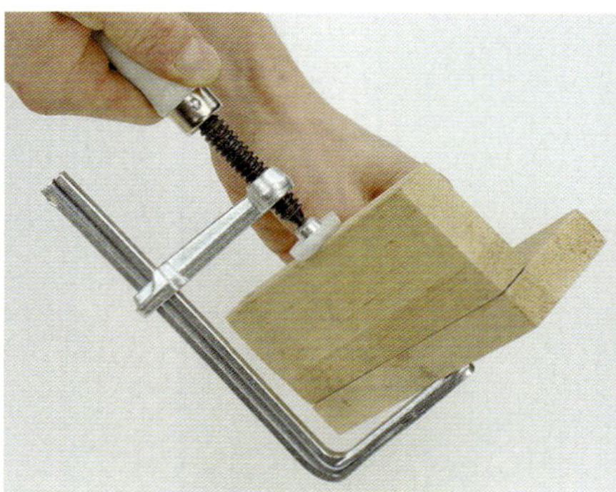

Mit einer Schraubzwinge werden die Werkstücke mindestens 30 Minuten fest zusammengepresst. Nach etwa drei Stunden ist die Verbindung belastbar, die Endfestigkeit wird jedoch erst nach längerer Zeit erreicht.

## SEKUNDENKLEBER

Diese 1K-Reaktionsklebstoffe nutzen als zweite Komponente die Feuchtigkeit aus der Luft. Sie härten sehr schnell aus und eignen sich besonders für die Befestigung kleiner Bauteile, die nicht fixiert werden müssen.

### TIPP: ACHTUNG!

Selbst kleine Mengen Sekundenkleber können zum Beispiel Finger so fest miteinander verkleben, dass nur ein Arzt helfen kann. Und: Ihre Inhaltsstoffe können Reizungen an Haut, Augen und den Atemwegen verursachen.

## SCHMELZKLEBSTOFFE

Schmelzklebstoffe sind lösungsmittelfreie, thermoplastische Kunststoffe, die durch Erhitzen verflüssigt und dann aufgetragen werden. Nach dem Abkühlen bilden sie eine feste Klebschicht. Die Endfestigkeit ist dann sofort erreicht. Für größere Klebeflächen ist das Verfahren ungeeignet, weil der Kleber zu schnell erkaltet. Im Haushalt gebräuchlich sind Heißklebepistolen mit Klebesticks oder die mit dem Bügeleisen zu verarbeitenden Umleimer für Spanplatten. Die Verbindungen lassen sich durch Erhitzen wieder lösen.

## HOLZLEIM

Die im Haushalt verwendeten klassischen Holzklebstoffe sind meist im Wasser dispergierte Kunstharze, sogenannte Weißleime, deren Anfangsfestigkeit gering ist. Die Holzteile müssen mit Fixierhilfen unter hohem Druck zusammengepresst werden, bis das Wasser vom Holz absorbiert wurde und der eigentliche Klebstoff getrocknet ist. Dabei wird das Kunstharz auch in die Holzporen gedrückt, so dass die Haftfläche die sichtbare Oberfläche um ein Mehrfaches übersteigt und sich die Klebfestigkeit deutlich erhöht. Beim Pressen aus der Fuge herausquellender Leim sollte sofort mit einem feuchten Tuch abgewischt werden.

Die erforderliche Presszeit beträgt mindestens 30 Minuten, die Endfestigkeit wird oft erst nach Tagen erreicht. Es gibt Holzleime auch als Expressleim mit verringerter Trocknungszeit und als wasserfeste Leime.

## KLEBEBÄNDER

Klebebänder sind vor allem praktische Hilfsmittel bei Reparaturen. Die Palette reicht vom Klarsichtfilm über Gewebebänder („Tapes") bis zum Teppichverlegeband. Sie werden aber auch als Alternative zum Nageln oder Tackern verwendet. Mit doppelseitigen Montageklebebändern mit hoher Festigkeit kann man Spiegel oder Wandverkleidungen befestigen.

## SPEZIALKLEBER

Es gibt noch diverse Spezialkleber zum Verkleben von Parkett, Bodenbelägen, Mineralglas, Plexiglas, Kunststoffen, Hartschaum, Dämmmatten, Textilien u.v.m. Da sie speziell auf einen Anwendungszweck abgestimmt sind, sind sie im Individualfall vorzuziehen.

Wann immer es möglich ist, sollten Sie stark lösungsmittelhaltige Kleber vermeiden. Organische Lösungsmittel sind gesundheitsschädlich, ihre Dämpfe können das Wohlbefinden beeinträchtigen bis hin zu allergischen Reaktionen oder Migräneanfällen.

Auch wenn sich viele Klebstoffe zum Kleben von Acrylglas (Plexiglas) eignen, für transparentes Plexiglas sollten Sie einen speziellen Kleber nehmen, der unsichtbar ist.

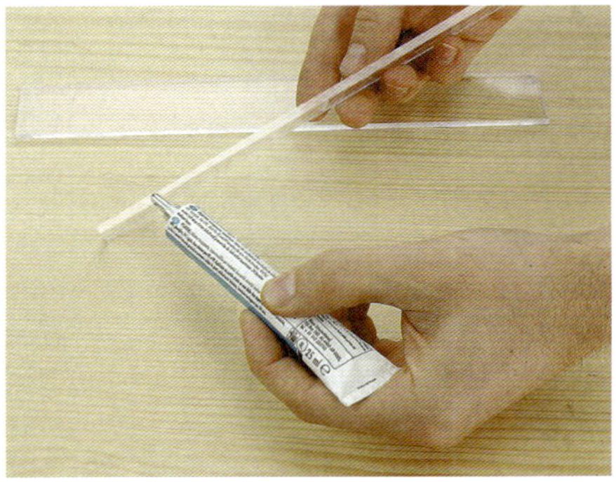

Die Klebeflächen müssen trocken, staub- und fettfrei sein. Streichen Sie den Klebstoff dünn auf die Stirnseite der zu verklebenden Plexiglasscheibe auf.

Die beiden Teile vorsichtig zusammenfügen. Achten Sie dabei darauf, dass der Klebstoff nicht auf der Fläche verschmiert wird.

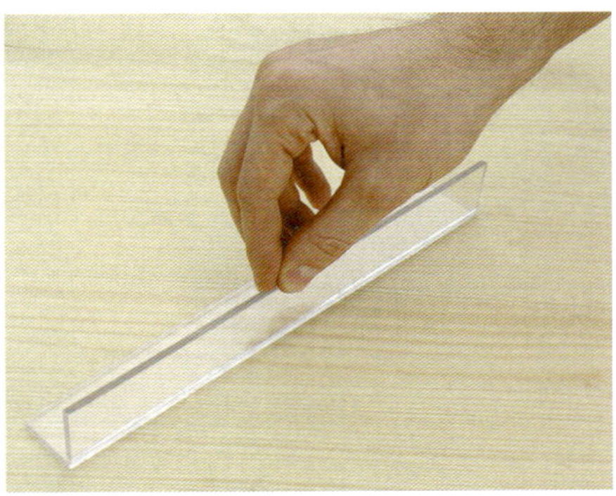

Die Teile fest zusammenpressen und 24 Stunden trocknen lassen, bevor die Klebeverbindung belastet wird.

### DIE SCHNELLE BEFESTIGUNG

Nieten geht blitzschnell. Die Technik verbindet harte und – bedingt – auch weiche Materialien wie Leder oder Kunststoffe. Einzige Voraussetzung: Auf der Rückseite des Trägermaterials muss ein kleiner Hohlraum sein, damit die Blindniete durchgesteckt werden kann.

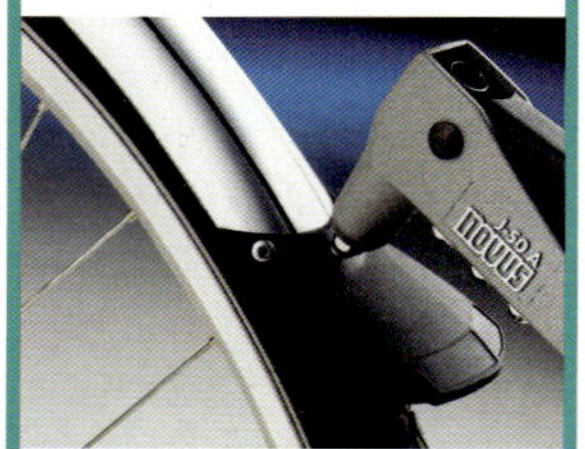

Auf diese Art lassen sich sogar Muttern für Verschraubungen an Blechen setzen, ohne dass von der Rückseite her geschraubt werden muss.

# NIETEN

Mit Nieten lassen sich vor allem Metallprofile und Bleche verbinden. Das Nieten ist eine sehr alte Verbindungtechnik, die auch heute noch im Metallbau eingesetzt wird, wenn auch überwiegend in Form der Blindniettechnik. Oft werden Gehäuse von spannungsführenden Geräten vernietet statt verschraubt, damit sie nicht geöffnet werden können.

## BLINDNIETEN

Für Reparaturarbeiten ist die Blindniettechnik eine interessante Alternative zum Schrauben. Sie lässt sich auch anwenden, wenn das Werkstück nur von einer Seite zugänglich ist. Man benötigt eine Blindnietzange und passende Nieten. Eine Blindniete ist hohl und besitzt einen durchgesteckten Zugdorn mit Kopf. Mit Hilfe einer Blindnietzange wird der Zugdorn zur Oberseite hin herausgezogen und weitet dabei mit seinem Kopf den Schaft an Rückseite der Niete auf. Gleichzeitig werden durch den Zug die zu verbindenden Teile fest zusammengedrückt. Am Ende des Vorgangs reißt der Zugdorn an definierter Stelle ab, und das Reststück mit dem Kopf fällt aus der Niete heraus.

Die Länge der Niete wird abhängig von der Dicke der zu verbindenden Werkstoffe gewählt (Klemmdicke, → Tabelle unten). Ihr Material und Durchmesser bestimmen die Belastbarkeit der Verbindung.

Damit keine elektrochemische Reaktion zwischen Nieten und den Werkstoffen stattfindet, nimmt man am besten Nieten aus dem gleichen Material. Mit Handnietzangen lassen sich Blindnieten bis etwa vier Millimeter Durchmesser (Aluminiumnieten auch fünf Millimeter) verarbeiten.

Nietzangen verfügen normalerweise über mehrere Mundstücke, die je nach Dicke des Zugdorns in die Zange eingesetzt werden.

Beim Nieten von weichen Materialien wie zum Beispiel Leder sollten Unterlegscheiben verwendet werden. Sie verteilen den Druck und sorgen für einen besseren Halt.

### ÜBERSICHT ÜBER DIE KLEMMDICKE DER NIETEN

| Material der Niete | Durchmesser in mm | Länge in mm<br>6 | 8 | 10 | 12 |
|---|---|---|---|---|---|
| **Aluminium** | 2,4 | 1,5–3,5 | | | |
| | 3 | 2,5–3,5 | 4,0–5,5 | 5,0–7,5 | |
| | 4 | 1,5–3,0 | 3,5–5,0 | 5,0–6,5 | |
| | 5 | 2,5–4,5 | 4,5–6,0 | | |
| **Stahl** | 3 | | | 5,0–6,5 | 6,5–8,5 |
| | 4 | | | 4,5–6,5 | 6,5–8,5 |
| **Kupfer** | 4 | 0,5–3,5 | | 4,5–6,0 | 6,0–8,5 |

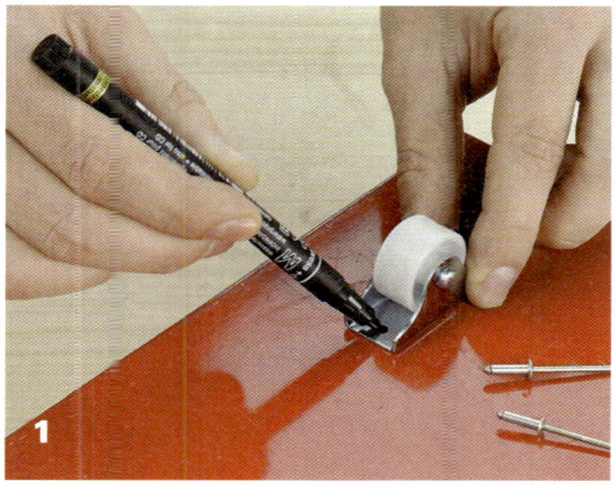

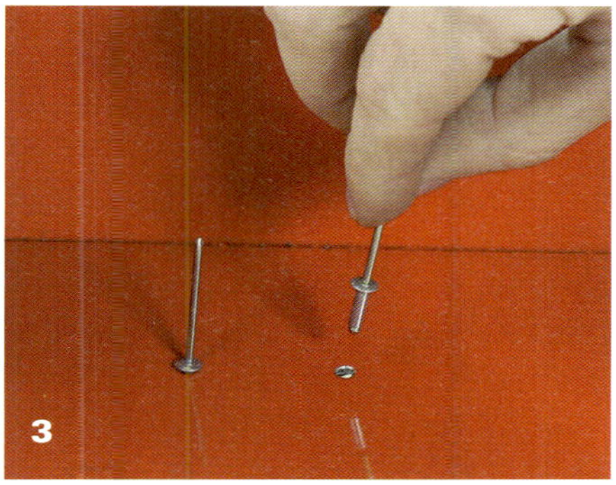


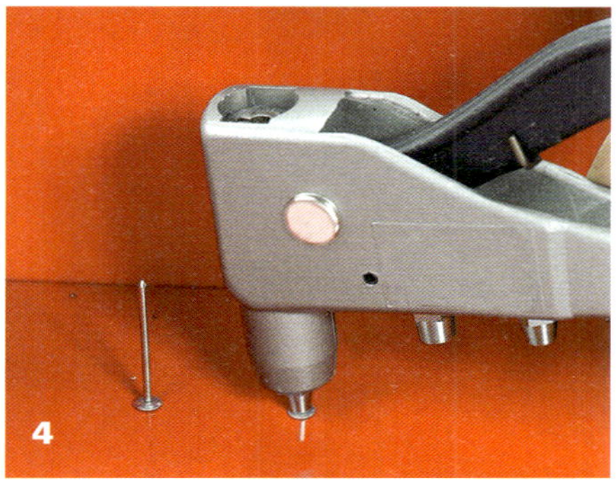


Man bohrt das Loch etwa 0,1 Millimeter größer als der Nietendurchmesser. Falls der passende Bohrer nicht zur Hand und das vorgebohrte Loch zu eng ist lässt es sich mit einem Dorn ein wenig aufreiben.

Bei beengten Platzverhältnissen ist es oft praktischer, wenn zuerst die Niete mit ihrem Zugdorn in die Zange eingesetzt wird. Stecken Sie dann die Niete mit der Zange in die Bohrung hinein, bis sie mit dem Bund aufliegt, und drücken Sie die Griffe der Zange zusammen, bis der Zugdorn abreißt. Der Kopf des Zugdorns sollte den Schaft der Niete auf der Rückseite so aufgeweitet haben, dass diese fest und ohne Spiel in der Bohrung sitzt und sich die vernieteten Teile nicht mehr gegeneinander bewegen lassen. Soll eine Nietverbindung wieder gelöst werden, so wird die Niete von der Bundseite her ausgebohrt.

**1** Zeichnen Sie die Bohrungen für eine Nietbefestigung auf dem Werkstück an. Auf Metall- und Lackoberflächen eignet sich dazu ein Permanentstift.

**2** Der Durchmesser der Bohrungen sollte 0,1 Millimeter größer sein als der Durchmesser der Nieten. Notfalls das Loch etwas aufreiben.

**3** Die Nieten mit der Hülse in die Bohrung stecken oder zuerst mit dem Dorn in die Nietzange und dann mit der Nietzange einführen.

**4** Die Nietzange zieht den Dorn soweit heraus, bis dieser an seiner Sollbruchstelle abreißt. Dabei wird der Nietschaft auf der Rückseite zusammengezogen.

**5** Die fertigen Nieten müssen mit ihrem Bund vollständig anliegen.

**6** Durch das Stauchen hält die Niete die beiden Teile fest zusammen.

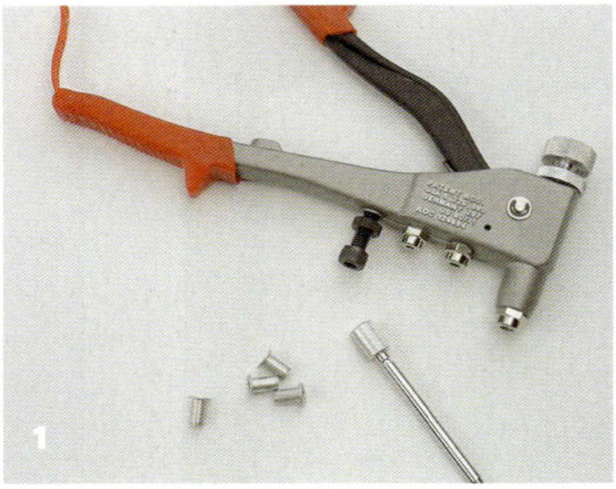

**1** Mit einer Nietmutternzange lassen sich Muttern in Bleche ebenso schnell setzen wie Blindnieten.

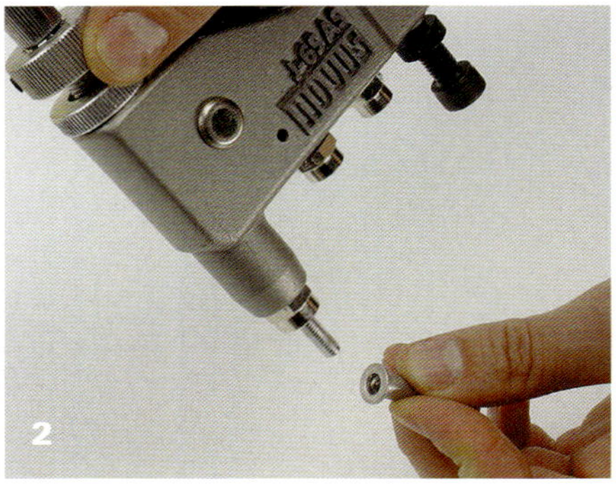


**2** Hierzu wird die Nietmutter auf den Gewindedorn der Zange geschraubt. Die Zange muss auf die jeweilige Klemmdicke eingestellt werden.

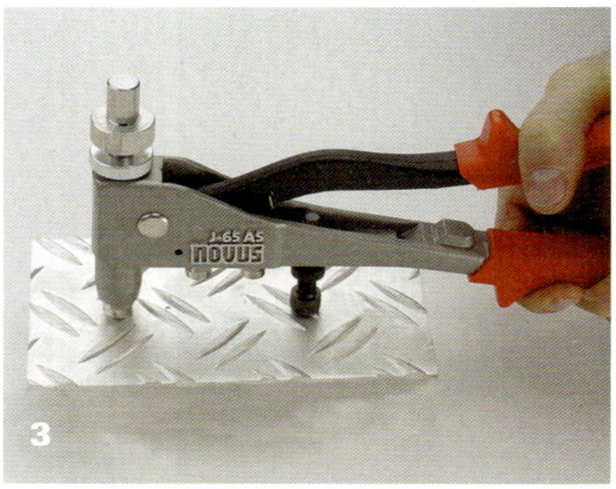


**3** Die Nietmutter mit der Zange in die Bohrung einführen und die Griffe zusammendrücken. Dabei wird die Nietmutter so zusammengezogen, dass sie fest in der Bohrung sitzt. Anschließend den Dorn herausschrauben.

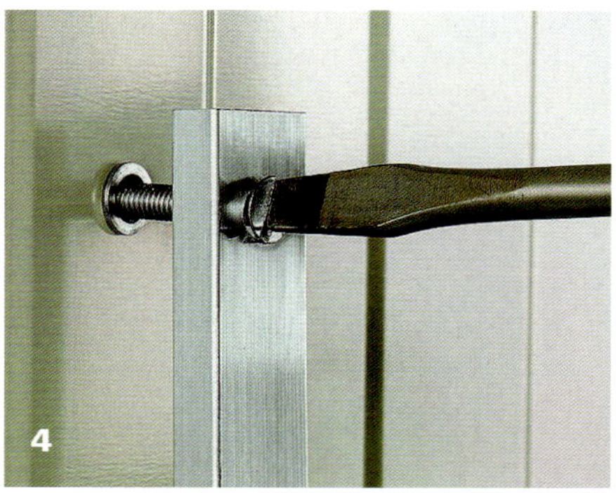

**4** Die Nietmutter kann dann als Aufnahme für eine Gewindeschraube dienen.

## NIETMUTTERN

Ähnlich wie das Verbinden zweier Bleche mit Blindnieten erfolgt das Setzen von Nietmuttern. Sie ermöglichen auch Verschraubungen an Bauteilen, in die wegen ihres Materials oder ihrer geringen Dicke kein tragfähiges Gewinde geschnitten werden kann, oder deren Rückseite nicht zugänglich ist, um eine Gegenmutter aufschrauben zu können. Zum Verarbeiten von Nietmuttern benötigt man eine Nietmutternzange. Sie ähnelt der Nietzange, arbeitet jedoch mit wiederverwendbaren Gewindedornen, auf die die Nietmuttern geschraubt werden.

Für die Auswahl der richtigen Nietmuttern sind der gewünschte Gewindedurchmesser und die Materialdicke (Klemmdicke) entscheidend. Die üblichen Muttergrößen sind M4, M5 und M6. Es gibt sie in Aluminium und Stahl. Der Gewindedorn der Zange ist je nach Klemmdicke (Materialdicke) einzustellen. Dann kann die Nietmutter wie eine Blindniete gesetzt werden. Anschließend den Gewindedorn aus der Mutter herausschrauben. Die Nietmutter ist fest im Werkstück verklemmt und lässt sich für die Befestigung vieler Bauteile benutzen.

# SÄGEN UND TRENNEN

Sägen und Trennen sind unterschiedliche Verfahren, um Werkstücke zu zerteilen oder einzukerben. Zum Sägen werden gezahnte Werkzeuge eingesetzt, die einen Span erzeugen, das Trennen dagegen findet nach dem Prinzip der Reibung statt, wobei Hitze entsteht und Abrieb in Form von Staub anfällt. Sägen stumpfen nach einigem Gebrauch ab und müssen neu geschärft werden, während Trennwerkzeuge in dem Reibprozess aufgebraucht werden. Beide Verfahren sind nicht gleichermaßen für alle Werkstoffe geeignet. Deutlich wird der Unterschied, wenn man sich ein Kreissägeblatt und eine Trennscheibe vor Augen hält. Wollte man beispielsweise Holz mit einer Trennscheibe bearbeiten, so würde es unter der Reibungshitze anfangen zu brennen. Ähnliches gilt für Kunststoffe oder für Materialien, die sich unter Hitzeeinwirkung verziehen.

## SÄGEN

Handsägen, auch elektrische Stichsägen, schneiden mit einer Hubbewegung, Kreissägen hingegen mit einem rotierenden Sägeblatt. Ketten- und Bandsägen nutzen eine endlos umlaufende Sägekette beziehungsweise ein Sägeband.

Sorgen Sie beim Sägen unbedingt für eine sichere Fixierung des Werkstücks. Am besten spannen Sie es mit Schraubzwingen auf einer Werkbank fest. Kleine Werkstücke lassen sich oft leichter auf einer Tischkreissäge oder mit einer in einen Sägetisch eingespannten Stichsäge bearbeiten.

Für lange gerade Schnitte mit der Stichsäge oder Handkreissäge ist eine Führungsschiene eine nützliche Hilfe. Eine preiswerte Alternative ist eine gehobelte Leiste, die – auf das Werkstück gespannt – als Anschlagkante dienen kann. Der Parallelanschlag eignet sich nur für randnahe Schnitte, da er an der Werkstückkante geführt werden muss.

Der Fuchsschwanz sägt Platten, Leisten und Bohlen in Handarbeit.

Auf der Führungsschiene gelingen gerade Schnitte mit einer Stichsäge leichter.

Praktisch zum Bearbeiten kleiner Werkstücke: der Sägetisch. Er erleichtert auch das Schneiden von Rundungen und Figuren mit der Stichsäge.

Mit einem hartmetallbesetzten Sägeblatt trennt die Stichsäge sogar Fliesen. Diese Methode empfiehlt sich aber nur für Formschnitte. Für gerade Schnitte geht das Brechen der Fliesen mit Hilfe einer Fliesenschneidemaschine viel schneller.

Mit einem Oszillationswerkzeug lassen sich herausstehende Bolzen, Haken oder Rohre wandbündig absägen.

Die Handkreissäge sägt nicht nur Holz und Holzwerkstoffe, sondern auch Kunststoffe und Metalle.

Für schräge Schnitte lässt sich die Handkreissäge auf der Grundplatte schwenken. Der Parallelanschlag erlaubt hier eine exakte Führung.

Das A und O einer guten Schnittqualität ist die Wahl des richtigen Sägeblatts. Für fast jeden Einsatzbereich werden Spezialblätter angeboten, und erfahrungsgemäß sollte man den Empfehlungen der Sägeblatthersteller durchaus folgen.

Bedingt durch das Sägeprinzip einer Stichsäge (sie schneidet von unten nach oben) besteht die Gefahr, dass die obere Kante ausreißt, was sich insbesondere bei beschichteten Spanplatten unschön auswirkt. Sägen Sie deshalb, wenn möglich, von der später nicht sichtbaren Seite. Geht dies nicht, kann ein Spanreißschutz verwendet werden, den viele Stichsägenhersteller mitliefern. Eine andere Alternative für saubere Kanten ist ein Spezialsägeblatt mit „verkehrter Zahnung". In diesem Fall schneidet die Maschine von oben nach unten. Dabei müssen Sie die Stichsäge gut andrücken, weil sie sonst hüpft.

Auch wenn manche Heimwerker bei der Handkreissäge nie das Sägeblatt wechseln, gilt hier ebenfalls, dass sich mit Spezialsägeblättern bessere Ergebnisse erzielen lassen.

Als Faustregel für Massivholz gilt: Schnitte längs der Faser fertigt man am besten mit einem Sägeblatt mit grober Zahnung an. Für Querschnitte sind Sägeblätter mit feiner Zahnung zu empfehlen.

Für beschichtete Platten, Kunststoffe und Metalle braucht man unbedingt Sägeblätter mit Hartmetallzähnen, die sich für den Heimwerkeralltag auch als Allroundblätter eignen. Je mehr Zähne ein solches Sägeblatt hat, desto besser wird die Schnittqualität. Ein brauchbarer Kompromiss zwischen Preis und Leistung sind Sägeblätter mit 24 bis 36 Zähnen. Die oft mitgelieferten Sägeblätter mit zwölf Zähnen sind eher etwas fürs Grobe.

## TRENNEN

Winkelschleifer eignen sich mit dünnen Trennscheiben zum Trennen von Metallen und Baustoffen (Steine, Fliesen, Beton). Beachten Sie, dass die ein bis drei Millimeter dicken Trennscheiben nicht zum Oberflächenschleifen geeignet sind. Zum Trennen dringt man mit der Kante der Trennscheibe von oben in das Werkstück ein. Beim Trennen von Metall kann dies meist freihand geschehen, doch muss damit gerechnet werden, dass die Scheibe beim Trennen längerer Profile klemmt.

Achten Sie auf den Funkenflug, der irreparable Brandflecken auf Fliesen, Glas, Holz, Kunststoffen und Textilien hinterlassen kann. Sie können ihn durch Verstellen der Schutzhaube regulieren und die Umgebung abdecken. In der Umgebung sollte sich zudem kein leicht entflammbares Material befinden.

Für winkelgenaue Schnitte und präzise Kleinserien lohnt sich die Anschaffung eines Trennständers.

Beim Trennen von Baustoffen sollten Sie einen Trennschlitten mit Staubabsaugung verwenden, denn sonst wird die Umgebung stark eingestaubt, und es kann beim Einatmen zu gesundheitlichen Problemen kommen. Außerdem verhindert der Trennschlitten ein Verkanten der Scheibe.

Fliesen, Steine und Beton werden besser mit Diamantscheiben getrennt. Diese sind zwar teurer als die herkömmlichen Trennscheiben für Stein, dafür halten sie wesentlich länger.

Bei allen Trennarbeiten sollten Sie unbedingt eine Schutzbrille und Schutzhandschuhe, bei Staubentwicklung auch einen Atemschutz tragen. Bei Metallarbeiten schützt eine funkenfeste Schutzkleidung, zum Beispiel eine Lederschürze, am besten vor Brandlöchern in der Kleidung.

Metalle lassen sich mit dem Winkelschleifer und einer Trennscheibe trennen. Dazu arbeitet man mit der Kante der Trennscheibe.

Achten Sie auf den Funkenflug! Schutzmaßnahmen wie Handschuhe und eine Lederschürze verhindern, dass Sie sich Haut und Kleidung verbrennen.

Zum Trennen von Steinen sollten Sie einen Trennschlitten mit Staubabsaugung benutzen. Reicht die Trenntiefe der Maschine nicht aus, müssen Sie von zwei Seiten schneiden.

Achtung: Trennschleifer zählen zu den unfallhäufigsten Elektrowerkzeugen!

# WERKZEUGE PFLEGEN UND SCHÄRFEN

Nur mit intaktem und scharfem Werkzeug lassen sich gute Arbeitsergebnisse erzielen. Damit Ihr Werkzeug jederzeit gebrauchsfähig ist, sollten Sie es vor Beschädigung und Rost schützen und gegebenenfalls nachschärfen.

## WERKZEUGPFLEGE

Zur Pflege des Werkzeugs gehört nicht nur das Reinigen nach jeder Arbeit, sondern auch ein angemessener Aufbewahrungsplatz. So praktisch die große Holzkiste erscheinen mag, für die Werkzeuge darin ist es nicht gerade förderlich, wenn sie mit scharfen Schneiden ungeschützt in einer Kiste liegen. Wer den Platz hat, sollte deshalb einen festen Aufbewahrungsort für sein Werkzeug einrichten. Dies können ein Schrank oder auch mehrere Schubladen einer Werkbank sein. Werkzeuge mit scharfen Schneiden wie Stechbeitel/Stemmeisen oder Bohrer sollen stets einzeln aufbewahrt werden, damit sich die Schneiden nicht gegenseitig beschädigen. Bohrer finden in einzelnen Hüllen oder Kassetten Platz. So sind sie immer griffbereit.

Sprühen Sie Zangen und Scheren am Gelenk von Zeit zu Zeit mit etwas Sprühöl ein, und wischen Sie die Reste mit einem Lappen ab. Ein leicht öliger Lappen ist ein ideales Pflegemittel für nahezu alle Metallteile. Doch Vorsicht: Werkzeuge, die mit Holz in Berührung kommen, sollten nur ganz leicht mit dem Lappen abgerieben werden. Ölreste auf dem Werkzeug könnten sonst Spuren auf dem Holz hinterlassen. Harzrückstände an Sägeblättern können mit etwas Spiritus entfernt werden.

Späne und Staub sollten nach der Arbeit mit einem Handfeger zusammengefegt oder mit einem Staubsauger beseitigt werden. An einem sauberen und aufgeräumten Arbeitsplatz fällt es leichter, mit einer neuen Arbeit zu beginnen.

Achten Sie auf wackelige oder gerissene Werkzeuggriffe – beim Abrutschen besteht Verletzungsgefahr. Lose Hammer- und Axtstiele sollten Sie sofort wieder sichern, am besten mit einer Keilhülse. Lockere Handgriffe von Feilen oder Stechbeiteln/Stemmeisen sind gegebenenfalls auszutauschen.

Elektrowerkzeuge mit beschädigtem Gehäuse oder defektem Kabel sollen auf keinen Fall benutzt werden, da ein elektrischer Schlag tödlich sein kann (→ Seiten 200 ff.).

## WERKZEUG SCHÄRFEN

Werkzeuge mit Schneiden, dazu gehören in der häuslichen Werkstatt überwiegend Bohrer, Meißel, Stechbeitel und Hobelmesser, müssen relativ oft nachgeschliffen werden, wenn die Arbeit damit Freude statt Frust bereiten soll. Leider ist das Schärfen der Werkzeuge eine relativ komplizierte und zeitraubende Beschäftigung und wird deshalb nur ungerne durchgeführt. Dabei ist es noch viel unangenehmer, mit stumpfen Werkzeugen arbeiten zu müssen, und manches Werkstück ist damit schon „vermurkst" worden.

Wem die Beschäftigung mit Schneidenwinkeln, Fasen und Mikrofasen von vornherein zu kompliziert er-

1 Schleifmaschinen für den Nassschliff überhitzen die Schneiden nicht, da das Wasser für eine gleichmäßige Kühlung sorgt.

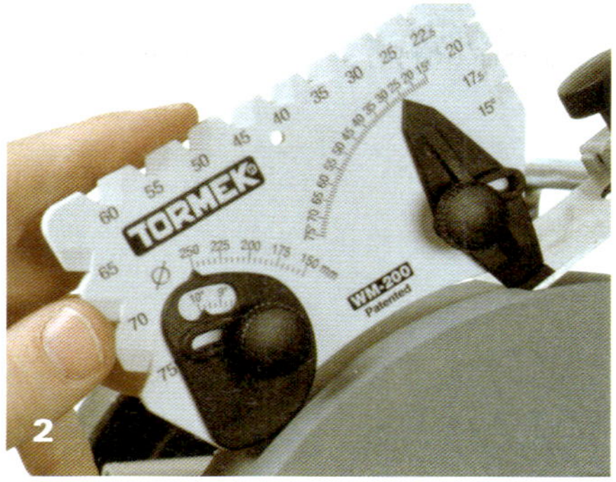


2 Jede Schneide hat ihren Winkel. Hobeleisen schleift man mit einem Schneidenwinkel von 25 Grad.

scheint, der sollte seine Werkzeuge zum Nachschleifen regelmäßig in die Hände eines qualifizierten Fachmanns geben. Das ist auch für den fortgeschrittenen Heimwerker keine Schande. Im Gegenteil, er beweist damit, dass er an gepflegten Werkzeugen und optimalen Arbeitsergebnissen interessiert ist. Der von Haus zu Haus ziehende Scheren- und Messerschleifer wäre übrigens nicht der richtige Ansprechpartner, falls es ihn überhaupt noch gibt.

Man neigt schnell dazu, ein motorgetriebenes Schleifwerkzeug anzuschaffen, in der Hoffnung, damit schon alle Probleme gelöst zu haben. Der Klassiker auf dem Gebiet wäre tatsächlich der Schleifbock mit zwei rotierenden Korund-Schleifscheiben, die eine zum Grob- die andere zum Feinschliff. Doch gerade der ist am wenigsten geeignet, um einen Stechbeitel oder ein Hobelmesser dauerhaft und wie ein Rasiermesser zu schärfen. Hauptargument gegen den Schleifbock ist die Überhitzungsgefahr. Ist die Werkzeugschneide beim Schleifen erst einmal blau angelaufen, ist ihre Härte schon verloren und sie wird umso schneller wieder stumpf. Hinzu kommt, dass die Schneide (Fase) des Werkzeugs durch die kreisrunde Form der Schleifscheibe hohl geschliffen wird, was einen exakten Schneidenwinkel zum Glücksfall werden lässt. Wer auf maschinelles Schärfen trotzdem nicht verzichten will, sollte sich besser für eine Nassschleifmaschine entscheiden, deren Schleifstein mit niedriger Drehzahl in einem kühlenden Wasserbad läuft. Einfache Modelle sind zwar kaum teurer als die Doppelschleifmaschine üblicher Art, doch auch sie verfügen über keine einstellbare Führung für das Werkstück, so dass der richtige Schneidenwinkel „nach Gefühl" gefunden werden muss. Für ein „richtiges" Nassschleifgerät müssen dann doch ein paar hundert Euro ausgegeben werden.

Werkzeuge und Schleifmittel gibt es in einer verwirrenden Vielfalt, so dass es schwerfällt, sich für einen Weg zu entscheiden. Um das Prinzip des Schärfens von Werkzeugen zu erklären, wird im Folgenden das Schleifen eines Stechbeitels beziehungsweise Hobelmessers mit Hilfe von Schärfsteinen, auch Banksteinen genannt, beschrieben. Man benötigt dazu verschiedene Schärf- und Abziehsteine, mit denen erst nach etwas Übung ein optimaler Schliff erreicht werden kann. Solche Steine werden niemals trocken verwendet, sondern entweder mit Wasser getränkt oder mit einem Schärföl benetzt. Entsprechend bezeichnet man sie als Wasser- beziehungsweise Ölsteine. Ölflecken

**3** Für einen gleichmäßigen Schliff wird das hier eingespannte Hobeleisen mitsamt der Halterung seitlich hin- und herbewegt.

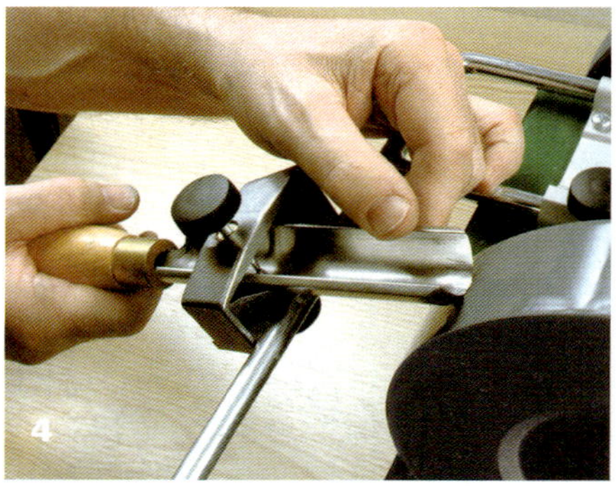

**4** Werkzeuge mit besonderen Schneidenformen erfordern meist spezielle Halterungen oder sogar besonders geformte Schleifsteine.

**5** Zum Schleifen von Holzbearbeitungswerkzeugen wie Stechbeitel oder Hobelmesser benötigt man geeignete Schärfsteine, eine Schale mit Wasser und einen Tisch. Für Hohlbeitel benutzt man Formsteine. Der selbstgefertigte Holzkeil oder eine Schärfvorrichtung helfen, den richtigen Schneidenwinkel zu finden.

**6** Wenn der Stechbeitel/das Stemmeisen solche Scharten hat, muss er mit einem Schruppstein unter Beibehaltung der Schneidengeometrie zurückgeschliffen werden.

auf der Kleidung, der Werkbank oder gar dem Werkstück sind kaum wieder zu beseitigen und den Hautkontakt mit Mineralölen sollte man ohnehin vermeiden. Ein einmal mit Öl verwendeter Stein wäre übrigens für die weitere Verwendung mit Wasser untauglich. Aus pragmatischen Gründen kann man den Wassersteinen den Vorzug geben, ohne Nachteile in Kauf nehmen zu müssen. Wassersteine sollte man vor dem Gebrauch eine halbe Stunde lang wässern. Bei häufigem Gebrauch können sie ohne weiteres auch für längere Zeit im Wasserbad gelagert werden.

Ein sogenannter Schruppstein mit der Körnung 120 bis 400 dient zum Abtragen von genügend Material, um den richtigen Keilwinkel, auch Fasenwinkel genannt, zu erreichen oder bei stark ramponierten Schneiden die sichtbaren Scharten herauszuschleifen. Erst wenn die gewünschte Schneidengeometrie erreicht ist, kommt ein Schärfstein der Körnung 700 bis 1 200 zum Einsatz, denn jede noch so kleine Riefe und jeder Kratzer zeigt sich an der Schneide als winzige Scharte, die die Schärfe vermindert. Erst jetzt wird eine winzige Mikrofase mit einem zirka fünf Grad erhöhten Keilwinkel angeschliffen.

Am Ende wird mit einem Abziehstein der Körnung 3 000 bis 6 000 der Schleifgrat entfernt. Die bekanntesten Abziehsteine stammen aus geologischem Abbau und werden je nach ihrer Herkunft als Belgischer Brocken oder Arkansasstein bezeichnet.

Für die Praxis genügt meistens die Anschaffung eines zweifarbigen Kombisteins, der auf der roten Seite als Schleifstein und auf der grauen Seite als Abziehstein dient. Wer seine Werkzeuge pfleglich behandelt und deshalb nur selten Schneidenausbrüche ausschleifen muss, der kann sich die Anschaffung eines Schruppsteins sparen und statt dessen ein Stück Nassschleifpapier, Korn 80 bis 100 verwenden, welches nass auf eine Glasplatte aufgelegt wird, damit es sich daran festsaugt.

Auch ein Bandschleifer oder eine Tellerschleifmaschine – falls vorhanden – leistet zum Schruppen gute Dienste. Doch Vorsicht, auch hier kann man schnell überhitzen.

Schärfsteine gibt es in größerer Auswahl als man zunächst vermutet. Der Stein sollte auf alle Fälle breiter sein als die breiteste Klinge, die damit geschärft werden soll, und auch über eine gewisse Länge verfügen, damit einigermaßen weiträumige Schleifbewegungen stattfinden können. 16 Zentimeter gelten als akzeptable Länge. Bei besseren Fabrikaten wird ein passender Halter aus Kunststoff mitgeliefert, der für einen sicheren und etwas erhöhten Stand auf der Werkbank sorgt. Man kann sich einen solchen Halter auch aus ein paar Holzresten selbst zimmern.

Schärfsteine nutzen sich schon nach relativ kurzer Zeit ab und werden hohl, was unweigerlich dazu führt, dass die Schneiden rund statt gerade werden und auch der Fasenwinkel nicht mehr exakt eingehalten werden kann. Die Steine sollten deshalb vor oder nach jeder Benutzung abgerichtet werden. Für diesen Zweck werden relativ teure Abrichtblöcke angeboten, doch ein eigens präparierter, hart gebrannter Klinkerstein mit etwas Siliziumkarbidpulver tut es auch. Man nimmt dazu zwei Klinkersteine, die man vorher eine halbe Stunde lang in Wasser gelagert hat, und reibt sie mit etwas Siliziumkarbidpulver so lange gegeneinander, bis die Flächen völlig eben sind. Dieser Zustand ist erreicht, wenn die beiden Ziegelsteine beginnen, sich aneinander festzusaugen.

Auf die gleiche Weise können später die Schärfsteine regelmäßig am Ziegel abgerichtet werden. Bei allen Schleif- oder Abrichtarbeiten sollten die Steine zwischendurch mit Wasser abgespült werden, um den Abrieb zu entfernen. Auf diese Weise wird die Bildung von Riefen verhindert.

Werkzeuge, die man im Handel kauft, sind normalerweise bereits ge-

## TIPPS: SCHNEIDWERKZEUGE SCHLEIFEN

- Überprüfen Sie zuerst, ob sich die Schneide noch im rechten Winkel zum Eisen befindet. Falls dies nicht mehr der Fall ist, müssen Sie die Schneide zuerst einmal rechtwinklig abrichten. Aber: Einige Stechbeitel/Stemmeisen haben absichtlich eine schräge Schneide.
- Beachten Sie die Schneidengeometrie: Die meisten Werkzeuge werden nur einseitig angeschliffen. Dabei spielt der Schneidenwinkel eine wichtige Rolle. In der Regel genügt es, den vorhandenen zu übernehmen. Wenn Sie jedoch zum Beispiel für ein Schnitzwerkzeug einen besonderen Schneidenwinkel benötigen, ist eine Winkellehre hilfreich.
- Führen Sie das Werkzeug zum Schleifen im richtigen Winkel mit gleichmäßigen Bewegungen und wenig Druck über den Bankstein, bis alle Riefen herausgeschliffen sind und ein gleichmäßiges Schliffbild entstanden ist.
- Kippen Sie am Ende des Schleifprozesses das Werkzeug um 5 Grad an, um eine Mikrofase von 2 bis 3 Zehntelmillimeter Breite zu erzeugen.
- Beim Schleifen entsteht ein feiner Grat, der zum Schluss entfernt werden muss. Führen Sie zum Abziehen die etwas aufgestellte Schneide des Werkzeugs in kreisenden Bewegungen leicht über einen Abziehstein. Anschließend die Rückseite (Spiegelseite) flach über den Abziehstein führen und den restlichen Grat wieder auf die Schneidenseite zurückdrücken. Gegebenenfalls den Vorgang mehrfach wiederholen, bis der Grat vollständig entfernt ist.
- Vorsicht: Geschärfte Werkzeuge sind rasierklingenscharf und müssen geschützt aufbewahrt werden.

**7** Mit Hilfe des selbstgefertigten Holzkeils wird der gewünschte Schneidenwinkel gefunden. Anschließend mit gleichbleibenden Bewegungen schleifen. Hier wird übrigens ein Kombistein benutzt, auf dessen gröberer Seite erst geschliffen und auf der feineren danach abgezogen wird.

**8** Hier wird ein Stechbeitel mit Hilfe einer Schärfführung geschliffen. Zum abschließenden Anbringen der Mikrofase kann die Vorrichtung um 5 Grad steiler gestellt werden.

**9** Die Spiegelseite muss möglichst frei von Riefen und Kratzern sein. Zum Polieren legt man das Eisen flach auf den vorher abgerichteten, feinkörnigen Stein.

**10** So präpariert man einen Abrichtstein für die Schärfsteine: Zwei gebrannte Ziegel werden nass mit etwas Korundpulver gegeneinander gerieben, bis sie völlig eben sind. Genauso werden die Schärfsteine vor jedem Schleifen am Ziegel abgerichtet.

schliffen, und ihre Klinge sollte mit einer Kappe vor Beschädigung geschützt sein. Manche Hersteller empfehlen, die Klinge vor dem ersten Gebrauch abzuziehen oder gar noch einmal zu schleifen.

Normalerweise wird man beim Nachschärfen den vorgegeben Fasenwinkel beibehalten, der bei Holzwerkzeugen zwischen 25 und 35 Grad liegt. Beim Schärfen tastet man sich an den richtigen Winkel heran, indem man das Werkzeug mit beiden Händen und leichtem Druck über den Schärfstein führt und dabei ein bisschen kippelt, bis man den Winkel gefunden hat. Dann beginnt man mit der Schleifbewegung und versucht dabei, den gefundenen Winkel unverändert zu lassen. Hält man zu steil, so kann es passieren, dass die Schneide bei der Vorwärtsbewegung in den relativ weichen Stein eindringt, hält man hingegen zu flach, so bleibt die Schneide stumpf. Am Schliffbild ist zu erkennen, ob es gelungen ist, das Werkzeug exakt zu führen.

Sollte es auch mit Geduld und etwas Übung nicht gelingen, den richtigen Winkel einzuhalten, so hilft ein Keil, den man sich im gewünschten Winkel aus Holz selbst anfertigen kann. Komfortabler, aber auch teuer sind Schärfführungen, kleine Vorrichtungen mit einer Rolle, in die das Werkzeug fest unter dem gewünschten Winkel eingespannt wird, und mit deren Hilfe es dann über den Schleifstein geführt wird. Mit zunehmender Erfahrung werden diese Vorrichtungen allerdings oft nicht mehr benutzt, weil das Einspannen und Ausrichten als umständlich empfunden wird.

Bevor man mit dem Schärfen beginnt, sollte man sich das Werkzeug genauer ansehen, um zu erkennen, wie dessen Schneide aufgebaut ist und wie es geschliffen werden muss. Im Gegensatz zu Messern oder Mauermeißeln werden die Schneiden von Holzbearbeitungswerkzeugen nur einseitig geschliffen. Diese geschliffene Fläche nennt man Fase. Ihr gegenüber liegt die plane, unbearbeitete Spiegelseite. Der von beiden Flächen gebildete Winkel bildet die Schneide und wird Schneidenwinkel, auch Keilwinkel oder Fasenwinkel, genannt. Ein Stechbeitel oder Hobeleisen darf nie von der Spiegelseite her geschliffen werden, dennoch sollte diese regelmäßig flach abgezogen werden, um die beim Arbeiten entstandenen Riefen und Kratzer zu entfernen.

- Man beginnt den Schärfvorgang an der Fase, falls notwendig mit einem gröberen Schruppstein, um erst einmal Scharten und Verformungen herauszuschleifen und gegebenenfalls die gewünschte Schneidengeometrie herzustellen. Die Schneide muss exakt rechtwinklig zur Werkzeugachse liegen, der Fasenwinkel sollte 25 oder 30 Grad betragen. Weiche Holzarten bearbeitet man mit einem kleineren Schneidenwinkel, harte Hölzer folglich mit einem größeren.
- Ist die gewünschte Schneidengeometrie mit dem Schruppstein hergestellt, so setzt man den Schärfvorgang mit dem Schärfstein fort, um alle sichtbaren Riefen des Schruppens zu entfernen.
- Ist dieser Zustand erreicht, wird der Schleifwinkel des Werkzeugs um etwa fünf Grad erhöht, um eine sogenannte Mikrofase herzustellen, die nur zwei bis drei Zehntelmillimeter betragen sollte. Bei einem Fasenwinkel von 25 Grad beträgt der Winkel an der äußersten Spitze der Schneide jetzt demzufolge 30 Grad, was der Schneide eine verlängerte Standzeit verschafft.
- Jetzt kann man sich der Spiegelseite zuwenden und auch dort eventuelle Riefen zu entfernen. Dazu legt man das Eisen flach auf den Schärfstein, der dazu absolut plan abgezogen sein muss, und poliert mit wenig Druck, bis ein gleichmäßiges Tragbild ohne Kratzer erkennbar ist.
- Schließlich wird der an der Schneide entstandene Schleifgrat vorsichtig mit dem sehr feinkörnigen Abziehstein entfernt. Jetzt sollte die Schneide des Werkzeugs rasiermesserscharf sein.
- Fast überflüssig zu erwähnen, dass ein solches Werkzeug geschützt aufbewahrt werden muss, einerseits wegen der Verletzungsgefahr, andererseits, um dessen Schärfe möglichst lange zu erhalten.

## UNGELIEBT, ABER WICHTIG: ARBEITSSCHUTZ

Über 300 000 Menschen im Jahr verunglücken in Deutschland beim Heimwerken. Das sind rund 830 Unfälle am Tag. Die Skala reicht von Kratzern und Blutergüssen bis zum tödlichen Sturz. Die meisten Heimwerkerunfälle passieren mit Bohrmaschinen und Kreissägen. Auf Platz zwei der Statistik folgen Stürze von Leitern, Treppen oder Dächern. Viele Heimwerker fallen auch über Werkzeuge oder herumliegende Kabel. Umsicht ist deshalb eine der wichtigsten Voraussetzungen, um Unfälle zu vermeiden.

Überlegungen zum Schutz vor Verletzungen oder Unfällen sollten nicht erst dann angestellt werden, wenn Elektrowerkzeuge benutzt werden. Vor rasiermesserscharfen Schneiden von Hobeln und Stechbeiteln muss ebenso gewarnt werden wie vor schnell laufenden Sägeblättern und Trennscheiben und nicht zuletzt vor Lösungsmitteln, Klebern oder gar Abbeizern.

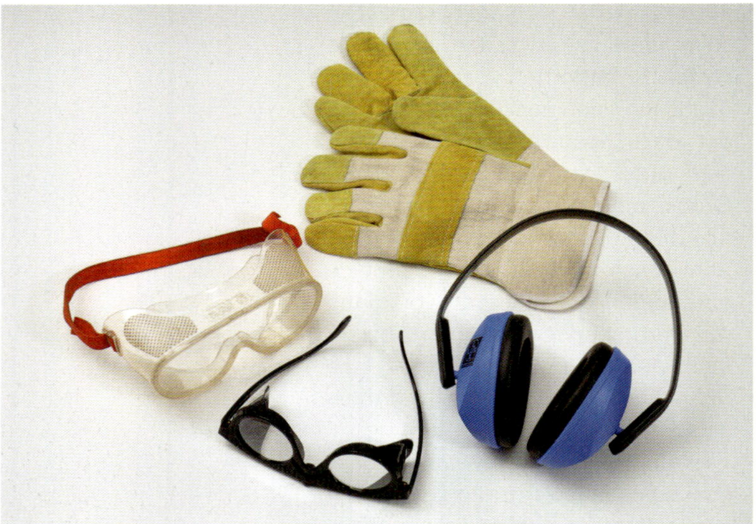

Schutzbrille, bei Brillenträgern eine Überbrille, Handschuhe und Gehörschutz bilden die Mindestausrüstung für die Sicherheit.

Eine einfache Schutzausrüstung ist überraschend preiswert, und die Investition wiegt schon den kleinste Verletzung und das damit verbundene Risiko von gesundheitlichen Folgeschäden oder einen Arbeitsausfall auf. Wer einmal mit einem Splitter im Auge in der Unfallaufnahme eines Krankenhauses gelandet ist, wird spätestens dort bedauern, nicht ein paar Euro für eine Schutzbrille investiert zu haben.

Bei der Benutzung von Elektrowerkzeugen sind Schutzbrille und Handschuhe obligatorisch. Sie werden in den Warnhinweisen einer jeden Bedienungsanleitung erwähnt.

Beim Gebrauch von Elektrosägen und -schleifern, auch Bohrmaschinen sollte darüber hinaus ein Gehörschutz getragen werden. Die Gehörschäden, die sich oft erst nach Jahren oder im Alter bemerkbar machen, werden leider oft unterschätzt. Bei der Benutzung von Kettensägen, einem der gefährlichsten Elektrogeräte überhaupt, ist sogar ein Helm mit Gesichts- und Ohrenschutz vorgeschrieben. Auch bei Arbeiten mit Trennschleifern, deren Scheiben mit 10 000 Umdrehungen pro Minute rotieren und die urplötzlich brechen können, empfiehlt es sich, außer einer Brille, Gehörschutz und Stulpenhandschuhen einen Helm zu tragen, möglicherweise auch eine Lederschürze.

Beim Umgang mit Brennern oder bei Funkenflug (Trennschleifer) ist Arbeitsbekleidung aus Baumwolle wesentlich sicherer als Kleidung aus Synthetikmaterialien, die leichter anschmoren oder Feuer fangen.

Werden schwere Teile wie Balken, Träger oder Platten bewegt, empfiehlt sich die Anschaffung von Sicherheitsschuhen mit einer Stahlkappe und einer Sohle, die von hochstehenden Nägeln nicht durchdrungen werden kann.

Bei Arbeiten mit starker Staubentwicklung – auch Holzstaub gilt als gesundheitsschädlich – muss eine eng anliegende Staubmaske getragen werden. Die meisten billigen Einwegstaubmasken sind zwar bequem und leicht zu tragen, doch sie erfüllen leider ihren Zweck nicht, weil sie nicht eng genug sitzen und jede Menge Staub an den Rändern durchlassen.

Wer sich vor Lösungsmitteldämpfen, zum Beispiel beim Umgang mit Abbeizern, schützen will, ist mit einer Staubmaske falsch beraten. Die Moleküle der Lösungsmittel durchdringen auch den feinsten Filter. Hier hilft wirklich nur eine Gasmaske.

Schmiermittel, Lacke, Farben und Abbeizer sollte man gar nicht erst an seine Haut heranlassen. Hier helfen Einweghandschuhe.

Die meisten Baumärkte haben die Wichtigkeit des Unfallschutzes erkannt und bieten ein ganzes Arsenal von Schutzkleidung, Schutzbrillen oder Atemmasken an.

# MÖBEL PFLEGEN UND REPARIEREN

# BASISINFORMATIONEN

Gebrauchsmöbel sind hohen Beanspruchungen ausgesetzt. Ihre Oberflächen leiden durch Abstellen von Gegenständen, Verschütten von Flüssigkeiten, häufiges Abwischen und Reinigen, die Scharniere und Führungen durch unzähliges Öffnen und Schließen. Bei Sitzmöbeln kommen dynamische Beanspruchungen hinzu, die ihre Verbindungen besonders belasten.

## SCHADENSANALYSE

Bei der Vielfalt der in der Möbelproduktion verwendeten Hölzer und Holzwerkstoffe und den unterschiedlichen Oberflächenbehandlungen und Beschichtungen kommt es darauf an, die richtige Reparaturmethode zu finden, wenn ein Schaden eingetreten ist.

Von vornherein sollte man wissen, welche mechanischen Beanspruchungen einem Möbelstück und seiner Oberfläche zuzumuten sind.

Furniere reagieren empfindlich auf Nässe und Hitze, lösen sich ab oder wölben sich. In unbehandelte Massivhölzer dringt leicht Feuchtigkeit ein, und selbst Kunststoffbeschichtungen können durch Kratzer oder Gebrauchsspuren beschädigt werden.

Deshalb gilt es, Schäden gründlich zu analysieren und die für das Möbelstück passende Reparaturmethode zu wählen. Leicht wird aus einem kleinen Kratzer ein irreparabler Schaden, wenn zum falschen Mittel oder Werkzeug gegriffen wird.

## WERKZEUG, SPEZIELLE WERK- UND HILFSSTOFFE

Angaben zu den benötigten Werkzeugen sowie den Werk- und Hilfsstoffen finden Sie in den jeweiligen Kapiteln.

**1** Schwund- oder Trockenrisse sind meist auf eine falsche Lagerung und zu schnelle Trocknung der verwendeten Hölzer zurückzuführen. Sie können auch noch nach Jahren auftreten.

**2** Durch Beschädigung der schützenden Lackschicht wird die darunter liegende Beize angegriffen. Sie verliert so ihre färbende Wirkung. An den Stellen, an denen Feuchtigkeit in das nun ungeschützte Holz eindringen kann, wird es rissig und …

**3** … spröde. Das trifft hervorstehende Zierprofile ebenso wie glatte Möbelflächen. Höchste Zeit also, die Oberflächen wieder neu zu versiegeln.

**4** Die Platte eines Esstischs ist besonders hohen Beanspruchungen ausgesetzt. Jahrelanger Gebrauch greift die Beschichtung an. Zurück bleibt eine Oberfläche, auf der sich Ränder und Flecken abzeichnen.

# MÖBELPFLEGE

Saubere und gepflegte Möbel sind attraktiv und besitzen eine lange Lebensdauer. Erreicht wird dies durch schonende Behandlung, sachgerechte Pflege und frühzeitiges Beheben kleinerer Schäden.

## PFLEGEMITTEL

Möbeloberflächen sind meist durch einen Überzug, eine Versiegelung oder Lackierung geschützt. Die gebräuchlichsten Pflegemittel für diese Oberflächen sind Polituren, Wachse und Öle.

- Polituren beseitigen – aufgrund ihrer abrasiven Wirkung – Schmutzablagerungen und leichte Kratzer. Sie sind als farblose oder auf den jeweiligen Holzton abgestimmte Produkte erhältlich. Um Flecken auf der Möbeloberfläche zu vermeiden, werden Polituren niemals direkt auf das Möbelstück, sondern immer auf einen Lappen oder Ballen gegeben.
- Wachse bilden eine Schutzschicht gegen Feuchtigkeit, Küchendünste, Schmutz und Ruß. Die Wachsschicht ist jedoch nicht sehr strapazierfähig und deshalb häufig zu erneuern. Wachse sind in flüssiger und pastöser Form sowie als Hartwachs erhältlich.
- Öle dringen in das Holz ein und sind deshalb für behandelte (lackierte, lasierte) Oberflächen eher ungeeignet. Sie sind in der Regel transparent und sollten in mehreren Arbeitsgängen aufgetragen werden, bis das Holz nichts mehr aufnehmen kann.

Für alle genannten Mittel gilt, dass ihre Inhaltsstoffe auf deren Verträglichkeit mit bestimmten Oberflächen überprüft werden müssen. So können beispielsweise Schellack-Polituren (meist bei alten Möbeln) durch falsche Behandlung irreparabel beschädigt werden. Es ist deshalb ratsam, an versteckter Stelle mit Wasser, Verdünnung oder Terpentin zu testen, ob die Schutzschicht geschädigt oder angelöst wird. Furnierte und Massivholzmöbel erfordern unterschiedliche Behandlungsmethoden. Furnierschichten sind sehr dünn, und ein Behandlungsfehler kann leicht irreparabel sein. Massivhölzer könnte man bei einer Beschädigung immer noch abziehen (lassen).

Wachse sind in flüssiger und pastöser Form sowie als Hartwachs erhältlich. Für das Oberflächen-Finish der unterschiedlich harten Holzarten muss man entsprechend passende Bürsten wählen.

### TIPP: ERST TESTEN

Reinigungsmittel sollten grundsätzlich probehalber an einer später nicht sichtbaren Stelle aufgetragen werden, um ihre Wirkung zu testen.

Beachten Sie die Herstellerangaben, für welche Oberflächen die Pflegemittel jeweils gemacht sind.

Die Ideallösung bei strukturierten Oberflächen ist das Entfernen von Lager- und Transportstaub mit Druckluft. Die für den Heimwerker realistischere Alternative: Pinsel oder Staubsaugerbürste.

Besonders empfindliche Oberflächen sollten nur mit Pinsel und/oder weichem Lappen behandelt werden.

### TIPP: EINKAUFEN

Beim Kauf sollten **UMWELTFREUNDLICHE PFLEGEMITTEL** bevorzugt werden. Pumpzerstäuber sind ökologisch verträglicher als Sprühdosen mit einem Treibgas. Ein sparsamer Verbrauch schont Umwelt und Geldbeutel.
Meiden Sie ebenso Reinigungs- und Bleichmittel, die Chlor enthalten. Sie wirken aggressiv und sind sowohl bei der Herstellung als auch beim Entsorgen umweltschädlich.

Achten Sie deshalb beim Kauf von neuen Möbeln darauf, dass entsprechende Pflegehinweise vom Hersteller gegeben werden. Sind die Pflegeanleitungen nicht vorhanden, können Sie diese vom Fachhändler in Erfahrung bringen.

## GRUNDREINIGUNG

Die Reinigungsmittel sind den spezifischen Eigenschaften der Oberflächen anzupassen. Schlecht zugängliche Stellen werden mit einem Staubsauger (schmale Düse) gereinigt, Möbel mit offenporigen Holzoberflächen mit einem weichen Tuch.

Für lackierte und beschichtete Oberflächen eignen sich Wischleder oder ein fusselfreies Tuch, Wasser und etwas Spülmittel. Behandelt wird aber nur leicht feucht, niemals nass. Sprühreiniger eignen sich nur bedingt, weil sie schwierig zu dosieren, kaum gezielt einzusetzen und oft weniger umweltfreundlich sind.

# FLECKEN ENTFERNEN

In jedem Haushalt passiert ab und zu ein Missgeschick: verschütteter Rotwein auf der Tischplatte oder einem Textilbezug, Flecken auf Holzoberflächen oder dem Leder einer Couchgarnitur.

Bei sofortiger Anwendung des richtigen Verfahrens können Flecken meist völlig entfernt werden. Einmal trocken oder gar gealtert, ist die in den Untergrund eingedrungene Flecksubstanz erheblich schwieriger zu entfernen. Bei verschütteten Flüssigkeiten lässt sich die Ausbreitung oder das tiefere Eindringen durch sofortiges Aufnehmen mit einem sauberen Schwamm oder saugfähigen Tuch verhindern. Ältere Flecken sollten zunächst auf ihre Art und Konsistenz hin untersucht werden, um sicherzustellen, dass das richtige Reinigungsverfahren angewendet wird. Bei der Fleckentfernung besteht auch immer das Risiko der irreparablen Beschädigung oder auch Fixierung des Flecks. Hinweise zur Behandlung unterschiedlichster Flecken bekommen Sie auch im Internet unter www.test.de.

# FLECKEN ENTFERNEN BEI HOLZ

Um unerwünschte Nebenwirkungen (zum Beispiel Verfärbungen) zu vermeiden, sollten Gegenstände aus unbehandeltem Holz ausschließlich mit klarem Wasser gesäubert werden. Unangenehme Gerüche lassen sich mit Zitronen- oder Essigwasser beseitigen.

- **Holzgeräte** sollten immer vollständig an der Luft trocknen, am besten aufrecht stehend. Keinesfalls darf der Trocknungsvorgang durch Ofenhitze oder Sonneneinstrahlung beschleunigt werden. Je nach Feuchtegrad besteht sonst die Gefahr, dass das Holz reißt.
- **Sehr starke Verschmutzungen** lassen sich mit Scheuerpulver behandeln. Gearbeitet wird dabei in kreisförmigen Bewegungen oder in Richtung der Holzmaserung. Auf keinen Fall quer zur Maserung scheuern, sonst entstehen Riefen, die sich kaum noch entfernen lassen.
- **Fettflecke**, die durch das Scheuern nicht zu entfernen sind, können mit einem Gemisch aus Wasser und Pfeifenerde (erhältlich in Drogerien) eingestrichen werden. Nach etwa 24 Stunden Einwirkzeit wird der Brei entfernt und der Gegenstand mit klarem Wasser abgewaschen. Das Verfahren ist so oft zu wiederholen, bis die Flecken vollständig verschwunden sind.
- Flecken, die in ungeschütztes Holz eingedrungen sind oder sogar Oberflächen angegriffen haben, sind kaum noch zu entfernen. **Rotweinflecken** im Holz können möglicherweise durch Bleichen (Wasserstoffperoxid mit bis zu 3 % Salmiakgeist gemischt; Augen, Haut und Klei-

**Sie brauchen** für das Entfernen von Flecken bei Holz:

- *Reinigungs- und Scheuermittel*
- *Speise- oder Spezialholzöl*
- *Bürsten*
- *Schleifmittel*
- *Elektro-Schleifgeräte*
- *Arbeitshandschuhe und Schutzbrille*

**1** Solche Flüssigkeitsränder müssen – vor allem auf unbehandeltem Holz – sofort feucht abgewischt werden.

**2** Beim Renovieren beachten: Zement, Gips und Kalk verursachen auf Holz dunkle Oxidationsstellen.

**3** Nach einer zeitaufwendigen Bearbeitung mit trockener Bürste bleibt das Ergebnis unbefriedigend. Der nächste Schritt: das Behandeln mit Essigsäure oder verdünnter, eisenfreier Salzsäure (100 g in 1 Liter kaltem Wasser auflösen; unbedingt Hände und Augen schützen!). In ganz schwierigen Fällen hilft nur noch ein vorsichtig dosiertes Abschleifen.

**4** Der Feuchtigkeit ausgesetzte Verschraubungen (beispielsweise bei Bodenplanken) sind unbedingt mit Edelstahlschrauben auszuführen. Rostende Schrauben hinterlassen Spuren auf dem Holz.

dung schützen) verschwinden. Allerdings wird das Holz ebenfalls gebleicht. Hier ist äußerste Vorsicht geboten, und bevor Sie versuchen, mit Bleichmitteln Flecken zu entfernen, sollten Sie den Hersteller befragen.

- Fleckige oder stark verschmutzte Arbeits- und Tischplatten aus unbehandeltem Massivholz können abgeschliffen (Schwing- oder Bandschleifer) werden. In besonders hartnäckigen Fällen kann das Schleifen oder Fräsen der gesamten Platte erforderlich sein. Dies sollte vom fachkundigen Tischler erledigt werden. Dann wird jedoch eine komplett neue Behandlung der Oberfläche erforderlich.

## TIPP: CHEMIE

Beim Umgang mit chemischen Substanzen ist Vorsicht geboten! Um unerwünschte Reaktionen zu vermeiden, sollten lösemittelhaltige Fleckentferner vollständig abtrocknen, bevor die Behandlung fortgesetzt wird.
Fleckensalze, Wasserstoffperoxid und Entfärber dürfen bis zu 15 Minuten einwirken. Bevor Sie versuchen, mit solchen Mitteln Flecken zu entfernen, sollten Sie auf jeden Fall zuerst an einer unsichtbaren Stelle des Möbels ausprobieren, wie es auf darauf reagiert.

1

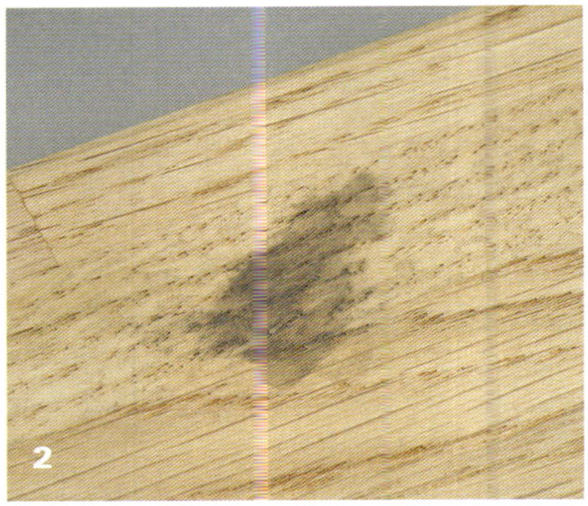
2

3

4

# FLECKEN ENTFERNEN BEI TEXTILBEZÜGEN

Auch hier gilt: Je schneller ein neu entstandener Fleck behandelt wird, umso besser lässt er sich entfernen. Oft genügt schon lauwarmes – am besten destilliertes – Wasser. Hartes, kalkreiches Leitungswasser kann weiße Trocknungsränder hinterlassen.

Bei allen Reinigungsmitteln – auch bei Wasser – müssen Sie deshalb zuerst an einer nicht sichtbaren Stelle eine Probe machen. Nicht jedes Gewebe verträgt jedes Mittel. Reinigungsmittel werden auf unterschiedliche Weise aufgetragen und Flecken mit verschiedenen Techniken wie zum Beispiel durch Einweichen, mit einem Schwamm, durch Ausspülen oder Abtupfen beziehungsweise Abschaben entfernt.

Die Art der Behandlung hängt auch von der Stelle ab, an der der Fleck aufgetreten ist. Wenn beispielsweise eine gepolsterte Sessellehne betroffen ist, sind Ausspülen oder Einweichen ungeeignet. Beide Techniken durchnässen das Material so stark, dass sich der Bezugsstoff verfärben und bei zu schlechten Trocknungsbedingungen schimmeln kann. Besser geeignet sind aufsprühbare Polsterschäume; Teppichschäume erfüllen den gleichen Zweck und sind aufgrund der größeren Gebinde preiswerter. Die im Handel erhältlichen Trockenschaumreiniger bieten den Vorteil, dass das Gewebe nur schwach angefeuchtet wird und ein Nachwaschen oder Spülen nicht erforderlich ist.

Wenn sich beim Entfernen Ränder bilden, empfiehlt es sich, nach guter Trocknung die ganze Fläche mit Trockenschaum zu reinigen.

**1** Der Reinigungsschaum wird direkt auf den Polsterbezug aufgesprüht.

**2** Nach der vorgeschriebenen Einwirkzeit nimmt der Staubsauger (mit Polsterdüse) alle Schmutzrückstände ab.

**Sie brauchen** für das Entfernen von Flecken aus Textilbezügen:

- *Destilliertes Wasser*
- *Geeignetes Reinigungsmittel*
- *Staubsauger*

# FLECKEN ENTFERNEN BEI GLATTLEDER

**Sie brauchen** für das Entfernen von Flecken bei Glattlederbezügen:

- *Lederbalsam, -fett*
- *Fusselfreie Lappen*

Die Lederbezüge der heute hergestellten Sitzmöbel sind – zumindest bei Qualitätsprodukten – mit einem Oberflächenschutz ausgerüstet. Er verhindert weitgehend, dass Flecken zu irreparablen Schäden werden. Ausgenommen sind natürlich Brandflecken.

Pflegen und reinigen Sie Ihre Ledermöbel immer vorsichtig und schonend. Aggressive Mittel wie Fleckenentferner, Lösungsmittel, Bohnerwachs, Terpentin, Benzin und auch Schuhcreme sollten vermieden werden. Die unterschiedlichen Lederarten erfordern jeweils eine spezielle Oberflächenbehandlung, die Sie im Fachhandel in Erfahrung bringen können. Eine im Inland gebührenfreie telefonische Beratung 0800/555 333 7 und ausführliche Informationen online bietet die Lederzentrum GmbH an (www.lederzentrum.de).

**TIPP: MIT GEDULD!**

Reinigungsmittel müssen einige Zeit einwirken, um ihre volle Wirkung entfalten zu können. Und ein mehrfaches leichtes Auftragen bringt oft bessere Ergebnisse als ein einmaliges massives Vorgehen. Verzichten Sie aber auf „ganz tolle Hausmittel“: Sie schaden meist mehr als sie nutzen.

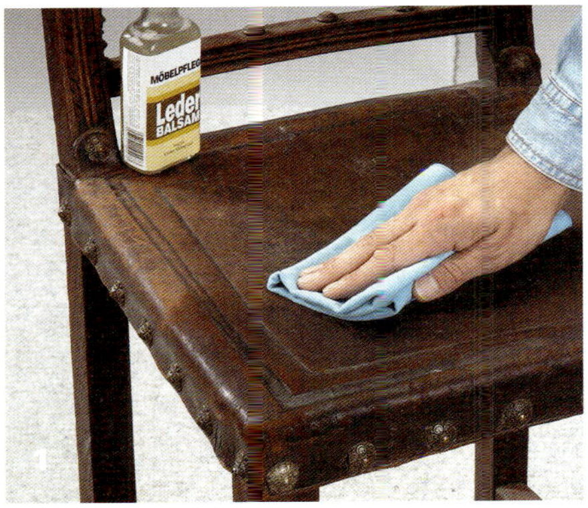

**1** Mit Lederbalsam sind leichte Flecken auf Lederbezügen gut zu beseitigen, zusätzlich wird die Oberfläche dauerhaft geschützt.

**2** Bei stärkeren Verunreinigungen hilft ein farbloses Lederfett. Durch das Auftragen wird das Leder außerdem geschmeidiger.

# OBERFLÄCHEN AUSBESSERN

Möbeloberflächen sind durch Staub, trockene Heizungsluft und mechanische Beanspruchung vielen Belastungen ausgesetzt, aber auch Schädlinge können Oberflächen und Substanz der Korpusse gefährden.

## KAMPF DEM HOLZWURM

In Möbelstücken ist vorwiegend die Larve des klassischen Holzwurms (besser: Klopf- oder Gemeiner Nagekäfer) zu finden. Stellt man ein befallenes Möbelstück in einen zentralbeheizten Wohnraum, kann man normalerweise davon ausgehen, dass die Larven wegen zunehmender Trockenheit des Holzes von alleine absterben.

Wenn das nicht der Fall ist, gibt es unter Umständen die Möglichkeit, die Larven durch Erhitzen des Holzgegenstands auf 55 Grad (im Kern eine Stunde lang) abzutöten – je nach der Größe des Objekts im Backofen, in der Sauna oder im Sommer unter einer schwarzen Folie in der Sonne.

Im Handel gibt es zahlreiche Bekämpfungsmittel, die – bei richtiger Anwendung – Abhilfe schaffen. Da sie für den gezielten Einsatz und weniger für eine großflächige Anwendung gedacht sind, sollten sie mit Hilfe von Injektionsspritze und Kanüle in jeden einzelnen der sichtbaren Fraßgänge injiziert werden. Einige Hersteller liefern bei Spraydosen Kanülen gleich mit. Bei starkem Befall werden die Bekämpfungsmittel, die meist farblos sind, mit einem Pinsel (von der Rückseite) aufgetragen. Kleinere Teile (Verzierungen, Schrankfüße) können auch durchtränkt werden. Prinzipiell sollte in Innenräumen aber völlig auf (giftige) Holzschutzmittel verzichtet werden.

**Sie brauchen** für das Behandeln eines Holzwurmbefalls:

- *Bekämpfungsmittel*
- *Injektionsspritze*
- *Arbeitshandschuhe*
- *Schutzbrille*
- *Reparaturwachs*

**1** Klassischer Holzwurmbefall: Typisch sind die kleinen Holzspiralen und rieselndes Bohrmehl.

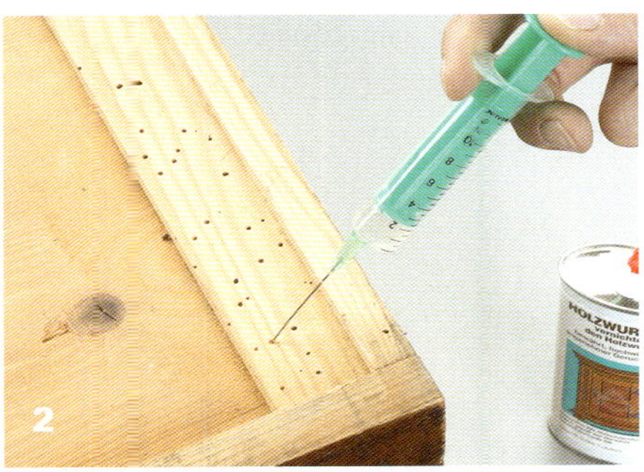

**2** In die Spritze werden einige Milliliter der Bekämpfungsflüssigkeit aufgezogen und jeder Fraßgang gezielt durchtränkt.

**3** Der durchtränkte Gang wird nun mit Reparaturwachs oder Holzkitt verschlossen, damit sich das Mittel im Inneren entfalten und nicht verflüchtigen kann.

# BESCHÄDIGTE HOLZ-OBERFLÄCHEN GLÄTTEN

**Sie brauchen**
für das Beseitigen von Kratzern:

- *Cutter*
- *Kleinen Spachtel*
- *Malpinsel*
- *Reparaturwachs*
- *Wasser- oder Ölfarbe*
- *Klaren Sprühlack*

Damit Ausbesserungen an beschädigten Holzoberflächen möglichst wenig auffallen, wird eine Reparaturwachsstange benötigt, die dem hellsten Holzton entspricht. Dazu kommt eine Tube Künstlerfarbe, die den dunkelsten Ton der Maserung trifft. Da Wasserfarbe schlecht auf dem Wachs haftet, sollte Ölfarbe verwendet werden.

Wenn sich die schadhafte Stelle nach dem Auskratzen nicht vollständig säubern lässt, hilft entweder das Auspinseln mit Terpentinersatz oder ein Staubsauger mit Feindüse. Das Wachs wird mit etwas Überstand zur umgebenden Fläche in die Vertiefung geträufelt, nach dem Aushärten mit einer Rasierklinge flächenbündig abgezogen und anschließend mit dem Finger sorgfältig glatt gestrichen.

Das Nachbilden der Maserung erfordert eine spezielle Maltechnik. Der feine Pinsel wird in die frisch aus der Tube gedrückte Farbe getaucht und auf Papier abgestreift, bis die Borsten fast wieder trocken sind. Jetzt folgen fedrige Striche, die die Maserung des umgebenden Holzes wieder schließen. Damit die Ausbesserung haltbar bleibt, erhält die Stelle einen dünnen, zur Fläche passenden Sprühlacküberzug.

**TIPP: LÖSEMITTEL?**

Bei der Verwendung von Lack aus der Spraydose ist für **INTENSIVE LÜFTUNG** im Raum zu sorgen. Löschen Sie offene Flammen und verzichten Sie unbedingt auf das Rauchen in diesem Zimmer.

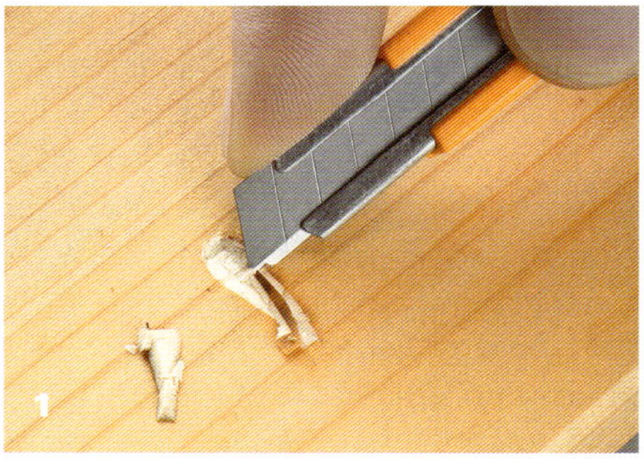


**1** Zum Ausbessern einer beschädigten Oberfläche (zum Beispiel Brandstelle) wird das zerstörte Material mit einem Cutter vollständig entfernt und die Vertiefung sorgfältig gesäubert.

**2** Um die Vertiefung ganz auszufüllen, wird die Messerklinge erhitzt, die Wachsstange gegen die Klinge gehalten und die schadhafte Stelle reichlich voll getropft.

**3** Mit einem feinen Malpinsel und farblich passender Künstlerfarbe erfolgt nun das Nachzeichnen der verloren gegangenen Maserung.

# ABGESTOSSENE HOLZKANTEN ERNEUERN

Möbel ziehen manchmal Beschädigungen geradezu an. Insbesondere auf Tischplatten scheint dies zuzutreffen. Abgesplitterte Kanten oder Ecken sind – neben Kratzern und Druckstellen – die am häufigsten auftretenden Schäden.

Zum Ausbessern von abgesplitterten Kanten mit einem Füllmaterial wird eine Leiste, die etwas länger ist als der schadhafte Kantenabschnitt, mit Eckzwingen an der Tischplatte fixiert. Die zur Platte gewandte Seite wird mit Kerzenwachs eingerieben, damit sich das Füllmaterial während des Trocknens nicht mit der Leiste verbinden kann. Je nach Tiefe ist beim Füllen der gesäuberten und entfetteten Schadstelle in mehreren Schichten zu arbeiten, die immer wieder vollkommen abtrocknen müssen. Kleine fehlende Ecken werden auf die gleiche Weise behandelt. Allerdings wird hier ein Winkel aus zwei Leisten an der Tischplatte befestigt. Größere Schäden an Ecken sind mit Reparaturpaste nicht mehr zu beheben. Sofern die Tischplatte den Aufwand noch lohnt, wird die komplette Ecke mit Massivholz erneuert. Damit das später kaum auffällt, wird die schadhafte Stelle so vorbereitet, dass waage- und senkrecht zwei absolut plane Flächen entstehen. Erst jetzt wird das Ersatzstück angepasst; es sollte in Holzart, Farbe und Maserungsverlauf möglichst genau zur Tischplatte passen.

## TIPP: HOLZFÜLLER

Da Holzfüller in der Regel beim Trocknen etwas schrumpfen, sollte so viel Material aufgetragen werden, dass es etwas über die umgebende Fläche hinausreicht. Diese Reparaturpasten sind so beschaffen, dass sie sich nach der vorgeschriebenen Trockenzeit mechanisch bearbeiten lassen.

**Sie brauchen** für das Erneuern einer abgestoßenen Holzkante:

- *Eckzwingen oder einfache Modellzwingen und Holzkeile*
- *Kleinen Spachtel*
- *Zulagen, Leiste(n)*
- *Füllmaterial/ Reparaturpaste*
- *Kerzenwachs*

1

2

3

**1** Die oberflächenbündig fixierte Leiste dient als simulierte Tischkante für das Füllmaterial und als Führung für den Spachtel.

**2** Auch die Winkel der Schrägen von Tischplatte und Ersatzecke sollten unbedingt identisch sein.

**3** Wenn die neu eingesetzte Ecke in allen Dimensionen ein wenig Übermaß aufweist, lässt sie sich leichter durch Schleifen exakt an die Oberfläche der Tischplatte anpassen.

**Sie brauchen**
für das Behandeln beschädigter Umleimer und Furniere:

- *Cutter, Andrückrolle*
- *Schmalen Beitel/ Stemmeisen*
- *Bügeleisen*
- *Umleimer, Furnier*
- *Schleifklotz*
- *Kantenschneider*

# UMLEIMER AUSBESSERN

Für das Verarbeiten der selbstklebenden Umleimer ist das Bügeleisen wichtigstes Werkzeug – für das Ablösen beschädigter als auch für das Aufbringen neuer Umleimerstreifen.

Vorsicht: Die zum Lösen des Klebers erforderliche Wärmestufe „Baumwolle" ist für die Finger schon recht unangenehm.

**1** Zunächst den Kleber des alten Umleimers mit einem heißen Bügeleisen anlösen und den Umleimer abziehen.

**2** Vor dem Aufbügeln des Umleimers muss der Untergrund eben, trocken und staubfrei sein. Unmittelbar nach dem Aufbügeln wird der Umleimer mit einem Schleifklotz etwa 10 Sekunden gleichmäßig angedrückt.

**3** Zum Schluss werden die Umleimerkanten mit einem Schleifklotz an die Flächen angepasst. Bei größerem Überstand schneidet ein spezieller Kantenschneider den Umleimer bündig zur Brettkante ab, ohne diesen zu beschädigen.

# FURNIERE AUSBESSERN

Viele Möbel bestehen aus einem Blindholzkorpus (Sperrholz, Span- oder Tischlerplatte), der mit einer dünnen Schicht edleren Holzes (dem Furnier) bekleidet ist.

Diese Schicht kann beschädigt werden oder sich als Blase vom Korpus lösen. Befindet sich eine Blase am Rand der Fläche, kann in den Spalt Leim eingebracht, die Blase eben gepresst und der herausquellende Leim sofort abgewischt werden.

Eine geschlossene Blase wird mit einem scharfen Cutter kreuzweise und immer schräg zur Faserrichtung eingeschnitten. Nun wird jede entstandene Ecke vorsichtig angehoben, sehr sparsam Leim eingebracht und die schadhafte Stelle eben gepresst.

Bei beschädigten Furnierstellen wird zunächst ein Furnierstück (passend in Farbe und Maserung) zugeschnitten und als Markierungshilfe benutzt. Nun innerhalb der Markierung die Schadstelle entfernen und das neue Stück einleimen.

# HOLZVERBINDUNGEN STABILISIEREN

Selbst solide gebaute Gebrauchsmöbel halten selten ein Leben lang, weil sie ständig beansprucht werden. Jede Reparatur, die ein Möbelstück wieder brauchbar machen soll, beginnt damit, die Verbindungen, Rahmen und Gestelle neu zu stabilisieren.

## VERBINDUNGSTECHNIKEN

Holz arbeitet, auch noch in Brettform. Dies ist bei allen Verbindungen, insbesondere bei solchen aus Massivholz zu berücksichtigen. Holzteile können unlösbar oder lösbar miteinander verbunden werden.

Bei lösbaren Verbindungen halten geeignete Beschläge die einzelnen Elemente zusammen. Unlösbare Verbindungen finden immer mit Leimzugabe statt und sind – sofern sie sich nicht im Laufe der Zeit von selbst lockern – nur durch Zerstörung wieder zu lösen. Die gebräuchlichsten dieser Verbindungen werden hier vorgestellt:

- Stumpfe, gedübelte (Eck-)Verbindungen sind im Möbelbau sehr häufig anzutreffen. Durch die runde Form und die Abstände der Dübel untereinander wird der Querschnitt der zu verbindenden Teile kaum geschwächt. Außerdem lassen sich die Teile bei der Montage präzise zusammenstecken.
- Eckverbindungen mit Flachdübeln sind zwar sehr stabil, aber verhältnismäßig schwierig herzustellen. Einfacher wird es, wenn die Federn in einer Nut liegen, die mit einer Kreissäge herzustellen ist. Das ermöglicht beim Zusammenbau eine begrenzte Positionskorrektur.
- Die Überblattung ist die einfachste Eckverbindung im Rahmenbau, aber nicht besonders haltbar. Bei der Herstellung werden die zu verbindenden Rahmenteile bis zur Hälfte ihrer Materialdicke wechselseitig ausgeklinkt. Diese Verbindung muss ge-

**1** Dübelspitzen, die in die vorhandenen Bohrungen eingesteckt werden, dienen zum präzisen Markieren des Gegenstücks.

**2** Flachdübel-Verbindungen auf Gehrung erfordern sehr präzises Arbeiten. Die Federn quellen bei Leimzugabe in ihren Nuten auf und halten später so die verbundenen Teile „bombenfest“ zusammen.

leimt werden. Die Überblattung wird vorwiegend bei einfachen Arbeiten angewendet (z. B. Zierbekleidungen an Zimmertüren, Fliegenfenstern).

- Zum Herstellen von Fenster- und Möbelrahmen eignet sich besonders die Schlitz- und Zapfenverbindung. Dabei kann der Zapfen rechtwinklig sowie ein- oder beidseitig auf Gehrung abgesetzt sein. Die aufrechten Rahmenteile erhalten in der Regel Schlitze, die waagerechten Zapfen. Bei besonders belasteten Eckverbindungen oder dicken Rahmenhölzern sind auch Doppelzapfen üblich.
- Das Zinken ist eine mehrfache Verzahnung gerader (Fingerzinken) oder keilförmiger Zapfen, die Zinken oder Schwalbenschwänze genannt werden. Gewählt wird diese Verbindungsart bei Vollholz, da die verbundenen Teile ungehindert quellen oder schwinden, sich aber nicht werfen können. Die gebräuchlichsten Arten sind die einfache Zinkung, die halbverdeckte Zinkung, die Gehrungszinkung und die Fingerzinkung. Diese Verzahnungen können sichtbar von beiden Seiten, nur einer Seite oder ganz verdeckt hergestellt werden. Bei der einfachen und der Fingerzinkung sind alle Zinken beziehungsweise Schwalbenschwänze sichtbar. Bei der halbverdeckten Zinkung sind die Zinken nur von einer Seite zu sehen, bei der Gehrungszinkung überhaupt nicht.

### TIPP: FUGEN FÜLLEN

Hat eine Holzverbindung durch schlechte Passform eine Fuge, kann sie mit einem Span gleicher Holzart ausgefüllt werden. Ist der Span etwas zu dick, wird er flach geklopft, bis er in die Fuge passt. Leim lässt den Span wieder aufquellen.

**3** Von Überblattungen wird gesprochen, wenn zwei wechselseitig ausgeklinkte Hölzer übereinander gelegt zusammengebaut werden.

**4** Verbindungen mit Schlitz und Zapfen sind sehr stabil. Sie werden sowohl in der Möbel- als auch in der Bauschreinerei (Türen, Fenster) eingesetzt.

**5** Sehr hochwertig und haltbar sind gezinkte Eckverbindungen (hier Fingerzinken).

# LOCKERE HOLZ-VERBINDUNGEN LÖSEN

Verbindungen lockern sich meistens bei Möbeln, die dynamischen Belastungen ausgesetzt sind. Das können Stühle, Schubladen oder aber auch Tischbeine sein. Je nach Art der Lockerung ist das Lösen einzelner Teile oder ein komplett neuer Aufbau des betroffenen Möbelstücks erforderlich.

Für den späteren Zusammenbau ist es ratsam, die einzelnen Teile sowohl bezüglich ihrer Anordnung als auch ihrer Lage zu kennzeichnen.

Dann die Leimverbindung wie gezeigt ganz trennen. Dazu wird der betreffende Teil etwas angehoben und mit mehreren leichten Schlägen gelöst. Dabei kann es passieren, dass sich durch die Schläge auch andere Verbindungen in der Umgebung lockern. Empfehlenswert ist dann eher das völlige Trennen aller Einzelteile. Dies kann auch notwendig werden, wenn einzelne Teile so schräg zueinander stehen, dass sich das lockere Teil aufgrund seiner starren Umgebung gar nicht mehr an seine ursprüngliche Position bringen lässt. Der Stuhl (oben links) zeigt diese Situation. Bei einer Tischzarge beispielsweise dürfte dieses Problem kaum auftreten.

## TIPP: LEIMRESTE

Alter Leim lässt sich mit einem Messer abschaben. Dabei ist das Messer fast senkrecht zur Leimfläche zu halten, der Messerrücken aber leicht nach vorne in Arbeitsrichtung zu neigen. So schabt die Klinge über die Holzoberfläche. Wichtig ist, nur mit so viel Druck zu arbeiten, dass zwar der Leim entfernt, das Holz jedoch nicht beschädigt wird. Deshalb den Abtrag lieber vorsichtig in mehreren Arbeitsgängen durchführen.

**Sie brauchen** für das Lösen lockerer Holzverbindungen:

- *Hammer*
- *Zulagen (Holz- oder Korkklotz)*
- *Schraubzwinge(n)*
- *Messer*

**1** Um die Leimverbindung zwischen den Teilen aufzubrechen, unbedingt eine Zulage (Holz- oder Korkklotz) benutzen.

**2** Das Fixieren der Zulage mit einer Schraubzwinge lässt eine Hand frei zum Halten größerer Teile – hier eine Tischlängszarge.

**3** Auch beim Lösen einer Zinken-Verbindung – hier eine Schublade – sollte zum Schutz der Bauteile auf eine stabile, ausreichend große Zulage nicht verzichtet werden.

# HOLZVERBINDUNGEN NEU STABILISIEREN

**Sie brauchen** für das Stabilisieren von Holzverbindungen:

- *Schraubendreher*
- *Schraubzwingen*
- *Injektionsspritze*
- *Holzzuschnitte*
- *Leim*

Wenn eine sich lockernde Verbindung rechtzeitig erkannt wird, ist das völlige Zerlegen des Möbelstücks meist nicht erforderlich. Dann reicht zum Beispiel bei einer Zapfenverbindung auch eine Reparatur per Injektion in eine exakt eingebrachte Bohrung.

Der Leim ist so lange einzudrücken, bis er zwischen den zu verbindenden Teilen herausquillt. Dann werden die Teile zusammengepresst und der überschüssige Leim sofort mit einem feuchten Lappen abgewischt. Wenn er erst einmal abgetrocknet ist, wird das Entfernen sehr viel schwieriger und zeitaufwendiger. Bei nicht parallel zueinander stehenden Flächen oder Bauteilen können nicht immer Schraub- oder Klemmzwingen eingesetzt werden. Eine praktische Lösung sind Spannbänder, die sich weitgehend den Konturen anpassen. Sie werden dort angesetzt, wo die Leimstellen liegen. Vor dem Spannen sollten noch einmal die korrekten Positionen aller Teile überprüft werden.

### TIPP: KLEBEFLÄCHEN

Voraussetzung für eine neue haltbare Leimverbindung ist das sorgfältige Entfernen der alten Leimreste. Das Holz selbst darf dabei nicht beschädigt werden, denn darunter leidet die Passgenauigkeit der zu verbindenden Teile. Weißleime besitzen wenig Füllkraft. Sie erreichen ihre maximale Belastbarkeit nur, wenn in der Fuge ein starker Pressdruck erzeugt werden kann, und das ist bei größeren Fugen nicht möglich.

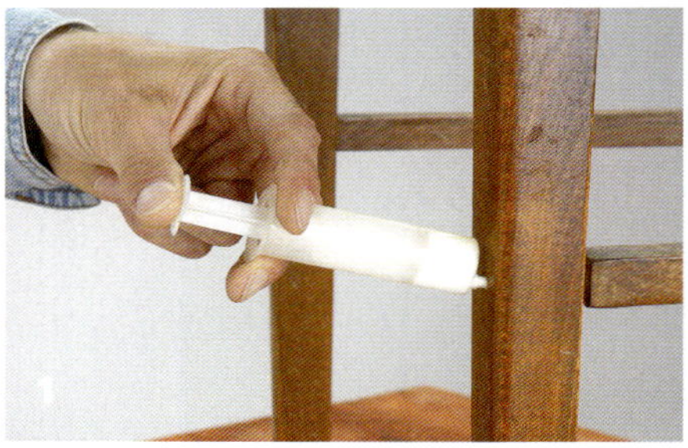

**1** Um den Leim injizieren zu können, werden die Teile leicht auseinander gezogen und von der Gegenseite ein Loch gebohrt, das etwas größer als die Spritzenspitze sein sollte.

**2** Bei dicken Tischbeinen hilft ein selbst gefertigter, passend zugeschnittener Eckklotz.

**3** Verleimen einer Schubladenecke: Dreikantleiste, auf den Pressflächen gewachster Klotz mit 90-Grad-Aussparung und eine Schraubzwinge.

**4** Eine Alternative sind Klemmzwingen (zum Beispiel bei Zinken-Verbindungen), die aber über die gesamte Breite reichen müssen.

# MÖBEL AUFSTELLEN UND AUSRICHTEN

Wichtiges Hilfsmittel beim Aufstellen und Justieren von Möbeln (insbesondere Küchenschränken) ist eine lange Wasserwaage. An Wohnraummöbeln sind kaum Verstellmöglichkeiten vorgesehen, um unebene Böden auszugleichen. Hier hilft nur das Unterlegen von Holzscheiben oder -keilen an den entsprechenden Stellen.

Das mag zunächst banal klingen, ist aber wichtig, damit sich die Möbel nicht verziehen und ihre Leim- oder Beschlagverbindungen dadurch instabil werden. Außerdem dürfte das korrekte Ausrichten von Türen bei verzogenen Korpussen kaum möglich sein.

Nicht verstellbare Füße werden mit einem exakt passenden Hartholzbrett unterlegt. So wird verhindert, dass sich der Möbelkorpus verzieht und deswegen Türen und Schubladen klemmen.

Für Oberschränke gibt es zahlreiche Möglichkeiten (zum Beispiel justierbare Aufhängungen), sie „in die Waage" zu bringen.

Bei Unterschränken verfügen die hochwertigen Fabrikate über höhenverstellbare Sockelfüße, um Bodenunebenheiten auszugleichen. Reicht der Verstellbereich nicht aus, sind Unterlagen aus Hartholz erforderlich, die so unter das Möbelstück gelegt werden, dass sie nicht hervorstehen.

Beim Ausrichten der Einzelkorpusse muss immer die Flucht der gesamten Zeile im Auge behalten werden: für Oberschränke aus optischen Gründen, bei Unterschränken für eine brauchbare Arbeitsplatten-Auflage. Beim Aufstellen sollte etwas Luft zur Wand bleiben, um mögliche Unebenheiten überbrücken zu können. Der Spalt wird später durch die Arbeitsplatte und Abschlussleisten überdeckt.

**Sie brauchen** für das Aufstellen und Ausrichten von Möbeln:

- *Zollstock*
- *Wasserwaage*
- *Schraubendreher*
- *Hammer*
- *Leim*
- *Schrauben*
- *Restholz zum Unterfüttern*

# BESCHÄDIGTE SCHRANKFÜSSE ERSETZEN

**Sie brauchen** für das Ersetzen beschädigter Schrankfüße:

- *Zollstock*
- *(Elektro-)Säge*
- *Bohrmaschine*
- *Forstnerbohrer*
- *Passendes Ersatzholz*
- *Handsäge*
- *Schleifmittel*
- *Leim*

**1** Mit einer Rücken- oder Feinsäge wird der beschädigte Fuß vom eingeleimten Zapfen getrennt. Beschädigungen des Bodenbretts sollten dabei (zum Beispiel durch Unterlegen mehrerer Lagen Schreibpapier) weitgehend vermieden werden.

**2** Mit einem Forstnerbohrer wird ein Sackloch eingebracht, dessen Durchmesser dem des neuen Zapfens entspricht.

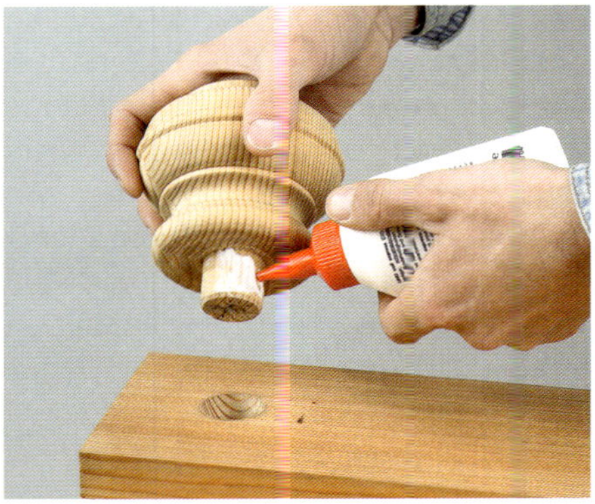

**3** Unter Leimzugabe in das Sackloch und am neuen Zapfen wird der neue Fuß in das Sackloch eingesetzt. Herausquellender Leim sofort mit einem feuchten Lappen entfernen.

Besonders bei älteren Möbelstücken ist nicht nur im Korpus, sondern auch in den Füßen mit Holzwurm-Aktivitäten zu rechnen.

Das kann so weit gehen, dass der betroffene Fuß nicht mehr tragfähig ist und ausgetauscht werden muss. Bei geraden Füßen ist das einfach zu bewerkstelligen: Fuß entfernen, Leimstelle säubern, neuen Fuß als exakte Kopie des alten nachbauen, an die alte Stelle leimen und, falls möglich, verschrauben.

**Gedrechselte Füße** erfordern etwas mehr Aufwand. Sie sind in der Regel mit einem angedrehten Zapfen versehen und deshalb schwieriger zu lösen. Vorgefertigte Möbelfüße (paarweise) gibt es in Holz- und Baumärkten. Soll der neue Fuß genau dem alten Original entsprechen, kann meist nur ein Schreiner, der über eine professionelle Drechselbank verfügt, für adäquaten Ersatz sorgen.

# STUHL- UND TISCHBEINE ANSCHÄFTEN

Das Anschäften ist eine Technik, mit der die beschädigten Enden von Stuhl- und Tischbeinen erneuert werden können, ohne das komplette Bein austauschen zu müssen.

Für die Verbindung sollten die Leimflächen möglichst groß sein, um eine ausreichende Festigkeit zu erreichen. Die Technik ähnelt der einer Überblattung, wobei die Verbindungsflächen aber nicht parallel zur Längsachse der Beine, sondern schräg dazu verlaufen. Je flacher die Neigung ist, desto größer sind die Leimflächen. Die Neigungswinkel beider Leimflächen müssen identisch sein, sonst gibt es einen Knick im Bein. Damit die Verlängerung durch das neue Stück später kaum auffällt, sollten Holzart, Farbe und Maserungsverlauf möglichst genau auf das zu reparierende Möbelbein abgestimmt sein.

**Sie brauchen**
für das Anschäften von Stuhl- und Tischbeinen:

- *Zollstock*
- *(Elektro-)Säge*
- *Bandschleifer (stationär)*
- *Passendes Ersatzholz*
- *Schraubzwingen*
- *Schleifmittel*
- *Leim*

**1** Verantwortlich für diesen Bruch war der unglücklich sitzende Astkern. Er hat die normale Querschnitts- Festigkeit des Beines an dieser Stelle auf nahezu die Hälfte reduziert.

**2** Oberhalb des Bruchs wird das Bein möglichst großflächig schräg abgeschnitten. Das Ersatzstück muss den exakt gleichen Neigungswinkel aufweisen wie das Bein.

**3** Vor dem Verleimen ist zu überprüfen, ob sowohl die Neigungen beider Teile als auch die Länge des Ersatzstücks passen. Zum Verbinden wird auf eine Fläche mit einem feinen Zahnspachtel Weißleim aufgezogen. Bis zum Aushärten stabilisieren Zwingen (mit Zulagen) die Verbindung.

**TIPP: NUR FÜR DICKERE HÖLZER**

Für das Anschäften muss der Beinquerschnitt eine gewisse Größe haben. Bei sehr dünnen Beinen ist diese Technik kaum geeignet, weil die Fläche für eine belastbare Verbindung nicht ausreicht.
Vor dem Leimauftrag die Werkstücke probehalber trocken zusammenzwingen und Justierhilfen vorbereiten, die das Verrutschen beim Zwingen mit aufgetragenem Leim verhindern.

# MÖBELGLEITER ANBRINGEN

**Sie brauchen**
für das Anbringen von Möbelgleitern:

- *Hammer*
- *Feile*
- *Schleifmittel*
- *Möbel- bzw. Einsteckgleiter*

Möbelgleiter sollen – beispielsweise bei Sitzmöbeln – zum einen Bodenbeläge schützen und zum anderen nervende Geräusche beim Möbelrücken vermeiden helfen.

Die Wahl des richtigen Gleiters ist abhängig von seinem Einsatzzweck. Filzgleiter eignen sich für Möbel, die auf Fliesen-, Dielen-, Parkett- und Laminatböden stehen beziehungsweise bewegt werden. Erhältlich sind neben vorgestanzten Filzgleitern verschiedener Durchmesser auch selbstklebende Zuschnitte, aus denen sich nahezu jede gewünschte Größe schneiden lässt. Die runden Gleiter gibt es mit Stift (zum Einschlagen) und selbstklebend. Für Teppiche oder Teppichböden eignen sich Möbeluntersetzer, Kappen und Metallgleiter. Möbeluntersetzer sind rund und quadratisch in verschiedenen Größen erhältlich. Sie werden unter das Möbelbein gelegt. Kappen werden auf oder in Metallfüße gesteckt. Metallgleiter mit Stiften werden ebenfalls eingeschlagen. Die komfortablere Version hat zusätzlich eine PVC-Scheibe. Bei selbstklebenden Teppichgleitern sitzt über dem Filzkörper eine Metallkappe.

**TIPP: MÖBELGLEITER**

Einschlagbare Möbelgleiter eignen sich nur für Füße und Beine aus Holz. Für Metallbeine sind runde und quadratische Einsteckgleiter erhältlich, außerdem ovale, runde und quadratische Fußkappen zum Überstülpen.

1 Im linken Bilddrittel sind angeordnet: Fußkappen, Einsteckgleiter und Möbeluntersetzer; in der Mitte: Filz-, Kunststoff- und Metallgleiter zum Einschlagen; rechts: selbstklebende Filz- und Kunststoffgleiter in verschiedenen Farben und Formaten sowie zum Selbstzuschneiden. Letztere sind nur für wenig bewegte Möbel geeignet.

2 Selbstklebende Filzgleiter benötigen eine saubere, trockene, staubfreie und möglichst ebene Oberfläche.

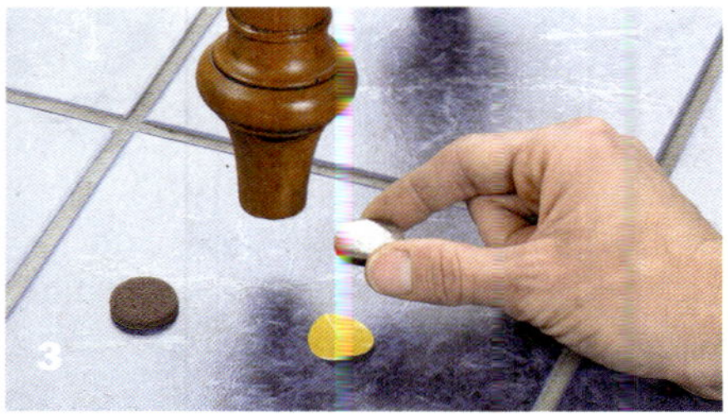

3 Die dunklen Filzgleiter sind beim Gebrauch kaum noch zu erkennen.

# SCHUBLADEN/-KÄSTEN LAUFFÄHIG MACHEN

Klemmende Schubladen sind lästig. Aber Holz arbeitet nun mal, auch wenn es bereits in Möbeln verbaut ist. Deshalb sind Vollholzkonstruktionen immer gewissen Formveränderungen unterworfen.

Bei hoher Luftfeuchtigkeit neigt Holz zum Quellen: Formteile passen nicht mehr zusammen. Bei zu trockener Raumluft zieht sich das Material zusammen: die Leimfugen reißen.

Klemmen Schubladen, gilt die erste Kontrolle immer der Schubladenführung oder -aufhängung. Der einfachste Grund könnte jedoch auch sein: Die Schublade ist schlicht überladen.

In der Regel lassen sich bei Holzschubladen die „Führungsprobleme" mit sparsam aufgetragener Seife oder Kerzenwachs beheben. Öle sind nicht geeignet, da sie in das Holz einziehen und dann den Gleiteffekt verlieren.

**Sie brauchen** für das Lauffähigmachen von Schubladen und Schubkästen:

- *Hobel*
- *Schleifmittel*
- *Seife*
- *Kerzenwachs*

1

**1** Mit Seife oder farblosem Kerzenwachs behandelte Laufleisten machen Holzschubladen wieder ausreichend lauffähig.

**2** Durch nachträglich eingeklebte dünne Laufleisten (zum Beispiel Buche-Umleimer) kann es passieren, dass die Schublade nicht mehr in die Öffnung passt. Die kleinen Überstände werden auf den unteren Längskanten der Schubladenseiten abgehobelt. Die Frontplatte schließt dann wieder ab wie vorher.

2

## TIPP: SCHLEIFEN STATT HOBELN

Bei Schubladenseiten, die sehr schmal sind, ist ein Hobel fehl am Platz. Hier funktioniert das Abschleifen auch sehr gut von Hand: mit einem Holz- oder Korkklotz, umwickelt mit Schleifpapier. Gearbeitet wird in Maserungsrichtung des Gegenstands. Für feinporiges Laubholz (Buche, Ahorn) eignet sich Schleifpapier mit 220er Körnung. Für Weichhölzer (Fichte, Kiefer, Lärche) ist eine gröbere Körnung (120er oder 150er) praxisgerechter.

# BESCHLÄGE ANBRINGEN UND ERSETZEN

Als Beschläge werden alle Teile bezeichnet, die zum Verbinden, Verschließen und Drehen von Möbelteilen dienen. Sie sind aus unterschiedlichen Metallen oder Kunststoff hergestellt. Die wichtigsten sind: Scharniere, Bänder, Griffe und Verbinder in vielen Ausführungen und verschiedenen Funktionen.

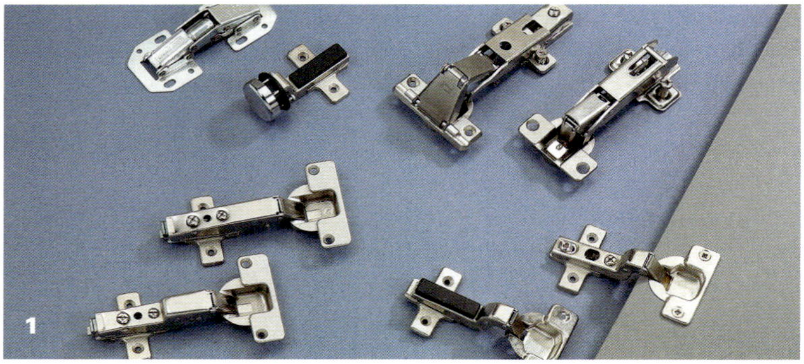
1

2

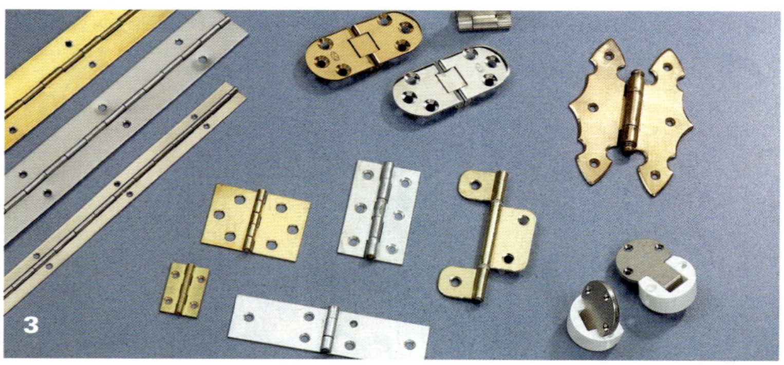
3

## WARENKUNDE

Beschläge unterscheiden sich nach solchen, die sich zerlegen lassen und Produkten, bei denen die Komponenten untrennbar miteinander verbunden sind. Zur ersten Gruppe gehören alle Türbänder (auch die als Federscharnier bezeichneten) und die gebräuchlichsten Möbelverbinder. Die zweite Produktgruppe umfasst hauptsächlich Scharniere, deren Lappen zwar beweglich, aber nicht voneinander lösbar sind. Die Ausnahme bildet das Kulissenscharnier, das einen herausnehmbaren Verbindungsstift besitzt.

- Weit verbreitet sind Topfbänder. Sie haben den Vorteil, dass sie von außen nicht sichtbar sind. Mit „normalen" Topfbändern angeschlagene Türen lassen sich aber nur bis ca. 95 Grad öffnen. Türdicken, Eckabstände und Einbohrmaße sind unterschiedlich und bei jedem Produkt gesondert zu beachten. In der Regel schlagen Türen an Möbelstücken an Seiten- oder Mittelwänden innen- oder aufliegend an. Für jeden dieser Einsatzzwecke gibt es das richtige Topfband. Leichter zugänglich sind Schränke mit Bändern, die einen größeren Öffnungswinkel aufweisen. Federscharniere (auch sie besitzen den charakteristischen Topf) sind mit verschiedenen Öffnungswinkeln erhältlich. Türen, die zu beiden Seiten an einer Zwischenwand befestigt sind, sollten einen 90-Grad-Winkel nicht überschreiten.

- Für sichtbare Verbindungen eignen sich **Einbohrbänder** mit Zierkopf (so genannte Zierbänder). Sie bestehen aus zwei Teilen. Das obere wird in die Tür, das untere in die Seiten- oder Mittelwand geschraubt. Einfache **Möbelbänder** sind flach wie Scharniere, bestehen aber wie Einbohrbänder aus zwei Teilen. Aus optischen Gründen werden sie vorwiegend im einfachen, preiswerten Möbelbau eingesetzt.
- Angeboten werden Scharniere und Bänder in vielen Größen, Materialien und Qualitäten. Eine Spezialität sind **Klappenscharniere**. Sie benötigen wenig Platz. Gute Produkte sind in allen Teilen justierbar. Weit verbreitet ist das **Stangenscharnier** (Klavierband). Es wird zuerst mit der Tür und dann mit dem Korpus verschraubt.
- **Lösbare Möbelverbinder** ermöglichen einen mehrfachen Auf- und Abbau. Die gebräuchlichsten sind Trapez-, Exzenter- und Schrauben-/Rundmutter-Verbinder.
- **Bodenträger** sind als verstellbare und feste Produkte erhältlich. Sie bieten eine punktweise oder kantenlange Auflage für Einlegeböden. Zu unterscheiden sind Stifte, Winkel, Schienen, Leisten und Dübel. Sie werden eingestiftet, eingeschraubt und (in Hülsen) eingesteckt.

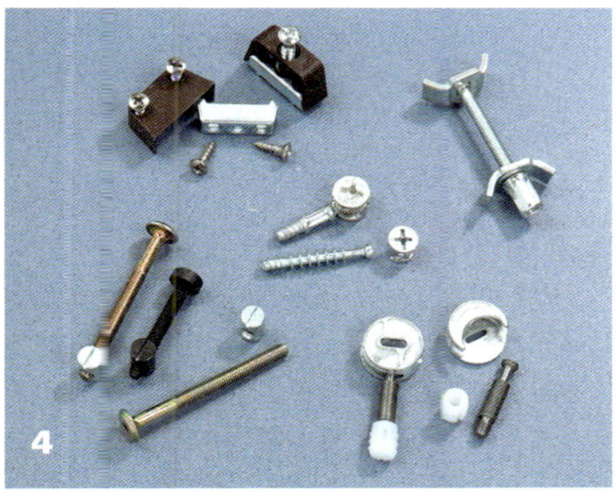

**1** Die obere Reihe zeigt: Aufschraubscharnier, Glastürscharnier und zwei Weitwinkelscharniere (v. li. n. re.); unten: zwei Scharniere für aufliegende und zwei für innenliegende Türen.

**2** Im linken Bilddrittel: gerade Möbelbänder (vernickelt und vermessingt); in der Mitte: gekröpfte Möbelbänder (brüniert); rechts: Schmuckzier- und Einbohrbänder (brüniert, vermessingt, vernickelt – gibt's aber auch verzinkt).

**3** Das Bild zeigt links: Stangenscharniere (Klavierbänder); in der Mitte oben: Nähtisch- Scharniere; unten: Schatullen-Scharniere, ein Lamellentür-Scharnier und ein breites Tischband; rechts oben: Zier-Schatullenscharnier; unten: Klappenscharniere. Diese Produkte bestehen meist aus Messing oder sind vermessingt, verzinkt und vernickelt. Möglich ist auch ein Materialmix: zum Beispiel Metall/Kunststoff.

**4** Lösbare Möbelverbinder: Trapez- und Arbeitsplattenverbinder (oben), unterschiedliche Exzenter und Schraubenverbinder, teilweise mit Einschraubdübeln (Mitte und unten). Die Materialien: verschiedene Metalle und Kunststoff oder ein Mix daraus.

**5** Bodenträger aus Kunststoff und verschiedenen Metallen zum Einschlagen und Einstecken mit und ohne Hülse. Spezielle Exemplare (rechts unten) ermöglichen das Fixieren des Einlegebodens durch Schrauben. Unterschiedliche Dimensionen erlauben variable Tragkräfte.

# AUSGERISSENE BESCHLÄGE NEU BEFESTIGEN

**Sie brauchen** für das Befestigen ausgerissener Beschläge:

- *Zollstock*
- *Schraubendreher*
- *Beitel/Stemmeisen, Spachtel*
- *Schleifmittel*
- *Reparaturpaste*

Topfscharniere sind mittlerweile Standard bei Möbelbeschlägen. Die Scharniere selbst sind auch bei Überlastung kaum zu zerstören, eher reißen sie samt ihrer Befestigungsschrauben aus der Plattenoberfläche heraus.

Weniger widerstandsfähig ist das Trägermaterial, in dem sie verankert sind. Vor allem bei Küchenfronten handelt es sich in der Regel um beschichtete Spanplatten, oft nicht einmal der besten Qualität. So können die zwangsläufig kurzen Schrauben der Scharniere leicht ausreißen. Mit den auf dem Markt angebotenen Reparaturmitteln (Spachtelmassen) ist das Beheben kleinerer Holzschäden kein Problem mehr. Gebräuchlich sind sogenannte Reparaturpasten. Sie werden in zahlreichen Farbtönen angeboten und haben den Vorteil, dass sie sich nach dem vollständigen Aushärten wie Holz bearbeiten lassen. Man kann sie bohren, fräsen und schleifen. Das ist auch vorteilhaft bei der Nachbildung des Topfes für das Türband, dessen Kontur beim Ausreißen gelitten hat.

Da es sich hier zum Teil um sehr feine Arbeiten handelt, sollten die eingesetzten Werkzeuge gut geschärfte Schneiden haben.

**TIPP: EINPASSEN**

Als Führung für die Schrauben in der ausgehärteten Reparaturpaste ein Loch vorbohren. Der Bohrer sollte dabei das Maß des Kerndurchmessers der Montageschraube haben.
Das Verschrauben der Topfbohrung muss nach dem Durchhärten nur manuell und nicht mit einem Akkuschrauber geschehen, um ein Überdrehen zu vermeiden.

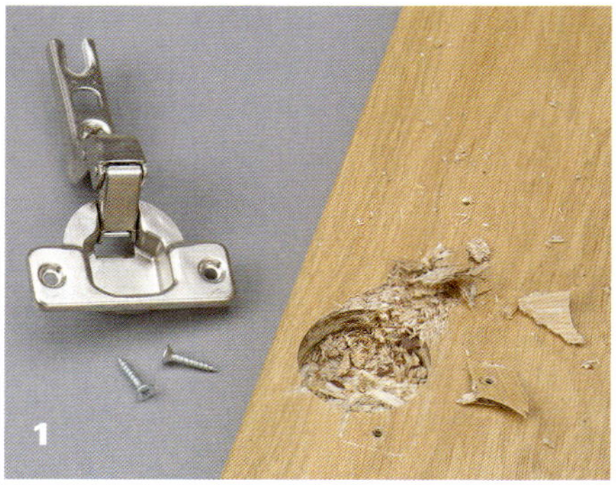

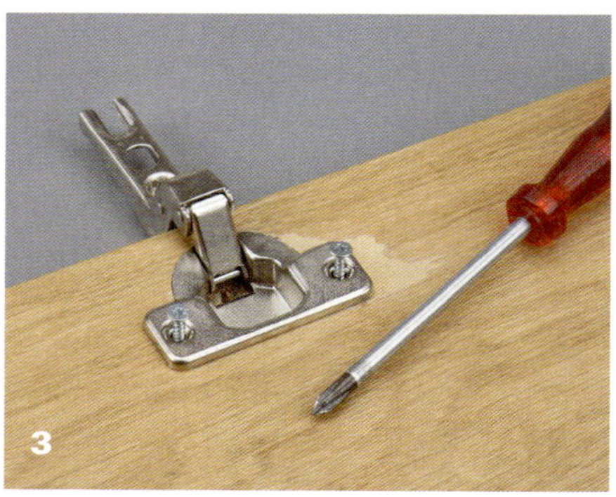

**1** Nicht mehr tragfähig: Eine Schraube des Topfscharniers ist ausgerissen und hat das Gefüge der Spanplatte völlig zerstört.

**2** Die mit dem Beitel/Stemmeisen vollständig gesäuberte Schadstelle wird mit reichlich Reparaturpaste verspachtelt.

**3** Die Topfbohrung wird in die Reparaturpaste eingedrückt und so wieder ausgeformt. Nach dem vollständigen Durchhärten der Reparaturpaste wird das eingesetzte Topfscharnier von Hand verschraubt.

# AUSGERISSENE BODENTRÄGER NEU BEFESTIGEN

Für Fachböden sind nach der DIN 68874 abhängig von ihrer Materialdicke und der Spannweite zwischen den Auflagern, bestimmte maximale Belastungen vorgesehen, um ein zu starkes Durchbiegen zu vermeiden. Dabei ist von drei Belastungsgruppen auszugehen:

- Gruppe I: 50 kg/m² (Weingläser bzw. Unterwäsche, Taschentücher, Socken)
- Gruppe II: 85 kg/m² (Kleidungsstücke, Handtücher)
- Gruppe III: 110 kg/m² (Bettwäsche, Bücher)

Belastet sind aber nicht nur die Fachböden, sondern auch die Bodenträger und das Material der Trägerwände. Gerade Spanplatten (auch beschichtete) neigen dazu, im Bereich der Bodenträgerbohrungen bei Überlastung zu splittern. Bei Massivholzwänden besteht diese Gefahr kaum, weil deren gewachsenes Gefüge fester ist. Zum Beheben solcher Schadstellen eignen sich zweikomponentige Mittel (Klebeharz/Multispachtel), die aus einem Basismaterial und einem Härter bestehen. Diese Komponenten werden vor dem Gebrauch gemischt und sind dann innerhalb der offenen Zeit (steht auf dem Gebinde) zu verarbeiten. Nach etwa 24 Stunden sind sie so weit durchgehärtet, dass sie gebohrt, gefräst oder geschliffen werden können.

**TIPP: VERARBEITUNG**

Die hier verwendete Spachtelmasse ist ein Zweikomponenten-Produkt. Nach dem Mischen von Basismaterial und Härter bleiben 20 Minuten Verarbeitungszeit. Deshalb sollte immer nur so viel Material angemischt werden, wie sich in dieser Zeit verarbeiten lässt.

**Sie brauchen** für das Befestigen ausgerissener Bodenträger:

- *Zollstock*
- *Bohrmaschine*
- *Spezial-Spachtelmasse*
- *Schleifmittel*

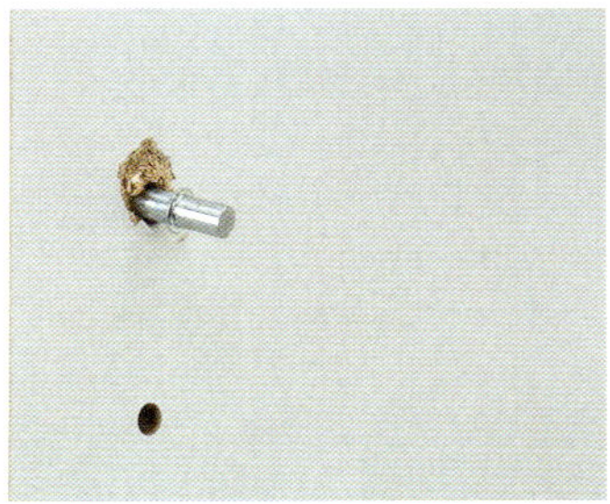

**1** Der Bodenträger wurde nach unten gedrückt und hat durch die Hebelwirkung die Spanplatte oberhalb der Bohrung ruiniert.

**2** Mit einer speziellen Spachtelmasse wird die beschädigte Bohrung komplett gefüllt und mit einer scharfen Kante abgezogen: So spart man sich ein Nachschleifen.

**3** Nach dem Aushärten der Spachtelmasse wird an alter Stelle neu gebohrt. Da die ausgehärtete Spachtelmasse meist härter als der Kern der Spanplatte ist, empfiehlt es sich, die Bohrstelle erst anzukörnen, um ein Abrutschen des Bohrers zu verhindern.

# OBERFLÄCHEN-BEHANDLUNGEN

**Sie brauchen** für die Vorbehandlung der Oberflächen:

- *Schleifpapier mit verschiedenen Körnungen*
- *Harte und weiche Bürste(n)*
- *Pinsel*
- *Heiße Seifenlauge (bei Wachsbeschichtungen)*
- *Klares Wasser*

Manche alten Farbüberzüge sind es wert erhalten zu werden, weil sie erst nach Jahren einem Gegenstand sein charakteristisches Aussehen verliehen haben. Anders ist es jedoch, wenn durch Blasen oder Risse im Anstrich das äußere Erscheinungsbild erheblich gelitten hat.

## VORBEHANDLUNG

Um Möbeloberflächen für eine schützende Endbehandlung vorzubereiten, werden sie von allen Farb-, Schmutz- und Fettrückständen befreit. Dies geschieht durch sorgfältiges Abschleifen. Beim darauf folgenden Entstauben ist das Absaugen dem Bürsten vorzuziehen. Ist kein Staubsauger verfügbar, sollte die Bürste immer wieder gegen den Strich (mit den Borsten voraus) über das Holz geführt werden. So werden die meisten Staubreste auch aus Poren und Vertiefungen entfernt. Beim Abbürsten des Schleifstaubs wird systematisch von oben nach unten gearbeitet, damit der Staub zum Schluss auf den Boden fällt.

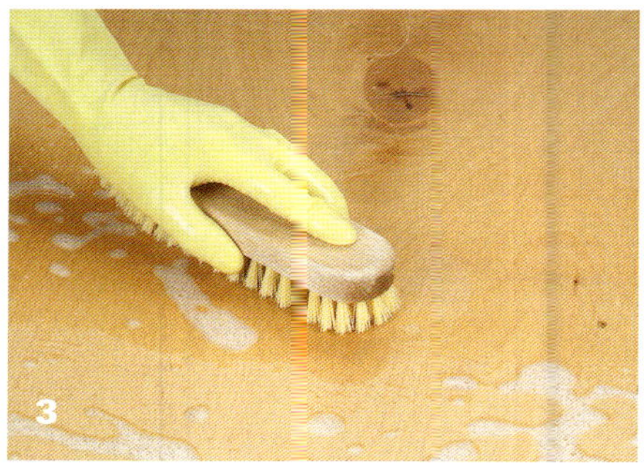


**1** Der erste Schritt beim Vorbereiten eines Untergrunds für die Endbehandlung ist das Schleifen. Es sollte in mehreren Schritten und mit immer feinerer Körnung (etwa 80er, 160er und 220er Schleifpapier) ausgeführt werden.

**2** Für ein besonders feines Endergebnis wird die Oberfläche gewässert. Nach dem völligen Durchtrocknen werden die überstehenden Faserspitzen gegen die Faserrichtung mit mäßigem Druck abgeschliffen, ohne sie auszureißen.
Nach dem letzten Feinschliff sollte auf ein feuchtes Abwischen verzichtet werden, weil sich dadurch feinste Holzfasern wieder aufstellen und der letzte Schliff seine Wirkung verliert. Sämtlicher Schleifstaub wird sorgfältig mit einer Bürste entfernt.

**3** Eine alte Wachsschicht zu entfernen, erfordert viel heiße Seifenlauge und eine kräftige Bürste. Diese Methode ist aber nur bei Massivhölzern anwendbar. Furniere behandelt man besser mit einem sogenannten Abwachser. Da hier sehr viel Wasser fließt, ist ein Platz im Freien gut geeignet. Das Wachs sollte erwärmt sein, bevor das Abbürsten beginnt. Bürste und Platte befreit man zwischendurch immer wieder von den Wachsrückständen.

# FARBE ENTFERNEN

Es gibt drei gängige Methoden, einen alten Farbüberzug zu entfernen: mit Chemikalien auflösen, durch Hitze aufweichen und abtragen oder abschleifen. Jede Methode hat jedoch ihre spezifischen Nachteile.

Beim Abschleifen entsteht sehr viel Farbstaub. Schonender ist die Verwendung eines Heißluftgebläses. Acryllacke lassen sich damit aber nur schwer aufweichen, und die Gefahr, die Holzoberfläche zu versengen, ist relativ hoch. Flüssige oder pastöse chemische Abbeizmittel, die Alkalien oder Lösemittel enthalten, sind nicht ungefährlich. Deshalb sind unbedingt die Sicherheitsvorschriften des Herstellers einzuhalten. Dickflüssige Pasten und Gele sind einfacher anzuwenden, da sie auch an senkrechten Oberflächen haften und langsamer reagieren. Bei alten Ölfarben sind alkalische Abbeizer oft am wirkungsvollsten. Das chemische Abbeizen sollte bei Zimmertemperatur erfolgen.

**TIPP: ENTSORGUNG**

Bei der Arbeit mit Abbeizern die Räume immer gut lüften und nicht abzubeizende Gegenstände sowie den Boden abdecken. Schutzbrille und Arbeitshandschuhe tragen, Spritzer auf der Haut sofort mit Wasser abspülen. Reste von Farben und Abbeizmitteln gehören nicht in den Hausmüll oder ins Abwasser, da sie auf natürlichem Wege nicht abgebaut werden und das Grundwasser belasten. Deshalb sind sie in gut verschließbaren Behältnissen zu sammeln und eindeutig zu etikettieren. Dann sind sie bereit für die Schadstoff-Sammelstelle.

**VORSICHT GIFTE!**
Weitere Informationen finden Sie bei www.test.de mit der Suche nach „Abbeizer“.

**Sie brauchen** für das Abbeizen:

- *Heißluftgebläse oder*
- *Abbeizer oder*
- *Schleifmittel*
- *Pinsel, Spachtel, Drahtbürste*
- *Arbeitshandschuhe, Schutzbrille*
- *Abdeckplane, Schutzfolie*

1

2

**1** Beim Entfernen von dicken Lackschichten mit Abbeizern können mehrere Arbeitsgänge oder lange Einwirkzeiten erforderlich sein. Die optimale Einwirkzeit kann man durch das Einstreichen kleiner Flächen ermitteln. Ein Abdecken der behandelten Fläche mit Folie verhindert das Austrocknen und kann so die Wirkung des Abbeizers erhöhen.

**2** Hat der Abbeizer seine maximale Wirkung erreicht, wird die aufgeweichte, abblätternde Farbe mit einem Spachtel entfernt. Profile sind mit Drahtbürste oder Stahlwolle zu behandeln.

# SCHLEIFEN

**Sie brauchen**
für das Schleifen:

- *Elektro-Schleifgeräte*
- *Handschleifgeräte*
- *Feilen, Schleifmittel*
- *Atemmaske*
- *Schutzbrille*

Bei nahezu jeder Oberflächenbehandlung gehört Schleifen zur Vorbereitung. Nachdem alle Holzschäden (Risse, Kratzer, Dellen) behandelt worden sind, kommt der „letzte Schliff". Besonders effektiv ist dieser, wenn die Fläche zuvor gewässert wurde. Nach dem vollständigen Abtrocknen werden die hochstehenden Faserspitzen gegen die Faserrichtung mit nur mäßigem Druck abgeschliffen.

Das Schleifmittel, auch die Schleifmaschine, ist immer in Richtung der Maserung zu bewegen, niemals quer dazu. Wer bei Naturholzflächen und edlen Furnieren auf ein exzellentes Finish Wert legt, kommt um den Feinschliff per Hand nicht herum, da Schleifmaschinen auch Bewegungen quer zur Maserung ausführen. Eine Ausnahme bildet der Bandschleifer, der allerdings nicht verkantet werden darf. Profi-Geräte haben einen Bürsten-Schleifrahmen, der dies verhindert und mit dessen Hilfe auch die Andruckkraft eingestellt werden kann.

**TIPP: SAUBERKEIT**

Alle Schleifstellen sind sorgfältig von Schleifstaub zu befreien, damit sich der vorgesehene Auftrag mit der Oberfläche verbinden und in die Poren eindringen kann. Geeignet dazu sind weiche Pinsel und Handfeger. Besser ist ein Staubsauger mit Bürste und Handdüse.

**1** Der Deltaschleifer eignet sich zum Bearbeiten von Ecken, der Exzenterschleifer für ebene und leicht gewölbte Flächen. Obligatorisch: die Staubabsaugung.

**2** Für den Abtrag auf ebenen Flächen kommt ein Schwingschleifer (vorne) oder ein Bandschleifer zum Einsatz.

**3** Für ein optimales Oberflächen-Finish stehen viele Produkte zur Verfügung: Schleifpapier, Hilfsmittel, die das Papier halten sowie Schleiffeilen und -schlitten mit Ersatzschleifblättern.

**4** Schleifpapier wird unterschieden nach seiner Körnung. Sie reicht von grob- (40) bis zu feinkörnig (300 und mehr). Von oben nach unten die Körnungen 40, 80, 120 und 180.

# LACKIEREN

Lacke und Farben werden nach Reaktionsharz-, Lösemittel- und Wasserlacken unterschieden. Für einen Anstrichaufbau, der immer aus mehreren Schichten besteht, sollte man sich für ein System entweder auf Wasserbasis oder auf Basis organischer Lösungsmittel (auch als Acryl- oder Alkydharzfarben bezeichnet) entscheiden. Wer sicher gehen will, sollte Produkte desselben Herstellers verwenden und beim Kauf die diesbezüglichen Angaben auf den Farbdosen beachten.

Nachdem eine Oberfläche durch den letzten Schliff perfekt vorbereitet wurde, ist der erste Schritt immer eine Grundierung. Dann folgen ein Voranstrich und schließlich ein oder zwei Endlackierungen (nach Anspruch). Lackschichten müssen vor jedem neuen Überstreichen angeschliffen und danach sorgfältig entstaubt werden. Mit Lackrollen sind die besten Ergebnisse zu erzielen, wenn die Fläche erst senkrecht, dann waagerecht und noch einmal senkrecht in überlappenden Bahnen bearbeitet wird.

**TIPP: BLAUER ENGEL**

Produkte mit dem Umweltzeichen des deutschen Umweltbundesamts („Blauer Engel") sind zu bevorzugen. Der Blaue Umweltengel wird an Produkte vergeben, die im Vergleich zu Konkurrenzprodukten relativ umweltverträglich sind (zum Beispiel besonders emissionsarm).
Hersteller und Produkte erfahren Sie beim Umweltbundesamt in Berlin (Tel. 0 30 / 8 90 30) und im Internet unter www.blauer-engel.de.

**Sie brauchen**
für das Lackieren:

- *Schleifmittel*
- *Pinselauswahl und Lackrollen je nach Verwendungszweck. Lassen Sie sich beim Kauf beraten.*
- *Lackwanne(n)*

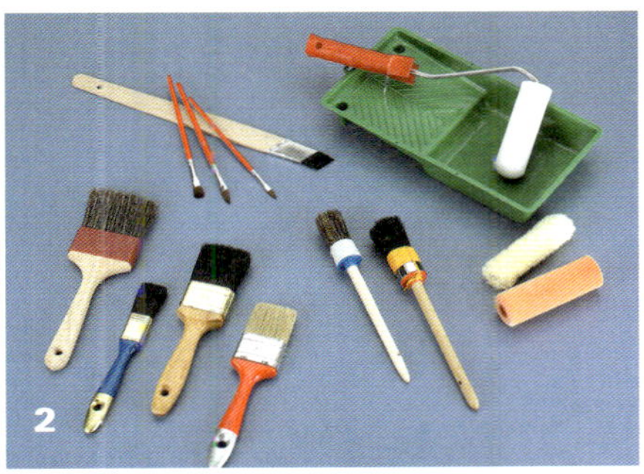

**1** Der feine (Oberflächen-) Unterschied: hochglänzend, seidenmatt und matt (v. li. n. re).

**2** Eine Grundausstattung: Flachpinsel verschiedener Breiten, Rundpinsel, Strichzieher und feine Malerpinsel, Lackrollen aus Velours oder Schaumstoff. Dazu eine Lackwanne.

**3** Bei Oberflächen, die Konturen aufweisen, werden immer zuerst die Profile und Ecken gestrichen. Gut geeignet dazu ist ein Rundpinsel entsprechender Größe.

**4** Sofort danach erfolgt nass in nass das Rollen aller Flächen. Das heißt, dass die mit dem Pinsel aufgetragene Farbe auf keinen Fall vor dem Rollen trocknen sollte.

# LASIEREN

**Sie brauchen**
für das Lasieren:

- *Schleifmittel*
- *Diverse Pinsel/ Lasurpinsel*
- *Behälter zum Mischen*

Lasuren sind mit Farbpigmenten versetzte Überzugsmittel. Je nach ihrem Gehalt an Pigmenten und Festkörpern entsteht eine Dünnschicht- oder Dickschichtlasur. Sie dienen einmal der farblichen Gestaltung von Holzoberflächen und zum anderen dem Schutz vor Pilzen und Insekten. Sie sind wasserverdünnbar oder auf Ölbasis erhältlich. Lasuren verschließen die Holzporen nicht vollständig. Das Holz kann daher Feuchtigkeit aufnehmen und abgeben.

Eine Vorbehandlung ist meist nicht erforderlich. Die Ausnahme: Alte, blätternde Anstriche sind gründlich bis auf das rohe Holz zu entfernen. Das beste Ergebnis wird mit einem Lasurpinsel (statt Rollen oder Spritzen) erreicht, weil dies einen satteren, tief eindringenden Lasurauftrag ermöglicht. Dennoch bleibt die Holzmaserung gut sichtbar. Lasuren können nicht auf Lack- oder Wachsschichten aufgebracht werden. Umgekehrt lassen sich aber lasierte Flächen lackieren und wachsen. Lasurreste können bis zu einem halben Jahr aufbewahrt werden, wenn die Dose gut verschlossen kühl gelagert wird.

**1** Werden Lasuren mit einem breiten Flachpinsel in gleichmäßigen Zügen aufgetragen, garantiert dies einen tief in das Holz eindringenden Anstrich.

**2** Zahlreiche Hersteller bieten Holzlasuren überwiegend guter Qualität an. Biozidhaltige Holzschutzlasuren sollte man in Innenräumen nicht anwenden.

**TIPP: LASURENMIX**

Lasuren sind untereinander gut mischbar. So sind auch gewünschte Zwischentöne zu erzielen, die nicht fertig angeboten werden. Sicherheitshalber sollten die benutzten Gebinde mit den Grundtönen von einem Hersteller stammen.

1

2

# BEIZEN

Durch Beizen erhält eine Holzoberfläche eine transparente Farbe. Die typische Maserung bleibt sichtbar. Farbstoffbeizen zeichnen sich durch gute Lichtechtheit aus. Angeboten werden sie gebrauchsfertig als Flüssigbeizen und als Beizpulver. Diese Pulver sind in heißem Wasser aufzulösen. Die Beize ist sofort nach dem Erkalten einsetzbar. Metallische Gefäße eignen sich dazu nicht, weil der Kontakt zu Farbverfälschungen führt. Besser sind Behältnisse aus Kunststoff oder Keramik. Nicht zuletzt sollten auch die Pinsel auf keinen Fall in Metallzwingen gebunden sein.

Einmal aufgetragen ist der Farbton nicht mehr zu korrigieren. Machen Sie an einem Abfall-Holzstück eine Farbprobe. Beachten Sie, dass dieselbe Beize auf unterschiedlichen Hölzern verschiedene Farbtöne ergeben kann.

Beim Beizen muss der Farbstoff ungehindert ins Holz eindringen können. Die Holzoberfläche muss also unbehandelt und fettfrei sein. Bei abgelaugten Weichholzmöbeln können sich Flecken bilden, wenn sich noch Farbreste im Holz befinden und die Beize ungleichmäßig vom Holz aufgenommen wird.

Aufgetragen werden Beizen zunächst in Faserrichtung und dann quer dazu. Die überschüssige Beize wird mit einem fusselfreien Lappen abgenommen oder mit einem trockenen Beizpinsel in Faserrichtung vertrieben und das Werkstück über Nacht getrocknet. Der Raum zum Beizen sollte warm und trocken sein.

Für einen dauerhaften Schutz benötigt die gebeizte Fläche eine Politur oder einen Klarlacküberzug. Voraussetzung für dessen Haltbarkeit ist eine Grundierung. Gut sind Schnellschleifgrundierungen, weil sie rasch trocknen. Sie werden immer in Faserrichtung aufgetragen, nach dem Aushärten geschliffen und der Staub sorgfältig entfernt.

**Sie brauchen**
für das Beizen:

- *Schleifmittel*
- *Diverse Pinsel (nicht mit Metallzwingen!)*
- *Behälter zum Auflösen (nicht aus Metall!)*
- *Fusselfreie Lappen*
- *Grundierung und Klarlack*

**1** Besonders bei Pulverbeizen sind die Herstellerhinweise zu beachten. Ratsam sind Proben auf gleichartig geschliffenen Restholzstücken, um die (trockene) Farbwirkung erkennen zu können.

**2** Die Beize wird mit einem breiten Flachpinsel in langen gleichmäßigen Zügen aufgetragen.

**3** Nachdem die aufgebrachte Grundierung vollständig ausgehärtet ist, wird sie mit feinem Papier (240er-/280er-Körnung) leicht angeschliffen.

# WACHSEN, ÖLEN, BALLENMATTIERUNG

**Sie brauchen** für das Wachsen und Ölen:

- *Schleifmittel*
- *Diverse Pinsel*
- *Bürste(n)*
- *Fusselfreie Lappen*

**1** Flüssige, pastöse und harte Wachse verlangen nach unterschiedlichen Verarbeitungsmethoden und Werkzeugen.

**2** Wachs wird mit einem einem Flachpinsel oder weichen, fusselfreien Lappen gleichmäßig dünn aufgetragen.

**3** Die gut getrocknete Wachsschicht wird dann mit einer Bürste in Faserrichtung des Holzes geglättet.

**4** Bei der Behandlung mit Öl oder Firnissen dringt das Produkt in die Poren der Holzoberfläche ein und versiegelt sie, ohne auf der Fläche einen harten Film zu bilden. Nicht eingedrungene Anstriche unmittelbar nach dem Auftragen mit einem fusselfreien Lappen in Faserrichtung verreiben!

**Wachs** verleiht Holzoberflächen einen seidenmatten Glanz. Die Wachsschicht ist nicht wasserbeständig, kratz- und abriebfest. Wachs sollte deshalb nur bei wenig beanspruchten Flächen eingesetzt werden. Reines Bienenwachs ist zu weich und eher ungeeignet. Empfehlenswert sind härtere Produkte (z. B. ungebleichtes Carnaubawachs), die erst bei 90 Grad Celsius schmelzen. Als Lösemittel kommen natürliche Rohstoffe (z.B. Zitrus- und Balsamterpentinöl) in Frage.

Die dünnflüssigen **Öle** heben die Holzmaserung besonders hervor. Die gängigsten sind Lein-, Tung- und Teaköl. Sie trocknen zwar ziemlich hart auf und einige (z.B. Tungöl) sind sogar feuchtigkeitsbeständig, dennoch bieten sie dem Holz wenig Oberflächenschutz. Das in die Poren eingezogene Öl nutzt der Oberfläche wenig, sodass die Behandlung relativ häufig zu wiederholen ist.

Die **Ballenmattierung** ist eine alte Behandlungsmethode mit Schellackpolitur. Der mit Politur getränkte Ballen wird kreisförmig von der Mitte zum Rand über die Oberfläche geführt. Dabei den Ballen bis zum Auftrocknen der Schicht ständig schnell bewegen und niemals liegen lassen.

### TIPP: BRANDGEFAHR

Firnisse und Öle brennen! Bei der Verarbeitung sind unbedingt die Warnhinweise der Hersteller auf den Gebinden zu beachten! Immer gut lüften – auch die Arbeitsgeräte! Ölgetränkte Lappen stets ausgebreitet im Freien trocknen.

1

2

3

4

# WAND UND BODEN

# BODENBELÄGE

Um die Gestaltung der Bodenbeläge kümmert man sich in der Regel nur alle paar Jahre, vorzugsweise beim Einzug in eine neue Wohnung oder beim Auszug, wenn sich die Frage stellt, wie Flecken auf Teppichböden oder Schäden an Holz- beziehungsweise Laminatböden ausgebessert werden können.

Bevor man sich daran macht, einen ganz neuen Bodenbelag zu verlegen, muss man erst einmal prüfen, ob der Untergrund dafür geeignet ist. Sowohl einen alten Stein- als auch einen alten Dielenboden kann man nivellieren, um gute Voraussetzungen für den gewünschten Belag zu schaffen.

Bei der Auswahl eines neuen Bodenbelags wird man neben persönlichen Vorlieben pragmatische Überlegungen berücksichtigen. Teppichboden ist für Küche und Bad wenig geeignet, selbst Parkett und Laminat können durch die Feuchtigkeit aufquellen und beschädigt werden.

In Wohnräumen werden Stein- oder Keramikfliesen von vielen Menschen als zu ungemütlich empfunden, selbst mit einer Fußbodenheizung. Auch Hausstauballergiker kommen auf einem Teppichboden oft besser klar, weil die Allergene besser gebunden werden als auf glatten Böden, wo sie regelmäßig aufgewirbelt werden.

# ESTRICHBÖDEN SPACHTELN UND NIVELLIEREN

**Sie brauchen**
für das Spachteln und Nivellieren von Estrich:

- *Zollstock*
- *Wasserwaage*
- *Richtlatte/Schiene*
- *Tiefengrund*
- *Glättkelle*
- *Reparaturspachtel*
- *Flachpinsel*
- *Eimer*
- *Ausgleichsmasse*

Ein Estrichboden kann viele Beläge tragen, beispielsweise Teppichboden, Fertigparkett, Bodendielen oder einfach nur PVC-Bahnen. Fast jeder dieser Beläge stellt andere Anforderungen an die Ebenheit seiner Oberfläche. Auch wenn ein Betonestrich auf den ersten Blick völlig eben aussieht, weist er bei genauerer Überprüfung häufig erstaunliche Niveaudifferenzen auf.

## EBENHEIT PRÜFEN

Die Anforderungen an die Ebenheit sind – je nach Fußbodenbelag – unterschiedlich: Vier Millimeter sind beispielsweise für einen Teppichboden noch akzeptabel. Ein Fertigparkett würde bei dieser Differenz schon federn. Wie eben ein Boden ist, lässt sich mit bloßem Auge kaum beurteilen. Am besten legt man zur Kontrolle eine mindestens zwei Meter lange Aluschiene auf den Estrich. Entpuppt sich der Boden gar als regelrechte Berg-und-Tal-Bahn, sollte er vor dem Verlegen eines Fliesen-, Teppichboden-, PVC- oder Dielenbelags mit selbstverlaufender Ausgleichsmasse egalisiert werden.

## GRÜNDLICHE REINIGUNG

Grobe Verunreinigungen des Betonestrichs sollten beseitigt werden. Reste von Fliesen- oder Teppichboden-

**TIPP: OHNE RISSE**

Um zu verhindern, dass sich bei größeren Schichtdicken Risse bilden, können Ausgleichsmassen auch durch Quarzsand „abgemagert“ werden, sofern die Herstellerangaben dies zulassen. Dann kommt ein Teil Sand auf zwei Teile Ausgleichsmasse.

klebern auf alten Estrichen sind sorgfältig zu entfernen, beispielsweise mit einem Elektroschaber. Das ist weniger mühsam als von Hand.

Bei neu gegossenen Estrichen sollte vor der Verlegung von Bodenbelägen in jedem Fall eine Prüfung der Restfeuchte im Beton vorgenommen werden, um für Ausgleichsmasse oder Kleber optimale Voraussetzungen schaffen zu können.

Auch hier werden vom abgetrockneten Estrich alle Unebenheiten entfernt und die Oberfläche vom Baustaub befreit. Dies kann durch Absaugen oder durch leicht feuchte Wischlappen vorgenommen werden. Danach ist vor jeder weiteren Bearbeitung das völlige Abtrocknen der Oberfläche abzuwarten.

## AUSGLEICHSMASSE AUFBRINGEN

Ist ein – eventuell notwendiger – Reparaturspachtel durchgehärtet, wird die Ausgleichsmasse angerührt. Beachten Sie genau die Herstellerangaben auf den Gebinden, die Auskunft über Mischverhältnisse und den idealen Temperaturbereich für die Verarbeitung geben. Die relativ dünnflüssige Masse können Sie nach dem Anmischen dann einfach auf dem Boden verteilen, wo sie verläuft.

**1** Der Estrich wird gründlich gereinigt und dann mit Tiefengrund als Haftbrücke behandelt.

**2** Reparaturspachtel dient zum Schließen der Risse und Löcher. Das Auftragen und Verteilen erfolgt mit der Glättkelle.

**3** Die selbstverlaufende Ausgleichsmasse wird klumpenfrei angerührt und streifenweise auf den Boden geschüttet.

**4** Mit der Kelle erfolgt das grobe Verteilen der Spachtelmasse. Sie verläuft dann selbsttätig zu einer ebenen Fläche.

# ELASTISCHE BODENBELÄGE FIXIEREN UND AUSBESSERN

**Sie brauchen**
für das Fixieren von PVC-Böden:

- *Zollstock*
- *Richtlatte/Schiene*
- *Fließspachtel*
- *Tiefengrund*
- *Teppichkleber*
- *Teppichmesser*
- *Schere*
- *Teppichunterschneider*
- *Doppelseitig klebendes Verlegeband*
- *Zahnspachtel*

Elastische Bodenbeläge (PVC, Linoleum, Gummi) sind relativ unempfindlich und preiswert. Das Verlegen von PVC-Böden ist sehr einfach; bei Linoleumböden sollten unerfahrene Heimwerker überlegen, ob sie dies nicht einer Fachkraft überlassen.

## UNTERGRÜNDE VORBEREITEN

Da sich Unebenheiten des Estrichs durch einen elastischen Belag deutlich abzeichnen, sollte der Boden auf jeden Fall mit einer Richtlatte (zwei Meter lange Aluschiene) geprüft werden. Gegebenenfalls Fließspachtel als Ausgleichsschicht aufbringen. Ansonsten reicht es, Tiefengrund aufzutragen, der feinen Staub bindet, und für Klebeband oder vollflächig aufgetragenen Kleber einen guten Haftgrund schafft.

1 Zunächst wird der Belag lose im Raum so ausgelegt, dass er an den Wänden ungefähr zehn Zentimeter hochsteht.

2 Mit einem Teppichmesser nun den Überstand so abschneiden, dass die Kante dann möglichst bündig an der Wand liegt.

## FIXIEREN DES BELAGS

In den meisten Fällen reicht zum Fixieren des Belags ein spezielles doppelseitiges Verlegeband in den Naht- und Randbereichen aus. Wenn bei größeren Räumen mehrere Bahnen verlegt werden müssen, erreicht man saubere Stöße durch einen sogenannten Doppelschnitt entlang eines Stahllineals. Dabei lässt man die Bahnen ein wenig überlappen und schneidet dann in einem Zug beide Lagen durch.

Wer Vorbehalte gegen Bodenbeläge aus PVC hat (beispielsweise aufgrund bedenklicher Inhaltsstoffe und des Entsorgungsproblems), kann auf Beläge aus Gummi (Natur- oder Kunstkautschuk) zurückgreifen. Eine weitere Alternative ist Linoleum, das im Wesentlichen aus Kork- und/oder Holzmehl und Leinöl hergestellt wird. Der Rücken wird von einem Jutegewebe gebildet. Die Verklebung ähnelt der bei PVC. Linoleum allerdings muss

### TIPP: BODENKLEBER

Bei Räumen von mehr als 20 m² Größe empfiehlt sich die vollflächige Fixierung des Belags. Es gibt Kleber, die es erlauben, den Bodenbelag beim Auszug aus einer Mietwohnung beschädigungsfrei abzulösen.

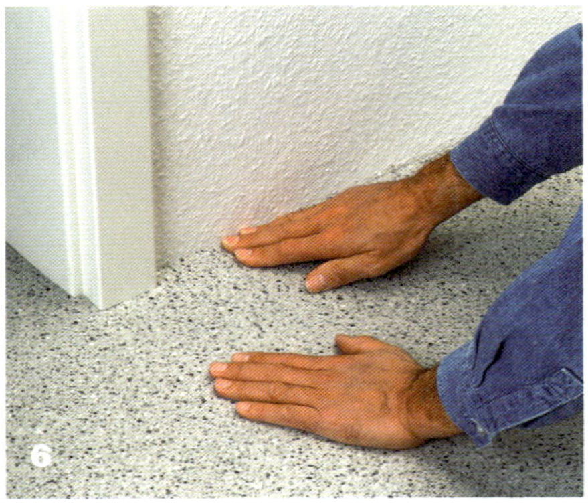


**3** Bei einer vollflächigen Verklebung wird der zuvor passend zugeschnittene Belag in mehreren Schritten fixiert. Dazu den Kleber ausgießen und mit einem Zahnspachtel durchkämmen. Die Zahnung wird meist vom Hersteller vorgegeben.

**4** Begonnen wird mit dem Kleberauftrag an der der Tür abgewandten Raumseite. Dazu den Belag etwa einen Meter weit aufrollen. Nach dem Durchkämmen sollte der Kleberauftrag überall gleichmäßig dick sein.

**5** Im nächsten Schritt wird der Belag von der Tür her bis zur Randklebung aufgerollt und bahnenweise weiter verklebt.

**6** Nachdem der Kleber ungefähr zehn Minuten abgelüftet hat, wird der Bodenbelag zurückgerollt und fest angerieben.

im Nahtbereich verschweißt werden. Dazu fräst man die Stoßfugen mit einem Spezialwerkzeug aus und verschließt sie mit einem Schmelzdraht. Das kann nur ein professioneller Bodenleger tun. Deshalb sollte man Linoleum nur dann selbst verlegen, wenn keine Stoßfugen erforderlich sind.

## BESCHÄDIGUNGEN REPARIEREN

Obwohl elastische Beläge sehr widerstandsfähig sind, kann es doch einmal zu einer Beschädigung, beispielsweise durch einen Brandfleck, kommen.

In diesem Fall legt man über die Reparaturstelle ein ausreichend großes Ersatzstück und fixiert dieses mit doppelseitigem Klebeband. Bei gemusterten Belägen muss das Reparaturstück selbstverständlich dem herauszuschneidenden entsprechen. Im Doppelschnitt trennt man den beschädigten Bereich dann als Quadrat heraus und klebt anschließend das Ersatzstück mit doppelseitigem Klebeband oder Flächenkleber ein.

### TIPP: LÖSEMITTEL

Verschiedene Kleber für die vollflächige Fixierung eines Bodenbelags enthalten organische Lösemittel. Wir raten deshalb zur Verwendung lösemittelfreier oder lösemittelarmer Dispersionsklebstoffe, die am GISCODE D1, EMICODE EC1 erkennbar sind. Sie enthalten meist schon haftverbessernde Additive.

# TEPPICHBÖDEN FIXIEREN

**Sie brauchen**
für das Fixieren von Teppichböden:

- *Zollstock*
- *Teppichmesser*
- *Schere*
- *Teppichunterschneider*
- *Doppelseitig klebendes Verlegeband*
- *Evtl. Wiederaufnahmekleber*
- *Zahnspachtel*
- *Farbroller*

Wichtig: Bei einem Teppichrücken aus Jutegewebe darf man keinen wasserlöslichen Kleber verwenden, da sich die Bahnen sonst wellen würden. Hier ist ein Haftgitter zum Unterlegen die bessere Lösung.

## LOSE VERLEGUNG MIT KLEBEBAND

Der Boden muss trocken, sauber und eben sein. Beim Auflegen des doppelseitigen Klebebands sollten etwa ein bis zwei Zentimeter Abstand zur Estrichkante eingehalten werden, weil sich dann der Bodenbelag leichter wieder anheben lässt. Ist der Belag passgenau zugeschnitten, schlägt man seine Ränder um, zieht das Silikonpapier vom Verlegeband ab und reibt den Teppich fest an

Hat sich die Verklebung in einem stark strapazierten Bereich – beispielsweise im Flur – teilweise gelöst, rollt man den Teppichboden auf und reibt neben dem alten Verlegeband einen zusätzlichen Streifen auf den Boden.

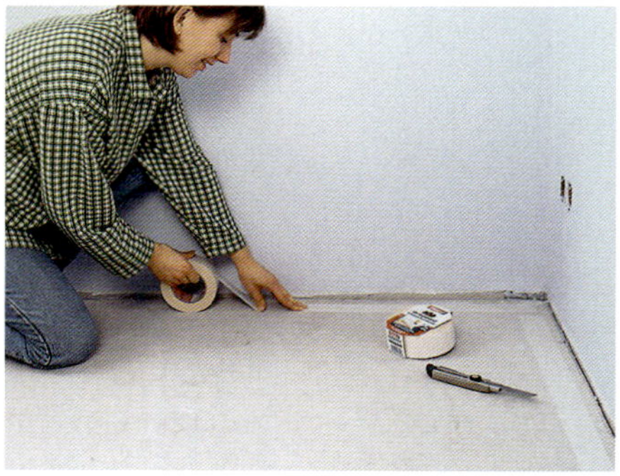

**1** Im Randbereich wird das doppelseitig klebende Verlegeband aufgelegt und fest angerieben.

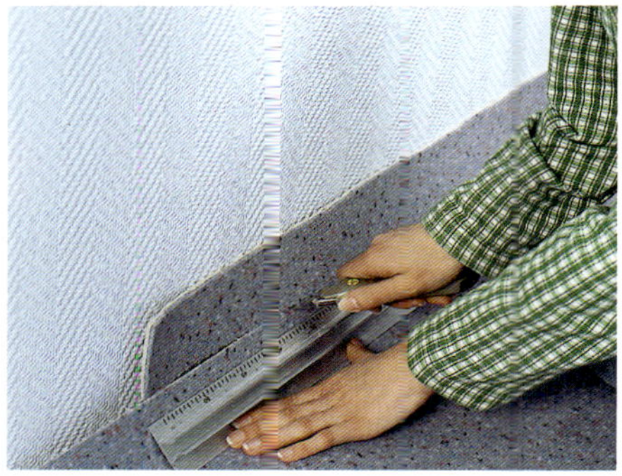

**2** Der Teppichboden wird zunächst lose ausgelegt und rundum passgenau zugeschnitten.

**3** Den Teppichrand klappt man Stück für Stück hoch, zieht das Silikonpapier des Klebebands ab und drückt dann den Belag ohne Wellen fest an.

**4** Bei nicht verklebten größeren Auslegeflächen sollte Klebeband zusätzlich auch in der Fläche verwendet werden.

**1** Für eine vollflächige Fixierung des Teppichbodens ist auf besonders saugfähigen oder leicht sandenden Untergründen zunächst eine Grundierung erforderlich.

## TEPPICHBÖDEN VERKLEBEN

Wenn es erforderlich ist, einen Teppichboden vollflächig zu fixieren, sollten dafür sogenannte Wiederaufnahmekleber eingesetzt werden. Sie erlauben ein problemloses Abziehen, wenn der Belag später wieder entfernt werden soll. Die Verlegetechnik gleicht der der elastischen Böden. Wenn nach der Ablüftzeit mit dem Einlegen begonnen wird, ist darauf zu achten, dass die Belagrückseite vollständig mit Kleber benetzt wird. Wichtig: Immer lösemittelfreie beziehungsweise emissionsarme Kleber wählen, die am GISCODE D1 oder EMICODE EC1 erkennbar sind.

### TIPP: KANTEN

Damit die Sockelleisten bündig aneinander stoßen können, sollten sie an den Schnittkanten sauber entgratet werden. Erreicht wird dies mit Schleifklotz und Schleifpapier feiner Körnung. Die Teppichzuschnitte für die Teppichsockelleiste dagegen müssen nicht millimetergenau zugeschnitten werden. Die angrenzenden Flore gleichen kleine Lücken leicht aus.

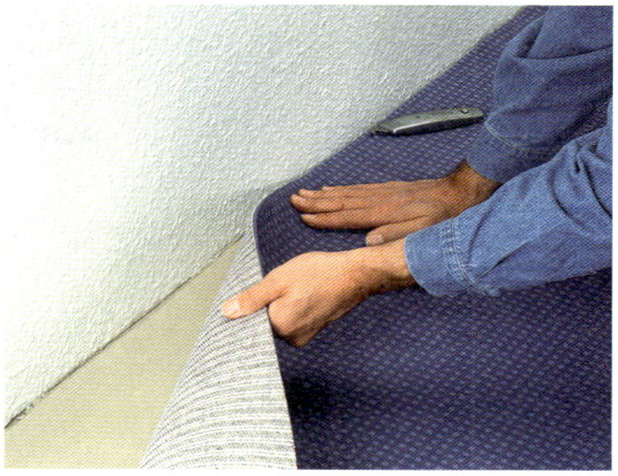

**2** Zuerst wird der Teppichboden ausgelegt und zugeschnitten.

**3** Am Türrahmen muss sehr präzise gearbeitet werden. Dazu ist eine scharfe Klinge unerlässlich.

## WANDABSCHLÜSSE UND ÜBERGÄNGE

Auch ein vollflächig verklebter Teppichboden kann im Laufe der Zeit am Übergang in einen anderen Raum hochgetreten werden. Der Bereich der geklebten Kante ist besonders gefährdet, hier können sich Florfäden lösen. Deshalb sollte an jeder Stelle, an der zwei Beläge aneinander stoßen, eine überbrückende Schiene montiert werden. Diese Schiene wird mit Dübeln und Schrauben (meist im Liefer-

**4** Da der gebrauchsfertige Kleber nach 30 Minuten getrocknet ist, wird nur so viel davon ausgeschüttet, wie in dieser Zeit an Teppichboden verlegt werden kann.

**5** Mit dem Zahnspachtel wird der Kleber durchgekämmt.

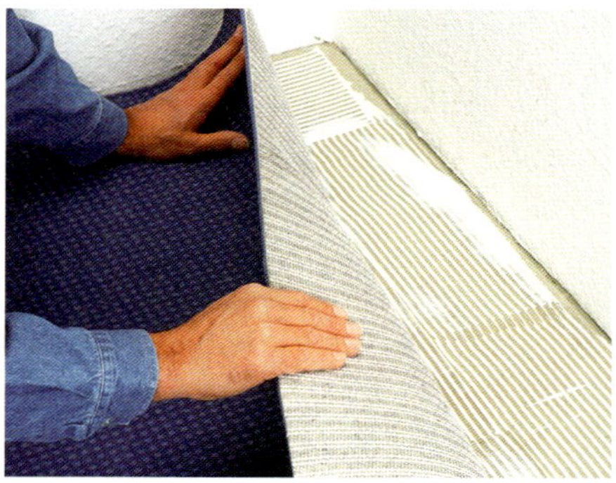

**6** Jetzt muss der Belag passen. Eine zu große Lücke zwischen Teppichkante und Wand ist mit einer gebräuchlichen Sockelleiste hinterher kaum noch zu schließen.

**TIPP: RESTE BEHALTEN**

Bewahren Sie vom neuen Bodenbelag für spätere Reparaturen immer ein paar Reststücke auf.

umfang) im Boden befestigt. Dazu bringt man – im Abstand der Bohrungen in der Schiene – mit einem Steinbohrer Dübellöcher in den Boden ein. Bei Standarddübeln hat der Bohrer den gleichen Durchmesser.

Für Übergänge zwischen unterschiedlich hohen Belägen gibt es Teppichschienen mit verstellbarem Neigungswinkel.

**Fuß- und Sockelleisten** werden in Holz und Kunststoff angeboten. Im Wohnbereich sind Produkte aus Holz vorzuziehen. Eine Alternative sind Sockelleisten, die einen schmalen Streifen des Teppichbodens aufnehmen. Für alle Produkte gilt: Bei den meist erforderlichen Innen- und Außengehrungsschnitten ist hohe Präzision wichtig, wenn es später ordentlich aussehen soll.

# BRANDFLECKEN IM TEPPICH BESEITIGEN

Auch bei pfleglicher Behandlung kann es passieren, dass ein Teppichboden beschädigt wird. Kleine Brandlöcher zum Beispiel lassen sich aber mit etwas Geschick gut reparieren.

Hat man kein Reststück aufbewahrt, kann zur Not ein solches Ersatzstück auch aus dem vorhandenen Belag an einer verdeckten Stelle – beispielsweise unter der Couch oder unter einem Schrank – herausgeschnitten werden.

## MIT DEM LOCHEISEN AUSSTECHEN

Locheisen gibt es mit Durchmessern zwischen 6 und 25 Millimeter. Bei weichem Material reicht es, das Locheisen einzudrücken und ein wenig zu drehen. Die Schneide des Werkzeugs sollte deshalb so scharf wie möglich sein. Bei festem Gewebe muss man einen Hammer zu Hilfe nehmen.

## AUF DIE FLORRICHTUNG ACHTEN

Damit die Reparaturstelle nicht auffällt, muss das Ersatzstück an die Florrichtung angepasst sein. Nach dem Trocknen des Klebers wird der Flicken mit einer groben Bürste bearbeitet. Dadurch verweben sich die Fasern des Flors miteinander: Die Reparatur wird so nahezu unsichtbar.

**Sie brauchen**
für das Beseitigen von Brandflecken:

- *Locheisen*
- *Hammer*
- *Universalkleber*
- *Teppichbodenrest*

1

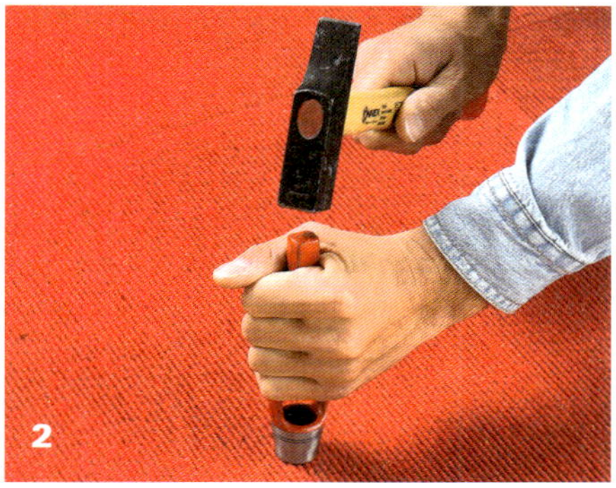

2

3

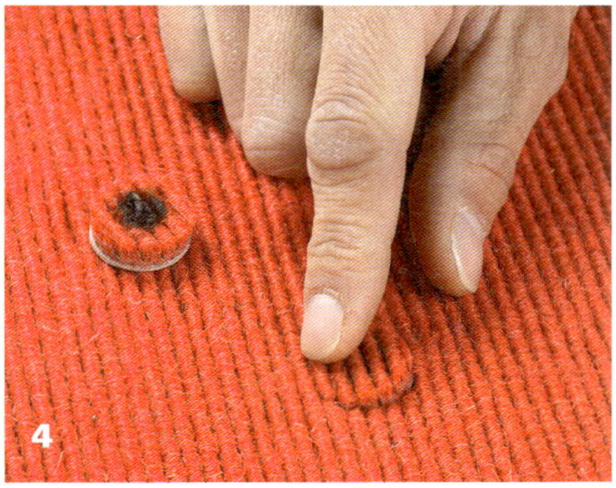

4

**1** Kleine Brandlöcher oder Flecken im Teppichboden lassen sich mit wenig Aufwand wieder reparieren.

**2** Mit einem Locheisen, das etwas größer als der Brandfleck ist, wird die Schadstelle randscharf herausgestochen.

**3** Mit demselben Werkzeug lässt sich aus einem Reststück ein exakt passender Flicken ausstechen.

**4** Der Rücken des Reparaturstücks wird mit Universalkleber eingestrichen. Dann die Teppichscheibe in Florrichtung einsetzen und fest andrücken.

# GRÖSSERE SCHÄDEN AUSBESSERN

**Sie brauchen**
für das Ausbessern größerer Schäden:

- *Teppichmesser/ Cutter*
- *Schablone*
- *Kleber/doppelseitiges Klebeband*
- *Teppichbodenrest*

Sind Beschädigungen oder Flecken größer als der Durchmesser eines Locheisens, wird mit Teppichmesser und Schablone gearbeitet.

Ein passendes Ersatzstück gewährleistet, dass eine Reparatur im Teppichboden kaum auffällt. Größere Quadrate oder Rechtecke schneidet man mit Hilfe einer Schablone aus. Dazu kann man ein Sperrholzstück oder eine Fliese benutzen. Bei größeren Stücken ist ein Stahllineal empfehlenswert.

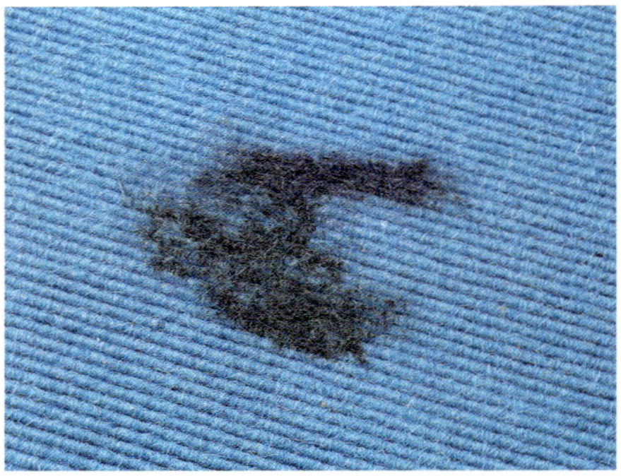

**1** Ein solcher Fleck trotzt jedem Reinigungsversuch, weil er tief in das Gewebe eingedrungen ist. Er kann nur noch herausgeschnitten werden.

**2** Ein großzügig bemessener Teppichrest wird in Florrichtung aufgelegt. Dann schneidet man an den Kanten einer Schablone entlang mit langer Klinge durch beide Lagen.

**3** Ein passendes Ersatzstück ist entstanden. Die Schadstelle wird herausgenommen.

**4** Nun den Boden unter der Reparaturstelle säubern und mit doppelseitigem Klebeband versehen oder Teppichkleber auftragen. Dann das neue Stück einfügen. Durch Bürsten der Ränder werden die Übergänge miteinander verwoben.

**TIPP**

Bei grossen Schadstellen ist es ratsam, das **ERSATZSTÜCK** mit doppelseitigem Klebeband zu **FIXIEREN**, damit es beim Schneiden nicht verrutschen kann.

# BESCHÄDIGTE DIELEN AUSTAUSCHEN UND NEU FIXIEREN

In vielen Altbauten bilden Holzbalken das tragende Gerüst der Geschossdecken. Die Hohlräume solcher Decken sind mit Lehm oder einer Schlackeschüttung ausgefüllt. Den Oberbelag bilden dann meist massive Bodendielen aus Holz.

Wenn alte Dielenböden bei Renovierungsarbeiten von Teppichbelägen befreit werden, zeigen sich häufig Schäden, die nur durch einen Austausch ganzer Bretter behoben werden können. In diesem Fall löst man im Bereich der beschädigten Dielen die Randleisten, damit sie angehoben werden können. Das weitere Vorgehen hängt davon ab, ob der Belag aus Brettern mit glatten Kanten oder mit Nut und Feder besteht. Bei mehreren nebeneinander liegenden, beschädigten **Brettern mit glatter Kante** kann man ein breites Stecheisen in die Nut zwischen zwei Brettern stecken und sie damit hochhebeln. Sobald das erste Brett gelöst ist, wird ein Brecheisen (auch Kuhfuß genannt) benutzt, um es ganz herauszuheben. Bei einem einzelnen auszutauschenden Brett wird eine Schraube eingedreht. Sie dient als Angriffspunkt zum Anheben für das Brecheisen (Zulage benutzen). Bei **Dielenbrettern mit Nut und Feder** sind Beschädigungen der Verbindungen zu vermeiden. Man sägt aus dem auszutauschenden Brett in der Mitte längs einen zirka fünf Zentimeter breiten Streifen heraus und entfernt die verbleibenden Teile. Muss das Brett nur teilweise ersetzt werden, sägt man es zusätzlich mittig auf dem am nächsten liegenden Trägerbalken durch. Es muss unbedingt darauf geachtet werden, dass dabei der Balken nicht angesägt wird!

## NAGELN ODER SCHRAUBEN

Nach erfolgter Reparatur müssen teilweise gelöste Dielen und Ersatzbretter wieder fest auf den Trägerbalken fixiert werden. Alte Dielenböden sind meist genagelt. Aus optischen Gründen sollten die Ersatzdielen dann auch genagelt und nicht geschraubt werden. Bei Dielenböden, die sich unter Belastung durchbiegen, besteht aufgrund der Bewegungen des Holzes aber immer die Gefahr, dass eine genagelte Verbindung mit der Zeit locker wird.

**Sie brauchen** für das Austauschen von beschädigten Dielen:

- *Handkreis-/Stichsäge mit Pendelhubeinstellung*
- *Schrauber*
- *Hammer, Dorn*
- *Beitel/Stemmeisen*
- *Brecheisen (Kuhfuß)*
- *(Holz-)Zulagen*
- *Passende Ersatzdielen*

**1** Genau mittig über den Trägerbalken wird das zu ersetzende Dielenstück durchtrennt. Die Stichsäge mit Pendelhubeinstellung dazu im sogenannten Tauchschnitt ins Holz einsenken und vorschieben.

**2** Die untere Nutwange der Ersatzdiele wird mit einem scharfen Beitel/Stemmeisen abgetrennt. So lässt sie sich einfach einpassen.

**3** Spanplattenschrauben fixieren die neue Diele auf den Trägerbalken.

**4** Dielen mit Nut und Feder sowie …

**5** … mit glatten Kanten.

**6** Lose oder hervorstehende Nägel werden mit einem Dorn (Versenker) drei bis vier Millimeter tief in das Holz versenkt.

**7** Beim neuen Vernageln werden die Stifte im spitzen Winkel zueinander eingeschlagen. So widersteht die Verbindung deutlich höheren Auszugskräften.

**8** Wenn eine besonders stabile Verbindung erforderlich ist, verwendet man Spanplattenschrauben mit Teilgewinde. Sie ziehen die Dielen fest an die Trägerbalken heran.

Optimalen Halt bieten Spanplattenschrauben. Man wählt Schrauben von fünf Millimeter Durchmesser und 60 Millimeter Länge. Das Gewinde darf nicht bis zum Schraubenkopf durchgehen. Das Stück zwischen Kopf und oberem Gewindeende sollte der zylindrische Kerndurchmesser sein. Solche Schrauben drehen sich im Bereich der Diele glatt durch und ziehen dabei das Brett fest auf den Trägerbalken.

Soll ein Dielenboden abgeschliffen und versiegelt werden (→ Seite 130), muss man die Schraubenköpfe ausreichend tief versenken, damit sie später nicht vom Schleifmittel erfasst werden und es beschädigen. Besser ist in diesem Fall das Vernageln der Diele, weil sich die Löcher versenkter Nägel leichter zuspachteln lassen.

## TIPP: SPANPLATTENSCHRAUBEN

Der zylindrische Kern von Spanplattenschrauben ist in der Relation zu ihrem Gewindedurchmesser ziemlich dünn. Das erleichtert das Eindrehen, auch wenn das zu befestigende Teil nicht vorgebohrt wurde. Die dünnen Gewindeflanken schneiden sich beim Eindrehen wie von selbst in das Material. Bei den herkömmlichen Holzschrauben mit konischem Gewinde ist ein Vorbohren unerlässlich.

# DIELENBÖDEN SPACHTELN UND NIVELLIEREN

Sogar alte Dielenböden lassen sich zur Verlegung von neuen Bodenbelägen vorbereiten. Zunächst müssen lose oder federnde Dielenbretter mit den Trägerbalken verschraubt sowie abblätternde Farbe und Verunreinigungen restlos entfernt werden. Eine Haftemulsion sorgt dafür, dass später der Fließspachtel Halt findet. Sie sollte einen Tag lang durchtrocknen. Mit einem Reparaturspachtel werden dann sämtliche Fugen, Risse und Astlöcher verschlossen. Das ist wichtig, damit zum Schluss der Fließspachtel nicht durch Ritzen davonlaufen kann. Hat der Reparaturspachtel abgebunden, kann der Fließspachtel ausgegossen und verteilt werden.

**Sie brauchen** für das Spachteln und Nivellieren von Dielenböden:

- *Schraubendreher*
- *Glättkelle*
- *Flachpinsel*
- *Reparaturspachtel*
- *Haftemulsion*
- *Fließspachtel*

**1** Auch tragfähige Dielenböden kann man mit Fließspachtel beschichten. Die Bretter müssen zuvor fest mit den Trägerbalken verschraubt werden.

**2** Haftemulsion sorgt für eine gute Verbindung zwischen Fließspachtel und Untergrund.

**3** Breite Fugen, Risse und sonstige Fehlstellen werden mit Reparaturspachtel geschlossen.

**4** Den mit Hilfe von Bohrmaschine und Rührquirl klumpenfrei angerührten Fließspachtel gießt man streifenweise aus.

**5** Mit der Glättkelle wird der Verlauf der Spachtelmasse unterstützt. Bei Bedarf kann unmittelbar nach der Begehbarkeit eine weitere Lage aufgebracht werden.

### TIPP: FLEXIBEL SEIN

Sollen auf dem Dielenuntergrund Fliesen verlegt werden, raten wir zum Ausgleich von Spannungen eine **ENTKOPPLUNGSPLATTE** aus Spezialkunststoff mit flexiblem Fliesenkleber einzusetzen.

# DIELENBÖDEN SCHLEIFEN UND VERSIEGELN

**Sie brauchen** für das Schleifen und Versiegeln von Dielenböden:

- *Walzenschleifer*
- *Rotationsschleifer*
- *Flacher Seitenschleifer*
- *Schleifpapier*
- *Feinstaubmaske*
- *Elektroschaber*
- *Spachtel*
- *Hammer, Senker*
- *Reinigungsmaterial*
- *Versiegelungslack*

Weil Dielenböden früher als wenig attraktiv galten, hat man sie meist mit rotbrauner Farbe lackiert und nach Möglichkeit mit Teppichen abgedeckt. Es lohnt sich jedoch, solche Böden abzuschleifen, um ihre natürliche Schönheit freizulegen.

Damit Holzdielen erfolgreich von alten Lackschichten befreit werden können, braucht man professionelle Schleifmaschinen. Der Parkettfachhandel, Werkzeugverleiher und Baumärkte vermieten diese Geräte tageweise.

## NOTWENDIGE VORARBEITEN

Bevor es ans Schleifen geht, werden die Dielen auf Beschädigungen untersucht. Angefaulte oder gebrochene Bretter sind auszutauschen. Alle Nägel werden dann mit einem passenden Dorn versenkt. Lose Bretter sind zusätzlich neu zu vernageln (→ Seite 111). Ist dies geschehen, werden grobe Verunreinigungen wie Reste aufgeklebter Teppichböden mit dem Spachtel oder einem Elektroschaber entfernt.

## DREI GÄNGE MIT DEM WALZENSCHLEIFER

Der Walzenschleifer ist die Maschine fürs Grobe: das Entfernen alter Lackschichten. Wegen seiner hohen Abtragsleistung muss man den Walzenschleifer gleichmäßig in Verlegerichtung und diagonal zu den Dielen führen.

Für den ersten Schleifgang parallel zur Dielenlaufrichtung wird 20er oder 24er Schleifpapier aufgezogen.

**1** Das typische Erscheinungsbild älterer, mit rotbrauner Farbe lackierter Dielenböden.

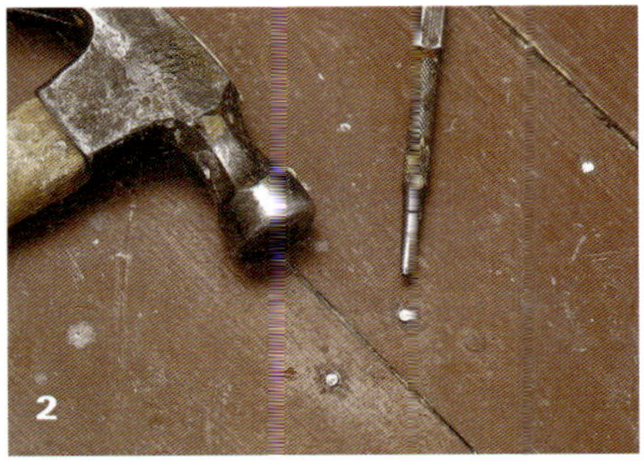

**2** Vor dem Abschleifen müssen alle Nagelköpfe mindestens zwei Millimeter tief versenkt werden.

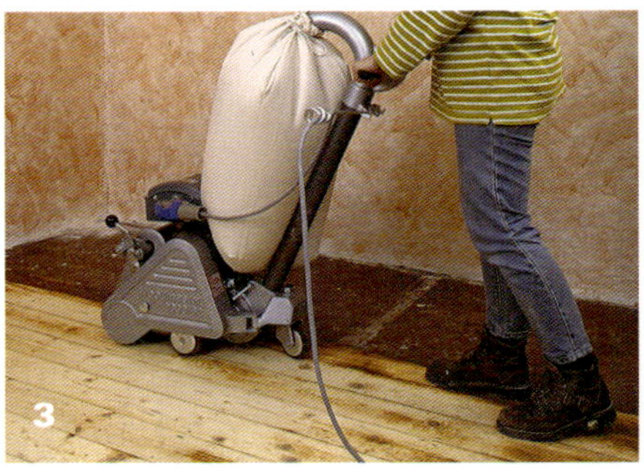

**3** Ein solcher Walzenschleifer entfernt alle alten Farbschichten und gleicht die Höhenunterschiede der Dielen untereinander aus.

**4** In Randbereichen und unter Heizkörpern kommt der flache Seitenschleifer zum Einsatz.

5

6

7

8

**5** Nach dem Grobschliff werden alle Fehlstellen im Dielenbelag verspachtelt. Man mischt dazu feinen Schleifstaub mit Parkettlack oder Holzleim.

**6** Die pastöse Masse wird in die Löcher und Fugen gespachtelt. Danach über Nacht durchhärten lassen.

**7** Am nächsten Tag erfolgt der Feinschliff mit einem Rotationsschleifer. Dieses Gerät lässt sich auch mit einer Polierscheibe ausrüsten, um beispielsweise eine Öl-/Wachsvergütung in das Holz einzuarbeiten.

**8** Zum Schluss wird je nach Geschmack der geschliffene Boden mit Parkettlack versiegelt oder wie hier mit einer Mischung aus Öl und Wachs behandelt.

Für den folgenden Diagonalschliff wählt man 36er oder 40er Papier.

Beim dritten und letzten Schleifgang in die andere Diagonalrichtung kommt dann 60er oder 80er Papier zum Einsatz.

Wichtig: Mit jeder Körnung muss immer die gesamte Fläche bearbeitet werden. Der Walzenschleifer darf niemals bei laufendem Motor auf der Stelle stehen bleiben. Er würde sofort eine Delle in den Boden schleifen.

In Eck- und Randbereichen, die der große Walzenschleifer nicht erreichen kann, setzt man einen kleineren Seitenschleifer ein, der aufgrund seiner geringen Bauhöhe auch unter Heizkörper passt.

## FUGEN UND LÖCHER SCHLIESSEN

Nach der Vorarbeit mit Walzenschleifer und Seitenschleifer wird die Oberfläche auf Schäden überprüft. Eventuelle Fehlerstellen werden nach dem Grobschliff ausgekratzt und der gesamte Boden mit dem Staubsauger gründlich gereinigt. Aus feinem Schleifstaub des letzten Grobschleifgangs und Versiegelungslack mischt man eine Paste, mit der die Schadstellen aufgefüllt werden. Für größere Fehlerstellen wird der Schleifstaub mit Holzleim angemischt.

## FEINSCHLIFF UND OBERFLÄCHENBEHANDLUNG

Anschließend geht es an den Feinschliff mit einem Rotationsschleifer. Dieses Gerät verwischt die jetzt noch sichtbaren relativ groben Schleifspuren. Zuletzt erhalten die Dielen eine Oberflächenbehandlung, die dem Holz Glanz verleiht und es gleichzeitig schützt. Sehr beliebt ist Versiegelungslack, wie er auch für Parkett verwendet wird. Alternativ sind auch Öl oder Wachs bzw. Kombinationsprodukte daraus einsetzbar. Dann bleibt die Oberfläche diffusionsoffen.

### TIPP

**FUGEN** über fünf Millimeter Breite werden geschlossen, indem ein Stück gleicher Holzart eingeleimt und so weit in die Fuge getrieben wird, dass es nahezu bündig mit der Oberfläche liegt. Der Rest wird abgeschliffen.

# DIELEN UND PARKETT AUSBESSERN

**Sie brauchen** für das Ausbessern von Parkett und Laminat:

- *Feuchtes Tuch*
- *Bügeleisen*
- *Breiten Beitel/ Stemmeisen*
- *Spachtel*
- *Stahlwolle*
- *Möbelpolitur*
- *Wachsstangen/ Schellack*
- *Versiegelungslack*

Böden aus Dielen oder Parkett sind fußwarm und wohnlich. Holz ist jedoch empfindlicher als Stein oder Kunststoff.

Kleine Kratzer oder Dellen in Holzböden lassen sich meist ohne großen Aufwand mit einem feuchten Tuch und einem Bügeleisen reparieren. Ein probates Mittel, leichte Kratzer unsichtbar zu machen, ist die Behandlung mit Möbelpolitur.

Bei tieferen Kratzern empfiehlt es sich, Schellack oder Holzwachs im passenden Farbton aufzutragen. Über einer Feuerzeugflamme wird die Reparaturmasse zum Schmelzen gebracht und mit einem Spachtel oder der Klinge eines breiten Beitels/Stemmeisens in die Vertiefung eingedrückt. Durch Nachpolieren wird die Schadstelle meist fast unsichtbar.

Bei größeren Schäden hilft nur der Austausch von einzelnen Elementen oder das Abschleifen und Neuversiegeln der gesamten Fläche.

1

2

3

**1** Bei Dellen und Druckstellen in Dielen und Parkett lässt ein gezieltes Anfeuchten die Holzfasern wieder aufquellen. Besonders wirksam ist ein feuchtes Tuch, das mit einem heißen Bügeleisen auf den Untergrund gedrückt wird.

**2** Tiefer gehende Kratzer mit Schellack oder Wachsstangen im passenden Farbton zuspachteln und dann polieren.

**3** Ist die Versiegelung eines Parkettbodens punktuell beschädigt, schleift man die betreffenden Stellen leicht an und trägt verdünnten Versiegelungslack auf.

## TIPP

Wenn sich **KRATZER IN DER VERSIEGELUNG** nicht wegpolieren lassen, ist die Stelle leicht anzuschleifen und mit verdünntem Versiegelungslack nachzubehandeln. Dabei nach Möglichkeit den Originallack verwenden. Die Übergänge rund um die Reparaturstelle poliert man anschließend mit feinster Stahlwolle und dann mit Möbelpolitur nach.

# FERTIGPARKETTELEMENTE AUSTAUSCHEN

Fertigparkett wie auch Laminatboden besteht meist aus Elementen, die schwimmend auf einer elastischen Zwischenlage verlegt wurden. Ist hier die Oberfläche punktuell stark beschädigt, kann ein ganzes Element getauscht werden.

Voraussetzung für die Reparatur ist, dass es noch Austauschelemente in Reserve gibt. Daher sollten bei jeder Neuverlegung ein paar ganze Bretter und auch einige Reststücke aufgehoben werden. Parkettelemente für die schwimmende Verlegung greifen an ihren Längs- und Stirnseiten mit Nut und Feder oder durch ein Clicksystem ineinander.

Benachbarte Parkettelemente dürfen auf keinen Fall beschädigt werden. Ideal zum Aussägen oder besser Ausfräsen des beschädigten Elements ist eine Schattenfugenfräse, deren Arbeitstiefe genau auf die Materialdicke des Parketts oder Laminats eingestellt werden kann. Ansonsten geht es auch mühsamer in Handarbeit mit Hammer und Stechbeitel.

## NUTEN UND FEDERN SÄUBERN

Die verbleibenden Randstreifen werden, nachdem das Abfallholz herausgetrennt wurde, Stück für Stück gelöst. Bei dieser Arbeit zeigt sich, wie gut die Fugen bei der Verlegung verleimt wurden. Nuten und Federn der Nachbarelemente dürfen nicht beschädigt werden, sind aber dennoch sorgfältig zu säubern.

## DAS ERSATZELEMENT ZUSCHNEIDEN

In die nach den Vorbereitungsarbeiten entstandene rechteckige Öffnung im Parkett- bzw. Laminatbelag wird nun das Reparaturelement eingesetzt. Damit es sich problemlos in den vorhandenen Verband einfügen lässt, sollte es entsprechend der auf Seite 134 gezeigten Bildfolge vorbereitet werden.

**1** Solche Beschädigungen können entstehen, wenn schwere Gegenstände auf den Boden fallen oder Möbel verrückt werden.

**2** Die beschädigte Stelle wird umlaufend mit etwa 2 cm Abstand zu den Außenkanten des Brettes herausgesägt bzw. -gefräst.

**Sie brauchen**
für das Austauschen von Fertigparkettelementen:

- *Zollstock*
- *Schattenfugenfräse*
- *Hammer*
- *Verschiedene Beitel/ Stemmeisen*
- *Holzleim*
- *Fertigparkettelement*
- *Gewichte (Steine)*

**3** Nut und Feder müssen anschließend sorgfältig von allen verbliebenen Leimresten befreit werden.

**4** Mit einem breiten Beitel/Stemmeisen wird der Randstreifen Stück für Stück gelöst. Dabei eine weiche Unterlage benutzen.

**5** Am Ersatzelement wird die Längsfeder sauber abgetrennt. Nur die Stirnfeder bleibt erhalten.

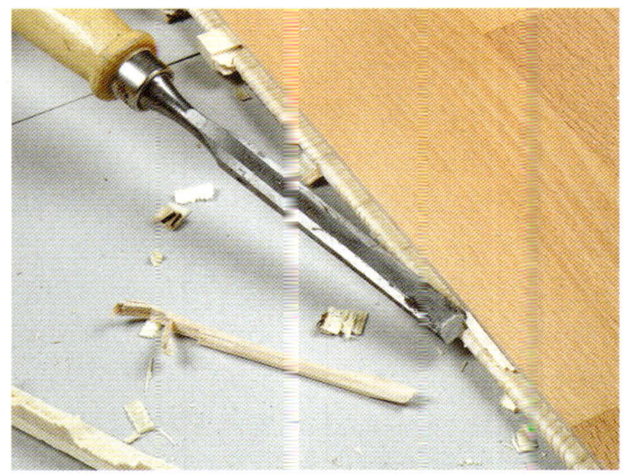

**6** An den beiden genuteten Kanten muss man die jeweils untere Nutwange entfernen, damit sich das Element einfügen lässt.

**7** Unter Leimzugabe wird das vorbereitete Reparaturelement in die Lücke eingesetzt, auf der Nutseite fest angedrückt und bündig eingefügt.

**8** Herausquellenden Leim sofort mit einem feuchten Lappen abwischen. Über Nacht mit Steinen beschweren.

# NUTZSCHICHT AN FERTIGPARKETTELEMENT ERNEUERN

Hersteller von Markenfertigparkett bieten zum Teil einzelne Stäbe der Nutzschicht als Reparaturelemente an. In diesem Fall wird nur der beschädigte Stab – vom Fachmann Fries genannt – herausgelöst und das neue Teil eingeleimt. Beim Entfernen eines beschädigten Frieses ist es wichtig, die angrenzende Nutzschicht nicht zu beschädigen. Man löst das Teil heraus, entfernt alle Leimreste und setzt das Ersatzstück ein. Die Oberfläche muss im Reparaturbereich geschliffen und neu versiegelt werden.

**Sie brauchen**
für das Erneuern der Nutzschicht an einem Fertigparkettelement:

- *Band-/Schwingschleifer*
- *Hammer*
- *Beitel/Stemmeisen*
- *Cutter*
- *Schaber*
- *Ersatzfries*
- *Holzleim*
- *Parkettversiegelung*

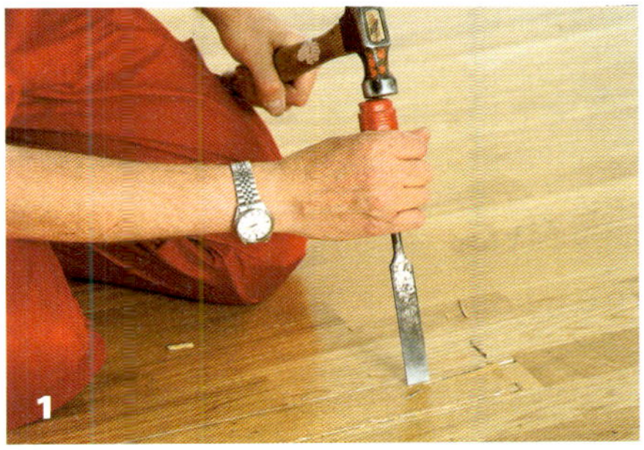

**1** Nach Durchtrennen der Versiegelung mit einem Cutter wird das beschädigte Fries herausgestemmt.

**2** Nun liegt die Mittellage des Fertigparketts frei. Ein Schaber entfernt Leimreste.

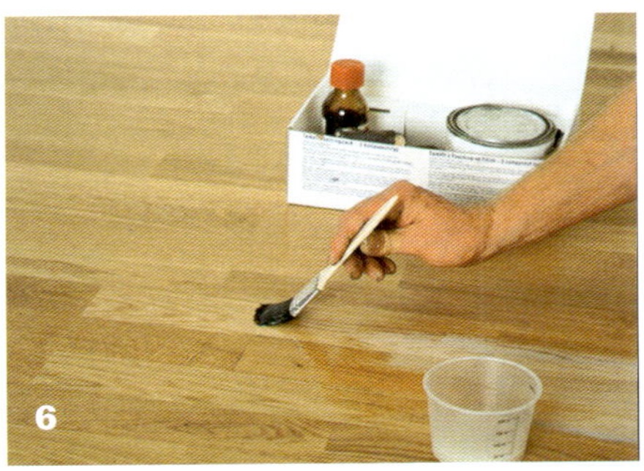

**3** Das Ersatzstück auf der Rückseite mit Holzleim bestreichen und einfügen.

**4** Das Fries andrücken, bis es bündig abschließt. Dann über Nacht beschweren, zum Beispiel mit einem Stein.

**5** Am nächsten Tag schleift man die Reparaturstelle mit einem Schwing- oder Bandschleifer bis in die Versiegelung der angrenzenden Fertigparkettstäbe.

**6** Beim Neuversiegeln streicht man den Lack an den Rändern vorsichtig aus, damit keine sichtbaren Übergänge entstehen.

# RANDLEISTEN AUSWECHSELN UND REPARIEREN

**Sie brauchen** für das Auswechseln und Reparieren von Randleisten:

- *Gehrungssäge*
- *Schraubendreher*
- *Schleifmittel*
- *Cutter*
- *Ersatzleisten*

Bei einem Umzug oder beim Umstellen von Möbeln ist es schnell einmal geschehen: Die Randleiste wird beschädigt. Kleine Macken lassen sich mit Politur oder passendem Holzwachs bzw. etwas Lack beheben.

Ansonsten muss man die Schadstelle heraussägen und erneuern. Wenn kein Reststück mehr zu bekommen ist, das man zum Austauschen benutzen kann, kann man ein Stück hinter der Couch oder einem Schrank herausnehmen.

Beim Abnehmen oder Abhebeln der Leisten kann es passieren, dass die Leiste bricht, Wandputz abfällt, Tapete hängenbleibt oder Nägelköpfe sich durch das Holz ziehen. Mit einem scharfen Schnitt waagerecht oberhalb der Leistenkante vor dem Entfernen der Leiste kann man die Tapete retten.

Wichtig bei Randleisten: Übergänge fallen nicht so sehr ins Auge, wenn man die Leisten mit 45-Grad-Gehrungen versieht. Deshalb wird unbedingt eine Gehrungssäge oder zumindest eine Gehrungslade mit passender Feinsäge benötigt. Das passende Ersatzstück ist auszumessen und einzufügen, nachdem die aufgetrennten Leistenstücke wieder befestigt sind. Beim Wiederbefestigen empfiehlt es sich dann zu schrauben (für die evtl. notwendige nächste Reparatur). Das Ersatzstück wird nur mit etwas Leim oder durch Verdübeln befestigt.

**1** Diese Beschädigung fällt sofort ins Auge. Mit Farbe oder Holzwachs ist sie nicht mehr zu kaschieren – also muss ein Ersatzstück eingefügt werden.

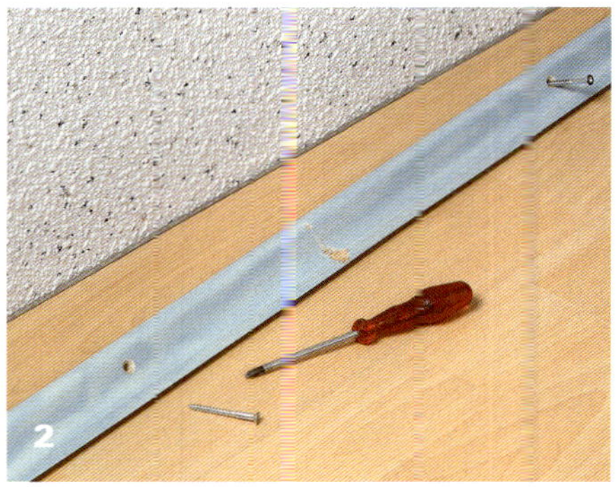


**2** Im Idealfall sind nur die Befestigungsschrauben der Leiste zu lösen.

**3** Mit zwei Gehrungsschnitten im Winkel von 45 Grad wird die schadhafte Stelle herausgetrennt.

**4** Wenn die beiden Leistenstücke wieder an der Wand befestigt sind, fügt man das Ersatzstück ein.

# KNARRENDE HOLZTREPPE REPARIEREN

Viele Holztreppen knarren bei Belastung einzelner Stufen. Abhilfe lässt sich dadurch schaffen, dass man wieder eine feste Verbindung herstellt oder einen dünnen Keil unter die Trittstufe treibt.

### NEUE RIPPEN EINSETZEN

Wenn von der Unterseite der Treppe zusätzliche Rippen eingeleimt und verschraubt werden, erhöht dies die Stabilität der Verbindung

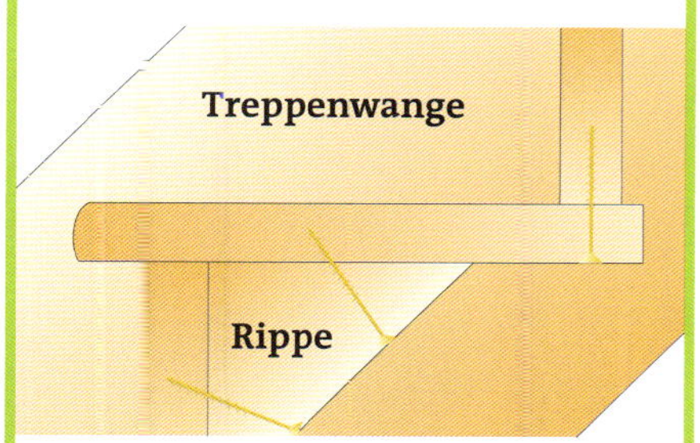


der Trittstufen. Die Maserung der Rippen muss dabei diagonal zur Senkrechten verlaufen.

Das Knarren bei alten Treppen entsteht häufig dadurch, dass sich Trittstufen beim Betreten an anderen Treppenteilen reiben. Meist hat sich die waagerechte Trittstufe stellenweise von der senkrechten Setzstufe gelöst. Ursache dafür ist das Verziehen oder Schwinden des Holzes. Beim Betreten biegt das lockere Teil durch und federt nach Entlastung wieder hoch.

Um das Problem zu beheben, muss man zunächst die Stelle ausfindig machen, an der das Geräusch entsteht. Am besten geht das mit einem Helfer, der die Treppe hinaufsteigt. Dabei achtet man genau darauf, wo Geräusche entstehen und wo sich das Holz hebt und senkt. Lässt sich nur eine leichte Bewegung ausmachen, reicht es, an dieser Stelle im spitzen Winkel zueinander zwei Schrauben einzudrehen. Bei stärkeren Bewegungen sollten dünne Keile eingesetzt werden. Meist reichen solche von oben durchgeführten Reparaturen bereits aus.

Bei Treppen, die von unten zugänglich sind, empfiehlt sich eine einfache Reparaturvariante, die keine sichtbaren Spuren hinterlässt: In die Verbindung zwischen Setzstufe und der Vorderkante der Trittstufe – an der am häufigsten Knarrgeräusche entstehen – werden zusätzliche Rippen unter Leimzugabe verschraubt.

**Sie brauchen**
für die Reparatur einer knarrenden Holztreppe:

- *Akkuschrauber*
- *Stichsäge*
- *Holzklötze/Rippen*
- *Keile*
- *Holzleim*

Von der Zeit gezeichnet: die ausgetretene und knarrende Treppe.

# TREPPENBELÄGE ERNEUERN

**Sie brauchen** für das Erneuern von Treppenbelägen:

- *Stichsäge*
- *Bohrschrauber*
- *Zollstock*
- *Wasserwaage*
- *Montagekleber*
- *Fertigparkett-/ Laminatelemente*
- *Aluminiumprofile*

Die Trittstufen stark beanspruchter Treppen weisen mit der Zeit Flecken, Kratzer und Dellen auf. Sie können auch gesplittert oder an der Lauflinie besonders stark abgetreten sein. Als Alternative zum kompletten Austausch der Stufen gibt es Renovierungsprofile aus Aluminium, die es erlauben, Tritt- und Setzstufen mit handelsüblichen Fertigparkett- oder Laminatelementen zu verkleiden.

## AUSTAUSCH VON TRITTSTUFEN

Bei nahezu allen Treppenarten lassen sich Trittstufen einzeln auswechseln. Ausnahmen sind beispielsweise geschweifte Antrittstufen. Bei ihnen muss der Handlauf abgenommen und der Antrittpfosten mit erneuert werden. Bei Treppen ohne Teppichbelag sollte die neue Trittstufe möglichst aus dem gleichen Holz (oder zumindest einem sehr ähnlichen) wie die zu ersetzende sein. Bei mit Teppich belegten Stufen reicht ein beliebiges Holz.

Es wird in Größe und Kontur der auszuwechselnden Trittstufe entsprechend zugeschnitten, der Trittvorsprung längs rundgehobelt und glatt geschliffen. Eine Trittstufe wird – sofern möglich – von oben ausgetauscht. Ist die Treppe von unten zugänglich, können von hinten Klötze als Eckverbinder zwischen Tritt- und Setzstufe eingeleimt und verschraubt werden. Ist dies nicht möglich oder sind mehrere Trittstufen reparaturbedürftig, kann es erforderlich sein, die Trittstufen der gesamten Treppe mit

**1** Einige der ramponierten Trittstufen.

**2** Mit Hilfe einer Schablone wird die Kontur der ersten Auftrittsfläche auf eine Fertigparkettdiele übertragen und mit einer Stichsäge ausgeschnitten.

**3** Montagekleber auf Silikonbasis wird punktförmig aufgetragen. Er sorgt für elastische Haftung und gleicht außerdem Unebenheiten aus.

**4** Nun die neue Auftrittsfläche auflegen und durch leichtes Hin- und Herschieben fest in das Kleberbett drücken.

**5** So wird die Setzstufe ausgemessen und ein entsprechender Streifen Fertigparkett zugeschnitten.

**6** Zur Befestigung wird wiederum Silikonkleber verwendet.

**7** Stark abgerundete Trittstufenkanten muss man mit der Stichsäge kappen, damit das Renovierungsprofil eine gerade Auflagefläche findet.

**8** Hier wird das Profil gegengeschraubt. Seine Nase fasst die neue Auflage der Trittstufe ein. Zuletzt wird die zum System gehörende Blende aus Massivholz in das Aluprofil eingeklemmt.

**9** Der Parkettbelag des Obergeschosses wird auf der Treppe weitergeführt. So präsentiert sich der gesamte Bereich in einem einheitlichen Bild.

**10** Die Holztreppe nach der Renovierung.

neuen Belägen auszustatten. Erleichtert wird dies durch verschiedene im Handel angebotene Systeme.

## ALUMINIUMPROFIL UND MASSIVHOLZ

Bei dem hier gezeigten System schneidet man für jeden Auftritt ein passendes Stück aus einer Fertigparkettdiele zurecht. Dabei hilft eine Schablone aus Pappe oder Papier. Das eigentliche Renovierungssystem besteht aus einer Kombination aus massivem Aluminiumprofil und einer Blende aus Massivholz. Das Profil bildet die neue Stufenkante. Mit seiner zum Auftritt weisenden Nase fasst es die Trittfläche ein, die man zuvor mit Parkett oder Laminat verkleidet hat. Geringe Unebenheiten der alten Auftrittsfläche werden durch einen Montagekleber ausgeglichen, den man aus der Kartusche auf der Stufe verteilt. Bei sehr stark ausgetretenen Trittstufen muss vorher elastisch aushärtende Spachtelmasse aufgetragen werden.

# FEUCHTIGKEITS-SCHÄDEN VORBEUGEN

Feuchtigkeitsschäden und damit zusammenhängender Schimmelpilzbefall sind für viele Hausbesitzer ständiger Anlass für Ärger. Auch zwischen Mietern und Vermietern sorgen sie häufig für Streit.

Schimmelpilzbefall ist im Wesentlichen auf zwei Ursachen zurückzuführen: Aufsteigende Feuchtigkeit im Mauerwerk und schlechte Wärmedämmung der Außenmauern in Verbindung mit falschen Heiz- und Lüftungsgewohnheiten der Bewohner.

## FEUCHTE MAUERN FÖRDERN SCHIMMEL

In Altbauten findet man besonders im Erdgeschoss oft Schimmelbefall in Höhe der Fußleisten. Häufig fehlt dem Haus eine funktionierende Sperrschicht gegen aufsteigende Feuchtigkeit aus dem Erdreich. In diesem Fall müssen die Fundamente oder die Kelleraußenwände nachträglich gegen eindringendes beziehungsweise aufsteigendes Wasser isoliert werden.

## KALTE WÄNDE SIND KONDENSATIONSFALLEN

Wesentlich häufiger ist jedoch Schimmelbefall, der seinen Grund in einer unzureichenden Wärmedämmung des Hauses hat. Dann schimmeln die Tapeten auch in den oberen Stockwerken, die auf keinen Fall durch aufsteigende Feuchtigkeit belastet sein können. Typisch ist Schimmelbefall in Bädern und Schlafzimmern und dann vor allem in Raumecken und hinter Schränken – also dort, wo bei hoher Luftfeuchtigkeit relativ wenig geheizt wird und außerdem eine unzureichende Luftzirkulation vorhanden ist. Etwa 10 Liter Wasser werden in einem Vier-Personen-Haushalt täglich beim Kochen, Duschen, Waschen und durch die Ausdünstungen der Menschen an die Raumluft abgegeben. Je höher die Lufttemperatur, desto mehr Wasserdampf kann sie aufnehmen.

Kommt die gesättigte Luft mit kalten Gegenständen und Bauteilen in Berührung, kondensiert ein Teil des Wasserdampfes und bildet an deren Oberfläche einen feuchten Niederschlag. Gläser mit kalten Getränken beschlagen ebenso wie Fensterscheiben in der Küche oder im Bad. Den gleichen Effekt beobachtet man an kalten Außenwänden in schlecht oder wenig geheizten Räumen. Der sogenannte Taupunkt für die in der Raumluft enthaltene Feuchtigkeit liegt dann direkt an der kalten Wandoberfläche. Putz und Tapeten werden feucht und bilden einen idealen Nährboden für Schimmelpilze. Deren Sporen siedeln sich in Nu dort an und sorgen für hässliche Flecken. Die Luft riecht dann muffig. Bei empfindlichen Menschen sind Allergien und Atemwegserkrankungen die Folge.

## EINE BESSERE WÄRMEDÄMMUNG HILFT

Verstärktes Heizen und regelmäßiges Lüften kann bei schlecht wärmegedämmten Häusern die Gefahr der Schimmelbildung deutlich vermindern, ist aber keine befriedigende Lösung. Denn so wird eine Menge Energie vergeudet.

# SCHIMMELFLECKEN BESEITIGEN

Solange in schlecht wärmegedämmten Häusern keine grundlegende Sanierung durch zusätzliche Dämmmaßnahmen zu erwarten oder möglich ist, muss man die Symptome so gut es geht bekämpfen.

## RICHTIG LÜFTEN

Schäden durch falsches Lüften treten in Wohnräumen meist in der kälteren Jahreszeit auf. Vergleichsweise kühle Räume wie Keller sind aber auch im Sommer gefährdet. Durch richtiges Lüften lässt sich die Luftfeuchtigkeit im Raum senken. So ist es besser, mehrmals am Tag in regelmäßigen Abständen durch sogenanntes Stoßlüften für einen zügigen Luftaustausch zu sorgen, als die Fenster dauernd auf Kipp stehen zu lassen. Dauerlüftung führt zur Auskühlung der Wände. Wenn dann gebadet oder geduscht wird, schlägt sich sofort Kondenswasser auf den kalten Wänden nieder. Beim Stoßlüften werden Fenster und Türen für einige Minuten ganz geöffnet. Auch dabei ist darauf zu achten, dass Wände und Möbel nicht auskühlen, die frische, trockene Außenluft die gefährdeten Stellen aber dennoch erreichen kann.

**TIPP: GUT LÜFTEN**

Mit regelmäßigem Lüften wird keine Energie verschwendet, wenn dadurch die Wände trockener werden: Feuchte Wände verlieren ihre Dämmfähigkeit.

Falls ein Schimmelpilzbefall hinter Möbeln auftritt, ist es ratsam, diese umzustellen. Empfehlenswert ist dabei ein Abstand von etwa fünf Zentimetern zur Wand. Idealerweise werden nur Möbel mit Füßen an die Wand gestellt. Sie erlauben auch eine Luftzirkulation von unten.

Bei ungeheizten Schlafzimmern sollte man die Tür zum übrigen Wohn-

**Sie brauchen** für das Beseitigen von Schimmelpilzschäden:

- *Schwamm*
- *Schimmelpilzentferner oder andere Mittel*
- *Sprühflasche*
- *Fugenauskratzer*
- *Fugenauffrischer*
- *Evtl. Heizlüfter*

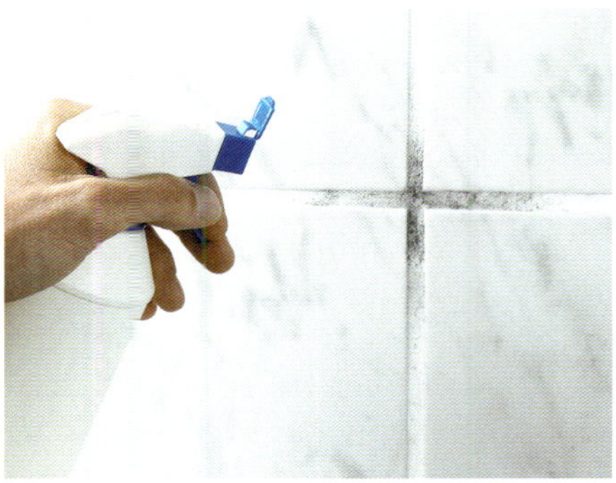

**1** Sobald sich Schimmelspuren in Fliesenfugen zeigen, wird die Stelle mit Schimmelentferner eingesprüht.

**2** Nach kurzer Einwirkzeit lässt sich der dunkle Belag mit einem groben Schwamm entfernen.

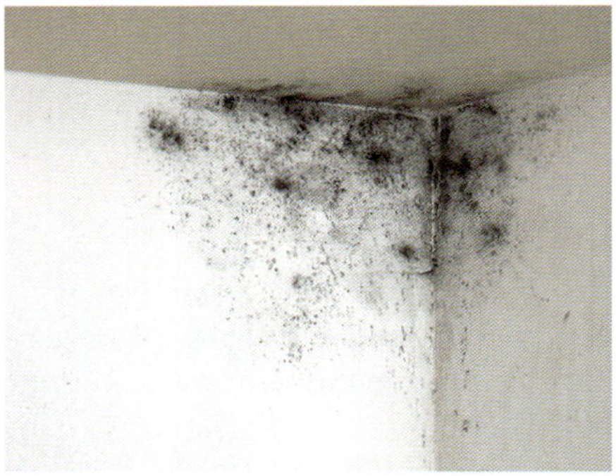

**3** Ein typischer Schimmelpilzbefall in der Raumecke eines Badezimmers. Feuchte Stellen niemals mit einem Föhn trocknen, da sich Schimmelpilzsporen sonst überall verteilen.

**4** Vor dem Abwischen des Schimmels ist es sinnvoll, die Sporen durch Einsprühen mit Spiritus abzutöten.

**5** Spezielle fungizidhaltige Feuchtraumfarbe eignet sich für kleine Problembereiche. Besser ist aber die Bekämpfung der Ursachen.

**VORSICHT BEIM EINSATZ VON STARKER CHEMIE**

Chemische, fungizid wirkende Schimmelbekämpfungsmittel können bei falscher Anwendung oder extremer Ausdünstung belastend für die Gesundheit sein.
In Innenräumen sollte man diese Chemikalien deshalb nur gezielt und nicht großflächig einsetzen und ansonsten eher auf unbedenkliche Mittel ausweichen.

bereich geschlossen halten, damit keine Luft mit hohem Feuchtigkeitsgehalt aus Bad oder Küche dort hineinzieht und an den kalten Außenwänden kondensiert. Wenn es dann bei niedrigen Außentemperaturen im Schlafraum effektiv zu kalt wird, ist es sinnvoller, direkt dort den Heizkörper aufzudrehen, als warme Luft aus dem Wohnbereich in den ausgekühlten Raum hineinströmen zu lassen.

## PILZBEFALL FACHGERECHT BESEITIGEN

Wenn ein Schimmelpilzbefall trotz geänderter Lüftungsgewohnheiten auftritt, kann er fachgerecht bekämpft und so zumindest für längere Zeit unterdrückt werden. Der Befall hat oft mehrere Gründe. Deshalb kann auch seine Bekämpfung verschiedene Maßnahmen erfordern.

Durch Schimmel befallene Fugen im Bad werden gründlich gereinigt und mit einem Mittel eingesprüht, das fungizide Wirkung hat. Alternativ dazu kann man Alkohol oder Brennspiritus verwenden, um den Schimmel und seine Sporen abzutöten.

Bei befallenen Wandbereichen bildet die Grundlage der Behandlung das

**ANALYSEN FÜR SIE**

Wenn Sie nicht sicher sind, ob es sich bei **verdächtigen Flecken** um einen Schimmelpilzbefall handelt oder wie weitreichend der Schaden ist: Mit Hilfe der Stiftung Warentest können Sie selbst untersuchen, ob gefährlicher Schimmel Ihre Wohnung belastet. Wir senden Ihnen eine spezielle **Nährbodenplatte**, Sie führen die Probeentnahme nach exakter Anleitung selbst durch. Anschließend senden Sie uns die Nährbodenplatte zur Laboranalyse zurück.

Den **Teilnahmekupon** erhalten Sie telefonisch unter 0 180 5/00 24 67, oder im Internet unter www.test.de/themen/analyse .

Inklusive Auswertung, Informationsmaterial und Tipps betragen die Kosten 47 Euro für Teilnehmer aus Deutschland.

Austrocknen, gründliche Säubern und anschließende Behandeln mit speziellen Mitteln: Eine Tiefengrundierung verfestigt den Putz und vermindert seine Saugfähigkeit. Er kann nicht mehr gänzlich durchfeuchten. Die dann aufzutragende Spezialfarbe besitzt fungizide Bestandteile, die das Wachstum von Schimmelpilzen beziehungsweise das Freisetzen ihrer Sporen dauerhaft unterbinden.

## WEITERE VORBEUGENDE MASSNAHMEN

Bringen die genannten Methoden der Schimmelbekämpfung keine Besserung, sollte man folgende Möglichkeiten ausprobieren:

- Bei Schimmelpilzbefall im Bad: Nach dem Duschen immer gründlich lüften und feuchte Luft entweichen lassen. Dann die Tür zur Wohnung öffnen, um die Restfeuchte zu „entsorgen".
- In hartnäckigen Fällen immer die restlichen Wassertropfen von den Fliesen entfernen (Fensterwischer).
- Lufttemperatur erhöhen.
- In Feuchträumen auf organische Materialien wie Tapeten und Tapetenkleister verzichten.
- Farben mit organischen Bestandteilen (zum Beispiel Kunstharz-Dispersionen) bieten Schimmelpilzen Nahrung. Darum – sofern möglich – Kalk- und Silikatfarben sowie Kalkputze verwenden.
- Regelmäßig Staub von besonders gefährdeten Stellen entfernen.
- Durch eine Dämmung der Außenwände versuchen, Wärmebrücken auszuschalten.

# INNENPUTZ PRÜFEN UND SANIEREN

**Sie brauchen** für das Prüfen und Sanieren von Innenputzen:

- *Flachpinsel*
- *Spachtel und Kellen*
- *Reibe-/Schwammbrett*
- *Draht-/Wurzelbürste*
- *Schwamm*
- *Fusselfreien Lappen*
- *Schraubendreher*
- *Klebeband*

Bevor Innenwände einen Neuanstrich erhalten, tapeziert, gespachtelt oder mit einem Zierputz versehen werden, ist deren Oberfläche auf ihre Tragfähigkeit zu prüfen.

## SO PRÜFEN SIE DIE QUALITÄT DES WANDPUTZES

Bei einer Sichtprüfung stellt man fest, ob es Verfärbungen, Verschmutzungen, Fettflecken, Ausblühungen oder Ablösungen von Altanstrichen gibt.

Durch eine Wischprüfung mit einem dunklen Tuch wird ermittelt, ob Altanstriche kreiden oder Putze sanden beziehungsweise abbröckeln.

Die Kratzprobe mit einer Messerspitze oder einer Schraubendreherklinge gibt Aufschluss darüber, ob der Putz noch ausreichend fest und tragfähig ist. Ein gesunder Putz zeigt bei diesem Test nur oberflächliche Kratzer. Ein mürber Putz lässt sich tiefer einkerben, wobei sich Kalk- oder Sandbestandteile lösen.

Der Klopftest mit dem Fingerknöchel gibt Aufschluss darüber, ob sich womöglich größere Teile eines Putzes vom Untergrund abgelöst haben. In diesem Fall klingt es hohl. Die losen Partien müssen abgeschlagen und erneuert werden. Bei Altanstrichen empfiehlt es sich, durch eine Abreißprüfung mit einem Klebeband festzustellen, ob die Farbe noch fest auf dem Untergrund sitzt. Bleiben Teile der Farbe am Klebeband hängen, muss die Fläche komplett abgewaschen und dann mit Tiefengrund vorbehandelt werden.

### TIPP: WANDKOSMETIK

Eine Reparatur bleibt kaum noch sichtbar, wenn man die sauber verputzte Stelle mit verdünnter Farbe grundiert und – nach einem Zwischenschliff – noch einmal behandelt.

## VORBEREITUNG VERPUTZTER WÄNDE

Vor dem Anstreichen, Tapezieren oder Beschichten mit Zierputz werden Altputze gründlich abgefegt und dann mit Tiefengrund behandelt. Diese Grundierung sperrt stark saugende Putze ab, sodass die folgende Beschichtung gut haften kann. Anschließend werden eventuell vorhandene Risse und Löcher zuerst ausgekratzt, mit einer Bürste von losen Partikeln befreit, gut verfüllt und sauber abgezogen. Innenputze in Neubauten – in der Regel handelt es sich um Gipsputze – müssen mindestens zwei bis drei Wochen durchtrocknen, ehe man sie beschichten kann. Auch hier ist eine Behandlung mit Tiefengrund ratsam.

## ALTANSTRICHE BEHANDELN

Alte Leim- und Kalkfarbenanstriche sind als Untergrund für Dispersionsfarben, Tapeten oder Zierputze nicht geeignet. Leim- und Kalkfarben erkennt man, indem man mit dem Daumen fest über die Oberfläche reibt – der Daumen wird weiß. Mit Wasser und einer Wurzelbürste lassen sich solche Anstriche aber gut entfernen. Anschließend ist wiederum eine Behandlung mit Tiefengrund zu empfehlen.

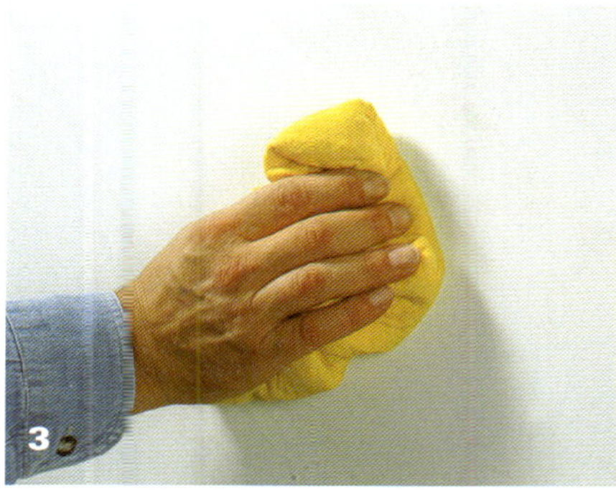

**1** Bereits abblätternde Altanstriche sind auf jeden Fall zu entfernen, ehe man neu streicht, Tapeten klebt oder Feinputz aufzieht.

**2** Beim Abreißtest wird der aufgeriebene Klebebandstreifen ruckartig wieder abgezogen.

**3** Wischprüfung: Kräftiges Reiben mit einem Lappen zeigt, ob alte Putze sanden oder sogar abbröckeln.

**4** Alte Leim- oder Kalkfarbenanstriche müssen auf der gesamten Fläche abgewaschen werden.

## ARBEITEN MIT REPARATURMÖRTEL

Lockerer und abgeplatzter Putz sowie ausgerissene Dübellöcher lassen sich mit den beschriebenen Maßnahmen zufriedenstellend reparieren. Kritischer wird es bei ausgebrochenen Ecken an Innenwänden. Hier sollte unter der Feinputzschicht mit Reparaturmörtel gearbeitet werden. Grundsätzlich hängt die Materialwahl für die Reparatur auch davon ab, wie die Oberfläche gestaltet werden soll. Sind beispielsweise Kalk- und Silikatfarben vorgesehen, eignen sich gipshaltige Spachtelmassen in der Regel nicht.

Bei der Verwendung von Mörtel bieten sich Kalk- und Kalkzementmörtel an. Kalkzementmörtel härtet schneller aus und erreicht eine höhere Festigkeit. Nach dem Säubern der Reparaturstelle wird sie gut vorgenässt, der Mörtel nach Herstellerangabe angemischt und eine erste Schicht eingebracht. Um Material zu sparen und Spannungen zu reduzieren, sollten bei tieferen Ausbrüchen kleine Stücke aus saugfähigem Steinmaterial mit verspachtelt werden. Dabei drückt man das vorgenässte Steinstück in den feuchten Mörtel und spachtelt nach. Dazu verwendet man eine Stukkateur- und die Glättkelle als Putzlehre. Erst wenn der Mörtel angezogen hat und trägt, wird die nächste Schicht aufgetragen.

Dieser Vorgang ist so oft zu wiederholen, bis der Mörtel etwa ein bis zwei Millimeter hinter der Oberfläche zurücksteht. Das heißt, die Reparaturstelle wird erst mit dem anschließend aufzutragenden Feinputz angepasst. Die Mörtelschicht muss völlig durchhärten.

Dann wird sie erneut vorgenässt und der Feinputz aufgetragen, mit der

**5** Maroder und stark sandender Putz wird mit einer Drahtbürste bearbeitet.

**6** Löcher und Risse kratzt man mit der Kante eines Spachtels aus.

**7** Aufgefüllt werden sie anschließend mit einem kunststoffvergüteten Gipsspachtel.

**8** Größere Unebenheiten und Löcher lassen sich sehr gut mit einem breiten Japanspachtel glätten.

Glättkelle abgezogen und mit dem Schwammbrett geglättet. Dabei verreibt man den Feinputz mit kreisenden Bewegungen von der reparierten Ecke zur intakten Fläche hin, bis ein akzeptabler Übergang entstanden ist.

Analog zum beschriebenen Arbeitsablauf wird nun auch die angrenzende Wandfläche bearbeitet. Falls erforderlich, ist der Vorgang wechselseitig zu wiederholen. Ergibt sich trotz aller Bemühungen zwischen dem neuen Feinputzauftrag und der intakten Wand kein ebener Übergang, muss der alte Putz entfernt und neu verputzt werden.

Weist eine bereits verputzte Wand (oder eine Trockenbauwand) größere Schäden oder Dübellöcher auf, sind diese vor dem Tapezieren zu beheben. Geeignet dafür ist ebenfalls Reparaturmörtel oder eine pastöse Spachtelmasse. Ziel ist, eine oberflächenbündige, glatte Ebene zu bilden. Bei größeren Schäden sind dazu möglicherweise mehrere Arbeitsgänge erforderlich.

### KUNSTSTOFFVERGÜTETER DÜNNSCHICHTSPACHTEL

Bei der Sanierung von marodem Innenputz wurden sehr gute Erfahrungen mit kunststoffvergütetem Dünnschichtspachtel gemacht. Er haftet sogar auf Kalk- und Dispersionsfarbenanstrichen sowie auf Latexfarbe. Außerdem verfestigt er stark sandende Putze. Relativ dünn angemacht und mit einer Glättkelle großflächig aufgezogen, ergeben sich glatt gespachtelte Wände. Selbst Hohlstellen, die kleiner als etwa einen halben Quadratmeter sind, können meist ohne Vorarbeiten überspachtelt werden.

# SCHÄDEN AN TAPETEN BESEITIGEN

Schäden an Tapeten sind auf Dauer kaum zu vermeiden. Oft erst Jahre, manchmal aber auch Tage nach dem Tapezieren können Ausbesserungsarbeiten erforderlich werden, sei es beispielsweise durch Anstoßen beim Möbelrücken, Fleckenbildung oder überflüssige Dübellöcher.

**TIPP: VINYLTAPETEN**

Für Vinyltapeten ist ein Spezialkleber erforderlich, da sonst das aufzubringende Reststück nicht richtig haftet.

## METHODEN ZUR SCHADENBEHEBUNG

Ein loser Bahnenrand beispielsweise ist leicht wieder zu fixieren: Um die Tapete nicht zu dehnen, wird mit einem feinen Pinsel Kleister aufgetragen, die Tapete angedrückt und überschüssiger Kleister sofort feucht entfernt. Eingerissene Stellen werden ebenso behandelt und zu den Rändern hin glattgestrichen. Das Beseitigen von Löchern und Blasen ist meist schwieriger. Blasen entstehen dadurch, dass beim Kleben Luft unter der Tapete eingeschlossen oder die Bahn nicht vollflächig eingekleistert wurde. Dieser Fehler kann auch noch Stunden oder Tage später sichtbar werden. Löcher

**Sie brauchen** für das Beseitigen von Schäden an Tapeten:

- *Schleifmittel*
- *Diverse Pinsel*
- *Kleister*
- *Cutter*
- *Bürste(n)*
- *Fusselfreien Lappen*
- *Schere*

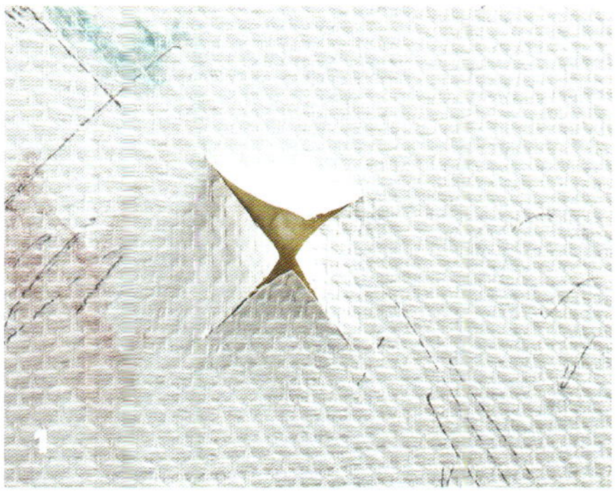

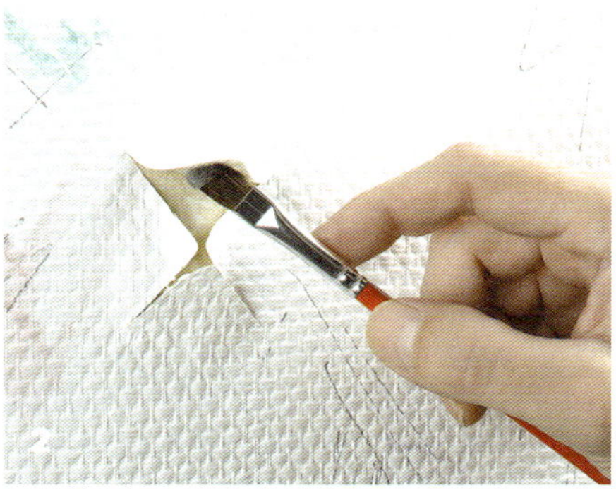

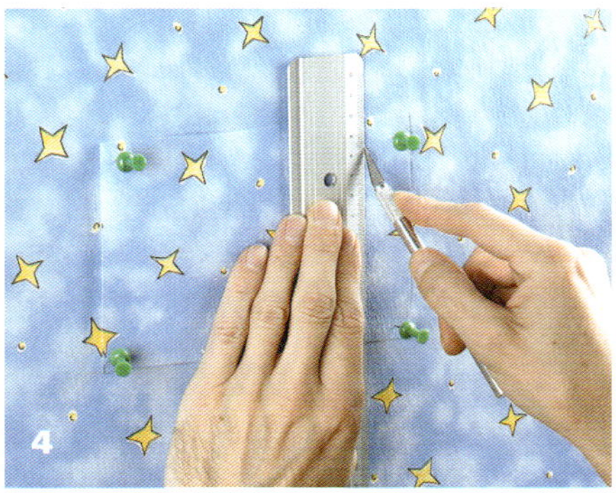

**1** Lässt sich eine Luftblase mit dem Roller nicht mehr entfernen, wird die Stelle mit einem Cutter kreuzweise eingeschnitten.

**2** Mit einem Pinsel wird Kleister an die Ecken gegeben. Nach dem Durchweichen die Ecken so andrücken, dass die Nähte möglichst nicht mehr sichtbar sind.

**3** Die Rissmethode erlaubt nahezu unsichtbare Übergänge zum Untergrund.

**4** Mit der Doppelnahtschnittmethode werden das herauszutrennende und das neue Tapetenstück exakt gleich groß.

**5** Die Tapetenbahn auf der Wandfläche wird mit so viel Überstand geklebt, dass er die Nischentiefe und mindestens drei Zentimeter (besser mehr) der Rückwand abdecken kann. Der Schnitt muss exakt an der Unterkante der Fensterbank entlang laufen. Falls der Kleister inzwischen angetrocknet ist, muss nachgekleistert werden.

**6** Mit der Tapezierbürste wird die Tapete zunächst um die gesamte Außenkante „gebogen". Erst jetzt erfolgt das Andrücken auf der Nischentiefe, das Ausformen der Innenkante und das Andrücken des Reststreifens auf der Rückwand der Nische.

**7** Orientierung für das Freischneiden von übertapezierten Schaltern oder Steckdosen geben meist Teile dieser Elemente, die sich durch die Tapete drücken.

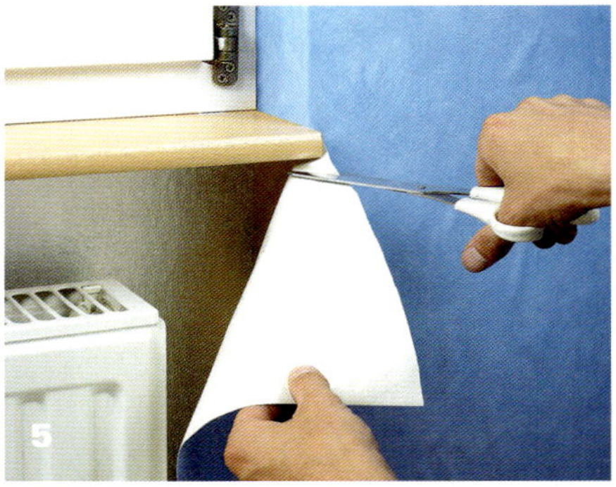

sind in jedem Fall auszubessern. Dafür gibt es drei gängige Methoden. Sie richten sich nach der Art der Tapete sowie der Lage und der Größe des Schadens. Ist die schadhafte Stelle klein oder kaum sichtbar, reicht es, ein passendes Reststück darüber zu kleben.

Bei der zweiten (Riss-)Methode entsteht ein flacher Rand, sodass der Flicken ohne Kanten auf der Tapete

## TIPP: ACHTUNG STROM

Vorsicht bei Nässe und Strom! Wenn beim Tapezieren stromführende Bauelemente wie Steckdosenauslässe einzubeziehen sind, ist in jedem Fall der entsprechende Stromkreis abzuschalten. Nasser Kleister, Messerklingen und Scheren können aufgrund ihrer guten Leitfähigkeit zu einem lebensgefährlichen Stromschlag führen.

aufliegt. Geeignet ist diese Technik vor allem für Tapeten mit Mustern und hellen Farbtönen.

Mit der auf Seite 147 unten gezeigten Doppelnahtschnittmethode kann man größere Schäden ausbessern. Dieses Verfahren eignet sich bevorzugt für dunkle Wandbeläge sowie Vinyl- und Metalltapeten aus denen man keine Flicken ausreißen kann.

## PROBLEMSTELLEN MEISTERN

Heizkörpernischen, Schalter und Steckdosen sowie Deckenlampenanschlüsse sind die am häufigsten zu bewältigenden Problemzonen beim Tapezieren. Wie Heizkörpernischen behandelt werden, zeigen die Bilder 5 und 6. Bei den anderen Problemstellen wird zunächst übertapeziert, die erforderliche Öffnung diagonal aufgetrennt, ihre Konturen angepasst und die Tapete wieder angedrückt.

# HOLZVERKLEIDUNGEN AUSBESSERN

Beschädigungen an Holzverkleidungen – vor allem an Wänden – sind, wie bei Tapeten, auf Dauer kaum zu vermeiden. Auch hier können beispielsweise das Anstoßen beim Möbelrücken oder Fleckenbildung die Ursache sein.

## PANEELE UND TÄFELUNGSPLATTEN

Holzpaneele können aus Weich- oder Harthölzern hergestellt sein. Je weicher das Material ist, desto anfälliger sind die Paneele – vor allem für Druckbelastungen. Unbehandelt, das heißt ohne Oberflächenbehandlung, reagieren sie außerdem empfindlich auf alle Substanzen, die Flecken verursachen können. Täfelungsplatten bestehen meist aus einem Spanplatten-, Hartfaser- oder Sperrholzkern, auf den entweder ein Echtholzfurnier geklebt/geleimt oder eine Kunststofffolie mit Holzmaserung kaschiert ist. Die Platten sind aufgrund ihres Aufbaus leichter entflammbar und stoßempfindlicher als Gipskartonplatten und meist auch teurer als diese.

## SCHÄDEN BEHEBEN

Kratzer lassen sich bei Paneelen meist mit einem farblich passenden Holzkitt fast vollständig kaschieren.

Flecken sind je nach Substanz und Eindringtiefe kaum noch zu entfernen. Oft hilft nur der Austausch des betrof-

**Sie brauchen** für das Ausbessern von Holzverkleidungen:

- *Schnitz-Halbröhre*
- *Spachtel*
- *Holzkitt*
- *Bügeleisen*
- *Fusselfreien Lappen*
- *Evtl. Farbe oder Politur*

**1** Auch lange, nachdem Holz verbaut wurde, können sich noch solche Harzgallen bilden.

**2** Zunächst wird das Harz an der Oberfläche entfernt und dann mit einer Halbröhre (Schnitzwerkzeug) das Material tief herausgehoben …

**3** … bis man zum Zentrum der Ursache vordringt. Bilden sich jetzt neue Gallen, sind auch diese möglichst vollständig zu entfernen.

**4** Erst wenn sich keine Harzgallen mehr zeigen und die Stelle gut abgetrocknet ist, wird sie mit dem farblich passenden Holzkitt geschlossen.

**1** Leichte Druckstellen auf Weichholzpaneelen sind meist einfach zu beheben. Zunächst wird die Stelle gut vorgenässt. Dadurch quillt das Holz auf.

**2** Mit einem nicht zu heiß eingestellten Bügeleisen (ein Punkt) wird die nasse Stelle flächig getrocknet und dabei gleichzeitig das gequollene Material zurückgedrückt.

fenen Bretts. Wie Druckstellen zu behandeln sind, zeigen hier die beiden Bilder 1 und 2.

Bei Täfelungsplatten mit Folie sind Kratzer kaum zu entfernen. Auf Furnier können sie mit einer passenden Beize verdeckt werden. Ist die Oberfläche der Platte nicht durchgestoßen, hilft oft ein farbloses oder eingefärbtes Wachs, das mit einem Tuch hineingerieben wird.

Tiefere Schäden werden mit Holzkitt oder Holzspachtel in der passenden Farbe gefüllt.

Manche Platten dunkeln mit der Zeit nach oder bleichen durch Lichteinfluss aus. Hängen dann Bilder an der Wand, bleiben nur diese Flächen dahinter farblich unverändert. Das lässt sich vermeiden oder wenigstens weitgehend unterbinden – zumindest kann man die Übergänge zwischen den nachgedunkelten beziehungsweise ausgebleichten und unverändert gebliebenen Flächen mildern. Dazu werden auf der Rückseite des Bilderrahmens vier (oder mehr) Reißbrettstifte oder Pinnägel in die Ecken gedrückt, sodass zwischen Bild und Wand ein Spalt von einigen Millimetern entsteht.

### VORSICHT BEI DÜNNEN TÄFELUNGSPLATTEN

**Dünne Täfelungsplatten** haben meist eine Materialdicke von drei bis vier Millimeter. Deshalb ist beim Beseitigen von Schäden Vorsicht geboten, um nicht noch größeren Schaden anzurichten. Die geringe Materialdicke ist außerdem mit dafür verantwortlich, dass die Platten von allen gängigen Wandbelägen den geringsten Feuerwiderstand bieten.

**Brandschutzfachleute** warnen aus diesem Grund auch davor, Täfelungsplatten in besonders brandgefährdeten Bereichen (Küchen, Hobbywerkräumen etc.) großflächig auf Kanthölzern oder Latten zu verlegen. Im ungünstigsten Fall wird es nicht bei eventuell reparablen Brandflecken bleiben. Empfohlen wird für solche Räume stattdessen, die Platten entweder direkt auf der verputzten Wand zu befestigen oder zunächst Gipskartonplatten und darauf die Täfelung zu montieren. Die Zwischenschicht aus Gipskarton erhöht dann nicht nur den Feuerwiderstand der Wand, sie verbessert auch ihre Stoßfestigkeit und die Schalldämmung.

# TÜREN UND FENSTER

# TÜREN

Beim Kauf neuer Zimmertüren sollte darauf geachtet werden, dass sie gut zum Stil des Hauses und zu den bereits vorhandenen Türen passen. In Altbauten wurden beispielsweise überwiegend Rahmentüren eingebaut, in modernen Häusern dagegen eher Sperrtüren. Eine Kombination dieser beiden Türarten in einer Wohnung sieht stillos aus. Bei Haus- und Wohnungstüren steht auch das Thema Sicherheit ganz obenan.

# WARENKUNDE

Unterschieden wird zwischen Rahmentüren mit verschiedenen Füllungen und Sperrtüren mit glatten Türblättern. Rahmentüren sind in der Regel teurer als Sperrtüren. Beide Versionen sind als Haus- und Zimmertüren erhältlich. Zimmertüren sind meist billiger als Haustüren, weil diese nicht nur vor Wind und Wetter, sondern auch vor Einbrechern schützen müssen. Haustüren müssen deshalb stabiler und wetterbeständiger (verzugsfreier) sein als Innentüren.

**1** Eine Rahmentür mit klassischer Kassettenfüllung. Zierleisten auf den Rahmen heben die Konturen hervor.

**2** Diese Rahmentür mit Doppelflügel weist eine Kombination aus Glas- und Holzkassettenfüllung auf. Die Glasfüllung (der Lichtausschnitt) besteht aus Ornamentglas. Sie wird zusätzlich durch einen Sprossenrahmen unterteilt. Den oberen Schwung nennt der Fachmann Karniesbogen.

**3** Ahornfurnierte Rahmentür mit passender Zarge und Lichtausschnitt.

**4** Eine Sperrtür, die in dieser Kombination mit Seitenregal und raumhohem Überbau zum Beispiel als Windfang dienen könnte.

**Rahmentüren** bestehen aus zwei senkrechten und zwei oder mehr waagerechten Friesen. Sie umschließen Füllungen aus Sperrholz, Vollholz oder Glas. Aufgrund ihres konstruktiven Aufbaus können bei Rahmentüren umlaufend bis zu zwei Zentimeter Material abgenommen werden, ohne die Stabilität des Rahmens zu gefährden. Angeboten werden Rahmentüren aus verschiedenen Massivhölzern, Echtholz furniert, kunststoffbeschichtet und/oder lackiert.

**Sperrtüren** besitzen einen leichten Holzrahmen, der auf beiden Seiten mit einer mehr oder weniger stabilen Platte verkleidet ist. Die Füllung zwischen Rahmen und Platten nennt der Fachmann Kern. Hier wird unterschieden nach leichtem, massivem, stabverleimtem und Lattenkern.

Maßfalttüren sind platzsparend.

Die leichteste Ausführung hat einen Wabenkern aus Presspappe. Beim massiven Kern macht eine Spanplatte die Tür schwerer und verbessert zudem ihre Feuerbeständigkeit. Der stabverleimte Kern besteht aus aneinander geleimten Holzleisten. Sie erhöhen sowohl die Feuerbeständigkeit als auch die Stabilität des Türblatts. Die Tür mit Lattenkern ist leichter als eine mit Spanplattenkern. Der Lattenkern weist eine Vielzahl waagerecht verlaufender Holzlatten auf. Bei einer weiteren Variante bestehen die senkrechten Rahmenteile aus dicken, profilierten Harthölzern, die es erlauben, auch nachträglich große Falze auszufräsen.

Das Verkleidungsmaterial für Rahmen und Kern reicht bei Sperrtüren von einfacher Hartfaser bis zu Edelholzfurnieren auf Sperrholz. Für Schlösser und Bänder besitzen alle Sperrtüren Verstärkungen. Ihre Standardmaße entsprechen denen der Rahmentüren.

Falt- und Harmonikatüren sind Schiebetüren, deren Tafeln gefaltet werden. Falttüren sind an je einer Tafelkante aufgehängt. Eine untere Führung ist damit zwingend notwendig, um ein Verkanten zu verhindern. Harmonikatüren dagegen werden in der Tafelmitte aufgehängt. Sie befinden sich daher im Gleichgewicht und bedürfen keiner unteren Führung.

Ganzglastüren bestehen meist aus einem acht Millimeter dicken Sicherheitsglas, das entweder strukturiert ist oder mit Siebdruck- beziehungsweise sandgestrahlten Motiven versehen sein kann. Sie werden als Innentüren eingesetzt.

Türgarnituren bestehen aus Türdrücker/-knauf und Schilden oder Rosetten. Gebräuchliche Materialien sind Kunststoff, Messing, Aluminium und Stahl. Die Türgarnitur ist auf das einzusetzende Schloss abzustimmen.

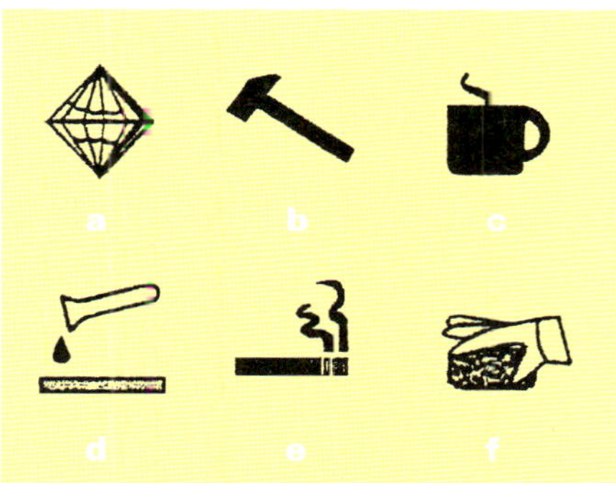


Einige Hersteller haben Piktogramme entwickelt, mit denen sie die Eigenschaften ihrer Produkte beschreiben. Leider sind diese Symbole nicht einheitlich geregelt. Trotzdem ist es empfehlenswert, beim Kauf auf solche Hinweise zu achten. Diese Symbole bedeuten:

**a** Kratz- und abriebfest, **b** Stoßfest
**c** Hitzebeständig
**d** Weitgehend resistent gegen leichte Säuren und Laugen sowie haushaltsübliche Reinigungs- und Desinfektionsmittel
**e** Beständig gegen Zigarettenglut, **f** Pflegeleicht

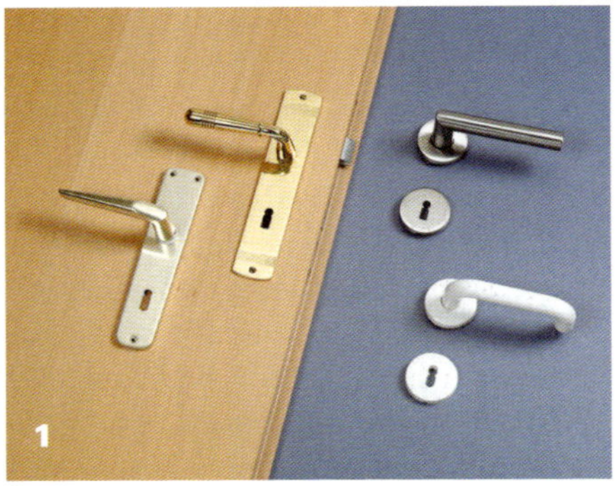


**1** Auf dem Türblatt liegen eine Stil- und eine normale Garnitur, beide eloxiert und beide mit langem Türschild. Daneben eine Edelstahl- und eine klassische Kunststoffgarnitur mit Metallkern, beide mit separater Rosette.

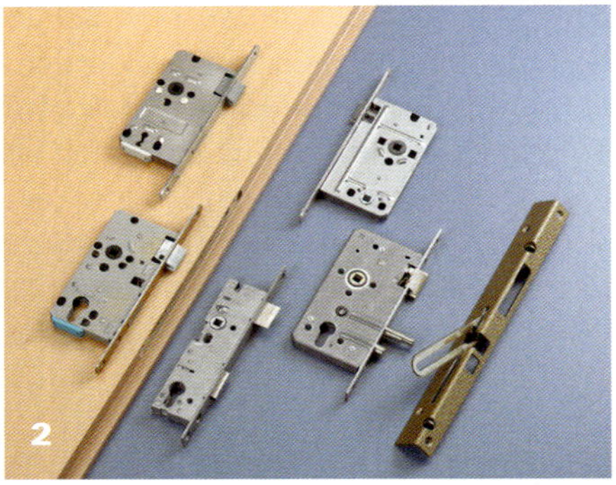


**2** Links: Einsteckschlösser / Einstemmschlösser mit Buntbart- (oben) und Zylinderschloss-Öffnung. Rechts oben: Einsteckschloss für WC-Tür; darunter: Sicherheitsschloss mit Spezialschließblech für Eingangs-/Wohnungstüren; links daneben: Einsteckschloss für Türen mit schmalen Rahmen.

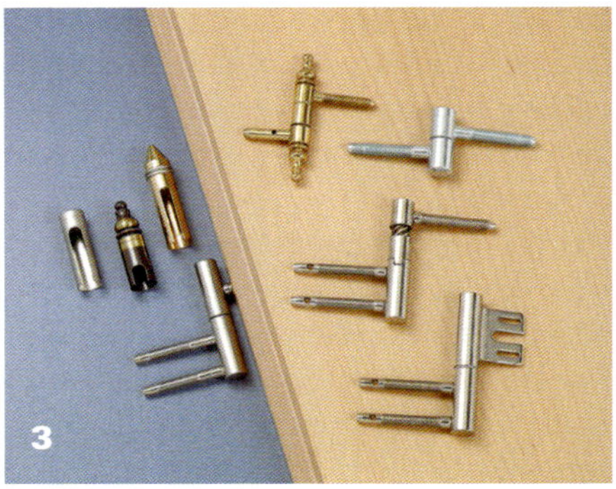


**3** Verschiedene Einbohr-(-Zier)bänder mit Zierhülsen zum Aufstecken (links), ein Hebeband (Mitte rechts) und Spezialband mit Laschen, das mit Stiften fixiert wird.

**Einsteckschlösser** sitzen in einer Ausfräsung der Tür, die bei handelsüblichen Normtüren bereits vorhanden ist. Bei Zimmertüren werden meist Buntbartschlösser eingesetzt, die aber aufgrund der geringen Anzahl möglicher Schließungen und der leichten Manipulierbarkeit nicht sehr sicher sind. Wenn Sie zum Beispiel ein Arbeitszimmer besser sichern wollen, empfiehlt sich deshalb ein Schließzylinder, wie er üblicherweise in Haustüren eingesetzt wird. Man unterscheidet von der äußeren Form her Oval-, Kurz-, Rund- und Profilzylinder.

**Bänder und Scharniere** sind Beschläge, die Türen und Türrahmen (Zargen) beweglich miteinander verbinden. Je nach Tür-Schließrichtung wird nach Links- und Rechtsbändern/-scharnieren unterschieden.

### TIPP: TÜRENKAUF

Beim Türenkauf ist zwischen Innen- und Außentüren zu unterscheiden. Innentüren müssen nicht die hohen Anforderungen von Außentüren (Wetterbeständigkeit, Einbruchhemmung) erfüllen. Bei Preisvergleichen ist zu berücksichtigen, dass Türen in der Regel ohne Beschläge angeboten werden.

Preiswerte Türen gibt es im Baumarkt. Alternativ dazu kann das Angebot eines Schreiners / Tischlers nicht schaden.

# SPALTEN ABDICHTEN (ZUGLUFT)

Ritzen und Spalten zwischen Türblättern und Zargen können erhebliche Wärmeverluste und damit einen unnötig höheren Energieverbrauch verursachen. Behoben werden kann das Problem durch den nachträglichen Einbau von Dichtungen. Einfache selbstklebende Dichtstreifen eignen sich eher für den (umlaufenden) Einsatz bei Türzargen. Bodendichtungen (unter Türen) sind technisch aufwendiger anzubringen. Sie arbeiten mit Magneten oder Druckfedern. Dabei wird beispielsweise beim Schließen der Tür die Dichtung automatisch auf den Boden gedrückt. Bei der magnetischen Variante ist unter dem Türblatt ein Magnetstreifen aufgeklebt. Das Gegenstück ist als Profil im Boden eingelassen. Beide Teile ziehen sich nur an, wenn die Tür geschlossen ist. Sie schließen dann absolut dicht.

**Sie brauchen** für das Abdichten der Türspalten:

- *Reinigungsmittel zum Säubern der Klebeflächen*
- *Dichtungsmaterial und -elemente nach Wahl*
- *Haushaltsschere/ Cutter*

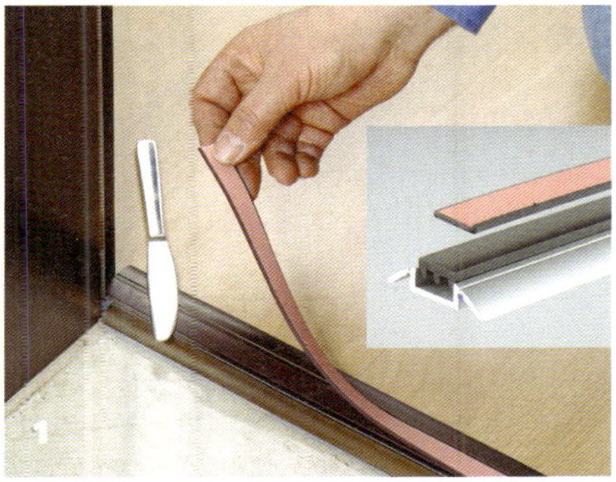

**1** Die magnetische Variante: Das Dichtungsprofil liegt lose im montierten Aluprofil. Der aufgelegte, selbstklebende Magnetstreifen wird bei geschlossener Tür mit einem Messer gleichmäßig gegen die (saubere) Türblattkante gedrückt.

**2** Mit dem Einkleben des Dichtungsprofils in den Zargenfalz kann oben oder unten begonnen werden. Wichtig ist ein exaktes Ablängen. In den Ecken reicht es, wenn das Profil stumpf gestoßen wird, eine Gehrung ist nicht erforderlich.

**3** Eine Bürstendichtung am Türblatt verhindert, dass kalte Luft einströmen kann. Die Dichtungen sind auf der Rückseite selbstklebend und müssen auf das vorbereitete Türblatt nur angedrückt werden.

## TIPP: VOR DEM ABDICHTEN PRÜFEN

Vor dem Anbringen einer Dichtung ist zuerst zu prüfen, ob das Türblatt exakt ausgerichtet in der Zarge sitzt und nicht klemmt. Erforderliche Reparaturen oder Einstellarbeiten sind vor der Dichtungsmontage zu erledigen. Alle Klebeflächen müssen sauber, trocken und tragfähig sein.

# KLEMMENDE TÜREN REPARIEREN

**Sie brauchen**
für das Reparieren klemmender Türen:

- *Simshobel*
- *Schleifmittel*
- *Kohlepapier*
- *Innensechskant-schlüssel*
- *Türlack*

Beim Auswählen von Türen ist zu berücksichtigen, dass das Material und die Stabilität dem vorgesehenen Einsatzzweck entsprechen. Nur so sind später unnötige Probleme wie schleifende oder klemmende Türblätter zu vermeiden.

Passiert es dennoch, gibt es verschiedene Möglichkeiten der Abhilfe. Erster Schritt ist die Analyse: Wo befindet sich die Problemstelle, wodurch wird das Problem ausgelöst und wie ist es zu beheben?

Sitzt die Tür überhaupt gerade im Rahmen? Am einfachsten ist das Problem zu lösen, wenn man die Stellung des Türblatts an den Bändern justieren kann. Dies setzt aber entsprechend verstellbare Türbänder voraus. Kleine Korrekturen kann man auch mit einer Unterlegscheibe im Band bewirken.

In einfachen Fällen hilft oft das Einschmieren der Kanten mit Wachs oder Seife, um sie leichtgängiger zu machen. Bei lackierten Türen ist häufig eine zu dick aufgetragene Farbschicht der Auslöser. Sie muss dann abgeschliffen werden. Genügt diese Maßnahme, ist die Stelle sofort wieder dünn mit wenig Farbe zu streichen, damit das offen liegende Holz nicht aufquellen kann. Bei dickeren Belägen hilft nur ein Hobel.

## TIPP: TÜR ABHOBELN

Wenn sehr viel Holz abzuhobeln ist, damit eine Tür richtig in ihre Zarge passt, wird das Türblatt so weit wie möglich geschlossen und die Menge des abzunehmenden Materials an den betreffenden Stellen angezeichnet. Beim (vorsichtigen) Abhobeln ist von außen nach innen zu arbeiten, damit die Außenkanten nicht wegbrechen.

**1** Ein zu dicker Farbauftrag im Türblattfalz kann bewirken, dass Falle und Riegel des Einsteckschlosses/Einstemmschlosses nicht in das Schließblech im Türrahmen greifen können. Dann hilft nur das Entfernen mit einem Simshobel.

**2** Mit einem in den Zargenfalz gehaltenen Blatt Kohlepapier lässt sich die klemmende Stelle genau ermitteln.

**3** Die komfortabelste Möglichkeit, ein Türblatt zu justieren: verstellbare Bänder.

# SCHIEF SITZENDE TÜREN RICHTEN

Die für Innentüren am weitesten verbreitete Befestigungsart ist die Aufhängung mit Hilfe von Einbohrbändern. Deren mit Gewinde versehene Einbohrzapfen werden in das Rahmenholz eingedreht. Diese Türen sind leicht auszuhängen, wenn einmal Reparaturen erforderlich werden.

Ebenso leicht sind so fixierte Türen auch zu justieren, da sich die Bänder weiter aus dem Futter heraus- oder hineindrehen lassen. Klemmt beispielsweise eine Tür im oberen Falz, schafft das Regulieren der Bänder am einfachsten Abhilfe. Dabei ist gewöhnlich das Lochteil am Türblatt einzustellen. Es kann allerdings auch vorkommen, dass das Rahmenteil reguliert werden muss. Mit ihm lässt sich einstellen, wie fest der Türfalz in der Zarge (im Futter) sitzt. Er wird – wie der Flügelteil auch – durch Aus- oder Eindrehen des Bandunterteils verstellt. Bei älteren Bändern wird dazu der Zapfen mit einer Zange gepackt, bei justierbaren Produkten reicht dazu ein Innensechskantschlüssel.

**Sie brauchen** für das Richten schief sitzender Türen:

- *Stabiler Schraubendreher*
- *Kombizange*
- *Innensechskantschlüssel*

## TIPP: VERZOGENE TÜR

Größere Schwierigkeiten bereitet eine verzogene Tür. Hier ist zu prüfen, ob Falle und Riegel des Schlosses beim Schließen in das Schließblech greifen. Ist das nicht der Fall, kann meist durch Auffeilen der beiden Aussparungen im Schließblech Abhilfe geschaffen werden.

**1** Hier passt nichts mehr: Das Türblatt hängt völlig schief in seiner Zarge.

**2** Mit einem Schraubendreher wird das Türband von innen so weit verdreht, bis das Türblatt wieder richtig in die Zarge passt. Auf keinen Fall von außen mit einer Zange arbeiten! Das gäbe hässliche Kratzer auf der Bandoberfläche.

**3** Der lange Gewindedorn des Türbands lässt einen relativ großen Justierbereich zu.

# TÜREN ANHEBEN ODER KÜRZEN

**Sie brauchen** für das Anheben von Türen:

- *Ringe/Scheiben*
- *Hebebänder*
- *Schraubendreher/ Holzkeil*
- *Kombizange*
- *Innensechskant-schlüssel*
- *Evtl. (Elektro-) Schleifwerkzeuge*

Eine fachgerecht eingesetzte Tür funktioniert normalerweise über viele Jahre hinweg problemlos, sofern sie nicht atypischen Belastungen ausgesetzt wird. Dennoch ist langfristig ein Verschleiß unvermeidlich. Der kann auch die Türbänder betreffen, die zum Beispiel mit der Zeit ausleiern und nachgeben. Das Ergebnis: Die Tür schleift beim Öffnen am Boden.

Eingelegte Ringe oder passende Scheiben lösen das Problem. Zu beachten ist hier lediglich der Spielraum zwischen oberem Tür- und Zargenfalz. Auch Hebebänder – sie lassen sich einfach gegen die normalen Bänder austauschen – sind eine schnelle Lösung. Bei ihrem Kauf ist auf Rechts- oder Linksanschlag der Tür zu achten.

Ein Ärgernis sind quietschende Türen. Sie werden ausgehängt und die Stifte der Bänder mit (wenig) Öl, Fett oder Vaseline geschmiert. Dabei eventuell vorhandene Scheiben beziehungsweise Ringe gleich mit behandeln.

Aufwendiger wird es, wenn ein neuer, zusätzlicher Bodenbelag vorgesehen ist. Ob das nun Teppichboden auf Fliesen oder Dielen oder Laminat auf Teppichboden ist: Ein Kürzen des Türblatts ist dann nicht mehr zu vermeiden.

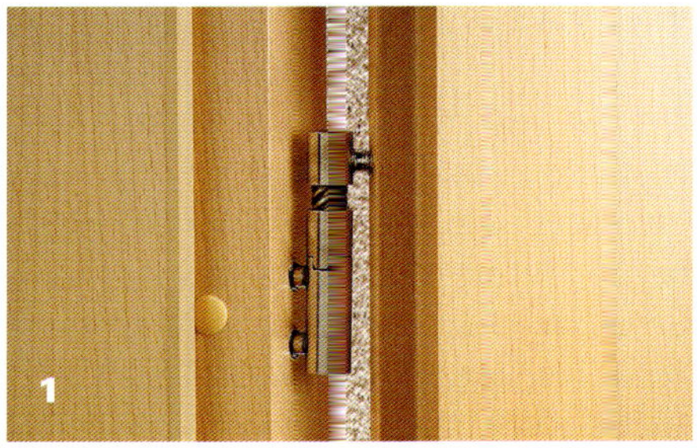

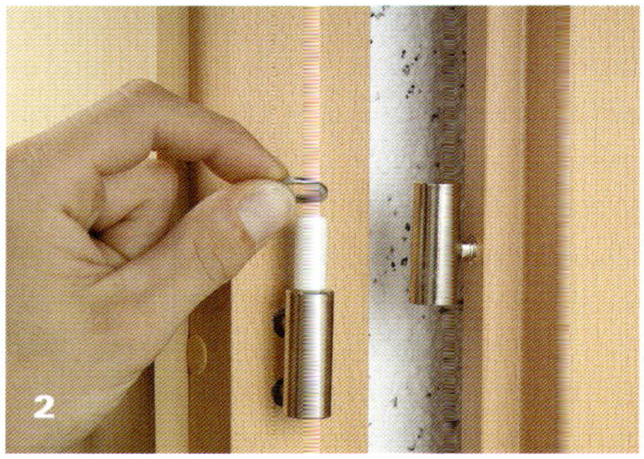

**1** Hebebänder heben ein Türblatt beim Öffnen kontinuierlich bis zum möglichen Maximum an. Ein Kürzen des Türblatts ist deshalb in den meisten Fällen nicht erforderlich.

**2** Eine einfache Methode, eine Tür anzuheben, ist das Einlegen von passenden Ringen (Scheiben). Das muss aber bei beiden Türbändern (oben und unten) geschehen, sonst muss ein Band das gesamte Türgewicht tragen.

**3** Bei einem neuen Bodenbelag (zum Beispiel Laminat) reichen weder Hebeband noch eingelegte Ringe. Hier ist das Türblatt ganz zu kürzen. Markiert wird mit einem weichen Bleistift. Die Höhe geben ein Stück des neuen Belags und eine fünf bis sechs Millimeter dicke Zulage aus Restholz vor.

**TIPP**

**SCHWERE TÜRBLÄTTER**, die kaum auszuhängen sind, werden mit einem Holzkeil oder einem stabilen Schraubendreher leicht angehoben und dann die Bänderstifte wie beschrieben versorgt.

# KRATZER BESEITIGEN

Ausbesserungen an beschädigten Türoberflächen sollten möglichst wenig auffallen.

Für eher oberflächliche Schäden gibt es Retuschierstifte. Sie werden in allen gängigen Holzfarben angeboten. Ein dünner Lacküberzug fixiert zum Schluss die behandelte Stelle.

Eine Reparaturwachsstange mit dem hellsten Holzton und eine Tube Künstlerfarbe, die den dunkelsten Ton der Maserung trifft, helfen größere Probleme zu lösen. Die schadhafte Stelle wird nach dem Auskratzen durch das Auspinseln mit Terpentinölersatz oder einen Staubsauger mit Feindüse vollständig gesäubert.

Das Reparaturwachs lassen Sie durch Erhitzen in die Vertiefung tröpfeln. Nach dem Aushärten wird die Oberfläche mit einer Rasierklinge abgezogen und dann mit dem Finger sorgfältig glatt gestrichen.

**TIPP: SANFT STARTEN**

Bei großflächigen, leichten Schäden (stumpfe Oberfläche, kleine Kratzer) empfiehlt es sich, mit dem schonendsten Ausbesserungsverfahren zu beginnen: Wachspolitur, Terpentinöl, Firnis auftragen und blank reiben. Erst wenn dies erfolglos bleibt, wird die Fläche mit feiner Stahlwolle (in Petroleum oder Leinöl getaucht) in Faserrichtung abgerieben. Verkratzte Stellen bearbeiten Sie dabei besonders gründlich. Danach das überschüssige Öl mit einem sauberen Tuch entfernen und trocken nachreiben.

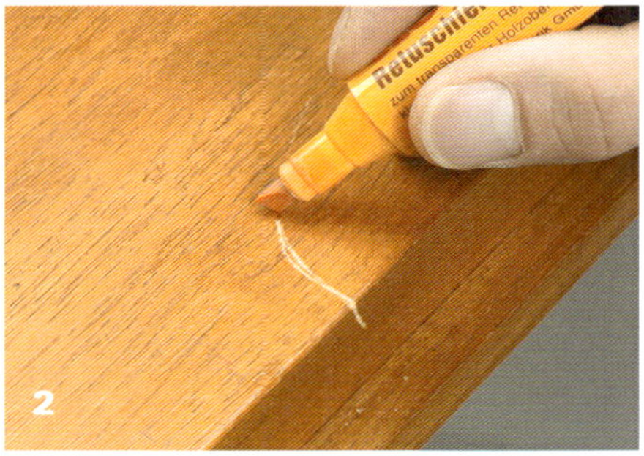


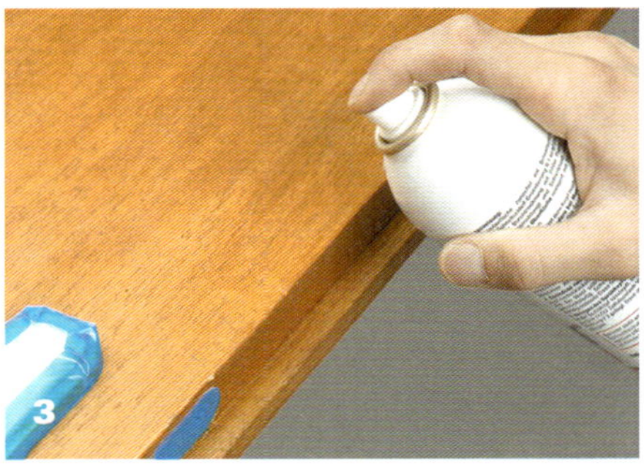


Das Nachbilden der Maserung erfordert eine spezielle Maltechnik. Der feine Pinsel wird in die aus der Tube gedrückte Farbe getaucht und auf Papier abgestreift, bis die Borsten fast trocken sind. Jetzt folgen Striche, die die Maserung wieder schließen.

Damit die Ausbesserung haltbar bleibt, erhält die Stelle zum Schluss einen passenden, dünnen Überzug mit dem Sprühlack.

**Sie brauchen**
für das Beseitigen von Kratzern:

- *Schleifmittel*
- *Scharfes Messer/ Cutter*
- *Reparaturwachsstange*
- *Wasser- oder Ölfarbe*
- *Retuschierstift*
- *Malpinsel*
- *Sprühlack*

**1** Die Reparatur von oberflächlichen Schäden (zum Beispiel kleinen Kratzern) stellt heute kaum noch ein Problem dar.

**2** Mit einem farblich passenden Retuschierstift wird nur der Kratzer sorgfältig abgedeckt.

**3** Die Reparaturstelle erhält einen Schutzfilm aus farblosem Glanz- oder Mattlack. Für ausreichende Belüftung sorgen. Nach der Behandlung ist der Schaden so gut wie nicht mehr zu erkennen.

# TÜRDRÜCKER ERNEUERN/ AUSWECHSELN

**Sie brauchen** für das Erneuern/ Auswechseln von Türdrückern:

- *Schraubendreher*
- *Hammer*
- *Austreiber*
- *Vorstecher*
- *Türdrücker*

Türen im Wohnbereich werden vorwiegend durch Einsteckschlösser/Einstemmschlösser verschlossen. Zur Betätigung des Schlosses ist eine sogenannte Drückergarnitur erforderlich. Denn was der Laie als Türklinke, Türgriff oder Türschnalle bezeichnet, nennt der Fachmann **Drücker**.

Eine handelsübliche Drückergarnitur besteht aus den beiden Türschilden und dem Drückerpaar. Statt des Drückers kann auch ein Drehknopf montiert werden. Er ist allerdings nur mit einigem Kraftaufwand und damit umständlicher zu bedienen.

Die **Türschilde** gibt es als Lang- und Kurzversion. Im Türschild befindet sich die runde Aufnahme des Drückers (in der Regel kunststoffgelagert) und das Schlüsselloch beziehungsweise die Aussparung für den Rund- oder Profilschließzylinder, als Lochung bezeichnet.

Die beiden Türdrücker werden durch einen Haltestift oder eine Innensechskantschraube verbunden. Dabei wird der Vierkantstift durch die Nuss des Einsteckschlosses gesteckt.

Die angebotenen Stilrichtungen, Formen, Farben und Materialien sind vielfältig. Unterschiedliche Türkonstruktionen erfordern verschiedene Einsteckschlösser. Die relevanten Maße (Abstand zwischen Vierkant und Schlossaussparung, Dornmaß) sind vor dem Austausch deshalb zu überprüfen. Zu beachten ist dann auch, ob die neuen Schilde die Schraublöcher der alten verdecken. Ein intaktes Einsteckschloss kann erhalten bleiben.

Nehmen Sie für den Einkauf neuer Drückergarnituren am besten die alten mit, damit Sie die Abmessungen vor Ort vergleichen können!

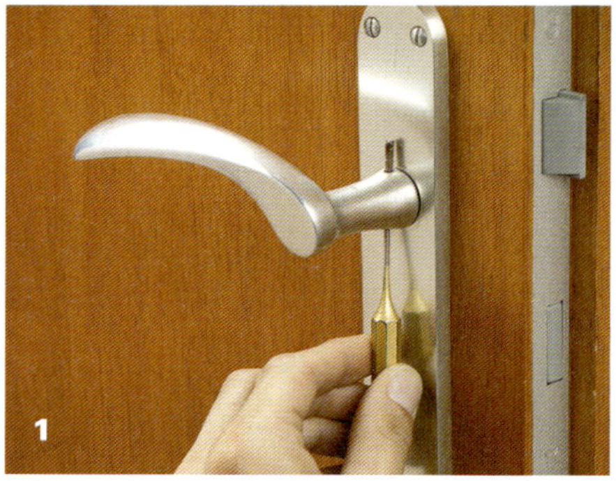


**1** Um die alte Drückergarnitur demontieren zu können, wird zunächst der Haltestift entfernt.

**2** Nachdem der Türgriff abgezogen ist, wird das Langschild gelöst und von der anderen Seite der Vierkant herausgezogen.

**3** Der Abstand zwischen Vierkant und Schloss ist genormt, es gibt aber unterschiedliche Normmaße dafür. Ein intaktes Einsteckschloss/Einstemmschloss muss nicht ausgebaut werden.

# EINSTECKSCHLOSS AUSWECHSELN

Einsteckschlösser sind – anders als Kastenschlösser – die zweckmäßigste und vor allem unauffälligste Form des Schlosses für jede Tür, weil sie in einer Ausfräsung oder Aussparung im Türblatt untergebracht sind.

In Zimmertüren werden meist Buntbartschlösser verwendet, die aber aufgrund der geringen Anzahl möglicher Schließungen und der leichten Manipulierbarkeit nicht sehr sicher sind. Auch die Zahl der verschiedenen Bartformen ist bei der Art der hier verwendeten Schlüssel ziemlich begrenzt.

Einsteckschlösser sind mit Falle und Riegel versehen. Die Falle wird durch den Drücker, der Riegel durch den Schlüssel betätigt. Schlösser mit Wechsel erlauben auch eine Betätigung der Falle mit dem Schlüssel.

Die meisten Einsteckschlösser/Einstemmschlösser sind zweitourig. Das heißt, eine zweite Drehung des Schlüssels schiebt den Riegel noch weiter in das Schließblech hinein. Das Schließblech befindet sich in der Türzarge.

Schwergängige Schlösser können mit feinem Öl behandelt werden. Zum Schmieren des Schlosses am besten feines Schmieröl, für Falle und Riegel Gleitstoffe in Sprayform verwenden, weil sie besser haften. Die Schmiermittel immer nur sehr sparsam einsetzen.

**Sie brauchen** für das Wechseln eines Einsteck-/Einstemmschlosses:

- *Schraubendreher*
- *Bleistift*
- *Schmalen Beitel/ Stemmeisen*
- *Einsteckschloss*

### TIPP: NORMGRÖSSEN

Es gibt bei den Einsteckschlössern verschiedene Normgrößen. Deshalb bei einem notwendigen Neuerwerb die Daten und Maße des alten Schlosses bereit halten (beispielsweise Nuss, Falle, Lochung, Kasten- und Dornmaße) oder das alte Einsteckschloss zum Einkauf einfach mitnehmen.

1

2

3

**1** Nach dem Entfernen von Drückergarnitur und den Schrauben am Langblech (Stulp) lässt sich das alte Einsteckschloss herausziehen.

**2** Das neue Einsteck-/Einstemmschloss hat hier einen anders geformten Stulp. Mit einem sehr scharfen, schmalen Beitel oder Stemmeisen wird innerhalb der Markierung das überschüssige Holz sorgfältig entfernt.

**3** Nachdem Türschild und Drückerganitur montiert sind, wird auch das Einsteck-/Einstemmschloss endgültig mit zwei Schrauben fixiert.

# SCHLIESSZYLINDER WECHSELN

**Sie brauchen** für das Wechseln eines Schließzylinders:

- *Schraubendreher*
- *Passenden Schlüssel*
- *Schließzylinder*

Schließzylinder bieten einen höheren Sicherheitsstandard als Buntbartschlösser. Deshalb werden sie meist bei Wohnungs- oder Haustüren eingesetzt, aber es gibt durchaus auch Gründe, Türen innerhalb einer Wohnung mit ihnen auszurüsten, wie in unserem Beispiel bei einem Arbeitszimmer.

Schließzylinder werden aufgrund ihrer äußeren Form nach Profil-, Rund- und Oval-Kurzzylindern unterschieden. Zu beachten ist also, dass der Türschild der vorgesehenen Drückergarnitur die exakt passende Lochung für den eingebauten Schließzylinder haben muss.

Damit bei Verlust oder Diebstahl des Schlüssels nicht das ganze Schloss ausgewechselt werden muss, ist der Schließzylinder immer unabhängig vom Einsteckschloss erhältlich. Er wird in die untere Aussparung im Einsteckschlosskasten gesteckt und von einer durch den Stulp geführten langen Gewindeschraube fixiert.

## TIPP: KOPIERSCHUTZ

Bei einem Schließzylinder für eine Außentür ist darauf zu achten, dass er in der Tür weder aufgebohrt noch einfach abgebrochen werden kann. Das beste Schloss nützt aber wenig, wenn Unbefugte einen Schlüssel leicht kopieren lassen können.
**GESCHÜTZTE SCHLÜSSELPROFILE** sind weitgehend gegen eine solche Nachahmung gefeit. Auch bei Schließanlagen ist nicht ohne weiteres ein Nachschlüssel zu bekommen.

**1** Durch das Lösen der langen Gewindeschraube wird der Schließzylinder frei beweglich. Zum Herausziehen den Schlüssel leicht schräg stellen.

**2** Der Zylinder wird am Schlüssel, ohne den der Schließriegel nicht in die erforderliche Stellung gebracht werden kann, herausgezogen.

**3** Der Einbau den neuen Zylinders erfolgt in umgekehrter Reihenfolge. Um das Gewindeloch im Zylinder mit der Schraube treffen zu können, muss der Zylinder möglicherweise leicht hin- und herbewegt werden.

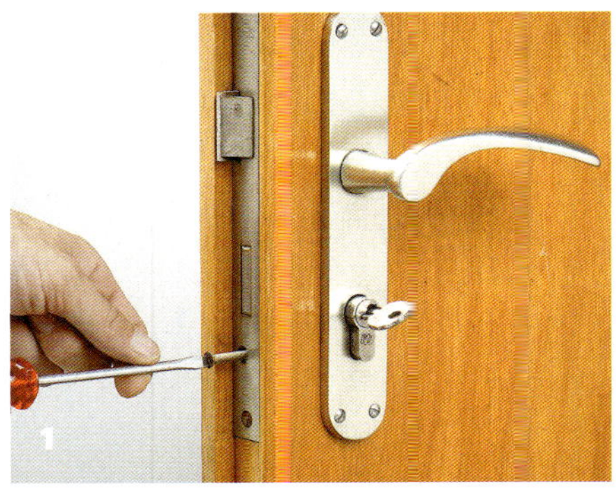

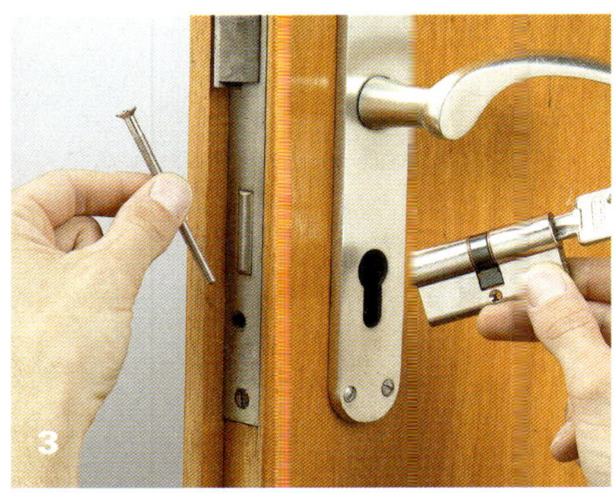

# FLIEGENGITTER IM TÜRRAHMEN ANBRINGEN

Fliegengitter schützen zuverlässig vor Insekten, ohne die Frischluftzufuhr zu unterbinden. Sie werden in Weiß, Braun und Anthrazit angeboten, wobei letzteres unauffälliger wirkt.

Fliegengitter für Türen sind – anders als für Fenster – senkrecht geteilt. Das leichte Öffnen der Bahnen ermöglicht das ungehinderte Durchgehen. Formstabilisierende Gewichte am unteren Rand sorgen dafür, dass die Bahnen sofort wieder in ihre ursprüngliche Position zurückkehren.

Zum Verkleben des Klettbands müssen die Untergründe sauber, trocken, tragfähig und fettfrei sein. Das Gittertüllgewebe kann zum Waschen (30 Grad Celsius) vorsichtig vom Klettband gelöst werden. Es ist mehrfach verwendbar.

**Sie brauchen** für das Anbringen eines Fliegengitters:

- *Zollstock*
- *Reinigungsmaterial für die Klebeflächen*
- *Haushaltsschere*
- *Cutter*
- *Fliegengitter-Set*

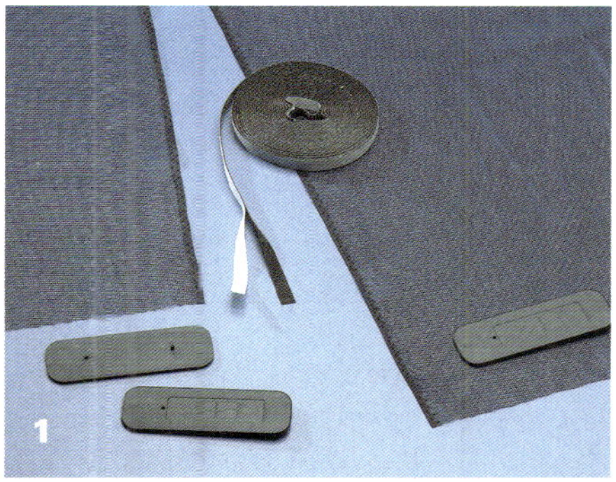

1 Dies gehört zu einem Fliegengitter-Set, das Türöffnungen abschirmt: das Gitternetz, das Klettband und Gewichte, die dafür sorgen, dass die beiden Gitterbahnen schnell in ihre ursprüngliche Lage zurückkehren.

2 Jede der beiden Tüllgewebebahnen wird oben und seitlich auf dem Klettband fixiert.

3 Das Durchgehen ist unproblematisch. Danach fallen die Bahnen einfach von selbst wieder zurück.

# FENSTER

Fenster prägen das Gesicht eines Hauses. Sie lassen Tageslicht herein und trotzen dennoch Wind und Wetter, sie dienen zum Lüften und sollen vor Lärmbelästigung, Wärmeverlust und Einbruch schützen.

## WARENKUNDE

Bei der Auswahl der Fenster, gleichgültig ob es sich um einen Neubau oder um eine Altbausanierung handelt, ist zu entscheiden, welches Material eingesetzt werden soll. Erhältlich sind Fenster aus Holz, Aluminium, Kunststoff oder einem Mix aus diesen Materialien.

Holzfenster weisen die älteste Tradition auf. Von den europäischen Hölzern werden vor allem Kiefer, Fichte und Tanne verwendet. Davon ist Kiefer (besonders die nordischen Sorten) für innere und äußere Fensterteile geeignet, Tanne und Fichte sollen wegen ihrer Witterungsanfälligkeit nur für innere Teile verwendet werden. Mit einer Imprägnierung lässt sich allerdings auch das beheben. Laubhölzer wie Eiche werden zwar auch eingesetzt, sind aber sehr teuer. Tropische Hölzer (zum Beispiel Mahagoni, Meranti) sind oft beständiger gegen Feuchtigkeit und Schädlinge. Sie werden deshalb immer noch im Fensterbau eingesetzt. Ein Großteil dieser Hölzer stammt aber immer noch häufig aus reinem Raubbau. Die Zerstörung der Artenvielfalt, die Vernichtung der Lebensgrundlage vieler Menschen und die Klimaveränderung rechtfertigen nicht den geringen Preisvorteil beim Kauf von Tropenholz. Inzwischen gibt es Holzfenster mit einer äußeren wetterfesten Vorsatzschale aus Aluminium in vielen Farben und sogar Holzdekoren, die optisch nicht von Holzoberflächen zu unterscheiden sind.

**1** Wärmeschutzverglasungen verringern den Wärmeverlust nach draußen. Die richtige Verglasung spart im Jahr bis zu 36 Liter Heizöl pro Quadratmeter Fensterfläche.

**2** Holzfenster sollten aus hochwertigem Rohmaterial hergestellt sein.

Kunststofffenster sind pflegeleicht und besitzen eine gute Wärmedämmung; sie bestehen meist aus PVC (Polyvinylchlorid). Heute werden vorwiegend Kunststoffprofile mit Stahlarmierungen hergestellt.

Fenster aus Aluminiumprofilen sind stabil und beständig. Da das Material jedoch Wärme sehr gut leitet, werden innen und außen liegende Fensterteile voneinander entkoppelt.

Verzinkte Stahlfenster in kleinen Dimensionen werden komplett mit Einmauerrahmen, Einscheibenverglasung und gelochten Metallläden als Komplett-Kellerfenster hergestellt. Einfache kleine Kunststofffenster (meist als Mehrzweckfenster im Handel – auch mit Isolierverglasung) werden ebenfalls häufig für Kellerräume verwendet. Zu den Keller-(Mehrzweck)fenstern gehören – außer den schon erwähnten Stahlfenstern – auch sogenannte Laibungs- oder Zargenfenster sowie Kellerlichtschächte.

Vom konstruktiven Aufbau her wird nach beweglichen und festverglasten Fenstern unterschieden. Nicht immer sind ausschließlich bewegliche Flügel erforderlich oder erwünscht, sei es aus sicherheitstechnischen oder architektonischen Erwägungen. Bei Wintergärten beispielsweise oder bei mehrteiligen Wohnraumfenstern reicht eine Kombination aus Festrahmen und Flügeln. Die gebräuchlichsten Wohnraumfenster sind Dreh-, Kipp- und Drehkippflügelfenster. Bei Wohndachfenstern sind es Schwing-, Klappschwing- und Hebeschiebeflügelfenster. Drehflügelfenster sind links oder rechts angeschlagen und öffnen sich entweder nach außen oder nach innen. Kippflügelfenster sind immer unten angeschlagen und öffnen nach innen. Drehkippflügelfenster vereinigen die Funktionen der beiden genannten Fenster und öffnen immer nach innen.

Die Verglasung von Fenstern besteht heute fast ausschließlich aus Wärmeschutzglas. Bei der Fertigung werden zwei oder mehr Scheiben mit einem luft- oder gasgefüllten Zwischenraum luftdicht zu wärmedämmenden Gläsern verbunden.

Einfachverglasungen – heute äußerst selten – werden mit Tafelglas (1,8 bis 3,8 Millimeter dick) ausgeführt. Große Fensterflächen werden mit Dickglas (4,5 bis 6,5 Millimeter dick), in Sonderfällen bis 13 Millimeter Dicke versehen.

Schallschutzfenster werden mit Zwei- oder Dreifachverglasung angeboten. Auch Verbundfenster (Doppelfenster) lassen sich als Schallschutz-

**3** Je mehr Kammern ein Kunststofffenster aufweist, desto besser ist seine Wärmedämmfähigkeit. Drei Kammern im Kunststoffprofil gelten heute als Standard. Spitzenprodukte sind mit vier Kammern ausgerüstet.

**4** Fenstertüren (hier mit klappbarem Oberlicht) erlauben den Zugang zu Balkon und Terrasse, sorgen für nahezu ungehinderten Lichteinfall und schließen trotzdem einen Raum klimatechnisch ab.

Auch Kunststofffenster können mit Sprossen ausgerüstet werden:
**1** Sprosse im Scheibenzwischenraum
**2** Einseitig aufgesetzte Sprosse
**3** Aufgesetzte Sprosse mit Abstandhaltern
**4** Schwenkbarer Vorsatzsprossenrahmen

fenster einsetzen. Dabei müssen die Scheiben möglichst dick, untereinander aber nicht gleich dick sein.

In diesem Zusammenhang ist die Wärmeschutzverordnung wichtig. Ihre Ziele sind die deutliche Verringerung des Heizenergieverbrauchs und damit eine wesentliche Reduzierung der $CO_2$-Emissionen. Dabei kommt dem Werkstoff Glas eine besondere Bedeutung zu.

In der Vergangenheit wurde bei Fenstern oft nur von Wärmeverlusten (k-Wert = Wärmedurchgangskoeffizient) gesprochen. Was früher der k-Wert war, wird inzwischen allgemein als U-Wert („Unit of heat-transfer") bezeichnet. Physikalisch gibt es zwischen U-Wert und k-Wert keinen Unterschied.

Heute werden auch die Wärmegewinne (g-Wert = Energiedurchlassgrad) berücksichtigt, die kostenlos durch die Einstrahlung der Sonne entstehen. Der g-Wert gibt den Anteil des Sonnenlichts an, der durch eine Verglasung (bzw. durch das Fenster) dringt. Ein typischer g-Wert für eine Zweischeiben-Isolierverglasung von 0,6 bedeutet beispielsweise, dass 60 Prozent der eingestrahlten Energie (also des Sonnenlichts) ins Innere des Raumes gelangen. Der Rest wird reflektiert (zurückgestrahlt) oder von der Scheibe absorbiert (aufgenommen). Das bedeutet: Je höher der g-Wert und je besser die Dämmeigenschaften der Fenster (kleiner U-Wert) sind, umso größer ist der Wärmegewinn im Innenraum. Wichtig ist aber letztlich der U-Wert des gesamten Fensters, der die Wärmedämmfähigkeit der Verglasung und des Rahmens zusammen angibt.

Sollen Fenster undurchsichtig bleiben, wird Sichtschutzglas verwendet. Dies ist meist Milchglas oder strukturiertes Ornamentglas.

**Beschläge** werden üblicherweise mit bestellten neuen Fenstern mitgeliefert. Sie sind zum großen Teil darin integriert und häufig nur von einem Fachmann auszutauschen. Interessant für eine Nachrüstung zum Schutz gegen Einbrecher sind jedoch Sicherheitsbeschläge wie abschließbare Fenster- und Fenstertürgriffe, Hebe- und Hebe-Schiebetürschlösser, Schwenkriegel- und Bolzen-Fensterschlösser sowie Rollladensicherungen.

Auch **Zubehör** prägt das äußere Erscheinungsbild eines Fensters. Dazu gehören Fensterbänke, Rollläden, Jalousien, Rollos und sogar Markisen.

### TIPP: FENSTERKAUF

Beim Kauf von Fenstern sollten Sie darauf achten, dass die Beschläge bereits montiert beziehungsweise integriert sind. Müssen sie noch nachträglich angebracht werden, ist dies mit einem wesentlich größeren Aufwand verbunden und meist sogar Sache eines Fachmanns.

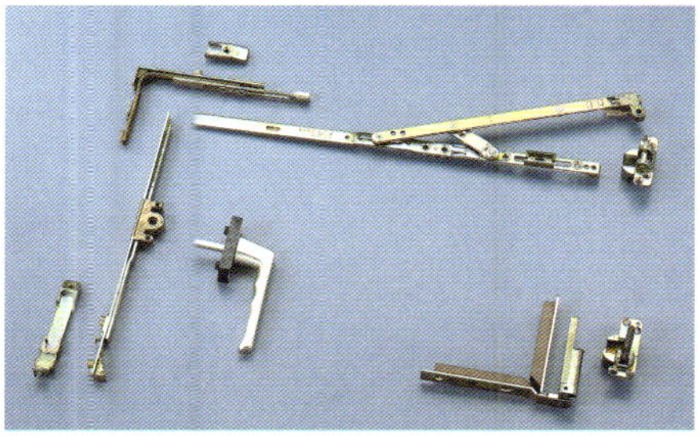

Diese Beschläge sind erforderlich, um aus einem einfachen Fensterflügel ein verriegelbares Drehkippfenster zu machen.

Wohndachfenster sollen (einbruch-)sicher und komfortabel in der Bedienung sein. Hier eine Kombination aus Schwing- und Klapp-Schwingflügel. Alle Fensterfunktionen werden über nur einen Griff gesteuert.

Fensterbänke gibt es in zahlreichen verschiedenen Ausführungen, Materialien und Abmessungen für innen und außen. Für den Außenbereich werden Vor-, Aufsatz- und Einbaurollläden sowie Markisen in verschiedenen Ausführungen, Materialien, Dessins und Farben angeboten.

Elektrische Rollladenantriebe sind sowohl für die Erstausrüstung erhältlich als auch für die Nachrüstung in bereits vorhandenen Gurt-Aufrollkästen. Die Stärke des Motors richtet sich dabei nach dem Rollladengewicht.

Im Innenbereich gibt es für die Fensterbekleidung neben den üblichen Gardinen auch Jalousien und Rollos sowie Falt- und Vertikalstores, manuell oder elektrisch betrieben.

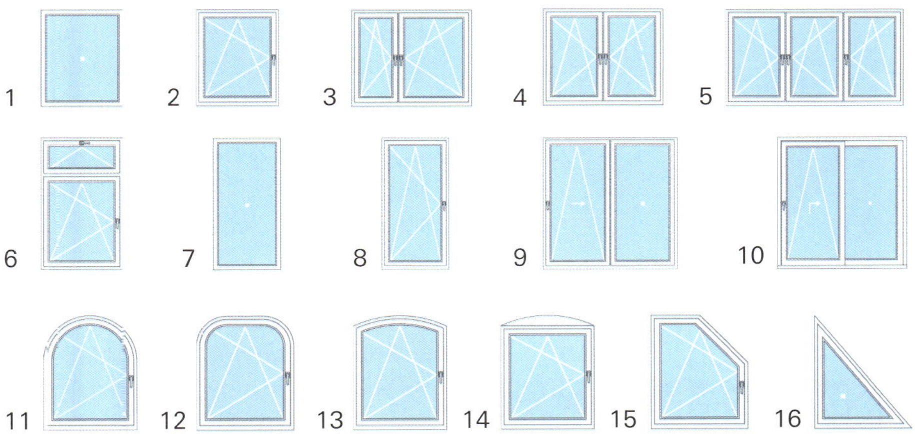


Bezeichnungen der wichtigsten Grundformen und Öffnungsarten von Fenstern und Fenstertüren (D = Dreh, K = Kipp): 1 Festelement, 2 DK-Fenster, 3 DK-DK asymmetrisch, 4 DK-DK symmetrisch, 5 DK-DK-DK, 6 DK mit K-Oberlicht, 7 Festelement, 8 DK-Fenstertür, 9 Schiebekipp-Fenstertür, 10 Hebeschiebekipp-Fenstertür; 11 DK-Rundbogen, 12 DK-Korbbogen, 13 DK-Stichbogen, 14 DK mit Passstück, 15 DK schräg, 16 Festelement Dreieck

# FENSTERDICHTUNGEN ANBRINGEN

**Sie brauchen** für das Anbringen von Fensterdichtungen:

- *Reinigungsmittel zum Säubern der Klebeflächen*
- *Dichtungsmaterial*
- *Haushaltsschere/ Cutter*
- *Glas-Silikon*

**1** Der Dichtungsstreifen wird fest gegen den (sauberen und staubfreien) Fensterfalz gedrückt und das Schutzpapier erst während der Arbeit nach und nach vom Gummi abgezogen.

**2** Die Fuge zwischen Türzarge und Mauerwerk wird mit (farblich passendem) Silikon abgedichtet.

Fenster, die schlecht schließen, haben einen permanenten Wärmeverlust zur Folge, der auf Dauer recht teuer werden kann. Für Abhilfe sorgen Dichtungsstreifen, die in den Rahmenfalz geklebt werden. Es gibt sie aus Schaumstoff, Filz, Gummi und Kunststoff.

An der Scharnierseite wird der Streifen so angebracht, dass er beim Schließen gequetscht und nicht verschoben wird. Die drei übrigen Dichtungsstreifen werden in den inneren Flügelanschlag geklebt. In allen Fällen müssen die Streifen lückenlos bis in die Ecken und ohne Ziehen angebracht werden. Sonst würde sich die Klebefläche durch die entstehende Spannung wieder lösen.

Risse, die sich zwischen Fensterrahmen und Mauerwerk gebildet haben, werden mit einer dauerelastischen Fugendichtmasse geschlossen und anschließend mit dem (in Seifenlauge getauchten) Finger geglättet. Bei breiteren Fugen sind zunächst alle losen Schmutzpartikel zu entfernen. Bei schmalen Rissen kann auf das Säubern der Schadstelle verzichtet werden.

**3** Fensterdichtungen leiden durch Schmutz, Versprödung und Alterung. Sie sollten deshalb beim Fensterputzen regelmäßig mit gereinigt und kontrolliert werden. Um sie geschmeidig zu halten, können sie gelegentlich mit etwas Grafit eingerieben werden. Von Silikonspray ist abzuraten, weil es sich von Glasscheiben und Fensterrahmen nur sehr mühsam wieder entfernen lässt.

### TIPP: FENSTERFUNKTION PRÜFEN

Vor dem Anbringen einer Dichtung ist zuerst zu prüfen, ob sich der Fensterflügel problemlos im Rahmen bewegen lässt und nicht klemmt. Erforderliche Reparaturen oder Einstellarbeiten sind vor der Dichtungsmontage zu erledigen.
Alle Oberflächen müssen sauber, trocken und tragfähig sein.

# GLASARBEITEN

Neben dem notwendigen Austausch einer zerbrochenen Scheibe dürfte – besonders bei Altbauten – eine verbesserte Wärmedämmung ausschlaggebend für Glasarbeiten sein. Der Austausch von Einfach- gegen Isolierglas ist nur möglich, wenn der Fensterrahmen breit genug und in der Lage ist, die zusätzliche Last zu tragen. Bei gut erhaltener Einfachverglasung (keine Kratzer, Dichtungsmaterial intakt) ist eine Vorsatzscheibe, die innen am Rahmen fixiert wird, die preiswertere Lösung.

**Sie brauchen** für Glasarbeiten:

- *Zollstock*
- *Beitel/Stemmeisen*
- *Schutzbrille*
- *Distanzklötzchen*
- *Passende Leisten*
- *Isolierglas*
- *Kreppband*
- *Glas-Silikon*

**1** Den Fensterflügel mit dem Glasbruch aushängen und die Glasstücke entfernen (eventuell noch weiter zerkleinern). Dabei sind Arbeitshandschuhe und Schutzbrille obligatorisch!

**2** Mit einem scharfen Beitel/Stemmeisen werden alle Glas-, Kitt- oder Silikonreste entfernt. Dabei ist eine Beschädigung der Rahmenhölzer möglichst zu vermeiden.

**3** Beim Einbau einer Isolierverglasung ist der alte Fensterrahmen zu verbreitern. Dazu werden umlaufend passende Leisten aufgedoppelt.

**4** In den breiteren Rahmen werden seitlich und unten Distanzteile eingelegt (im Handel erhältlich). Sie müssen so breit wie das Isolierglas sein.

**5** Das exakt passende Isolierglas wird in den so vorbereiteten Rahmen eingesetzt.

**6** Die Fugen zwischen Rahmen und Glaseinsatz werden abgedichtet. Ungeübte kleben dazu die Scheibe und den Rahmen mit Kreppband ab. Das Silikon mit einem in Seifenlauge getauchten Zeigefinger glätten.

# OBERFLÄCHENSCHÄDEN AUSBESSERN

**Sie brauchen** für das Ausbessern von Oberflächenschäden:

- *Scharfes Messer/ Cutter*
- *Schleifmittel*
- *Spachtelfarbe*
- *Holzkitt*
- *Farblich passender Fensterlack*

Ausbesserungen an lackierten Fensterrahmen sollen möglichst nicht auffallen. Die Behandlung richtet sich nach der Tiefe des Schadens.

Bei einer oberflächlichen Beschädigung, die nicht bis in das Holz reicht, genügt leichtes Anschleifen mit feinem Schleifpapier und das anschließende farblich passende (dünne) Lackieren.

Bei tiefen Kratzern wird die Stelle grob angeschliffen, um auch möglicherweise an den Rändern entstandene Wülste zu entfernen. Nachdem der Schleifstaub sorgfältig entfernt ist, wird die Vertiefung mit Spachtelfarbe (Lackspachtel) gefüllt. Nach deren völligem Aushärten erfolgt mindestens ein Endlackauftrag.

### TIPP: ALTE FARBE

Bei großflächigen Lackschäden auf Holzrahmen ist es meist unumgänglich, den kompletten Anstrich zu entfernen – durch Abbeizen oder Abschleifen. Bei Isolierglas kein Heizluftgebläse verwenden, es kann die Isolierverglasung springen lassen!
Die Farbreste sind in beiden Fällen mit einem Farbkratzer (Dreieck- oder Kombischaber) zu entfernen. Danach wird ein komplett neuer Anstrichaufbau erforderlich: Glattschleifen, Grundierung, Vor- und Endanstriche – jeweils mit Zwischenschliffen.

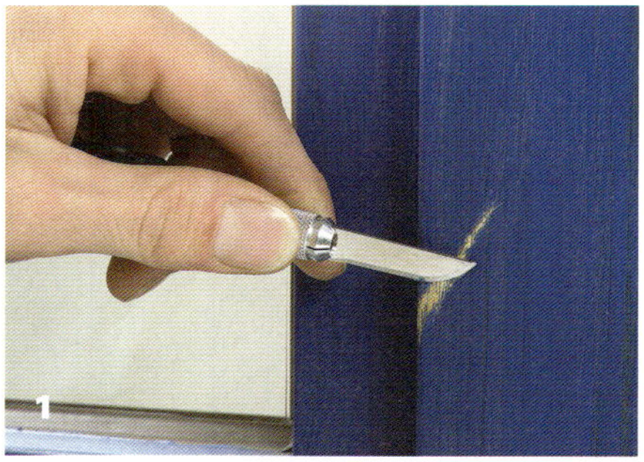

**1** Mit einer scharfen Klinge wird die Farbe im Bereich des Schadens vorsichtig entfernt, um die Tiefe des Schadens festzustellen. Bei tiefreichenden Schäden ist ein Auffüllen mit Lackspachtel unerlässlich.

**2** Bei oberflächlichen Beschädigungen reicht ein sorgfältiges Abschleifen der Schadstelle und der direkten Umgebung.

**3** Nach dem Entstauben wird eine Grundierung dünn aufgetragen und nach dem Trocknen geschliffen. Dann erfolgt (ebenfalls sehr dünn) der Endanstrich.

# ALTE RAHMENTEILE RESTAURIEREN

Beim Restaurieren eines Holzfensterrahmens ist zu kontrollieren, ob Feuchtigkeit zwischen Verglasung und Rahmen eindringen kann. Eventuell müssen alte Dichtungsreste (spröder Kitt, sich lösende Silikonversiegelungen) entfernt und nach Behandlung des Holzes erneuert werden.

Wetterbedingte Risse im Holz sind recht einfach zu behandeln, sofern der Rahmen selbst erhalten werden kann. Mit einem Spachtel werden Farbreste und Schmutz entfernt, die Risse ein wenig erweitert und die Kanten eingeritzt, damit das Füllmaterial gut haftet. Dann wird Holzkitt auf Kunststoffbasis (oder ein anderes geeignetes Material) in die Risse gestrichen. Sobald die Masse ausgehärtet ist, flächenbündig abschleifen und anschließend grundieren.

Bei sehr großen oder tiefen Rissen ist das Füllmaterial in mehreren dünnen Schichten aufzubringen. Jede Schicht muss vor dem Auftragen der nächsten völlig durchgetrocknet sein.

**Sie brauchen** für das Restaurieren alter Rahmenteile:

- *Spachtel*
- *Schleifmittel*
- *Reparaturwachs*
- *Holzkitt*
- *Grundierung*
- *Streich- oder Sprühlack*

### TIPP: STÜCKWERK

Partielle Holzschäden an einem Fensterrahmen, die so groß sind, dass sie sich nicht mehr mit Kitt beheben lassen, aber nicht den gesamten Rahmen betreffen, erfordern mehr Aufwand als Kratzer oder Risse. Der beschädigte Teil ist so zu entfernen, dass im gesunden Holz exakt gerade Flächen entstehen. Dazu ist ein optimal geschärfter Beitel (Stemmeisen) erforderlich. Dann wird ein präzise passendes Füllstück der gleichen Holzart möglichst fugenlos eingeleimt und nach dem Abbinden des Leims flächenbündig geschliffen, lasiert und klarlackiert.
Bei deckendem Anstrich können Unebenheiten noch durch Spachtelfarbe kaschiert werden.

**1** Bei solchen Rissen genügt es, mit einem 120er Schleifpapier den Rahmen zu säubern.

**2** Alle Risse werden mit farblich passendem Holzkitt gefüllt. Da Holzkitt beim Trocknen einschrumpfen kann, ist die Behandlung eventuell zu wiederholen.

**3** Die restaurierten Rahmenteile werden vor der Endlackierung (zwei Schichten) grundiert. Grundierung und erster Lackauftrag werden durch Zwischenschliff geglättet. Es kann auch sinnvoll sein, gleich den gesamten Rahmen mit zu streichen.

# RAHMENFARBE AUFFRISCHEN

**Sie brauchen** für das Auffrischen der Rahmenfarbe:

- *Schleifmittel*
- *Abklebeband*
- *Diverse Pinsel*
- *Alkyd- oder Acrylharz-Fensterlack*

Besonders bei lackierten Außenfenstern mit Holzrahmen sind Renovierungsanstriche unvermeidbar. Wenn der angeschliffene Untergrund tragfähig genug ist, reicht ein zweimaliger Auftrag mit Alkyd- oder Acrylharz-Fensterlack (mit Zwischenschliff).

Blättert der alte Lack an den meisten Stellen ab, hilft nur eine Radikalkur: komplett abbeizen, mit Bläueschutzmittel imprägnieren, je ein Vor- und Zwischenanstrich mit Grundfarbe sowie ein Endauftrag mit Alkyd- oder Acrylharzlack.

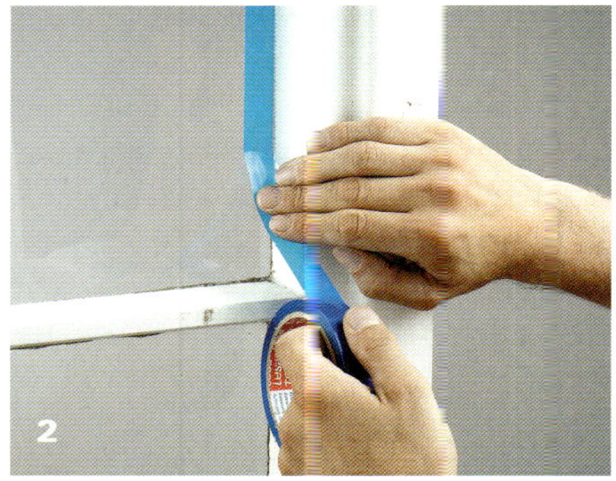


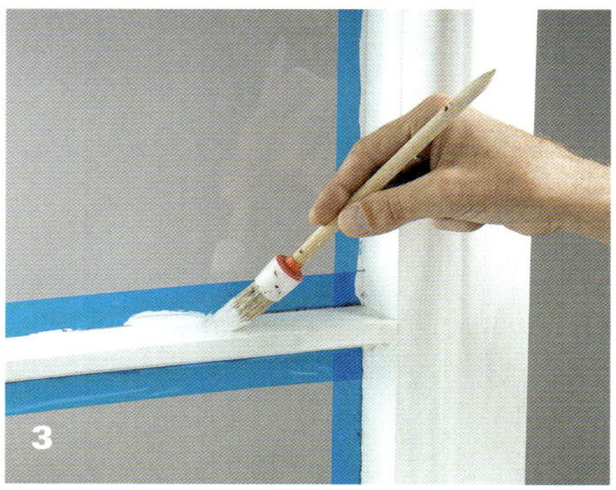


**1** Vor dem neuen Lackauftrag werden alle lackierten Holzteile sorgfältig angeschliffen. Darauf achten, dass das Glas keine Kratzer bekommt.

**2** Selbst für im Umgang mit dem Pinsel Geübte ist es oft einfacher, die Glasfelder abzukleben. Das ist zwar zeitaufwendig, erspart aber nachher das lästige Abkratzen der Farbe.

**3** Die neue Farbe wird mit einem Rundpinsel auf die Sprossen und den Rahmen des Fensters aufgetragen. Wenn sie angezogen hat, werden die Klebestreifen wieder entfernt. Nicht warten, bis die Farbe vollkommen durchgetrocknet ist, da sie an den Klebestreifen hängen bleiben und einreißen könnte.

## TIPP: GLATT LACKIEREN

Unebenheiten im Lackauftrag lassen sich vermeiden, indem der Pinsel immer nur zu einem Drittel in die Farbe eingetaucht und überschüssiges Material gut abgestreift wird. Unebenheiten auf einer frisch lackierten Fläche (Laufnasen, Tropfen, Wellen) können erst im abgetrockneten Zustand beseitigt werden: Mit feinkörnigem Schleifpapier (öfters erneuern) abschleifen und noch einmal sehr dünn überlackieren.

# KUNSTSTOFFFENSTER STREICHEN

Wenn reinigen nichts mehr bringt, kann man hässliche Kunststofffenster mit ein- oder zweikomponentigen Acryllacken auffrischen. Dazu sind nach sorgfältigem Anschleifen (180er bis 240er Körnung) und einer gründlichen Reinigung je ein Grundierungs-, Zwischen- und Schlussanstrich nötig.

### TIPP: LACKWAHL

Bei lösemittelhaltigen Lacken ist unbedingt für eine gute Durchlüftung zu sorgen. Wasserhaltige Lacke sind weniger gesundheitsschädlich, brauchen aber länger zum Durchtrocknen.
Diese Arbeiten deshalb am besten im Sommer bei stabilem Wetter machen, wenn die Luft sauber ist.

Nach der Reinigung werden das Glas und die offen liegenden Gummidichtungen sauber abgeklebt. Die Dichtungen können sonst durch die Lacke angegriffen und in der Folge spröde und brüchig werden. Die Klebebänder sind wieder zu entfernen, sobald der Lack abzubinden beginnt.

Nun erfolgt der Grundanstrich mit einem Kunststoffprimer (= Haftgrundierung). Nach dem Aushärten muss dieser angeschliffen werden, wieder mit 240er Schleifpapier. Schleifstaub sorgsam entfernen!

Nun folgen Zwischen- und Endanstrich mit dem Buntlack oder weißen Lack. Nach dem Trocknen des Zwischenanstrichs schleifen und den Schleifstaub sorgsam entfernen.

1

3

**Sie brauchen** für das Streichen von Kunststofffenstern:

- *Reinigungsmittel*
- *Abklebeband*
- *Schleifpapier*
- *Diverse Pinsel*
- *Spezialgrundierung*
- *Acryllack*

**1** Der Fensterrahmen wird mit warmem Wasser und wenig Spülmittel gründlich gereinigt. Wichtig ist, dass Flächen und Ecken vor dem Erstanstrich mit der Grundierung völlig trocken sind.

**2** Ecken und kleinere Flächen werden dünn mit einem Strichzieher behandelt. Für die größeren Flächen eignet sich ein Flachpinsel oder eine Lackrolle besser.

**3** Einige Stunden nach dem Grundieren ist die Oberfläche anzuschleifen und zu säubern. Anschließend werden Zwischen- und Endanstrich mit dem Lack aufgetragen. Sie erfolgen immer in Längsrichtung jedes der vier Rahmenteile. Den Zwischenanstrich auch anschleifen und säubern!

# FLIEGENGITTER AM FENSTER ANBRINGEN

**Sie brauchen** für das Anbringen eines Fliegengitters:

- *Zollstock*
- *Reinigungsmaterial für die Klebeflächen*
- *Klettband*
- *Haushaltsschere*
- *Cutter*

Fliegengitter schützen zuverlässig vor Insekten, ohne die Frischluftzufuhr zu unterbinden. Sie werden in Weiß, Braun und Anthrazit angeboten, wobei letzteres unauffälliger wirkt. Fliegengitter für Fenster bestehen, anders als für Türen, aus nur einem Gewebestück. Die einfachste und günstigste Variante sind Gewebestücke, die mittels Klettbändern am Außenrahmen des Fensters befestigt werden.

Zum Verkleben des Klettbands müssen die Untergründe sauber, trocken, tragfähig und fettfrei sein. Gut zum Reinigen eignen sich Spiritus und Fensterreiniger.

Eingeklebt wird das Klettband in den Innenfalz des Fensterrahmens jeweils bis in die Ecken, anschließend wird das zugeschnittene Tüllgewebe in das Klettband gedrückt. Das strapazierfähige Gittertüllgewebe kann zum Waschen (30 Grad Celsius) vorsichtig vom Klettband gelöst werden. Es ist mehrfach verwendbar.

Alternativ kann man heute auch maßgefertigte Spannrahmen aus lackierten Aluminiumprofilen bekommen, die einfach in die Fensterrahmen eingehängt werden, wobei je nach Rahmenart unterschiedliche Befestigungen erforderlich sind.

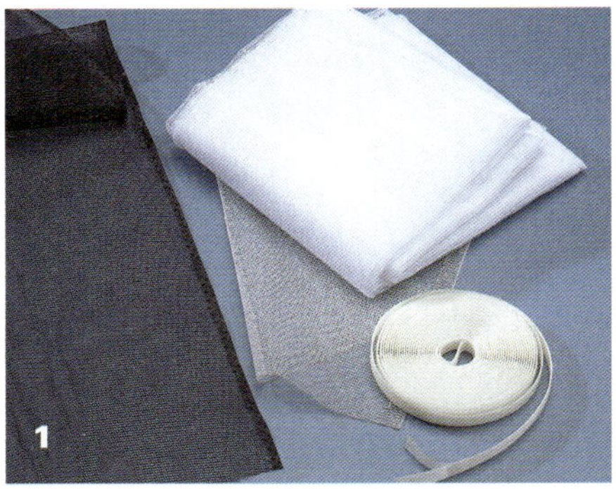

**1** Mehr wird nicht benötigt, um eine Fensteröffnung gegen Fliegen und andere lästige Fluginsekten zu schützen: Fliegengitter in verschiedenen Farben und Abmessungen sowie selbstklebendes Klettband.

**2** Nachdem das Fliegengitter faltenlos auf dem Klettband fixiert ist, werden die Überstände mit einem Cutter entfernt.

**3** Ein korrekt angebrachtes Fliegengitter wird weder die Funktion noch die Dichtigkeit eines Fensterflügels verschlechtern.

**TIPP: PASST IMMER**

Fliegengitter gibt es in verschiedenen Größen für Fenster (nach innen und außen öffnend), Dachflächenfenster, (Lamellen-)Türen und sogar für Kinderwagen.
Das selbstklebende Spezialklettband ist rückstandsfrei ablösbar von PVC-, Aluminium- und den meisten Holzrahmen.

# FÜHRUNGSSYSTEME FÜR GARDINEN UND VORHÄNGE

Gardinen, Vorhänge und Jalousien machen einen Raum ja sehr wohnlich, aber wie hängt man die am besten auf? Es gibt Hilfsmittel für fast jede Art der Aufhängung: Schienen, Stangen und Seilsysteme. Dazu beispielsweise Rollringe, Clips, Adapter, Faltenleg- und Bügelgleiter, um Gardinen geräuscharm zu verschieben, den Faltenwurf zu drapieren, aber auch, um ein einfaches Aufhängen zu ermöglichen.

## WARENKUNDE

U-Profilschienen wurden in den meisten Fällen in der Vergangenheit eingesetzt. Sie bestehen aus Kunststoff mit Holz- oder Metallverstärkungen und sind mit unterschiedlich vielen Laufrillen (1- bis 3-läufig) erhältlich. Produkte mit innen liegendem Schnurzug eignen sich besonders für Rundbogen- und Giebelfenster sowie für Dachschrägen. Die Schnur wird über Rollen umgelenkt, damit sie nicht klemmt. An die Schienen lassen sich seitlich Bögen oder auch runde und eckige Retouren ansetzen, die Gardine und Vorhang bis zur Wand führen.
Heute werden überwiegend Stangen- und Seilsysteme angeboten.
Vorhangstangen sind in den unterschiedlichsten Materialien, Stilarten und Oberflächen im Handel: Holz, Aluminium, Messing, Acryl, verchromt, vernickelt, mit glatter oder strukturierter Oberfläche. Runde Vorhangstangen sind oft optische Reproduktionen von Vorbildern vergangener Stilepochen. Sie lassen sich beliebig kürzen.

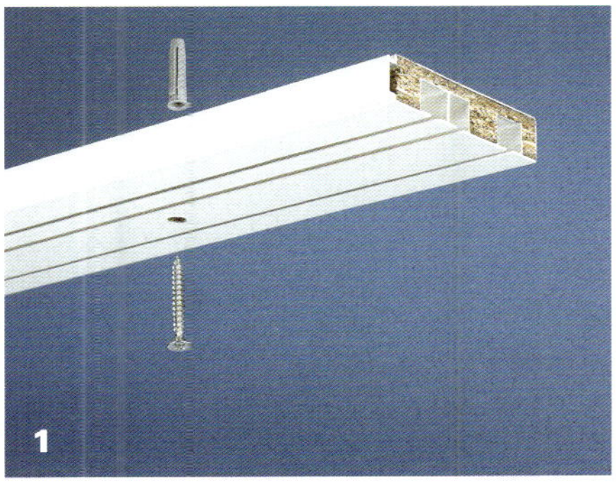

1 Der klassische Aufbau für die Aufputzbefestigung einer Vorhangschiene: Kunststoff-Universaldübel, Schiene und passende Schraube.

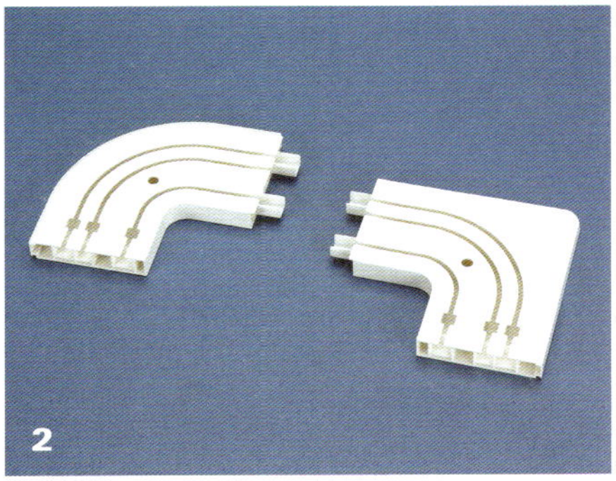

2 Eine runde und eine eckige Retoure, die Endstücke für Vorhangschienen. Die Anzahl der Laufrillen variiert zwischen eins und drei.

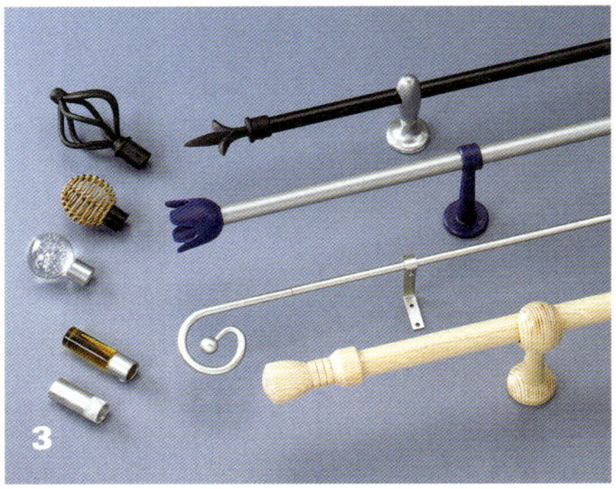

**3** Stilgarnituren aus Holz, Metall und Kombinationen mit Kunststoff. Vielfältig sind sowohl ihre Wandhalterungen als auch die aufsteckbaren Kopfteile.

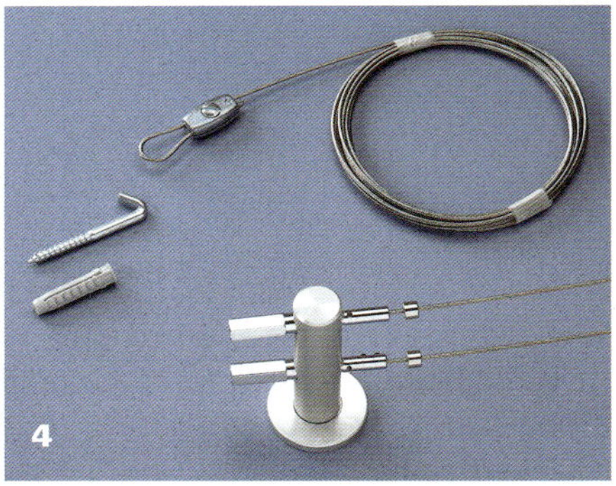

**4** Oben und links im Bild die Teile für ein Seilspannsystem der einfachsten Art: Drahtseil mit Seilkausche, Schraubhaken und Dübel. Darunter eine komfortable Variante: Ein an der Wand fixierter Träger als Spannvorrichtung.

**5** Die Trägerschiene von Vertikalstores erfüllt zahlreiche Funktionen: Sie lässt sich an der Decke oder einem Sturz montieren, trägt die Senkrechtlamellen und nimmt die Schnüre zum Bewegen der Lamellen auf.

**6** Holz, Metall und Kunststoff sind die Materialien für diese Gleiter, Röllchen und Gleitringe mit Clipsen.

Gardinensysteme werden in Komplettpackungen oder als Bausatz angeboten mit den dazu passenden Ringen, Haken und Trägern für die Wand und Deckenbefestigung.

Vertikalstores (auch Lamellenvorhänge) eignen sich aufgrund ihrer Variabilität neben der üblichen waagerechten Montage auch für Dachschrägen. Dann ist allerdings spezielles Zubehör erforderlich. Führungsschienen und Lamellen sind beliebig kürzbar.

## TIPP: ALTERNATIVEN

Für **SCHEIBENGARDINEN** – sie werden direkt am Fensterrahmen fixiert – sind verschiedene Spezialstangen (Vitrage-Stangen aus Metall, Caféhaus-Stangen aus Holz und Metall) erhältlich.

Für Vorhänge in Nischen (zum Beispiel in einem Bad) gibt es ausziehbare **TELESKOPSTANGEN** mit speziellen Wandhalterungen – oder sie werden mit Hilfe von Druckfedern und Gummipuffern in die Nische geklemmt.

# MONTAGE VON VORHANGSCHIENEN

Vorhangschienen lassen sich an der Decke oder an der Wand montieren.

In Schienen für die Aufputz-Deckenmontage sind die Löcher für das Verdübeln in der Decke bereits vorhanden. Nach dem Verschrauben werden sie mit farblich passenden Kappen abgedeckt.

Eine Deckenmontage im Putz ist zwar auch nachträglich möglich, wird aber wegen der erforderlichen Stemmarbeiten nur bei größeren Renovierungsvorhaben vorgenommen. Die Schienen liegen später mit der fertigen Decke auf einer Ebene.

Bei den hohen Räumen von Altbauten sind wandmontierte Vorhangschienen sinnvoll, weil eine Deckenmontage längere Stoffbahnen erfordert oder sich eine Deckenschiene mit Stuckdecken eher selten harmonisch in Einklang bringen lässt. Fixiert werden die Schienen mit Montagewinkeln oder in Buchsen gehaltenen Flacheisen.

1

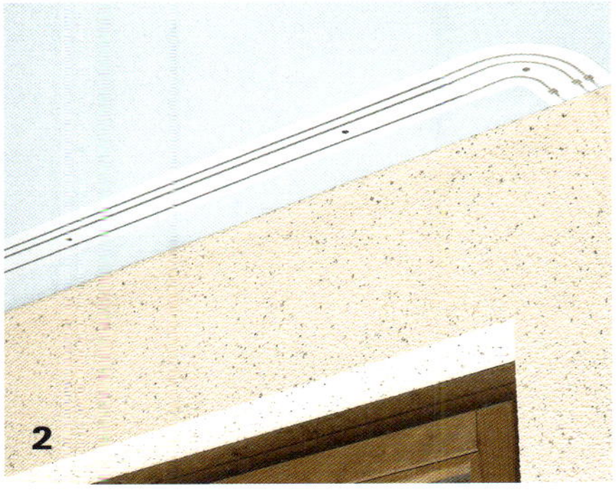

2

3

**1** Deckenmontage: Eine auf Putz montierte 3-läufige Vorhangschiene mit runder Retoure.

**2** Die gleiche Schiene im Putz.

**3** Wandmontage: Das Gardinenrohr wird in den wandmontierten Halter eingeschoben und von oben mit einer Madenschraube fixiert.

**Sie brauchen**
für die Montage von Vorhangschienen:

- *Zollstock*
- *Bohrmaschine mit diversen Bohrern*
- *Schraubendreher*
- *Akkuschrauber*
- *Dübel, Schrauben*
- *Bei hohen Räumen: Wandhalterungen*
- *Vorhangschiene*

### TIPP: MODERNE VORHANGSYSTEME

Die traditionellen Vorhangschienen mit vorgesetzten Blenden werden heute kaum noch verwendet. Auch Schabracken und Querbehänge finden sich meist nur noch bei älteren Fensterdekorationen.
Stattdessen sind vielfältige Seilspann-, Schienen- und Stangensysteme mit fantasievollen Endstücken bevorzugte Gestaltungselemente.

# AUSGERISSENE SCHIENE BEFESTIGEN

**Sie brauchen** für einfache Reparaturen:

- *Bohrmaschine mit diversen Bohrern*
- *Spezialdübel*
- *Schraubendreher*
- *Akkuschrauber*

Der wohl am häufigsten auftretende Schaden bei einer montierten Vorhangschiene dürfte das unterschätzte Gewicht der Vorhangstoffe sein, das eine Dübelverbindung überfordert.

Auch falsch gewählte Dübel beziehungsweise deren Dimension können Ursache für das genannte Problem sein. So eignet sich beispielsweise der weit verbreitete Kunststoff-Universaldübel eher für Beton als für Hohldecken oder Porenbeton. Aber auch für diese Einsatzgebiete gibt es Spezialdübel, die eine ausreichende Tragfähigkeit aufweisen.

**1** Der falsche Dübel für eine Hohldecke. Die Folge: Er kann das Gewicht nicht tragen und reißt aus.

**2** Die Bohrungen für die erforderlichen Kippdübel sollten nur so groß ausfallen, dass sich der Dübel gerade hindurchdrücken lässt.

**3** Die Montage mit Kippdübel: Zuerst den Dübel – wie hier gezeigt – in der Schiene vormontieren, Dübel in die Decke durchstecken und die Feingewindeschraube anziehen.

## TIPP: DÜBELKUNDE

Für nahezu jeden Befestigungszweck gibt es den richtigen Dübel (→ „Das Grundwissen“ ab Seite 59). Es ist deshalb empfehlenswert, sich im Baumarkt oder Fachhandel umfassend über das Sortiment zu informieren – insbesondere, wenn es gilt, spezielle Befestigungsprobleme zu lösen.

# JALOUSIEN, ROLLOS, ROLLLÄDEN

Jalousien und Rollos bieten Sicht- und Sonnenschutz. Rollläden außen übernehmen zusätzlich noch wärmedämmende sowie schallschützende Funktionen und tragen zur Sicherheit gegen Einbruchversuche bei.

## WARENKUNDE

Jalousien gibt es für die Innen- und Außenmontage, Rollos werden innen und Rollläden außen eingesetzt. Bewegt werden sie über Gurte, Seile und Stangen, Rollos auch direkt von Hand.

Jalousien sind mehr als bloßer Sicht- und Sonnenschutz. Als Innenjalousie dienen sie auch der Raumgestaltung. Außenjalousien haben den Vorteil, dass sie – bei starker Sonneneinstrahlung – die Wärme gar nicht erst in den Raum lassen. Durch Verstellen der Lamellen lässt sich der Lichteinfall stufenlos regeln. Ihr Nachteil liegt darin, dass sie schneller verschmutzen und schwierig zu reinigen sind. Jalousien sind in Aluminium-, Kunststoff- und Holzausführung mit unterschiedlichen Breiten, Farben und Mustern erhältlich. Kunststoffjalousien können sich, anders als Aluminiumprodukte, bei extremer Wärmeeinwirkung verformen. In der Regel lassen sich die Lamellen auf jede gewünschte Breite kürzen. Dazu sind die Maßangaben der Hersteller zu beachten.

Rollos gibt es für jeden Wohn- und Arbeitsbereich: Spring-, Raff- und Faltrollos, unifarben oder mit verschiedenen Dekoren und Dessins, mit und ohne Volant und in fast jedem gewünschten Maß. Sie sind aus Baum-

Jalousien aus drei verschiedenen Materialien (v. li. n. re.): Holz, eloxiertes Aluminium und Papier.

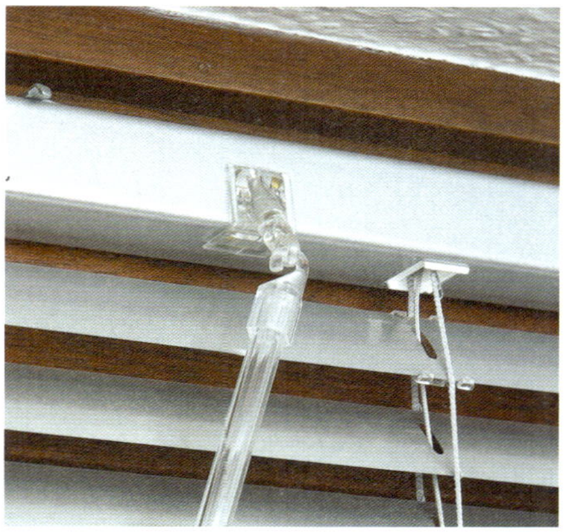

Der Acrylstab wird nur lose in die Lasche des Schneckengetriebes für die Lamellenverstellung eingehängt.

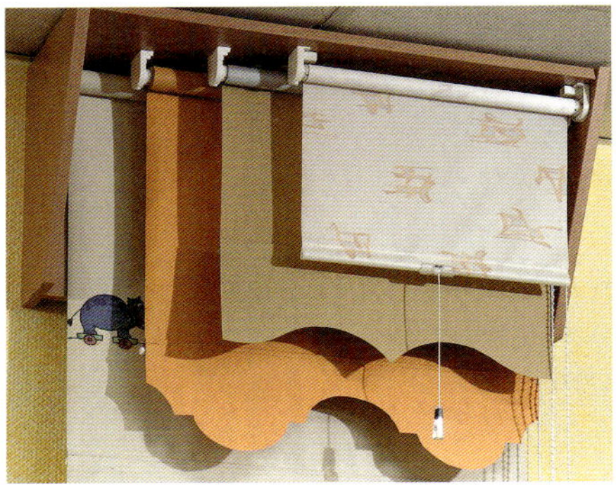

Dieses Bild zeigt ein Schnapprollo mit Dekor (vorn) sowie drei Rollos mit Seilzügen und unterschiedlichen Volants.

Das Bild zeigt v. li. n. re.: Raffrollos ohne und mit Volant sowie einen Vertikalstore.

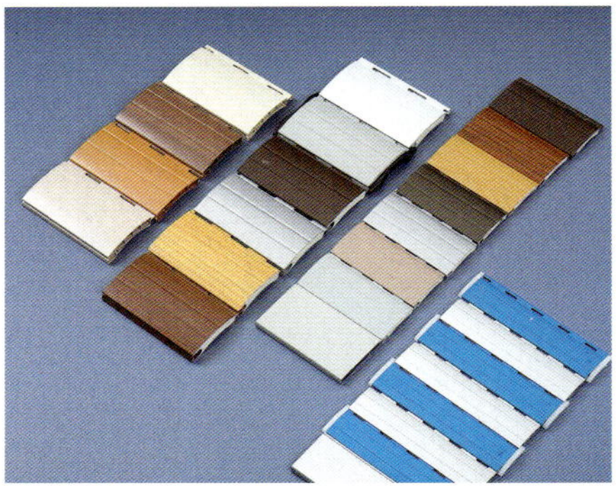

Einige der angebotenen Materialien und Farben für Rollläden (v. li. n. re.): Kunststoff, Stahl und Aluminium in verschiedenen Breiten (Metalle mit Dämmung).

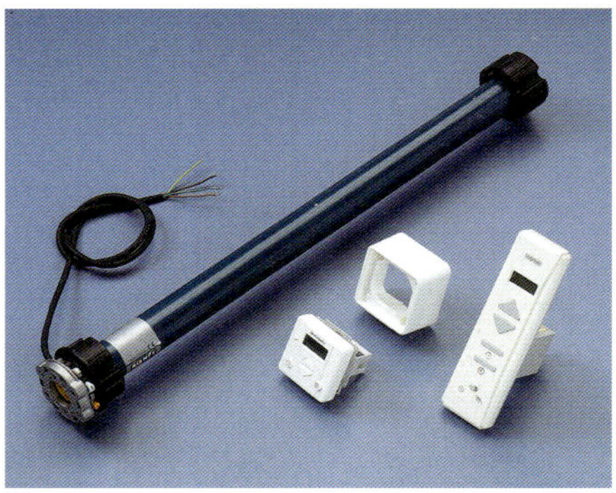

Rollladenantrieb, Steuerungsmodul mit Aufputzrahmen und eine Steuerung, die in den Gurtkasten integriert wird (v. li. n. re.).

wolle, Kunstfaser und Kunststoff sowie Bambus und Papier hergestellt.

Sogenannte Verdunkelungsrollos sind auf ihrer Rückseite so dicht beschichtet, dass kein Licht durchdringen kann. Thermorollos haben eine Aluminiumbeschichtung, die Strahlungswärme reflektiert.

Bei Vertikalstores (auch Lamellenvorhänge) verlaufen die Lamellen senkrecht. Es gibt sie als Fertigstores und als Bausätze zur Selbstmontage aus Baumwolle, Glasfaser und Kunststoff.

**Rollläden** übernehmen im Außenbereich die gleichen Aufgaben wie Jalousien und Rollos und erhöhen deutlich den Schutz gegen Einbruch. Die gebräuchlichsten Materialien für Rollläden sind Holz, Kunststoff, Aluminium und Stahl. Aluminium- und Stahlrollläden sind einbruchsicherer als andere Läden. Mit überlappenden Profilquerschnitten und Sicherheitseinlage können sie sogar beschusshemmend sein. Profile mit Mini-Ballendurchmesser eignen sich speziell, wenn für den Jalousiekasten wenig Platz zur Verfügung steht. Standard-Hohlkammerprofile sind mit Haken verbunden, die in die Unterkammer des darüber liegenden Profilstabs greifen. Rollladensicherungen gegen Hochschieben von außen lassen sich auch noch nachträglich montieren

### TIPP: LÄRMSCHUTZ

Die Hohlkammern von schall- und wärmedämmenden Rollladen-Profilen sind meist mit Polyurethan-Isolierschaum ausgefüllt. Mit dieser Schaumeinlage laufen die Rollläden deutlich leiser.

# MONTAGE VON JALOUSIEN UND ROLLOS

Für Innenjalousien gibt es drei Montagemöglichkeiten: auf dem Mauerwerk, am Fenstersturz und auf dem Fensterflügel. In jedem Fall werden zunächst die Positionen der Montagebohrungen (entfallen bei Holzfenstern) ermittelt und markiert.

Bei der Montage auf Mauerwerk oder Fenstersturz ist – je nach Größe des Bohrers – ausreichend Abstand zur Fensterlaibung zu halten, damit die Kanten nicht wegbrechen!

Nachdem die erste Halterung verdübelt ist, wird mit Hilfe einer Wasserwaage die exakte Position der zweiten ermittelt und auch sie montiert. Durch die Verwendung der Wasserwaage ist auf jeden Fall gewährleistet, dass die Jalousie waagerecht hängt, auch wenn der Fenstersturz nicht gerade sein sollte. Nach dem Einhängen des Jalousiekastens in die Halterungen werden diese geschlossen.

Die Montage auf Holzfenstern ist einfacher: Die Halterungen werden ohne Vorbohren direkt auf dem Flügelrahmen verschraubt. Zur Befestigung von Jalousien aus Aluminium an Kunststoff- oder Aluminiumfenstern gibt es spezielle Klemmträger. Eine zusätzliche Seitenverspannung fixiert Jalousien an schrägen, abgewinkelten oder beweglichen Fenstern und Türen.

Rollos werden – wie Jalousien – an der Decke, an der Wand oder am Fensterflügel befestigt. Auch die Montage ähnelt der der Jalousien: Halterungen beziehungsweise Träger montieren, Rollo einhängen, zur Hälfte herunterziehen und von Hand aufrollen.

Komfortabler arbeiten Rollos, die mit einem Schnur- oder Kettensystem ausgerüstet sind. Sie lassen sich besser handhaben und präziser justieren.

### TIPP: HOLZRAHMEN

In Mietwohnungen muss sichergestellt sein, dass eventuelle Beschädigungen der Holzfenster nach dem Auszug wieder fachgerecht beseitigt werden, da sonst der Vermieter Schadenersatz fordern kann. Vom Anbohren von Kunststoff- oder Aluminiumfenstern ist wegen möglicher Schadenersatzansprüche ganz abzuraten.

**Sie brauchen** für die Montage von Jalousien und Rollos:

- *Zollstock, Bleistift*
- *Bohrmaschine mit diversen Bohrern*
- *Schraubendreher*
- *Akkuschrauber*
- *Wasserwaage*

**1** Die Alternative zur üblichen Wandmontage einer Jalousie ist das Befestigen an einem Fensterflügel. Das Fenster lässt sich so auch bei herabgelassener Jalousie öffnen.

**2** Die Halterungen sind so konstruiert, dass der Jalousienkasten nach dem Einhängen fixiert wird, sobald sie geschlossen werden.

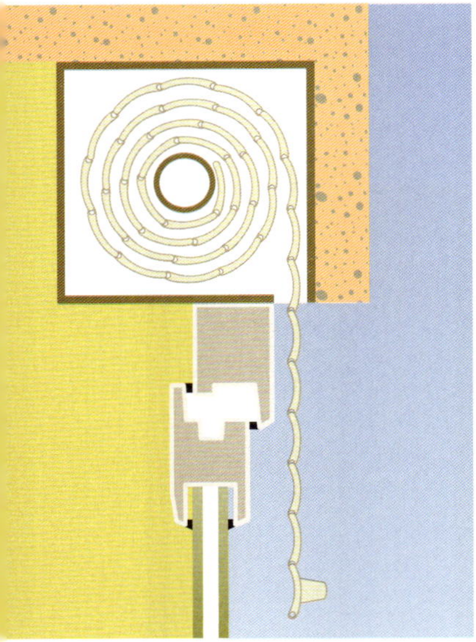

Dieser Aufsatzrollladen ist in einen speziell ausgeführten Fenstersturz (Rollladensturz) integriert und von außen praktisch unsichtbar.

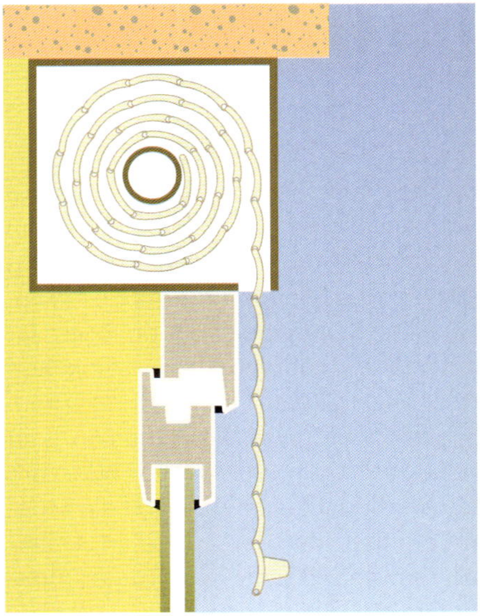

Der gleiche Rollladen als Aufbau über dem Fensterrahmen, nachträglich eingebaut unter einem normalen Fenstersturz, mit vorgesetzter Blende. In beiden Fällen muss der Rollladenkasten wärmegedämmt sein.

Der außen liegende Vorbau-Rollladenkasten benötigt keine Wärmedämmung. Er wird häufig als Nachrüstelement eingebaut. Die Rückseite der Lamellen liegt hier außen, was optisch nicht immer gefällt.

### TIPP: ROLLLADEN

Mit dem Einbau eines kompletten Rollladens können selbst versierte Heimwerker überfordert sein. Das Zusammenspiel von Rollladen, Wickeltechnik und Führungsschienen muss perfekt funktionieren. Wir empfehlen deshalb, die Montage besser einem Fachmann zu überlassen.

Beim Maßnehmen ist zu berücksichtigen, wo das Rollo hängen soll. Schließt das Fenster bündig mit der Wand ab, kann das Rollo entweder am Rahmen oder an der Wand montiert werden. Bei Fenstern, die in einer Nische liegen, lässt sich das Rollo entweder in der Laibung oder außerhalb auf der Wand befestigen.

Vertikalstores laufen in Schienen, die in der Regel mit der Decke verdübelt werden. Die Lamellen lassen sich um 180 Grad wenden. Für die Montage sind mindestens 16 Zentimeter Bewegungsfreiheit zum Fenster zu berücksichtigen.

# ROLLLADENGURT ERNEUERN

Zur Bestimmung der Gurtlänge sollte ein Helfer mit Maßband oder Zollstock zur Verfügung stehen. Zunächst den Rollladen ganz hochziehen und den Gurt mit der Hand unter Spannung halten. Zur Längenbestimmung wird das untere Gurtende ganz von der Wickelrolle (Gurtwickler) herausgezogen: Beide Enden werden von einer Person festgehalten, während der Helfer die Länge misst. Da man auf diese Weise die Enden des Gurtes nicht ganz erreicht, sollte der neue Gurt etwa ein Meter länger bemessen werden. Jetzt kann der herausgezogene Gurt auf dem Gurtwickler zurückspulen.

Der neue Gurt sollte dann für die weiteren Schritte bereit liegen. Für seine Befestigung auf der Wickelrolle müssen Sie am dafür bestimmten Ende ein kleines Loch vorstechen.

Nachdem der neue Gurt eingesetzt ist (siehe Abbildungen), sollten Sie – bevor der Rollladenkasten wieder verschlossen wird – einen Probelauf durchführen: Liegt der Gurt straff auf der Rolle und ist nichts verdreht? Wenn auch bei mehrmaliger Betätigung nichts klemmt, kann der Kasten verschlossen werden.

Zum Schluss noch überprüfen, dass er an allen Seiten dicht schließt und fest verriegelt ist, sodass keine Zugluft durchkommen kann.

**1** Öffnen Sie den Rollladenkasten. Zum Austausch des Gurtes muss der Rollladen hochgezogen und in dieser Stellung gegen unbeabsichtigtes Herabrollen gesichert sein, zum Beispiel durch eine Schraubzwinge auf der Rollladenwalze.

**2** Jetzt kann man den alten Gurt abschneiden. Dabei mit einem Knoten am unteren Ende verhindern, dass er durch den Klemmschlitz der Wickelrolle hineingezogen wird. Im Rollladenkasten muss dann das alte Gurtende von der Gurtscheibe genommen werden. Ein Einschnitt oder ein entsprechendes Loch muss jetzt am freien Ende des neuen Gurtes angebracht werden. Dieser wird dann von unten durch den Schlitz im Rollladenkasten gefädelt und bis an die Walze neben der Gurtscheibe geführt. Jetzt den Gurt von vorne nach hinten über die Walze führen und mit einer zusätzlichen Umschlingung auf den Haken der Gurtscheibe hängen, damit er später fest anliegt und auch bei hochgezogenem Rollladen nicht abspringen kann.

**Sie brauchen** für den Gurtwechsel:

- *Schraubendreher*
- *Schraubzwinge*
- *Cutter und evtl. Dorn bzw. Lochzange*
- *Neuen Gurt*
- *Kleinen (Holz-)Keil für die Wickelrolle*

1

2

3 Jetzt kann man die Schraubzwinge lösen und den Rollladen am neuen Gurt ganz herunterlassen. Dann wird die Wickelrolle aus dem Wandfach genommen und der alte Gurt so weit wie möglich herausgezogen.

## TIPP: ROLLE SICHERN

Beim Lösen des gerissenen Gurtes von der Wickelrolle ist Vorsicht geboten. In der Trommel befindet sich eine sehr starke Feder, die die Rolle schlagartig zurückdrehen kann. Mit einem Keil, der zwischen Rolle und Halterung geklemmt wird, lässt sich die Gefahr weitgehend ausschließen.

4 Die Aufwickelrolle muss mit einer Hand unter Spannung gehalten werden, während mit der anderen die Befestigungsschraube für den Gurt auf der Rolle gelöst wird.
Nach Entfernen des alten Gurtendes kann der neue durch den Klemmschlitz geführt und auf der Rolle festgeschraubt werden.
Den neuen Gurt jetzt langsam von der Rolle aufspulen lassen, dann kann die Wickelrolle samt Abdeckblende wieder eingesetzt und befestigt werden.

# JALOUSIEN-ZUGSEIL ERNEUERN

Wenn Zugschnüre von Jalousien durchscheuern oder reißen, muss eine neue Schnur eingezogen werden. Eine komplette Demontage der Jalousie ist dazu meist nicht erforderlich. Zum Ausbauen der alten Schnur wird die Jalousie ganz herabgelassen. Ein in die gezahnte Arretiervorrichtung in der Kopfschiene gestecktes Stück Pappe verhindert, dass die Schnur festklemmen kann. Dann werden die beiden Knoten an der unteren Schiene gelöst und beide Schnurenden herausgezogen. Wie dabei der Einbau der neuen Schnur erfolgt (samt Einfädeln in jede Lamelle), beschreiben die folgenden Bildlegenden:

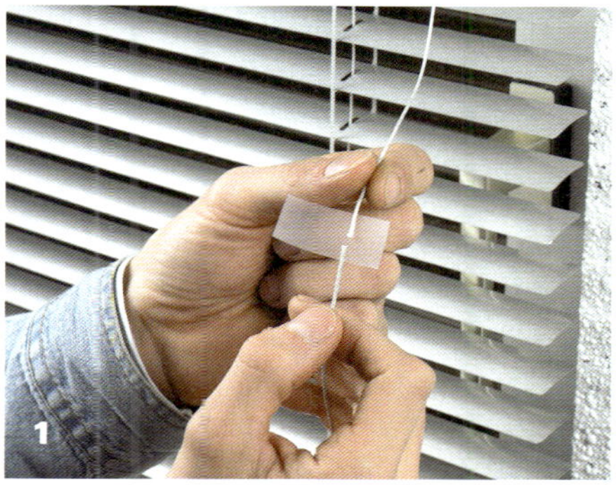

**1** Das sauber abgeschnittene Ende der alten Schnur wird mit einem Klebestreifen (möglichst eng gerollt) mit der neuen Schnur verbunden. Eine geflämmte Verbindung (Verschmelzen mit einer Flamme) wird meist zu dick für die Löcher in den Lamellen.

**2** Die neue Schnur wird nun durch jede Lamelle und über die Umlenkung oben gezogen. Auf beiden Seiten sollten die Enden unten so weit…

**3** …herausstehen, dass die Hütchen zu fixieren sind. Dazu werden sie eingefädelt und durch einen (oder mehrere) Knoten in der Schnur am Herausrutschen gehindert. Das überstehende Schnurende wird dann einfach abgeschnitten.

**TIPP: AUSRICHTEN**

Beim Straffziehen der neuen Zugschnüre ist darauf zu achten, dass die unterste Lamelle waagerecht hängt, bevor die Schnurschlaufen durch den Schnurausgleicher gezogen werden.

**Sie brauchen** für die Zugseil-Reparatur:

- *Stück Pappe*
- *Klebestreifen*
- *Neues Zugseil*

# EINBRUCHSCHUTZ

Durchschnittlich alle zwei Minuten schlagen in Deutschland Einbrecher zu. Der Schaden ist immens: Jährlich rund 600 Millionen Euro, so die Versicherungswirtschaft. Den meisten Menschen ist die Gefahr nicht wirklich bewusst, gaben 60 Prozent der Teilnehmer einer Befragung doch an, keine speziellen Sicherungen an Fenstern und Türen zu haben.

In Etagenwohnungen kommen Einbrecher meist durch die Eingangstür, in Einfamilien- und Reihenhäusern eher durch die erfahrungsgemäß kaum gesicherte Terrassentür, die sich zudem an der von Blicken geschützten Rückseite des Hauses befindet.

Aufhebeln ist nach polizeilichen Erkenntnissen die bei Einbrechern beliebteste Vorgehensweise. Übliche Fenster und Türen lassen sich mit einfachen Hebelwerkzeugen (stabiler Schraubendreher oder kleines Brecheisen) überwinden. Fachleute der Versicherungswirtschaft schätzen, dass in rund 90 Prozent aller deutschen Haushalte Türen und Fenster nachgerüstet werden müssten, um eine hinreichende mechanische Sicherung zu erzielen. Diese Sicherungen müssen stets die Basis des Schutzes gegen Einbruch sein, denn sie bilden die Außenhautsicherung, die davor schützen soll, dass ein Einbrecher überhaupt in die Räume eindringen kann. Innenraumsicherungen wie Bewegungsmelder sprechen hingegen erst dann an, wenn sich der Einbrecher schon im Raum befindet, und man kann sich leicht ausmalen, wie schnell es zu üblen, gewaltsamen Folgen kommen kann, wenn man einem überraschten Einbrecher gegenüber steht.

Wer also mit dem Gedanken spielt, einzelne elektronische Sicherungen oder eine komplette Alarmanlage zu installieren, muss wissen, dass die Elektronik stabile Schlösser und andere mechanische Sicherungen nicht ersetzen, sondern nur ergänzen kann. Beachten Sie dazu auch den Beitrag „Leicht zu knacken“ über Türsicherungen in test 7/2009.

Wie der Name schon sagt, kann eine Alarmanlage die Öffentlichkeit und/oder einen Wach- und Sicherheitsdienst alarmieren, in der Hoffnung, dass jemand schnell genug eingreift und die Fortsetzung des Einbruchs verhindert oder die Täter die Nerven verlieren und ihr Vorhaben dann aufgeben.

Einbrecher werden jedoch immer dreister, und welcher Passant riskiert es um eines („fremden“) Einbruchs willen, angegriffen und verletzt zu werden? Bis die Polizei eintrifft, vergehen Minuten, in denen die Einbrecher Wertvolles zusammengerafft haben und verschwunden sind.

Muss die Polizei gar mehrmals ausrücken, weil der Alarm durch eine Fehlfunktion der Anlage ausgelöst wurde, so ist mindestens im Wiederholungsfall eine Rechnung der Behörde zu erwarten; ganz abgesehen vom Effekt der Abstumpfung, der dadurch bei den Nachbarn entsteht.

Bei jeglicher Planung von Einbruchsicherungen sollte man nach Möglichkeit die Erfahrungen neutraler Fachleute bei der Polizei, bei den Verbraucherzentralen oder den Sachversicherern nutzen, ob durch schriftliche Informationen oder ein Gespräch in deren öffentlichen Beratungsstellen.

# GUTEN RAT IN SACHEN SICHERHEIT GIBT'S KOSTENLOS

Erste Anlaufstelle für Ratsuchende, die ihr Haus oder ihre Wohnung besser gegen Einbruch schützen wollen, sind die kriminalpolizeilichen Beratungsstellen, die es in jeder größeren Stadt gibt. Auskunft über die nächstgelegene Beratungsstelle erteilt jede Polizeidienststelle. Die Fachleute von der Kripo stehen dort meistens kostenlos mit gutem Rat zur Verfügung. In den Beratungsstellen finden sich beispielhaft Ausstellungsstücke, die den fachgerechten Schutz von Türen und Fenstern demonstrieren. Darüber hinaus werden Info-Broschüren sowie Listen mit empfehlenswerten Produkten für den Neubau und die Nachrüstung verteilt. Das Angebot, Häuser und Wohnungen auch vor Ort zu inspizieren und Empfehlungen zur Absicherung vorhandener Schwachstellen zu geben, lassen sich die Beratungsstellen inzwischen aber honorieren.

Versicherer sind naturgemäß bemüht, Schadenfälle durch Einbruchdiebstahl zu verringern. Sie stellen über ihre Agenturen Informationsmaterial zur Verfügung und lassen in verbandseigenen Laboratorien Prüfungen von Produkten der Sicherheitstechnik durchführen.

Diese Aufgabe nimmt der ehemalige Verband der Schadenversicherer (VdS) – jetzt VdS Schadenverhütung – wahr. Produkte, die VdS-anerkannt sind (zu erkennen am VdS-Logo), bieten die Gewähr, dass sie zuverlässigen Schutz bieten.

In den meisten größeren Städten gibt es Beratungsstellen der Kriminalpolizei, die man kostenlos in Anspruch nehmen kann (→ www.polizei.propk.de).

# SCHWACHSTELLENANALYSE

Wohnungen in Mehrfamilienhäusern sind umso stärker von Einbruch bedroht, je größer die Wohnanlage ist. Dabei bevorzugen Einbrecher wenig frequentierte Bereiche wie die Enden langer Flure und vor allem einzelne Eingangstüren im obersten Stockwerk, wo sie relativ ungestört „arbeiten" können.

Wie stabil eine Wohnungstür ist, sieht man ihr auf Anhieb kaum an. Vielfach findet man Leichtbautüren, die zwischen zwei furnierten Deckschichten lediglich eine Pappwabe als Kern aufweisen. Solche Türen widerstehen einem kräftigen Schulterstoß oder einem Fußtritt kaum. Ein einfacher Test liefert eine ungefähre Einschätzung, wie solide eine Wohnungseingangstür ist: Ausgehängt und auf eine Personenwaage gestellt, sollte sie mindestens 25 kg wiegen. „Leichtge-

Sicherheitsprodukte, die das VdS-Logo aufweisen, sind von Fachleuten nach internationalen Standards geprüft worden.

wichte", die darunter liegen, gelten als unsicher.

Ein solides Türblatt ist die Voraussetzung für jede weitere Ausstattung mit einbruchhemmenden Schlössern und Beschlägen. Man kann ein Pappwabentürblatt gegen ein stabileres austauschen lassen, wenn der Vermieter dem zustimmt, beispielsweise durch eine Röhrenspantür. Eine andere Lösung ist, ein zirka 0,5 Millimeter starkes Blech auf der Innenseite der Tür anzubringen. Diese Arbeit sollte einem Fachmann überlassen werden, denn das Blech benötigt mehrere maßgenaue Aussparungen für das Schloss, den Türspion und für eventuelle Zusatzschlösser, auch Nachrüstsicherungen genannt.

Das nächste Augenmerk gilt dem Türrahmen. Falle und Riegel des Schlosses müssen in ein Sicherheitsschließblech greifen – zirka 3 Millimeter dick und an mindestens zwei Stellen mit Dübeln tief im Mauerwerk verankert.

Das Einsteckschloss muss für Wohnungseingangs- beziehungsweise Haustüren geeignet sein, über eine Schlossfalle mit Wechsel und Riegel verfügen und zur Aufnahme eines Profilzylinders vorbereitet sein (Pz-Lochung). Ein stabiles, von innen verschraubtes Türschild schützt den Schließzylinder gegen äußere Gewaltanwendung wie Abbrechen, Herausziehen oder Aufbohren. Schutzbeschlag und Schließzylinder müssen aufeinander abgestimmt sein.

Aus diesem Grund darf der Schließzylinder nie mehr als zwei Millimeter aus dem Schutzbeschlag herausragen. Zieh- und Bohrschutz können im Schließzylinder vorhanden sein, aber auch in einem Schutzbeschlag, der den Zylinder abdeckt. Bei der Neuanschaffung eines Schutzbeschlags lohnt es sich, eine etwas teurere Version mit Zieh- und Bohrschutz zu wählen. Dafür kann beim Schließzylinder etwas Geld gespart werden. Weiterer Vorteil: Sein Austausch wird billiger, wenn er einmal gewechselt werden soll. Ein brauchbarer Schließzylinder für eine Eingangstür sollte über mindestens sechs Zuhaltungen und vom Hersteller zugesicherte 30 000 Schließkombinationen verfügen.

Die bei den meisten Neubautüren vorhandenen Einbohrbänder (Scharniere) sind nicht fest genug in Türblatt und Zarge verankert, sie bieten deshalb wenig Widerstand gegen Aufhebeln. Mit zusätzlichen aufschraubbaren Bändersicherungen oder mit Hintergreifhaken – Zapfen im Türfalz, die bei geschlossener Tür in entsprechende Bohrungen in der Zarge eingreifen – kann auch diese Schwachstelle beseitigt werden.

Ein Querriegelschloss kann das Türblatt zusätzlich stabilisieren, es schützt sowohl die Schloss- als auch die Bandseite gegen Aufhebeln.

Im Erdgeschoss und Souterrain müssen auch die Fenster, Terrassentüren, Kellerfenster, Nebeneingänge und Garagentore beziehungsweise die Zugangstür ins Haus gesichert werden. Auch für diese Zwecke werden entsprechende Nachrüstsicherungen angeboten. Ähnlich wie die Türen müssen auch die Fenster an der Verriegelungs- und Bänderseite stabilisiert werden. Neuere Zusatzsicherungen haben hakenförmige Riegel oder Riegel mit Nuten, die sich im Schlosskasten verkrallen, wenn das Fenster auch nur einen Spalt breit geöffnet ist, und so den Einbrecher am Einstieg hindern.

Optimale Sicherheit bieten einbruchhemmende Tür- und Fensterele-

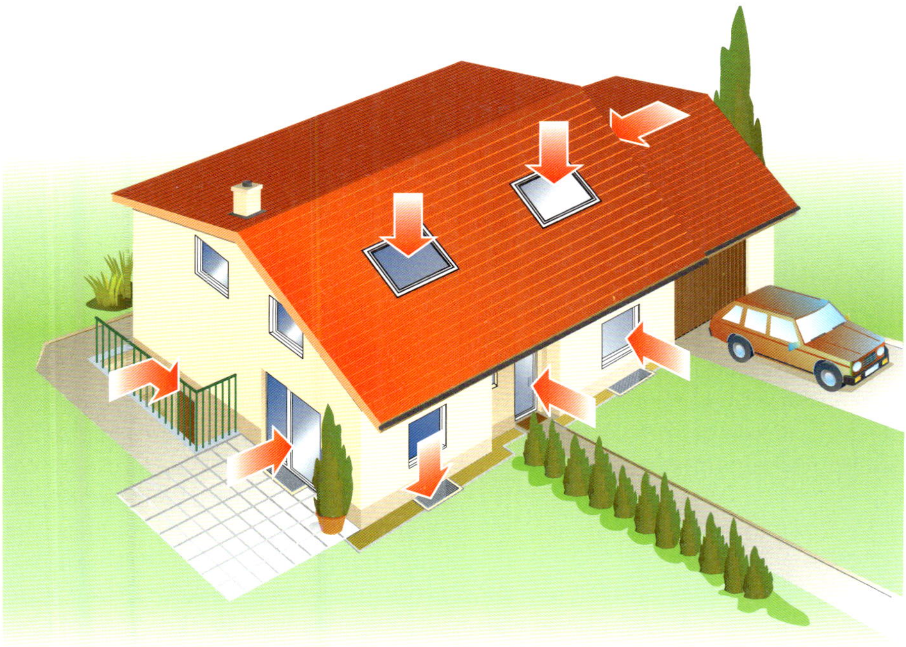

Alle typischen Schwachpunkte eines Hauses müssen auf Einbruchsicherheit überprüft werden.

mente, bei denen Türblatt und Zarge, beziehungsweise Fensterrahmen und -flügel samt der Verglasung, der Beschläge, der Schlösser und spezieller Maueranker für den Einbau aufeinander abgestimmt sind. Nach der europäischen Norm DIN V ENV 1627 gibt es für Türen und Fenster sowie alle verwendeten Bauteile sechs Widerstandsklassen mit den Bezeichnungen WK 1 bis 6 (nach älteren Normen ET/EF 0 bis 3). Ab der Klasse WK 2 kann von einer Einbruchhemmung gesprochen werden. Für normale Wohnungen, in denen keine außergewöhnlichen Wertgegenstände aufbewahrt werden, reicht die Widerstandsklasse WK 3 aus. Entsprechende Widerstandsklassen gibt es für einbruchhemmende Verglasungen nach DIN EN 356, wenn sie durchwurf- oder (stabiler) durchbruchhemmend sind.

# TÜRSPION EINBAUEN

**Sie brauchen** für das Einbauen eines Türspions:

- *Zollstock*
- *Bohrmaschine*
- *Forstnerbohrer*
- *Türspion*

Sicher ist es gut zu wissen, wer sich hinter der Haus- oder Wohnungstür verbirgt, wenn es geklingelt hat. Hier helfen Türsprechanlagen, Videoüberwachungsanlagen oder auch ein einfacher Türspion. Der Einbau eines Türspions ist bei üblichen Wohnungseingangstüren kein großes Problem. Die erforderliche Bohrung hat gerade mal 25 Millimeter Durchmesser. Mieter benötigen allerdings die Zustimmung des Hauseigentümers.

## MIT DEM FORSTNERBOHRER ARBEITEN

Übliche Spiralbohrer für Holz werden meist nur bis 10 oder 12 Millimeter Durchmesser angeboten. Für größere Löcher benutzt man sogenannte Forstnerbohrer, die ein kreisrundes Loch herstellen, ohne dass die Holzfasern an den Rändern ausreißen.

In Augenhöhe markiert man die Position des Türspions. Dann wird der Bohrer angesetzt und die Bohrmaschine oder der Akkubohrschrauber bei mittlerer Drehzahl eingeschaltet.

Da die meisten Wohnungsabschlusstüren nicht aus Massivholz, sondern aus zwei äußeren Sperrholzlagen mit einem Kern aus Pappe bestehen, rutscht der Bohrer durch, sobald er die erste Sperrholzlage durchtrennt hat. Man richtet ihn erneut aus und bohrt die zweite Schale an und von der anderen Seite fertig.

Anschließend wird der äußere Teil des Türspions eingeschoben und festgehalten, während man den inneren Teil einsteckt und verschraubt.

**1** Mit Hilfe eines Zollstocks oder Bandmaßes markiert man den Bohrlochmittelpunkt genau auf der Mitte der Tür.

**2** Die erforderliche Bohrung im Durchmesser des Türspions wird mit einem Forstnerbohrer eingebracht.

**3** Die Weitwinkeloptik mit der Rosette kommt nach außen. Die beiden Teile werden ineinander geschraubt. Dabei passt sich der Türspion der jeweiligen Türblattdicke an.

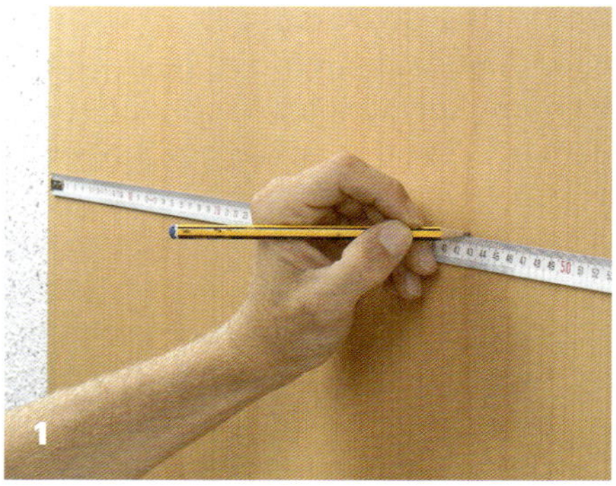

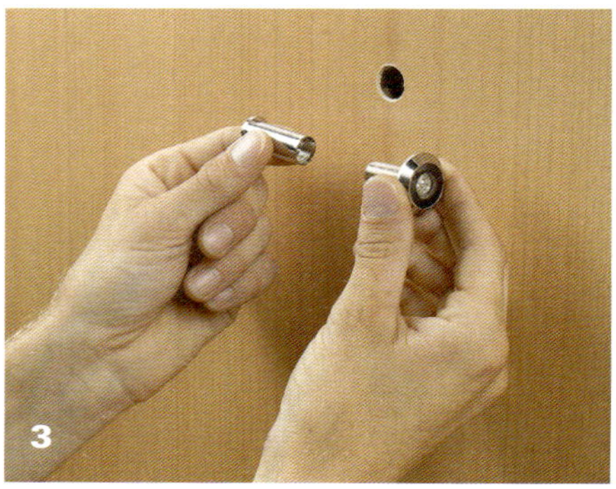


**TIPP: GERADE BOHREN**

Um eine bessere Führung für den Forstnerbohrer zu erreichen, sollte das Türblatt mit einem dünneren Bohrer vorher komplett durchgebohrt werden.

# SICHERHEITSBESCHLAG MONTIEREN

Eine Kette ist immer nur so stark wie ihr schwächstes Glied. Bei einer Haustür oder Wohnungsabschlusstür nutzt ein guter Schließzylinder wenig, wenn er mit einem Türschild kombiniert ist, der sich von außen abschrauben lässt oder den Zylinder nicht gegen Abdrehen oder Herausziehen schützt.

Zu einem Qualitätsschließzylinder gehört ein von innen verschraubter stabiler Beschlag. Noch besseren Schutz bieten Türschilde mit Abdeckungen, die das Herausziehen oder Ausbohren des Schließzylinders verhindern. Bei der Montage von Schutzbeschlägen ohne Zylinderabdeckung ist darauf zu achten, dass der Profilzylinder bündig abschließt beziehungsweise maximal zwei Millimeter heraussteht. Er muss dann seinerseits über Zieh- und Bohrschutz verfügen.

Dort, wo sich kein Sicherheitsbeschlag montieren lässt, kann man mit einer Sicherheitsrosette zumindest den Schließzylinder vor Abdrehen und Herausziehen schützen.

## NACH SCHABLONE BOHREN

Für die Montage des Sicherheitsschutzbeschlags löst man zunächst den alten Beschlag auf der Innenseite und stülpt die Montageschablone über Zylinder und Dorn. Nach dem Markieren und Bohren auf beiden Seiten kann die Restmontage des Beschlags erledigt werden. Auch die Schutzbeschläge (Türschilde) sind in Widerstandsklassen eingeteilt:

ES0 = Gering einbruchhemmend
ES1 = Einbruchhemmend
ES2 = Stark einbruchhemmend
ES3 = Extrem einbruchhemmend

Durch die Montage eines Schutzbeschlags allein wird aus einer üblichen Tür noch keine einbruchhemmende Tür. Hierzu sind weitere stabilisierende Ergänzungen notwendig, wie in den folgenden Kapiteln beschrieben.

**Sie brauchen** für das Montieren eines Sicherheitsbeschlags:

- *Bohrmaschine*
- *Akkuschrauber oder Schraubendreher*
- *Zollstock*
- *Bohrschablone*
- *Sicherheitsbeschlag*

1

**1** Eine Einladung für Einbrecher: Der Türbeschlag lässt sich abschrauben. Außerdem steht der Zylinder deutlich mehr als das Mindestmaß heraus. Er ließe sich mit einer Zange packen und abbrechen bzw. herausziehen.

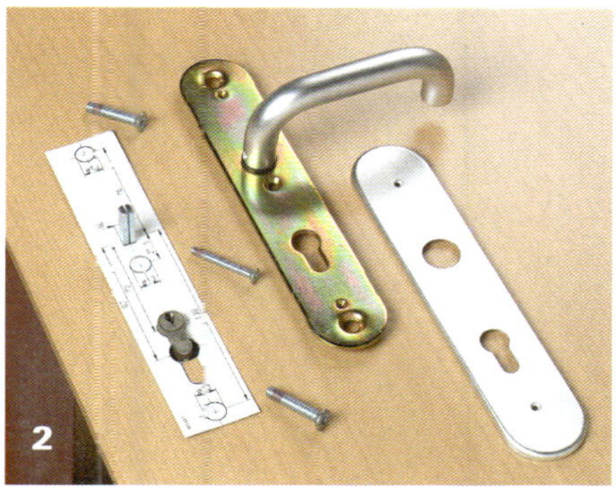

2

**2** Die Bohrlochmittelpunkte für die Befestigungsschrauben des Sicherheitsbeschlags werden mit Hilfe der Schablone innen und außen markiert. Dann bohrt man von beiden Seiten jeweils bis zur Mitte des Türblatts.

3

**3** Der äußere Teil des Beschlags wird in die Bohrungen gesteckt. Dann dreht man die Befestigungsschrauben von innen in die Muffen ein. Ein so befestigter Türschild ist von außen nicht mehr zu lösen.

# SICHERHEITSSCHLIESSBLECH MONTIEREN

**Sie brauchen** für das Montieren von Sicherheitsschließblechen:

- *Hammer*
- *Schraubendreher*
- *Beitel/Stemmeisen*
- *Reißnadel*
- *Sicherheitsschließblech*

Als Schließblech wird das an der Türzarge befestigte Metallstück bezeichnet, das als Gegenstück zum Schloss zwei Aussparungen für Riegel und Falle enthält.

Vor allem bei älteren Wohnungseingangstüren bestehen die Schließbleche oft nur aus dünnem Blech und sind mit kleinen Holzschrauben lediglich in der Zarge befestigt. Ein kräftiger Schulterstoß oder Tritt reicht aus, um das ganze Schließblech herauszureißen. So wie zum guten Schließzylinder ein Sicherheitsbeschlag gehört, wird das Schloss der Tür durch ein widerstandsfähiges Sicherheitsschließblech komplettiert. Am besten eignen sich Produkte, die aus drei Millimeter dickem Stahl bestehen und an ihrer Längskante drei Bohrungen für schräg ins Mauerwerk reichende Dübelverankerungen aufweisen.

**TIPP: EINPASSEN**

Beim Einlassen des Schließblechs wird abwechselnd an beiden Flanken gearbeitet. Die Materialdicke des Bleches bedingt, dass man die endgültigen Konturen nur schrittweise herausarbeiten kann. Erst, wenn es auf beiden Seiten flächenbündig einliegt, wird das Schließblech verschraubt.

Um den sichtbar bleibenden Teil der Zarge beim Ausstemmen nicht zu beschädigen, schneidet man zunächst mit einem breiten und sehr scharfen Stechbeitel/Stemmeisen oder einem Cutter entlang der Außenlinien ins Holz. Dann treibt man die Klinge alle 20–30 Millimeter quer in den markierten Holzstreifen. Anschließend lässt sich das Material dann Stück für Stück abheben und die Zarge glätten.

Zum Verankern setzt man mindestens 150 Millimeter lange Rahmendübel ein, die für festen Halt der langen Befestigungsschrauben sorgen.

**1** Mit einem spitzen Bleistift oder einer Reißnadel werden die äußeren Konturen des Schließblechs auf die Zarge übertragen.

**2** Sicherheitsschließbleche sind in den meisten Fällen länger als die zu ersetzenden Teile. Deshalb ist ein Nacharbeiten der Zarge unerlässlich.

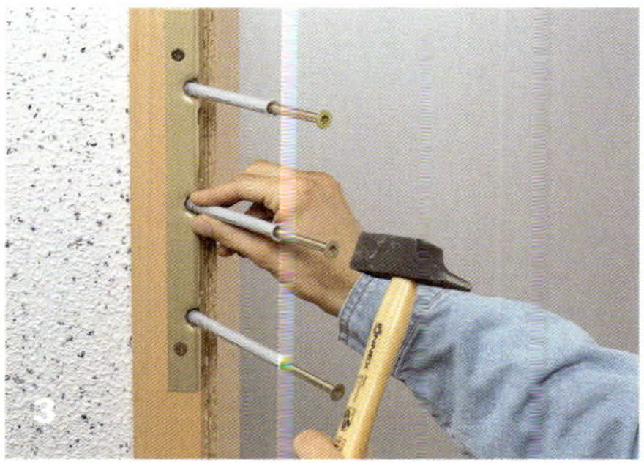

**3** Nachdem das neue Schließblech fixiert ist, wird es im Mauerwerk verankert. Diese Verankerung erfolgt im Durchsteckverfahren.

# KASTENZUSATZSCHLOSS MONTIEREN

Zusätzliche Sicherheit bietet ein Kastenschloss. Seine Befestigungen liegen verdeckt, sodass ein Abschrauben von außen unmöglich ist.

Das Kastenschloss wird von innen auf das Türblatt geschraubt. Der zugehörige Schließkasten sitzt auf der Türzarge. Bei Falztüren wird die Differenz zwischen Zarge und vorstehendem Türblatt durch ein Distanzteil (Falzunterlage) ausgeglichen. Anschließend geht es an die Montage des Schließkastens. Bei Stumpftüren, bei denen Türblatt und Rahmen auf gleicher Höhe liegen, schraubt man den Schließkasten ohne die Falzunterlage auf den Rahmen.

Die mitgelieferte Montageschablone wird auf das Türblatt gelegt, und die Mittelpunkte aller erforderlichen Bohrungen werden markiert. Für die vier Befestigungslöcher wird ein 10-mm-Holzbohrer eingesetzt. Die Bohrung für den Zylinder mit einem Forstnerbohrer hat einen Durchmesser von 38 Millimetern. Die billigere Werkzeugvariante ist eine Lochsäge.

### TIPP: SPERRBÜGEL

Noch mehr Sicherheit bietet ein Kastenzusatzschloss mit Sperrbügel. Dieser rastet beim Öffnen der Tür automatisch in einer Riegelaussparung ein. Das ermöglicht, mit Personen vor der spaltbreit geöffneten, aber dennoch gesicherten Tür zu sprechen.

**Sie brauchen**
für das Montieren eines Kastenzusatzschlosses:

- *Bohrmaschine*
- *Forstnerbohrer oder Lochsäge*
- *Schraubendreher*
- *Reißnadel*
- *Kastenzusatzschloss*

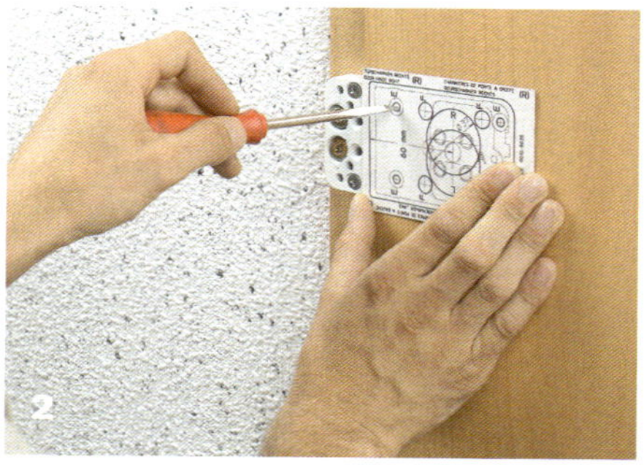

**1** Die schon am Rahmen befestigte Falzunterlage wird als Bohrschablone für die 120 Millimeter langen Rahmendübel benutzt, die den Schließkasten im Mauerwerk verankern. Durch den Rahmen wird mit einem Holzbohrer vorsichtig vorgebohrt.

**2** Die Montageschablone gibt die Position der Befestigungsschrauben und der Bohrung für den Zylinder vor.

**3** Sind die Löcher ins Türblatt gebohrt, setzt man von außen den Zylinder ein und verschraubt ihn von innen mit der Grundplatte des Schlosskastens.

**4** Auf der Innenseite wird zum Schluss die Haube des Kastenschlosses aufgesetzt.

# QUERRIEGELSCHLOSS ANBRINGEN

**Sie brauchen** für das Anbringen eines Querriegelschlosses:

- *Bohrmaschine*
- *Lochsäge*
- *Akkuschrauber*
- *Wasserwaage*
- *Reißnadel*
- *Querriegelschloss*

Lässt die Stabilität der Tür zu wünschen übrig, kann ein Querriegelschloss für die notwendige Verstärkung sorgen. Seine beiden Riegel wirken sowohl auf der Schlossseite der Tür als auch auf der Bandseite. Zusätzlich wird das Türblatt von dem massiven Schlossgehäuse stabilisiert. Man montiert es am besten unterhalb des Türschlosses, dort, wo bei einem Einbruchversuch üblicherweise die Kräfte angesetzt werden.

Die meisten Querriegel können an die Breite der Tür angepasst werden, jedoch ist es besser, beim Kauf die Türbreite zu wissen und mit den Angaben auf der Verpackung zu vergleichen. Auch sollte man sich über die Beschaffenheit der Wände im Klaren sein, damit die Schließkästen mit den zum Mauerwerk passenden Dübeln solide befestigt werden können.

Bei der Montage beginnt man mit dem Bohren des Loches für den Schließzylinder und ermittelt danach die Waagerechte mit Hilfe einer Wasserwaage.

Die Schließkästen sitzen auf Grundplatten, die besonders fest im Mauerwerk verankert werden müssen. Rahmendübel von etwa 120 Millimeter Länge sorgen bei einem Mauerwerk aus Beton oder Kalksandstein für ausreichende Stabilität, bei Hohlblocksteinen sollte man besser Injektionsanker verwenden.

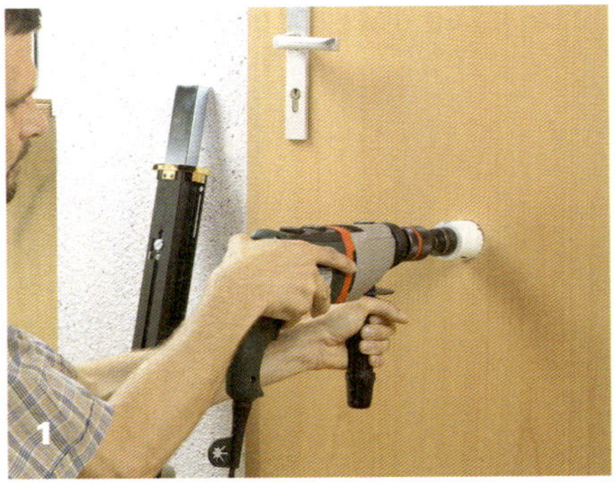

**1** Unterhalb des vorhandenen Schlosses markiert man den Mittelpunkt des Zylinders und durchbohrt das Türblatt mit einer 38-mm-Lochsäge.

**2** Der Schlosskasten des Querriegels wird nun aufgesetzt, in die Waagerechte gebracht und auf dem Türblatt verschraubt.

**3** Rechts und links des Rahmens werden die Grundplatten der beiden Schließkästen mit je vier Schrauben fixiert. Bohrlöcher und Dübel für mehr Stabilität schräg in die Wand setzen.

**4** Nun schraubt man die Schließkästen auf, stellt beide Riegel ein und setzt die Haube des Schlosskastens auf. Das Querriegelschloss ist jetzt einsatzbereit.

# FENSTERSICHERUNGEN MONTIEREN

Ein handelsübliches Standardfenster aus Holz, Kunststoff oder Metall bietet keinen nennenswerten Einbruchschutz. Geübte Täter hebeln die Fensterflügel in Sekunden auf und sind im Haus. Daher ist hier unbedingt für zusätzlichen Schutz zu sorgen.

## GEPRÜFTE EINBRUCHHEMMENDE FENSTER

Es gibt einbruchhemmende Fenster, die nach der europäischen Norm DIN V ENV 1627 nach den Widerstandsklassen WK 1 bis WK 6 klassifiziert sind. Die Anforderungen der Norm behandeln nicht nur das Fenster samt seiner Beschläge und Verglasung, sondern auch dessen Montage in die umgebende Wand. So muss beispielsweise der Spalt zwischen Fensterrahmen und Mauerwerk „druckfest hinterfüttert" sein, sodass der Rahmen beim Ansetzen eines Hebelwerkzeugs nicht nachgeben kann. Bei der Definition der Widerstandsklassen ist man von typischen Arbeitsweisen der Einbrecher und deren Werkzeugen ausgegangen. Je nach Widerstandsklasse reichen die Einbruchswerkzeuge vom stabilen Schraubendreher, Zangen und Keilen bis zum Winkelschleifer und zur Säbelsäge (WK 6).

Bei der Verglasung unterscheidet man zwischen Durchwurfhemmung (Klasse A) und Durchbruchhemmung (Klasse B). In der Klasse A wird das Glas mit einem schweren Wurfgeschoss von etwa vier Kilogramm Gewicht mit einer Fallhöhe ab 3,50 Meter geprüft (A 1), in der Klasse B ab 30 Axthiebe (B 1).

Je nach persönlichem Schutzbedürfnis, Lage und Besitz kommen für einen privaten Haushalt Fenster, aber auch Türen der Widerstandsklassen WK 1 bis WK 3 in Betracht. Schon ein Fenster der Widerstandsklasse 2 setzt dem Einbrecher gegenüber einem nor-

**Sie brauchen** für die Montage eines abschließbaren Fenstergriffs:

- *Akkuschrauber oder Schraubendreher*
- *Holz- oder Metallschrauben*
- *Evtl. Siebhülsen und Injektionsmörtel bzw. fertige Befestigungssets*

**1** Der alte Fenstergriff ohne Schloss wird entfernt, indem man die beiden Schrauben löst und den Griff samt Vierkantstift herauszieht.

**2** Der Vierkant des neuen Griffes wird eingeschoben.

**3** Die beigefügten Schrauben fest anziehen. Der Griff kann im verriegelten Zustand abgeschlossen werden, sodass sich das Fenster auch dann nicht öffnen lässt, wenn man durch die eingeschlagene Scheibe versucht, den Griff zu drehen.

**1** Zur Montage der Zusatzsicherung wird der vorhandene Griff gelöst. Dann setzt man die Grundplatte des Schlosses auf und verschraubt sie am Flügel.

**2** Direkt neben das Schloss wird auf dem Rahmen der Schließkasten montiert. Verschieden dicke Kunststoffunterlagen erlauben es, die Falzdicke des Flügels exakt auszugleichen.

**3** Nun setzt man das Schloss samt Fenstergriff auf den Vierkant und verschraubt das Ganze. Jetzt ist eine erste Funktionsprüfung möglich.

**4** Wenn sich das Fensterschloss problemlos betätigen lässt, werden die beiden Abdeckhauben in die Arretierungen gedrückt.

malen Fenster einen erheblich größeren Widerstand entgegen, sodass sein Plan, es schnell mit wenig mitgeführtem Werkzeug zu öffnen, durchkreuzt wird. Ein normales Fenster älterer Bauart ist mit einem geprüften einbruchhemmenden Fenster natürlich nicht zu vergleichen, dennoch lohnt es sich auch hier, etwas in die Sicherheit zu investieren.

## ABSCHLIESSBARE GRIFFE MONTIEREN

Verschließbare Fenstergriffe verhindern bei Durchbruch der Scheibe, dass sich das Fenster von außen öffnen lässt.

Für den Austausch normaler Fenstergriffe gegen abschließbare sind nur wenige Handgriffe notwendig (siehe Seite 195). Häufig sind die Befestigungsschrauben unter einer Deckplatte verborgen, die sich anheben und seitlich verdrehen lässt, sodass die Schraubenköpfe sichtbar werden. Sind die Schrauben gelöst, kann man den Griff samt Vierkantstift herausziehen. In umgekehrter Reihenfolge wird dann der neue Griff eingesetzt. Selbstverständlich muss der Schlüssel immer abgezogen werden.

## SICHERUNG MIT SCHLOSS UND SCHLIESSKASTEN

Standardfenster besitzen an den Flügeln sogenannte Rollenzapfen. Das sind zylinderförmige Beschlagteile, die beim Schließen der Fenster in entsprechende Gegenstücke der Rahmenbeschläge (Schließklötze) greifen.

Gegen Aufhebeln bieten diese Beschläge jedoch wenig Schutz. Wirksame Verstärkung bringen von innen montierte Zusatzsicherungen. Sie sind eine Weiterentwicklung der abschließbaren Fenstergriffe und eignen sich für alle gängigen, nach innen öffnenden

5 Bei jedem Schließen des Fensters verriegelt man nun den ursprünglich vorhandenen Beschlag und betätigt gleichzeitig das Zusatzschloss. Außerdem kann der Griff abgeschlossen werden.

6 Damit auch die Scharnierseite gegen Aufhebeln geschützt ist, empfiehlt sich die Montage mindestens einer Bandseitensicherung. Hier auf halber Höhe zwischen den vorhandenen Scharnieren.

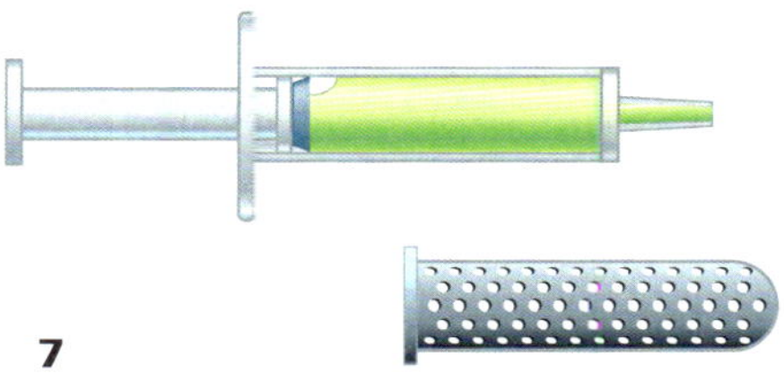

7 Für Kunststoffprofile ohne Metallkern verwendet man solche Siebhülsen, die in das Bohrloch geschoben und dann mit einem speziellen Injektionsmörtel gefüllt werden.

8 Wird die Befestigungsschraube eingedreht, drückt sich der Mörtel durch die Löcher der Hülse und verteilt sich so an der Innenseite des Kunststoffprofils.

Fenster und Fenstertüren. Neben dem Griff findet sich bei dieser Sicherung ein Schließkasten, der am Rahmen befestigt wird. Bei Betätigung des Fenstergriffs werden wie bisher die vorhandenen Beschläge verriegelt und zusätzlich ein Riegel in den Schlosskasten am Rahmen geschoben. Ergänzend sollte man auch auf der Scharnierseite des Fensters eine Zusatzsicherung montieren.

## AUF DIE VERANKERUNG KOMMT ES AN

Bei Holz- oder Aluminiumfenstern bohrt man vor und benutzt Holz- oder Metallschrauben der empfohlenen Dimension, um die Zusatzbeschläge fest zu verankern. Bei Kunststofffenstern gibt es Profile mit und ohne Metallkern. Ist ein Metallkern vorhanden, finden dort selbstschneidende Metallschrauben ausreichenden Halt. Andernfalls verwendet man Siebhülsen, durch die ein spezieller Injektionsmörtel in den Hohlraum des Kunststoffprofils gedrückt wird, der sich nach dem Aushärten innen verankert.

### TIPP: GENEHMIGUNG

In Mietwohnungen ist das Anbohren von Kunststofffenstern – auch zum Anbringen von Einbruchsicherungen – problematisch. Darum gilt: Vor allen Montagearbeiten von Einbruchsicherungen das schriftliche Einverständnis des Vermieters einholen, damit es beim späteren Auszug nicht zu Ersatzforderungen kommt.Bei Holzfenstern kommt man im günstigen Fall mit einer Verspachtelung und Neulackierung davon.

# ABDECKGITTER ZUM KELLERFENSTER SICHERN

**Sie brauchen** für das Sichern von Lichtschachtrosten:

- *Bohrmaschine*
- *Steinbohrer*
- *Akkuschrauber oder Schraubendreher*
- *Kettensicherung*
- *Vorhängeschloss*

Die Absicherung der Kellerfenster gegen Einbruch wird von vielen Hausbesitzern vergessen, oder es wird als unwahrscheinlich angesehen, dass sich ein Einbrecher ausgerechnet durch den engen Fensterschacht zwängt.

Tatsache aber ist, dass manche Einbrecher sich gerade auf diesen Weg spezialisiert haben. Das eigentliche Kellerfenster besteht meist nur aus dünnem Blech mit Einfachverglasung. Einem Aufhebelversuch mit dem Brecheisen hält es nicht lange stand. Also sollte bereits der Gitterrost über dem Kellerschacht gesichert sein.

Die Roste von Fertigschächten aus Kunststoff sind gegen Ausheben bereits mit Flacheisen versehen, die den Rost an tiefer gelegenen Befestigungspunkten an der Lichtschachtwand sichern. An gemauerte oder betonierte Lichtschächte lassen sich solche Sicherungen auch nachträglich montieren. Die hier gezeigte Kettensicherung verfügt über stabile Halteplatten, die von oben durch den Gitterrost gesteckt werden. Als untere Fixierung werden Metallplatten an die Lichtschachtwände gedübelt. Sie besitzen eine Öse für ein schlüsselloses Vorhängeschloss.

## TIPP: NOTAUSSTIEG

Das Vorhängeschloss sollte so konstruiert sein, dass es sich ohne Schlüssel öffnen und schließen lässt, damit die Fensteröffnung im Falle eines Brandes als Notausgang dienen kann.
Wenn ein Schlüssel erforderlich ist, sollte er in der Nähe des Schlosses aufbewahrt werden.

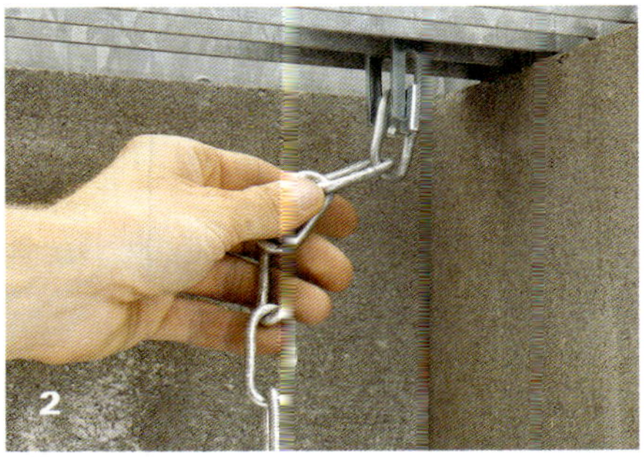

**1** Die Halteplatte der Lichtschachtsicherung wird mit drei Schrauben an die Betonwand gedübelt.

**2** Nun hängt man die zuvor passend eingekürzte Kette in die Ösen der Abdeckplatte ein.

**3** Über die Öse der unteren Halteplatte wird eine Lasche geschoben, die am letzten Kettenglied hängt. Nun lässt sich das schlüssellose Schloss einhängen. Die Abdecklasche verhindert, dass es von oben geöffnet werden kann.

# ELEKTROGERÄTE UND ELEKTRO-INSTALLATION

Vorsicht beim Arbeiten an elektrischen Leitungen und Geräten. Grundregel: Sicherung raus, mit Spannungsprüfer Spannungsfreiheit kontrollieren! Nur mit isolierten Werkzeugen arbeiten.

# GRUNDREGELN FÜR DIE SICHERHEIT

Elektrischer Strom ist weder gelb noch grün, wie uns manche Stromlieferanten weismachen wollen, sondern unsichtbar. Was wir sehen können, sind seine Wirkungen: Licht, drehende Motoren oder Wärme. Wenn wir mit elektrischem Strom in Berührung kommen, können wir ihn spüren. Dies kann jedoch tödlich sein. Deshalb steht hier an erster Stelle das Kapitel zur Sicherheit.

Elektrizität ist ein natürliches Phänomen, das wir in der Umwelt beim Gewitterblitz beobachten können, aber auch, wenn uns beim Ausziehen eines Pullovers die Haare abstehen.

Bei der industriellen Stromproduktion wird elektrischer Strom mit Hilfe von Generatoren beziehungsweise Fotovoltaik-Anlagen erzeugt und über das Leitungsnetz der Elektrizitätsversorgungsunternehmen (EVU) in die Haushalte geleitet. Dabei handelt es sich zunächst um Drehstrom (Drei-Phasen-Wechselstrom) mit einer Spannung von 400 Volt. Erst am Verteilerkasten des Hauses wird der Drehstrom zur haushaltsüblichen Spannung von 230 Volt „zerlegt", falls kein Drehstromanschluss gewünscht wird, der zum Betrieb eines leistungsstarken Elektrogeräts wie zum Beispiel ein Durchlauferhitzer gebraucht wird.

Eine unsachgemäße Installation von elektrischen Leitungen kann zu starker Wärmeentwicklung oder Funkenschlag führen und so einen Brand auslösen oder bei Berührung einen Stromfluss durch den Körper von Menschen und Tieren zur Folge haben. Bei feuchter Haut ist die Berührung von Teilen, die unter elektrischer Spannung stehen, besonders gefährlich.

Auch wenn viele Menschen vermutlich schon mal einen elektrischen Schlag bekommen haben, darf man die Gefahren durch elektrischen Strom nicht unterschätzen. Zu einem gefährlichen Stromfluss durch den Körper kommt es, wenn gleichzeitig zwei Stellen mit unterschiedlichem Potenzial berührt werden, zum Beispiel eine spannungsführende Leitung und das geerdete Metallgehäuse einer Lampe oder ein Heizkörper.

Glück hat noch derjenige, der bei dem Schlag durch den Strom sofort zurückzuckt, sodass die Verbindung abreißt. Wenn sich jedoch die Muskeln durch den Stromfluss verkrampfen und man deshalb das spannungsführende Teil nicht mehr loslassen kann, kommt es zu einem länger anhaltenden Stromfluss durch den Körper, der dann ein tödlich verlaufendes Herzkammerflimmern verursachen kann.

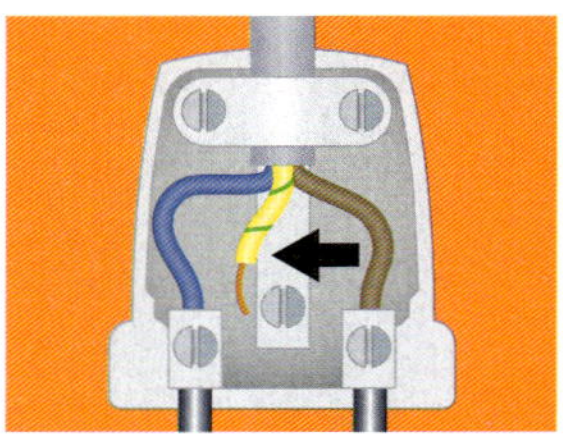

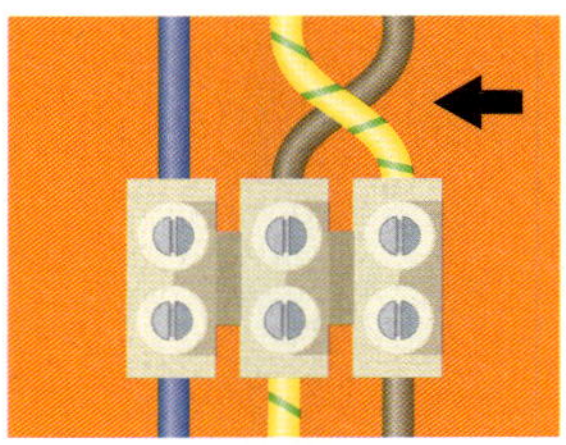

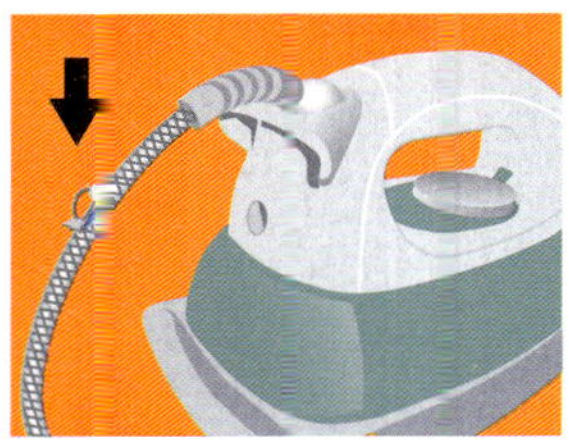

Gefahrenquellen:
**1** Schutzleiterunterbrechung.
**2** Vertauschter Leiter und Schutzleiter.
**3** Defekte Geräte und Anschlussleitungen.

Abgesehen von tödlichen Stromunfällen, die auf großen Leichtsinn zurückzuführen sind, wie das berühmte Föhnen in der Badewanne – auch wenn die Gefahren im Bad seit dem Einbau von FI-Schutzschaltern (→ Seite 213) deutlich verringert werden –, sind die meisten Stromschläge auf Fehler beim Anschluss oder der Reparatur von Elektroanlagen und Elektrogeräten zurückzuführen.

In einer Untersuchung wurde festgestellt, dass 20 Prozent der Schutzleiter nicht oder falsch angeschlossen waren. Häufigste Fehlerquellen sind dabei das Vertauschen von Leiter und Schutzleiter und eine Schutzleiterunterbrechung.

Wegen dieser Gefahren erlauben die Elektrizitätsversorgungsunternehmen nur registrierten Elektrofachkräften, die elektrische Anlage zu errichten, zu erweitern und zu unterhalten. So steht es jedenfalls in den meisten Verträgen, die Sie als Strombezieher mit Ihrem Versorgungsunternehmen abgeschlossen haben. Dennoch führen mehr als die Hälfte der Heimwerker Reparaturen an ihrer Elektroinstallation selbst aus.

Dieses Kapitel soll Sie nicht zu gefährlichem Tun anregen, sondern Informationen über den verantwortlichen Umgang mit elektrischen Strom vermitteln. Greifen Sie bei Fehlern an der Elektroinstallation oder an Elektrogeräten nur dann selbst zum Schraubendreher, wenn Sie sich über technische Zusammenhänge und Gefahren klar bewusst sind. Fragen Sie im Zweifelsfall einen Fachmann oder lassen Sie gleich die Reparatur von ihm ausführen.

Die Konsequenzen von unsachgemäßer Reparatur und Leichtsinn an elektrischen Anlagen müssen Sie als Betreiber (Mieter, Hausbesitzer) gegenüber dem Stromversorger und Versicherungsunternehmen verantworten (→ Seiten 34 ff.).

Achten Sie bei allen Arbeiten an der Elektroinstallation und elektrischen Anlagen zuerst auf Ihre eigene Sicherheit und die Ihrer Mitmenschen. In der Praxis heißt dies: Bevor Sie für Reparaturarbeiten im Elektrobereich zum Schraubendreher greifen, muss die Leitung spannungsfrei sein. Bei Arbeiten an der Elektroinstallation muss deshalb zuerst die Sicherung herausgedreht oder abgeschaltet werden. Schmelzsicherungen zur Sicherheit mitnehmen, jedoch die Kappe unbedingt wieder aufschrauben – bei fest eingebauten Sicherungsautomaten geht diese zusätzliche Sicherheitsmaßnahme leider nicht. Um hier ein ungewolltes Wiedereinschalten zu verhindern, verriegeln Sie den Sicherungsautomat am besten mit einem speziellen Schloss (vom Hersteller erhältlich). Haben andere Personen während Ihrer Arbeiten Zutritt zum Stromkreisverteiler, sollten Sie deutlich kennzeichnen, dass die Sicherung ausgeschaltet bleiben muss, solange an der elektrischen Anlage gearbeitet wird (→ Symbol rechts oben).

Bei Elektrogeräten muss immer der Netzstecker gezogen werden. Ein einfaches Ausschalten genügt nicht, weil dann immer noch Leitungen im Innern des Gerätes unter Spannung stehen können.

Lassen Sie Ihre Finger grundsätzlich von Fernsehgeräten und Monitoren mit Bildröhren. Elektronische Bauteile dieser Geräte, wie zum Beispiel die Kondensatoren, können auch viele Stunden, nachdem der Stecker gezogen wurde, lebensgefährliche Spannungen führen.

Auch wenn Sie der Meinung sind, dass die Teile, an denen Sie arbeiten

Dieses Symbol kennzeichnet einen Stromkreisverteiler, in dem nicht geschaltet werden darf.

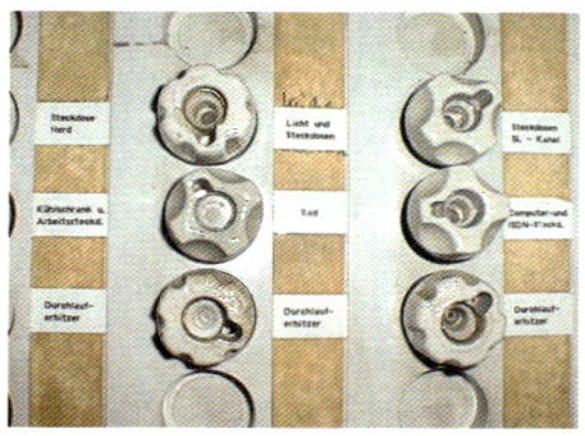

Vor Arbeiten an der Elektroinstallation immer die Sicherung des Stromkreises herausschrauben oder ausschalten. Dann den Stromkreis gegen unbefugtes Wiedereinschalten sichern.

Zur eigenen Sicherheit muss vor Beginn von Arbeiten an der Elektroinstallation mit einem Spannungsprüfer überprüft werden, ob die Leitung wirklich spannungsfrei ist.

wollen, keine Spannung mehr führen, überprüfen Sie dies zuerst mit einem Spannungsprüfer (→ Seite 201), damit Sie wirklich sicher sein können, dass Sie ungefährdet arbeiten können.

Arbeiten Sie immer sorgfältig, und improvisieren Sie nicht mit Notlösungen. Defekte Teile nicht flicken, sondern grundsätzlich durch neue Teile mit VDE- oder GS-Zeichen ersetzen. Beschädigte Anschlussleitungen sind komplett auszutauschen.

Beachten Sie unbedingt die Anwendungsvorschriften und Montageanleitungen der Hersteller.

Am Stromkreisverteiler hört jede Heimwerkerarbeit auf. Am Stromzähler und Hausanschluss darf nur das Stromversorgungsunternehmen oder eine von ihm beauftragte Elektrofachkraft Veränderungen vornehmen. Deshalb sind diese Einrichtungen auch verplombt.

Bei größeren Installationsarbeiten, wie zum Beispiel der Erneuerung einer Altbauinstallation, ist es ohnehin erforderlich, den Rat eines Fachmanns einzuholen. Wer auf der sicheren Seite bleiben will, spricht mit dem Elektroinstallateur alle Tätigkeiten ab, die man problemlos selbst erledigen kann, wie zum Beispiel das Stemmen von Leitungsschlitzen, Einziehen von Leitungen, Setzen und Vergipsen von Schalter- und Verteilerdosen. Der Fachmann muss dann nur noch die Leitungen anklemmen und die Anlage überprüfen. Mit seinem Prüfprotokoll können Sie dann ein ruhiges Gewissen haben.

Auch finanziell lohnt sich solche Hand-in-Hand-Arbeit. Wenn Sie ordentlich gearbeitet haben, verwendet der Elektroinstallateur nur Arbeitszeit für die sicherheitsrelevanten Tätigkeiten und liefert Ihnen oft das Installationsmaterial bei gleicher Qualität noch günstiger als der Baumarkt.

## TIPP: SICHERHEITSREGELN

- Kaufen Sie nur „Geprüfte Sicherheit", also Geräte und Installationsmaterial mit Prüfzeichen wie zum Beispiel dem VDE-Zeichen oder dem TÜV- bzw. VDE-GS-Zeichen. Das VDE-Zeichen oder einen schwarzroten Kennfaden findet man auch auf oder in geprüften Leitungen.
- Gehen Sie kein Risiko ein. Führen Sie nur Arbeiten aus, die Sie selbst beherrschen und beurteilen können. Sonst Arbeiten an der Elektroinstallation und an Elektrogeräten durch eine Elektrofachkraft ausführen lassen.
- Arbeiten Sie nie an spannungsführenden Teilen! Immer erst die Sicherung raus! Sorgen Sie dafür, dass kein anderer Sicherung oder Schalter plötzlich einschaltet. Überprüfen Sie zusätzlich mit einem Spannungsprüfer, ob die Leitung spannungsfrei ist.
- Geräte mit erkennbaren Schäden sofort vom Stromnetz trennen: Schalter aus, Stecker oder Sicherung raus.
- Erkannte Schäden sofort beseitigen.
- Beschädigte Leitungen, Stecker oder Kupplungen auf keinen Fall flicken, sondern ordnungsgemäß austauschen.
- Schalter und Steckdosen mit beschädigter Abdeckung sofort ersetzen.
- Vermeiden Sie frei herumliegende Leitungen. Ganz abgesehen von der Stolpergefahr verhüten Sie auch Schäden an Steckern, Kupplungen und Steckdosen.
- Schützen Sie Ihre Kinder mit Sicherungseinsätzen für Steckdosen. Noch besser verwenden Sie Steckdosen mit eingebauter Kindersicherung. Im Fachhandel werden sie auch unter der Bezeichnung „Steckdose mit erhöhtem Berührungsschutz" angeboten.

# NORMEN UND VORSCHRIFTEN

Die Elektroinstallation im Haushalt ist durch viele Normen und Vorschriften geregelt, die Sie als Betreiber der Anlage beachten müssen. Entsprechendes gilt auch für Elektrogeräte. Auch hier sollen Normen und Vorschriften den sicheren Betrieb der Geräte gewährleisten.

In dem Vertrag, den Sie mit Ihrem Energieversorgungsunternehmen (EVU) abgeschlossen haben, ist geregelt, dass nur bei dem jeweiligen Versorgungsunternehmen eingetragene Elektrofachkräfte elektrische Anlagen errichten, erweitern und unterhalten dürfen. Bei Neueinrichtungen und gegebenenfalls auch bei Veränderungen der Elektroinstallation muss die Elektrofachkraft die Anlage prüfen und dem Versorgungsunternehmen gegenüber bestätigen, dass alle Arbeiten nach geltendem Recht sowie nach den anerkannten Regeln der Technik ausgeführt und geprüft wurden. Die Ergebnisse der Prüfung sind zu dokumentieren.

Alle Arbeiten an der Elektroinstallation müssen entsprechend dem Stand der Sicherheitstechnik erfolgen. Dies ist bei Einhaltung der Anforderungen der DIN- und VDE-Normen der Fall. Für das Inverkehrbringen von Elektrogeräten gilt außerdem das Gerätesicherheitsgesetz.

Alle relevanten Normen hier einzeln aufzuführen, würde den Rahmen unseres Leitfadens sprengen – sie füllen eine Vielzahl von Büchern. Sie sind vom DIN (Deutsches Institut für Normung) beziehungsweise dem VDE (Verband der Elektrotechnik, Elektronik und Informationstechnik) herausgegeben und in Fachbibliotheken einsehbar. In den Normen sind alle sicherheitsrelevanten Anforderungen für die Elektroinstallation und Elektrogeräte geregelt, wie zum Beispiel die Schutzmaßnahmen, aber auch die Farben für die einzelnen Adern einer elektrischen Leitung.

Alle im Bereich der Elektroinstallation eingesetzten Materialien wie Schalter, Steckdosen und Leitungen haben den für sie relevanten Normen zu entsprechen. Ein Prüfzeichen auf dem jeweiligen Bauteil, zum Beispiel vom VDE, bestätigt, dass es den Anforderungen entspricht. Genormt sind beispielsweise auch die Leitungsführung innerhalb von Installationszonen (DIN 18 015) und besondere Schutzbereiche in Räumen mit Badewanne oder Dusche (DIN VDE 0100–701) (→ Seiten 217 f.).

## SCHUTZMASSNAHMEN

Elektrische Anlagen und Geräte müssen bestimmte Schutzmaßnahmen einhalten, damit eine Berührung gefährlicher, spannungsführender Teile oder auch das Eindringen von Wasser und Fremdkörpern verhindert wird. Hier ist einmal zwischen Schutzklassen für den Berührungsschutz und den Schutzarten nach DIN EN 60529/VDE 0470 Teil 1 für den Fremdkörper- und Wasserschutz zu unterscheiden. Elektrogeräte sind in drei Schutzklassen eingeteilt: Geräte mit Schutzleiter (I), Schutzisolierung (II) und Schutzkleinspannung (III). Sie sind mit Symbolen auf dem Typen-

### SCHUTZKLASSEN

**Schutzklasse I**
(Schutzleiter) Symbol im Innern des Gerätes

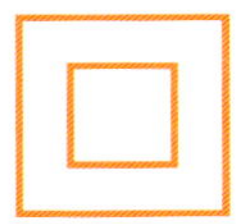

**Schutzklasse II**
(Schutzisolierung) Symbol auf dem Typenschild

**Schutzklasse III**
(Schutzkleinspannung) Symbol auf dem Typenschild

**SCHUTZARTEN IP (SYMBOLE)**

**IP 4 X** (Schutz gegen Fremdkörper mit Durchmesser größer oder gleich 1 mm)

**IP 5 X** (Staubschutz)

**IP 6 X** (Staubdicht)

**IP X 1** (Tropfwasserschutz)

**IP X 3** (Regenwasserschutz)

**IP X 4** (Spritzwasserschutz)

**IP X 5** (Strahlwasserschutz)

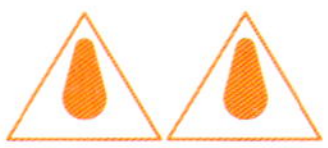

**IP X 7** (Wasserdicht)

**IP X 8** (Druckwasserdicht)

schild oder im Innern des Gerätes veranschaulicht (→ Grafik Seite 203). Die Schutzmaßnahmen sollen gewährleisten, dass keine gefährlichen Spannungen an berührbaren Gehäuseteilen auftreten.

Bei Elektrogeräten der Schutzklasse I verbindet ein Schutzleiter alle berührbaren Metallteile, welche im Fehlerfall unter gefährlicher Spannung stehen können, mit dem geerdeten Schutzleiter der Hausinstallation. Bei einem Fehler entsteht ein gewollter Kurzschluss, der die Sicherung des Stromkreises zum Durchbrennen beziehungsweise Abschalten bringt.

Bei schutzisolierten Geräten (Schutzklasse II) muss das Gehäuse so gestaltet sein, dass keine Metallteile berührt werden können, die im Fehlerfall unter Spannung stehen könnten. Schutzisolierung oder doppelte Isolierung ist bei vielen Haushalts-, Radio- und Fernsehgeräten üblich, bei Elektrowerkzeugen, Gartengeräten und Geräten zur Körperpflege sogar vorgeschrieben. Sie erkennen sie nicht nur am entsprechenden Symbol auf dem Typenschild, sondern auch daran, dass die Anschlussleitung einen oft anvulkanisierten Stecker ohne metallischen Schutzkontakt oder einen Flachstecker hat. Dieser flache Stecker wird allgemein auch als Europastecker bezeichnet. Wenn Sie Anschlussleitung oder Stecker eines schutzisolierten Gerätes auswechseln wollen, müssen Sie nicht unbedingt die komplette Leitung mit Stecker austauschen. Auch das Anschrauben eines normalen Schukosteckers (→ Seiten 252 ff.) ist erlaubt, bei dem dann der Schutzleiteranschluss frei bleibt.

Geräte mit Schutzkleinspannung (Schutzklasse III) dürfen nur mit Wechselspannungen bis 50 Volt oder Gleichspannungen bis 120 Volt betrieben werden. Einzelne Normen schränken die Spannungen noch weiter ein, bei Spielzeugen zum Beispiel auf 24 Volt. Diese Spannungen dürfen nur mit Batterien, wiederaufladbaren Akkumulatoren (Akkus) oder speziellen Sicherheitstransformatoren erzeugt werden und gelten dann als ungefährlich für den vorgesehenen Betrieb.

Die Schutzarten kennzeichnen die Sicherheitsvorkehrungen gegen Eindringen von Fremdkörpern und Feuchtigkeit. Letzteres ist besonders wichtig bei Geräten, die im Freien betrieben werden sollen. Die Schutzarten werden in Europa nach dem so genannten IP-Code mit zwei Ziffern beschrieben. Die erste Ziffer steht für den Berührungsschutz und Schutz vor Fremdkörpern, die zweite Ziffer kennzeichnet den Schutz gegen Wasser. Ist eine der beiden Ziffern nicht relevant, ist die Stelle durch ein X gekennzeichnet. Beispiele finden Sie in der Grafik links.

## SICHERHEITSZEICHEN UND IHRE BEDEUTUNG

Im Bereich der Elektroinstallation und Elektrogeräte hat der VDE (Verband der Elektrotechnik, Elektronik und Informationstechnik) als Prüfinstitut eine besondere Bedeutung. Viele Bauteile und Geräte sind mit einem VDE-Sicherheitszeichen gekennzeichnet. Wir stellen diese Sicherheitszeichen am Beispiel des VDE vor. Andere Prüfinstitute, wie zum Beispiel der TÜV, vergeben teilweise ähnliche Zeichen.

**VDE-Zeichen:** Prüfzeichen für Elektrogeräte im Sinne des Geräte- und Produktsicherheitsgesetzes (GPSG), Medizinprodukte im Sinne des Medizinproduktegesetzes (MPG), Installationsmaterial und Komponenten. Es dokumentiert die positive Prüfung und Zertifizierung des Produkts durch das VDE-Institut nach einschlägigen Normen und allgemein anerkannten Regeln der Technik. Die Produkte und die Fertigung werden überwacht, damit auch in der Serie die geforderten Sicherheitsstandards eingehalten werden. Überprüft werden neben den elektrischen auch alle mechanischen, thermischen, radiologischen und andere Risiken. Mit den Prüfungen wird gleichzeitig der Nachweis der Einhaltung der Schutzziele entsprechender EU-Richtlinien erbracht.

**VDE-GS-Zeichen:** Das VDE-GS-Zeichen findet Anwendung bei verwendungsfertigen Elektroprodukten. Das GS-Zeichen ist ein im Geräte- und Produktsicherheitsgesetz festgelegtes Zeichen, das nur mit Nennung der Stelle (qualifizierte, akkreditierte und zugelassene Stelle im Rahmen des GPSG), die die Prüfung und Zertifizierung vorgenommen hat, verwendet werden darf. Die Kombination VDE-GS bedeutet, dass die Prüfung vom VDE Prüf- und Zertifizierungsinstitut durchgeführt wurde. Das Produkt ist normenkonform und entspricht den Anforderungen des Geräte- und Produktsicherheitsgesetzes.

**ENEC-Zeichen des VDE:** ENEC steht für European Norms Electrical Certification, eine Vereinbarung europäischer Prüf- und Zertifizierungsstellen, die Sicherheitsanforderungen an Produkte der Elektrotechnik europaweit einheitlich zu bewerten. Zurzeit werden Leuchten, Leuchtenkomponenten, Energiesparlampen, Geräte der Informationstechnik, Transformatoren, Geräteschalter, elektrische Regel- und Steuergeräte, Klemmen, Gerätesteckvorrichtungen, Kondensatoren und Funkentstörbauteile zertifiziert.

**VDE-Kabelzeichen** und **VDE-Harmonisierungs-Kennzeichnung:** Normenkonforme Kabel und Leitungen tragen das <VDE>- beziehungsweise <VDE><HAR>-Zeichen oder können mit dem VDE-Kennfaden (in den Farben schwarz-rot) beziehungsweise mit dem VDE-Harmonisierungs-Kennfaden (in den Farblängen 3 cm schwarz – 1 cm rot – 1 cm gelb) versehen sein.

**VDE-EMV-Zeichen:** Elektromagnetische Verträglichkeit (EMV). Nachweis darüber, dass das Gerät keine Funktionsstörungen elektrischer oder elektronischer Betriebsmittel verursacht.

**CE-Kennzeichnung:** Dieses auf vielen Produkten zu findende Zeichen ist kein Prüfzeichen für Sicherheit und Qualität. Der Hersteller selber dokumentiert und erklärt mit dem CE-Zeichen in eigener Verantwortung, dass das gekennzeichnete Produkt den grundlegenden Anforderungen der Richtlinien der EU entspricht.

# GRUNDLAGEN DER ELEKTRIZITÄT

Bei Elektroarbeiten stoßen wir immer wieder auf Begriffe wie Gleichstrom, Drehstrom, Wechselstrom, Volt, Ampere, Ohm oder Watt, die zum Verständnis der weiteren Arbeiten hier kurz erklärt werden sollen.

Unter Elektrizität ist die unterschiedliche Ladung zweier Körper mit positiven oder negativen Elementarteilchen zu verstehen. Gemeinsam bilden sie eine Spannungsquelle. Verbindet man die beiden Pole der Spannungsquelle durch einen elektrischen Leiter, erfolgt ein Ladungsausgleich, indem Elektronen vom negativen zum positiv geladenen Pol „strömen". Die Höhe der elektrischen Spannung (des Ladungsunterschieds) wird in Volt (V) angegeben, die Stärke des (fließenden) Stroms in Ampere (A).

## GLEICHSTROM

Bleibt die positive und negative Ladung an der Spannungsquelle (Polarität) erhalten, so fließt der Strom stetig von Plus nach Minus (technische Stromrichtung), ändert seine Richtung nicht und wird folglich als Gleichstrom bezeichnet. Die bekanntesten Gleichstrom-Spannungsquellen sind die Batterie und der aufladbare Akku.

## WECHSELSTROM

Kehrt sich die Polarität der Spannungsquelle regelmäßig um, spricht man von einer Wechselspannung. Entsprechend ändert sich auch die Stromrichtung, es fließt ein Wechselstrom.

Die europäischen Stromerzeuger liefern zur Versorgung von Industrie und Haushalten eine Wechselspannung von 230/400 Volt mit 50 Schwingungen pro Sekunde, das heißt einer Frequenz von 50 Hertz. Der Vorteil der Wechselspannung ist, dass sie sich mit Hilfe von Transformatoren verändern und sich zudem besser für motorische Antriebe nutzen lässt als Gleichspannung.

Die Stromnetze in Übersee haben manchmal nicht nur andere Spannungen, sondern auch eine andere Frequenz, zum Beispiel 120 Volt/60 Hertz in den USA. Dies ist auch der wichtigste Grund, weshalb wir ein zu Hause benutztes Gerät auf Reisen nicht ohne eine Anpassung an das fremde Stromnetz betreiben können. Viele

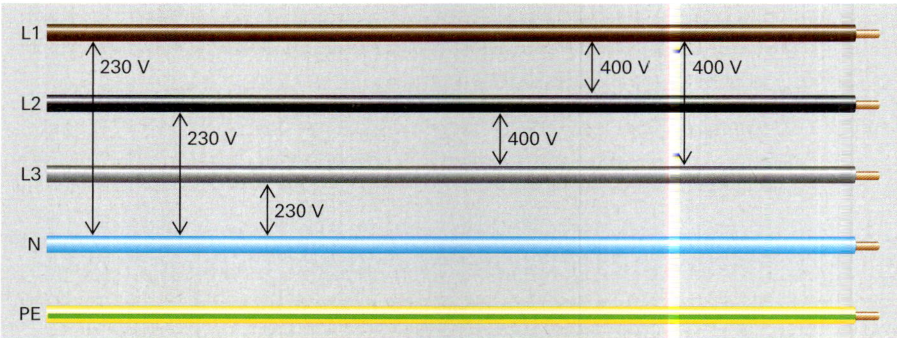


Spannungen in einer Drehstromleitung (Drei-Phasen-Wechselstromleitung): Zwischen den drei Leitern (L 1, L 2, L 3) besteht eine Spannung von jeweils 400 Volt. Zwischen jedem Leiter und dem Neutralleiter (N) beträgt die Spannung 230 Volt. PE (Protective Earth) ist der geerdete Schutzleiter.

Kleingeräte wie Radio, Notebook oder Rasierapparat stellen sich mittlerweile per Schalter oder automatisch auf die verschiedenen Stromnetze ein. Zusätzlich sind in vielen Fällen noch Adapter für unterschiedliche Steckdosen erforderlich.

## DREHSTROM

Die Generatoren der Kraftwerke liefern nicht nur einen einzelnen Wechselstrom. Ihr Elektromagnet bewegt sich an drei um jeweils 120 Winkelgrade versetzten Spulen vorbei und erzeugt drei in den Phasen verschobene Wechselströme. Dieser Drei-Phasen-Wechselstrom wird auch als Drehstrom bezeichnet. Zwischen den drei Wechselstromleitern (L 1, L 2, und L 3) besteht jeweils eine Spannung von 400 Volt. Die Spannung zwischen jedem der drei Wechselstromleiter und dem Neutralleiter (N) beträgt jeweils 230 Volt.

Hausanschlussleitungen werden als Drehstromleitungen verlegt. Bei den heute gängigen Installationen wird der Drehstrom vom Hausanschluss aus über den Zählerschrank bis hin zum Stromkreisverteiler geführt. Erst dort greift man dann den Wechselstrom ab.

In älteren Häusern endet der Drehstrom oft am Hausanschluss, von dem dann einzelne Wechselstromleitungen zu den Zählern weiterführen.

Drehstrom kommt zum Einsatz, wenn viel Energie oder große Leistung benötigt wird. Elektrische Durchlauferhitzer, elektrische Heizungen und viele Elektroherde sind an Drehstrom angeschlossen. Auch Maschinen mit stärkeren Motoren haben einen Drehstromanschluss. Viele stationäre Heimwerkermaschinen, aber auch Waschmaschinen gibt es deshalb auch mit Drehstromanschluss.

## SPANNUNG

Die elektrische Spannung (Formelzeichen U) ist das Verhältnis der Ladung zweier Pole zueinander. Bei großen Ladungsunterschieden besteht eine hohe Spannung. Die Spannung in einem Stromnetz ist vergleichbar mit dem Druck in der Wasserleitung. Ohne Druck fließt kein Wasser, ohne Spannung also kein Strom. Gemessen wird die Spannung in Volt (V). Dazu

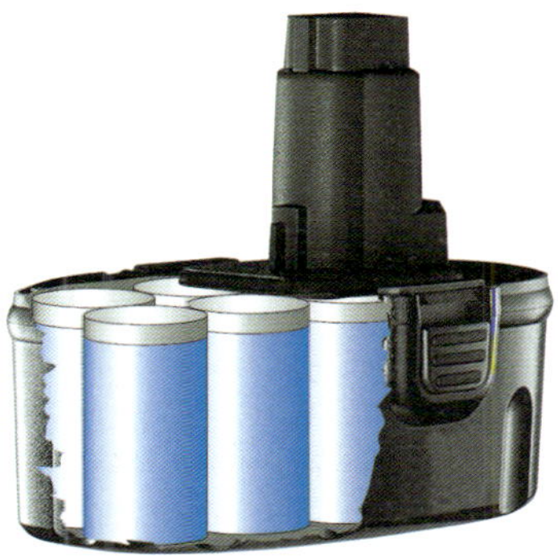

Batterie- und Akkuzellen liefern Gleichstrom. Die Akkuspannung nimmt jedoch mit zunehmender Belastung und Entladung ab.

Stationäre Maschinen gibt es oft wahlweise mit Wechselstrom- oder Drehstromanschluss. Die Drehstromgeräte haben meist stärkere Motoren.

verbindet man einen Spannungsmesser (Voltmeter) mit den beiden unter Spannung stehenden Polen.

Die Netzspannung in unserem Leitungsnetz wird mit 230 Volt beim Wechselstrom beziehungsweise 400 Volt beim Drehstrom angegeben. Wer selbst nachmisst, wird jedoch feststellen, dass diese Spannung selten exakt anliegt. Sie darf nämlich um ±10 Prozent vom Nennwert abweichen. Bis 1987 galt in Deutschland eine Nennspannung von 220 / 380 Volt, die jedoch im Rahmen internationaler Normung angepasst wurde. Im Alltag ist trotzdem oft noch von 220 oder 380 Volt die Rede.

## STROM

Elektrischer Strom fließt, wenn zwei unter Spannung stehende Pole miteinander verbunden werden, sodass der Stromkreis geschlossen ist. Die Stromstärke (Formelzeichen I) ist die Zahl der Elektronen, die in einer bestimmten Zeit durch die Leitung fließen. Sie wird in Ampere (A) gemessen. Beim Vergleich mit der Wasserleitung entspricht die Stromstärke der Wassermenge, die in einer bestimmten Zeit durch die Leitung fließt.

## WIDERSTAND

Elektrische Leitungen und angeschlossene Verbraucher setzen dem Strom einen mehr oder weniger großen Widerstand (Formelzeichen R) entgegen. Der elektrische Widerstand wird in Ohm (Ω) gemessen. Der Widerstand einer elektrischen Leitung ergibt sich aus der elektrischen Leitfähigkeit des Materials, dem Leitungsquerschnitt und der Länge der Leitung. Eine dünne Leitung hat beispielsweise einen höheren Widerstand als eine dicke, eine lange einen höheren als eine kurze. Ist der Leitungsquerschnitt für einen hohen Strom zu dünn, kommt es zu einer Erwärmung, in extremen Fällen kann die Isolation der Leitung verschmoren und gar ein Brand entstehen. Deshalb sind für die Installation im Haus bestimmte Absicherungen für die verschiedenen Leitungsquerschnitte vorgeschrieben. In Glühlampen oder Herdplatten wird dieser Effekt jedoch ausgenutzt, um Licht oder Wärme zu erzeugen.

## LEISTUNG

Die elektrische Leistung (Formelzeichen P) wird wie die physikalische Leistung allgemein in Watt (W) oder Kilowatt (kW) angegeben. Sie ist das Produkt aus Spannung und Strom. Bei einer Spannung von 230 Volt multipliziert mit einem Strom von 4,35 Ampere ergibt sich eine Leistung von 1 000,5 Watt oder zirka einem Kilowatt.

## STROMVERBRAUCH

Der Stromverbrauch ist das, was wir dem Energieversorgungsunternehmen bezahlen müssen. Physikalisch gesehen ist es die elektrische Arbeit. Sie ist das Produkt aus Leistung und Zeit.

Die Stromzähler (→ Seiten 209 ff.) messen den Verbrauch in Kilowattstunden. Ein Kilowatt Leistung über die Zeitdauer von einer Stunde ergibt eine Kilowattstunde. Zusätzlich zu den Kosten für den Stromverbrauch berechnen die meisten EVUs auch noch eine Grundgebühr und eventuell Zählergebühren.

### TIPP: TYPENSCHILD

Ein Blick auf das Typenschild informiert über die Anschlussbedingungen eines Elektrogeräts; beispielsweise, ob es sich um ein Wechselstromgerät mit 230-Volt- oder ein Drehstromgerät mit 400-Volt-Anschluss handelt. Elektroherde, mancher Backofen und manche Waschmaschine sind auch für beide Anschlussarten geeignet. Der Drehstromanschluss erfordert allerdings einen Drehstromzähler und fünfpolige Leitungen, die vom Fachmann installiert werden sollten.

# ZÄHLER UND SICHERUNGEN

Der Strom, den wir im Haushalt verbrauchen, wird von einem Stromzähler erfasst, der im Keller oder oft zusammen mit dem Stromkreisverteiler (Sicherungskasten) im Hausflur oder in der Wohnung untergebracht ist.

## HAUSANSCHLUSS

Über den Hausanschluss kommt die elektrische Energie in Ihr Haus. Hierzu verlegt das Elektrizitätsversorgungsunternehmen in der Regel ein Erdkabel bis zum Hausanschlusskasten (HAK) im Keller. Bei älteren Anlagen, die noch aus der Zeit der Freileitungen stammen, befindet sich dieser Hausanschlusskasten unter dem Dach.

Der Hausanschluss muss leicht zugänglich sein. In Mehrfamilienhäusern gibt es in der Regel einen besonderen Hausanschlussraum. Bei Neubauten sind Details möglichst mit dem Versorgungsunternehmen abzusprechen, das den Hausanschluss installiert. Im Innern des verplombten Hausanschlusskastens befinden sich die Hauptsicherungen. An diesen dürfen nur von dem jeweiligen EVU beauftragte Elektrofachkräfte arbeiten. Vom Hausanschlusskasten führt in der Regel eine Leitung zu den Stromzählern.

## STROMZÄHLER

Jeder Haushalt ist mit einem Stromzähler an das öffentliche Stromnetz angeschlossen. Je nach Art der Installation können dies unterschiedliche Zähler oder sogar mehrere sein. In älteren Modellen findet sich eine rotierende Metallscheibe hinter der transparenten Front, moderne Zähler arbeiten elektronisch und zeigen den Verbrauch auf Digitaldisplays an. Für den Laien sind Zähler tabu: Reparatur- und Manipulationsversuche daran sind nicht nur gefährlich, sondern auch strafbar.

## STROMKREISVERTEILER

Direkt am Zähler oder bei neueren Installationen meist in der Wohnung befindet sich der Stromkreisverteiler. Er teilt die Hauptleitung in mehrere Stromkreise auf. Für jeden Wechselstromkreis gibt es eine eigene Sicherung (Drehstromkreise haben drei), die im Fehlerfall anspricht.

Neben Sicherungen können sich je nach Wohnungsinstallation im Stromkreisverteiler auch FI-Schutzschalter (→ Seite 212), Relais, Schaltuhren, der Transformator für die Haussprechanlage und Steuerungen befinden.

## SICHERUNGEN

Sicherungen sollen die Elektroinstallation vor zu hohem Stromfluss schützen, der Leitungen und Geräte zerstören und einen Brand auslösen könnte. Ein solcher Überstrom fließt, wenn zu viele und zu starke Verbraucher an eine Leitung angeschlossen werden oder es zu einem Kurzschluss kommt.

Einen Kurzschluss gibt es, wenn sich die spannungsführenden Phasen einer Leitung direkt berühren beziehungsweise mit dem Neutralleiter, dem Schutzleiter oder einem geerdeten, leitfähigen Teil in Kontakt kommen. Aufgabe der Sicherung ist es, in einem solchen Fall sofort die spannungsführende Phase abzuschalten.

Der Hausanschlusskasten ist die Verbindung der Elektroinstallation im Haus mit dem öffentlichen Versorgungsnetz. Er befindet sich meist im Keller.

Bevor die Stromleitung in die Wohnung führt, läuft sie durch den Stromzähler. An diesem älteren Modell befinden sich hier auch die Sicherungen für die Stromkreise.

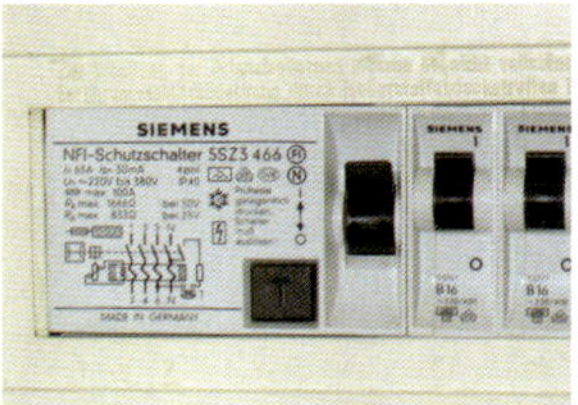


Bei neueren Installationen befindet sich der Stromkreisverteiler meist in der Wohnung. Für jeden Stromkreis gibt es hier eine Sicherung. Alle Stromkreise, die Steckdosen, das Bad oder den Aussenbereich versorgen, sind zusätzlich mit FI-Schaltern geschützt.

In Wohnungsinstallationen sind zwei Arten von Sicherungen üblich: Schmelzsicherungen und Leitungsschutzschalter, in der Umgangssprache auch Sicherungsautomaten genannt. Schmelzsicherungen bestehen aus einem mit Quarzsand gefüllten Porzellankörper, in dem sich ein Schmelzleiter befindet. Der Schmelzleiter, meist ein Silber- oder Kupferdraht, verläuft vom Fußkontakt längs durch die Quarzsandfüllung zum Kopfkontakt, an dem ein farbiger Punkt als Kennmelder angebracht ist. Dieser sitzt auf einer Feder und ist mit einem dünnen Haltedraht zum Fußkontakt gespannt.

Fließt ein Überstrom durch die Sicherung, schmilzt der Schmelzleiter und unterbricht die elektrische Verbindung. Auch der Haltedraht schmilzt, und die Feder lässt den nun losen Kennmelder herausspringen. Am Fehlen des farbigen Punktes sollte man erkennen, dass die Sicherung „durchgebrannt" ist. Ab und zu fällt der farbige Punkt jedoch nicht gleich ab. Bei genauem Betrachten lässt sich jedoch in der Regel erkennen, dass der Farbpunkt locker ist und die Sicherung ihren Dienst getan hat.

Schmelzsicherungen werden mit einer Schraubkappe in den Sicherungssockel im Stromkreisverteiler geschraubt. Achten Sie darauf, dass das Glas in der Kappe vorhanden ist, denn nur mit Glas ist ein Berührungsschutz gegeben. Um zu verhindern, dass zu starke Sicherungen in den Sicherungssockel geschraubt werden, befinden sich farbige Passeinsätze im Sicherungssockel. Für jede Stromstärke gibt es jeweils unterschiedliche Größen und Farben. Die selben Farben befinden sich auch auf den Kennmeldern der Sicherungen (→ Tabelle rechts).

Bei Wohnungsinstallationen findet man überwiegend Sicherungen mit zehn und 16 Ampere. In manchen Altbauinstallationen sind die Leitungen jedoch noch mit sechs Ampere abgesichert. Solche Leitungen lassen sich gegebenenfalls auch mit zehn Ampere schützen. Fragen Sie Ihren Elektroinstallateur.

Beim Auswechseln einer Schmelzsicherung ist noch zu beachten, dass es zwei Bauformen gibt. Sicherungen der Bauform DIAZED, auch D-System genannt, unterscheiden sich von der Bauform NEOZED, auch D0-System genannt, in Durchmesser, den Gewindegrößen der Schraubkappen und den technischen Eigenschaften.

In der Schmelzsicherung verläuft ein dünner Draht, der bei zu hohem Stromfluss durchschmilzt.

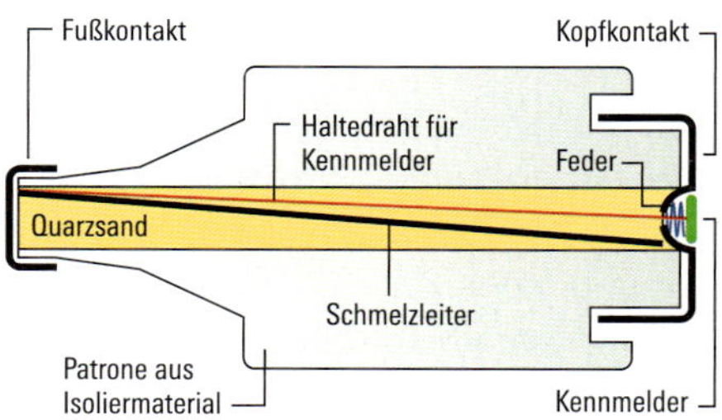


Damit sich die Sicherung in den Sicherungssockel einschrauben lässt, muss die Kennfarbe des Passeinsatzes mit der des Kennmelders der Sicherung übereinstimmen.

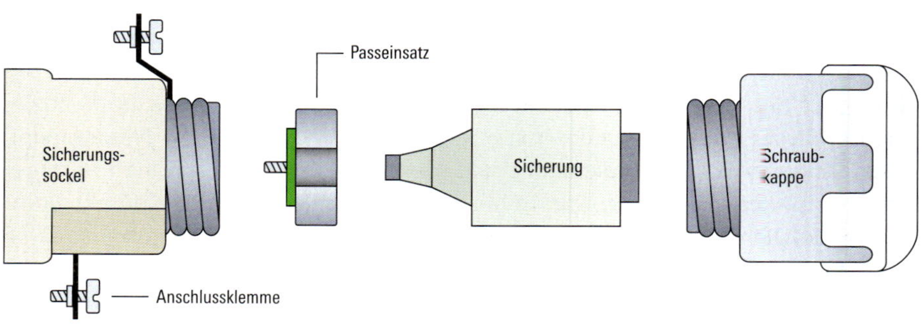

Eine durchgebrannte Schmelzsicherung kann nicht wiederverwendet werden. Sie ist, wenn die Schadensursache behoben ist, durch eine neue zu ersetzen. Deshalb sollte man immer einige Ersatzsicherungen in den verwendeten Stärken bereithalten.

Leitungsschutzschalter können dagegen nach dem Auslösen erneut wieder eingeschaltet werden.

Sicherungsschraubautomaten lassen sich anstelle von Schmelzsicherungen in den Sicherungssockel einschrauben, vorausgesetzt, die Stromstärke stimmt überein. Sie können also Ihre Schmelzsicherungen durch Schraubautomaten austauschen und brauchen nie wieder neue Schmelzsicherungen kaufen. Allerdings kostet ein Sicherungsschraubautomat mit rund 15 Euro etwa zwanzigmal so viel wie eine Schmelzsicherung (0,75 Euro).

Bei Sicherungsschraubautomaten wird der schwarze Knopf in der Mitte hineingedrückt, um die Spannung einzuschalten. Beim Druck auf den kleinen roten Knopf springt der schwarze Knopf wieder heraus und die Spannungsversorgung ist unterbrochen. Springt die Sicherung heraus, kann sie einfach wieder eingeschaltet werden, nachdem der Fehler beseitigt wurde. In neueren Anlagen gibt es keine Sockel für Schmelzsicherungen oder Schraubautomaten mehr. Hier sind die Leitungsschutzschalter auf einer Montageschiene, Hutschiene genannt, im Stromkreisverteiler aneinandergereiht. Sie haben einen Kippschalter, der bei einem Überstrom herunterspringt. An der Stellung des Kippschalters können Sie erkennen, ob ein Stromkreis unter Spannung steht oder die Sicherung „herausgesprungen" ist. Zeigt der Hebel nach oben, ist der Stromkreis eingeschaltet, steht er unten, ist der Stromkreis spannungsfrei.

Wenn eine Sicherung herausspringt oder durchbrennt, ist das ein Zeichen für eine Überlastung des Stromkreises, die unterschiedliche Ursachen haben kann:

- Es kann ein zu hoher Stromverbrauch sein, weil zu viele und zu starke Geräte an diesen Stromkreis gleichzeitig betrieben wurden. Um eine solche Überlast zu vermeiden, sollten Sie einzelne Geräte von diesem Stromkreis trennen und über ei-

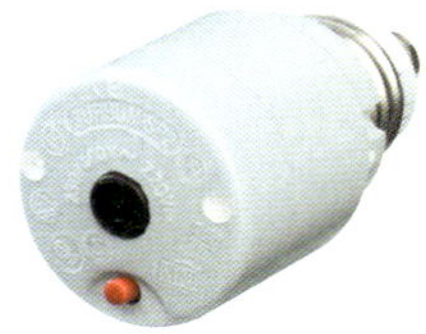

Sicherungsschraubautomaten lassen sich anstelle herkömmlicher Schmelzsicherungen verwenden.

**FARBEN VON PASSEINSATZ UND KENNMELDER**

Farben kennzeichnen den Nennstrom, für den Schmelzsicherungen ausgelegt sind. Neben den DIAZED-Sicherungen gibt es auch das kompaktere NEOZED-System (Muster unten links im Bild).

| Nennstrom in Ampere | Farbe | Größe, Gewinde DIAZED | Größe, Gewinde NEOZED |
|---|---|---|---|
| 6 | grün | D II, E 27 | D 01, E 14 |
| 10 | rot | D II, E 27 | D 01, E 14 |
| 16 | grau | D II, E 27 | D 01, E 14 |
| 20 | blau | D II, E 27 | D 02, E 18 |
| 25 | gelb | D II, E 27 | D 02, E 18 |
| 32 | schwarz | D III, E 33 | D 02, E 18 |
| 35 | schwarz | D III, E 33 | D 02, E 18 |
| 40 | schwarz | D III, E 33 | D 02, E 18 |
| 50 | weiß | D III, E 33 | D 02, E 18 |
| 63 | kupfer | D III, E 33 | D 02, E 18 |

**TIPP: ERSATZSICHERUNGEN**

Durchgebrannte Schmelzsicherungen dürfen nur durch neue Sicherungen ersetzt werden, Flicken ist grundsätzlich verboten. Es empfiehlt sich deshalb, Ersatzsicherungen auf Vorrat zu kaufen. Am besten überprüfen Sie, mit welchen Sicherungen die Stromkreise in Ihrer Wohnung abgesichert sind und legen sich von jeder Stromstärke drei Ersatzsicherungen zu.

In den heute gängigen Wohnungsinstallationen sind im Stromkreisverteiler Sicherungen für jeden Stromkreis, FI-Schutzschalter Relais und Steuerungsgeräte aneinandergereiht.

nen anderen Stromkreis versorgen.

- Eine weitere Ursache für die Überlastung kann ein Fehler in einem angeschlossenen Gerät sein. Dieser Fehler lässt sich relativ leicht lokalisieren, weil die Sicherung nur dann herausspringt, wenn dieses Gerät angeschlossen oder eingeschaltet wird, obwohl keine Überlastung zusammen mit anderen Stromverbrauchern vorliegt.
- Die dritte Fehlerquelle ist ein Schaden im Leitungsnetz selbst. Diesen erkennen Sie meist daran, dass die Sicherung herausspringt, obwohl Sie alle Verbraucher vom Netz getrennt haben.

Ältere Sicherungsschraubautomaten und Leitungsschutzschalter reagieren oft sehr empfindlich und springen beim Einschalten von stärkeren Motoren, zum Beispiel des neuen Staubsaugers, heraus, obwohl der Nennstrom des Geräts die Leitung noch nicht überlasten dürfte. Grund der Überlastung ist der kurzzeitige hohe Strom, der beim Anlaufen des Motors fließt. Er beträgt oft das Zwei- bis Dreifache des Wertes, der sich aus der Leistungsangabe auf dem Typenschild ergibt.

Abhilfe kann hier das Austauschen des Automaten gegen einen neuen bringen. Die Ursache kann jedoch auch in Ihrer Elektroinstallation liegen. Sprechen Sie mit Ihrem Elektroinstallateur darüber (beziehungsweise bitten Sie Ihren Vermieter, dies zu tun). Er kann Ihre Installation prüfen, beurteilen und Lösungen anbieten. Fragen Sie ihn gezielt nach einem E-Check. Wie im Kapitel „Grundregeln für die Sicherheit" schon erwähnt, hört am Stromkreisverteiler jede Heimwerkerarbeit auf. Stromkreisverteiler können oft, vor allem bei älteren Installationen, auch nur durch das Öffnen von plombierten Verschlüssen spannungsfrei geschaltet werden.

Eine weitere Möglichkeit ist es, bei der Anschaffung eines neuen Haushaltsgeräts darauf zu achten, dass dieses eine Anlaufstrombegrenzung besitzt. Hier wird das Anlaufen des Motors elektronisch verlangsamt und die hohe Stromspitze vermieden.

## RCD (FI-SCHUTZSCHALTER)

Auch ein Fehlerstrom-Schutzschalter (früher FI-Schutzschalter, heute RCD genannt – Residual Current protective Device) befindet sich in vielen Stromkreisverteilern. Er ist in Deutschland bei Neuinstallationen für Bad- und Au-

### TIPP: SANFT EINSCHALTEN

Wenn die Sicherung beim Einschalten des Staubsaugers herausspringt, weil der Motor einen zu hohen Einschaltstrom zieht, gehen Sie wie folgt vor: Moderne Staubsauger verfügen über einen Regler zum Einstellen der Saugkraft. Stellen Sie vor dem Einschalten diesen Regler auf die niedrigste Stufe. Schalten Sie dann den Staubsauger ein. Anschließend können Sie die gewünschte Saugkraft, zum Beispiel die höchste Stufe, einstellen.

ßenbereichsstromkreise vorgeschrieben, seit 2007 müssen auch Steckdosen zusätzlich durch einen FI-Schalter geschützt werden. Im Gegensatz zu Leitungsschutzschaltern, die nur bei Überlastung abschalten, messen FI-Schutzschalter den Strom vor und hinter dem Verbraucher. Schon bei einem kleinen Fehler (30 Milliampere Differenz), zum Beispiel durch Berührung eines spannungsführenden Teils, schaltet der FI-Schutzschalter in Sekundenbruchteilen (0,03 Sekunden) ab, damit es nicht zu einem gefährlichen Stromfluss über den Körper kommt. FI-Schutzschalter werden zusammen mit einer Sicherung verwendet oder schützen in der Ausführung FI/LS (Fehlerstrom-Schutzschalter mit Überstromauslöser) zugleich auch die Leitung.

## RELAIS UND UHREN

Neben den Leitungsschutzschaltern befinden sich im Stromkreisverteiler oft noch weitere Geräte. Relais sind Schalter, die über einen Taster angesteuert werden und zum Beispiel die Beleuchtung ein- und ausschalten. Sie ersetzen heutzutage in vielen Fällen die klassische Wechselschaltung (→ Seiten 236 ff.). Auch Treppenlicht-Zeitschalter für das automatische Abschalten von Flur- oder Treppenhauslicht finden im Stromkreisverteiler Platz, ebenso Schaltuhren für die Fußbodenheizung im Bad oder die Beleuchtung im Garten. Bei neuen Installationen werden immer mehr elektronische Schaltgeräte im Stromkreisverteiler untergebracht. Wenn ein neuer Stromkreisverteiler installiert wird, sollten daher genügend Reserveplätze eingeplant werden.

Der FI-Schutzschalter bewahrt vor gefährlichen Körperströmen. Seine Funktion sollte durch Drücken der Prüftaste in regelmäßigen Abständen (alle sechs Monate bei diesem Modell) kontrolliert werden.

### TIPP: RCDS SCHÜTZEN LEBEN

Der Einbau von **FI–SCHUTZSCHALTERN** ist bei Neuinstallationen für Steckdosen, Bad- und Außenbereichsstromkreise vorgeschrieben. Da sie wirklich Leben retten können, ist ihre Verwendung für alle Stromkreise des Hauses angebracht. Klären Sie mit Ihrem Elektroinstallateur, wie viele RCDs für welche Stromkreise sinnvoll sind. Besonders wichtig: Das Auslösen eines RCDs beispielsweise für Heizung oder Tiefkühltruhe sollte nicht unbemerkt bleiben. In der Praxis kann dies etwa bedeuten, dass der RCD der Kühltruhe auch das Wohnzimmerlicht schützt und so der Ausfall schnell bemerkt wird.

Nicht immer ist es möglich, gleich die gesamte Elektroinstallation einer Wohnung zu erneuern. Dennoch können Sie auch hier punktuell für mehr Sicherheit sorgen: **FI-STECKDOSEN** lassen sich beispielsweise im Bad nachrüsten. Sind mehrere Steckdosen unmittelbar nebeneinander angeordnet, lassen sie sich durch eine gemeinsame FI-Steckdose schützen.

In Häusern mit alter, nicht FI-geschützter Installation sichert Sie ein **PERSONENSCHUTZSTECKER** – etwa beim Rasenmähen oder Heckenschneiden. Diese finden sich im Handel – entweder als Zwischenstecker oder als Verlängerungsleitung.

**1** Auch Relais sind heute im Stromkreisverteiler zu finden. Mit ihnen können zum Beispiel Stromkreise per Taster von mehreren Stellen ausgeschaltet werden.

**2** Der Leitungsschutzschalter (rechts) und der Zeitschalter fürs Treppenhauslicht passen nebeneinander auf die Hutschiene des Stromkreisverteilers. Am Stellrad des Treppenlicht-Zeitschalters lässt sich die Einschaltdauer einstellen. Mit dem Schalter kann von Automatik- auf Dauerbetrieb umgeschaltet werden.

**3** Klingel- und Türsprechanlagen werden mit Kleinspannung betrieben. Transformator, Gleichrichter und Relais dafür sind oft neben dem Stromkreisverteiler untergebracht, können sich aber auch direkt im Stromkreisverteiler befinden.

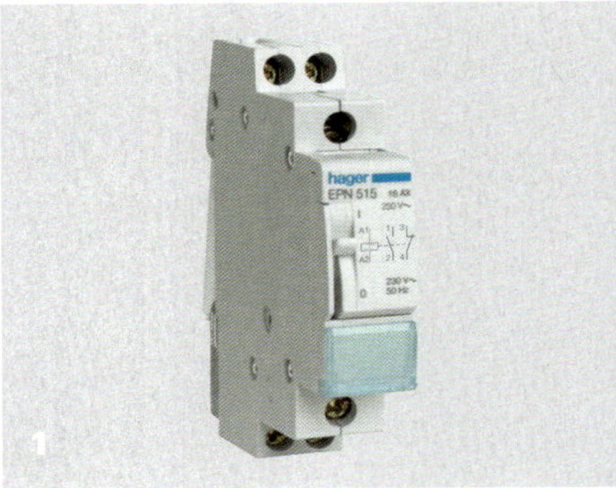

1

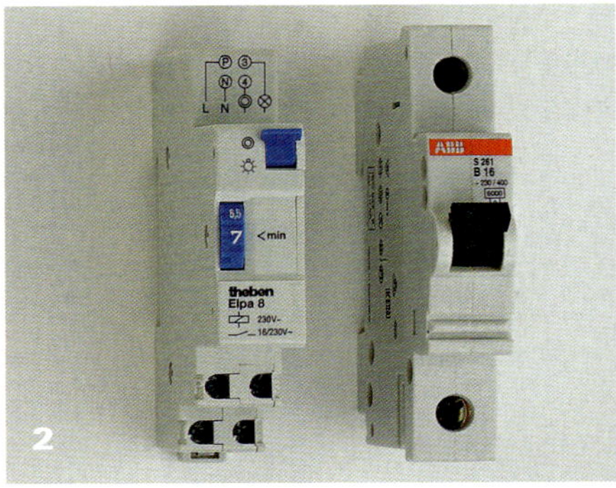

2

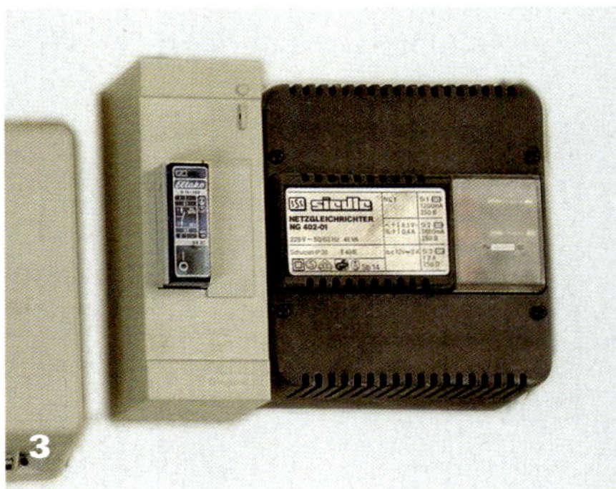
3

## NETZFREISCHALTER

Wer in seinem Schlafzimmer schädliche Einflüsse elektrischer Felder befürchtet, kann die Leitung mit einem Netzfreischalter trennen. Voraussetzung ist, dass das Schlafzimmer mit einem eigenen Stromkreis versorgt wird oder an einem Stromkreis hängt, mit dem keine anderen dauernd laufenden Stromverbraucher versorgt werden.

Für diesen Stromkreis kann im Stromkreisverteiler hinter der Sicherung ein Netzfreischalter eingebaut werden. Er trennt die Leitung vom 230-Volt-Wechselstromnetz, sobald alle Verbraucher ausgeschaltet sind, und speist eine niedrige Überwachungsgleichspannung ein. Wird ein elektrischer Verbraucher eingeschaltet, erkennt dies der Netzfreischalter und stellt die Verbindung zum Wechselstrom wieder her. Das System funktioniert nur, wenn wirklich alle elektrischen Verbraucher, also auch Radiowecker, Glimmleuchten und Steckernetzteile ausgeschaltet beziehungsweise ausgesteckt sind. Auch in Kombination mit Dimmern kann es zu Problemen bei der Funktion des Netzfreischalters kommen.

## KLINGELTRANSFORMATOR

Bei älteren Anlagen oft neben dem Stromkreisverteiler, bei neuerer auch darin, können Transformator und Gleichrichter für die Kleinspannung der Türklingel oder einer Haussprechanlage untergebracht sein. Beachten Sie, dass die Kleinspannungsleitungen nicht direkt mit den Wechselstromleitungen zusammen verlegt werden dürfen. Wollen Sie eine Türsprechanlage nachrüsten, kaufen Sie möglichst eine Anlage, die mit den bereits verlegten Drähten auskommt (→ Seite 260).

# LEITUNGEN UND KABEL

Leitungen und Kabel sind das „Nervennetz" der Elektroinstallation. Für ihre Beschaffenheit und Verlegung gibt es exakte Vorschriften. Zur Übertragung von elektrischer Energie werden Leiter aus Kupfer-, früher auch aus Aluminiumdraht verwendet. Die Drähte sind isoliert und werden als Adern bezeichnet. Eine Leitung besteht aus einer oder mehreren Adern, die von einem Mantel geschützt werden. Ist dieser Mantel besonders robust, so dass die Leitung im Erdreich, in Wasser oder direkt in Beton verlegt werden kann, spricht der Fachmann von einem Kabel und nicht von einer Leitung.

Elektrische Leitungen gibt es für feste Verlegung (in der Wand oder auf der Wand) und für bewegliche Anschlüsse von elektrischen Geräten.

Leitungen für feste Verlegung sind wenig flexibel. Nach dem Biegen behalten sie ihre Form bei. Flexible Anschlussleitungen für Geräte haben Adern aus gebündelten, dünnen Kupferdrähten, Litzen genannt.

Die einzelnen Adern einer Leitung haben unterschiedliche Farben, die bei der Installation zu beachten sind. Die gelbgrüne Ader dient als Schutzleiter (PE vom englischen Protective Earth). Sie darf für keinen anderen Zweck verwendet werden. Die blaue Ader ist normalerweise der Neutralleiter (N). Sie kann aber auch für andere Zwecke, wie zum Beispiel als geschaltete Ader, verwendet werden. Braune, schwarze und graue Adern werden für die spannungsführenden Phasen (L oder L 1, L 2, L 3) benutzt.

Leitungen für feste Verlegung und für bewegliche Anschlüsse gibt es in unterschiedlichen Varianten.

Den Aderquerschnitt berechnet der Fachmann anhand der Leistung, die an die Leitung angeschlossen wird, ob Wechsel- oder Drehstrom übertragen wird. Beispiel: Zum Anschluss von Steckdosen in typischen Wohn- oder Schlafräumen reicht bei einer Leitungslänge von bis zu 15 Metern (gemessen vom Stromkreisverteiler bis zur letzten Steckdose) ein Adernquerschnitt von 1,5 $mm^2$. Der Stromkreis ist dabei mit einem Leitungsschutzschalter für einen Nennstrom von 16 Ampere gesichert. Sind – etwa in Küche oder Hauswirtschaftsraum – häufig Geräte im Betrieb, die eine höhere Leistung aus dem Netz forden (beispielsweise Waschmaschine oder Ofen), sollten die Steckdosen dort generell mit Leitungen größeren Querschitts angeschlossen werden, also 2,5 $mm^2$.

Überschreitet die Distanz von Stromkreisverteiler zur letzten Steckdose 15 Meter, ist ein Leitungsquerschnitt von 2,5 $mm^2$ ebenfalls angemessen. Die Querschnittsangaben beziehen sich auf Kupferdrähte.

Die Isolierung wählt der Fachmann nach der Art, in der die Leitung verlegt wird (auf oder unter Putz, im Kanal oder in der Isolierung von Wänden und Dächern). Auch die Umgebungstemperatur, die Häufung von Leitungen, welche gleichzeitig belastet werden und nebeneinander verlegt sind, die Leitungslänge und die Absicherung sind zu berücksichtigen.

Alle Leitungen sind mit genormten Kurzkennzeichen versehen, zum Beispiel bisher NYA für eine eindrähtige PVC-Aderleitung. Für Verwirrung sorgt jedoch die Umstellung der nationalen

## FARBEN NICHT VERWECHSELN

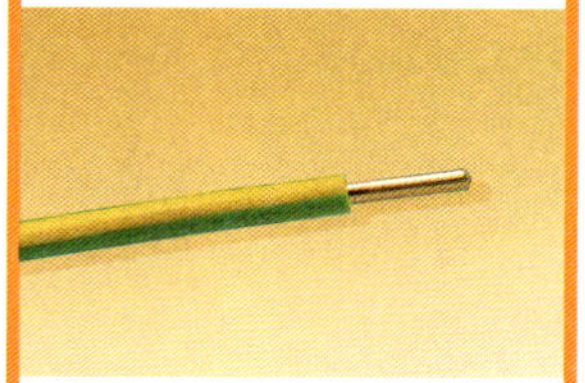

Die **grün-gelbe** Ader darf nur für den Schutzleiter verwendet werden. Die **blaue Ader** ist für den Neutralleiter vorgesehen.

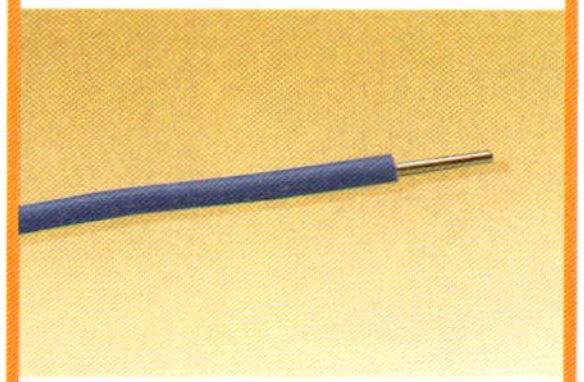

Nur wenn dieser nicht gebraucht wird, wie bei einer Wechselschaltung, kann die blaue Ader anders benutzt werden.

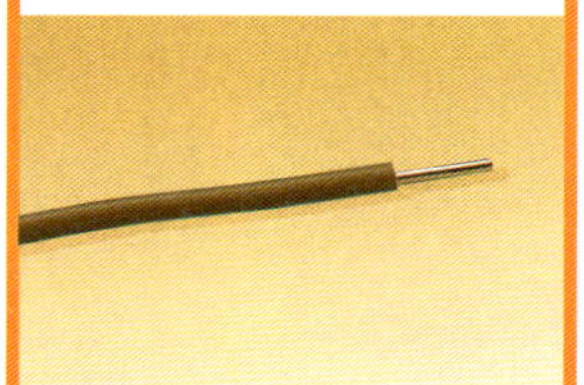

**Braun, schwarz oder grau** sind die spannungsführenden Leiter (Phasen).

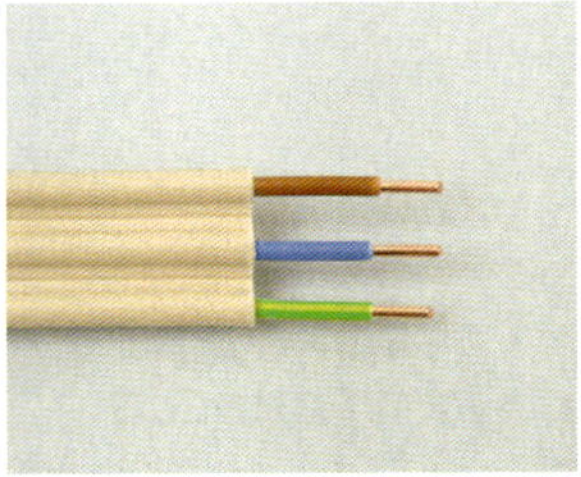

Stegleitung

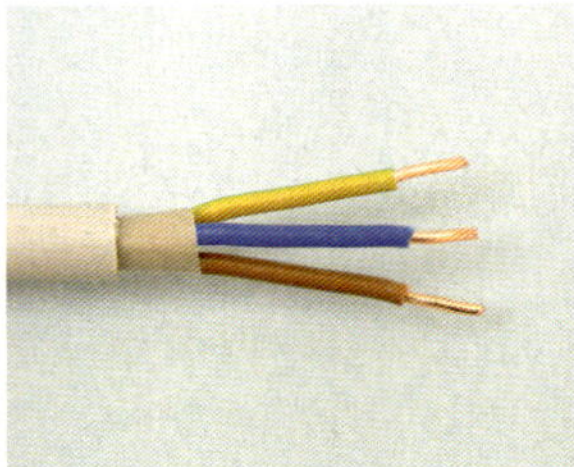

Mantelleitung

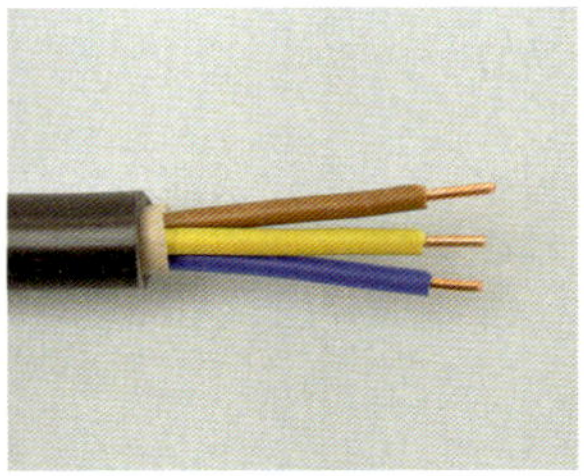

Erdkabel

Bezeichnungen in harmonisierte europaweite Bezeichnungen, nach denen die eindrähtige PVC-Aderleitung jetzt H 07 V-U heißt. Allerdings gibt es noch längst nicht für alle Leitungen die neuen Bezeichnungen. In der folgenden Auflistung sind deshalb in den Klammern zuerst die neue und dann die alte Bezeichnung genannt.

## LEITUNGEN FÜR FESTE VERLEGUNG

**Mantelleitung** (–/NYM-J) für die feste Verlegung über, auf, im und unter Putz, in trockenen, feuchten und nassen Räumen, für kurze Strecken auch im Freien (im Schutzrohr). Nicht zulässig für die Verlegung im Erdreich.

**Stegleitung** (–/NYIF) für feste Verlegung nur in trockenen Räumen, nur im oder unter Putz, auch für Bade- und Duschräume, dort nur außerhalb der Schutzbereiche 0 bis 2. Nicht zulässig für Verlegung auf brennbaren Materialien (auch bei Putzabdeckung), in Hohldecken und -wänden, unter Streckmetall, Drahtgewebe oder wenn Gipskartonplatten geschraubt oder genagelt werden, im Freien, im Erdreich.

### TIPP: ALU UND KUPFER

Besonders in den neuen Bundesländern finden sich in Altbauten häufig Installationsleitungen aus Aluminium. Sollen diese – etwa in einer Abzweigdose – mit Kupferadern verbunden werden, gibt es Probleme. Sie dürfen Alu- und Kupferleitungen nicht einfach – etwa mit einer Lüsterklemme – aufeinanderklemmen. Für Federklemmen gibt es Kontaktpaste, die ein sicheres Miteinander von Kupfer und Alu ermöglicht.

**Erdkabel** (–/NYY) für die feste Verlegung in Innenräumen, im Freien, im Erdreich, auch in Wasser und Beton, wenn nachträgliche Beschädigungen ausgeschlossen werden können.

**PVC-Aderleitung** (H 07 V-U/NYA) nur für die Verlegung in festen Rohren und innerhalb elektrischer Betriebsmittel (Stromkreisverteiler).

**Nachrichtenleitung** (–/J-Y(ST)Y) für feste Verlegung in, auf und unter Putz, in trockenen und feuchten Räumen sowie im Freien an Außenwänden von Gebäuden, für Nachrichten- und Kommunikationstechnik, Telefon, Fax, Haussprechanlagen, Alarmanlagen.

## LEITUNGEN FÜR BEWEGLICHE ANSCHLÜSSE

**PVC-Schlauchleitung** (H 03 VV-F/NYLHY) für den Anschluss ortsveränderlicher Verbraucher in trockenen Räumen, bei geringen mechanischen Beanspruchungen, zum Beispiel für leichte Handgeräte oder Standleuchten. Für mittlere mechanische Beanspruchung, für Hausgeräte wie Kühlschrank oder Wäscheschleuder sowie in Feuchträumen kommt eine PVC-Schlauchleitung des Typs H 05 VV-F/NYMHY zum Einsatz.

**Gummischlauchleitungen** (H 05 RR-F/NMH) für den Anschluss ortsveränderlicher Verbraucher in trockenen Räumen bei geringer mechanischer Beanspruchung zum Beispiel für Küchengeräte.

(H 05 RN-F/NYMHöu) für den Anschluss ortsveränderlicher Verbraucher in trockenen, feuchten und nassen Räumen sowie im Freien bei geringer mechanischer Beanspruchung, zum Beispiel für Gartengeräte. H 05 RN-F darf mit Fetten und Ölen in Berührung kommen.

(H 07 RN-F/NMHöu) für den Anschluss ortsveränderlicher Verbraucher in trockenen, feuchten und nassen Räumen und im Freien bei mittlerer mechanischer Beanspruchung für Handmaschinen, wie zum Beispiel Bohrmaschinen. Auch in der Landwirtschaft, auf Baustellen und in Nutzwasser einsetzbar.

Beachten Sie, dass bei der Elektroinstallation und beim Anschluss von Elektrogeräten nur zugelassene und geprüfte Leitungen verwendet werden dürfen.

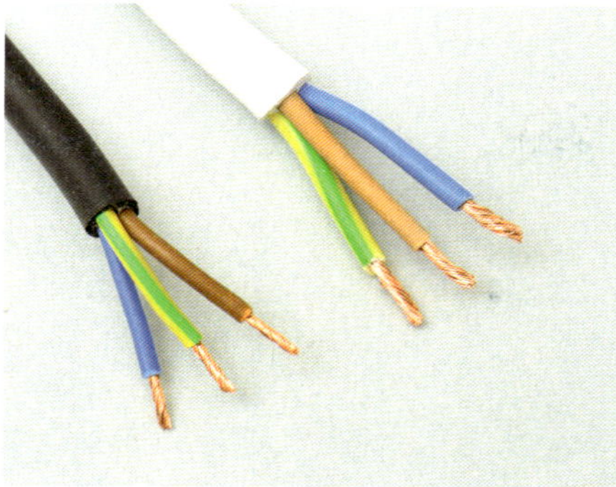

Leitungen für bewegliche Anschlüsse (von links): Gummischlauchleitung dreiadrig und PVC Schlauchleitung dreiadrig

## INSTALLATIONSZONEN

Elektrische Leitungen werden überwiegend unter Putz verlegt. Damit man aber später in etwa weiß, wo die Leitungen liegen, dürfen sie nur senkrecht und waagerecht innerhalb bestimmter Installationszonen verlegt werden. Anhand der Position von Schaltern, Steckdosen und Abzweigdosen lässt sich so abschätzen, wo die Leitungen verlaufen. Bevor Sie jedoch einen Nagel in die Wand schlagen oder ein Dübelloch bohren, sollten Sie sicherheitshalber mit einem Leitungssuchgerät die Wand erkunden, damit Sie nicht doch auf eine Leitung treffen.

Die Mitte der 30 Zentimeter breiten, waagerechten Installationszonen verläuft 30 Zentimeter (von 15 bis 45 Zentimeter Höhe) über dem Boden und ebenso 30 Zentimeter unter der Raumdecke.

In der Küche kommt noch eine mittlere, 30 Zentimeter breite Installationszone über der Arbeitsplatte hinzu. Sie verläuft 115 Zentimeter (von 100 bis 130 Zentimeter Höhe) über dem Boden (bei alten Installationen von 90 bis 120 Zentimeter Höhe).

Die senkrechten Installationszonen sind 20 Zentimeter breit. Sie beginnen 10 Zentimeter neben Türen, Fenstern und Raumecken und enden bei 30 Zentimetern (von der Rohbaukante aus gemessen). Schalter und Steckdosen werden mit ihrer Mitte standardmäßig 15 Zentimeter neben Türen, Fenstern und Raumecken (ebenfalls von der Rohbaukante aus gemessen) angebracht.

Steckdosen und Schalter sollen möglichst in diesen Installationszonen untergebracht werden. Wo dies nicht der Fall ist, werden Schalter und Steckdosen mit senkrecht geführten Stichleitungen von der nächsten waagerechten Installationszone aus angeschlossen. Lichtschalter werden vorzugsweise in den senkrechten Installationszonen so angeordnet, dass die Mitte des obersten Schalters auf einer Höhe von 105 Zentimetern ist. Steckdosen werden in der waagerechten Installationszone 30 Zentimeter über dem Fußboden installiert. Unter Lichtschaltern sind Steckdosen für das kurzzeitige Anschließen beispielsweise eines Staubsaugers ganz praktisch. In der Küche sitzen Schalter und

### TIPP: ANBOHREN VERMEIDEN

Bohren Sie möglichst nicht über Steckdosen und Schaltern und auch nicht auf der gleichen Höhe daneben.
Ist es erforderlich, in der Nähe von elektrischen Leitungen zu bohren, müssen Sie unbedingt den Leitungsverlauf mit einem Leitungssuchgerät erkunden (→ Seite 251).

Installationszonen in Räumen ohne Arbeitsflächen an den Wänden wie zum Beispiel Wohn- oder Schlafzimmer.

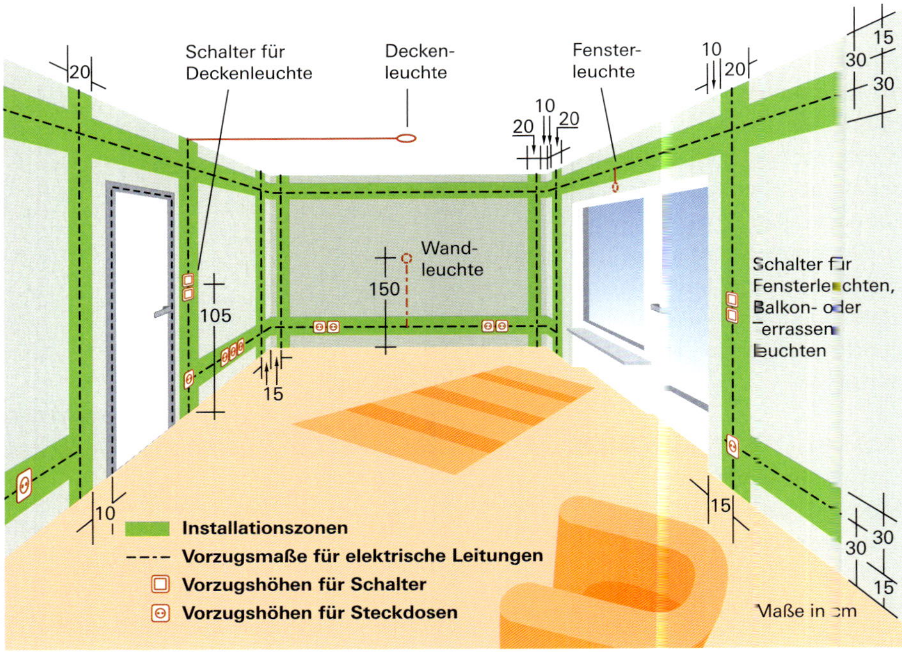


Steckdosen auch über der Arbeitsplatte auf 115 Zentimeter Höhe. Die Steckdosen für Einbaugeräte wie Geschirrspüler und Waschmaschine befinden sich 30 Zentimeter über dem Boden.

Nur die Herdanschlussdose wird zum Teil etwas niedriger (20 Zentimeter Höhe) montiert.

Im Bad gelten besondere Schutzbereiche entsprechend DIN VDE 0100-701.

Räume mit Arbeitsflächen an den Wänden, wie zum Beispiel die Küche, haben in etwa ein Meter Höhe eine 30 Zentimeter breite Installationszone.

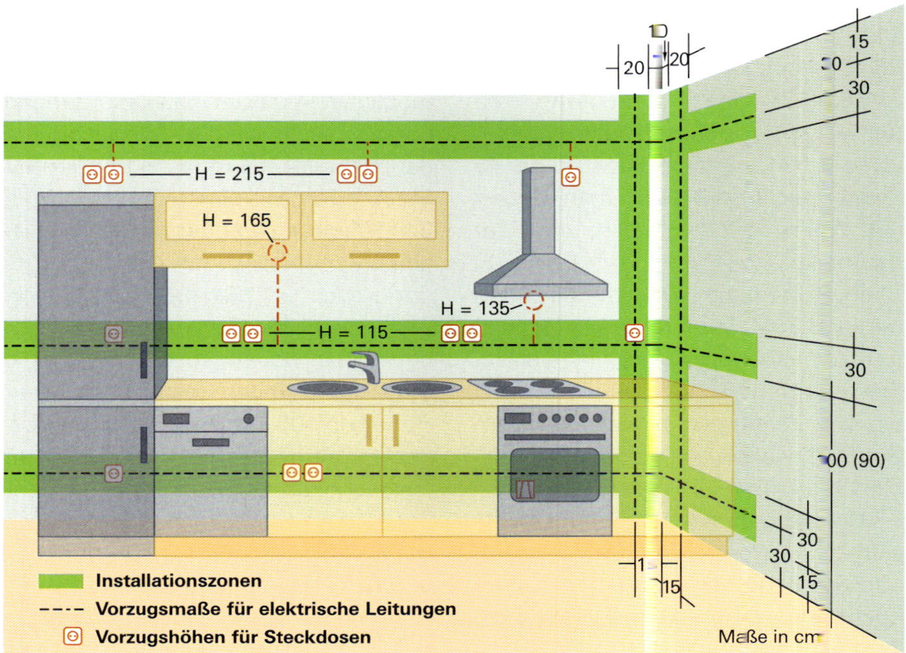

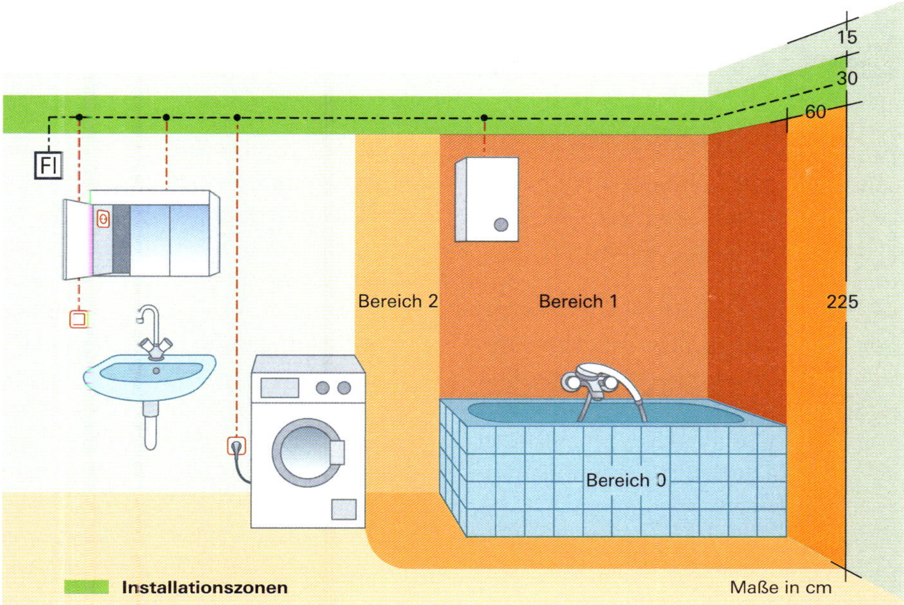


Für Räume mit Badewanne oder Dusche gelten besondere Installationsbereiche.

Bereich 0 ist das Innere der Bade- oder Duschwanne. Sie fragen sich, warum Vorschriften für Elektroinstallationen in der Badewanne verabschiedet werden? Whirlpools beispielsweise sind meist beleuchtet. Dafür sind nur wasserdichte Schwachstromleuchten erlaubt; der nötige Trafo darf frühestens im Bereich 2 (siehe Grafik) platziert werden. Andere elektrische Geräte oder Anschlüsse im Bereich 0 sind verboten.

Bereich 1 ist der unter- und oberhalb der Wanne. Hier dürfen nur Verbraucher wie der Wassererwärmer, Pumpen für den Whirlpool, Abluftgeräte sowie wasserdichte und spritzwassergeschützte Schwachstromleuchten fest installiert werden.

An die Zone 1 schließt sich unmittelbar der 60 Zentimeter breite Streifen des Bereichs 2 an. In diesem Bereich dürfen spritzwassergeschützte Verbindungs- und Anschlussdosen installiert werden, wenn sie im Bereich 1 zulässige Geräte mit Strom versorgen. Außerdem sind dort spritzwassergeschützte Lichtschalter und Hochvoltleuchten erlaubt. Die Bereiche 1 und 2 enden 225 Zentimeter über dem Boden. Zur Klarstellung: In keinem dieser drei Bereiche darf eine Steckdose installiert werden! Abzweigdosen (immer unter Putz) sind in den Bereichen 1 und 2 nur zulässig, wenn sie die erwähnten Geräte versorgen.

Falls Sie gerade renovieren und dabei auch andere Leitungen im Haus verlegen: Auf Putz und bis zu sechs Zentimeter unter dem Putz dürfen durchs Bad nur Leitungen führen, die dort enden. Können Sie die Leitungen tiefer im Mauerwerk versenken, darf zum Beispiel auch die Leitung zur Küche durch die Badezimmerwand geführt werden.

Bei einer Neuinstallation müssen alle Stromkreise eines Bades (außer der für Wasserwärmer) mit FI-Schaltern für einen Fehlerstrom von 30 Milliampere geschützt werden. Fehlt dies in einem älteren Bad, können Sie mit der Montage von FI-Steckdosen (→ Seite 213) für mehr Sicherheit sorgen.

# ELEKTRIKERWERKZEUGE

Auf den einpoligen Phasenprüfer sollte man sich nicht verlassen.

Zweipolige Spannungsprüfer sind verlässlich und zeigen meist auch den Spannungsbereich an.

Für sicheres Arbeiten an elektrischen Leitungen und Geräten benötigen Sie geeignetes Werkzeug zum Messen, Schrauben und Abisolieren.

## SPANNUNGSPRÜFER

Der Spannungsprüfer in seiner einfachsten Ausführung (einpoliger Phasenprüfer) ähnelt einem Schraubendreher. Er eignet sich deshalb auch, um die kleinen Schlitzschrauben in Schalterdeckeln oder Klemmen herauszuschrauben. Aber das ist nicht seine eigentliche Aufgabe. Der Spannungsprüfer soll anzeigen, ob eine Leitung unter Spannung steht. Dafür befindet sich in seinem durchsichtigen Handgriff eine Glimmlampe. Berührt man mit der Spitze des Spannungsprüfers eine spannungsführende Leitung und gleichzeitig mit dem Finger den Metallpunkt am Kopf beziehungsweise die Metallklammer, fließt ein geringer Ableitstrom durch die Glimmlampe und den menschlichen Körper, der die Lampe zum Aufleuchten bringt – das Zeichen dafür, dass die Leitung unter Spannung steht. Leider zeigen die einpoligen Spannungsprüfer dies nicht immer zuverlässig an. Es muss deshalb grundsätzlich zuerst an einer Phase geprüft werden, ob die Glimmlampe überhaupt leuchtet. Aber selbst dann kann es noch eine Falschanzeige geben, die lebensgefährliche Folgen haben kann.

Sicher arbeiten können Sie nur mit dem zweipoligen Spannungsprüfer. Dieser hat zwei Prüfspitzen und ein Kabel. In einer der beiden Prüfspitzen befindet sich eine Anzeige. Diese kann eine Glimmlampe, Leuchtdiode, eine Zeiger- oder Digitalanzeige sein.

Verbinden Sie eine Prüfspitze mit der spannungsführenden Ader und die andere mit dem Neutralleiter oder dem Schutzleiter, also den Federzungen der Steckdose, so leuchtet die Anzeige auf. Auf diese Art können Sie also nicht nur das Vorhandensein von elektrischer Spannung überprüfen, sondern auch die Funktion von Neutralleiter und Schutzleiter und auch die eines eventuell vorhandenen FI-Schutzschalters. Der muss nämlich sofort auslösen, wenn Sie mit dem Spannungsprüfer Phase und Schutzleiter verbinden. Leuchtet die Anzeige des zweipoligen Phasenprüfers auf, wenn zwischen Nullleiter der Steckdose und deren Schutzleiterklemme geprüft wird, so liegt ein gravierender Fehler am Schutzleiteranschluss oder dessen Nullung (Erdung) am Potentialausgleich des Hauses vor. Die genaue Ursachenforschung ist dann Sache eines Fachmanns.

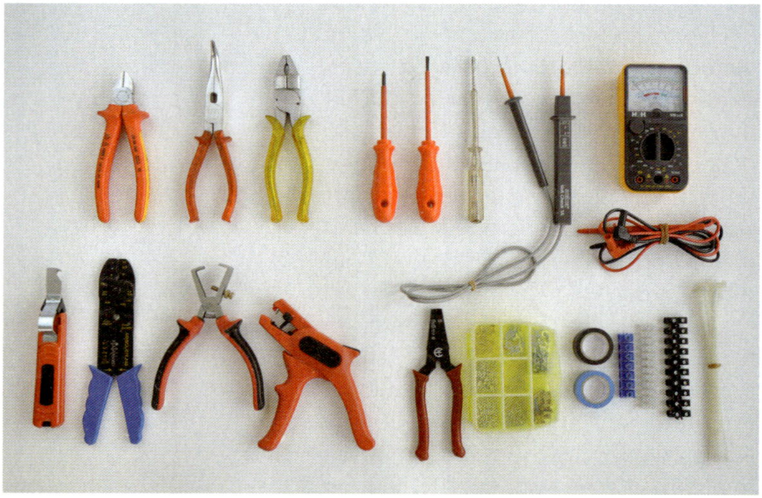

Was der Elektriker braucht: Spannungsprüfer, Schraubendreher, Seitenschneider, Zangen und Kabelmesser.

Je nach Modell sind die Spannungsprüfer für Netzspannungen oder auch für Kleinspannungen einsetzbar. Manche zeigen Spannungsbereiche oder sogar die Spannung in Volt per Display an. Außerdem gibt es Geräte, die sich gleichzeitig auch als Batterietester und für andere Messaufgaben einsetzen lassen.

## SCHRAUBENDREHER

Für Arbeiten an elektrischen Geräten sollten keine üblichen, sondern isolierte VDE-Schraubendreher benutzt werden. Ihre Klinge (außer der Spitze) und die Griffe sind gegen eine Spannung von bis zu 1 000 Volt isoliert. Sie sind durch zwei verschränkte Dreiecke eindeutig gekennzeichnet.

## ZANGEN

Die Spitzzange dient zum Greifen, Festhalten, Biegen und Schneiden. Doch für die meisten Aufgaben gibt es Spezialisten wie Seitenschneider oder Kabelscheren. Sie zwicken elektrische Leitungen und Kabel besser ab als die Spitzzange. Abisolierzangen entfernen die Aderisolierung, ohne dabei Adern oder Litzen zu beschädigen.

## KABELMESSER

Ein scharfes Messer gehört zum Handwerkzeug jedes Elektroinstallateurs. Am besten ist ein spezielles

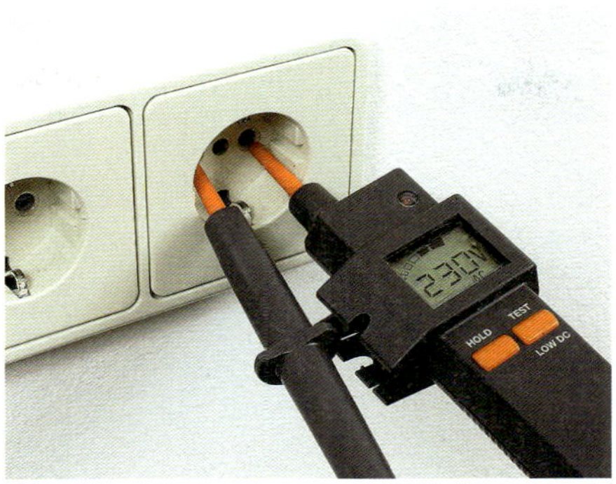


Zweipoliger Spannungsprüfer mit Digitalanzeige. Solche Geräte zeigen die Spannung an und lassen sich auch für andere Messaufgaben wie Widerstandmessungen einsetzen.

Handwerkzeuge mit der Bezeichnung VDE und einem Symbol aus zwei verschränkten Dreiecken sind gegen Spannungen bis 1 000 Volt isoliert. Aber trotzdem vorher die Sicherung ausschalten!

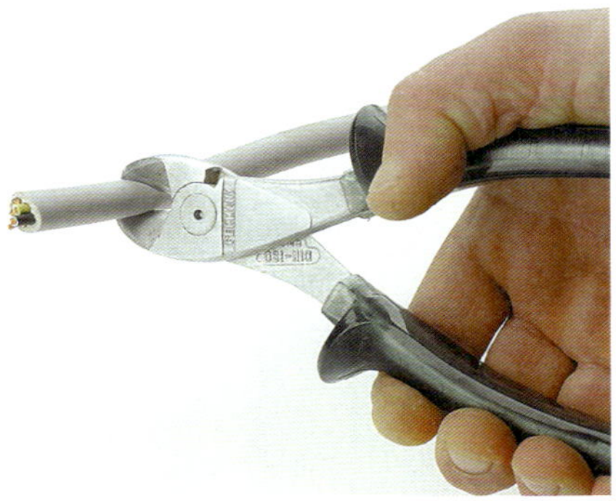

Mit dem Seitenschneider können Leitungen und Kabel durchtrennt werden.

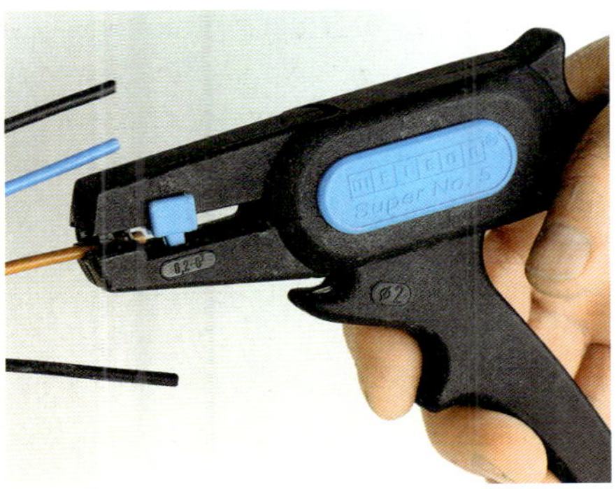

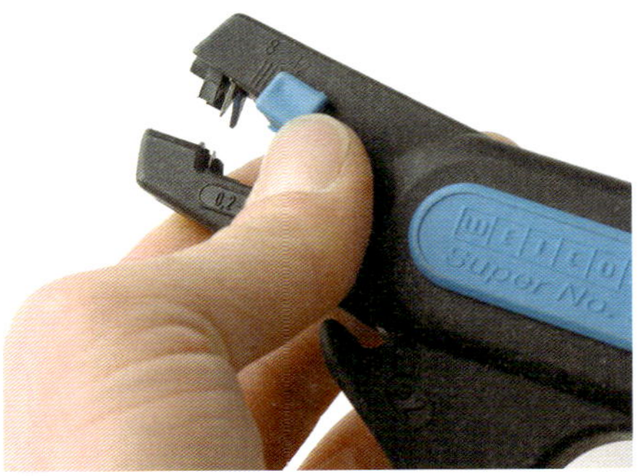

Diese Abisolierzange entfernt die Isolierung von Adern mit einem Hebeldruck. Sie stellt sich automatisch auf Kabelquerschnitte von 0,2 bis 6 Quadratmillimeter ein. Die Länge des blanken Endes lässt sich von acht bis zwölf Millimeter vorwählen.

**1/2** Bei der einfachen Abisolierzange muss der Adernquerschnitt mit einer Stellschraube eingestellt werden, damit die Leiter nicht beschädigt werden.

**3/4** Das Kabelmesser wird auf die Stärke des Leitungsmantels eingestellt, damit das innere Messer den Mantel schneiden kann, ohne die Isolierung der Adern anzuritzen.

**5** Mit Crimpzangen lassen sich Steckverbinder, Aderendhülsen und Stecker auf Kabelenden pressen.

**6** Zum Crimpen immer die Öffnung benutzen, die dem Aderdurchmesser entspricht.

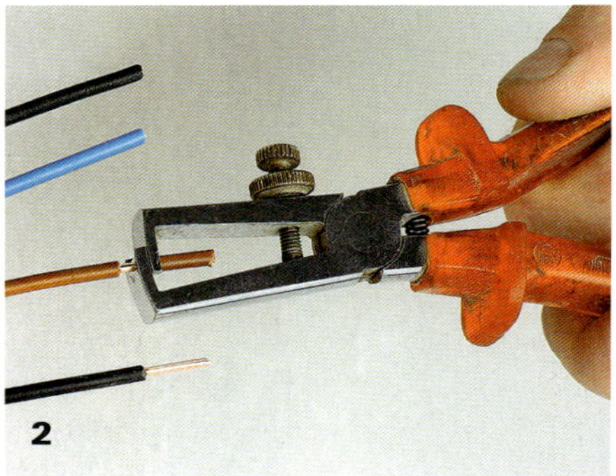

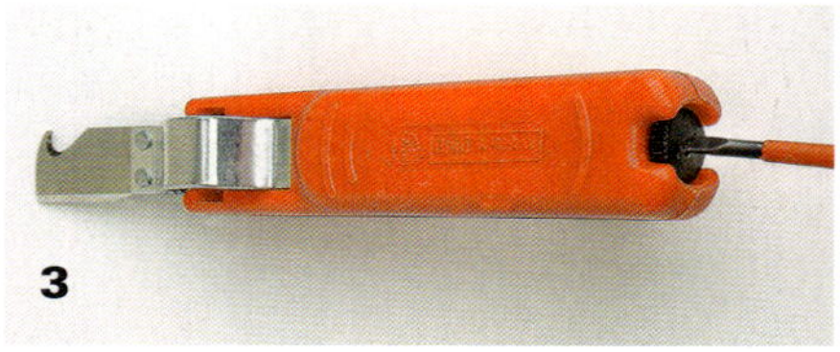

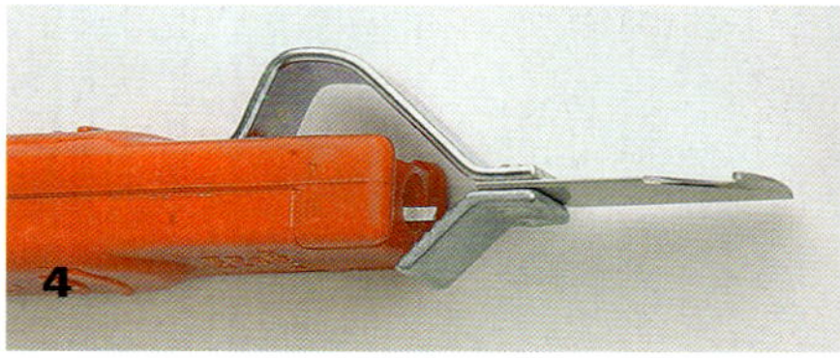

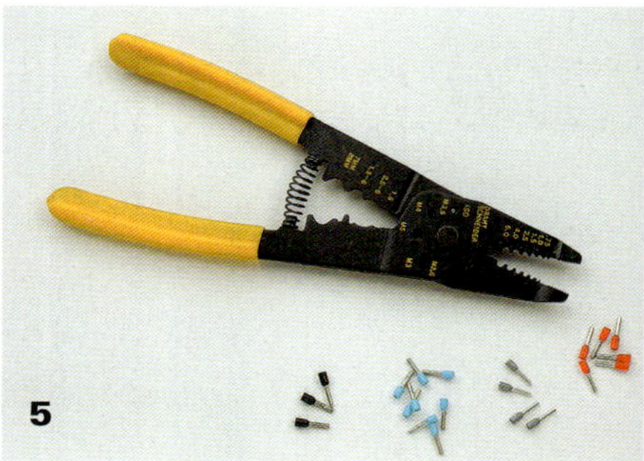

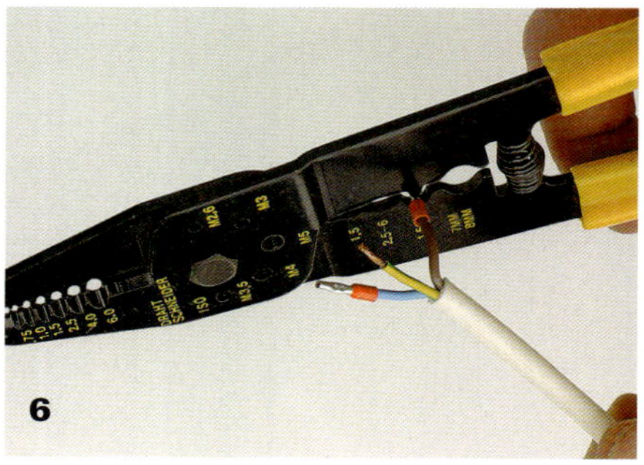

Kabelmesser, welches das Abmanteln der Leitungen vereinfacht. Das innere Messer lässt sich auf die Stärke des Leitungsmantels einstellen und trennt ihn ab, ohne die Isolierung der Adern zu beschädigen.

## CRIMPZANGE

Das früher praktizierte Verlöten von Litzenenden ist in der Elektroinstallation verboten. In Schraubklemmen verformt sich ein verlötetes Litzenende unter der Anpresskraft der Schraube mit der Zeit so stark, dass kein ausreichender Kontakt mehr zwischen Litze und Klemme besteht. Oxidschichten können den Übergangswiderstand dann so stark ansteigen lassen, dass Überhitzung und Brandgefahr drohen. Deshalb werden heute Aderendhülsen verwendet.

Beim Crimpen wird eine passende Hülse auf die einzelnen Litzen aufgepresst und so unlösbar befestigt. Dies geschieht mit einer speziellen Crimpzange, die unterschiedliche Profile zum Verarbeiten verschiedener großer Hülsen besitzt. Diese Quetschtechnik sorgt für sichere, leitende Anschlüsse, beispielsweise in Steckern.

Für die Kabelinstallation im Haushalt genügt eine universelle Crimpzange mit Quetschöffnungen für die gängigen Leitungsquerschnitte. Andere Öffnungen im Zangenmaul oder an den Griffen eignen sich auch zum Abschneiden oder Abisolieren von Leitungen.

In der Nachrichtentechnik gibt es spezielle Crimpzangen für mehradrige Steckerverbindungen, zum Beispiel für die kleinen Westernstecker von Telefon- und ISDN-Leitungen.

# FEHLERSUCHE IN DER ELEKTRIK

Fehler in elektrischen Anlagen und Elektrogeräten machen sich im Normalfall durch den Ausfall des Gerätes oder der Netzspannung bemerkbar. Gehen Sie bei der Behebung von Fehlern sorgfältig und planmäßig vor. Denken Sie immer zuerst an Ihre Sicherheit.

Neben dem Ausfall von elektrischen Geräten können Fehler in der Elektrik jedoch auch schwerwiegendere Folgen wie Feuer und sogar Explosion haben. Unüberlegte Reparaturversuche oder improvisierte Lösungen sind lebensgefährlich.

Vor allen Arbeiten schalten Sie die Sicherung aus beziehungsweise ziehen Sie den Netzstecker.

Bei auftretenden Störungen muss zwischen Fehlern in der Anlage (Haus- oder Wohnungsinstallation) und solchen in den angeschlossenen Geräten und Leuchten unterschieden werden.

## FEHLER DER BELEUCHTUNG

Wenn eine Lampe ausfällt, hat sie meist ihren Dienst getan. Glühlampen und auch Leuchtstoffröhren haben nur eine begrenzte Lebensdauer. Leuchten sie nicht mehr, sind sie meist defekt und müssen einfach durch eine neue Lampe ersetzt werden. Ob eine Lampe defekt ist, kann leicht getestet werden, indem sie in eine andere Leuchte eingesetzt wird. Brennt sie dort, liegt der Fehler bei der Leuchte selbst und sie muss überprüft werden.

**FEHLER DER BELEUCHTUNG**

- **Lampen auswechseln** (→ Seite 225)
- **Schalter, Sicherungen**, gegebenenfalls Netzstecker überprüfen (→ Seiten 252 ff.)
- Mit **Spannungsprüfer** kontrollieren, ob Spannung vorhanden ist (→ Seite 220)

## FEHLER VON ELEKTROGERÄTEN

Fällt ein Elektrogerät ohne erkennbaren Grund aus, muss zuerst überprüft werden, ob die Netzleitung überhaupt angeschlossen ist und mit Spannung versorgt wird. Vielleicht hat jemand den Netz- oder Gerätestecker gezogen, einen Schalter in der Leitung betätigt, oder die Sicherung ist herausgesprungen. Der häufigste Grund für ein

**TIPP: DEFEKTE ELEKTROGERÄTE**

Wenn Sie feststellen, dass ein Elektrogerät plötzlich nicht mehr funktioniert:

- Kontrollieren Sie, ob das Gerät überhaupt angeschlossen ist und ob alle Schalter eingeschaltet sind.
- Liegt an der Steckdose Spannung an?
- Überprüfen Sie Zuleitung und Schalter.
- Haben das Elektrogerät oder die Netzleitung äußerlich sichtbare Beschädigungen?
- Welche möglichen Fehlerquellen nennt die Bedienungsanleitung?
- Besitzt das Gerät eine von außen zugängliche Feinsicherung, kontrollieren Sie diese.
- Öffnen Sie das Gerät nur in Ausnahmefällen.
- Lassen Sie in diesem Fall eine Sicherheitsprüfung von einem Fachmann durchführen, bevor Sie das Gerät wieder einsetzen (→ Seiten 255 ff.).

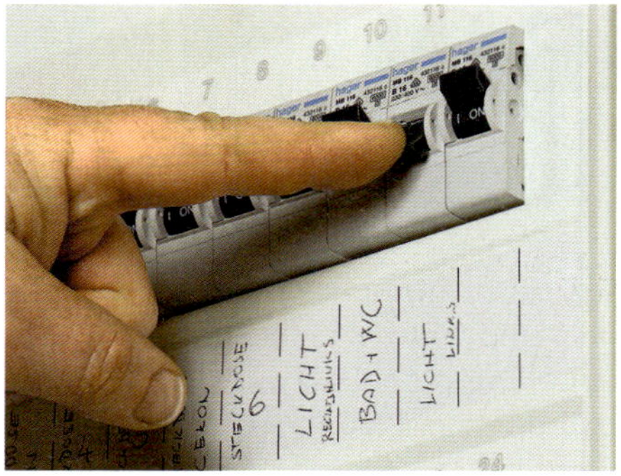


Nie an spannungsführenden Teilen der Elektroinstallation arbeiten! Immer zuerst die Sicherung im Stromverteiler ausschalten.

nicht funktionierendes Elektrogerät ist die fehlende Netzspannung. Ist auch dies nicht der Grund, sollte das Gerät vom Netz getrennt und sowohl das Gerät als auch die Netzleitung auf sichtbare Beschädigungen überprüft werden.

Der nächste Blick ist der in die Bedienungsanleitung. Hier sind oft mögliche Fehlerquellen genannt.

Ohne ausreichende Kenntnisse sollten Sie Elektrogeräte nicht öffnen. Nach dem Ende einer Reparatur kann ein Fachmann feststellen, dass das Gerät nicht nur wieder funktioniert, sondern auch weiterhin allen Sicherheitsvorschriften entspricht.

## FEHLER IN DER ELEKTROINSTALLATION

Wenn im Haus plötzlich keine Spannung mehr zur Verfügung steht, ist in der Regel eine Sicherung oder ein FI-Schutzschalter herausgesprungen. Die Sicherung oder der FI-Schutzschalter sollte nicht einfach wieder eingeschaltet werden, sondern es sollte auch versucht werden, den Grund für die Überlastung beziehungsweise den Fehlerstrom zu lokalisieren und zu beseitigen. In der Regel ist immer nur ein Stromkreis betroffen. Je mehr Stromkreise in der Wohnung sind, desto leichter fällt deshalb die Eingrenzung der Störung. Sind Schäden an elektrischen Geräten und Einrichtungen erkennbar, müssen diese Geräte zuerst vom Netz getrennt werden.

War die Schadensursache eine Überlastung des Stromkreises durch zu viele und zu starke Verbraucher, sollten einzelne Verbraucher an andere Stromkreise angeschlossen werden, um die Last neu zu verteilen. Für neu hinzugekommene Geräte mit hohem Stromverbrauch muss gegebenenfalls eine eigene Leitung gelegt werden.

### TIPP: FEHLER IN DER ELEKTROINSTALLATION

Versuchen Sie, Fehler in der Elektroinstallation systematisch einzukreisen. Denken Sie daran: Spätestens an der Sicherung hört die Eigenleistung auf. Arbeiten Sie nie an spannungsführenden Leitungen. Zuerst die Sicherung ausschalten! Eine Taschenlampe in der Nähe des Sicherungskastens ist nützlich, wenn das Licht ausfällt.

- Lokalisieren Sie den Stromkreis, der ausgefallen ist.
- Ist die Sicherung herausgesprungen? Was war der Grund für die Überlastung (→ Seite 211)?
- War die Leitung mit einem FI-Schutzschalter abgesichert, stellen Sie fest, warum dieser abgeschaltet hat (→ Seite 213). Trennen Sie ein beschädigtes Gerät umgehend vom Netz.
- Tauschen Sie beschädigte Schalter und Steckdosen sofort aus (→ Seiten 239, 245 ff.).
- Ist der Schaden für Sie nicht erkennbar, fragen Sie Ihren Elektroinstallateur.

# LAMPEN AUSWECHSELN

Leuchtmittel haben eine begrenzte Lebensdauer. Sie müssen von Zeit zu Zeit ersetzt werden. Je nach Typ der Lampe ist eine unterschiedliche Lebensdauer zu erwarten.

Glühlampen leuchten im Mittel etwa 1000 Stunden. Bei anderen Lampen versprechen die Hersteller je nach Typ eine Lebensdauer von 2 000 bis 15 000 Stunden.

Während herkömmliche Glühlampen nur einen kleinen Bruchteil der eingesetzten Energie (zirka fünf Prozent) in sichtbares Licht umwandeln, arbeiten Energiesparlampen und Leuchtstofflampen wesentlich effektiver. Für eine vergleichbare Lichtleistung kommen sie schon mit 20 bis 25 Prozent des Energieverbrauchs aus. Mehr dazu ab Seite 226.

**LEUCHTEN UND LAMPEN**

Für den Elektriker ist die Glühbirne keine Birne, sondern eine Glühlampe. Das, was der Volksmund allgemein unter Lampe versteht (Fassung und Hülle), ist dagegen für den Fachmann eine Leuchte, die Glühlampe auch ein Leuchtmittel.

# GLÜHLAMPE AUSWECHSELN

Oft ist es schwieriger, die Leuchte zu öffnen, als die Glühlampe herauszuschrauben. Üblich sind zwei Gewindegrößen, E 27 und E 14 für kleine Lampen, zum Beispiel für kleinere Leuchten am Badezimmerschrank. E 14 wird auch bei den meisten Energiesparlampen und sogar für einige Hochvolt-Halogenlampen angeboten.

Wie bei allen Arbeiten an der Elektrik gilt: Zuerst den Stecker ziehen oder die Sicherung abschalten!

Verschaffen Sie sich bei Deckenleuchten unbedingt einen sicheren Stand mit Hilfe einer Leiter oder eines Tritthockers. Niemals zum Lampenwechsel auf wackeligen Behelfslösungen balancieren!

Öffnen Sie, falls erforderlich, die Leuchte vorsichtig. Ein Abdeckglas kann verschraubt oder mit kleinen Schrauben verklemmt sein. Diese sind gerade bei Deckenleuchten oft schwer zugänglich. Ein schweres Leuchtenglas sollte ein Helfer stützen und sichern, dass es nicht zu Boden fällt, während Sie selbst die Schrauben am Gehäuse lösen.

Achtung: Wenn die Lampe gerade erst ausgefallen ist, kann sie noch sehr heiß sein! Um sie noch einmal zu testen, kann sie in eine andere Leuchte eingedreht werden.

Beachten Sie bei der Auswahl einer neuen Lampe die Angabe der Maximalleistung auf der Leuchte. Um Überhitzungen zu vermeiden, dürfen nur Lampen bis zur angegebenen Leistung verwendet werden. Finden Sie keine Angabe auf der Leuchte, orientieren Sie sich an der Leistung der bisherigen Lampe. Setzen Sie nicht einfach eine stärkere Lampe ein. Die entstehende Hitze könnte die Leuchte verformen oder gar einen Brand auslösen. Eine schwächere Lampe ist dagegen unproblematisch.

Sie können auch eine herkömmliche Glühlampe durch eine lichtstärkere Energiesparlampe ersetzen, die ja ohnehin weniger Strom verbraucht und sich nicht so stark erhitzt.

**Sie brauchen** für den Lampenwechsel:

- *Passende Ersatzlampe*
- *Spannungsprüfer*
- *Schraubendreher*
- *Bei Bedarf: Isolierte Spitzzange*

# ALTERNATIVEN ZUR GLÜHLAMPE

Seit September 2009 sind Glühlampen mit 80 oder mehr Watt nicht mehr im Verkauf – ebenso alle mattierten Versionen. Im Jahresrhythmus dehnt die Europäische Union dieses Verbot auf weitere Modelle aus – 2016 sollen die letzten konventionellen Glühlampen aus den Regalen verschwunden sein. Zeit also, sich über Alternativen zu informieren.

Wenn im Folgenden von energiesparenden Lampen die Rede ist, sind

**ENERGIESPARLAMPEN IM VERGLEICH**

| | Glühlampe | Halogenglühlampe | Leuchtstofflampe | LED-Lampe |
|---|---|---|---|---|
| |  |  |  |  |
| **Energieverbrauch** | 40 Watt | 28 Watt | 7 Watt | 8 Watt |
| **Lichtstrom** | 415 Lumen | 345 Lumen | 400 Lumen | 345 Lumen |
| **Farbtemperatur** in Kelvin | 2 800 K | 3 000 K | 2 500 – 6 500 K | 2 700 – 4 000 K |
| **Lichtverteilung** | Gleichmäßig | Gleichmäßig | Je nach Modell leicht bis stark seitlich | Je nach Modell seitlich bis stark nach vorn gerichtet |
| **Lichtqualität** | Brillant | Brillant | Diffus | Diffus |
| **Größe** | | Entspricht Glühlampe | Modellabhängig – kompakte Typen entsprechen Glühlampen, die meisten Modelle sind größer. | Entspricht Glühlampe |
| **Typische Lebensdauer** in Stunden | 1 000 h | 2 000 h | 10 000 – 15 000 h (je nach Modell) | 25 000 h |
| **Typischer Preis** (Markenprodukt) | 1,20 € | 2,60 € | 10,00 € | 48,00 € |
| **Einschaltverzögerung** | Nein | Nein | Ja – je nach Modell einige Sekunden bis Minuten | Nein |
| **Für häufiges Ein-/Ausschalten geeignet** | Ja | Ja | Nur spezielle Modelle | Ja |
| **Dimmbarkeit** | Ohne Einschränkung | Lampen nur bis 60 % der Maximalhelligkeit runterdimmen | Nur mit geeigneten Lampen und Dimmern | Nein |

Modelle mit 230 Volt Betriebsspannung sowie Schraubsockel E 27 oder E 14 gemeint – dies sind die in Deutschland gebräuchlichen Fassungen für die Mehrzahl der Glühlampen. Viele Verbraucher verbinden mit dem Begriff Energiesparlampe die erste Generation stromsparender Lampen auf Leuchtstoffbasis. Tatsächlich ersetzen inzwischen verschiedene effiziente Techniken die Glühlampe: Neben den Leuchtstofflampen buhlen Halogenlampen um die Gunst der Kunden. In jüngster Zeit sind auch Leuchtdioden (LEDs) ausreichend leistungsstark, um mit Glühlampen zu konkurrieren.

Sparsamer als die Glühlampe sind alle Alternativen. Im Detail unterscheiden sich Halogen-, LED- und Leuchtstoff-Energiesparlampen aber deutlich. Keine der alternativen Lampentechniken vereint alle Eigenschaften der klassischen Glühlampe in einem Produkt, jeder Lampentyp hat unterschiedliche Vor- und Nachteile.

Mit Energiesparlampen auf Leuchtstoffbasis verbinden viele Kunden ein kaltes, ungemütliches Licht, obwohl die Farbtemperatur dieser Lampen unter der von Glühlampen liegt, das Licht also eigentlich wärmer erscheinen müsste. Damit nicht genug: Für bestimmte Beleuchtungssituationen bieten die Hersteller Modelle mit noch höherer Farbtemperatur an, also noch kühlerem Licht. Achten Sie beim Kauf darauf, dass der Hersteller die Farbtemperatur auf der Verpackung angibt. Manche Firmen verwenden alternativ beispielsweise den Schlüssel 827 nach der Wattangabe. Wichtig sind die letzten beiden Ziffern – sie entsprechen im Beispiel 2 700 Kelvin, ein Modell mit der Ziffernfolge 840 hätte eine Farbtemperatur von 4 000 Kelvin. Finden Sie auf Verpackung, Sockel oder in den technischen

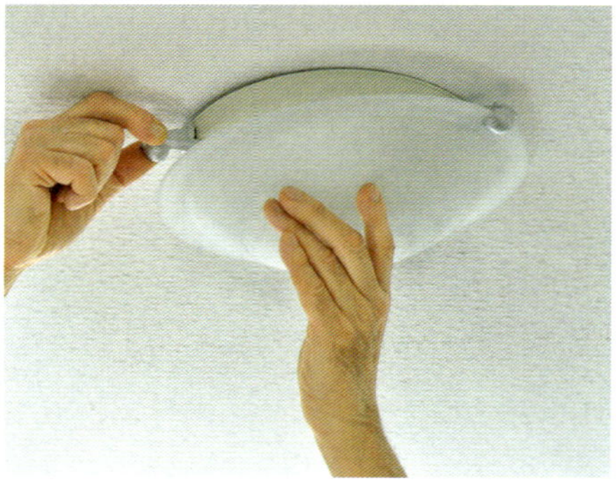

Vor Beginn der Arbeiten die Sicherung ausschalten. Dann das Leuchtengehäuse öffnen.
In diesem Beispiel wird das Glas durch drei Klammern gehalten, von denen eine federt und herausgezogen werden kann.

Glühlampen können bei einem Schaden zerspringen. Vorsicht: Die Reste nicht mit bloßen Fingern anfassen.

Die Reste einer zerborstenen Glühlampe behutsam mit einer Zange aus der Fassung drehen. Vorsicht: Kleine Glassplitter können dabei herunterfallen und ins Auge geraten!

Sind alle Reste der alten Glühlampe beseitigt, kann eine Energiesparlampe eingeschraubt werden. Kurzen Funktionstest machen, bevor das Glas wieder angebracht wird.

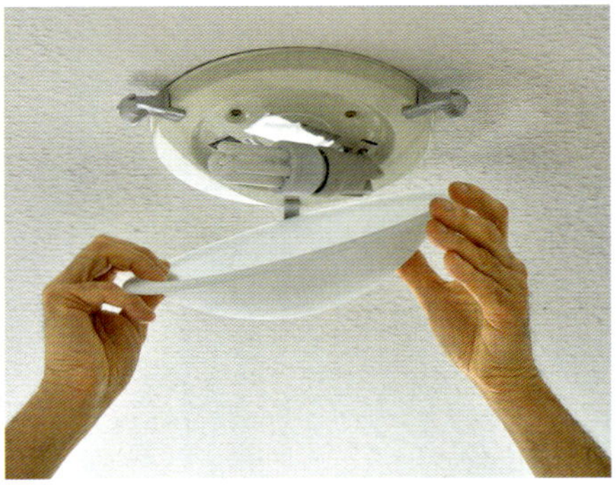

Bevor das Glas wieder angebracht wird, sollte es gründlich gereinigt werden. Den Rand erst in die beiden festen Klammern einsetzen und dann in die federnde.

Daten keinerlei Hinweise zur Farbtemperatur, sollten Sie vom Kauf dieses Produkts absehen.

Zum Zeitpunkt der Drucklegung Anfang 2010 konnten nur Halogenlampen ein Licht liefern, das dem klassischer Glühlampen entspricht. Dies gilt auch für das Verhalten beim Dimmen: Wie Glühlampen verändern auch sie ihr Licht ins Rötliche.

Andere Energiespar-Lampentypen eignen sich nicht fürs Dimmen – mit Ausnahme von explizit dafür freigegebenen Modellen. Nicht dafür freigegebene Lampen funktionieren unter Umständen einige Male ohne offensichtliche Fehler. Auf Dauer nehmen jedoch Dimmer oder Energiesparlampe Schaden. Lampen auf Leuchtstoffbasis ändern ihr Licht mit abnehmender Helligkeit nicht ins Rötliche – sie werden nur dunkler.

Beim Einschalten von Leuchtstoff-Energiesparlampen kann es einige Sekunden oder Minuten dauern, bis die maximale Helligkeit erreicht ist. Das macht sie beispielsweise fürs Treppenhaus wenig geeignet. Allerdings bieten einige Markenhersteller inzwischen speziell für diese Anwendung entwickelte Typen, die etwa mit dem Zusatz „Facility" versehen sind.

Ein weiteres Thema ist der Lichtstrom, also die Helligkeit der Lampe. Wir haben für verschiedene Arten energiesparender Lampen eines Herstellers die Werte in Lumen zusammengetragen. Wie Sie auf Seite 226 sehen, sind viele Hersteller etwas überoptimistisch bei der Angabe, welche Energiesparlampe welche konventionelle Glühlampe ersetzen kann. Wenn die Helligkeit im Raum wichtig ist, greifen Sie lieber zur nächsthöheren Leistungsangabe.

Für bestimmte Situationen ist auch die Lichtqualität kritisch: Nur brillantes Licht erzeugt Reflexe, wirft Schatten und setzt Teile des Raumes in Szene. Das leisten derzeit nur Glüh- oder Halogenglühlampen.

Energiesparlampen auf LED-Basis bieten derzeit das höchste Sparpotential beim Stromverbrauch. Sie sind jedoch in der Anschaffung am teuersten, und Anfang 2010 waren sie maximal mit der Helligkeit einer konventionellen 40-Watt-Lampe erhältlich.

Das EU-Glühlampenverbot forciert die weitere Entwicklung energieeffizienter Alternativen. Die technischen Daten der jeweils aktuellen Lampen finden Sie in der Regel auf den Internetseiten der Hersteller – ebenso wie Informationen über Lampen für spezielle Einsatzzwecke.

## TIPP: ENERGIE SPAREN MIT VERSTAND

Den besten Kompromiss zwischen Preis und Sparmöglichkeiten bieten **LAMPEN AUF LEUCHTSTOFFBASIS**. Ihr Licht eignet sich aber eher für Arbeits- als für Wohnräume. Möchten Sie weiterhin auf das warme Licht der Glühlampen nicht verzichten, aber trotzdem Energie sparen, verwenden Sie **HALOGENGLÜHLAMPEN**.

Vor dem Kauf empfiehlt es sich kurz zu überschlagen, wie lange die jeweilige Lampe tatsächlich brennt: Das Licht im Keller eines Einfamilienhauses wird vermutlich nur wenige Stunden pro Jahr benötigt. Hier muss es nicht die teure Leuchtstoff- oder LED-Energiesparlampe sein – das Halogenmodell reicht.

# LEUCHTSTOFFRÖHRE AUSWECHSELN

Wenn eine Leuchtstoffröhre nach dem Einschalten ständig flackert, aber nicht zu leuchten beginnt, ist sie defekt und muss ausgewechselt werden. Glimmt die Röhre dagegen nur und flackert nicht, ist es der Starter, der erneuert werden muss.

Leuchtstoffröhren gibt es in verschiedenen Längen und Durchmessern. Messen Sie deshalb die defekte Röhre aus, bevor Sie eine Ersatzröhre kaufen. Wie bei anderen Lampen müssen Sie zudem auf die Wattzahl der vorhandenen Röhre achten.

Berücksichtigen Sie auch die unterschiedlichen Farbtemperaturen. Für Wohnräume werden in Mitteleuropa warme Töne, also niedrige Farbtemperaturen, bevorzugt. Für Arbeitsräume, auch für Küchen, nimmt man eher Leuchtstoffröhren mit einem kälteren Farbton.

Neue Leuchtstoffröhren verlieren im ersten Jahr etwa zehn Prozent ihrer Leuchtkraft. Wenn unmittelbar neben der neuen Leuchtstoffröhre eine ältere, schon längere Zeit in Betrieb befindliche sitzt, sehen Sie den Unterschied deutlich. Sollte dies stören, wechseln Sie beide aus.

Die langen, stabförmigen Leuchtstoffröhren sitzen mit beiden Enden in

**Sie brauchen** für das Auswechseln einer Leuchtstoffröhre:

- *Leuchtstoffröhre*
- *Evtl. neuen Starter*

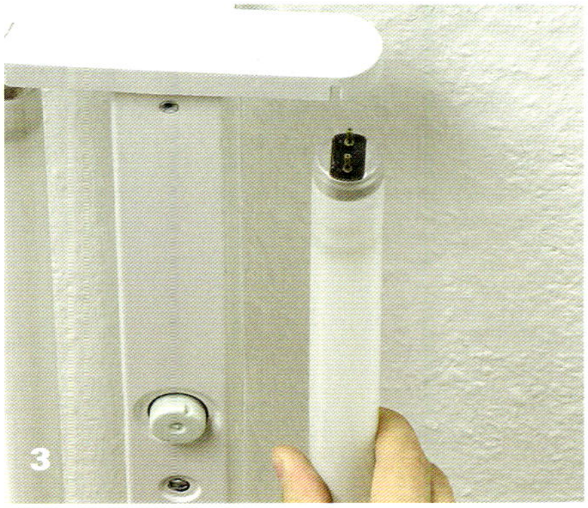


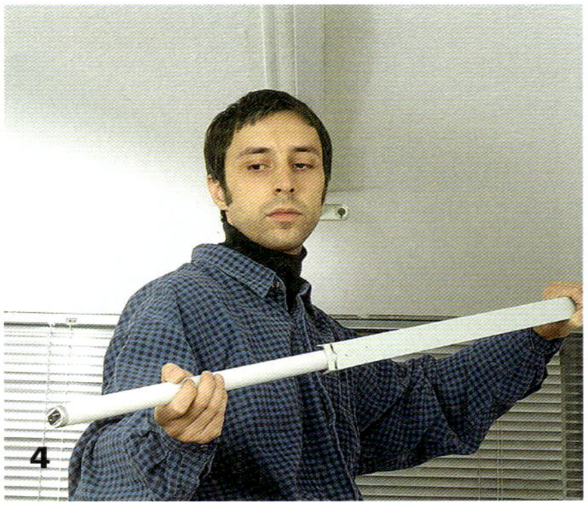


**1** Wenn die Leuchtstoffröhre nur flackert, aber nicht leuchtet, ist sie defekt.

**2** Zum Auswechseln zuerst die Sicherung ausschalten! Drehen Sie dann die Leuchtstoffröhre in der Fassung um 90 Grad.

**3** Jetzt sollte sich die Röhre aus den beiden Fassungen nach unten herausziehen lassen.

**4** Die neue Leuchtstoffröhre muss in Länge und Durchmesser mit der alten übereinstimmen.

**5** Zuerst die Kontaktstifte der Leuchtstoffröhre auf einer Seite in die Fassung stecken, dann auf der anderen. Anschließend die Röhre um 90 Grad drehen.

**6** Nach dem Einschalten der Sicherung sollte die neue Leuchtstoffröhre funktionieren. Sichtbare Helligkeitsunterschiede zu einer älteren Röhre verschwinden im Laufe eines Jahres.

drehbaren Fassungen. Greifen Sie die Röhre und drehen Sie sie um 90 Grad. Dann sollten die Kontaktstifte der Röhre mit der Öffnung der Fassung in einer Linie stehen, die Röhre sich leicht herausziehen lassen. Je nach Fassungstyp ziehen Sie die Röhre nach unten oder zur Seite.

Leuchtstoffröhren enthalten hochgiftiges Quecksilber. Defekte Röhren gehören deshalb nicht in den Hausmüll, sondern müssen als Sondermüll entsorgt werden.

## STARTER AUSWECHSELN

Leuchtstoffröhren können nicht wie Glühlampen unmittelbar am Stromnetz betrieben werden. Sie brauchen ein Vorschaltgerät, je nach Leuchtenmodell auch einen Starter, der die Ursache einer Störung sein kann. Meist ist er von außen zugänglich, manchmal allerdings erst nach dem Ausbau der Leuchtstoffröhre. In Leuchten für Feuchträume kann der Starter unter einer Abdeckung versteckt sein.

Der Starter ist mit einem Bajonettverschluss eingesetzt. Um ihn auszuwechseln, muss er nach links gedreht werden. Beachten Sie beim Kauf des Ersatzstarters, dass die Leistungsangaben übereinstimmen.

Auch, wenn nur die Röhre defekt ist, empfiehlt es sich, den Starter mit auszutauschen. Er kostet um einen Euro, in der Praxis dürfte es zeitraubender und mühsamer sein, die Leuchte einige Wochen später erneut zu reparieren.

Vorschaltgeräte neuerer Bauweise haben eine integrierte Startelektronik, der gesonderte Starter entfällt. Die Vorteile sind ein besseres Startverhalten und kein 100-Hz-Flimmern. Dieses Flimmern von Leuchtstoffröhren mit konventionellen Vorschaltgeräten erkennt das menschliche Auge zwar nicht, es wird von manchen Menschen jedoch unbewusst als Stressfaktor wahrgenommen.

Neben den Leuchtstoffröhren in der klassischen Stabform gibt es noch andere Bauweisen, beispielsweise Kompaktröhren mit speziellen Einstecksockeln, etwa für Badezimmerschränke oder Schreibtischlampen.

# HALOGENLEUCHTEN-SYSTEM INSTALLIEREN

Mit Halogenleuchten lassen sich besondere Lichtakzente setzen. Sie zeichnen sich durch ihr sehr helles und brillantes Licht aus. Ein Leuchtensystem mit Halogenlampen können Sie leicht selbst installieren.

Es gibt sie als Hochvolt- und Niedervoltlampen. Hochvoltlampen werden mit Netzspannung betrieben. Spezielle Typen dieser Variante ersetzen sogar herkömmliche Glühlampen. Mehr dazu auf den Seiten 233, 235.

Niedervolt-Halogenlampen sind in der Regel für Spannungen von 12 Volt ausgelegt. Sie müssen deshalb über einen Transformator an das Leitungsnetz im Haushalt angeschlossen werden. In vielen fertigen Halogenleuchten sind die Transformatoren bereits eingebaut. Bei einigen sind sie auch in die Netzleitung integriert.

Halogenleuchtensysteme mit Seilen oder Schienen werden aus Sicherheitsgründen in der Regel mit Niedervoltlampen betrieben. Der Transformator ist von den Leuchten getrennt. Getrennt kaufen müssen Sie ihn meistens jedoch nicht: Der Handel bietet komplette Bausätze mit mehreren Leuchten, Transformator und Montagematerial an.

Falls Sie sich Ihr System individuell zusammenstellen: Neben konventionellen Transformatoren finden sich im Handel auch elektronische. Bei einem Kurzschluss oder Überhitzung schalten sie sofort ab, viele Modelle schonen auch mit einem Softstart die Halogenlampen. Dennoch sind die elektronischen Trafos für Seilsysteme meist tabu: Denn dieser Trafotyp gibt Funkwellen ab, die andere Geräte stören können. Die Niedervoltleitungen zu den Leuchten wirken wie eine Antenne und dürfen deshalb höchstens zwei Meter lang sein. Für viele Installationen ist dies zu kurz.

Achten Sie bei der Auswahl des Transformators auf die Leistungsangabe in VA (Volt x Ampere = Watt). Sie muss mindestens so hoch sein wie die Leistungsaufnahme (Watt) aller Lampen zusammen. Etwas Leistungsreserve – auch für den Fall, dass Sie später noch eine zusätzliche Lampe anschließen wollen – kann nicht schaden.

Konventionelle Transformatoren werden durch eine Feinsicherung geschützt. Fällt das Licht einmal aus, ist der Fehler oft hier zu suchen. Je nach Trafo ist die Feinsicherung von außen zugänglich; manchmal müssen Sie zu ihrem Austausch aber erst das Gehäuse öffnen.

Wollen Sie Ihre Halogenlampen dimmen, ist zu beachten, dass Sie je nach Transformator unterschiedliche Dimmer brauchen (→ Seiten 242 ff.). Besonders „bockig“ sind im Zusammenspiel mit Dimmern oft Ringkerntransformatoren. Auch akustisch können sie problematisch sein: Stecken

**Sie brauchen** für die Installation eines Halogenleuchten-Seilsystems:

- *Schraubendreher*
- *Spannungsprüfer*
- *Seitenschneider*
- *Kombizange*
- *Schraubenschlüssel*
- *Schlagbohrmaschine*
- *Halogenleuchten-System*

**1** Im Handel gibt es fertige Halogenleuchten-Sets mit Seilen oder Schienen, Lampen, Transformator und Montagematerial zu kaufen.

**2** Halogenleuchten-Systeme können Sie leicht selbst installieren.

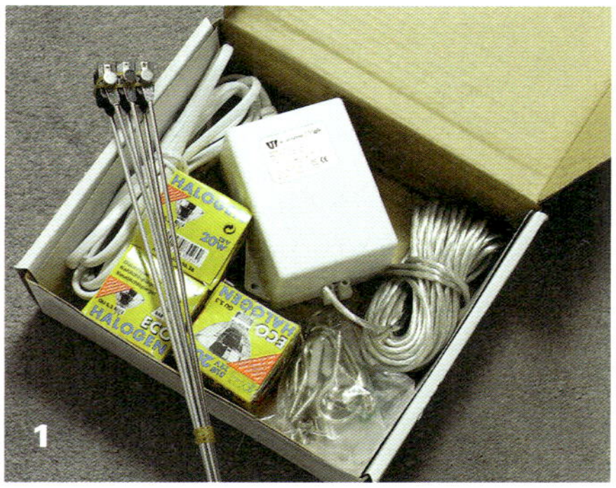

**3** Für unser Seilsystem, das diagonal im Raum gespannt werden soll, sind in den Raumecken jeweils zwei Löcher für Dübel zu bohren. Vorher die Wand unbedingt mit einem Leitungssuchgerät kontrollieren, insbesondere, wenn wie hier in der Installationszone (→ Seiten 218/219) gebohrt wird. Nach dem Bohren den Bohrstaub aus den Löchern saugen, damit die Dübel richtig halten.

**4** Schraubhaken sollen die Seile in der Wand halten.

**5** Um die Seile in die Haken zu hängen, werden mit Schraubklemmen Ösen gebildet.

**6** Eine Metallplatte unter der Schraube muss das Seilende fest andrücken, damit es sich später unter der hohen Seilspannung nicht löst.

**7** Auf einer Seite können die Ösen einfach in die Schraubhaken eingehängt werden.

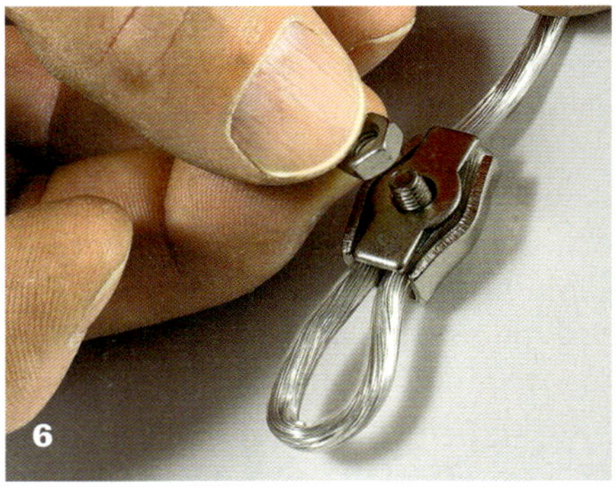

sie in einem Ziergehäuse, können sie hörbar brummen.

Im Prinzip ist es egal, ob Sie sich für ein Schienen- oder Seilsystem entscheiden. Schienen haben oft eine integrierte, staubgeschützte Leitungsführung und benötigen zum System passende Klemmen für den Abgriff der Spannung.

Bei Seilsystemen sind nur noch Spannseile mit Isolierung erlaubt. Da die Isolierung jedoch transparent ist, fällt sie kaum auf.

An den Anschlussstellen für die Lampen werden überwiegend Schraubklemmen eingesetzt, deren Schraubenspitze durch die Isolierung hindurch dringt und so den elektrischen Kontakt herstellt. Da bei Niedervolt-Halogenlampen hohe Ströme fließen, ist ein guter elektrischer Kontakt der Anschlüsse besonders wichtig. Es empfiehlt sich deshalb, die Isolierung des Seils an den Anschlussstellen einige Millimeter breit zu entfernen, um eine größere Kontaktfläche zu schaffen.

Achten Sie auch auf eine richtige Dimensionierung der Leitungsquerschnitte. Je mehr Lampen angeschlossen werden, desto dicker muss die Leitung sein. Bei fertigen Sets sind die Querschnitte bereits auf den berechneten Strom abgestimmt. Wenn Sie ein eigenes System bauen wollen, sollten Sie sich an den Angaben der Lampen- und Transformatorhersteller orientieren.

Bei sehr langen Seilen will die Platzierung des Transformators bedacht sein: Sitzt der Trafo an einem Ende des Seils, fällt die Spannung (und damit die Helligkeit) zum anderen Ende hin ab. Um dies zu vermeiden, sollte der Trafo in der Mitte des Seilsystems sitzen.

Für Niedervolt-Halogenlampen gibt es im Handel eine Vielzahl von Dekorationsmaterialien. Allerdings müssen Sie beachten, dass die Lampen und Lampenreflektoren sehr heiß werden. Hitzeempfindliche Dekomaterialien brauchen deshalb immer einige Zentimeter Abstand zur Halogenlampe.

## DECKEN- UND DACHEINBAU

In abgehängten Decken und unterm Dach werden Halogen-Einbauleuchten häufig falsch montiert. Das kann fatale Folgen haben: Im ausgebauten Dach können bei unsachgemäßer Montage die Dampfsperre und die Isolation beschädigt werden. Die Folge: Von innen dringt in die Dachkonstruktion Feuchtigkeit ein, von außen kann Luft durchziehen.

Spezielle Einbaugehäuse für die Leuchten vermeiden diese Probleme. Im Neubau kommt eine Kombination von Leuchtengehäuse und Dichtschaumrahmen zum Einsatz. Für den nachträglichen Einbau eignen sich beispielsweise unter dem Markennamen ThermoX angebotene Gehäuse für Nieder- und Hochvoltleuchten.

Abgehängte Decken werden von einer Rahmenkonstruktion getragen. Wer diese für die Montage von Halogenstrahlern anbohrt, kann die Konstruktion schwächen – im Extremfall verliert sie den Halt und stürzt herunter. Auch der Einbauort der Strahler will mit Umsicht gewählt sein: Befinden sich in der abgehängten Decke beispielsweise Kunststoffrohre oder Elektroleitungen, darf der Strahler nicht unmittelbar darunter platziert werden. Wie viel Abstand die Lampe für einen sicheren Betrieb benötigt,

### TIPP: AUF SICHERHEITSZEICHEN ACHTEN

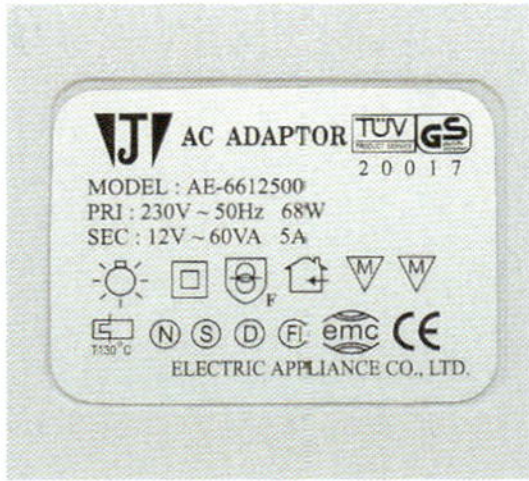


Achten Sie beim Kauf von Transformatoren für Niedervolt-Beleuchtungssysteme auf Sicherheitszeichen. Ein **CE-ZEICHEN** ist allerdings kein Prüfsiegel. Hiermit bestätigt nur der Hersteller selbst, dass das Gerät den geltenden Sicherheitsvorschriften entspricht.

Leider waren in der Vergangenheit aber auch nicht alle Geräte mit **GS-ZEICHEN** wirklich sicher. Ominöse Anbieter haben gefälschte GS-Zeichen verwendet, oder die ausgelieferten Geräte entsprachen nicht dem geprüften Muster. Wenn Sie ein Gerät mit GS-Zeichen ohne Angabe der Prüfstelle wie TÜV oder VDE finden, handelt es sich fast immer um eine Fälschung. Die beste Garantie für sichere Transformatoren ist immer noch der Kauf eines Geräts bekannter Markenhersteller.

### HALOGENLAMPEN: HOCHVOLT GEGEN NIEDERVOLT

Der Erfolg der **Niedervolt-Halogenreflektorlampen** hat die Industrie nicht ruhen lassen – sie bietet seit einigen Jahren äußerlich ähnliche Leuchten mit Hochvolt-Halogenreflektorlampen an. Da diese Leuchten direkt mit Netzstrom betrieben werden, entfällt der für Niedervoltmodelle nötige Trafo – die Leuchten werden kompakter und meist auch billiger.

Was wie ein Schnäppchen aussieht, ist aber keines: Bezogen auf die Leistungsaufnahme spenden **Hochvolt-Halogenreflektorlampen** deutlich weniger Licht (schlechterer Wirkungsgrad). Sie erkennen diese eher zweifelhaften Hochvoltleuchten an der Fassungsbezeichnung GU 10 beziehungsweise GZ 10.

Hochvolt-Halogenlampen **mit Schraubfassung** E27 beziehungsweise E 14 haben sich aber durchaus bereits als sinnvolle Alternative zur althergebrachten Glühlampe erwiesen.

**8** Auf der anderen Seite werden die Seile mit Spannschlössern angebracht.

**9** Am sinnvollsten ist es, wenn für die Montage das Spannschloss ganz aufgedreht und das Seil zuerst durch Ziehen in der noch losen Schraubklemme vorgespannt wird.

**10** Dann die Mutter der Schraubklemme festdrehen, mit dem Schloss das Seil spannen und das überstehende Seilende mit einem Seitenschneider abschneiden.

**11** Der Transformator kann sowohl an der Wand als auch an der Decke befestigt werden. Achten Sie auf ausreichend dimensionierte und festsitzende Dübel sowie Schrauben.

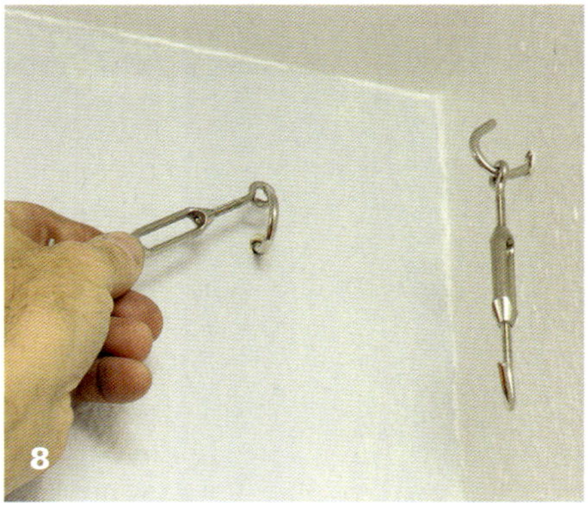


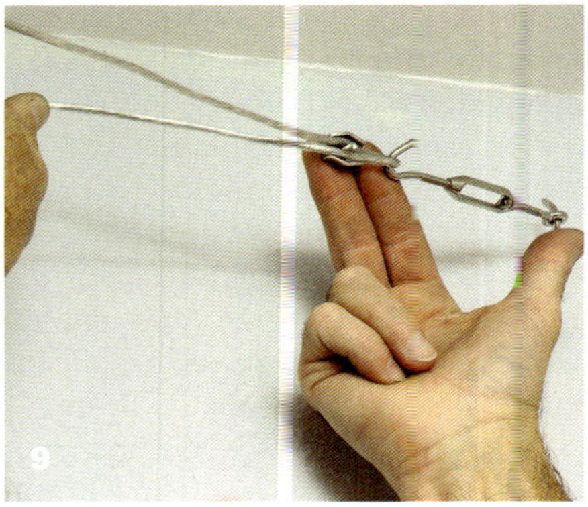


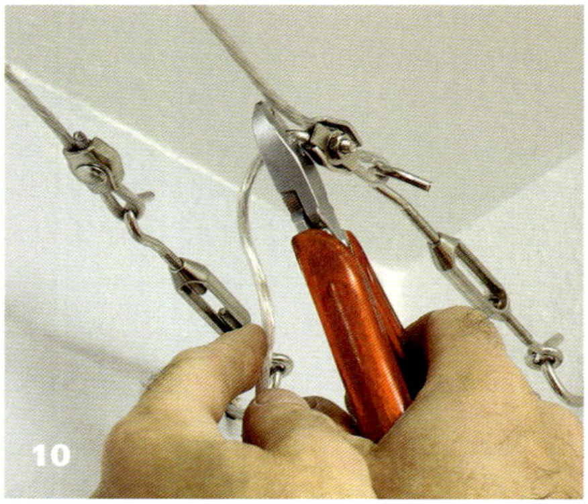


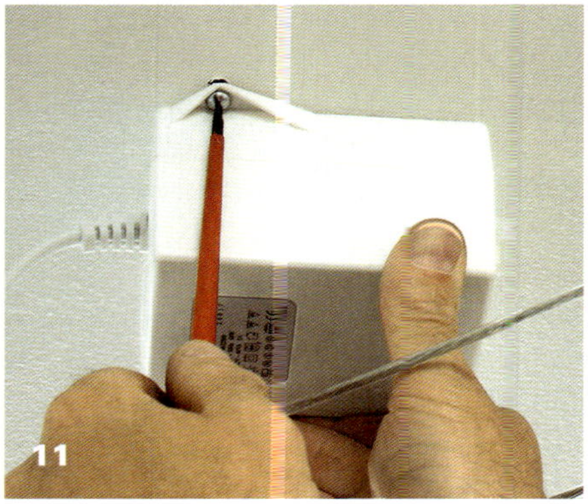


hängt von ihrer Leistungsaufnahme sowie der modellspezifischen Wärmeentwicklung ab. Auch das umgebende Material ist natürlich unterschiedlich wärmeempfindlich. Als Faustregel können Sie aber davon ausgehen, dass ein Abstand ab etwa 20 Zentimeter unbedenklich ist. Die Verwendung von Halogenlampen mit alubeschichteten Reflektoren kann das Problem entschärfen.

Halogen-Reflektorlampe werden auch als Kaltlicht-Reflektorlampen bezeichnet. Ihr sichtbares Licht tritt nach vorn aus, die Wärmestrahlung verlässt das Glas nach hinten durch den Reflektor. Das wird dann zum Problem, wenn die Lampen beispielsweise in abgehängten Decken oder geschlossene Kästen eingebaut werden. Für diese und ähnliche Fälle bieten die Hersteller auch Halogenlampen an, deren Reflektor mit Aluminium beschichtet ist. Bei ihnen entweicht die Wärme mit dem Licht nach vorn.

Was für bereits in der Decke befindliche Bauteile gilt, trifft natürlich auch auf die Komponenten des Lichtsystems zu: Transformatoren müssen auf Distanz zu den Lampen gehalten werden, die Zuleitungen geradlinig – ohne Schlaufen und Windungen um die Lampe herum – zur Fassung geführt werden.

In der Praxis ist die Arbeit an abgehängten Decken oft eine fummelige Angelegenheit – besonders, wenn zwischen Roh- und abgehängter Decke nur wenige Zentimeter Platz verbleiben. Konventionelle, rechteckige Transformatoren lassen sich häufig nur mit Mühe oder gar nicht in die

## TIPP: STROM SPAREN?

Sowohl Hochvolt- als auch Niedervolt-Halogenlampen sind seit einiger Zeit in energiesparenden Ausführungen erhältlich. So versprechen etwa 14-Watt-Niedervoltlampen dieselbe Helligkeit wie bisher 20-Watt-Modelle, 400-Watt-Halogenstäbe wollen den Deckenfluter genau so hell strahlen lassen wie zuvor der 500-Watt-Typ. Je nach Lampe soll diese zudem deutlich langlebiger sein als die vergleichbare Nicht-Sparvariante.
Ob sich der Einsatz lohnt, ist ein Rechenexempel. Bei Niedervolt-Halogenlampen ist das effektive Sparpotential eher gering. Wenn Leuchten häufig ein- und ausgeschaltet werden müssen, strapaziert dies Standard- wie Eco-Varianten – die teureren Energiesparversionen dürften unter solchen Bedingungen ihre Vorteile kaum ausspielen können.
Anders sieht es beim Hochvolt-Halogenstab aus: 100 Watt Einsparung pro Stunde rechtfertigen den etwas höheren Anschaffungspreis.

Zwischendecke schieben. Spezielle Trafos mit abgerundeten Kanten, Maustrafo genannt, lösen auch dieses Problem – sie lassen sich besser in engste Zwischenräume bugsieren. Bei diesen Typen handelt es sich um elektronische Trafos – für sie gilt die Beschränkung der Sekundärleitungslänge auf zwei Meter (→ Seite 231).

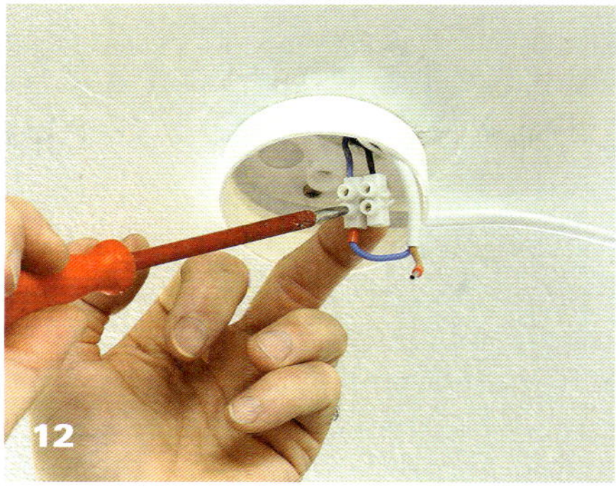


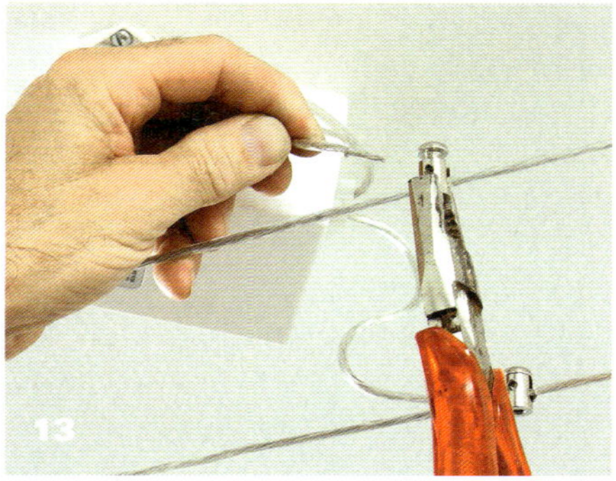


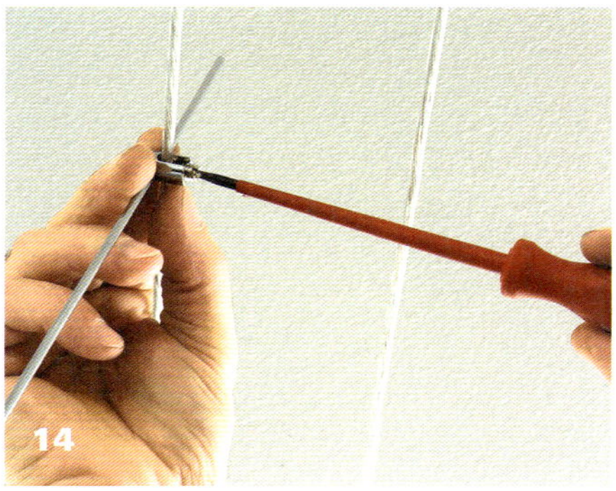


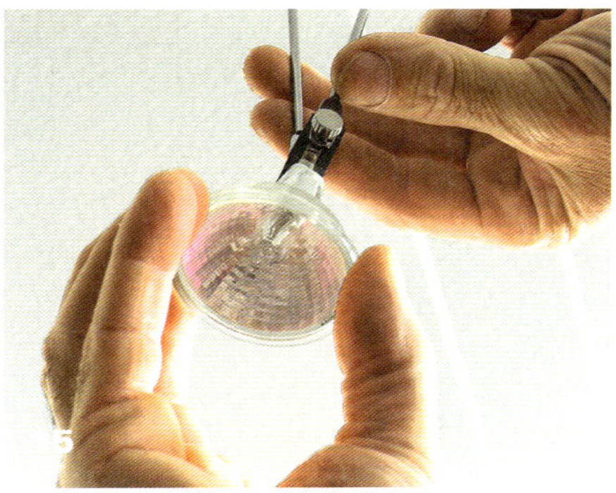

**12** Hier wird die Netzleitung des Transformators mit dem Deckenanschluss verbunden. Es müssen Phase und Nullleiter angeklemmt werden.

**13** Die beiden Leitungen für die Niederspannung mit Schraubverbindungen an den Seilen fest anschließen. Es kommt jeweils eine Leitung an ein Seil.

**14** Die Lampenstäbe werden mit Schraubverbindern ebenfalls an den Seilen befestigt. Achten Sie darauf, dass sie einen guten elektrischen Kontakt haben.

**15** Zum Schluss werden die Halogenlampen in die Fassungen gesteckt und festgeschraubt.

# LICHTSCHALTER

Hinter so einem schlichten Schaltergehäuse können sich unterschiedliche Schaltfunktionen verbergen. Diese müssen vor dem Kauf des Ersatzschalters überprüft werden.

Lichtschalter sind zuverlässig und halten sehr lange. Ihre Technik überlebt meist die sich verändernden Designansprüche. Sie lassen sich jedoch mit wenig Aufwand durch Schalter mit modernerem Aussehen tauschen.

Die angebotenen Designvarianten von Lichtschaltern und passenden Steckdosen mögen sehr vielseitig sein, in der Technik unterscheiden sie sich kaum. In der Regel passen unterschiedliche Schalterabdeckungen auf die gleichen Unterputzeinsätze desselben Herstellers. Ist der Schalter noch nicht sehr alt und gefällt nur die Farbe nicht, genügt es möglicherweise, nur die Schalterwippe und den Abdeckrahmen auszuwechseln. Bei älteren Modellen muss jedoch auch der Unterputzeinsatz durch einen neuen ersetzt werden.

Beachten Sie beim Kauf, dass es Schalter mit unterschiedlichen Funktionen gibt. Die Standardausführung ist ein Wippschalter mit der Funktion **Ausschalter**. Er dient zum Ein- und Ausschalten einer oder mehrerer gemeinsam angeschlossenen Leuchten. In alten Anlagen ist dieser Schaltertyp noch zu finden, im aktuellen Sortiment vieler Hersteller ist er nur noch selten vertreten. Stattdessen werden Wechselschalter als Ausschalter verwendet.

Als **Serienschalter** hat er zwei Schaltwippen und kann zwei Stromkreise unabhängig voneinander ein- und ausschalten.

**Wechselschalter** ermöglichen es, eine Leuchte von zwei Schaltern ein- und auszuschalten, zum Beispiel im Flur. Die Produkte können gleichermaßen als Wechselschalter oder einfacher Ausschalter verwendet werden und verfügen über die entsprechenden Anschlussklemmen.

**Kreuzschalter** braucht man, wenn man einen Stromkreis von mehr als zwei Stellen schalten möchte. Dazu wird die Wechselschaltung um einen oder mehrere Kreuzschalter erweitert.

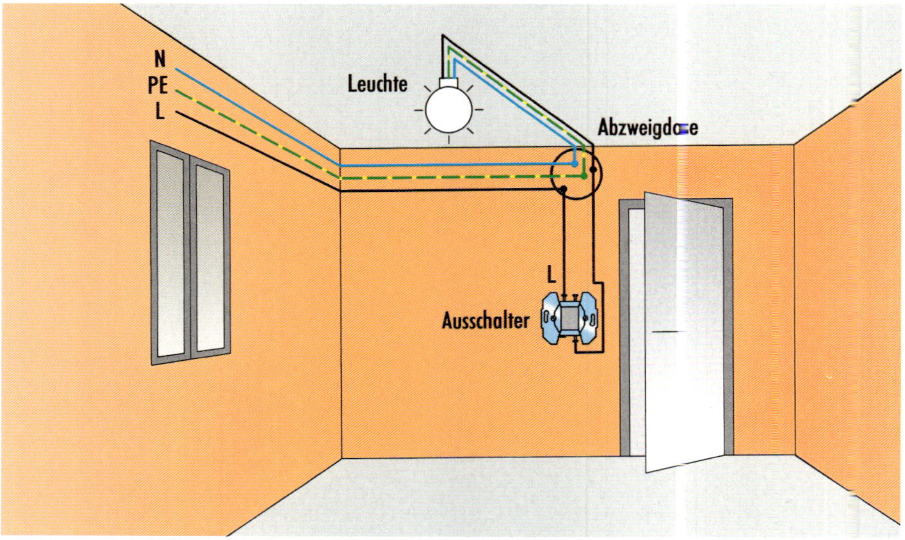


Die einfachste Schaltung ist die Ausschaltung. Der Schalter benötigt nur zwei Adern. Vorhandene Leitungen bringen meist drei oder mehr mit. Für die Verbindung von Schalter zu Abzweigdose können Sie beliebige Adern nutzen. Der grün-gelbe Schutzleiter ist allerdings tabu.

L = Phase
N = Neutralleiter
PE = Schutzleiter

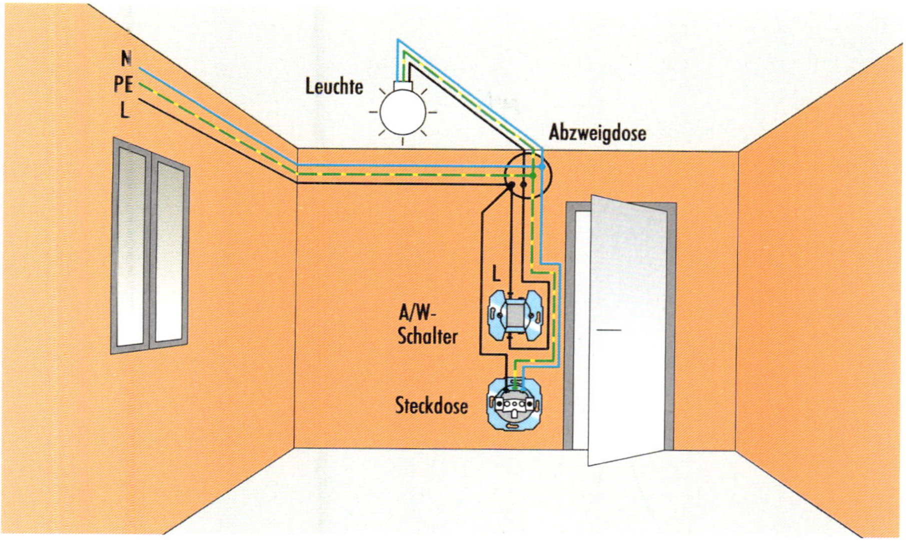


Komplizierter als beim Ausschalter wird die Installation, wenn über die Leitung auch noch eine Steckdose versorgt werden muss. In diesem Beispiel wurden fünf Adern verwendet.

A/W = Aus-/Wechselschalter

In den heutigen Installationen ist es jedoch eher üblich, eine Kreuzschaltung und sogar Wechselschaltungen durch einen Stromstoßschalter zu ersetzen. Anstelle der Wippschalter werden Taster eingebaut, die beim Drücken einen kurzen Stromimpuls erzeugen. Die eigentliche Schaltarbeit übernimmt der Stromstoßschalter, der im Stromkreisverteiler oder einer Abzweigdose sitzt. Der Vorteil gegenüber Kreuz- und Wechselschaltungen ist ein geringerer Installationsaufwand, denn die Leitungen zu den Tastern brauchen nur noch zwei Adern. Anstelle eines Stromstoßschalters können die Taster auch einen Treppenlichtautomaten ansteuern, der das Licht nach einer vorwählbaren Zeit von allein wieder ausschaltet.

Die Taster können statt eines Stromstoßschalters auch einen Ferndimmer steuern. Die Verkabelung

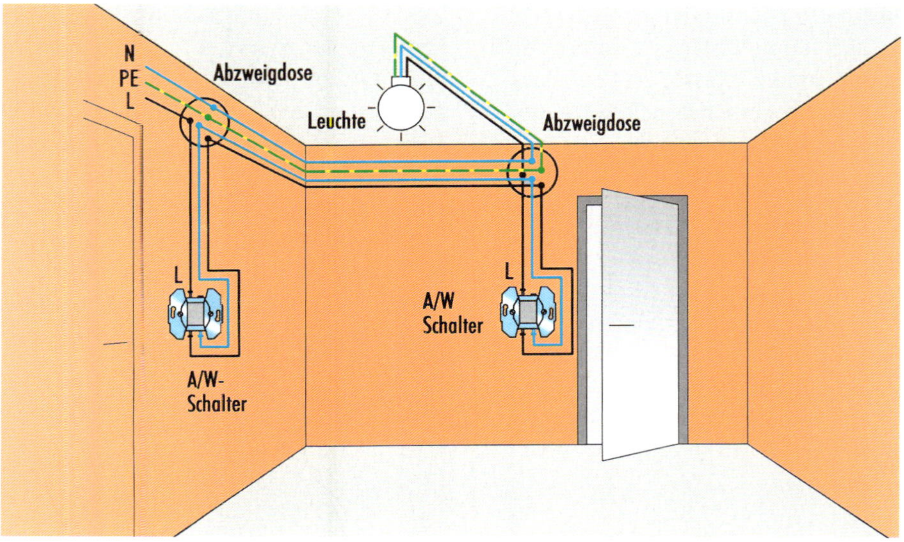


Mit der Wechselschaltung lassen sich Leuchten von zwei Stellen aus schalten. Jeder Schalter erfordert mindestens drei Adern. Der grüngelbe Schutzleiter darf nicht als Schaltader verwendet werden.

A/W = Aus-/Wechselschalter

Bei der Kreuzschaltung werden die geschalteten (korrespondierenden) Adern zwischen den Wechselschaltern über Kreuz geschaltet.

L = Phase
N = Neutralleiter
PE = Schutzleiter
A/W = Aus-/Wechselschalter

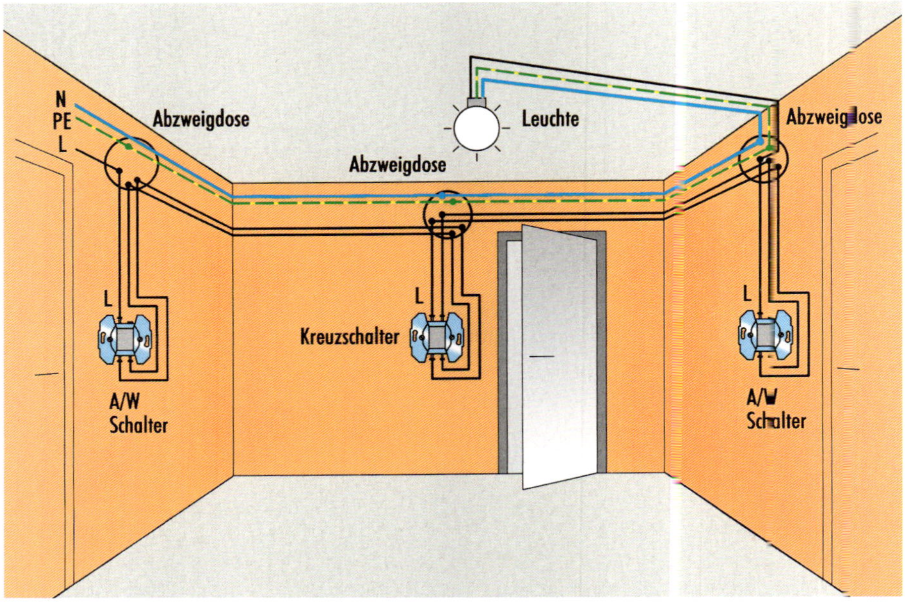


bleibt gleich, der Ferndimmer nimmt den Platz des Stromstoßschalters im Verteiler ein.

## BEWEGUNGSSCHALTER FÜR MEHR SICHERHEIT

Eine Alternative zu normalen Schaltern ist für Flure und Keller ein Modell mit einem **Infrarot-Bewegungssensor**. Es lässt sich auch in einer vorhandenen Schalterdose montieren und schaltet das Licht automatisch ein, wenn sich eine Person im Erfassungsbereich des Detektors befindet. Wird keine Bewegung mehr von dem Schalter erfasst, schaltet die eingebaute Zeitschaltuhr wenige Sekunden oder einige Minuten später das Licht wieder aus.

**Neuere Schalter** setzen statt Infrarot Funk für den Bewegungssensor ein. Ihre Hochfrequenztechnik (HF) reagiert sehr viel schneller als Infrarot. Diesen Schaltertyp gibt es nicht nur zum separaten Einbau, sondern auch mit Leuchten kombiniert. Für jede Situation taugt dieser Sensor aber nicht: Die Funkwellen durchdringen dünne Türen, können in einem solchen Fall also auch auf Personen reagieren, die den Raum noch gar nicht betreten haben und dies auch nicht wollen. Die Preise der HF-Sensoren sind mit denen der Infrarotmodelle vergleichbar.

Dimmer anstelle von Lichtschaltern regeln das Licht eines Raumes. Ausführliches dazu finden Sie auf Seite 242.

Kontrollschalter sind mit einer Glimmlampe ausgestattet, die leuchtet, wenn der Stromkreis eingeschaltet ist. Dadurch lässt sich am Schalter erkennen, dass Licht in einem anderen Raum, zum Beispiel im Bad, eingeschaltet ist.

Neben den genannten gibt es noch eine Reihe spezieller Schalterausführungen, zum Beispiel für die Steuerung von Geräten und Motoren. Aber auch der Taster für die Türklingel gehört dazu. In Privathaushalten häufig noch zu finden sind auch Jalousienschalter, die Jalousien- oder Rollladenmotoren schalten. Wenn Sie einen solchen Schalter auswechseln wollen, müssen Sie die Hinweise der Motorenhersteller beachten.

# SCHALTER AUSTAUSCHEN

Schalten Sie die Leitung spannungsfrei und kontrollieren Sie dies, bevor Sie einen Schalter auswechseln. Bei modernen Schaltern sind die Schaltwippe und der Abdeckrahmen nur gesteckt. Sie können sie mit der Hand abziehen oder mit einem Schraubendreher abhebeln. Bei älteren Schaltern muss eine Platte um die Schaltwippe abgeschraubt werden. Der Abdeckrahmen ist dann ebenfalls gelöst.

Der Unterputzeinsatz wird in der Regel mit zwei Spreizkrallen in der Unterputzdose verspannt. Wenn Sie die beiden Schrauben rechts und links der Wippe um einige Umdrehungen lösen, lässt er sich leicht aus der Dose herausziehen. In nicht massiven Wänden (etwa Gipskarton) werden statt der üblichen Unterputzdosen spezielle Hohlwanddosen verwendet. Sie sind nicht in die Wand eingegipst, sondern halten ihrerseits durch Laschen. In diesen Dosentyp dürfen Sie Lichtschalter nicht mit ihren Spreizkrallen fixieren. Verwenden Sie stattdessen die Schrauben der Hohlwanddose. Verwechseln Sie dabei nicht die Spannschrauben der Laschen mit den Befestigungsschrauben für den Schalter. Die Schrauben für den Schalter lassen sich mit einigen Umdrehungen aus der Hohlwanddose lösen, die Spannschrauben bleiben beim Drehen im Gehäuse.

Bevor Sie die Adern vom alten Schalter abziehen, sollten Sie sich deren Farben und die Belegung der Klemmen notieren. Nicht immer hat sich der Elektroinstallateur genau an die gebräuchlichen Farben gehalten. Ältere Schalter haben Schraubklemmen, mit denen die einzelnen Adern befestigt sind. Bei neueren Modellen kommen überwiegend Steckklemmen zum Einsatz. Die Adern lassen sich einfach hineinschieben und sind dann verriegelt. Falls Sie die Ader wieder lösen möchten, finden Sie an der Steckklemme eine Taste oder Feder, die dazu gedrückt werden muss.

Damit die Adern in die Klemmen passen, muss man sie abisolieren. Auf dem metallenen Montagerahmen oder der Schalterrückseite ist die richtige Länge angegeben.

**Sie brauchen,**
um einen Schalter auszutauschen:

- *Spannungsprüfer*
- *Schraubendreher*
- *Bohrmaschine (nur für Aufputzschalter)*
- *Unterputzeinsatz*
- *Schalterabdeckung oder Aufputzschalter*

**1** Die Schalterwippe ist normalerweise nur aufgesteckt und lässt sich mit einem Schraubendreher heraushebeln.

**2** Der Rahmen des Schalters ist ebenfalls nur aufgesteckt. Beim Abhebeln darauf achten, dass die Tapete nicht beschädigt wird.

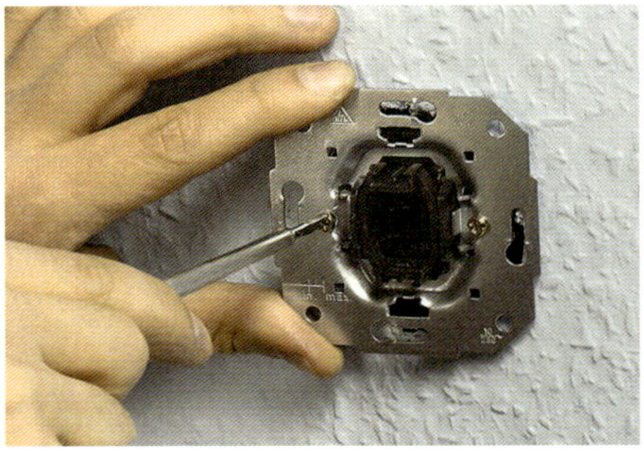

**3** Der Unterputzeinsatz ist mit zwei seitlichen Spreizkrallen verspannt. Deren Schrauben müssen gelöst werden, damit sich der Einsatz herausnehmen lässt.

**4** Bei neueren Schaltern sind die Adern geklemmt. Hier genügt es, eine Taste zu drücken, um sie abzuziehen. Bei älteren Schaltern werden die Klemmschrauben gelöst.

**5** In den neuen Schaltereinsatz werden die Adern eingesteckt und automatisch festgeklemmt. Achten Sie auf die Kennzeichnung der einzelnen Anschlüsse.

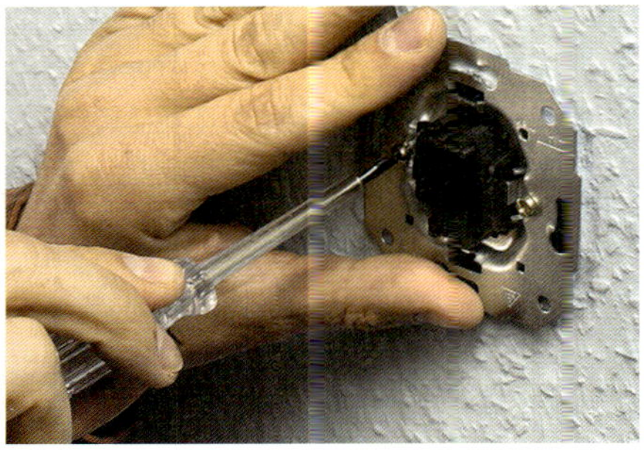

**6** Die Spreizkrallen etwas zusammendrücken, dann den angeschlossenen Schalter wieder in die Unterputzdose stecken. Anschließend werden die Spreizkrallen mit ihren zwei Schrauben verspannt. Unter den Krallen dürfen sich keine Adern befinden.

**7** Zuerst wird der Abdeckrahmen aufgesteckt, dann kommt die Schalterwippe drauf.

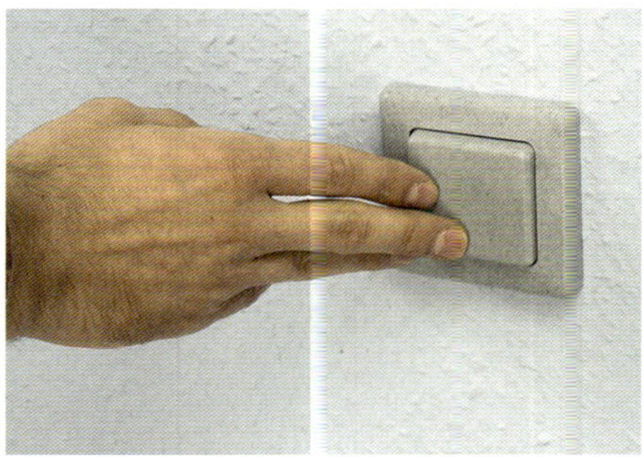

**8** Nachdem die Sicherung wieder eingeschaltet ist, kann der neue Schalter getestet werden.

Auch die Bezeichnung der Klemmen unterscheidet sich je nach Hersteller etwas. L, P oder ein Eingangspfeil kennzeichnen die spannungsführende Phase, ein Ausgangspfeil die Kontakte, die die Spannung weiterführen.

An Kontrollschaltern kennzeichnet N den Neutralleiteranschluss. Beim Anschluss des Schalters an die Leitung zur Abzweigdose darf auch eine blaue Ader verwendet werden, wenn keine schwarze, graue oder braune (die Farben der Phasen) mehr frei ist.

Den grün-gelben Schutzleiter dürfen Sie aber niemals als geschaltete Leitung verwenden. Bei vorhandenen Installationen dennoch nicht darauf verlassen, dass der grün-gelbe, manchmal auch noch rote, Schutzleiter keinen Strom führt.

Für die drei Adern einer Serien- oder Wechselschaltung genügt deshalb die übliche dreiadrige Leitung nicht. Nehmen Sie eine vieradrige und verwenden Sie den Schutzleiter auf keinen Fall.

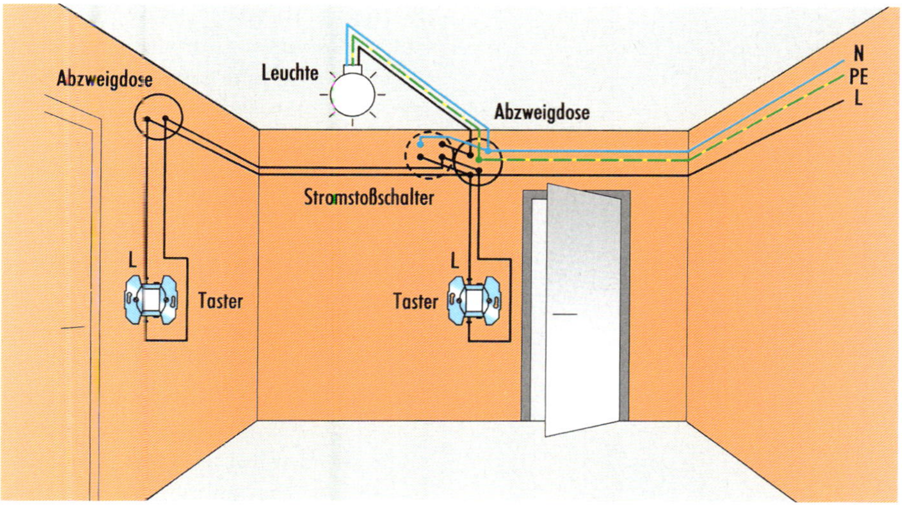


Der Stromstoßschalter ist eine heute übliche Alternative zu Wechsel- oder Kreuzschaltungen, da der Verdrahtungsaufwand wesentlich geringer ist.

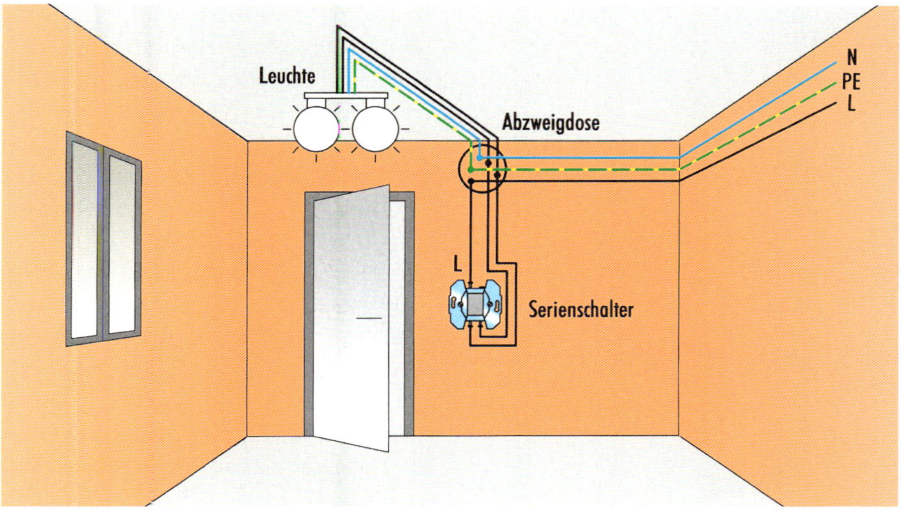


Der Serienschalter schaltet zwei Stromkreise von einer Stelle aus. Dies können zum Beispiel zwei getrennte Leuchten, aber auch unterschiedliche Lampen in einem Kronleuchter sein.

L = Phase
N = Neutralleiter
PE = Schutzleiter

# DIMMER AUSWÄHLEN UND EINBAUEN

**Sie brauchen** für den Dimmereinbau:

- *Spannungsprüfer*
- *Schraubendreher*
- *Dimmer, gegebenenfalls -abdeckung*

Mit einem Dimmer können Sie die Helligkeit einer Lampe regeln. Dimmer lassen sich nachträglich an Stelle eines Schalters einsetzen. Sie werden zwar wie normale Schalter montiert, doch einige Besonderheiten sind vor ihrem Einbau zu beachten. Dimmer können die Helligkeit einer oder mehrerer Glüh- oder Halogenlampen mit einer Anschlussleistung von etwa 40 bis 400 Watt regeln, manche Modelle auch bis 1 000 Watt.

Nicht alle Dimmer eignen sich für die Transformatoren von Niedervolt-Halogenlampen. Transformator und Dimmer müssen aufeinander abgestimmt sein. Angeboten werden Dimmer für konventionelle wie auch für elektronische Transformatoren.

LED-Energiesparlampen lassen sich bis auf Weiteres nicht dimmen. Leuchtstoffröhren spielen ebenfalls nicht mit Dimmern zusammen. Es gibt jedoch spezielle Leuchtstoffröhrenleuchten, deren Helligkeit sich von einem Regler steuern lässt. Leuchtstoff-Energiesparlampen eignen sich per se nicht für die Kombination mit Dimmern – inzwischen gibt es aber auch hier explizit für den Dimmerbetrieb taugliche Typen.

**Einfache Modelle** steuern die Helligkeit der Lampe(n) über einen Drehknopf. Je nach Typ schalten sie das Licht mit einer Raststellung am Ende der Drehbewegung oder durch Druck auf den Drehknopf (Druckwechselschalter) ein und aus.

In einer Wechsel- oder Kreuzschaltung werden nur Dimmer mit Druckwechselschalter genutzt – konsequenterweise lässt sich nur von ihnen aus die Helligkeit regeln, von den anderen Wechselschaltern aus das Licht nur an- und ausmachen (Illustration → Seite 244).

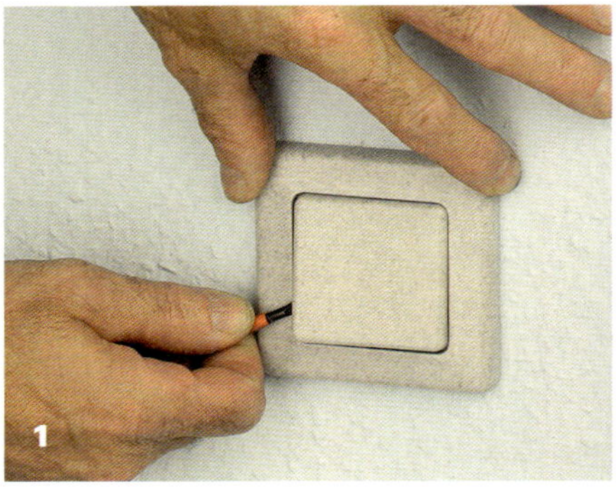


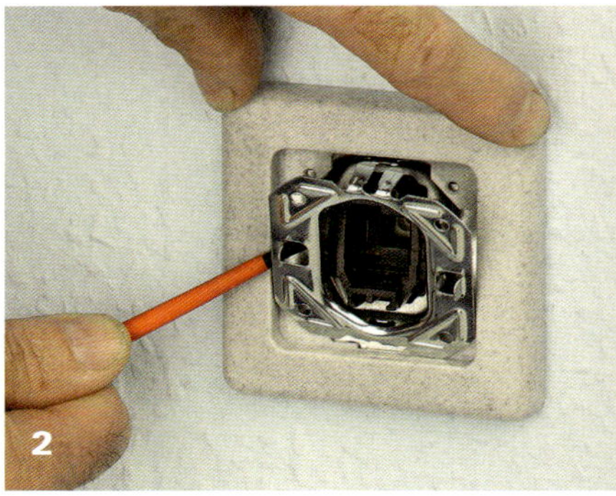


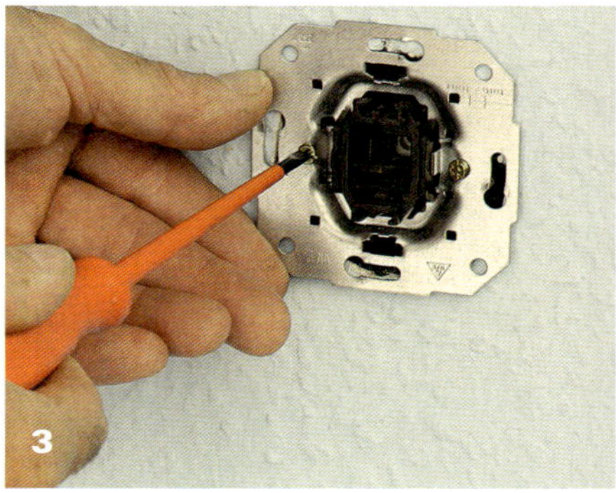


**1** Erster Schritt: die Sicherung ausschalten! Dann die Schaltwippe des vorhandenen Schalters abhebeln.

**2** Bei diesem Modell muss zusätzlich eine Metallklammer entfernt werden, die den Rahmen hält.

**3** Jetzt können die Spreizkrallen des alten Unterputzbauteils gelöst werden. Dazu an beiden Seiten die Schrauben etwas herausdrehen.

Anders die Tastdimmer genannten Komfortmodelle: Ihr Bedienfeld ähnelt einem simplen Lichtschalter. Ein kurzer Druck darauf und das Licht geht an oder aus. Durch längeres Drücken lässt sich das Licht regeln.

Bei einer Wechsel- oder Kreuzschaltung werden an den weiteren Schaltstellen Taster eingesetzt, mit denen sich dann nicht nur schalten, sondern auch dimmen lässt. Dies dürfte die Ansprüche der meisten Anwender abdecken.

Bei ausgefuchsten Tastdimmern mit Sonderfunktionen kann es sinnvoll sein, statt eines einfachen Tasters eine sogenannte Nebenstelle zu installieren – also eine vollwertige zweite Dimmersteuerung.

So vielseitig die High-Tech-Dimmer auch sein mögen: Viele Nutzer sind von ihnen genervt, weil sie nicht wissen, welcher Fingerdruck welche Akti-

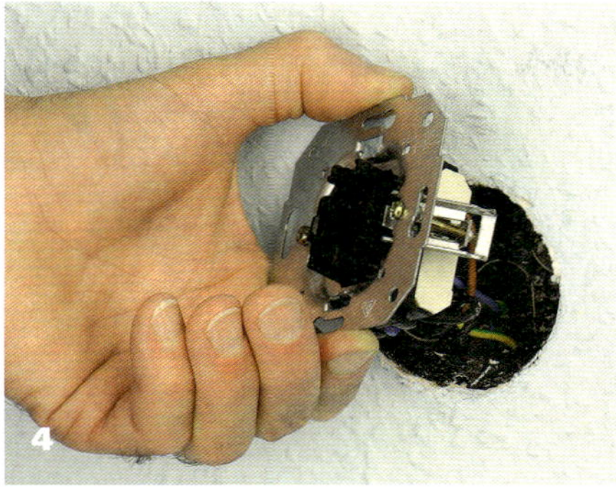

**4** Der Unterputzschalter sollte sich nun leicht aus der Dose herausziehen lassen.

**5** Bevor Sie die Adern herausziehen, notieren Sie sich die Belegung der Anschlüsse am vorhandenen Schalter.

**6** Die Adern entsprechend der vorhandenen Schaltung wieder anschließen. Schwarz (heutzutage auch braun) ist die Phase. Ebenfalls schwarz, braun oder auch blau ist die geschaltete Leitung bei einer einfachen Ausschaltung.

**7** Die Montage des Dimmers in der Unterputzdose erfolgt wie beim Schalter mit zwei Spreizkrallen. Hierzu müssen deren Schrauben angezogen werden.

**8** Den Abdeckrahmen auf den Schalter legen und die Schalterplatte aufdrücken.

**9** Zum Schluss muss noch der Regelknopf aufgesteckt werden. Dann können Sie die Sicherung wieder einschalten und den Dimmer ausprobieren.

**10** Der Schaltplan zeigt, wie sich mit einem einfachen Dimmer eine Wechselschaltung realisieren lässt. Am Dimmer lässt sich das Licht ein- und ausschalten und regeln. Der Wechselschalter kann die Lampe nur schalten, nicht regeln.
L = Phase
N = Neutralleiter
PE = Schutzleiter
A/W = Aus-/Wechselschalter

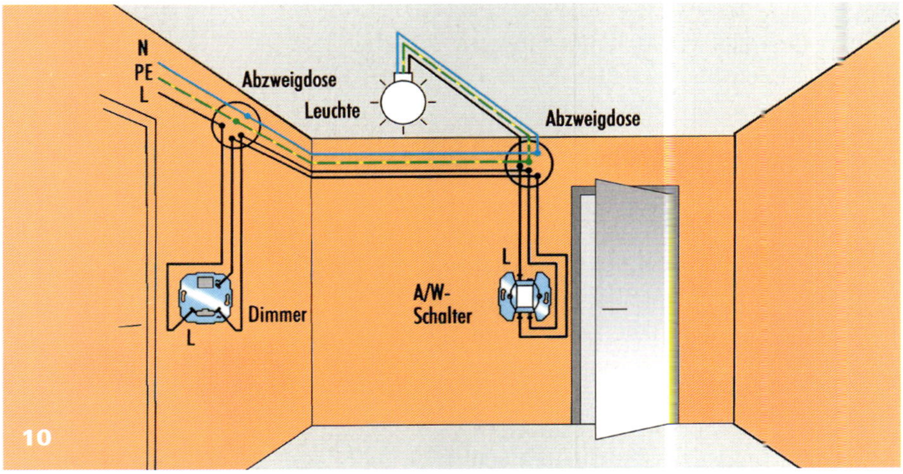


**11** Bei einem Komfortdimmer (Dimmat) wird das Licht durch kurzes Drücken des Bedienfelds geschaltet. Längeres Drücken dimmt das Licht. Hier ist an der zweiten Schaltstelle ein Taster eingesetzt, der auch die Helligkeit der Lampe regeln kann.

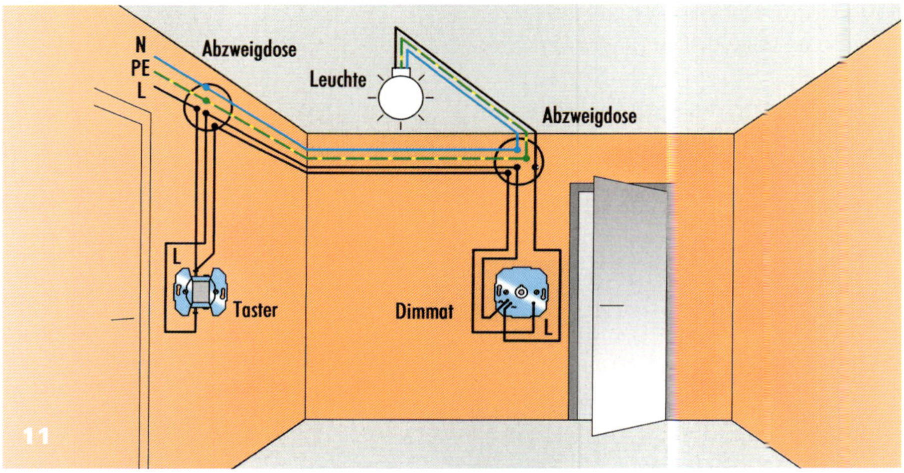


**TIPP**

Funktioniert eine Dimmerschaltung nicht, ist meist die **FEINSICHERUNG** im Dimmer durchgebrannt. Diese lässt sich nach Abnehmen der Abdeckung herausziehen. Vorher unbedingt die Sicherung für den betreffenden Raum ausschalten.

on auslöst. Seit einiger Zeit gibt es deshalb Komfortdimmer mit Drehregler. Elektronik und Funktionalität entsprechen den Tastdimmern. Dank ihrer ist es beispielsweise möglich, die Lichthelligkeit von zwei Stellen aus mit Drehreglern zu steuern.

Die komfortabelsten Varianten der Tastdimmer lassen sich per Funk oder Infrarot fernsteuern. Die meisten dafür erhältlichen Fernbedienungen kontrollieren mehrere Dimmerstromkreise.

Bei der Installation ist zu beachten, dass die einfachen Dimmer bei einer Wechselschaltung als erster Schalter im Leitungsverlauf an der Phase montiert werden müssen. Die vollelektronischen Dimmer werden dagegen direkt an die Leitung zur Lampe angeschlossen.

Dimmer reduzieren nicht nur die Helligkeit, sondern helfen auch noch Strom zu sparen. Und Glühlampen leben länger: Schon eine Reduzierung der Spannung um nur fünf Prozent verdoppelt die Lebensdauer herkömmlicher Glühlampen.

# REPARATUREN

## STECKDOSE BEFESTIGEN

Steckdosen müssen oft hohe mechanische Belastungen durch das Herausziehen von Steckern aushalten. Sind sie nicht perfekt montiert, können sie leicht aus der Unterputzdose in der Wand herausgerissen werden.

Eine herausgerissene Steckdose, wie in unserem Beispiel, sollten Sie nicht weiter benutzen, sondern sofort reparieren. In den meisten Fällen genügt es, die Steckdose auszubauen und erneut in der Unterputzdose zu befestigen. Sind jedoch Teile der Steckdose beschädigt, bleibt nur, sie auszubauen und gegen eine neue auszutauschen.Bevor Sie mit den Arbeiten beginnen, müssen Sie die Sicherung ausschalten. Überprüfen Sie dann, ob die Leitung auch wirklich spannungsfrei ist (→ Seite 220).

Schrauben Sie die Abdeckung der Steckdose heraus und lösen Sie die Schrauben der Spreizkrallen. Ziehen Sie den Steckdoseneinsatz aus der Unterputzdose heraus. Ein Blick in die Unterputzdose kann nicht schaden, auch wenn Beschädigungen hier sehr selten sind.

**Sie brauchen,**
um eine Steckdose zu befestigen:

- *Spannungsprüfer*
- *Schraubendreher*

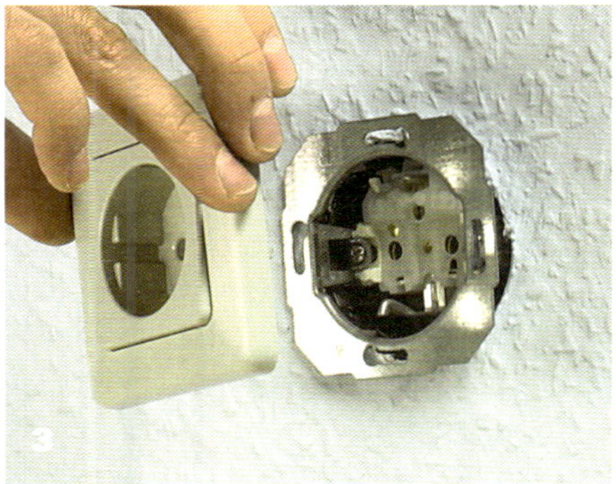

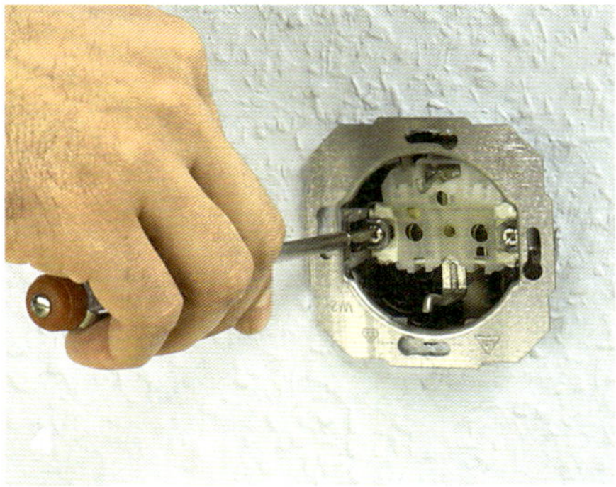

**1** Wenn die Steckdose halb aus der Wand herausgerissen wurde, darf sie nicht mehr benutzt werden. Der Schaden ist umgehend zu reparieren.

**2** Sicherung ausschalten. Die Befestigungsschraube in der Mitte der Steckdose lösen.

**3** Jetzt können die Abdeckung und der Rahmen abgenommen werden.

**4** Die Schrauben der Spreizkrallen auf beiden Seiten lösen.

**5** Ziehen Sie die Steckdose heraus. Drehen Sie danach die Schrauben der Spreizkrallen wieder ein, um zu kontrollieren, ob sie noch korrekt arbeiten. Ist dies der Fall, lösen Sie die Schrauben erneut und drücken die Krallen zusammen.

**6** Setzen Sie die Steckdose wieder in die Unterputzdose ein und verspannen Sie sie, indem Sie zuerst eine Schraube leicht andrehen, anschließend die andere und dann beide Schrauben festziehen. Vorsicht – beim Einsetzen darf kein Kabel hinter die Spreizkrallen geraten. Der Metallrahmen der Steckdose könnte sonst unter Spannung geraten.

**7** Jetzt wird die Abdeckung wieder montiert.

**8** Die Abdeckung muss fest angeschraubt werden. Anschließend können Sie die Sicherung wieder einschalten und die Steckdose mit einem Spannungsprüfer testen.

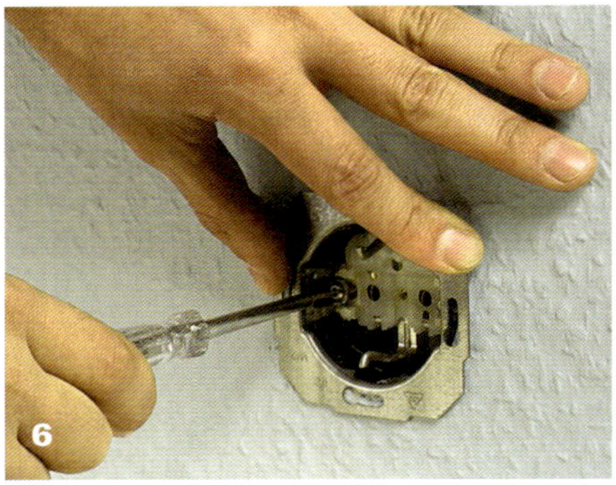

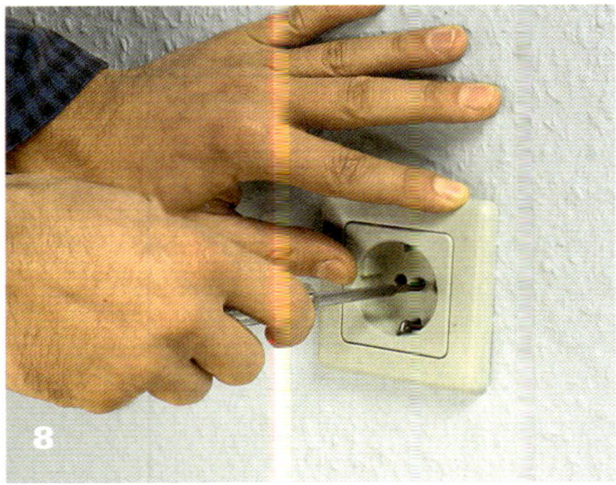


Ist alles in Ordnung, drücken Sie die Spreizkrallen etwas zusammen, damit sich der Steckdoseneinsatz leichter in die Unterputzdose schieben lässt, und befestigen Sie den Einsatz wieder.

Wenn Sie die Steckdose gegen eine neue austauschen müssen, trennen Sie zuerst die Adern von der alten. Sie sind häufig noch mit Schraubklemmen befestigt. Bei neuen Steckdosen ist die schraublose Klemmtechnik mittlerweile üblich. Details dazu lesen Sie im Abschnitt „Schalter tauschen" auf Seite 239.

Die Phase (schwarz, braun oder grau) und der Neutralleiter (blau) werden an den äußeren Klemmen für die Kontaktbuchsen angeschlossen. An die mittlere Klemme kommt wie immer der grün-gelbe Schutzleiter. Wenn Sie noch ein älteres Steckdosenmodul mit Schraubklemmen haben, gilt das Gleiche.

Oft reichen die vorhandenen Steckdosen für die vielen elektrischen Geräte im Haushalt nicht mehr aus. Sich mit dem früher üblichen Mehrfachstecker zu behelfen, ist mittlerweile verboten. Sie können jedoch eine Mehrfach-Steckdosenleiste verwenden oder eine spezielle Doppel- oder Dreifachsteckdose montieren, die in einer Unterputzdose Platz findet. Entsprechende Modelle gibt es im Handel zu kaufen.

Falls Sie stattdessen weitere Steckdosen direkt neben der vorhandenen anbringen möchten, muss deren Stromkreis mit einem FI-Schalter (→ Seiten 212 ff) im Verteilerkasten gesichert werden – das darf nur der Fachmann. Voraussetzung dafür ist, dass der Stromkreis dreiadrig (Phase, Neutralleiter, Schutzleiter) installiert ist – früher wurden oft nur zwei Adern verwendet. Ist dies der Fall, verwen-

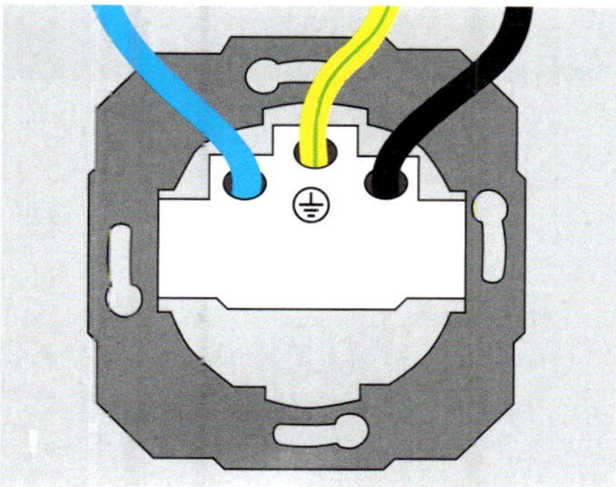

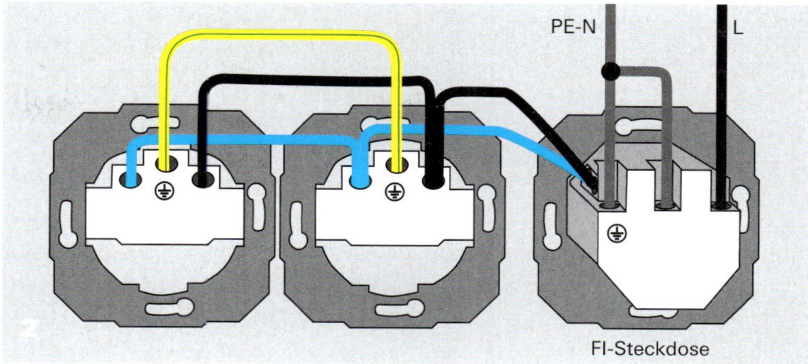


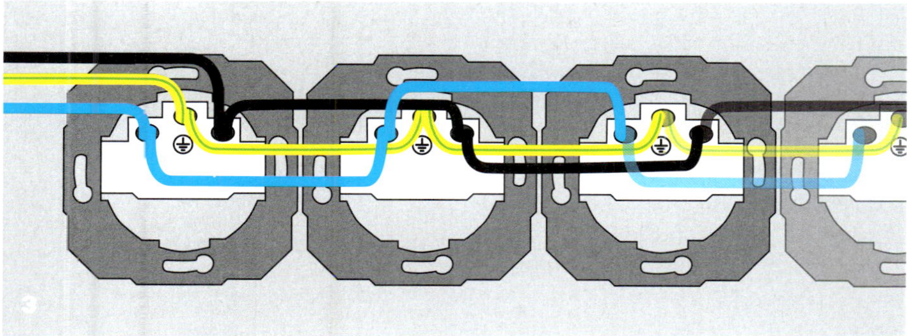

**1** Kabelanschlüsse an der Einfachsteckdose

**2** Kombination einer FI-Steckdose mit weiteren Steckdosen in der zweiadrigen Verdrahtung

**3** Zusätzliche Steckdosen an dreiadriger Verdrahtung

den Sie statt des FI-Schalters eine FI-Steckdose. Wie eine FI-Steckdose in einer zweiadrigen Verdrahtung mit weiteren Steckdosen kombiniert wird, zeigt → Abbildung 2 oben.

Kann der Elektroinstallateur den FI-Schalter im Stromkreisverteiler anschließen oder ist dort bereits einer vorhanden, orientieren Sie sich für die Verkabelung der zusätzlichen Steckdosen an Abbildung 3 oben. Egal, wo der FI-Schalter sich befindet: Für weitere Steckdosen bohren Sie direkt neben der vorhandenen Steckdose mit einer Bohrkrone die Löcher für weitere Unterputzdosen. Wählen Sie den Abstand zur vorhandenen Dose nicht zu eng, damit der Abdeckrahmen aufgesetzt werden kann. Achten Sie zudem darauf, die vorhandene Leitung nicht zu beschädigen.

## SPEZIALFALL ALTINSTALLATION

Bis 1973 wurden Steckdosen und Leuchten nur zweiadrig verkabelt – Neutral- und Schutzleiter nutzen hier die selbe Ader. Diese wird auch als PE-N bezeichnet – Protective Earth heißt der Schutzleiter auf Englisch, das N steht für den Neutralleiter. Wenn Sie in einer solchen Installation eine defekte Steckdose ersetzen, müssen Sie beim Anschluss aufpassen. Werden dabei Phase und PE-N vertauscht, kann die Federklemme des Schutzleiters Hochspannung führen – eine solche Steckdose bedeutet Lebensgefahr.

Üblicherweise wird die Steckdose durch eine graue und eine schwarze Ader mit Strom versorgt. Nach Vorschrift sollte die schwarze Ader die stromführende sein, die graue der PE-N-Leiter. Sicher ist dies aber nicht, weshalb Sie es mit einem geeigneten Spannungsprüfer kontrollieren müssen. Dieser braucht eine Berührungselektrode für die einpolige Phasenprüfung.

Falls die auszutauschende Steckdose nicht völlig zerstört ist, erledigen Sie die Kontrolle, solange die Steckdose noch an ihrem Platz sitzt. Berühren Sie mit dem Daumen die Elektrode des Spannungsprüfers und führen Sie die dazugehörige Prüfspitze zuerst an die Federklemmen des Schutzleiters, dann nacheinander in beide Kontaktbuchsen der Steckdose. Die zweite Prüfspitze halten Sie an ihrer Isolierung in der Hand – berühren Sie nicht das blanke Ende! Führt eine Kontaktbuchse Spannung, zeigt das Messgerät dies an. Notieren Sie sich, welche Kontaktbuchse der Steckdose die mit der spannungsführenden Ader ist. Schalten Sie die Sicherung ab und bauen Sie nun die Steckdose aus, ohne sie zu verdrehen. Schauen Sie nach, welche Ader zur spannungsführenden Kontaktbuchse führt und notieren Sie sich auch dies. Danach entfernen Sie die alte Steckdose.

Damit die neue Steckdose korrekt angeschlossen wird, verbinden Sie die spannungsführende Ader mit einem der beiden äußeren Anschlüsse. Den PE-N, also die zweite Ader, verbinden Sie mit der mittleren Klemme der Steckdose, also der für den Schutzleiter. Von dort aus führen Sie ein kurzes Stück isolierten Drahtes (bitte vom selben Querschnitt wie die Leitung, die zur Steckdose führt) zum noch freien äußeren Anschluss der Steckdose (→ Seite 247 Abbildung 2). Nach dem mechanischen Einbau und dem Einschalten der Sicherung prüfen Sie noch einmal mit dem Messgerät (wie beschrieben), dass der Schutzleiter keine Spannung führt.

## TIPP: NACHGIEBIG

Besondere Steckdosen können Schäden und Stolperfallen vermeiden. Die als **OBJEKTSTECKDOSE** bezeichneten Spezialisten geben den Stecker eines angeschlossenen Gerätes frei, wenn beispielsweise jemand unaufmerksam ist und übers Kabel stolpert.

# ANGEBOHRTE STROMLEITUNG REPARIEREN

Eine angebohrte Leitung lässt sich am besten verhindern, wenn man vor dem Bohren die Bohrstelle mit einem Leitungssuchgerät überprüft. Doch ist das Missgeschick erst einmal geschehen, kann es in den meisten Fällen auch wieder repariert werden.

Meist macht sich ein Leitungstreffer durch einen Kurzschluss bemerkbar. Die Sicherung springt heraus und die Bohrmaschine bleibt stehen. Dann ist der Fehler offensichtlich. Trifft der Bohrer jedoch nur den Neutralleiter oder gar den Schutzleiter, wird der Schaden oft erst später erkannt, weil ein Gerät nicht mehr läuft oder gar das Gehäuse eines Geräts mit Schutzleiter unter Spannung steht. In allen Fällen bleibt außer dem Verlegen einer Ersatzleitung nur der Einbau einer Abzweigdose und das Verbinden der durchtrennten Leitung mit Lüsterklemmen.

Um eine Abzweigdose einzubauen, zeichnen Sie am besten den Umfang der Dose an der Schadensstelle auf. So haben Sie einen Anhaltspunkt für die Größe des Loches, das Sie in die Wand stemmen müssen.

Auch wenn Sie sich an Schaltern, Steckdosen und Installationszonen orientieren, bleibt der genaue Verlauf der Leitung oft unbekannt. Deshalb sollten Sie vor dem Freilegen der Leitung mit Hammer und Meißel unbedingt die Sicherung abschalten. Mei-

**Sie brauchen,**
um eine angebohrte Leitung zu reparieren:

- *Spannungsprüfer*
- *Schraubendreher*
- *Hammer und Meißel*
- *Seitenschneider*
- *Kabelmesser*
- *Abisolierzange*
- *Abzweigdose*
- *Lüsterklemmen*
- *Gipsbecher*
- *Spachtel*
- *Gips*

**1** Einmal nicht aufgepasst und schon ist es passiert – der Bohrer hat eine Stromleitung getroffen.

**2** Zeichnen Sie die Größe der Abzweigdose an, in der die Leitung repariert werden soll.

**3** Mit Hammer und Meißel muss die defekte Leitung in der Wand vorsichtig freigelegt werden.

**4** Der Leitungsschaden ist deutlich sichtbar. Vergrößern Sie die Öffnung so weit, dass die Abzweigdose hineinpasst.

**5** Mit dem Seitenschneider wird die Leitung an der Schadensstelle durchtrennt.

**6** Bereiten Sie die Abzweigdose vor, indem beide Öffnungen für die Leitungsenden herausgedrückt und die Dose zur Probe in die Wand gesetzt wird.

**7** Gips nach Herstelleranweisung anrühren und die Abzweigdose wandbündig eingipsen.

**8** Mit dem Kabelmesser den Kunststoffmantel von beiden Leitungsenden entfernen.

**9** Mit der sich automatisch einstellenden Abisolierzange lassen sich die Adern bequemer freilegen.

**10** Sie brauchen so viele Lüsterklemmen, wie die Leitung Adern hat. Die Verbindungsstege mit einem Messer oder Seitenschneider anschneiden, dann lassen sich die Klemmen leichter abbrechen.

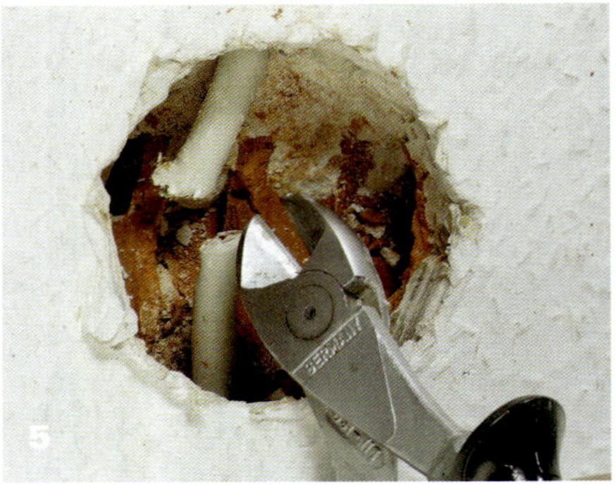


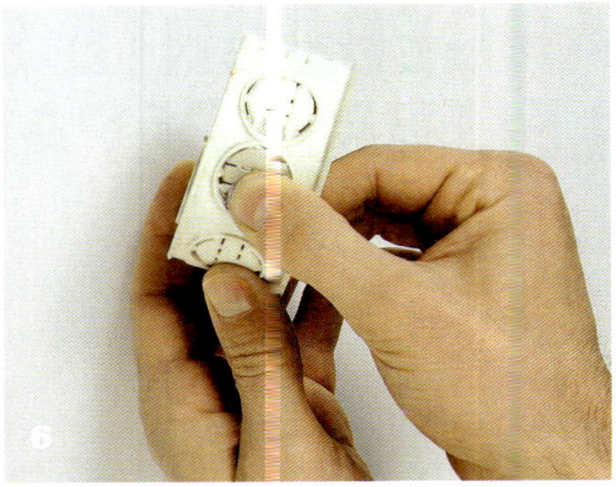

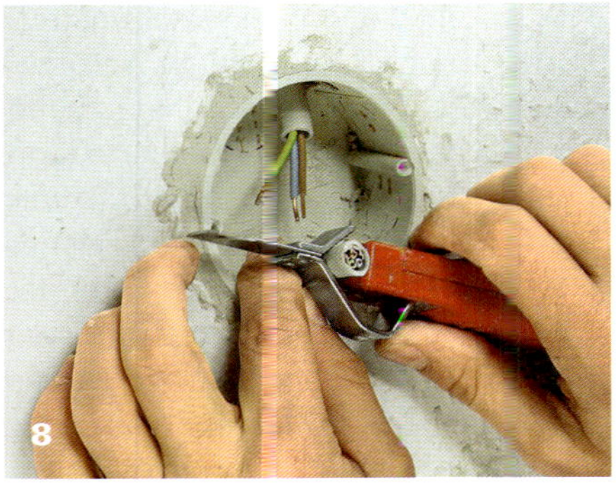

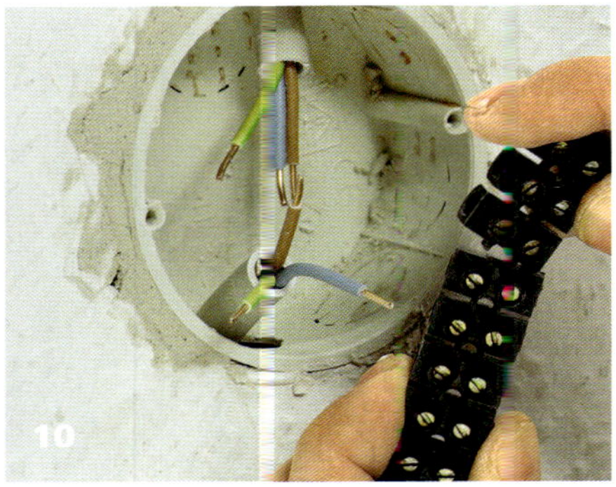


ßeln Sie die Wand vorsichtig auf, ohne die Leitung zu verletzen, und vergrößern Sie das Loch so weit, bis eine Abzweigdose hineinpasst.

Die Schadensstelle an der Leitung ist in der Regel leicht zu erkennen. Trennen Sie die Leitung mit einem Seitenschneider genau dort durch, wo sie vom Bohrer getroffen wurde.

Aus der Abzweigdose werden zwei Öffnungen für die beiden Leitungsenden herausgedrückt. Dies geht leicht mit dem Daumen, ansonsten den Seitenschneider benutzen. Die beiden Leitungsenden zur Probe einfädeln und überprüfen, ob die Dose in die Öffnung passt.

Zum Eingipsen der Abzweigdose den Gips mit etwa 30 bis 50 Prozent Wasser in einem Gummibecher anrühren. Beachten Sie beim Anrühren die Anweisung des Herstellers; das Gips-

**11** Die Adernenden Farbe für Farbe in die Klemmen stecken und festschrauben.

**12** Ab einer Höhe von 2,50 Metern darf der Deckel der Abzweigdose aufgesteckt werden. Er kann dann wieder übertapeziert werden.

pulver in das Wasser geben und nicht umgekehrt, da sich sonst leicht Klumpen bilden.

Füllen Sie zuerst die Öffnung etwas mit Gips und drücken Sie die Abzweigdose hinein. Anschließend den Rand um die Dose auffüllen und an der Wandoberfläche sauber abspachteln.

Nun müssen die Leitungsenden abgemantelt und die Adern etwa fünf Millimeter abisoliert werden.

Zum Verbinden der beiden Leitungsenden brauchen Sie Lüsterklemmen. Diese werden meist in Zwölferreihen geliefert. Trennen Sie mit dem Seitenschneider so viele Klemmen ab, wie die Leitung Adern hat, und verbinden Sie jeweils die Adernenden mit derselben Farbe. Die heute bei der Installation üblichen Steckklemmen helfen bei dieser Reparatur nicht – die Enden der beschädigten Leitung sind für diese zu kurz. Lüsterklemmen können dagegen die fehlenden Millimeter überbrücken.

Zum Schluss wird der Deckel der Dose aufgesetzt. Bis zu einer Höhe von 2,50 Meter muss er verschraubt werden, darüber kann er auch gesteckt werden. Dann können Sie die Sicherung einschalten und die Leitung prüfen.

Um die Abzweigdose zu kaschieren, wird sie zum Schluss mit einem Stück Tapete überklebt.

## TIPP: SICHER BOHREN

Bevor Sie die Bohrmaschine ansetzen, sollten Sie die Wand auf mögliche Leitungen (Elektro, Wasser, Heizung, Gas) untersuchen.

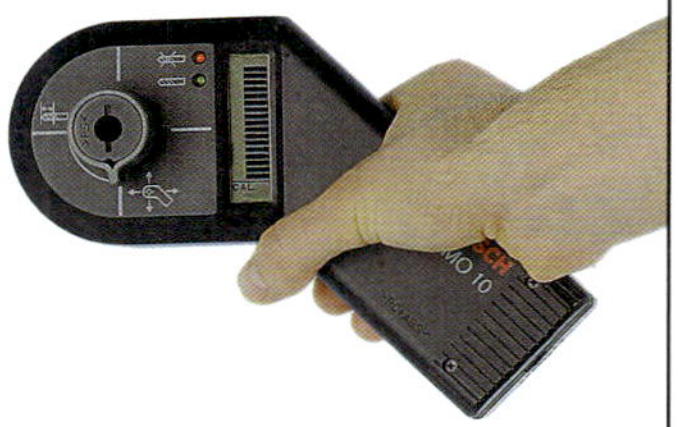

- Mit einem **LEITUNGS-SUCHGERÄT** können Sie Metalle und spannungsführende Leitungen aufspüren. Fahren Sie dazu mit dem Suchgerät mehrfach an der Bohrstelle über die Wand. Da Elektroleitungen relativ dünn sind, werden sie oft nur an der Spannung erkannt. Die Sicherung darf deshalb bei der Leitungssuche nicht ausgeschaltet sein.
- Auf die Anzeige der Leitungssuchgeräte kann man sich nicht verlassen. Manche Geräte zeigen spannungsführende Leitungen um einige Zentimeter seitlich versetzt an. Bohren Sie deshalb nur mit einem großzügigen **SICHERHEITS-ABSTAND**.
- Bohren Sie möglichst nicht in **INSTALLATIONSZONEN** (→ Seiten 218/219). An der Position von Schaltern, Steckdosen und Abzweigdosen können Sie den ungefähren Leitungsverlauf abschätzen (übertapezierte Abzweigdosen lassen sich durch Abklopfen der Wand an den in Frage kommenden Stellen orten).
- Fotografieren Sie beim Bauen die geschlitzten Wände vor dem Verputzen und legen Sie die Bilder zu Ihren Bauunterlagen. So können Sie später den **LEITUNGSVERLAUF** in Ihrer Wohnung leichter feststellen.

**Sie brauchen** für die Erneuerung von Stecker oder Kupplung:

- *Schraubendreher*
- *Seitenschneider*
- *Kabelmesser*
- *Abisolierzange*
- *Stecker und/oder Kupplung*
- *Adernendhülsen/ Crimpzange*

# STECKER UND KUPPLUNG ERNEUERN

Netzleitungen von Elektrogeräten und Verlängerungskabel werden oft sehr stark beansprucht. Werden sie direkt hinter dem Stecker oder der Kupplung geknickt, kann die Leitung brechen. Dies gilt auch, wenn das Kabel zum Herausziehen des Steckers missbraucht wird.

Die Reparatur eines defekten Verlängerungskabels lohnt sich unter finanziellen Erwägungen nicht. Sie werden in den Baumärkten je nach Länge für drei bis sechs Euro angeboten. Selbst ein einzelner Stecker oder eine Kupplung liegen in der gleichen Preislage. Fertig konfektionierte Kabel sind zudem fehlerfrei und haben fest angeschweißte Stecker mit einer stabilen Zugentlastung. Sollten Sie auf eine sofortige Reparatur angewiesen sein, und befinden sich Stecker und Kupplung noch in einwandfreiem Zustand, so ist die einfachste Lösung, das beschädigte Stück Leitung zu kürzen. Hierzu müssen Stecker oder Kupplung entfernt und neu angeschlossen werden. Sind Stecker oder Kupplung selbst ebenfalls beschädigt, müssen sie gegen neue ausgetauscht werden.

Eine Kupplung ist das Gegenstück zum Netzstecker und kommt bei Verlängerungsleitungen zum Einsatz, um den Stecker der nächsten Leitung einstecken zu können. Bei Verlängerungsleitungen niemals auf beiden Seiten Stecker montieren!

Wir zeigen hier die Arbeiten an der Kupplung einer Verlängerungsleitung. Sie lassen sich auch auf den Steckerwechsel von Anschlussleitungen für Elektrogeräte übertragen.

Bei Elektrogeräten der Schutzklasse II (→ Seite 203) wird kein Schutzleiter verwendet. Hier haben die Anschlussleitungen fest angeschweißte, zweipolige Stecker. An eine solche Leitung dürfen Sie einen Schutzkontaktstecker (Schukostecker) anflicken – besonders schön sieht das allerdings nicht aus. Besser tauscht man die komplette Netzleitung gegen eine neue der Schutzklasse II aus. Auch sie gibt es vorgefertigt im Handel.

Das Anschlussprinzip der üblichen Stecker und Kupplungen ist immer gleich: Phase und Neutralleiter meist braun und blau, kommen an die äußeren Kontakte, der Schutzleiter (grüngelb) wird in der Mitte angeschlossen.

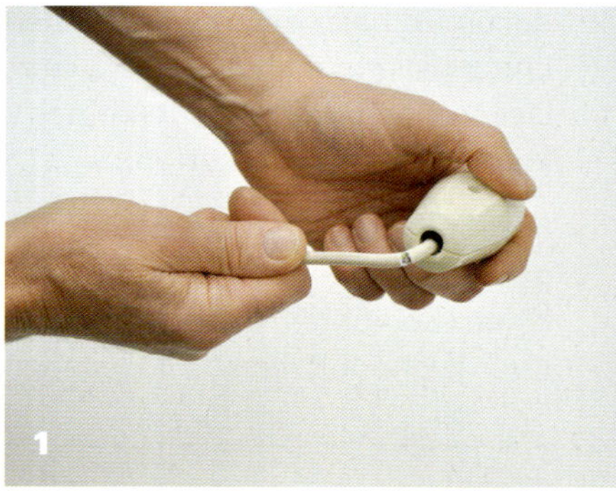


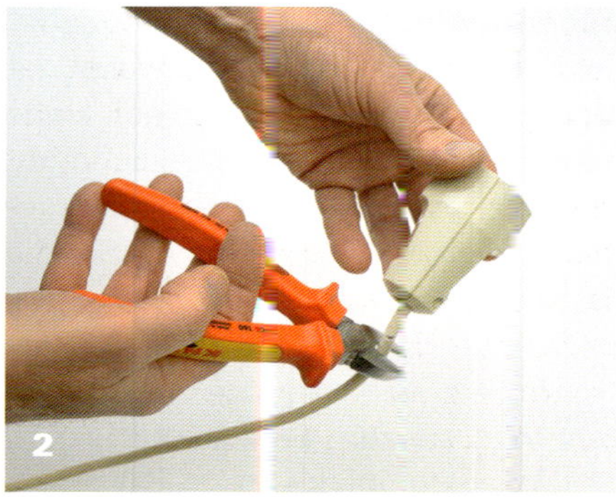


**1** Wird eine Elektroleitung zu stark geknickt, kann es zu einem Bruch der Adern kommen. Ein provisorisches Flicken mit Isolierband ist lebensgefährlich.

**2** Die Leitung hinter der Bruchstelle abschneiden.

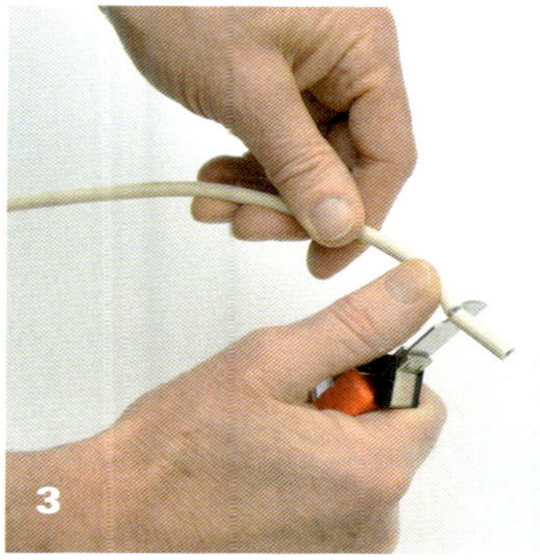
3

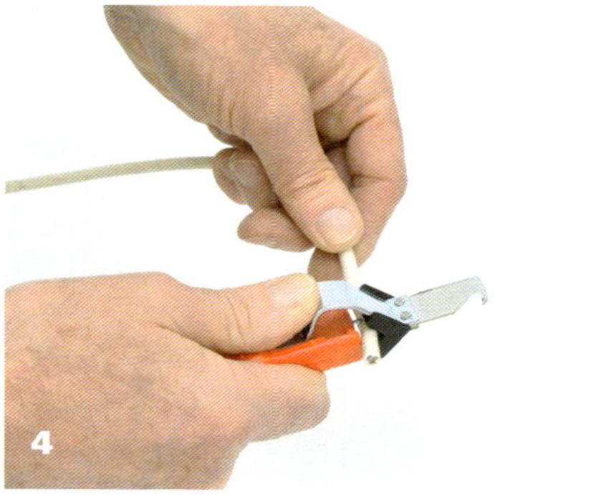
4

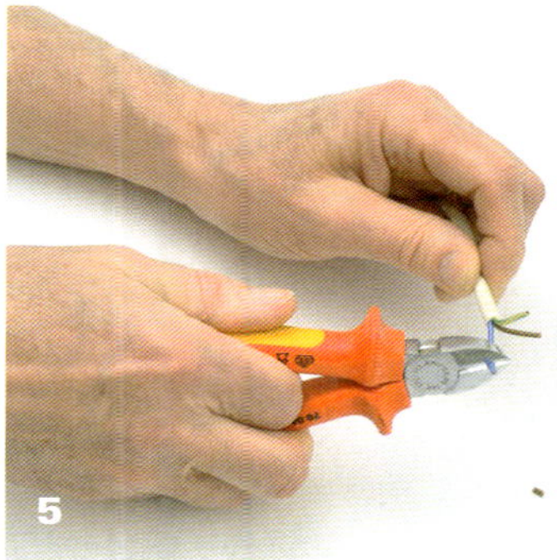
5

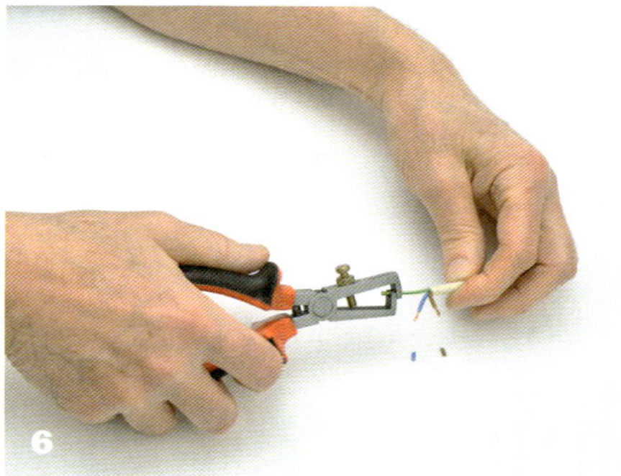
6

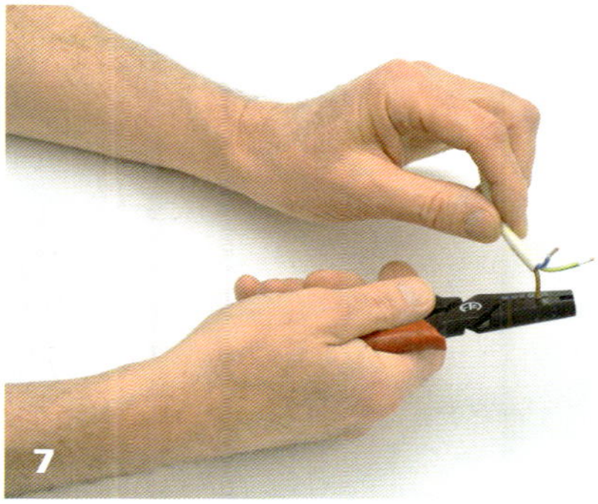
7

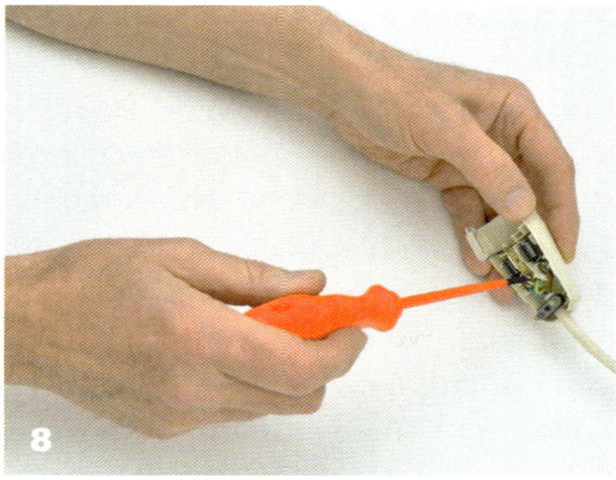
8

**3/4** Mit dem Kabelmesser den Mantel etwa vier bis fünf Zentimeter vor dem Ende rundherum auftrennen, anschließend längs aufschneiden und abziehen – dabei die Adernisolierung nicht verletzen.

**5** Die blaue und braune Ader um einige Millimeter kürzen. Der grün-gelbe Schutzleiter sollte aus Sicherheitsgründen etwas länger sein.

**6** Mit der Abisolierzange werden die einzelnen Adern freigelegt. Die Länge richtet sich nach den verwendeten Adernendhülsen.

**7** Hier werden die aufgesteckten Adernendhülsen verpresst.

**8** Die blaue und braune Ader an die äußeren Klemmen schrauben. Die gelb-grüne Ader kommt an den Schutzleiter in der Mitte.

Musste die Leitung gekürzt werden, ist der Mantel auf einer Länge von vier bis fünf Zentimetern zu entfernen. Wird der alte Stecker wiederverwendet, kann man sich an der Länge der alten Leitung orientieren. Lassen Sie die Ader des Schutzleiters ein paar Millimeter länger als die anderen. Falls jemand am Kabel zieht, soll der Schutzleiter als letzter ausreißen. Das Verlöten der einzelnen Drähte der Litzen mit Zinn ist heute verboten. Das Lötzinn kann sich durch den Stromfluss erwärmen und schmelzen. Das lockert die Verbindung, sie kann überhitzen und brennen. Auch das Festschrauben von verdrillten Litzen ist nicht sicher: Die Schraube kann die feinen Drähte der Litzen zerstören. Zuverlässig schließen Sie die Adern mit Adernendhülsen an (→ Crimpzange, Seite 222).

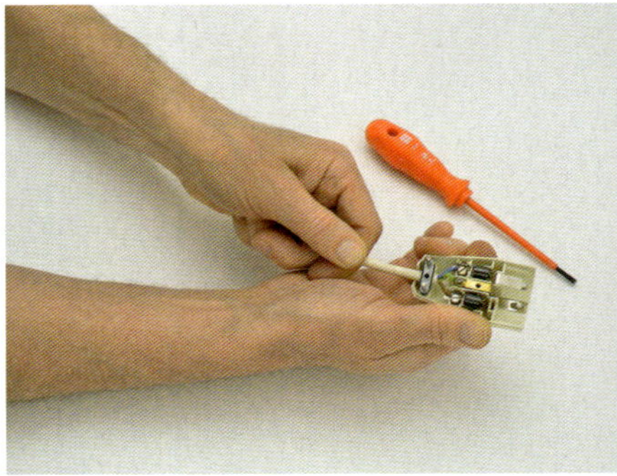

**9** Der Mantel der Anschlussleitung wurde mit einem Bügel als Zugentlastung festgeklemmt. Sie soll verhindern, dass bei einem Ziehen an der Leitung die Anschlüsse abreißen.

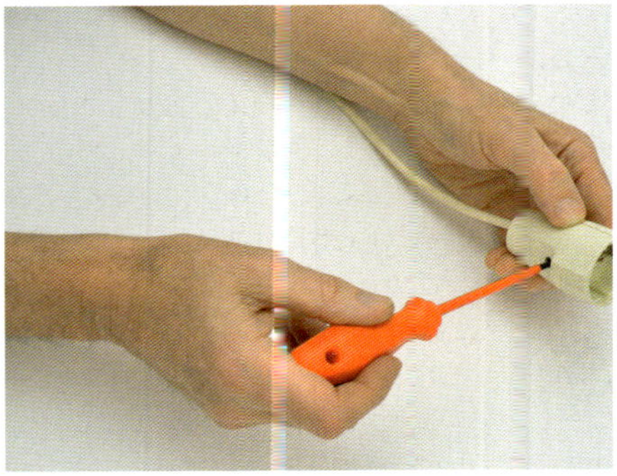

**10** Zum Schluss wird das Gehäuse der Kupplung sicher verschraubt.

# BÜGELEISENLEITUNG AUSTAUSCHEN

**Sie brauchen** für den Austausch einer Bügeleisenleitung:

- *Schraubendreher*
- *Bügeleisenanschlussleitung*
- *Multimeter*
- *Abschließende Prüfung durch den Fachmann*

Die Anschlussleitung eines Bügeleisens ist besonders hoher Beanspruchung ausgesetzt; einerseits durch die ständige Bewegung, andererseits auch dadurch, dass sie schon mal mit der heißen Bügelsohle in Berührung kommt. Aus letzterem Grund ist das Kabel mit einem Baumwollgewebe umsponnen, das die Hitze von dem inneren Gummimantel fernhalten soll. Ein brüchig gewordenes Bügeleisenkabel darf deshalb nie durch ein einfaches Kunststoff- oder Gummikabel ersetzt werden. Auch ist es nicht ratsam, ein Bügeleisenkabel zu kürzen, um einen neuen Stecker anzubringen. Im Elektrohandel und in Fachmärkten werden extra für Bügeleisen konfektionierte Kabel mit Baumwollummantelung und angegossenem Stecker angeboten. Der Erwerb eines solchen Kabels ist die Voraussetzung für die folgende Anleitung.

Nach den geltenden Sicherheitsvorschriften sind nach dem Austausch eines Gerätekabels eine Messung des Durchgangswiderstands des Schutzleiters sowie eine Messung des Ableitstroms vorgeschrieben. Die Messung des Durchgangswiderstands kann mit Hilfe eines Multimeters noch selbst durchgeführt werden, zum Messen des Ableitstroms hingegen ist eine Messvorrichtung erforderlich, die üblicherweise nur in einer Fachwerkstatt zur Verfügung steht.

An der Rückseite des Bügeleisens befindet sich eine angeschraubte Klappe. Sollte diese Klappe vernietet sein bzw. sich nicht mit einem Schraubendreher öffnen lassen, verzichten Sie besser auf den Reparaturversuch.

Nachdem der Stecker des Bügeleisens gezogen ist, wird die Klappe abgeschraubt, und die Anschlüsse werden sichtbar. Bevor Sie die alten Anschlüsse lösen bzw. abziehen, notieren Sie die Farben der Klemmenbelegung. Besonders wichtig ist, dass der grün-gelbe Schutzleiter an die dafür vorgesehene Klemme angeschlossen wird. Bei einer Verwechslung wäre der elektrische Schlag unvermeidlich.

Vergessen Sie vor dem Anklemmen des neuen Kabels nicht, die Biegeschutztülle aufzustecken. Auch muss das Kabel durch die Zugentlastung geführt werden. Erst nachdem die Kontakte und die Schelle der Zugentlastung festgeschraubt und überprüft worden sind, darf die Gehäuseklappe geschlossen und verschraubt werden. Die Biegeschutztülle muss exakt im Gehäuse sitzen und beweglich sein, auch die Klappe sollte spaltfrei am Gehäuse sitzen. Schließt das Gehäuse nicht richtig, könnte im Innern eine Ader des Kabels eingeklemmt worden sein.

Nach dem Kabelaustausch muss der Durchgangswiderstand des Schutzleiters gemessen werden. Hierzu ist ein Multimeter, ein Gerät zur Messung elektrischer Größen erforderlich, mit dem der Widerstand zwischen dem Schutzleiterkontakt am Stecker und berührbaren Metallteilen des Geräts gemessen wird. Er darf bei handgeführten Elektrogeräten bis fünf Meter Anschlussleitung nicht größer als 0,3 Ohm (Ω) sein.

Ist der Messwert nicht wie beschrieben, und lässt sich ein Adernbruch ausschließen, können ein falscher Anschluss des Schutzleiters oder eine Unterbrechung im Gerät die Ursache sein. In diesem Fall ziehen Sie einen Fachmann zu Rate oder entsorgen Sie das Gerät.

**1** Mit einem solchen Bügeleisen zu arbeiten ist lebensgefährlich. Hier ist eine neue Leitung erforderlich.

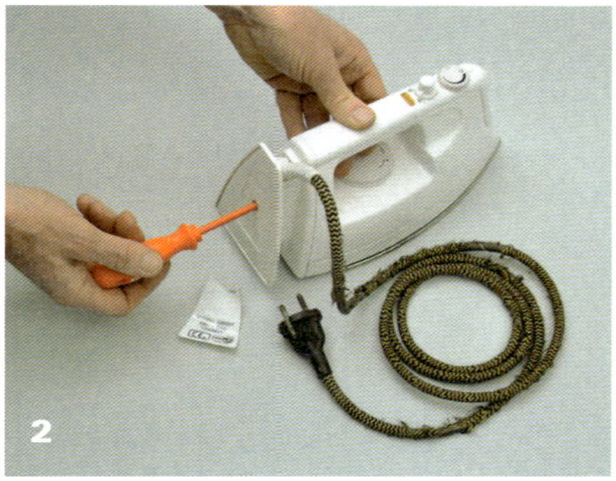

**2** Bei diesem Bügeleisen muss nach dem Abziehen des Typenschilds nur eine Schraube gelöst werden, um den Deckel zu entfernen und die Anschlüsse freizulegen.

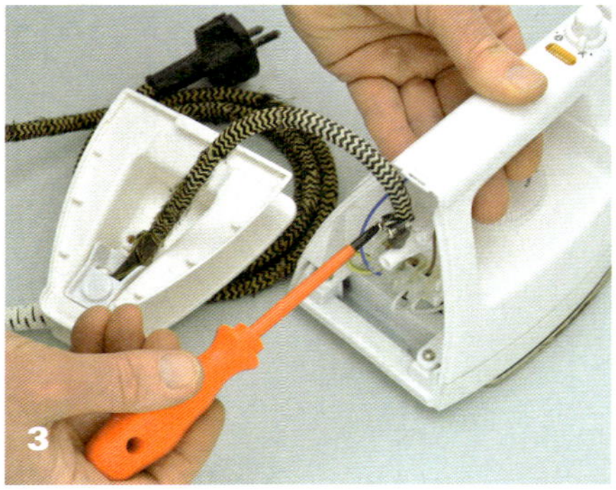

**3** Notieren Sie sich die Positionen der drei farblich markierten Leitungen. Dann die Zugentlastung und die Schraubklemmen lösen, um die alte Anschlussleitung zu entfernen.

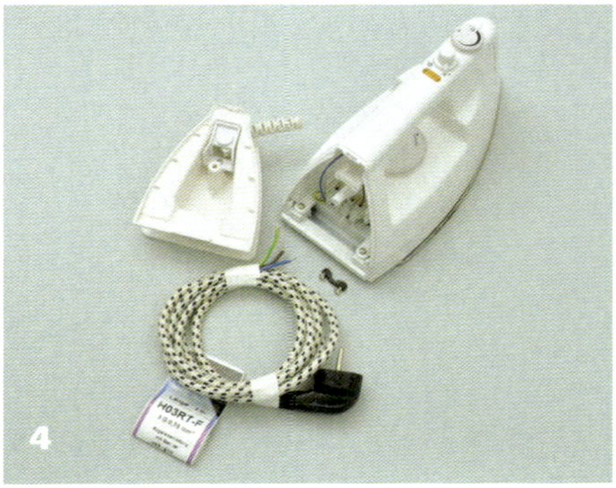

**4** Als neue Anschlussleitung für das Bügeleisen kommt nur eine spezielle Bügeleisenanschlussleitung in Frage, die es auch unter dieser Bezeichnung im Handel gibt.

**5** Wichtig: Vor dem Anklemmen der neuen Leitung muss sie zuerst durch den Deckel mit der Biegeschutztülle gezogen werden.

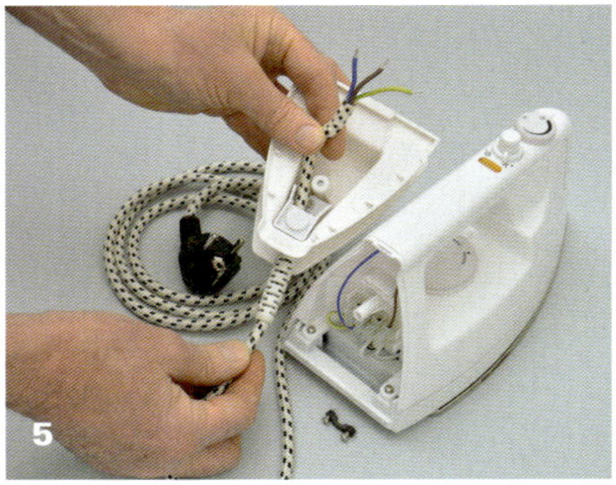

**6** Die neue Leitung so anschließen, wie die alte angeschlossen war. Die grün-gelbe Ader kommt an die Position, die mit dem Schutzleitersymbol gekennzeichnet ist. Anschließend die Leitung in der Zugentlastung festklemmen.

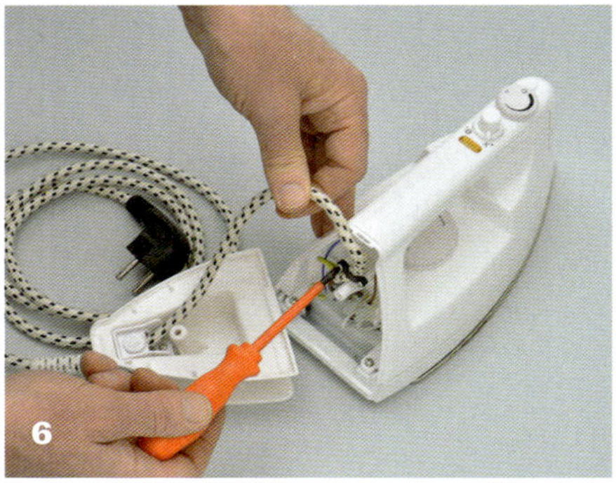

**7** Nachdem alles noch einmal überprüft worden ist, kann der Deckel aufgeschraubt und das Typenschild wieder aufgeklebt werden.

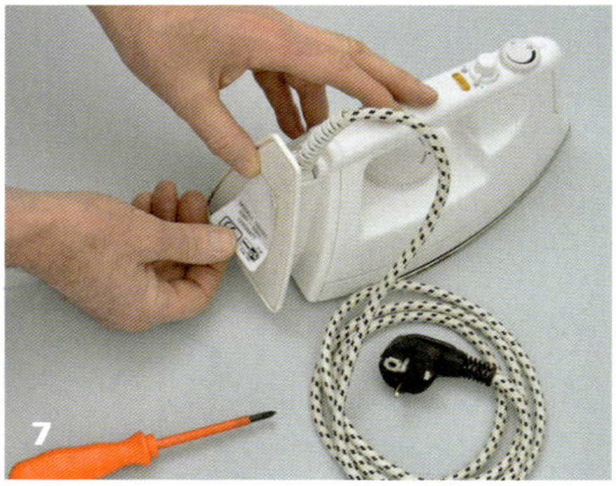

**8** Mit Hilfe eines Messgeräts wird der korrekte Anschluss des Schutzleiters geprüft sowie der Isolationswiderstand zwischen beiden Steckerstiften und berührbaren Metallteilen, hier der Bügelsohle.

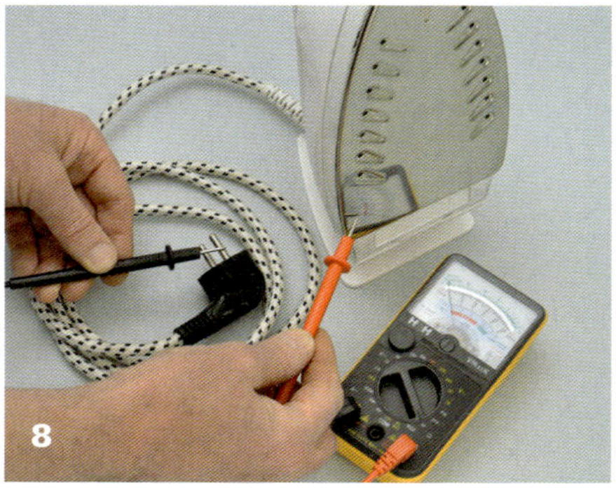

Schwieriger ist das Messen des **Isolationswiderstands**. Dies ist der Widerstand zwischen den spannungsführenden Adern (Kontakte des Steckers) und dem Äußeren des Geräts, beim Bügeleisen der Bügelsohle aus Metall. Für die Messung ist ein Isolationsmessgerät erforderlich, das eine Messgleichspannung von 500 Volt erzeugt. Dabei muss der Widerstand bei Bügeleisen mindestens ein Megaohm (MΩ) betragen. Zusätzlich muss geprüft werden, wie viel Spannung auf dem Gehäuse liegt, falls der Schutzleiter versagt. Diese Prüfung nennt sich **Schutzleiterstrommessung**.

Auch bei intakter Isolation können die Gehäuse elektrischer Geräte unter geringer Spannung stehen. Der dadurch mögliche Ableitstrom darf für Menschen ungefährliche Werte nicht überschreiten. Die Messung des Isolationswiderstands und die des Schutzleiterstroms sind ohne entsprechende Ausrüstung nicht durchzuführen. Heimwerker sollten damit einen Fachmann beauftragen. Er hat die Messgeräte und kennt die vorgeschriebenen Grenzwerte im Detail.

# KLINGELANLAGE REPARIEREN

Eine Klingelanlage besteht in ihrer einfachsten Bauweise aus drei Elementen: Transformator, Klingel und Klingelknopf.

Der Transformator ist erforderlich, weil die Türklingel nicht mit 230 Volt Netzspannung, sondern mit Kleinspannung betrieben wird. Der Klingeltransformator wandelt die Netzspannung in ungefährliche Kleinspannung um. Üblich sind Spannungen von sechs, acht oder zwölf Volt. Viele Transformatoren haben deshalb gleich mehrere Anschlüsse für die verschiedenen Sekundärspannungen (Trafo-Ausgangsspannung). Unser Modell ist jedoch nur für acht Volt ausgelegt.

Klingeltransformatoren befinden sich bei neueren Installationen im Stromkreisverteiler. Bei älteren Anlagen ist der Transformator manchmal auch getrennt, zum Beispiel in der Nähe der Klingel oder des Stromzählers montiert.

Den Austausch eines im Stromkreisverteiler befindlichen Klingeltransformators sollten Sie unbedingt einem Fachmann überlassen. Um an den Trafo heranzukommen, muss nämlich die Abdeckung des Verteilers entfernt werden. Dann liegen alle spannungsführenden Anschlüsse der Sicherungen frei, die nur über eine Zähler- oder Hauptsicherung spannungsfrei geschaltet werden können. Gehen Sie kein Risiko ein!

Beachten Sie auch die Leistung des Transformators. Für eine einfache Klingel genügen die preiswerten Transformatoren. Sollen aber ein elek-

**Sie brauchen**
zum Reparieren
einer Klingelanlage:

- *Spannungsprüfer*
- *Schraubendreher*
- *Schlagbohrmaschine*

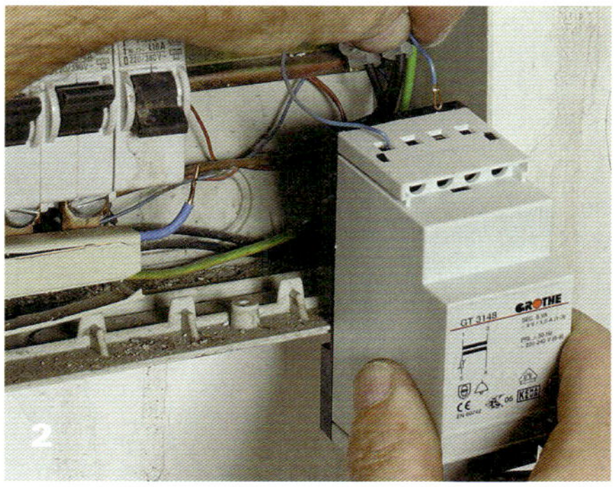


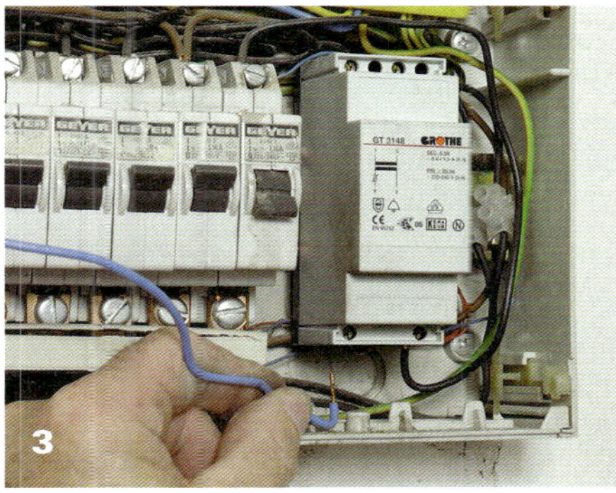

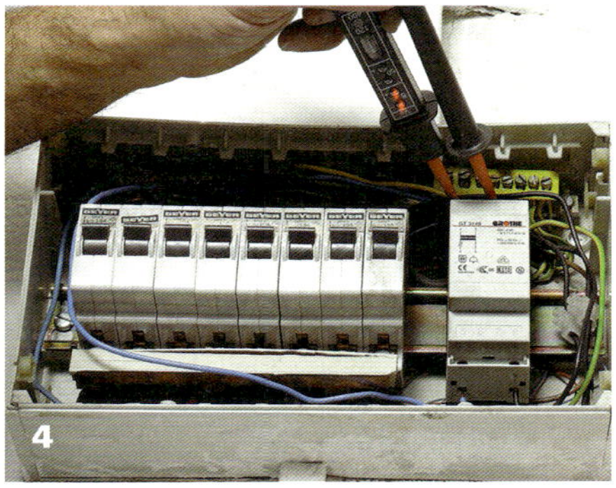

**1** Um einen Klingeltransformator im Stromkreisverteiler auszutauschen, muss die Abdeckung entfernt werden. Da dann die spannungsführenden Anschlüsse frei liegen, sollten Sie diese Arbeit einem Fachmann überlassen.

**2** Er schließt an der Sekundärseite (Ausgangsseite) des Klingeltransformators die Kleinspannungsleitung zur Klingel an.

**3** Die Leitung für die Netzspannung kommt an die unteren Klemmen (= Primärseite).

**4** Um die Funktion des Klingeltransformators überprüfen zu können, verwendet der Fachmann einen Spannungsprüfer, der auch Kleinspannungen anzeigt.

**5** Nach dem Entfernen des Deckels zuerst die beiden Anschlusskabel lösen, dann kann die Klingel abgeschraubt werden.

**6** Bei mehradrigen Leitungen die beiden Klingeldrähte markieren, um sie nicht zu verwechseln.

**7** Oft kann der vorhandene Dübel für die Befestigung einer neuen Klingel (hier ein Gong) wieder benutzt werden.

**8** Die beiden Anschlussdrähte an die Klemmen anschließen.

**9** Bevor der Deckel aufgesteckt wird, sollte die Funktion getestet werden.

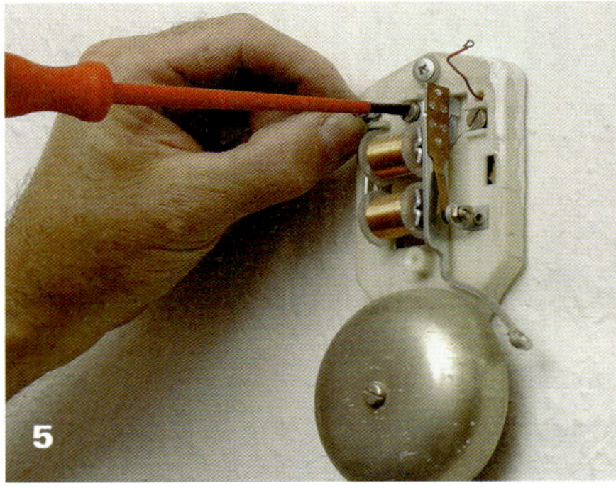


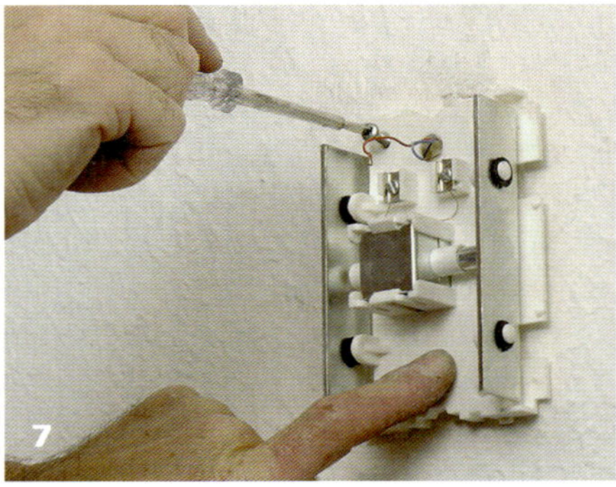


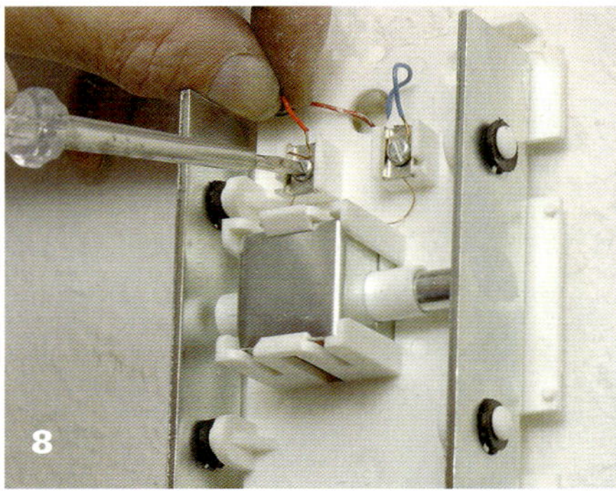


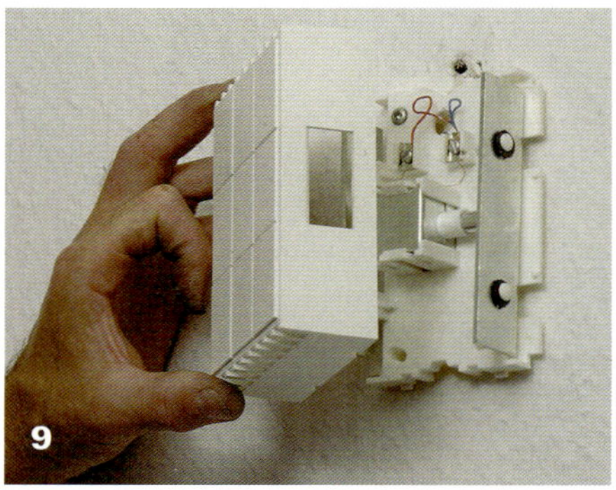


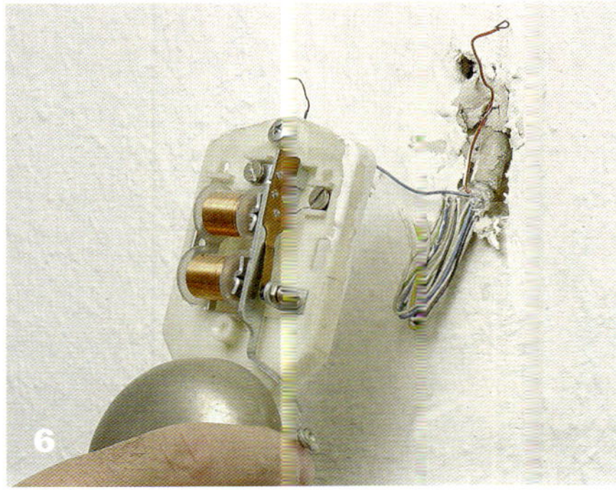


tronischer Gong oder eine Türsprechanlage installiert werden, müssen Sie eventuell ein etwas leistungsstärkeres Modell oder sogar ein Systemmodul anschaffen.

## KLINGEL AUSWECHSELN

Eine Klingel auszuwechseln sollte auch für den Laien kein Problem sein. Entfernen Sie hierzu das Gehäuse der Klingel. Es ist in den meisten Fällen nur aufgesteckt, manchmal aber auch festgeschraubt. Anschließend können Sie die beiden Anschlussdrähte abklemmen und die Klingel abschrauben.

Als Ersatz kann wieder eine Klingel oder ein elektronischer Gong in Frage kommen. Die Klingel wird heute meist als Doppelklanggong angeboten. Statt einer halbrunden Metallkuppel werden beim Drücken auf den Klingelknopf zwei schwingend aufgehängte Metallplatten abwechselnd angeschlagen. Damit das System funktioniert, müssen Sie den Gong senkrecht ausrichten. Der elektrische Anschluss erfolgt wie bei der alten Klingel mit zwei Drähten.

Ein elektronischer Gong erzeugt den Ton mit einem elektronischen Chip. Je nach Modell können meist mehrere Tonfolgen oder bekannte Melodien ausgewählt werden. Bei Druck auf den Klingelknopf spielt der elektronische Gong dann die komplette Tonfolge ab. Wenn der Besucher sehr lange drückt, wird die Tonfolge so lange wiederholt, wie die Klingeltaste gedrückt wird.

Es gibt auch Gongs mit mehreren Anschlüssen. Diese sind in Mehrfamilienhäusern von Vorteil, weil die Klingelknöpfe an der Haustür und an der Wohnungstür unterschiedliche Signale erzeugen können.

Da elektronische Gongs meist mehr Strom brauchen, werden sie oft mit einem zusätzlichen Netzgerät oder einer Batterie gespeist. Entsprechende Anschlussbilder liegen den Geräten in der Regel bei.

## KLINGELKNOPF ERSETZEN

Der Klingelknopf außen an der Haustür ist Wind und Wetter ausgesetzt und wird durch Vandalismus hin und

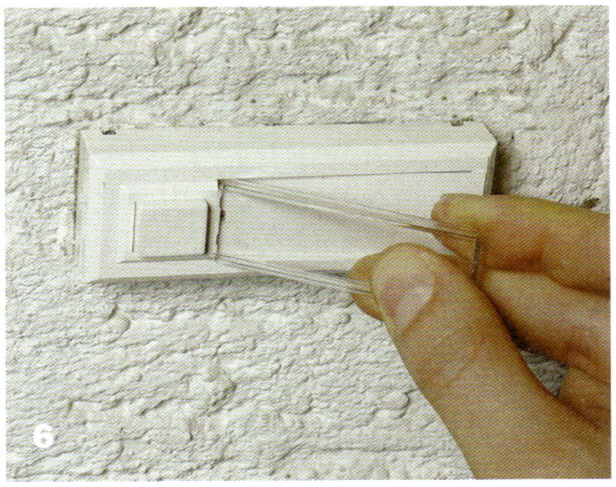

**1** Ein defekter Klingelknopf lässt sich leicht auswechseln.

**2** Die Schrauben rechts und links vom Namensschild herausdrehen, dann die Abdeckhaube abziehen.

**3** Müssen neue Dübelbohrungen erstellt werden, darauf achten, dass Sie keine Leitung treffen.

**4** Die beiden Kabel an die Klemmen des Klingelknopfs anschließen.

**5** Den Deckel des Klingelknopfs aufstecken und ihn festschrauben.

**6** Zum Schluss das Abdeckglas eindrücken. Vergessen Sie nicht, vorher Ihr Namensschild einzulegen.

**TIPP: BESSER SEHEN**

Mehr Sicherheit und Komfort als eine normale Klingel oder eine einfache Türsprechanlage bieten Modelle mit **VIDEOKAMERA**. Hier können Sie am Sprechapparat in der Wohnung sehen, wer vor der Tür steht. Kameras mit weitwinkligen Objektiven erfassen auch den Bereich rechts und links neben der Tür. Selbst Video-Türsprechanlagen für Mehrfamilienhäuser gibt es heute in Ausführungen, die mit den zwei vorhandenen Adern einer alten Klingel auskommen. Als Türstation können Sie einen Haussprechapparat mit Videoanzeige einbauen.

wieder beschädigt oder zerstört. Er lässt sich aber ebenso leicht auswechseln wie die Klingel. Die Schrauben für den Deckel des Klingelknopfs sind entweder direkt zugänglich oder hinter der eingeklipsten Namensschildabdeckung versteckt. Der Taster ist auch wieder mit zwei Adern angeschlossen, die gelöst werden müssen. Bei einigen Modellen ist zusätzlich noch eine Glimmlampe eingebaut, die für eine schwache Beleuchtung des Namensschilds sorgt. Sie wird von den selben Drähten wie der Taster mit Strom versorgt. Mit mechanischen Klingeln spielen diese Taster klaglos zusammen. Der schwache Strom, der ständig über sie fließt, verwirrt aber elektronische Gongs und vereitelt deren Nutzung. Soll der Gong arbeiten und das Klingelschild leuchten, muss mindestens eine weitere Ader zur Verfügung stehen. Ist keine mehr frei, müssen Sie entweder auf die Beleuchtung verzichten oder bei einer konventionellen Klingel bleiben.

Bei Mehrfamilienhausmodulen mit mehreren Klingeln wird die Beleuchtung manchmal auch mit getrennten Leitungen angeschlossen und zusammen mit dem Treppenhauslicht geschaltet.

## TÜRSPRECHANLAGE EINBAUEN

Wollen Sie anstelle einer einfachen Klingel eine Türsprechanlage installieren, ist es hilfreich, wenn bereits eine mehradrige Leitung zur Verfügung steht. Je nach Modell und Funktionen benötigen Sie meist zwischen vier und acht Adern für eine Türsprechanlage. Es gibt aber auch Geräte, die mit einem Bussystem arbeiten und mit zwei Adern auskommen. Das erspart das Verlegen neuer Leitungen.

Im Handel werden alternativ Türsprechanlagen angeboten, die per Funkverbindung arbeiten. Hier können die Türstation und der Empfänger völlig ohne Verkabelung installiert werden. Nur für den Türöffner braucht man eine Verbindung zur Haustür. Diese Geräte sind von eher zweifelhafter Qualität. Da sie mit Batterien betrieben werden, kommen zu den ohnehin relativ hohen Anschaffungskosten noch die laufenden Ausgaben für die Batterien hinzu. Zudem ist eine solche Lösung wenig betriebssicher.

## TÜRSPRECHANLAGE REPARIEREN

Haussprechanlagen sind als Alternative zu reinen Klingelanlagen sehr verbreitet. Sie kombinieren eine Hör-/Sprechverbindung mit dem elektrischen Türöffner und der Klingel.

Versagt die Technik, führt in Einfamilienhäusern der erste Weg zum Stromkreisverteiler (Sicherungskasten), in Mehrfamilienhäusern meist in den Keller zum Verteiler des Allgemeinstroms (dort finden sich üblicherweise auch die Sicherungen fürs Treppenhauslicht). Im oder neben dem Verteiler findet sich der Netzgleichrichter (Klingeltrafo) der Sprechanlage mit einer oder mehreren beschrifteten Kontrollleuchten. Je nach Hersteller und Typ der Anlage müssen eine oder mehrere LEDs leuchten oder grün blinken. Sind die Kontrollanzeigen dunkel, hat in den häufigsten Fällen nur eine Sicherung ausgelöst. Oft ist's die im Verteiler – wie man diese wechselt oder wieder einschaltet, haben wir bereits ab Seite 209 erläutert. Das Gehäuse des Gleichrichters beherbergt zudem unter einer von außen zugänglichen Abdeckung eine oder mehrere Feinsicherungen. Hierbei handelt es sich um metallgefasste Glasröhrchen, die sich mit einem Schraubenzieher aus ihrer Halterung drücken lassen. Im Glas ist ein Schmelzleiter sichtbar, der unbeschädigt sein muss. Ist er es nicht, muss die Feinsicherung ausgetauscht werden.

Mit der Fehlersuche sind Sie damit aber noch nicht am Ende: Können alle Bewohner des Hauses nicht mehr mit Besuchern an der Tür sprechen, ist mit hoher Wahrscheinlichkeit das Mikrofon oder der Lautsprecher an der Türstelle defekt.

Kann niemand mehr von der Wohnung aus Besuchern die Tür öffnen, ist vermutlich der elektrische Türöffner das Problem.

Hat nur ein Bewohner des Hauses Probleme mit der Sprechanlage, ist entweder die Leitung zu seiner Wohnung oder sein Haustelefon defekt.

Weitergehende Reparaturversuche erfordern ein Messgerät (Multimeter) und die technische Dokumentation zur Anlage. Oft findet sie sich auf der Internetseite des Herstellers. Aus ihr lässt sich ersehen, an welchen Klemmen wann welche Spannungen anliegen müssen.

# SICHERHEITSTECHNIK

Einbrecher werden zwar immer dreister und treiben auch am helllichten Tag ihr Unwesen, doch die meisten von ihnen bevorzugen den Schutz der Dunkelheit. Manch ein Einbruchversuch wird vielleicht verhindert, wenn der Einbrecher plötzlich im Licht einer sich überraschend einschaltenden Lampe steht und sich einem erhöhten Risiko ausgesetzt fühlt, entdeckt zu werden.

## BEWEGUNGSMELDER

**Sie brauchen** für das Montieren von Bewegungsmeldern:

- *Bohrmaschine*
- *Steinbohrer*
- *Spannungsprüfer*
- *Schraubendreher*
- *Bewegungsmelder*

Bewegungsmelder reagieren auf Wärmestrahlung (Infrarot) oder reine Bewegung (Radar). Am meisten verbreitet sind die Passiv-Infrarot-Bewegungsmelder (PIR). Häufig werden sie zur Raumüberwachung eingesetzt, beispielsweise in Banken oder Museen. Sie können aber auch automatische Türen, Belüftungsanlagen oder einfach nur Lampen steuern. Ihr Überwachungs- bzw. Ansprechbereich ist begrenzt, oft auch einstellbar, denn schließlich ist nicht erwünscht, dass jedes Mal ein Schaltvorgang ausgelöst wird, wenn sich eine Person oder ein Gegenstand in größerer Entfernung bewegt. Dies sollte generell bedacht werden, bevor man sich zur Installation eines Bewegungsmelders entschließt. Einfache Kombinationen von Leuchten mit Bewegungsmeldern lassen sich nur selten optimal an die Situation vor Ort anpassen. Oft ist nur der Dämmerungswert einstellbar, ab dem die Beleuchtung sich einschalten soll, sowie der Nachlauf – also die Zeit, in der das Licht eingeschaltet bleiben soll. Zudem lässt sich der zu überwachende Bereich nur unpräzise festlegen.

Professionelle Bewegungssensoren können der jeweiligen Situation besser angepasst werden: Sie lassen sich gezielt auf mehrere Richtungen unterschiedlich einstellen – die Straße vor dem Haus interessiert meist nicht, die Hauswand hingegen schon. Auch Ein-

**1** Den Stromkreis der Außenleuchte am Sicherungskasten abschalten und zusätzlich sämtliche Kontakte mit einem Prüfgerät auf Spannungsfreiheit kontrollieren! Dann wird die alte Außenleuchte abmontiert.

**2** Die Grundplatte der neuen Außenleuchte mit integriertem Bewegungsmelder wird angedübelt. Dann klemmt man die Kabel an und setzt das Gehäuse auf.

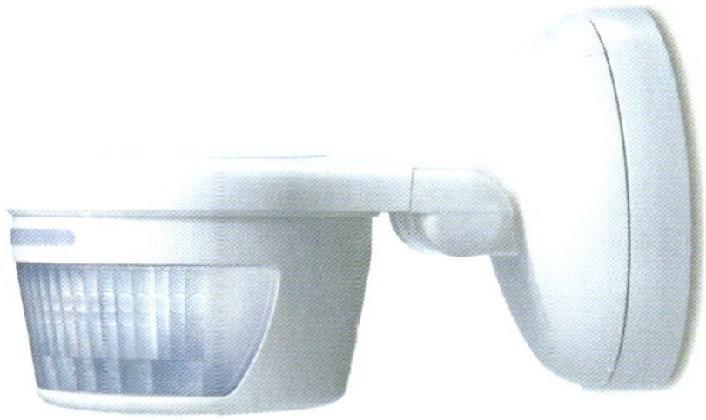

4

5

brecher, die sich an der Hauswand entlangschleichen wollen, um so den Bewegungsmelder zu überlisten, können damit entdeckt werden. Diese Sensoren lassen sich zudem problemlos deaktivieren, etwa für die Grillparty, oder dauerhaft einschalten. Das geht bei vielen Modellen sogar per Fernsteuerung.

## ANWESENHEITS-SIMULATOREN

Elektrisch angetriebene Rollläden und Jalousien sind erst einmal nur bequem. Komfortablere Varianten lassen sich aber per Schaltuhr steuern. Manche Modelle richten sich sogar automatisch nach dem jahreszeittypischen Sonnenauf- und -untergang. Um menschliche Anwesenheit zu simulieren, lässt sich der Zeitpunkt des Öffnens oder Schließens dann noch um eine zufällige Zeitspanne variieren.

Auch das Licht im Haus lässt sich auf vielerlei Weise automatisch schalten, um ungebetenen Besuch abzuschrecken. Sogenannte Memoryschalter können – je nach Baumodell – zeit- oder dämmerungsabhängig die Hausbeleuchtung an- und ausschalten. Topmodelle speichern sogar über mehrere Tage das Lichtnutzungsverhalten der Hausbewohner und reproduzieren es bei Abwesenheit.

## FENSTERKONTROLLE

Unter den Fenstergriffen lassen sich spezielle Sensoren montieren, die einer Anzeige an der Haustür melden, ob die Fenster offen oder geschlossen sind.

**3** Zuletzt stellt man den Erfassungsbereich des Bewegungsmelders ein und wählt die gewünschte Einschaltdauer (Nachlauf) vor.

**4** Professionelle Bewegungsmelder lassen sich optimal an die Situation vor Ort anpassen.

**5** Sieht aus wie ein gewöhnlicher Lichtschalter, kann aber bedeutend mehr – das „lernende" Automatikmodell.

**6** Sensoren erfassen automatisch, ob Fenster offen oder geschlossen sind und melden dies per Funk zu einer Anzeige an der Haustür.

# TELEFON, NETZWERK, INTERNET

Schnelle Datennetze sind die Nervenbahnen moderner Kommunikation und Unterhaltung. Telekommunikationsunternehmen, TV-Kabelnetzbetreiber, mancherorts auch die Stadtwerke offerieren Breitbandanschlüsse. Darunter versteht man Telekommunikationsanschlüsse, die sowohl die klassische Telefonie erlauben als auch einen schnellen Zugang zum Internet ermöglichen. In der Praxis gibt es allerlei Mischformen – klassische Telefonnetze transportieren Fernsehbilder, TV-Kabelnetze auch Telefongespräche. Die technischen Details sprengen den Rahmen dieses Buches.

Hier wird im Folgenden erklärt, wie Sie Telefon und Internet optimal nutzen und in Haus oder Wohnung verteilen. Denn noch immer befindet sich in vielen Haushalten nur ein Hauptanschluss im Flur – und nicht in den einzelnen Räumen.

Wie Sie Löcher für Leitungen bohren, welche Kabelarten für welche Signale taugen und wie Sie Leitungen und Steckdosen anschließen, erörtern wir ausführlich ab Seite 269. Hier geht es darum, Telefone und Computer untereinander und mit Rest der Welt zu verbinden. Denn unabhängig davon, wie die Daten in Haus oder Wohnung gelangen – dort werden sie nach den immer gleichen Regeln verteilt.

Wer heute bei einem der Anbieter einen Breitbandanschluss beauftragt, erhält meist eine Anschlussbox, aus der Kontakte für Telefon und Internet geführt sind. Die Verbindung zum Internet stellt dabei eine Ethernetbuchse her – ein achtpoliger Kontakt, wie er auch verwendet wird, um Computer miteinander zu verbinden. Der passende Stecker wird als RJ 45 bezeichnet.

Für Telefone sowie Anrufbeantworter und Telefaxgeräte finden sich an der Box eine oder mehrere TAE-Buchsen (Telekommunikations-Anschluss-Einheit).

Haben Sie fürs Telefon das digitale Netz ISDN geordert, stellt eine weitere RJ-45-Buchse dessen Signale bereit – Fachbegriff dieser Verbindung: $S_0$-Bus.

Ist an Ihrem Wohnort kein Breitbandanschluss verfügbar, stellen Sie den Zugang zum Internet meist per ISDN- oder Analogleitungsmodem her. Auch an solchen Anschlüssen müssen aber Telefondosen verlegt, zusätzliche Telefone angeschlossen oder Computer intern vernetzt werden – dieser Abschnitt des Buches ist also in jedem Fall für Sie interessant. Im Weiteren gehen wir aber – wenn wir nicht ausdrücklich auf anderes hinweisen – von einem Breitbandanschluss aus.

Eine letzte Anmerkung: Alles bis zum Hauptanschluss ist für Sie tabu: Bis hierhin darf nur Ihr Telekommunikationsunternehmen ran.

# WAS PASST AN DIE ANSCHLUSSBOX?

Ein moderner Breitbandanschluss bringt TAE-Dosen mit. Handelsübliche drahtgebundene und drahtlose Telefone („DECT") lassen sich hier direkt anschließen. Spezielle ISDN-Telefone passen an den $S_0$-Bus, ebenso ISDN-Telefonanlagen. Details zu ihrer Nutzung finden Sie ab Seite 266 und 273.

Falls sich an der Anschlussbox Ihres Providers nur eine TAE-Buchse befindet, Sie aber zusätzlich zum Telefon beispielsweise einen Anrufbeantworter nutzen möchten, ist Abhilfe einfach: Im Handel erhalten Sie für wenig Geld eine Kombination aus TAE-Stecker und Dreifachbuchse. Die gibt es als NFN-Buchse – dann finden dort ein Telefon, der Anrufbeantworter und beispielsweise ein Telefaxgerät Kontakt.

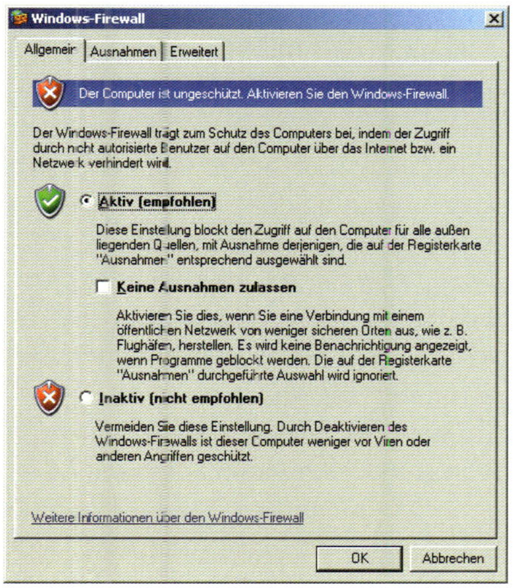


Wenn Sie einen PC direkt mit der Anschlussbox oder dem DSL-Modem verbinden wollen, aktivieren Sie vorher die Firewall des Betriebssystems, um den Rechner vor Schadprogrammen zu schützen.

F bezeichnet die Buchse für Fernsprechen, N die Buchsen für Nicht-Fernsprechen. Es sind aber auch NFF-Adapter erhältlich, die sich auf den ersten Blick nicht von der NFN-Variante unterscheiden. An diese TAE-F-auf-NFF-Adapter passen ein Anrufbeantworter und zwei Telefone. Allerdings sind diese parallel geschaltet – ungestört lässt sich immer nur über einen der beiden Apparate sprechen, vom jeweils anderen Telefon aus kann mitgehört werden.

Was Sie an der DSL-RJ-45-Buchse anschließen können, unterscheidet sich leider von Anbieter zu Anbieter. Ist ein DSL-Modem in der Anschlussbox integriert, ist die Buchse meist mit WAN bezeichnet (Wide Area Network, Weitverbindungsnetz) – dann können Sie einen PC mit RJ-45-LAN-Buchse (Local Area Network, lokales Netz) mit einem einfachen Ethernetkabel direkt anschließen und sich mit den Zugangsdaten ihres Breitbanddienstleisters ins Internet einwählen. Seit der Version 2000 bringt Microsofts Windows-Betriebssystem alles erforderliche dafür mit, Linux und MacOS X ebenfalls.

Wenn nur ein PC Zugang zum Internet braucht, spricht prinzipiell nichts gegen diese Vorgehensweise. Denken Sie vor der Einwahl ins Internet daran, die Firewall des Betriebssystems zu aktivieren oder eine eigene zu installieren und den Virenschutz zu aktivieren.

Um die Verbindung zu testen, taugt diese Anschlussvariante in jedem Fall. In den meisten Fällen werden Sie Ihren Computer aber über einen Router mit

An konventionelle Telefondosen passen analoge Telefone. Ein NFN-Adapter verhilft Anrufbeantworter und Fax zu Anschluss.

Mit diesem Adapter lassen sich zwei Telefone und beispielsweise noch ein Anrufbeantworter an einem Anschluss parallel nutzen.

**HINTERGRUND**

An konventionellen Telefon- oder ISDN-Anschlüssen mit ADSL sind mehrere Baugruppen für die Versorgung aller angeschlossenen Geräte zuständig. Je nach Netzbetreiber und Alter des Anschlusses sind alle Funktionen in einem Gerät integriert oder auf verschiedene Baugruppen verteilt.

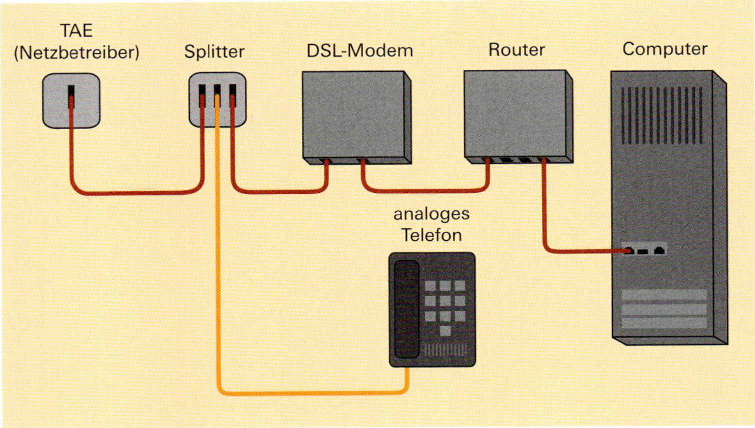


**Analoger Telefonanschluss mit ADSL**
Der Splitter (vom Englischen to split: teilen) wird statt des Telefons mit der TAE-Dose des Netzbetreibers verbunden. Er trennt die ADSL- von den Telefonsignalen. Das DSL-Modem nimmt mit dem Splitter Kontakt auf und versorgt seinerseits einen oder via Router auch mehrere PCs. Das bisherige Telefon findet an einer TAE-Buchse des Splitters Kontakt.

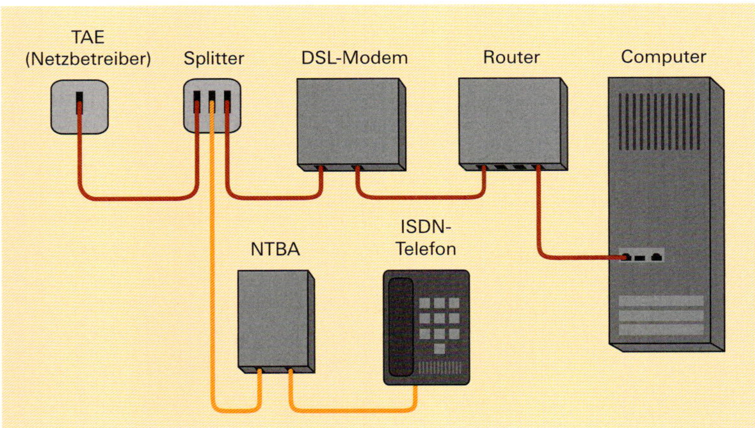


**ISDN-Anschluss mit ADSL**
Der Splitter (vom Englischen to split: teilen) wird statt des NTBAs mit der TAE-Dose des Netzbetreibers verbunden. Er trennt die ADSL- von den ISDN-Signalen. Das DSL-Modem nimmt mit dem Splitter Kontakt auf und versorgt seinerseits einen oder via Router auch mehrere PCs.
Der NTBA (Netzwerk-Terminations-Basisanschluss, die Schnittstelle zwischen Vermittlung und heimischen ISDN-Geräten) wird mit dem Splitter verbunden. An ihn können Sie ISDN-Telefone oder -Telefonanlagen direkt anschließen. Es empfiehlt sich aber, ihn mit einer oder mehreren ISDN-Dosen zu verbinden.

dem Internet verbinden – bei dieser Anschlussart schirmt der Router Ihre Rechner gegenüber dem Internet ab.

Manche Anbieter liefern das DSL-Modem in einem separaten Gehäuse oder integrieren es in die Router. Wofür die einzelnen Baugruppen rund um den Breitbandanschluss zuständig sind und wie sie in der Praxis verkabelt werden, lesen Sie zeigen wir Ihnen auf den folgenden Seiten.

## DER FEINE UNTERSCHIED – IP- ODER KONVENTIONELLES TELEFON

Für den Kunden stellt sich zunächst alles wie gewohnt dar: Er hat an einem modernen Breitbandanschluss eine Netzwerkdose für einen oder mehrere PCs sowie einen TAE- oder RJ-45-Kontakt für analoge oder digitale Telefone. Die Technik dahinter kann sich – je nach Anbieter und den konkreten Verhältnissen vor Ort – aber deutlich unterscheiden. Und das hat Folgen für den Nutzer.

Klassische Telefonnetze arbeiten mit exklusiven Leitungen – wählt Teilnehmer A die Nummer von Teilnehmer B und hebt dieser ab, besteht zwischen diesen beiden eine durchgehende Verbindung – eine Leitung. Sie beginnt und endet am jeweiligen Telefonapparat und geht weiter über das Kabel aus der Wohnung zur nächsten Vermittlungsstelle.

Diese Technik ist in der momentan noch vorherrschenden Form seit Mitte der 1980er Standard. Für Telefonie eignet sie sich hervorragend, für schnelle Internetzugänge nicht. Als Ende der 1990er die ADSL-Technik marktreif wurde, mussten die Techniker deren Signale huckepack auf die Telefonleitung packen. Damit nicht genug: Für einen Kunden mit klassischem Breitbandzugang übers Telefonnetz benötigt jeder Telekommunikationsanbieter doppelte Technik: die fürs Telefon und die für ADSL. Der zweifache Aufwand kostet die Firmen Geld – angesichts des harten Preiskampfs will man hier sparen.

Denn zwischen den Vermittlungsstellen arbeiten die Netze vieler Anbieter ohnehin nicht mehr leitungsorientiert, sondern auf Basis des verbindungslosen Internet-Protokolls (IP). Hier werden – ähnlich wie in einer Paketsortieranlage – beständig die unterschiedlichsten Datenpakete durchgeschleust und im Regelfall korrekt weitergeleitet. Durch die internen Netze schwirren kurze Sprachhäppchen ebenso wie die Datenpakete einer Webseite. Der große Vorteil: Alles geht zusammen über einen Draht.

Den wollen verschiedene Breitbandanbieter bis in die Wohnung des Kunden ziehen und sich dadurch die teuren Parallelanschlüsse sparen. Auch für diese Technik gibt es eine Abkürzung: NGN – das steht für Next Generation Network, also das Telekommunikationsnetz der nächsten Generation. Standard ist NGN bei TV-Kabelnetzbetreibern. Über deren Leitungen flitzen Telefon- wie Internetdaten parallel. Die Anschlussbox beim Kunden ist dafür zuständig, die Daten zu trennen und für ihn und seine Endgeräte die herkömmliche Telefontechnik nachzubilden („emulieren“).

Aber auch viele der Telekomkonkurrenten in Deutschland setzen verstärkt auf NGN. Wer bei den Wettbewerbern des Ex-Monopolisten einen neuen Hausanschluss bestellt, erhält in der Regel NGN – samt einer Anschlussbox.

Was bedeutet das für Sie als Nutzer? Die NGN-Anschlussboxen von Kabel- und Telefonnetzbetreibern brauchen Strom – fällt der aus, geht auch das Telefon nicht. In der heutigen Zeit mag dies kein großes Problem sein – Mobiltelefone sind allgegenwärtig. Sind im Haus aber Kinder oder pflegebedürftige Menschen allein, sieht dies anders aus. Wer auf eine ausfallsichere Festnetzverbindung angewiesen ist, sollte der NGN-Box eine Stützbatterie (USV = unterbrechungsfreie Stromversorgung) spendieren. Die gibt's im Fachhandel ab etwa 100 Euro. An den NGN-Anschlüssen mancher Betreiber funktioniert der sogenannte Hausnotruf grundsätzlich nicht – wenn er für Sie wichtig ist, klären Sie dies vor Vertragsabschluss.

## TIPP: KOMPLETTSYSTEME

In Privathaushalten ist Platz Mangelware; außerdem birgt jede zusätzliche Kabelverbindung weitere Fehlerquellen. Deshalb bieten einige Hersteller Komplettgeräte an, die viele der hier getrennt beschriebenen Funktionen in einem Gehäuse vereinen. Platzhirsch ist – in diversen Varianten – die Fritz-Box des Berliner Herstellers AVM – mit der Horst-Box des taiwanesischen Herstellers D-Link erwächst ihr aber Konkurrenz.

In beiden Boxen sind vereint: DSL-Modem, Router, Switch, Telefonzentrale mit Anschluss für analoge wie ISDN-Telefone sowie die Möglichkeit, mehrere schnurlose Telefone des DECT-Standards daran betreiben zu können. Der Router bringt auf Wunsch auch WLAN mit. Besonders interessant sind diese Boxen, weil sie für Telefongespräche – nach Vorgaben des Nutzers – automatisch den jeweils günstigsten Gesprächstarif wählen können. So ist es beispielsweise denkbar, Gespräche innerhalb des Landes über den ISDN-Anschluss zu führen – viele Nutzer haben dafür einen Pauschaltarif. Für Gespräche ins Ausland wählt die Box hingegen automatisch den Weg übers Internet – vorausgesetzt, Sie haben dies einmal entsprechend festgelegt.

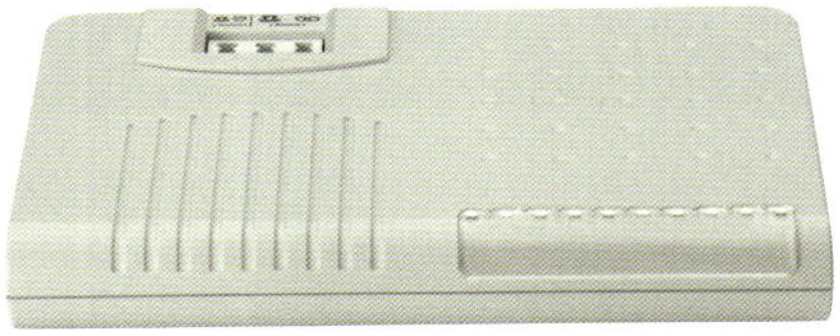

Die Standard-Anschlussbox des Telekommunikationsanbieters Vodafone: Splitter und NTBA sind vereint. Ein integrierter, einfacher a/b-Wandler ermöglicht auch an ISDN den Anschluss analoger Telefone ohne Zusatztechnik.

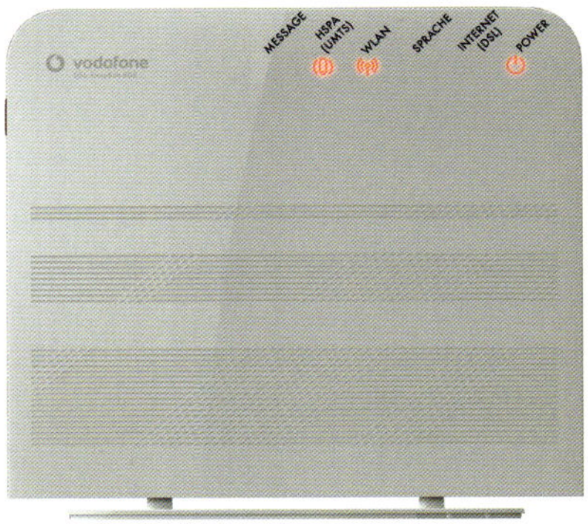


Bei NGN-Anschlüssen, wie sie TV-Kabelnetzbetreiber und einige Telekommunikationsanbieter für aktuelle Breitbandansschlüsse nutzen, fällt der Splitter weg. Das DSL-Modem ist integriert, ebenso ein eventueller NTBA-Emulator.

Nur mit einer Stützbatterie lässt sich am NGN-Anschluss bei Stromausfall telefonieren.

Auch wenn's in der Regel klappt: Mit Telefaxgeräten kann es an NGN-Anschlüssen häufiger Probleme geben. Vereinzelt klagen NGN-Kunden auch bei Telefonverbindungen über schlechte Qualität.

Manche NGN-Betreiber wollen über ihr Netz auch die digitale ISDN-Technik emulieren. Die Standard-Telefonfunktionen dieses digitalen Netzes gehen üblicherweise – wer auf ISDN-Spezialitäten angewiesen ist, sollte aber ebenfalls vorher ganz genau klären, ob diese auch an einem NGN-Anschluss funktionieren. Hauptsächlich betrifft dies aber Geschäftskunden: Diverse Kassensysteme bocken mit NGN, ebenso soll es mit den – wenig gebräuchlichen – ISDN-Faxgeräten Schwierigkeiten geben.

# LEITUNGEN VERLEGEN

Gleich, ob für Telefon oder Netzwerk – ist eine Anschlussdose im falschen Raum oder einfach nur ungeschickt platziert, müssen Sie die Zuleitung verlängern. Geht es nur darum, beispielsweise das Telefon um einige Meter zu versetzen, genügt es mitunter, eine längere Anschlussleitung zu kaufen. Optisch ansprechender und technisch zuverlässiger ist es jedoch, eine zusätzliche Anschlussdose zu installieren. Je nach Art des Anschlusses kommen dabei unterschiedliche Leitungen und Dosen zum Einsatz.

Die Leitungen können Sie ohne Maurerarbeiten optisch unauffällig verlegen. Falls Sie ohnehin beabsichtigen zu renovieren, können Sie die Leitungen auch direkt in Leerrohren unter Putz verlegen. In diesem Abschnitt geht es nur um die praktischen Aspekte der Verlegung, Einzelheiten zu Verdrahtung und Beschaltung lesen Sie ab Seite 273.

## LEITUNGSARTEN

Installationsleitungen für Telefon oder Netzwerk unterscheiden sich von konfektionierten Anschlussschnüren. Sie bestehen meist aus starrem Vollkupfer, sind also nicht so flexibel wie typische Leitungen aus Litzen (→ Seiten 216 / 217). Beim Verlegen sollten Sie darauf achten, diese Leitungen nicht zu stark und nicht zu oft zu knicken.

Besonders moderne Netzwerkleitungen haben vorgeschriebene Biegeradien, die es einzuhalten gilt. Für Cat.6-Leitungen beispielsweise gilt das Achtfache des Leitungsdurchmessers. Bei einem Leitungsdurchmesser von acht Millimetern darf man die Leitung nur mit einem Radius von 6,4 Zentimetern biegen, nicht kleiner.

Je nach zu übertragendem Signal und gewünschtem Endgerät müssen Sie unterschiedliche Arten von Installationsleitung verwenden. Das betrifft sowohl die Anzahl der nötigen Adern als auch andere elektrische Eigenschaften wie Art und Qualität der Abschirmung. Für analoge Telefonanschlüsse (TAE) oder die Verkabelung von Türklingeln reicht schon ein zweiadriger Klingeldraht. In der Regel werden für die Anschlussdosen jedoch mindestens vieradrige Leitungen verwendet. Der Gedanke dahinter: Wenn schon eine Leitung verlegt wird, installiert man eine, die für weitere Geräte Reserven bietet. Bei handelsüblichen Telefonleitungen wird, anders als bei Stromleitungen, nicht der Querschnitt, sondern der Aderndurchmesser angegeben. Für Hausinstallationen genügt ein Durchmesser von 0,6 Millimetern. Die vollständige Bezeichnung beispielsweise für eine vieradrige Leitung lautet dann J-Y (St) Y 2 x 2 x 0,6.

**DIE WICHTIGSTEN LEITUNGEN FÜR TELEFON UND NETZWERK:**

| | Telefon (TAE) | ISDN | Netzwerk bis 1 Gigabit | Netzwerk bis 10 Gigabit |
|---|---|---|---|---|
| Mindestanzahl Adern | 2 | 4 (2*) | 8 | 8 |
| Leitungstyp | J-Y (St) Y | J-Y (St) Y | S/FTP Cat. 5e | S/STP Cat. 6 |

* nur vom Hauptanschluss zum NTBA

# LEITUNGEN FIXIEREN

Um Stolperfallen und einen Drahtverhau zu vermeiden, sollten neue Leitungen fixiert werden. Am einfachsten, aber auch unschönsten gelingt dies mit Nagelschellen. Sie werden in regelmäßigem Abstand in die Wand genagelt. Sollten die Nägel in der Wand keinen Halt finden, bieten sich Dübelschellen als Alternative an. Um sie zu montieren, müssen Löcher gebohrt werden. Ohne zusätzliche Maßnahmen bleibt aber auch mit ihnen die Leitung sichtbar. Die Verwendung von Nagelschellen empfiehlt sich ohnehin nur für Telefondrähte – bei den empfindlicheren Netzwerkleitungen lassen sich Schäden beim Verlegen nicht ausschließen.

Deutlich gefälliger, weil unauffälliger, sind Kabelkanäle, die es in verschiedenen Farben zu kaufen gibt. Kabelkanäle werden geklebt, breitere angedübelt.

Unter vorhandenen Fuß- oder Sockelleisten kann die Leitung nahezu unsichtbar verstaut werden. Sind sie geschraubt oder geklippt, lassen sie sich einfach mit einem Schraubendreher abhebeln. In der Praxis finden sich verschiedene Arten von Fußleisten. Viele bestehen aus einer Wandleiste und einer weichen Kunststoffnase, die auf dem Boden aufliegt. Bei diesem Typ passen dünne Leitungen noch unter die Kunststoffnase. Unter geklippten Leisten können Sie Leitungen direkt legen. Achten Sie aber darauf, dass die Leitungen beim Festklippen nicht gequetscht werden.

Sie können auch die alten Fußleisten gegen solche austauschen, die bereits einen Kabelkanal eingebaut haben – sie werden als „Sockelleistenkanal“ angeboten. In Räumen mit Teppichböden trifft an der Wand oft Teppich auf Teppich. Hier können Sie Kabel direkt in den Spalt zwischen Boden- und Wandteppich klemmen. Einmal mehr dürfen Netzwerkleitungen dabei nicht gequetscht werden.

# MAUERDURCHBRÜCHE

Fußleisten und Kabelkanäle reichen immer nur bis an die Raumgrenzen. Müssen Leitungen in ein benachbartes Zimmer oder noch darüber hinaus verlegt werden, geht es nicht mehr ohne Bohrmaschine.

Um Leitungen in ein anderes Zimmer zu legen, müssen Sie einen Mauerdurchbruch bohren. Dazu brauchen Sie einen Steinbohrer, der länger ist als die Wand stark. Der Bohrer muss dabei natürlich auch dicker sein als die Leitung, die verlegt werden soll. Für Gipskarton oder gemauerte Wände reichen einfache Bohrmaschinen oder Akkubohrschrauber. Um Betonwände zu durchdringen, tun Sie sich mit einem pneumatischen Bohrhammer wesentlich einfacher – den kann man im Mietpark ausleihen. Hilfestellung zu Material und Bohrtechnik finden sie ab Seite 48.

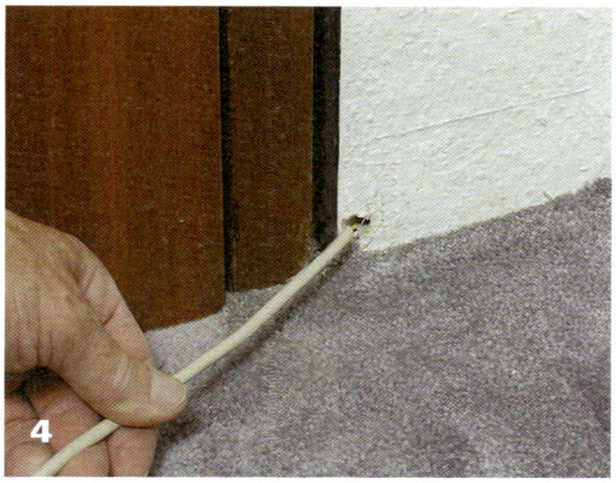

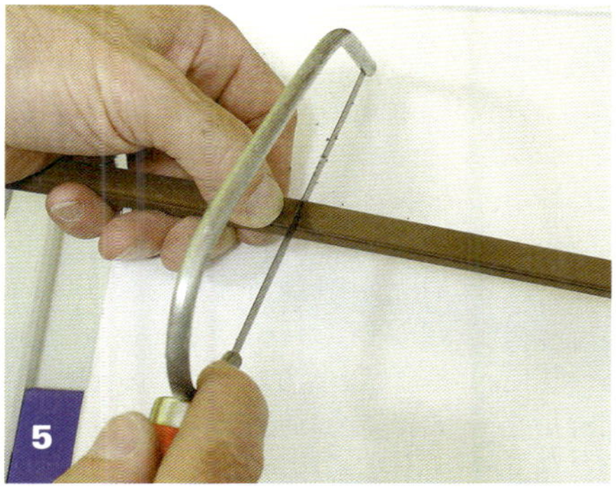

**1** Für die moderne Kommunikationstechnik reicht der Telefonanschluss im Flur nicht mehr aus.

**2** Die Sockelleiste lässt sich mit einem Schraubendreher vorsichtig abhebeln.

**3** Mit einem langen Mauerdurchbruchsbohrer lässt sich die Wand für die Leitung durchdringen. Der schräg angesetzte Bohrer erreicht genau die Ecke des Flurs.

**4** Ziehen Sie die Leitung durch das Bohrloch.

**5** Ein brauner Kabelkanal soll die Telefonleitung aufnehmen. Er wird mit einer Handsäge auf das erforderliche Maß zugeschnitten.

**6** Der Kabelkanal wird in den schmalen Spalt neben der Tür geklebt. Hierzu den Schutzstreifen abziehen und den Kabelkanal gut andrücken.

Grundsätzlich werden Mauerdurchbrüche senkrecht zur Wand gebohrt. Beim Verlegen von Leitungen kann es aber hilfreich sein, eine Ausnahme von dieser Regel zu machen, um beispielsweise die Adern auf kürzestem Wege dorthin zu führen, wo später die Dose gesetzt werden soll. Wenn Sie also schräg durch die Wand bohren, beachten Sie, dass Sie dafür einen längeren Bohrer brauchen.

Wenn Sie auf Höhe der – vorübergehend demontierten – Sockelleiste bohren, verdeckt diese später das Bohrloch. Auch auf der anderen Seite der durchbohrten Wand kann die Leitung dann weiter durch die Sockelleiste geführt werden. Die Alternative zum Bohren auf Fußleistenhöhe ist das Bohren auf Höhe einer vorhandenen Auf- oder Unterputzdose beziehungsweise unterputz liegenden Abzweig-

**7** Jetzt kann die Leitung in den Kabelkanal eingeschoben werden. Die braune Oberfläche fällt in der Nische kaum auf.

**8** Für die Befestigung der neuen Telefondose müssen zwei Dübel gesetzt werden. Vor dem Bohren die Wand mit einem Leitungssuchgerät kontrollieren.

**9** Von den vier Adern der Telefonleitung werden nur zwei für einen analogen Telefonanschluss gebraucht: die weiße und die schwarze.

**10** Die gelbe und rote Ader der Telefonleitung werden miteinander verzwirbelt und zur Seite gedrückt.

**11** Beim Anschrauben des Deckels darauf achten, dass die Kabel nicht eingeklemmt und dabei beschädigt werden.

**12** In der Mitte der neuen Telefondose wird das Telefon angeschlossen. Rechts und links lassen sich zum Beispiel Anrufbeantworter und Faxgerät einstecken.

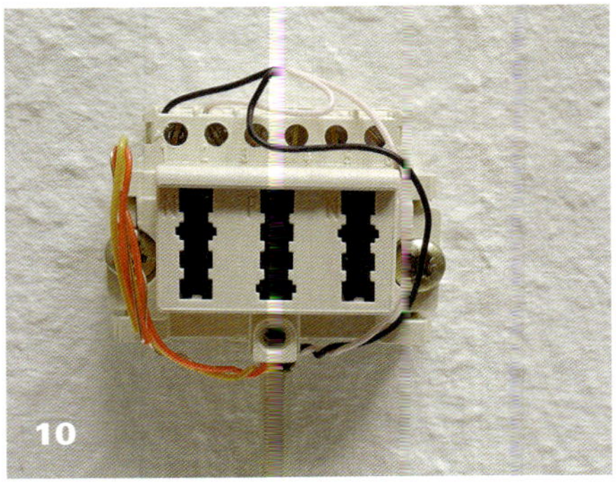

dose. Wenn Sie die Abdeckung einer Unterputzdose entfernen, sehen Sie in der Wand einen meist schwarzen, grünen oder orangen Kunststoffeinsatz. Bohren Sie durch diesen hindurch und führen Sie die Leitung in den Nachbarraum. Ist die vorhandene Dose eine Aufputzdose, entfernen Sie deren Abdeckung und bohren Sie das Loch unterhalb des Doseneinsatzes.

Beachten Sie beim Bohren stets, dass andere Leitungen (Stromleitungen, Heizungsrohre oder Gasleitungen) in der Wand unsichtbar eingeputzt sein können (→ Seite 251: Tipp „Sicher bohren").

# VERKABELUNG – DIE PRAXIS

Bei Netzwerk- und Telefontechnik sind in der Regel für den Menschen ungefährliche Spannungen im Gebrauch. Trotzdem sollten Sie vor Beginn der Verkabelungsarbeiten Komponenten vom Netzstrom trennen, um Schäden zu vermeiden.

Idealerweise dokumentieren Sie schon in der Planungsphase die Struktur der Verkabelung ihres Telefon- oder PC-Netzwerks. Notieren Sie sich in jedem Fall, welche Rufnummern oder Netzwerkadressen Sie den einzelnen Leitungen und Dosen zugewiesen haben.

## VERDRAHTUNG IM DETAIL: TELEFON

Gleich, welche Technik dahinter steckt: Übliche Breitbandanschlüsse bringen Kontakte für ein oder zwei analoge Telefone mit. In einem Einpersonenhaushalt reicht das. Sollen mehrere Familienmitglieder ihr eigenes Telefon mit eigener Rufnummer haben und untereinander kostenlos sprechen können, soll zudem auch die Türsprechanlage (→ Seiten 260 f.) von allen Telefonen im Haus beantwortet werden können, geht es nicht ohne Telefon-Nebenstellenanlage. Im Handel finden sich gelegentlich noch Modelle für einen analogen Telefonanschluss. Deren Kauf ist aber nicht empfehlenswert. Deutlich leistungsfähiger und komfortabler sind ISDN-Telefonanlagen. Sie erwarten als Draht ins Telefonnetz einen $S_0$-Bus. Der Einsatz von ISDN-Telefonanlagen ist auch sinnvoll, wenn Sie keinen ISDN-Breitbandanschluss haben. Voraussetzung für ihre Nutzung ist aber eine Anschlussbox des Netzbetreibers mit $S_0$-Bus. In vielen Fällen wird dies die bereits erwähnte Fritz-Box sein.

Eine ISDN-Telefonanlage spricht die Hausapparate analog über TAE-Dosen an – oder über Anschlussleisten, die sich mit TAE-Dosen verbinden lassen. Des weiteren bringen sie meist einen internen $S_0$-Bus mit – den braucht man etwa, wenn an der Telefonanlage auch ISDN-Telefone arbeiten sollen.

Kleine Modelle offerieren nur zwei oder drei TAE-Kontakte – für größere

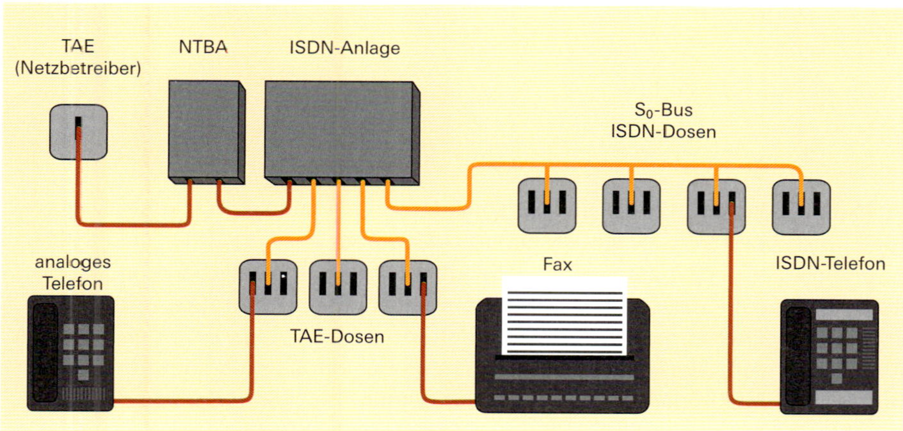


Moderne Telefonanlagen verbinden analoge und digitale Endgeräte.

NFN-TAE-Dosen (links) sind Standard bei der Telefonverkabelung. Um Platz zu sparen, kann man im Sonderfall auch NFF-Buchsen (rechts) verwenden.

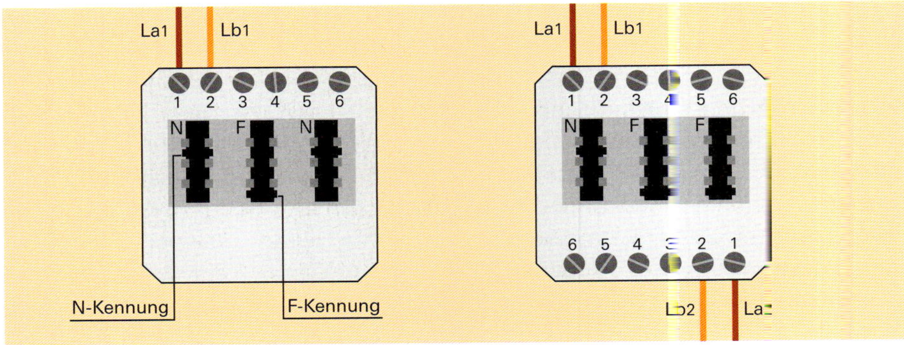


Wohnungen oder Häuser empfehlen sich Telefonanlagen mit sechs oder acht Anschlüssen. Jede gewünschte TAE-Dose wird über eine zweiadrige Leitung direkt mit der Telefonanlage verdrahtet. Soll der $S_0$-Bus des Hauptanschlusses oder der interne $S_0$-Bus der Telefonanlage im Haus verteilt werden (was heutzutage aber kaum noch gebräuchlich oder nötig ist), verkompliziert sich die Lage ein wenig. Zum einen benötigen Sie vieradrige Leitungen, zum anderen müssen Anfang und Ende des $S_0$-Busses mit einem 100-Ohm-Widerstand abgeschlossen werden. Die folgenden Illustrationen und Fotos zeigen Ihnen, wie das geht.

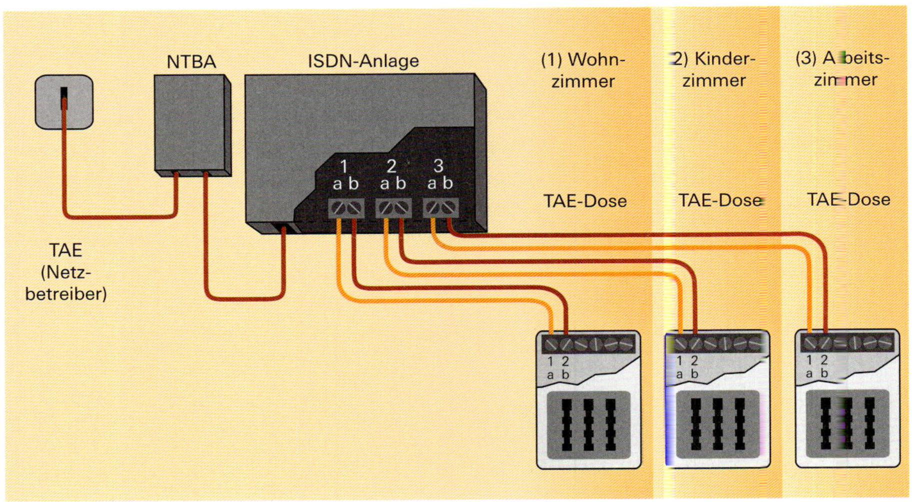


ISDN-Telefonanlagen sind das Herzstück interner Telefonverkabelung. Die Telefone (und eventuell die Türsprechanlage) sind über deren interne Anschlüsse untereinander verbunden. Mit dem Telefonnetz nehmen sie über einen NTBA Verbindung auf – oder über den $S_0$-Bus einer NGN-Anschlussbox. Alternative: Der $S_0$-Bus einer Komplettanlage wie der Fritz-Box (→ Seite 267).
Die TAE-Dosen werden stets über die ersten beiden Schraubklemmen (1, 2) mit den Kontakten der Telefonanlage verbunden. Die Adern der Anschlussleitung sind farblich markiert. Achten Sie beim Anschließen darauf, die jeweils richtige Ader mit der gewünschten TAE-Dose zu verbinden.

## TAE-DOSEN – DER KLEINE UNTERSCHIED

Im Handel finden Sie zur Festinstallation sowohl TAE-NFN- als auch NFF-Dosen. F bezeichnet die Buchse für Fernsprechen, N die Buchsen für Nicht-Fernsprechen. In der Regel nutzt man NFN-Dosen. Jedem Telefonanschluss Ihrer Anlage ist dabei je eine NFN-Dose zugeordnet. Daran können Sie gleichzeitig beispielsweise Telefon, Anrufbeantworter und Fax anschließen – alle sind unter derselben Rufnummer erreichbar. Wenn Sie an einem Installationsort aber wenig Platz haben und beispielsweise ein Telefon und ein Faxgerät mit jeweils eigener Rufnummer (oder zwei Telefone mit jeweils eigener Nummer) betreiben möchten, sind NFF-Buchsen richtig. Diese weisen zwei Klemmenreihen für die Anschlussadern auf. Mit der oberen Klemmenreihe (Schraubklemme 1 und 2) sind etwa ein Anrufbeantworter und ein Telefon unter einer Nummer erreichbar (N und mittlerer F-Anschluss), mit der unteren Reihe (Klemmen 1 und 2) ein zweites Telefon mit eigener Rufnummer (rechter F-Anschluss). Insgesamt müssen dann vier Adern von der Telefonanlage zur NFF-TAE-Dose führen – für jede Rufnummer je ein Adernpaar.

## GEHEIMNISSE UNTER DER KLAPPE

Haben Sie bei einem klassischen Fernmeldeunternehmen einen Breitbandanschluss bestellt, endet dieser üblicherweise an der bisherigen Telefondose von Haus oder Wohnung – also oft genug auf dem Flur. Das ist selten der ideale Platz.

Natürlich finden Sie im Handel längere TAE-, ISDN- und Netzwerkkabel. Diese sind aber verhältnismäßig teuer, sperrig und deshalb schwer zu verlegen. Sie sind aber auch gar nicht nötig: An fast allen Provider-Anschlussboxen finden sich unter einer Abdeckung interne Verkabelungsanschlüsse. Diese lassen sich mit einer einfachen Leitung an den gewünschten Ort verlängern und dort mit der richtigen Dose abschließen. Als Verlängerung für TAE und DSL reicht eine zweiadrige Leitung, der $S_0$-Bus benötigt vier Litzen. Um die Leitungen mit der Anschlussbox zu verbinden, isolieren Sie die Leitungsenden einen knappen halben Zentimeter ab und drücken Sie mit einem kleinen Schlitzschraubendreher die jeweilige Plastiknase herunter. Setzen Sie das blanke Adernende in die zugehörige Öffnung und lassen Sie die Plastiknase wieder los – die Ader ist festgeklemmt. Bei Bedarf lässt sich auch ein separater Splitter (er trennt das Breitband- vom Telefonsignal) mit dem NTBA (er ist für ISDN-Geräte das Bindeglied zwischen Telefon- und heimischem Netz) auf diese Art intern verkabeln.

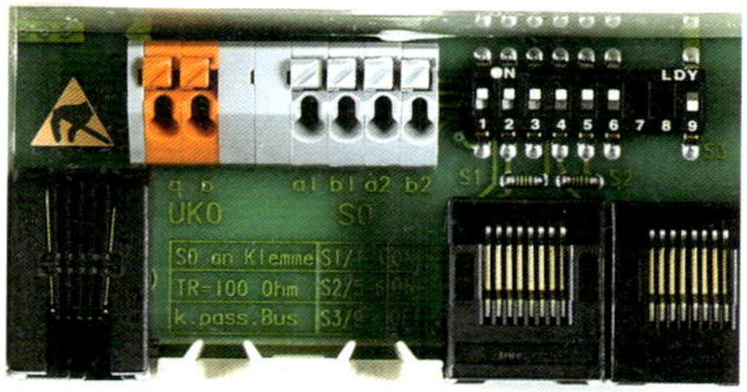


Unter der Abdeckung vieler Breitbandgeräte finden Sie interne Anschlüsse, über die Sie Leitungen zum gewünschten Ort abzweigen können. Stecken Sie dazu die abisolierten Adernenden der Installationsleitung in die jeweiligen Öffnungen der Anschlussklemmen.

# ISDN-VERKABELUNG

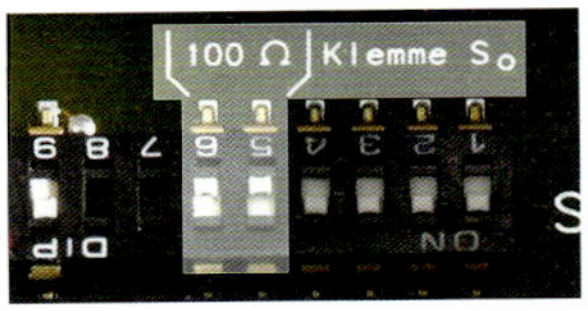


Beispiel für die Abschlusswiderstandsschalter in einem NTBA. Die genaue Lage und Bezeichnung kann je nach Hersteller variieren – ein Blick ins Handbuch hilft.

Wenn Sie den ISDN-Anschluss von Ihrem NTBA in einen anderen Raum führen müssen, wenn Sie intern mehrere ISDN-Telefone oder andere ISDN-Gerätschaften nutzen wollen, müssen Sie – unabhängig von der Verdrahtung der TAE-Dosen – Anschlüsse für ISDN-Geräte schaffen. Die Besonderheit dabei: Bei $S_0$ handelt es sich um ein Bussystem. Sein Anfang und die letzte Anschlussdose der Kette müssen mit einem Widerstand von 100 Ohm abgeschlossen werden. Die folgenden Regeln gelten für alle Arten von $S_0$-Bus, gleich ob er sich an einem NTBA oder einer Telefonanlage befindet. Verwaltet die Telefonanlage die digitalen Nebenstellen, spricht man vom internen $S_0$-Bus, sind die ISDN-Endgeräte am NTBA angeschlossen, vom externen $S_0$-Bus.

## DER EINFACHSTE FALL: TELEFON ODER TELEFONANLAGE AM NTBA

Der NTBA bildet das eine Ende des Busses. Direkt mit ihm ist ein ISDN-Telefon (oder ISDN-Telefonanlage) verbunden. Ab Werk ist der Abschlusswiderstand im NTBA eingeschaltet. Falls Sie Probleme mit der ISDN-Technik haben, kontrollieren Sie die kleinen Dip-Schalter unter der Abdeckung – der Abschlusswiderstand muss aktiv sein. Am ISDN-Telefon oder der Anlage sind keine Endwiderstände nötig.

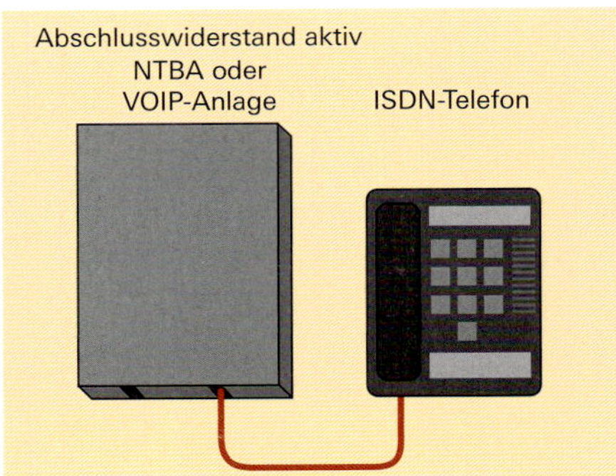


Sind ISDN-Telefonanlage oder -Telefon direkt mit dem NTBA verbunden, reicht es, dessen Abschlusswiderstand einzuschalten.

## FALL 2: MEHRERE DOSEN AM NTBA

Sollen mehrere ISDN-Geräte mit dem NTBA (oder einem internen $S_0$-Bus) verbunden werden, ist es meist am einfachsten, den Bus mit dem NTBA beginnen zu lassen. Die Dosen werden in einer Reihe vom NTBA ausgehend bis zur letzten Dose verdrahtet; es reicht eine vieradrige Leitung. Der Abschlusswiderstand im NTBA bleibt aktiv, in die letzte Dose der Reihe müssen sie zwei 100-Ohm-Widerstände schrauben.

Alternativ können Sie ans Ende der ISDN-Kette auch eine spezielle Abschlussdose (sie hat die Widerstände integriert) setzen.

Die maximale Länge des Busses darf 150 Meter nicht überschreiten. Insgesamt dürfen Sie bis zu zwölf Steckplätze auf dieser Strecke installieren. Im Handel finden sich Anschlussdosen mit gleich zwei RJ-45-Buchsen – jede dieser Buchsen zählt als ein Steckplatz. An den maximal zwölf Steckplätzen dürfen gleichzeitig nur bis zu acht Geräte betrieben werden.

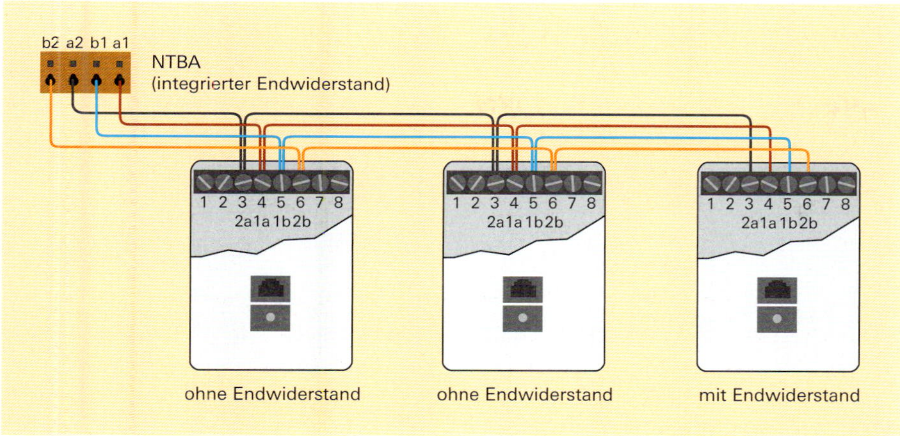


Einfache Verkabelung mehrerer ISDN-Dosen: Der NTBA bildet das eine Ende des Busses, sein Abschlusswiderstand ist aktiv. In der letzten Dose der Kette werden ebenfalls Abschlusswiderstände gesetzt. Alternativ können Sie auch eine spezielle Abschlussdose verwenden.

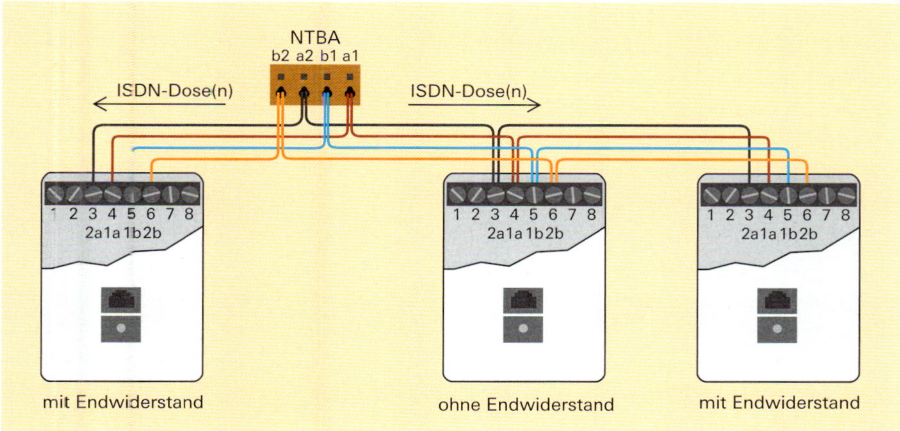


Der NTBA lässt sich an beliebiger Stelle innerhalb des $S_0$-Busses platzieren. Wenn Sie sich für diese Variante entscheiden, müssen Sie beide Enden des Busses mit Widerständen abschließen. Vom NTBA aus führen zu beiden Busenden jeweils vieradrige Leitungen, deren Adern sich gleichzeitig an die internen Klemmen des Anschlussfelds stecken lassen.

## FALL 3: NTBA IN DER MITTE

Wir haben es in diesem Kapitel bereits mehrfach feststellen müssen: Sehr oft liegen Anschlüsse nicht dort, wo man sie braucht. Dank seiner Bus-Charakteristik erleichtert ISDN die Leitungsführung – der NTBA muss nicht zwingend am Anfang oder am Ende des Busses liegen.

Er lässt sich innerhalb der Busverkabelung beliebig platzieren. Wichtig dabei: In diesem Fall muss der Abschlusswiderstand im NTBA deaktiviert werden, die jeweils letzten Dosen benötigen Endwiderstände. Alternativ verbauen Sie Abschlussdosen mit integrierten Endwiderständen.

### TIPP: ZWEI ISDN-DOSENTYPEN

Für **ISDN-BUSSE** finden sich im Handel zwei Dosentypen: **IAE** (ISDN-Anschluss-Einheit) und **UAE** (Universal-Anschluss-Einheit). Beide bringen zum Anschluss von ISDN-Gerätschaften einen oder zwei Steckplätze (RJ 45) mit. Für die Installation ist wichtig: Beide Dosentypen lassen sich beliebig innerhalb eines Busses kombinieren. Einziger Unterschied: Intern haben IAE-Dosen je vier Anschlussklemmen, UAE dagegen acht. An IAE-Dosen sind die Kontakte genauso gekennzeichnet wie an einem NTBA, das heißt: 1a wird mit 1a (oder a1) verbunden, 1b mit 1b (oder b1) und so weiter.
An UAE-Dosen bleiben die Kontakte 1 und 2 sowie 7 und 8 unbeschaltet, 1a wird mit Kontakt 4 verbunden, 1b mit 5, 2a mit 3 und 2b mit 6.

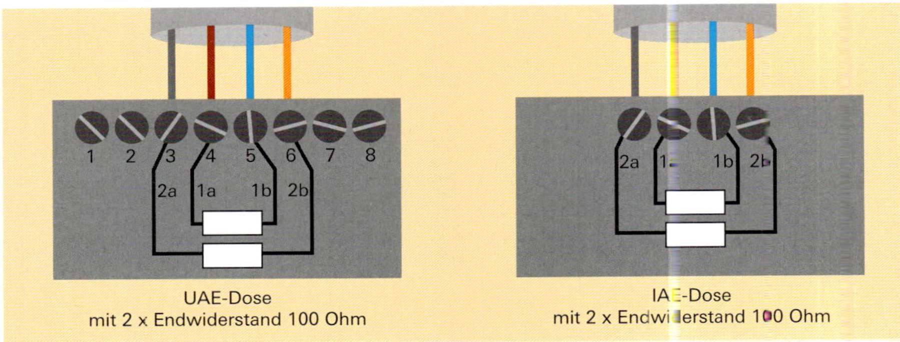


So werden die 100-Ohm-Widerstände in UAE- und IAE-Dosen verdrahtet.

## ABSCHLUSSWIDERSTÄNDE MONTIEREN

Falls Sie keine speziellen Abschlussdosen für Ihren ISDN-Bus verwenden wollen, müssen Sie in die jeweils letzten Dosen Endwiderstände einsetzen.

In IAE-Dosen klemmen Sie einen 100-Ohm-Widerstand zwischen Kontakt 1a und 1b, einen weiteren zwischen 2a und 2b.

In UAE-Dosen gehört ein Widerstand zwischen die Klemmen 4 und 5, der zweite zwischen 3 und 6.

Die Bauteile erhalten Sie für Centbeträge im Elektronikhandel. Ihre Anschlussdrähte sind lang genug, um sie ohne weiteres in den Klemmen der Dosen zu fixieren. Achten Sie bei der Montage darauf, dass sich die Leitungen der Widerstände nicht berühren. Idealerweise setzen Sie einen Widerstand probeweise an die Kontakte und kürzen dann die Enden mit einem Seitenschneider auf die kürzestmögliche Länge, bevor Sie sie festschrauben. Schützen Sie die blanken Enden gegebenenfalls mit Isolierband oder -schlauch.

# COMPUTERNETZWERK IM DETAIL

Mit den Elektronenhirnen verhält es sich ähnlich wie mit den Telefonen: Braucht nur ein PC Anschluss, reicht die Technik vom Telekommunikationsanbieter – mit einem Netzwerkkabel am DSL-Modem ist alles erledigt. Selbst in Singlehaushalten befinden sich aber heutzutage oft mehrere PCs, die ins Internet wollen und untereinander Daten tauschen sollen. Dann muss ebenfalls eine Art Telefonanlage her: der Router. Er besteht aus zwei Baugruppen: Der Switch stellt den Netzwerkkontakt der Computer untereinander her, der eigentliche Router sorgt dafür, dass alle PCs ins Internet kommen, aber ihrerseits im Normalfall nicht aus dem Internet erreichbar sind. Zudem vergibt der Router auch im internen Netz eindeutige IP-Adressen – ohne sie wären die PCs nicht identifizier- und ansprechbar, könnten also keine Daten tauschen. In der Praxis werden für Heimanwender und kleine Büros übliche Router oft noch mit einem DSL-Modem kombiniert.

Der Switch gängiger Router hat meist vier interne PC-Netzwerkanschlüsse – einmal mehr kommen RJ-45-Buchsen zum Einsatz. Falls Sie mehr als vier PCs vernetzen wollen, hilft ein zusätzlicher, externer Switch weiter. Verbinden Sie einfach eine RJ-45-Buchse des Switches mit einer der internen RJ-45-Netzwerkbuchsen des Routers.

Zuguterletzt bringen gängige Router oft noch die Technik mit, um Computer auch drahtlos miteinander zu vernetzen und ins Internet zu bringen – das wird als Wireless LAN (kurz: WLAN) bezeichnet. Weiterführende Informationen zu WLANs finden Sie ab Seite 283.

# NETZWERKDOSEN UND -LEITUNGEN VERLEGEN

Wenn Sie eine Netzwerkverbindung vom Standort des Routers in einen anderen Raum verlängern wollen, benötigen Sie zwei Netzwerkdosen (Auf- oder Unterputz) – eine am Standort des Routers, die andere im gewünschten Raum. Die Dosen werden mit einer achtadrigen Installationsleitung des Typs Cat. 5e oder Cat. 6 verdrahtet, die Leitung nach unserer Installationsanleitung verlegt. Die in der Tabelle auf Seite 269 genannten Leitungstypen überbrücken die in Privathaushalten gebräuchlichen Distanzen. Den Kontakt vom Router zur Netzwerkdose oder Netzwerkdose zu PC stellen Sie mit handelsüblichen, fertig konfektionierten Ethernetkabeln her. Im Han-

**NETZWERKVERKABELUNGSSTANDARDS**

| Kontakt | EIA/TIA-568A-Paar | EIA/TIA-568A Farbcode | EIA/ TIA-568 B-Paar | |
|---|---|---|---|---|
| 1 | 3 | weiß-grüner Strich | 2 | weiß-oranger Strich |
| 2 | 3 | grün-weißer Strich oder grün | 2 | orange-weißer Strich oder orange |
| 3 | 2 | weiß-oranger Strich | 3 | weiß-grüner Strich |
| 4 | 1 | blau-weißer Strich oder blau | 1 | blau-weißer Strich oder blau |
| 5 | 1 | weiß-blauer Strich | 1 | weiß-blauer Strich |
| 6 | 2 | orange-weißer Strich oder orange | 3 | grün-weißer Strich oder grün |
| 7 | 4 | weiß-brauner Strich | 4 | weiß-brauner Strich |
| 8 | 4 | braun-weißer Strich oder braun | 4 | braun-weißer Strich oder braun |

del finden Sie neben Netzwerkdosen mit einer Buchse auch Modelle mit zwei. Die sind praktisch, wenn Sie in einem Raum zwei Computer benutzen wollen. Sie müssen dann aber für jede Buchse eine eigene Installationsleitung ziehen.

Die Anschlüsse der Netzwerkdosen werden nicht durch Schraubverbindungen hergestellt, sondern mit einem so genannten LSA-Plus-Anlegewerkzeug (löt-, schraub- und abisolierfreie Verbindungstechnik). Sie finden es im Fachhandel für rund 20 Euro – stellen Sie sicher, dass es für Ihre Netzwerkdosen taugt.

Die einzelnen Adern der Installationsleitung werden einfach auf die Schneidklemmen der Dosen gelegt und mit dem LSA-Werkzeug angedrückt. Die Klemmen ritzen die Isolierung der Adern durch und stellen so den elektrischen Kontakt her. Je nach Ausführung des Anlegewerkzeugs schneidet es in einem Arbeitsgang auch das überstehende Ende der Ader auf die richtige Länge zurecht. Falls Sie einmal versehentlich einen der Drähte am falschen Kontakt angelegt haben, ziehen Sie ihn einfach wieder ab und setzen ihn einige Millimeter weiter erneut an.

Die Adern in Netzwerkinstallationskabeln sind jeweils paarweise verdrillt und farblich markiert. In Netzwerkdosen sind die Anschlüsse von eins bis acht durchnummeriert. Beide Netzwerkdosen müssen in derselben Reihenfolge beschaltet werden – Kontakt 1 wird also mit Kontakt 1 an der zweiten Dose verkabelt. Für die Verdrahtung haben sich international zwei Farbcodes etabliert (siehe Tabelle oben). Sie sollten sich nicht nur aus Gründen der Übersichtlichkeit an einem der Farbcodes orientieren – in beiden sind die Belegungen der Adernpaare für optimale elektrische Eigenschaften bewusst so gewählt worden.

Jede der acht Adern eines Netzwerkkabels ist von einer dünnen Me-

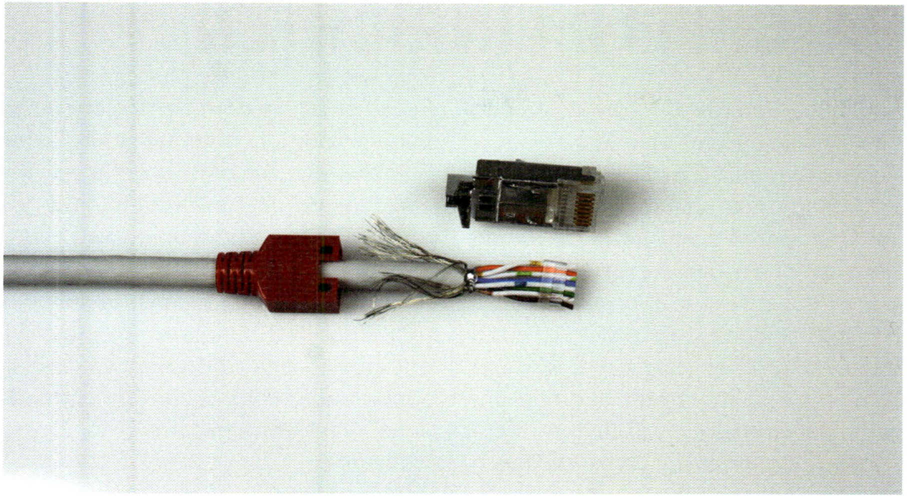

Eine Installationsleitung mit abgesetzten Kunststoffmantel. Die Abschirmung der farbigen Doppeladern muss noch entfernt werden.

tallfolie umhüllt, der sogenannten Abschirmung. Darüber hinaus sind die vier Adernpaare von einem Abschirmungsgeflecht umgeben. Sowohl die äußere Abschirmung als auch die der Adern muss für die Verdrahtung der Anschlussdose auf bestimmte Längen gekürzt werden. Die genauen Absetzmaße können Sie dem Beipackzettel der Netzwerkdose entnehmen.

Die Abschirmung der einzelnen Adern hat keine Verbindung mit der Netzwerkdose, für die äußere Kabelabschirmung findet sich an der Dose hingegen eine Schraubklemme. Netzwerkdosen mit zwei Buchsen bringen auch zwei Anschlussleisten mit, die mit je einer der Installationsleitungen belegt werden.

Blick in eine Netzwerkdose mit zwei Buchsen.

# PATCHFELD EINRICHTEN

Einfache Patchfelder ohne eigene Elektronik („passiv“) gibt es im Handel für weniger als 20 Euro. Sie sind eine intelligente Alternative zu der von uns zuvor beschriebenen Netzverkabelung (also mit Netzwerkdosen an beiden Enden der Strecke). Diese wird nämlich immer dann unübersichtlich und teuer, wenn Sie viele Computer im Haus oder in mehreren Räumen anschließen müssen. Mit einem Patchfeld benötigen Sie nur Netzwerkdosen in den einzelnen Zimmern, nicht mehr in dem Raum, in dem der Router oder Switch steht. Die dorthin geführten Installationsleitungen verdrahten Sie per LSA-Technik direkt mit dem Patchfeld. Die Montage der Netzwerkdosen am anderen Ende des Patchfelds (also in den einzelnen Zimmern des Hauses) erfolgt wie zuvor beschrieben. In der Grafik unten links sehen Sie ein typisches Verdrahtungsbeispiel für kleine Netzwerke.

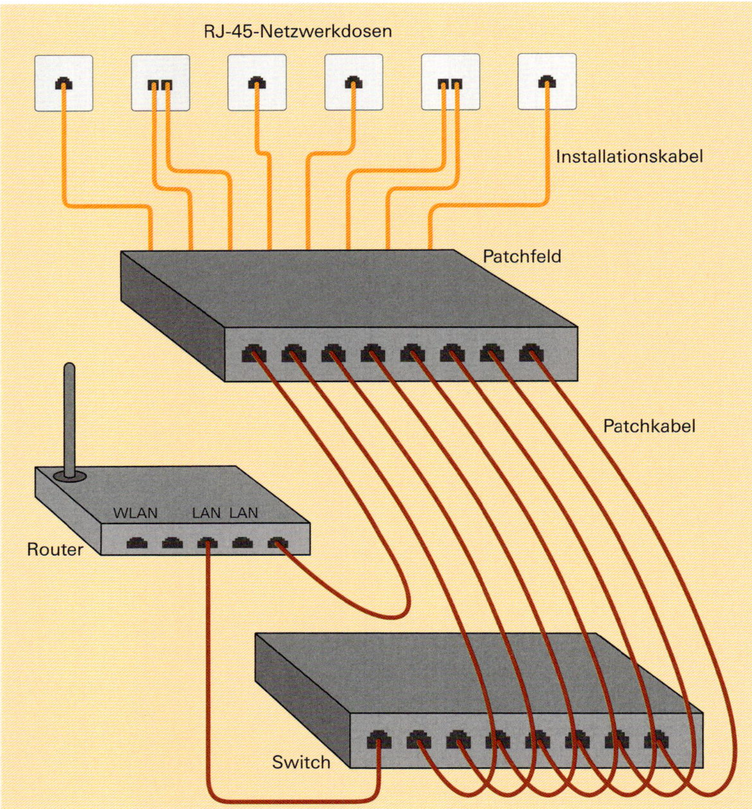


Die Installationsleitungen der einzelnen Netzwerkdosen im Haus enden auf der LSA-Klemmen-Seite des Patchfelds. Für Dosen mit zwei Buchsen benötigen Sie auch zwei Leitungen zum Patchfeld. Von dort aus verbinden Sie den Router beziehungsweise Switch mit den vorderseitigen RJ-45-Buchsen des Patchfelds.

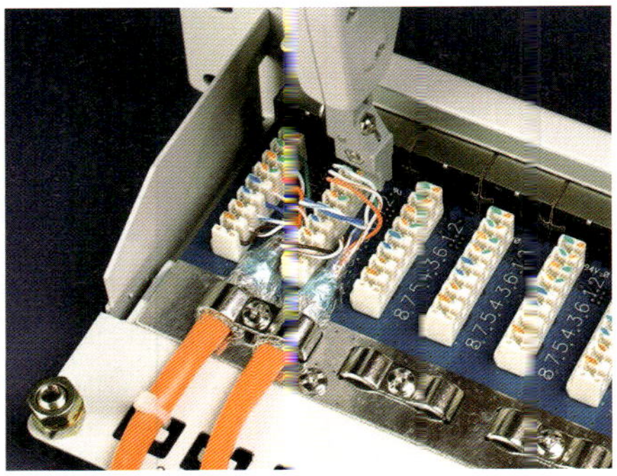

Blick in den geöffneten LSA-Teil eines Patchfelds. Für jede Installationsleitung befinden sich am Patchfeld äquivalent zu den Anschlussdosen die entsprechenden, von 1 bis 8 nummerierten Klemmen.

# KABELLOS: WLAN UND POWERLINE

Nicht immer lassen sich Leitungen überall dorthin verlegen, wo sie gebraucht werden. In Mietwohnungen verbietet es sich im Regelfall ohnehin, die Wände aufzustemmen. Aber auch im Eigenheim vermeidet man das gern.

Für Computernetzwerke gibt es Alternativen zur klassischen Ethernet-Vernetzung.

Möglichkeit 1: das drahtlose Netzwerk, WLAN (Wireless Local Area Network) genannt. Gelegentlich wird die Technik auch als WiFi bezeichnet. Es setzt einen Router mit WLAN-Technik voraus sowie einen PC, der ab Werk oder nachträglich ebenfalls mit WLAN ausgerüstet sein muss.

Oft wird dies noch über einen kleinen USB-Stick realisiert, moderne Laptops haben das bereits ab Werk eingebaut. Für stationäre PCs gibt es alternativ auch Steckkarten für die internen Erweiterungsschächte. Anders als USB-Sticks müssen diese Karten fest in den PC eingebaut werden.

Aktuell ist im Frühjahr 2010 WLAN-Technik nach dem N-Standard mit einer Brutto-Übertragungsrate von bis zu 600 Megabit pro Sekunde (mbps). Standardmäßig funken WLANs im selben Frequenzband wie Schnurlostelefone (2,4 Gigahertz, GHz), neuere Sender und Empfänger arbeiten zusätzlich im leistungsfähigeren 5-GHz-Band. In der Regel verstehen sich ältere und aktuelle Funktechnik – sendet etwa der Router nur in der G-Technik (54 mbps), bandelt er dennoch mit dem nagelneuen Notebook an, das schon die N-Technik mitbringt. Die maximale Geschwindigkeit setzt immer der langsamere der Partner fest – im Beispiel also das G-Modell mit 54 mbps.

Uneingeschränkt ist die Interoperabilität von Alt und Neu allerdings nicht: Nur aktuelle Funkgeräte und Betriebssysteme unterstützen eine sichere Verschlüsselung – Anfang 2010 ist dies WPA 2 (Wi-Fi Protected Access). Die Verschlüsselung ist wichtig um sicherzustellen, dass der interne Funkverkehr Ihrer Rechner nicht mit einfachen Mitteln „mitgehört" werden kann. Für den Normalverbraucher viel relevanter ist aber, dass sich nur mit aktueller Verschlüsselung der eigene Internetzugang nicht von Fremden missbrauchen lässt, die sich ins Funknetzwerk einklinken. Deutsche Gerichte haben in der Vergangenheit mehrfach Personen verurteilt, weil über deren ungesicherte Funk-Internetverbindung von Dritten etwa urheberrechtlich geschützte Dateien oder gar Kinderpornografie feilgeboten wurden.

Achten Sie also bei WLAN-Technik auf eine aktuelle Verschlüsselung.

Ein WLAN-Router ermöglicht es, Rechner untereinander drahtlos zu vernetzen und mit jedem angeschlossenen Rechner im Internet zu surfen.

Computer ohne eingebaute WLAN-Technik lassen sich per USB-Stick nachrüsten.

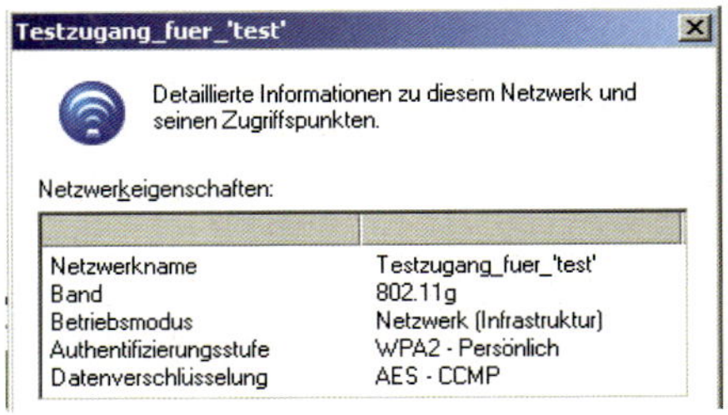


Nur mit der WPA2-Verschlüsselung können drahtlose Netzwerk vergleichsweise sicher betrieben werden (Stand: März 2010).

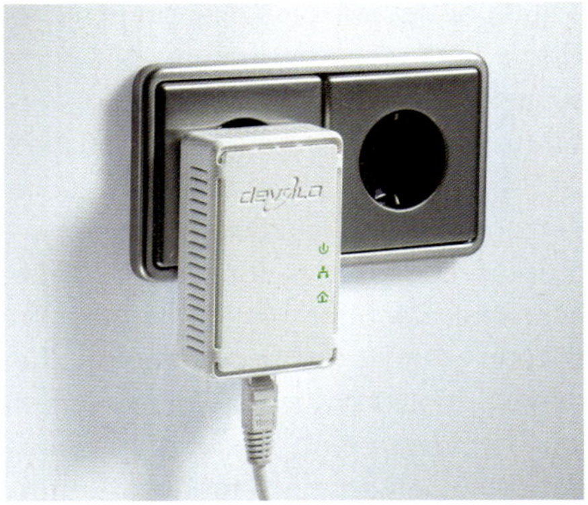


Auch übers Stromnetz lassen sich Netzwerklücken schließen. Im Bild: Powerline-Adapter. Sie werden mit dem PC-Netzwerk und der Netzsteckdose verbunden.

Mindestens genau so wichtig ist es, ein Passwort zu verwenden, das sich nicht einfach erraten lässt. Passwörter bestehen idealerweise aus einer mehr als vierzehnstelligen willkürlichen Kombination von Zahlen sowie Groß- und Kleinbuchstaben (etwa „wTboer12pQ5Y9t0GpP03"). Verzichten Sie auf Sonderzeichen und Umlaute (Ä, Ö, Ü oder ß). Machen Sie sich keine Sorgen, wenn Sie sich dieses Passwort nicht merken können: Wenn Sie es nur für Ihr WLAN einsetzen, ist es nicht fahrlässig, dies auf einem Zettel in der Schreibtischschublade zu notieren. Zudem müssen Sie es im Router nur einmal bei der Installation eingeben, in den PCs auch nur beim Einrichten der Funkverbindung oder nach einer Neuinstallation des Betriebssystems.

Eine zweite Option, um Computer ohne Verkabelung miteinander zu verbinden, bietet die Powerline-Technik. Dabei handelt es sich äußerlich um gewöhnliche Netzsteckdosen, die zusätzlich je eine RJ-45-Ethernetbuchse mitbringen. Die Idee: Als Netzwerkleitung fungiert die bestehende Stromnetzverkabelung in Haus oder Wohnung, die PC-Netzwerkdaten werden huckepack – verschlüsselt – über die Stromleitung transportiert. Der Empfänger, also die zweite Steckdose, entkoppelt das Strom- wieder vom PC-Netz.

Anfang 2010 waren Powerline-Adapter mit Brutto-Datenraten von 200 mbps handelsüblich, die nächste Generation der Technik verspricht Datenraten von rund 500 mbps.

Schwachpunkt ist die Sicherheit: Viele kompatible Powerline-Gerätesets haben ein voreingestelltes Netzwerkpasswort. Sobald sich mehrere Adapter in der Steckdose befinden, bilden sie automatisch ein Netzwerk. Das erleichtert zwar die Einrichtung, lädt aber auch zum Spionieren ein: Nutzt der Nachbar kompatible Geräte und den gleichen Stromkreis, kann er sich ungefragt in Ihr Netzwerk einklinken. Tipp: Ändern Sie unbedingt das voreingestellte Passwort in ein eigenes sicheres.

Wer sich für Powerline interessiert – grundsätzlich spricht nichts gegen die Technik. Allerdings: Je nachdem, wie das Stromnetz Ihrer Wohnung aufgebaut ist, kann es passieren, dass Powerline gar nicht oder nur unerträglich langsam funktioniert. Lassen Sie sich also beim Kauf vom Händler zusichern, das Set im Falle eines Falles zurückgeben zu können. Auch falls Sie Kurzwellenfunker sind, dürfte Powerline für Sie nicht in Frage kommen: Die Technik verursacht (schwache) Funkstrahlung im Kurzwellenband.

# BAD UND KÜCHE

## TIPPS

### SCHNELL WIEDER TROCKEN:

Nach dem Abpumpen und Aufwischen den Raum möglichst komplett ausräumen.

Kleine durchnässte Bereiche lassen sich mit Heizlüftern oder -strahlern austrocknen – in Kombination mit richtiger Lüftung. Optimal: stündliches Stoßlüften mit Durchzug.

Leihen Sie sich für größere Wasserschäden professionelle Trocknungsgeräte, gut sind Kondensationstrockner. Das gezielte Beheizen feuchter Stellen kann den Prozess unterstützen.

# WASSERSCHADEN! WAS TUN?

Flecken an Wand und Decke oder eine Pfütze auf dem Fußboden sind meist Anzeichen für eine undichte Wasserleitung. Um einen größeren Schaden zu verhindern, muss als erstes die Wasserzufuhr unterbrochen werden, bevor man das Leck ausfindig machen und reparieren kann. Das kann auch in der Wohnung des über einem wohnenden Nachbars sein!

Ist sofort erkennbar, wo das Wasser austritt, reicht es, das nächst gelegene Absperrventil der Zuleitung zuzudrehen, sonst muss man erst einmal das Hauptventil schließen. Wissen Sie, wo in Ihrer Wohnung das Hauptabsperrventil der Wasserzuleitung ist?

Der zweite Schritt ist, die Schäden einzugrenzen. Wenn es von der Decke tropft, deckt man zunächst den Fußboden mit einer wasserdichten Folie ab und stellt direkt unter der tropfenden Stelle einen Eimer auf. Kommt das Wasser aus einem Deckenlampenanschluss, ist sofort der betreffende Stromkreis abzuschalten (Sicherung raus!) und die Lampe abzunehmen. Wenn möglich, öffnet man die Decke neben dem Auslass, damit das Wasser abfließen kann. Dabei aber wegen der Gefahr eines Stromschlags keinesfalls elektrische Werkzeuge einsetzen!

Wenn der Fußboden in einem Raum bereits überschwemmt ist, kann man mit aufgerollten Läufern vor den Türöffnungen verhindern, dass sich das Wasser in andere Räume ausbreitet. Dann muss man versuchen, den Boden schnellstens trockenzulegen.

Wenn es mit eigenen Mitteln nicht zu schaffen ist, bleibt als letzte Möglichkeit der Notruf bei der Feuerwehr, die das Wasser abpumpen kann. Ist die Schadstelle schon gefunden, wird sie als erstes notdürftig abgedichtet. Dann kann man zumindest den Haupthahn öffnen und die anderen Leitungssysteme wieder benutzen.

### WASSERSCHADEN: ERSTE SUCHE NACH DEN MÖGLICHEN URSACHEN

Wurde vor kurzem ausgiebig **geduscht oder gebadet,** lief die Waschmaschine oder ein Geschirrspüler, eventuell in der Wohnung über einem?

→ **Nein** → Möglicher **Rohrbruch** in Kalt- oder Warmwasserleitung → **Wasserdruck** in der Heizungsanlage prüfen: Druckanzeige normal?

- **Ja** → **Hauptventil** öffnen, alle Wasserhähne geschlossen. Zeigt der Kaltwasserzähler trotzdem einen Durchfluss an? → **Ja** → **Rohrbruch** bei der Trinkwasserleitung. Lässt sich durch die Sperrung einzelner Leitungsbereiche noch eingrenzen.
- **Nein** → Deutlich zu niedriger **Wasserdruck**: Schaden im Heizungsleitungssystem. Heizung abstellen, wenn Schadenstelle nicht sichtbar.

→ **Ja** → **Schaden** bei Abwasseranschlüssen oder im Abwasserableitungssystem → **Kontrolle der Abflussrohre** von Duschbecken, Badewanne, auch Waschbecken, WC, Spülkasten, Abläufe von Waschmaschine und Geschirrspüler etc. Möglicherweise auch Schaden an den Fallrohren.

# NOTFALLMASSNAHMEN BEIM ROHRBRUCH

Besteht der Verdacht auf einen Wasserrohrbruch, muss schnell reagiert werden, ehe sich größere Feuchteschäden einstellen.

Grundsätzlich können defekte Abfluss-, Wasser- oder Heizungsrohre die Ursache sein. Bei Abflussrohren sind lecke Stellen eher selten. An gusseisernen Rohren in Altbauten können Risse auftreten. Neuere Häuser haben Abflussrohre aus Kunststoff, doch auch hier können Undichtigkeiten auftreten, wenn ein Rohr versehentlich beschädigt wird (beispielsweise durch Anbohren) oder wenn bei einer Verstopfung Wasser durch mangelhaft abgedichtete Rohrverbindungen drückt. Auch Ratten sind in der Lage, Kunststoffrohre zu zernagen, was eher im Keller geschieht als in den höher gelegenen Stockwerken.

## WO LIEGT DAS LECK?

Sobald eine feuchte Stelle entdeckt wird, gilt es, das defekte Rohrstück möglichst exakt einzugrenzen. Die meisten Rohrbrüche treten bei Wasser- und Heizungsleitungen auf. Ist eine Kalt- oder Warmwasserleitung betroffen, muss man zunächst den Haupthahn schließen. Der Schaden kann sich dann nicht weiter ausbreiten. Im Idealfall sind bei der Installation weitere Unterverteilungen für Etagen oder bestimmte Versorgungsbereiche angelegt worden, sodass bei einem Rohrbruch nicht zwangsläufig der Haupthahn für das gesamte Gebäude abgesperrt werden muss.

Ist das Rohrsystem der Heizung betroffen, versucht man auch hier zunächst, eine Unterverteilung des infrage kommenden Bereichs abzusperren. Gibt es keine Unterverteilungen, muss die Heizungsanlage stillgelegt und an der tiefsten Stelle des Rohrsystems der Entleerungshahn geöffnet werden, um das Leck druckfrei zu machen.

Die Suche nach der undichten Stelle kann bei unter Putz liegenden Rohren sehr mühsam werden: Das Wasser fließt in Wandschlitzen und Deckenhohlräumen oft unbemerkt viele Meter, bevor der Feuchteschaden sichtbar wird. Selbst erfahrene Installateure müssen manchmal größere Wand- oder Deckenbereiche öffnen, bis sie die defekte Stelle eines Rohres schließlich entdecken. Meist muss man sich bei Lecks an unter Putz

**Sie brauchen** für Notfallmaßnahmen beim Rohrbruch:

- *Eimer/Lappen*
- *Fahrrad- oder Gartenschlauchstück*
- *Rohrschellen*
- *Reparatursatz mit Halbschalen und Schlauch*
- *Flüssigmetall*
- *Epoxidharzkleber*

Eine durchfeuchtete Stelle an der Wand signalisiert: Rohrbruch! Wo genau der defekte Rohrabschnitt liegt, ist noch zu ermitteln.

Als erstes wird der betreffende Leitungsbereich abgesperrt.

Bei Aufputzinstallationen helfen ein Lappen und ein Eimer, kleinere austretende Wassermengen aufzufangen, bis der Defekt behoben werden kann.

Nur leicht undichte Verbindungen kann man bei verzinkten Stahlrohren mit Flüssigstahl versiegeln.

Erste Hilfe bei einem leckenden Kupferrohr: Epoxidharzkleber auf die zuvor getrocknete und angeschliffene Stelle geben.

liegenden Rohren darauf beschränken, die Wasserzufuhr abzusperren und einen Installateur rufen.

## AUF PUTZ LIEGENDE ROHRE ABDICHTEN

In den meisten Kellergeschossen liegen Wasser- und Heizungsrohre auf Putz. Wenn es dort an einer schadhaften Stelle zu tropfen beginnt, sieht man genau, wo sich das Leck befindet und kann in Eigenleistung zumindest eine Notreparatur durchführen. Für erste Hilfe sorgen ein Tuch und ein darunter gehängter Eimer. Das Wasser wird dabei sicher in den Eimer geleitet. Das reicht zunächst, bis der Handwerker kommt. Bei undichten Rohrverschraubungen oder kleinen Löchern in Kupferrohren kann man den Schaden mit Flüssigmetall oder Epoxidharzkleber zumindest provisorisch beheben. Das Wasser wird abgedreht, die lecke Stelle mit einem Föhn oder Heißluftgebläse getrocknet, angeschliffen und dann mit dem passenden Dichtmaterial geschlossen.

## DER TRICK MIT DEM FAHRRADSCHLAUCH

Mit einfachen Hilfsmitteln (Gummi – beispielsweise von einem Fahrradschlauch, Blech, Draht) kann man ein undichtes Rohr auch mechanisch abdichten. Zuerst wird das Gummi um die Schadstelle gelegt, dann folgt eine Lage Blech und zuletzt wickelt man Draht um das Rohr, der mit Hilfe der Kneifzange / Beißzange fest verdrillt wird. Noch besser sind zwei zum jeweiligen Rohrdurchmesser passende Rohrschellen, die mit dem Schraubendreher fest angezogen werden. In Kombination mit den Rohrschellen kann als Material zum Abdichten ein Stück möglichst weicher Gartenschlauch dienen. Eine solche Notreparatur kann Wochen und Monate halten, an der professionellen Reparatur führt jedoch kein Weg vorbei.

## REPARATURSCHELLEN ZUSAMMENFÜGEN

Wer bei kleinen Leckstellen die Kosten für einen Handwerker sparen will, kann sich mit einem speziellen Reparaturset behelfen, das es in vielen Baumärkten und im Eisenwarenfachhandel gibt. Dieses Set besteht aus einem Stück Gummischlauch und zwei stabilen Halbschalen aus verzinktem Stahl.

Nachdem man den Schlauch über das Leck gezogen hat, legt man die beiden Halbschalen an und verbindet sie durch vier dazugehörige Inbusschrauben. Sind die Schrauben fest angezogen, bleibt das Rohr dauerhaft dicht. Die Reparaturschellen gibt es passend zu allen gängigen Rohrdurchmessern.

## TIPP: MATERIALMIX?

Verzinkte Stahl- oder Kupferrohre sind in der Trinkwasser- und Heizungsinstallation weit verbreitet. In älteren Mischinstallationen aus beiden Rohrmaterialien muss darauf geachtet werden, dass in Fließrichtung immer Zink vor Kupfer installiert wird. Andernfalls kommt es zu einer elektrochemischen Reaktion (Elektrolyse) zwischen den Metallen, die die Zinkschicht zerstört, mit der Folge, dass das Stahlrohr durchrostet. Inzwischen werden für Wasserinstallationen zunehmend Verbundrohre aus Kunststoff und Aluminium angeboten, oder sogar Rohre, die vollständig aus Kunststoff bestehen. Diese sind korrosionsunanfällig und können deshalb problemlos bei Reparaturen in Mischinstallationen eingesetzt werden. Weiterer Vorteil: Sie lassen sich einfach biegen und verlegen, was weniger Verbindungen notwendig macht, die zu einer Leckstelle werden könnten. Die speziellen Verbinder (Fittings) sind zwar etwas teurer als die Lötfittings bei der Kupferrohrinstallation, jedoch einfach und gefahrlos zu montieren. Für den Anschluss an andere Rohrsysteme werden Übergangsmuffen angeboten.

Mit einem Stück Fahrradschlauch, einem passenden Blechstreifen und fest verdrilltem Draht lässt sich eine Schadstelle provisorisch abdichten.

Ein Stück aufgeschnittener Gartenschlauch und zwei Rohrschellen dichten das Leck vorübergehend zuverlässig ab.

Das hier gezeigte Reparaturset besteht aus einem Gummischlauch und zwei Halbschalen.

Vier Inbusschrauben halten die Halbschalen zusammen und dichten das Leck dauerhaft ab.

# KUPFERROHRE LÖTEN

**Sie brauchen** für das Weichlöten von Kupferrohren:

- *Rohrabschneider*
- *Metallsäge*
- *Werkzeug zum Entgraten der Schnittstellen*
- *Kupferrohr*
- *Fittings*
- *Lötbrenner mit Gaskartusche*
- *Flussmittel/Lot*
- *Schleifvlies/Lappen*

Trinkwasserleitungen bestehen oft aus Kupfer. Je nach Rohrdurchmesser (DN) werden Verbindungen hart- oder weichgelötet. In Trinkwasserinstallationen ist Hartlöten für Kupferrohre erst ab 28 x 1,5 mm zulässig, bei kleineren Rohren verboten! Bei diesem Material findet man Lecks häufig auch an unsachgemäß verlöteten Fittings. Für alle Lötverbindungen im Trinkwasserbereich gilt, dass nur die dafür zugelassenen bleifreien Lote und toxikologisch unbedenklichen Flussmittel verwendet werden dürfen.

## HARTLÖTEN

Hartgelötete Verbindungen sind mechanisch zwar sehr belastbar, aber anfälliger für Lochfraß. Aus diesem Grund werden Kupferrohre heute fast immer weichgelötet. Dennoch soll das Hartlötverfahren kurz erläutert werden. Zum Hartlöten sind Arbeitstemperaturen von etwa 730 Grad Celsius erforderlich. Diese Temperaturen kann man zwar auch mit einem normalen Lötbrenner mit Gaskartusche erreichen, ideal ist aber ein Schweißbrenner, der mit einem Azetylen-Sauerstoff-Gemisch arbeitet. Besonders für dickwandige Verbindungen würde das Erwärmen – besonders bei langen Rohren – mit einem Gaslötbrenner viel zu lange dauern. Ein weiterer Unterschied zum Weichlöten liegt in der Handhabung des Lotes: Beim Hartlöten wird das Lot direkt an die Lötstelle gelegt und dann mit der Brennerflamme zügig aufgeschmolzen.

## WEICHLÖTEN

Bei korrekter Ausführung ist eine weichgelötete Verbindung von Kupferrohren absolut ausreichend. Das hierzu verwendete Lötzinn schmilzt schon bei etwa 230 Grad Celsius. Man braucht dazu eine handelsübliche Gaskartusche mit Brenneraufsatz. Ist eine weichgelötete Verbindung undicht, muss man die neu zu verbindenden Oberflächen des Kupferrohres mit Schmirgelleinen oder Stahlwolle blank schleifen. Dann trägt man das Flussmittel auf und erhitzt die Stelle, bis das Lötzinn bei Kontakt schmilzt. Die Flamme des Gaslötbrenners sollte dabei einen weißen, kegelförmigen Kern mit blauem Mantel zeigen. Bei einem normalen Gaslötbrenner lässt sich die Stärke der Flamme an der Brennerdüse verstellen, einen Einfluss auf die Temperatur hat dies jedoch nicht.

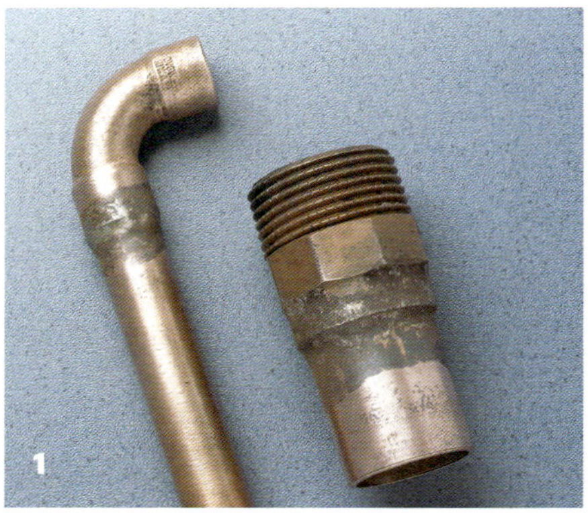

**1** Bei hartgelöteten Verbindungen (werden auch von Fachleuten nur noch selten eingesetzt – für einen Laien in der Regel zu aufwendig) ist die Oberfläche fast schwarz gefärbt.

**2** Typisch für weichgelötete Verbindungen: das Lot glänzt silbrig.

Wichtiger ist eine gleichmäßige, stehende Flamme. Ist sie fackelnd und fauchend eingestellt, wird nur unnötig Gas verschwendet. Die richtige Löttemperatur ist erreicht, wenn das Lot bei Kontakt mit dem erwärmten Metallrohr sofort schmilzt. Man nimmt die Flamme weg und hält das Lötzinn an die Fuge zwischen Rohr und Fitting. Es fließt dann durch die Kapillarwirkung von selbst in den Zwischenraum. Die Lötstelle ist nach dem Abkühlen sofort belastbar und kann auf Dichtigkeit geprüft werden.

Wenn keine starren Leitungen erforderlich sind, können biegsame Kupferrohre durchaus eine Alternative sein. Für engere Radien ist es ratsam, mit einer Biegespirale oder einer Rohrbiegevorrichtung zu arbeiten.

## TIPP: FLUSSMITTEL

Das Flussmittel wird nur auf der Außenseite der Rohrenden hauchdünn aufgetragen und nicht in das Fitting gestrichen. Es darf wegen seiner schädlichen Inhaltsstoffe auf keinen Fall an die Innenseite der Trinkwasserleitung gelangen. Reste sind gründlich zu entfernen.

**1** Nachdem die Wasserzufuhr abgestellt und die Leitung vollständig (!) entleert wurde, schleift man die zu lötende Stelle mit Stahlwolle blank.

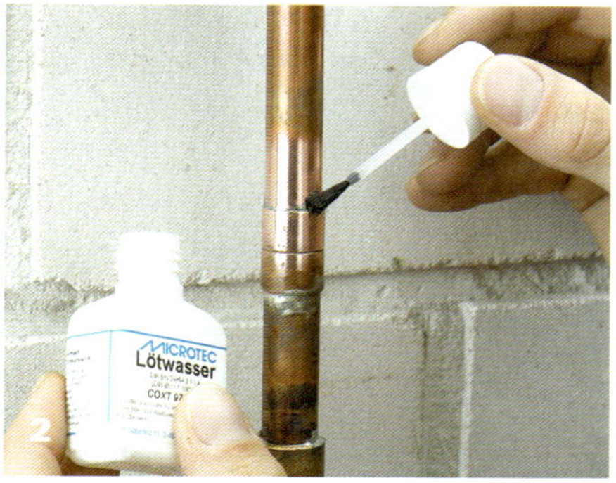


**2** Trinkwassergeeignetes Lötwasser (oder andere Flussmittel) sorgt für eine optimale Haftung des Lötzinns.

**3** Mit der Flamme des Gaslötbrenners wird die Verbindung erhitzt. Muss in der Nähe brennbarer Materialien gelötet werden, ist das Umfeld in jedem Fall durch eine feuerfeste Matte zu schützen.

**4** Ist die Stelle heiß genug, schmilzt das – ebenfalls trinkwassergeeignete – Lötzinn (ohne Blei) bei Berührung sofort, fließt in den Zwischenraum und schafft so eine dichte Verbindung.

# KUNSTSTOFFROHRE VERBINDEN

**Sie brauchen** für das Verbinden von Kunststoffrohren:

- *Rohrabschneider*
- *Metallsäge*
- *Werkzeug zum Entgraten der Schnittstellen*
- *Mehrschicht-verbundrohre/ Kunststoffrohre*
- *Fittings*
- *Akku-Pressmaschine/ Handpresswerkzeug*

Neben Kupferrohren für Trinkwasserleitungen hat sich längst die Alternative aus Kunststoff etabliert. Kunststoffrohre sind auch deshalb so beliebt, weil sie sich leichter verbinden lassen. Ob geklebt, geschweißt, gepresst oder geschraubt: Alles ist einfacher als dichte Lötstellen bei Kupferrohren.

Die erste Generation der Kunststoffrohre war nur mit Einschränkungen im Trinkwasserbereich einsetzbar. Zwar ließen sich die starren Rohre und die Fittings leicht verbinden (verkleben oder verschweißen), wobei die Verklebung sogar stärker als das Rohr selbst war. Der Einbau aber war in manchen Gegenden verboten oder nur für Kaltwasserleitungen erlaubt. Wegen ihrer thermoplastischen Eigenschaften (bei Erwärmung konnten sie sich verformen) waren Kunststoffrohre für Warmwasserleitungen ungeeignet.

Das ist mittlerweile anders. Die aktuellen Produkte sind sogenannte Mehrschichtverbundrohre. Sie bestehen aus einem Aluminiumrohr, auf das innen und außen eine Schicht aus hochtemperaturbeständigem Polyethylen aufgebracht ist. Alle Schichten werden durch dazwischen liegende Haftvermittlerschichten dauerhaft miteinander verbunden. Dieser Aufbau gewährleistet eine geringe Wärmeausdehnung, eine hohe Korrosionsbeständigkeit und Formstabilität. Dennoch ist aufgrund der hohen Flexibilität eine einfache Verarbeitung möglich. Die Rohre lassen sich in Grenzen von Hand biegen ohne zurückzufedern. Ergänzt wird das System durch Fittings (Kupplungen, Winkel, T-Stücke etc.). Sie werden miteinander verschraubt oder verpresst; die dazu erforderlichen Werkzeuge bietet der Fachhandel gleichzeitig mit an.

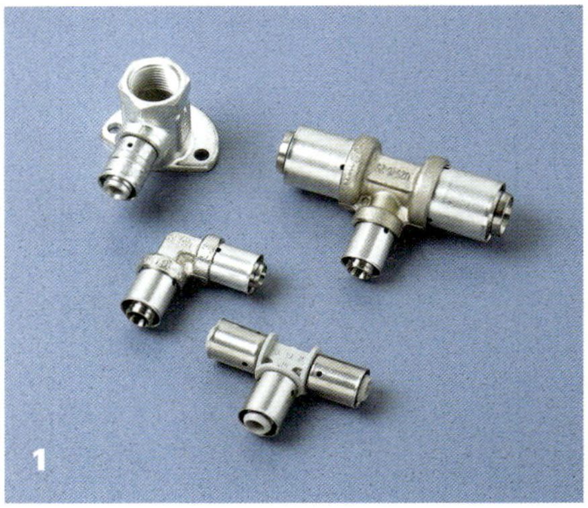

**1** Verschiedene Fittings für Kunststoffrohre: links zwei 90-Grad-Winkel, oben mit Montageplatte und Schraubanschluss, rechts ein T-Stück (Messing beschichtet) mit Anschlüssen für verschiedene Durchmesser, unten ein T-Stück aus Kunststoff.

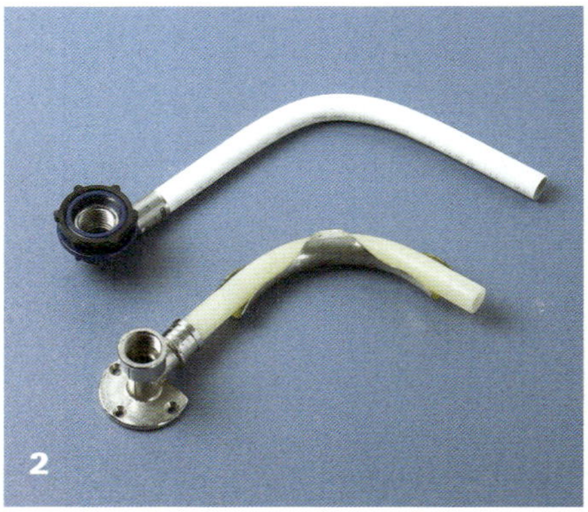

**2** Zwei Rohre mit Wandanschlüssen (zum Beispiel für Eckventile): oben Mehrschichtverbundrohr mit frei fixierbarem 90-Grad-Bogen, unten einfaches Kunststoffrohr (der 90-Grad-Bogen muss mit einer Schablone zwangsgeführt werden).

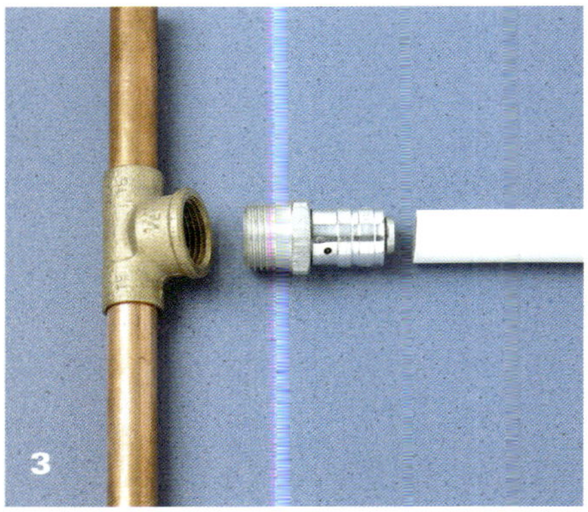

3

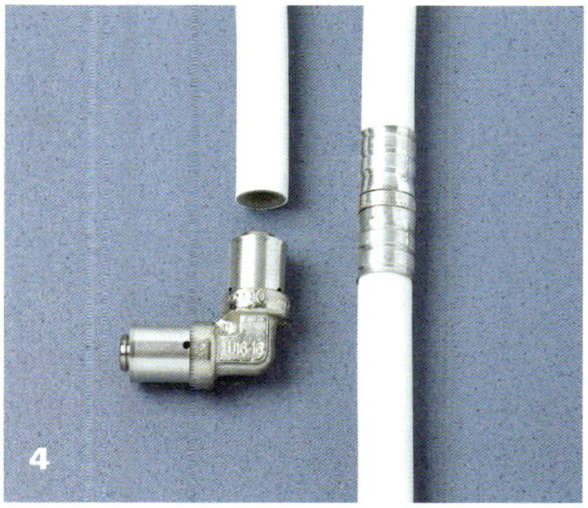

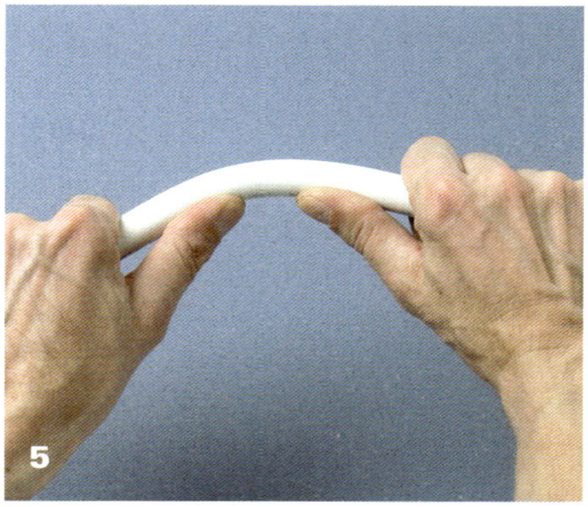

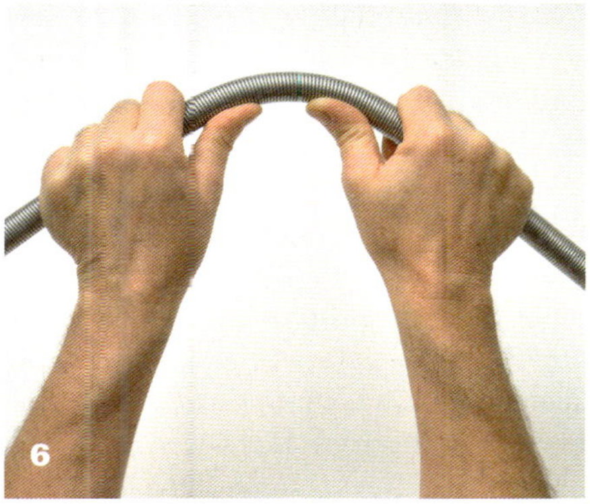

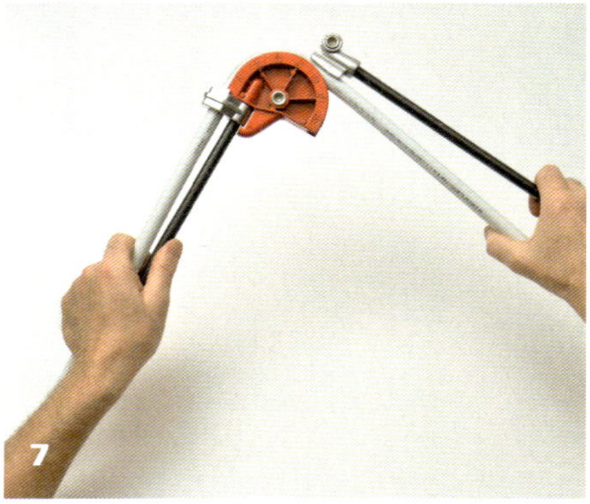

**3** Die Verbindung mit einer Kupferrohrleitung: T-Stück mit Innengewinde, Fitting mit Außengewinde und Anschluss an Mehrschichtverbundrohr.

**4** Links ein 90-Grad-Winkel für Mehrschichtverbundrohre und rechts eine Rohrverlängerung.

**5** Große Radien kann man per Hand biegen, wobei man die Daumen als Stütze benutzt. Ein Knicken des Rohres oder eine Querschnittsverminderung ist dabei unbedingt zu vermeiden.

**6** Eine Biegespirale, die dem Rohrdurchmesser angepasst sein muss, verhindert, dass sich der Rohrquerschnitt beim Biegen verändert.

**7** Zum kontrollierten Biegen enger Radien ist eine Biegevorrichtung unerlässlich. Auch sie muss dem Rohrdurchmesser entsprechen.

## VERBINDUNG DURCH VERSCHRAUBEN

Die Fittings sind so aufgebaut, dass beim Verschrauben mit einem Rohr die im Fitting sitzenden Dichtringe für eine absolut dichte Verbindung zwischen der Stützhülse und der inneren Rohrwand sorgen. Auch die Kombination verschiedener Verschraubungen ist möglich; so entstehen beispielsweise Durchmesserreduzierungen.

## VERBINDUNG DURCH VERPRESSEN

Pressfittings bestehen aus beschichtetem Messing oder Kunststoff. Die Presshülse aus Aluminium ist fest mit dem Fittingkörper verbunden. Die innen liegenden Dichtringe sind so vor mechanischen Einwirkungen geschützt. Bei der Montage ist es möglich, durch ein integriertes Sichtfenster zu kontrollieren, ob das Rohr richtig eingesteckt ist. Zum Verpressen großer Durchmesser setzt man Akku-Pressmaschinen ein. Für Durchmesser zwischen 14 und 20 Millimeter wird ein Handpresswerkzeug benutzt.

### TIPP: IMMER ENTGRATEN

Zum Ablängen der Rohre benutzt man idealerweise einen Rohrabschneider. Die Alternative ist eine Bügelsäge mit Metallblatt. In beiden Fällen ist ein sehr sorgfältiges Entgraten der Schnittfläche erforderlich, sowohl außen als auch – und vor allem – innen. Sonst sind Ablagerungen und damit langfristig Querschnittsverengungen (bis zur Verstopfung) möglich.

# ROHRVERSTOPFUNG BEHEBEN

**Sie brauchen** für das Beheben von Rohrverstopfungen:

- *Evtl. Nass-Trocken-Sauger*
- *Saugglocke („Pümpel")*
- *Reinigungsspirale*
- *Wasserpumpenzange mit Backenschutz*
- *Eimer*
- *Lappen/Fensterleder*
- *Evtl. Haushaltshandschuhe*

Wenn Wasser in Wasch- oder Spülbecken nicht mehr abfließt, haben sich meist Fett- und Seifenablagerungen gebildet, die – vermischt mit Haaren und Textilfasern – den Geruchsverschluss des Siphons blockieren. In den meisten Fällen ist mit wenigen Handgriffen Abhilfe geschaffen, und das Wasser fließt wieder problemlos ab.

**1** Ein Nass-Trocken-Sauger zieht das Wasser aus dem verstopften Waschbecken.

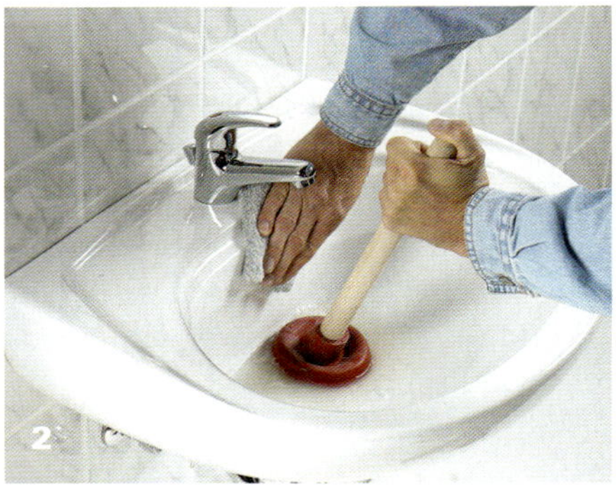

**2** Die Saugglocke löst die Verstopfung in den meisten Fällen innerhalb von Sekunden. Kräftige Pumpbewegungen erzeugen einen Wechsel von Über- und Unterdruck.

**3** Chemische Abflussreiniger sollten stets die letzte der Möglichkeiten sein.

## EXZENTERSTOPFEN ENTFERNEN

Um das im Becken stehende Wasser zu entfernen, wird – falls vorhanden – ein Nass-Trocken-Sauger eingesetzt oder aber das Becken wird ausgeschöpft. Hat das Becken einen Exzenterverschluss, der meist mit einem Griff an der Rückseite der Armatur bedient wird, muss dieser herausgenommen werden. Schmutz und Haare, die sich an der Exzenterstange festgesetzt haben, müssen vor dem Wiedereinsetzen entfernt werden.

## EINSATZ DER SAUGGLOCKE

Meist lassen sich Verstopfungen mit einer Gummisaugglocke, volkstümlich auch Pümpel genannt, entfernen. Man lässt so viel Wasser in das Becken ein, bis etwa der obere Rand der Saugglocke bedeckt ist. Dann die Überlauföffnung des Beckens mit einem feuchten Tuch abdichten. Durch stoßweises Pumpen mit der Saugglocke lösen sich in der Regel die Ablagerungen im Siphon und werden ins Abwasserrohr weggespült. Heißes Wasser kann das Auflösen des Pfropfens unterstützen.

## ABFLUSSREINIGER NUR IM NOTFALL EINSETZEN

Erweisen sich die Verschmutzungen des Siphons als hartnäckiger, muss man sie mechanisch entfernen oder chemisch auflösen. Chemische Abflussreiniger sind jedoch aggressiv und können die Umwelt belasten. Deshalb sollte man sie nach Möglichkeit ganz vermeiden beziehungsweise nur solche Produkte verwenden, die biologisch abbaubar sind. Die empfohlene Dosierung darf keinesfalls überschritten werden, um die Chemiebelastung des Abwassers möglichst gering zu halten und Klumpenbildung sowie steinharte Ablagerungen zu vermeiden. Nach der vorgegebenen Einwirkzeit fließt das Wasser meist problemlos wieder ab. Wenn nicht, kann man mit der Saugglocke nochmals nachhelfen.

## DEN SIPHON SÄUBERN

Vor allem, wenn in den Abfluss gelangte Haare die Verstopfung verursachen, ist es oft unumgänglich, den Siphon aufzuschrauben und zu reinigen. Besonders leicht verstopfen sogenannte Flaschensiphons, bei denen ein senkrecht nach unten weisendes totes Rohrende gelöst werden muss. Die meisten Abflüsse sind heute deshalb mit Röhrensiphons ausgestattet. Hier muss man zwei Verschraubungen lösen und dann das U-förmige Bogenstück herausnehmen. Ein untergestellter Eimer oder eine Schüssel sorgt dafür, dass der Boden nicht verschmutzt. Die Rändelmuttern des Siphons lassen sich meist von Hand lösen. Bei älteren Rohren kann aber auch der Einsatz einer Wasserpumpen- oder einer Rohrzange erforderlich sein. Ist der Siphon gelöst, wird er mit einem biegsamen Flaschenreiniger oder auch mit stabilem Draht sorgfältig gereinigt und in umgekehrter Reihenfolge wieder zusammengesetzt.

## EINSATZ DER SPIRALE

Liegt die Ursache der Verstopfung im Abflussrohr hinter dem Siphon, schiebt man eine Reinigungsspirale so weit es geht in das Rohr hinein und dreht den Endgriff im Uhrzeigersinn, während ein Helfer die Spirale vorsichtig vorschiebt. Sobald sich die Verstopfung gelockert hat, wird mit einem Wasserschlauch kräftig nachgespült, bis der Ablauf wieder frei ist.

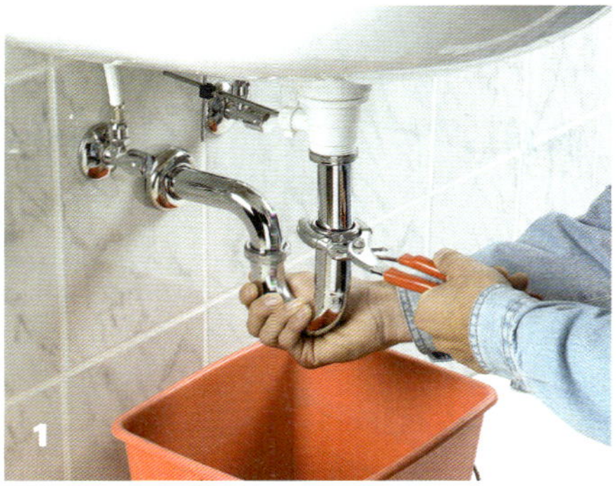

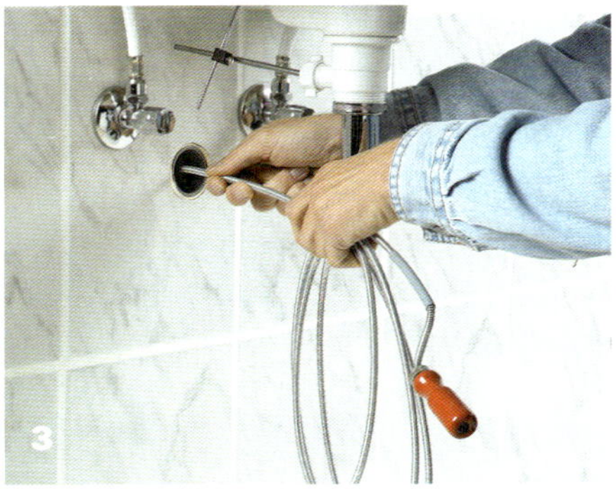


**1** Zum Lösen des Siphons benutzt man eine Wasserpumpenzange, deren Backen durch Kunststoffschläuche geschützt sind. Dann wird die verchromte Oberfläche nicht verkratzt. Bei einer normalen Rohrzange werden die Zähne beispielsweise mit einem Fensterleder entschärft.

**2** In den meisten Fällen sitzt die Verstopfung im Siphonbogen, der leicht zu reinigen ist.

**3** Liegt das Übel doch im Abflussrohr hinter dem Siphon, wird eine Reinigungsspirale benutzt.

### TIPP: GUT LÜFTEN

Beim Einsatz von chemischen Abflussreinigern entstehen zum Teil so hohe Temperaturen, dass die Gefahr von Überhitzung durch chemische Reaktionen besteht. Außerdem können sich Kunststoffteile des Siphons verformen. In der Abwasserleitung kann es zur höheren Konzentration von brennbaren Gasen kommen (eventuell sogar Explosionsgefahr). Beim Einsatz von chemischen Abflussreinigern deshalb immer gut lüften!

# ARMATUREN FÜR BAD UND KÜCHE

An den verschiedenen Zapfstellen im Haus gibt es unterschiedliche Armaturen. Der Fachmann bezeichnet jeden einzelnen Wasserhahn als Auslaufventil. Wo Warm- und Kaltwasser zur Verfügung stehen, muss man die Zulaufleitungen nicht nur öffnen und schließen, sondern das Wasser auch mischen können.

## EINBAUFORMEN

Unterschiede zwischen den einzelnen Armaturen gibt es auch in der Art der Montage: Es gibt Einbauarmaturen, Unterputzarmaturen und Wandarmaturen.

Einbauarmaturen werden direkt an Waschbecken, Spüle oder Bidet montiert. Dazu hat zum Beispiel das Waschbecken an seiner Rückseite eine kreisförmige Aussparung (Hahnloch), die die Armatur aufnimmt (Einlochbatterie).

Unterputzarmaturen sind in der Regel Badewannen- und Duscharmaturen. Sie werden so in die Wand eingebaut, dass nur Griffe und Wasserauslass aus der Wand ragen. Solche Armaturen sind leicht sauber zu halten und fügen sich harmonisch in die Wandgestaltung ein.

Wandarmaturen (Oberputzarmaturen) sind ebenfalls für die Badewanne oder Dusche gedacht, werden aber direkt auf der Wandoberfläche montiert – sie stehen also etwas weiter vor als Unterputzarmaturen. Das sieht nicht ganz so raffiniert aus, hat aber den Vorteil, dass solche Armaturen mit relativ geringem Aufwand ausgetauscht werden können.

## DER KLASSISCHE WASSERHAHN

In neueren Häusern findet man einfache Wasserhähne mit oben liegendem Drehgriff praktisch nur noch im Keller. Für den Anschluss von Schläuchen und Waschmaschinen besitzen sie meist ein Anschlussgewinde am Auslauf. Zweigriffarmaturen mit je einem Ventil für Kalt- und Warmwasser findet

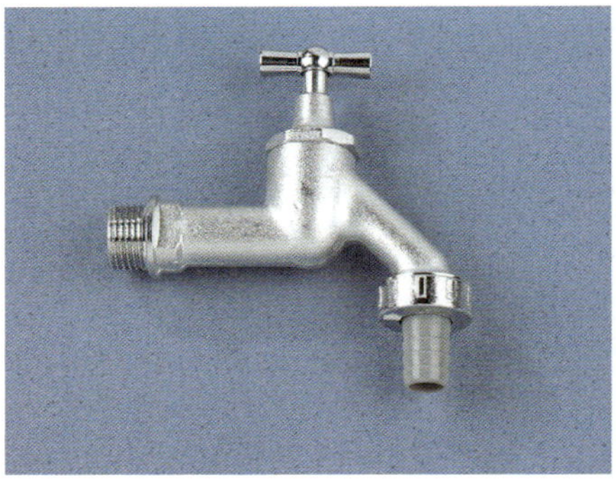

Einfacher Wasserhahn mit aufschraubbarer Anschlusstülle für Schläuche.

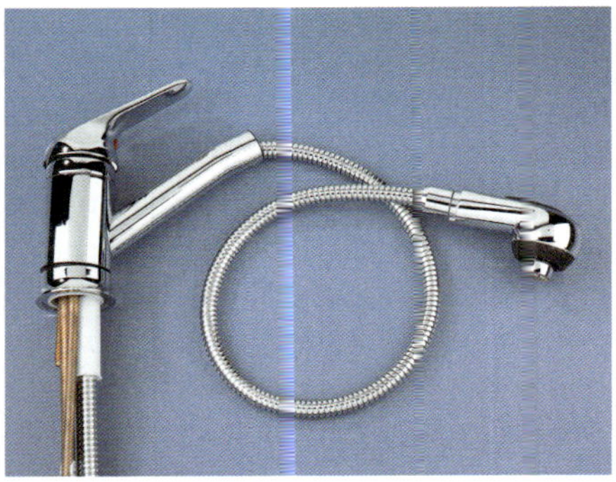

Einhebelmischer für die Küchenspüle mit herausziehbarem Brausekopf am flexiblen Spiralschlauch.

man noch bei in die Jahre gekommenen Bädern. Sie sind wenig komfortabel, muss doch die gewünschte Temperatur stets mühsam durch Regulieren beider Ventile neu gefunden werden. Das ist nicht nur lästig, sondern bedeutet auch eine erhebliche Verschwendung von wertvollem Trinkwasser und von Energie zum Aufheizen des Warmwassers. Neuerdings liegen zwar nostalgisch anmutende Zweigriffarmaturen wieder im Trend, wer sich jedoch für ein solches Produkt entscheidet, muss sich darüber im Klaren sein, dass ihr Einbau eigentlich einen technischen Rückschritt und damit auch Komfortverzicht bedeutet. Wenn ein Bad renoviert oder mit neuen Armaturen ausgestattet werden soll, fällt die Wahl heute (fast) immer auf Einhebelmischer.

## EINHEBELMISCHER

Moderne Einhebelmischer erlauben es, mit einer Hand Temperatur und Durchflussmenge zu regeln. Bei konstanter Warmwassertemperatur hat man die ideale Einstellung schnell gefunden. Die Dichtungen bestehen bei Einhebelmischern (selbstverständlich auch bei neuen Zweihebelmischern) nicht wie beim Standardwasserhahn aus Gummischeiben, sondern aus keramischen Scheiben, die eine nahezu wartungsfreie Abdichtung bieten.

## THERMOSTATBATTERIEN

Beim Duschen ist das sichere Einstellen einer gewünschten Temperatur besonders wichtig. Thermostatbatterien bieten diesen Komfort und besitzen zudem eine Heißwassersperre, mit der man verhindern kann, dass Kinder eine Wassertemperatur über 38 Grad Celsius einstellen und sich verbrühen.

Einhebelmischer verringern den Durchfluss ungenutzten Warmwassers in der Einstellphase gegenüber Zweigriffarmaturen mit zwei Ventilen.

Thermostatbatterien in der Dusche mischen die voreingestellte Temperatur unabhängig vom Wasserdruck und der Zulauftemperatur des Warmwassers.

### TIPP: JUSTIEREN

Thermostate sind meist auf einen Versorgungsdruck von 3 bar voreingestellt (kann je nach Hersteller leicht variieren). Die maximale Abgabemenge entspricht bei heutigem Standard und einer Mischtemperatur von 38 Grad Celsius für den Duschauslauf 12 Liter/Minute und 16 Liter/Minute für den Badewannenauslauf. Druck und Temperaturen können bei verschiedenen Installationen abweichen. Deshalb sollten bei der Montage des Thermostaten die **MISCHTEMPERATUR** und der **VERBRÜHUNGSSCHUTZ** kontrolliert und gegebenenfalls von einem Fachmann nachjustiert werden.

# ARMATUREN ENTKALKEN

**Sie brauchen**
für das Entkalken von Armaturen:

- *Wasserpumpenzange*
- *Kleine Bürste*
- *Essiglösungsbad*
- *Ersatzperlator*

Sanitärelemente sollten regelmäßig gewartet werden. Nur wenige Handgriffe sind erforderlich, um ihre Funktion zu sichern und die Lebensdauer zu erhöhen.

Verschmutzte Luftsprudler (Perlatoren) behindern, wie verkalkte Brauseköpfe auch, den Wasserdurchfluss. Deshalb ist es wichtig, in regelmäßigen Abständen ihren Zustand zu überprüfen. Das Wirkprinzip ist einfach: Säure löst Kalk. Damit aber die Oberflächen der behandelten Teile nicht angegriffen werden, darf diese nicht zu stark beziehungsweise zu konzentriert sein: Verkalkte Brauseköpfe und Perlatoren werden in eine Essiglösung (drei Teile warmes Wasser, ein Teil konzentrierte Essigessenz) eingelegt, die sie völlig bedecken muss. Geeignet sind auch Zitronensaftkonzentrat und handelsübliche Schnellentkalker. Die Dauer der Behandlung richtet sich nach dem Verschmutzungsgrad. Danach werden die Teile mit klarem Wasser abgespült. Eventuell ist diese Vorgang zu wiederholen. Die Reinigung des Luftsprudlers innerhalb der einzelnen Siebe ist nicht möglich. Sie bilden eine feste Einheit.

Hilft die Essigkur nicht mehr, muss der Perlator ersetzt werden. Zur Sicherheit sollte beim Kauf des Ersatzteils der alte Luftsprudler als Muster mitgenommen werden. Für fast alle Fabrikate ist der innere Einsatz auch einzeln erhältlich.

**1** Beim Herausschrauben des Perlators darf die Verchromung nicht beschädigt werden. Anstelle der Zange kann man auch einen Kunststoffschlüssel einsetzen (siehe Seite 304).

**2** Mit einer kleinen Bürste (alte Zahnbürste) werden zunächst grobe Verunreinigungen am Luftsprudler entfernt.

**3** Eine Essiglösung oder ein Kalklöser befreien den Perlator über Nacht von Kalkablagerungen. Beim Wiedereinschrauben die Dichtung nicht vergessen!

**TIPP: DURCHSPÜLEN**

Bevor ein gereinigter Luftsprudler wieder eingeschraubt wird, sollte man das Wasser kurz, aber kräftig laufen lassen. Dadurch werden eventuell im Ventil vorhandene Schmutzpartikel ausgeschwemmt und landen nicht direkt wieder im Perlator.

# ARMATUREN AUSTAUSCHEN

Lässt sich eine defekte Armatur nicht mehr reparieren oder steht der Austausch im Zuge einer Renovierung an, kann die alte Mischbatterie einfach ausgebaut und eine neue (fachgerecht) angeschlossen werden.

## AUSBAU DER ALTEN ARMATUR

Zuerst müssen die beiden Eckventile unter dem Waschbecken geschlossen werden. Dann wird die Hebestange eines eventuell vorhandenen Exzenterverschlusses gelöst. Anschließend löst man die Überwurfmuttern der Anschlussrohre an den Eckventilen. Die Mutter, mit der die Armatur an der Unterseite des Beckens fixiert wurde, ist oft schwer zugänglich. Unproblematisch ist das Lösen mit einem Standhahn-Mutternschlüssel. Ist ein solcher Spezialschlüssel nicht vorhanden, lohnt es sich eventuell, das gesamte Waschbecken abzunehmen, um die Armatur bequemer lösen und die neue leichter einbauen zu können.

## DIE NEUE ARMATUR EINSETZEN

Vor dem Einbau wird zuerst eine weiche Dichtungsscheibe über die obere Öffnung des Beckens gelegt. Dann steckt man die Armatur mit ihren Anschlussrohren (oder Flexschläuchen) durch, schiebt von unten zuerst die Dichtung und dann die metallene Scheibe über das Gewinde, dreht die Befestigungsmutter auf und fixiert so die Armatur. Dann werden die Rohre an die Eckventile angepasst, eingeschoben und verschraubt. Bei Flexschläuchen ist eine Längenanpassung weder möglich noch erforderlich.

**1** Wenn alle Anschlüsse gelöst und die Anschlussrohre gerade gebogen sind, wird die Armatur nach oben herausgezogen.

**2** Der Einbau erfolgt in umgekehrter Reihenfolge. Nicht vergessen, die obere Dichtscheibe aufzustecken. Darauf achten, dass die Armatur oben bereits gerade aufsitzt.

**Sie brauchen** für den Austausch von Armaturen:

- *Wasserpumpenzange*
- *Standhahn-Mutternschlüssel*
- *Dichtungsscheibe*
- *Schraubenschlüssel*
- *Schraubendreher*
- *Neue Armatur*

**3** Die Anschlussrohre müssen nun ohne zu knicken zu den Eckventilen hingebogen und ggf. gekürzt werden. Keinesfalls zu kurz absägen und sorgfältig entgraten. Flexible Anschlussschläuche erleichtern den Einbau erheblich.

**4** Die ebenfalls erneuerten Quetschverschraubungen sorgfältig anziehen. Danach den Sitz der Armatur überprüfen und deren Haltemutter festziehen. Nach dem Anstellen des Wassers die Dichtheit der Anschlüsse an den Eckventilen kontrollieren.

**TIPP: ANPASSEN**

Wenn es den Anschluss der Rohre erleichtert, können die Eckventile ein wenig verdreht werden, sodass sie schräg nach innen oder außen stehen.

# WASSERHAHNDICHTUNG AUSTAUSCHEN

Ein tropfender Wasserhahn nervt nicht nur – er verschwendet auch wertvolles Trinkwasser. Und wenn bei einer Zweigriffarmatur das Warmwasserventil betroffen ist, geht zusätzlich noch Energie verloren, die man zum Aufheizen des Wassers benötigt.

## DICHTUNGSWECHSEL AN EINER ZWEIGRIFFARMATUR

Wenn der Hahn tropft, obwohl man ihn fest zugedreht hat, gibt es fast immer eine undichte Stelle zwischen dem beweglichen und dem festen Teil des Ventils. Dort befindet sich eine Gummidichtung, die sogenannte Hahnscheibe. Mit den Jahren verliert dieses Verschleißteil an Elastizität, wird spröde und rissig. Es muss dann ausgetauscht werden. Dazu sperrt man zunächst die Wasserzufuhr und löst die Griffkappe. Das Oberteil des Ventils lässt sich anschließend mit Hilfe eines 19er Maulschlüssels/Gabelschlüssels herausdrehen. Die Dichtung sitzt am unteren Ende des Ventils in einer Messinghülse. Um die Dichtung zu erreichen, ist noch eine kleine Hutmutter zu lösen. Falls erforderlich, sollte man das Ventil in Kalklöser oder Essig von Kalkresten befreien, ehe man es in umgekehrter Reihenfolge wieder zusammenbaut. Die passende Dichtung gibt es in jedem Baumarkt. Um immer für solche Reparaturen gerüstet zu sein, empfiehlt es sich, eine Auswahl gängiger Dichtungen – wird als preiswertes Sortiment angeboten – auf Vorrat zu halten. Vor dem Zusammenbau sollten das Ventilgewinde und gegebenenfalls das Gewinde der Griffkappe leicht mit Hahnfett eingestrichen werden. Das schützt vor Korrosion und erleichtert ein späteres Auseinanderschrauben, falls wieder einmal die Dichtung zu wechseln ist.

Armaturengriff, Ventil und Dichtungen bei einem zerlegten Wasserhahn.

**TIPP: ABDREHEN**

Bei **VERSCHRAUBTEN GRIFFKAPPEN** dreht man den Hahn ganz auf, packt den Griff mit einer Wasserpumpenzange (Lappen dazwischen legen!) und dreht in derselben Richtung weiter. Die Kappe sollte sich jetzt lösen lassen.

## O-RING AN DER SCHWENKARMATUR TAUSCHEN

Die meisten Armaturen für die Küchenspüle besitzen einen schwenkbaren Arm. Zwei O-Ringe am Fuß des Schwenkarms sorgen dafür, dass dort kein Wasser austritt. Kalkrückstände zeigen an, dass diese Gummiringe verschlissen sind.

**Sie brauchen** für das Austauschen von Wasserhahndichtungen:

- *6er/19er Maulschlüssel/Gabelschlüssel*
- *Evtl. Wasserpumpen- oder Rohrzange*
- *Ersatzdichtungen*
- *Hahnfett*
- *Lappen*

**1** Bevor es an das Aufschrauben des Hahns geht, werden die Eckventile unter dem Waschbecken (im Uhrzeigersinn) geschlossen.

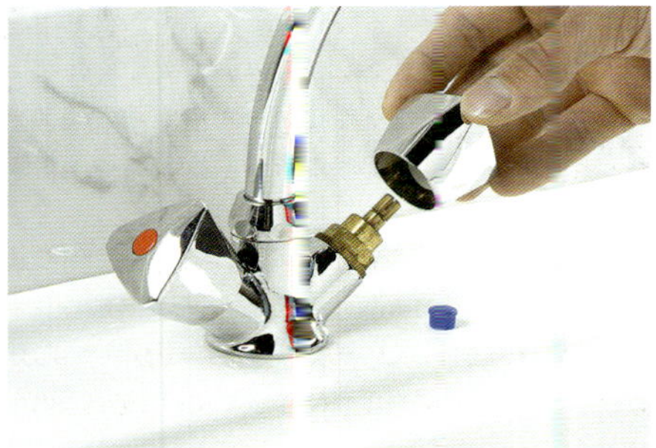

**2** Der Armaturengriff lässt sich bei den meisten Produkten einfach nach oben abziehen. Ansonsten ist die Farbkappe heraus zu nehmen und eine Schraube zu lösen.

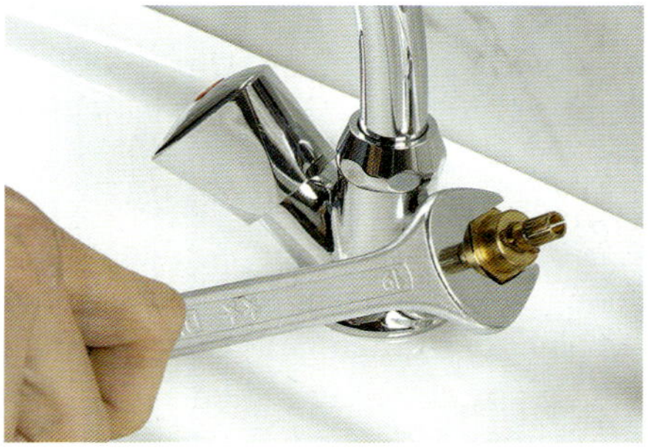

**3** Ein 19er Maulschlüssel/Gabelschlüssel löst das Ventil.

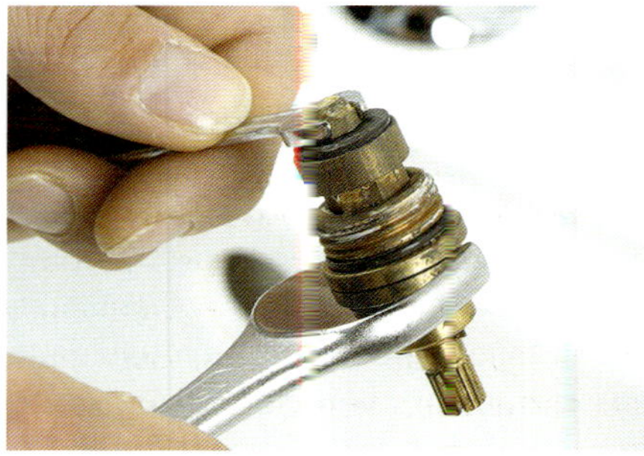

**4** Das herausgeschraubte Ventil mit dem Schlüssel halten und dann die Sicherungs-Hutmutter über der Dichtung lösen.

**5** Die Ersatzdichtung wird in die Metallhülse des Ventils eingelegt und die Hutmutter wieder aufgeschraubt.

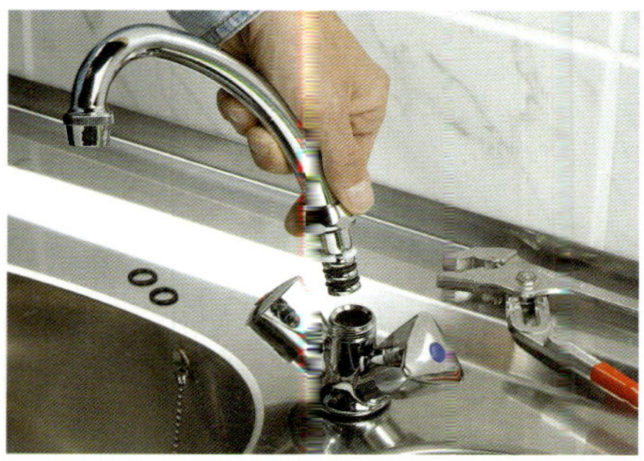

Weist die Schwenkarmatur am Fuß ständig Kalkflecken auf, sind die O-Ringe des Gelenks verschlissen. Man löst die Überwurfmutter, zieht den Schwenkarm heraus und tauscht beide Dichtungen gegen neue aus.

# KARTUSCHENWECHSEL BEI EINHEBELMISCHERN

Die Keramikscheiben, mit denen das Ventil am Einhebelmischer abgedichtet wird, können bei häufigem Gebrauch der Armatur mit der Zeit verschleißen.

Die Dichtungskartusche sitzt direkt unter dem Griff. Bei manchen Armaturen löst man einen Deckel, bei den meisten wird der ganze Griff abgenommen. Achtung: Vorher ist oft eine verdeckte Sicherungsschraube zu lösen. Hat man die Kappe mit einem schmalen Schraubendreher gelöst, liegt der Kanal zur Befestigungsschraube frei. Mit dem Schraubendreher die Schraube herausdrehen.

Nun lässt sich der Hebel abheben, und die Kartusche liegt frei. Sind auch die Halteschrauben gelöst, zieht man die Kartusche nach oben heraus. Oft sind Verschmutzungen oder Kalkablagerungen in der Kartusche Ursache für die Undichtigkeit der Armatur. Dann hilft ein Bad in Kalklöser oder Essig. Danach wird die Dichtung unter fließendem Wasser gereinigt und wieder eingebaut.

### TIPP: VERSCHLEISS

Tropft der Hahn weiterhin, liegt ein Verschleiß vor. Dann muss die Kartusche getauscht werden. Bei Billigarmaturen kann es vorkommen, dass man keinen passenden Ersatz findet. Dann bleibt nur der Austausch der ganzen Armatur (→ Seite 299).

**Sie brauchen** für den Kartuschenwechsel bei Einhebelmischern:

- *Schraubendreher*
- *Kalklöser- oder Essigbad*
- *Eventuell Ersatzkartusche*

1

2

3

4

**1** Die Sicherungsschraube des Armaturengriffs sitzt hier hinter einer Abdeckkappe, die man mit dem Schraubendreher löst.

**2** Jetzt kann die Sicherungsschraube herausgedreht werden.

**3** Die Kartusche liegt frei. Zwei Halteschrauben sind noch herauszudrehen.

**4** Nachdem die Kartusche gereinigt ist, setzt man sie in umgekehrter Reihenfolge wieder ein. Hier wurde ein kompletter Austausch des Bauteils vorgenommen.

# DURCHFLUSSBEGRENZER EINBAUEN

**Sie brauchen** für den Einbau eines Durchflussbegrenzers:

- *Serviceschlüssel*
- *Wasserpumpenzange*
- *Durchflussbegrenzer*
- *Dichtungen*

Sowohl zur Schonung der Trinkwasserreserven als auch aus finanziellen Gründen ist es sinnvoll, beim Brauchwasserverbrauch zu sparen. Sparstrahlregler und Durchfluss-Mengenbegrenzer, die man zwischen Absperr- oder Mischventil und Wasserauslauf setzt, reduzieren die Durchflussmenge um etwa die Hälfte.

Knapp 130 Liter Wasser verbraucht eine Person im Durchschnitt täglich.

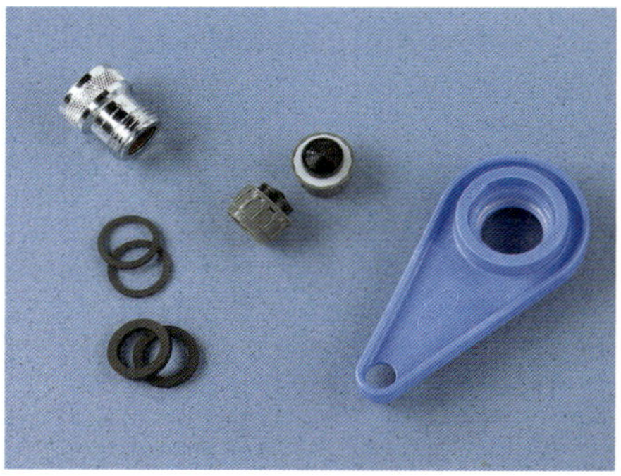

Das komplette Set: Serviceschlüssel, Wasserspareinsätze, Gehäuse und diverse Dichtungen.

Lediglich drei bis sechs Liter davon werden für die Zubereitung von Speisen oder als Trink-, Kaffee- oder Teewasser verwendet. Der Rest wird für die Körper- oder Wäschereinigung gebraucht, ein großer Teil durch die Toilette gespült. Multipliziert man das mit der Gesamtbevölkerung, so kommt man auf unglaubliche Mengen, die jeden Tag von den Wasserwerken in bester Trinkwasserqualität zur Verfügung gestellt, entsorgt und wieder aufbereitet werden müssen.

Ein Durchflussbegrenzer reduziert nicht nur die fließende Wassermenge, er gleicht auch unterschiedliche Wasserdrücke aus und sorgt so für gleiche Durchflussmengen in verschiedenen Stockwerken. Der Wasserstrahl selbst wirkt beim Wasseraustritt durch die Luftblasen relativ weich, es bleibt beim gewohnten Duschkomfort – bei nur halbem Verbrauch.

Ebenfalls um die Hälfte begrenzen Sparstrahlregler den Wasserdurchfluss. Sie sind zwar preiswerter als

**1** Der im Komplett-Set enthaltene Serviceschlüssel schließt Beschädigungen am Perlator beim Herausdrehen aus.

**2** Als Alternative ist eine Wasserpumpenzange brauchbar, deren Backen mit Kunststoffschläuchen entschärft wurden.

### TIPP: ZUVIEL DRUCK

Automatische Wasserstopps wie beispielsweise Schnellschlussventile für den Brauseschlauch oder Tipphebelventile für die Spülearmatur sind nur mit Vorbehalt einzusetzen. Meist werden die Leitungen durch die Automatik schlagartig gesperrt. Dadurch können Druckwellen im Wassernetz erzeugt werden, die die Löt- und Schraubverbindungen sowie die Armaturen und Warmwasseraufbereitungsgeräte ernsthaft beschädigen und auf Dauer sogar zerstören können.

Durchflussbegrenzer, gleichen jedoch keine Druckschwankungen aus und liefern deshalb unterschiedliche Wassermengen. Sie eignen sich somit eher für Waschtisch und Spüle, bei denen es nicht so sehr auf einen gleichmäßigen Strahl ankommt.

Die DIN 1988 schreibt vor, dass kaltes und erwärmtes Trinkwasser nur dann einen gemeinsamen Auslauf haben dürfen, wenn ein Übertritt von Wasser aus der einen in die andere Leitung durch geeignete Funktionselemente wie beispielsweise einen Rückflussverhinderer unterbunden wird. Für einen Duschstopp gilt dies ebenso wenig wie für einen Tippstopp, weil die davor sitzende Armatur auf eine bestimmte Temperatur justiert ist und ein Wasseraustausch immer stattfindet. Durchflussbegrenzer und Sparstrahlregler unterliegen zudem der Schallverordnung für Armaturen (DIN 4109).

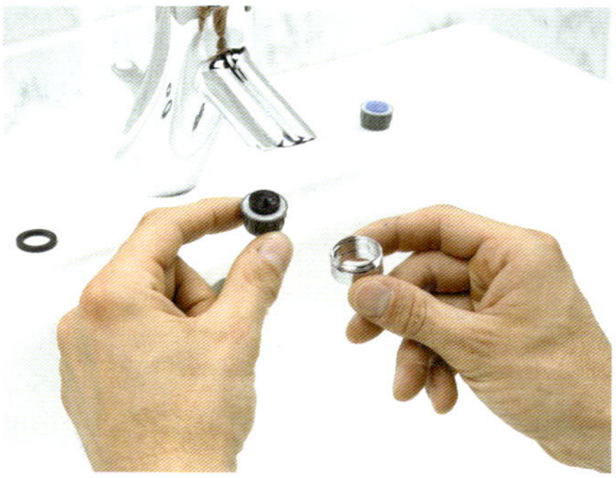

**3** Anstelle des Perlatoreinsatzes wird das Wassersparelement in den Überwurfring eingesetzt.

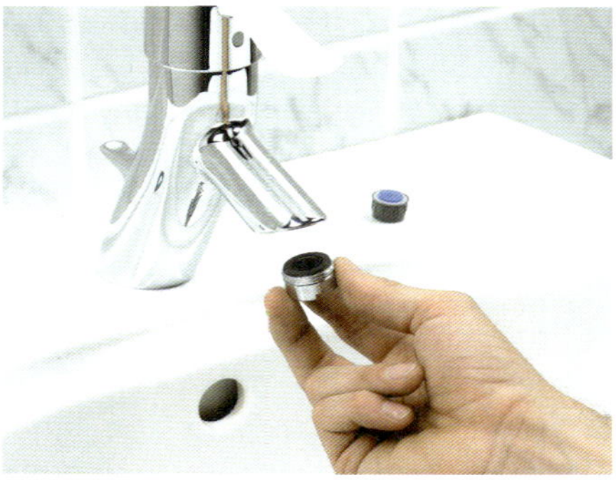

**4** Das Wassersparelement wird nun zusammen mit dem Überwurfring in die Armatur eingeschraubt.

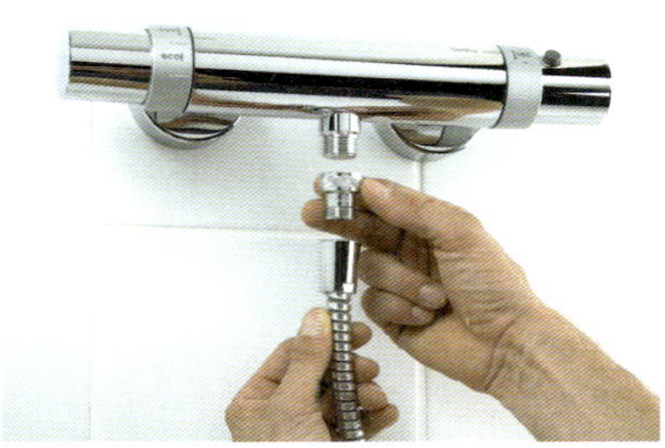

**5** Beim Duschschlauch wird der Durchflussbegrenzer zwischen Armatur und Brauseschlauch eingesetzt, nicht zwischen Schlauch und Brausekopf!

# SANITÄROBJEKTE REPARIEREN

**Sie brauchen** für das Ausbessern von Oberflächenschäden:

- *Reparaturset*
- *Fusselfreien Lappen*
- *Spezialreiniger*
- *Eventuell Rostumwandler*
- *Drahtbürste*

Ob Sanitärobjekte aus Keramik oder Acryl bestehen beziehungsweise eine emaillebeschichtete Oberfläche besitzen, auf mechanische Einwirkungen reagieren sie alle ziemlich empfindlich.

Zum Beheben von kleinen Beschädigungen an Duschtasse oder Badewanne – meist verursacht durch einen schweren Gegenstand, der aus der Hand gerutscht ist – gibt es Reparatursets mit Spachtelmasse und Lack für alle gängigen Sanitärfarben und zahlreiche Zwischentöne, die alles enthalten, was man für eine erfolgreiche Kaschierung benötigt.

Die wichtigsten Kriterien: Der Untergrund muss sauber, trocken und fettfrei sein. Ist bei einem Becken aus Metall die Emailleschicht an einer Stelle abgeplatzt, sollte Rost mit einer Drahtbürste entfernt werden. Bei starkem Befall ist die Verwendung eines Rostumwandlers empfehlenswert. Die gereinigte Fläche muss gut abtrocknen, bevor die Behandlung beginnt.

Dazu wird die benötigte Menge Spachtelmasse gut mit Härter vermischt und die Schadstelle ausgefüllt. Nach etwa einer halben Stunde wird die Stelle mit sehr feinem Sandpapier so geschliffen, dass die Übergänge zur Umgebung nicht mehr sichtbar sind. Danach den Schleifstaub sorgfältig entfernen und die Spraydose etwa drei Minuten kräftig schütteln. Die erste Schicht aus 15 bis 20 Zentimeter Entfernung ganz dünn aufsprühen. Dabei möglichst eine Verarbeitungstemperatur von 20 Grad Celsius einhalten. Den Vorgang so oft wiederholen, bis die gewünschte Deckung erreicht ist.

**TIPP: SANFTE PFLEGE**

Wichtig ist, dass die behandelte Stelle vier Tage lang nicht mit Wasser benetzt wird, damit sie vollständig aushärten kann. Scheuernde oder konzentrierte Reinigungsmittel sind auch danach ebenso zu vermeiden wie organische Lösemittel, Desinfektionsmittel und alkoholhaltige Acrylpolituren.

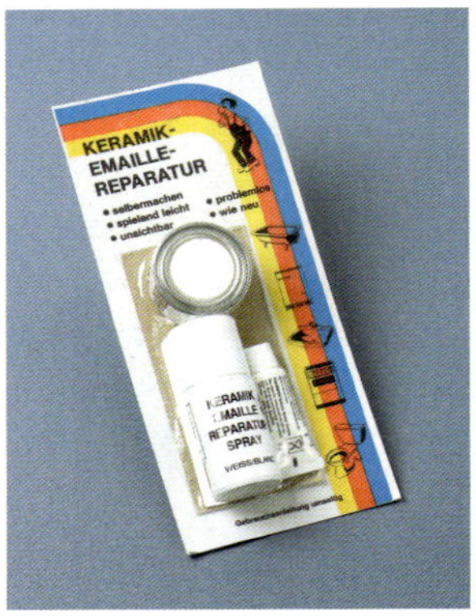


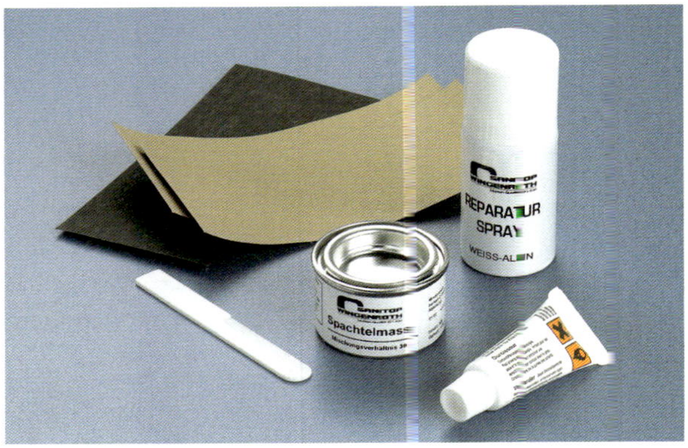


Produkte zur Beseitigung von Oberflächenschäden an Sanitärobjekten bieten viele Hersteller an. Beim Kauf ist auf die Eignung für das Einsatzgebiet zu achten: Keramik, Emaille oder Acryl.

# WASCHBECKEN AUSTAUSCHEN

Das Waschbecken ist die mit Abstand am häufigsten benutzte Sanitäreinrichtung im Haus. Sind nach Jahren Gebrauchsspuren auf der Keramik nicht mehr zu übersehen, oder ist der ursprüngliche Glanz durch häufiges Reinigen mit aggressiven Mitteln verschwunden, wird man über einen Austausch nachdenken.

## MONTAGEMASSE BEACHTEN!

Beim Kauf eines neuen Waschbeckens ergeben sich fast immer zwangsläufig neue Befestigungspunkte, denn Höhe und Abstand der entsprechenden Löcher sind leider nicht genormt. Wenn es das Raumangebot im Bad zulässt, kann ein größeres Becken gewählt werden. Der Bewegungsraum vor dem Waschbecken muss ab Vorderkante mindestens 60 Zentimeter betragen. Die Oberkante sollte nach der Montage 82 bis 86 Zentimeter über dem Boden liegen. Für Senioren wählt man eine niedrigere Höhe von 80 bis 82 Zentimeter.

Bevor es an das Montieren des neuen Beckens geht, muss zunächst das alte abgenommen werden. Dazu schließt man die beiden Eckventile unter dem Becken und löst die Überwurfmuttern der Anschlussrohre der Armatur. Ebenso wird der komplette Siphon abgenommen.

Während ein Helfer das Waschbecken festhält, löst man dann die beiden Haltemuttern an der Beckenrückwand und zieht es schließlich mitsamt Armatur von den aus der Wand ragenden Stockschrauben herunter.

Die alten Schrauben werden herausgedreht und die neuen Befestigungspunkte angerissen. Die richtige Höhe muss individuell ermittelt werden. Im Zweifelsfall hält man das Becken provisorisch in der gewünschten Höhe an die Wand und macht eine Markierung durch eines der Befestigungslöcher.

Zwischen den beiden Eckventilen wird dann in der Mitte eine senkrechte Linie angerissen. Mit Hilfe der Wasserwaage zeichnet man anschließend rechts und links davon in der vorher ermittelten Höhe die beiden Bohrlochmittelpunkte für die neuen Stockschrauben an.

### TIPP: MONTAGEHILFE

Die empfohlenen Montagehöhen für Waschbecken über der Fußboden-Oberkante wurden bereits erwähnt. Die tatsächliche **POSITION DER BOHRLÖCHER** wird wie folgt ermittelt: Die Höhe der später gewünschten Waschbecken-Oberkante minus dem Abstand zu den Befestigungslöchern des Beckens ergibt das Markierungsmaß über der Fußboden-Oberkante. Den Abstand der beiden Bohrlöcher zueinander gibt ebenfalls das neue Becken vor.
Bei der Positionierung der Bohrlochmittelpunkte ist eine Wasserwaage unverzichtbar.
Noch ein Tipp: Da Keramik oder Porzellan leicht brechen kann, ist unbedingt darauf zu achten, dass das Becken an der Wand **PLAN ANLIEGT** und die beiden Muttern gefühlvoll angezogen werden.

**Sie brauchen** für das Austauschen eines Waschbeckens:

- *19er Maulschlüssel/ Gabelschlüssel*
- *Wasserpumpenzange*
- *Zollstock/Maßband*
- *Wachsstift/Bleistift*
- *Wasserwaage*
- *Bohrmaschine mit 14-mm-Steinbohrer/ Dübel*
- *Kompl. Montagesatz für Waschbecken*
- *Sanitärsilikon*
- *Neues Waschbecken*

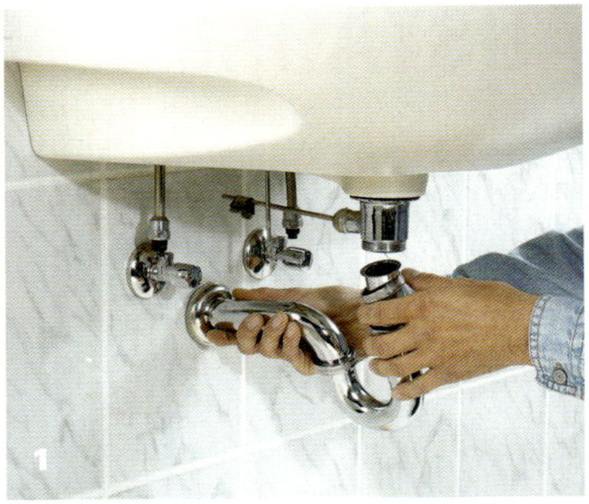

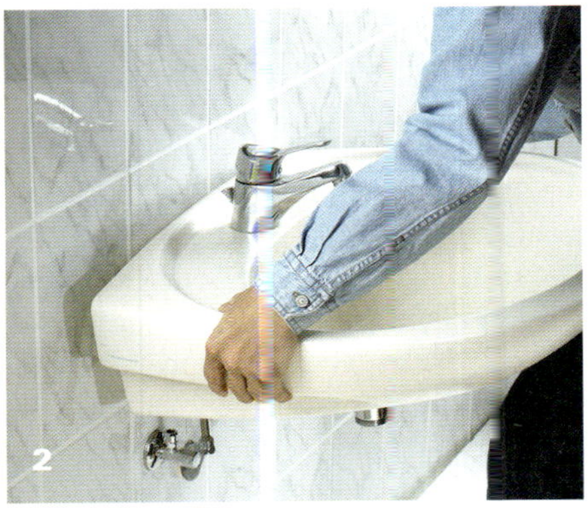

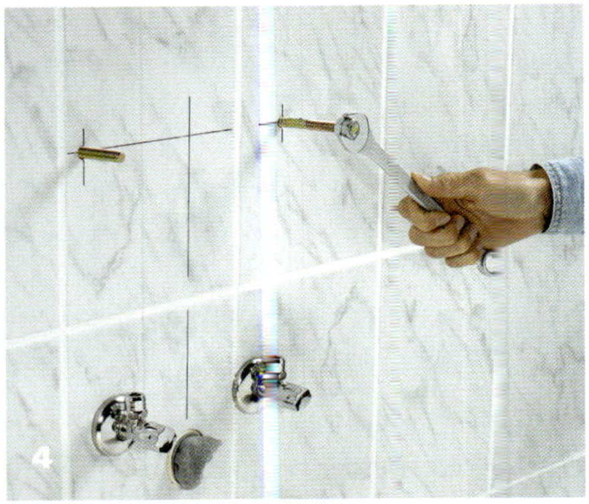

**1** Zuerst wird der Siphon des alten Waschbeckens abgenommen.

**2** Sind die Eckventile geschlossen und die Rohre der Armatur gelöst, dreht man die beiden Muttern an der Beckenunterseite (Abb. 6) herunter und kann das Becken abnehmen.

**3** Die Mittelachse zwischen den Eckventilen wird markiert, die beiden Bohrungsmittelpunkte angerissen und gebohrt.

**4** Mit ihrem Holzschraubengewinde dreht man die Stockschrauben in die Dübel ein.

## DIE MONTAGE

Am besten kauft man einen kompletten Montagesatz für ein Waschbecken, der aus Dübeln, Stockschrauben und sogenannten Bundscheiben zum Schutz der Keramikoberfläche besteht.

Die Schlagbohrmaschine wird mit einem 14-mm-Steinbohrer bestückt. Zum Anbohren der Fliesen wird das Schlagwerk zunächst ausgeschaltet. Ideal ist ein Allzweckbohrer mit angeschliffener Hartmetallspitze, der sich ohne Schlag durch die Glasur der Fliesen schneidet.

Ist die Glasur durchgebohrt, wird das Schlagwerk eingeschaltet. Die Bohrlöcher müssen mindestens 90 Millimeter tief sein. Sie werden ausgeblasen, ehe man die Dübel einsteckt.

Die Stockschrauben mit ihrem Holzschraubengewinde dann fest eindrehen. Das metrische Gewinde, das nachher die Bundscheibe und die Sechskantmutter aufnimmt, zeigt jetzt nach außen.

Es empfiehlt sich, die Armatur schon vorher in das Waschbecken einzubauen. Das ist weniger mühselig als nachher über Kopf zu arbeiten. Dann kann man auch auf Spezialwerkzeuge wie einen Standhahn-Mutternschlüssel verzichten.

Um Unebenheiten der Wand zu egalisieren und das Eindringen von Schmutz zu verhindern, wird die Beckenrückwand rundum mit einem Streifen Sanitärsilikon in passender Farbe versehen.

Während ein Helfer das Waschbecken über die beiden Stockschrauben schiebt, werden die Kunststoff-Bundscheiben aufgesteckt und die Sechskantmuttern angezogen. Danach sind nur noch die Rohre der Armatur mit den Eckventilen zu verbinden und der neue Siphon anzuschließen.

Prüfen Sie noch, ob alle Verbindungen dicht sind, bevor Sie eventuell wieder einen Unterschrank unter das Waschbecken stellen.

**5** Die Armatur ist bereits eingesetzt und fest verschraubt, bevor das neue Waschbecken auf die Stockschrauben geschoben wird (→ Seite 299).

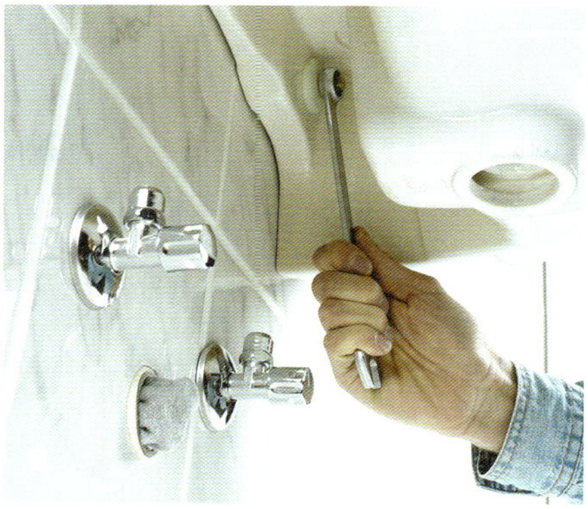

**6** Hier erkennt man die Bundscheiben aus Kunststoff, die zum Schutz der Keramik vor die Befestigungsmuttern geschoben werden. Für das Foto wurde die Armatur noch einmal herausgenommen.

**7** Jetzt die Überwurfmuttern auf die Anschlussrohre schieben, diese in die Eckventile stecken und die Muttern fest auf das Anschlussgewinde schrauben.

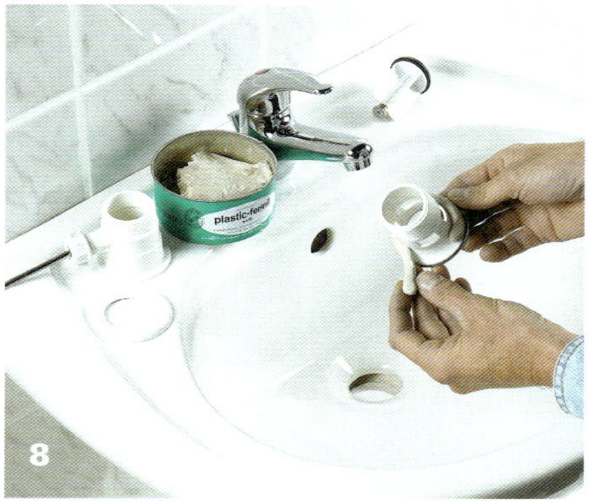

**8** Der Einlauf des Siphons muss mit Sanitärkitt – der zu einer Schnur geformt wurde – abgedichtet werden. Der Verschluss wird beim hier gezeigten Modell durch eine Exzenterstange an der Armatur betätigt.

**9** Die Armatur ist bereits angeschlossen. Das Siphonrohr wird in den Wandablauf geschoben. Zuletzt zieht man die Ringmuttern des Bogens an.

# SPÜLKASTEN REPARIEREN ODER AUSTAUSCHEN

**Sie brauchen** für das Reparieren und Austauschen von Spülkästen:

- *Dichtungsringe*
- *Wasserwaage*
- *Bohrmaschine/ Dübel*
- *Neuen Spülkasten oder nur neue Universal-Zulaufarmatur bzw. neue Dichtung*

Die heute weitgehend gebräuchlichen Tiefhängespülkästen sind Weiterentwicklungen der früher üblichen Hochhängespülkästen. In kurzer Zeit geben sie die Wassermenge frei, sodass auch bei geringer Fallhöhe eine ausreichende Spülwirkung erzielt wird. Durch eine Innenisolierung werden die Einfüllgeräusche vermindert.

## SO FUNKTIONIERT DIE SPÜLUNG

Das Prinzip, nach dem der Spülkasten gefüllt und geleert wird, ist bei allen Fabrikaten nahezu gleich. Beim Entleeren wird über einen Hebelmechanismus das Standrohr angehoben, sodass das Wasser durch die Bodenöffnung des Kastens abfließt. Das Standrohr senkt sich mit seinem Dichtungsring dann wieder in die Ablauföffnung und verschließt diese, während durch das Einlaufventil frisches Wasser nachfließt. Das Einlaufventil wird über einen Schwimmer gesteuert. Mit steigendem Wasserspiegel im Kasten hebt sich der Schwimmer und verschließt zuletzt wieder den Wasserzulauf.

## ABLAGERUNGEN UND AUSTAUSCH DER DICHTUNG

Der häufigste Defekt bei Spülkästen ist, dass ständig Wasser läuft. Dabei gehen Wassermengen verloren, die bei den heutigen Wasserpreisen erheblich zu Buche schlagen. Ganz abgesehen davon, dass man mit wertvollem Trinkwasser grundsätzlich sparsam umgehen sollte.

Ursache für die Wasserverschwendung ist entweder eine defekte Dichtung am Ablauf, oder der Schwimmer schließt das Einlaufventil nicht mehr ganz. Dass die Dichtung am Ventilteller des Standrohrs Wasser hindurch lässt, kann an Verschmutzungen oder am Verschleiß des Gummirings liegen.

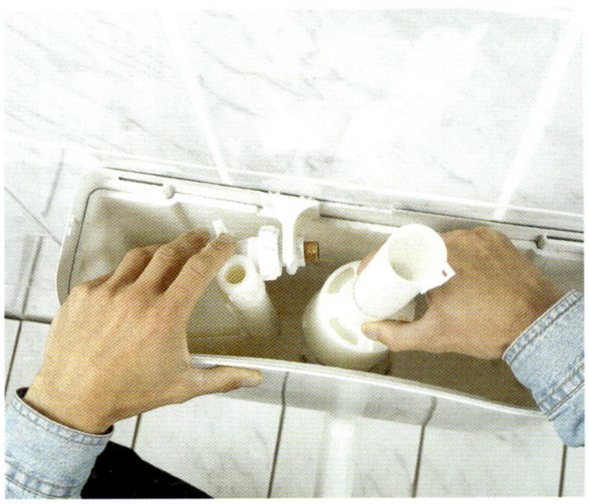

**1** Öffnet man den Deckel des Spülkastens, werden Einlaufventil und Schwimmer (im Bild links) und die Ablaufarmatur mit dem Standrohr (Mitte) sichtbar.

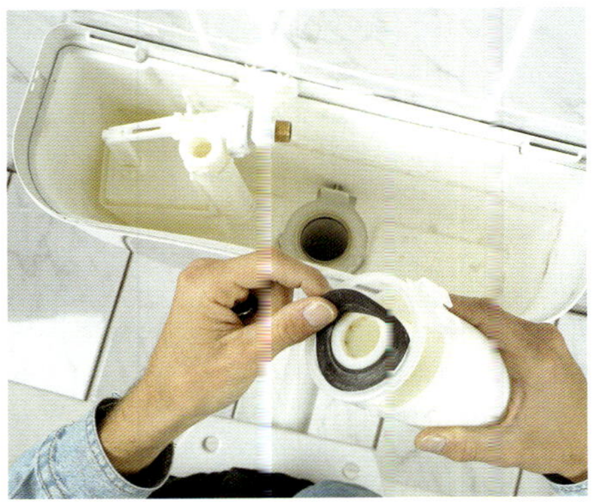

**2** Der Schwimmer wird bei Bedarf gängig gemacht oder neu eingestellt, die Dichtung am Ventilteller des Standrohrs gereinigt oder ausgetauscht.

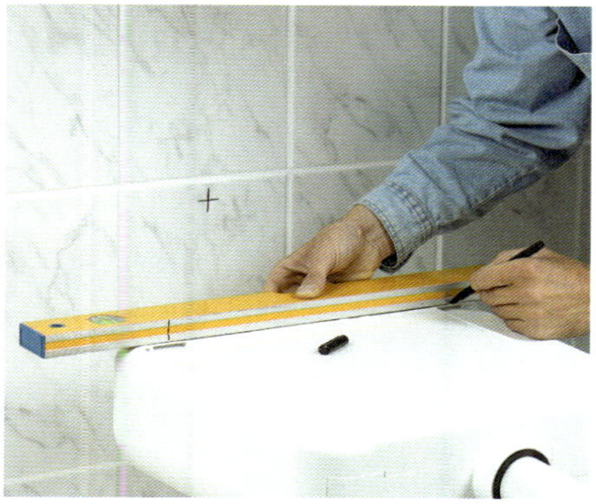

**3** Zuerst wird die Höhe der Spülkasten-Oberkante durch Anhalten ermittelt. Dann markiert man entsprechend tiefer die Positionen der Befestigungsschrauben. Ihren Abstand am besten auf der Wasserwaage markieren.

**4** So überträgt man die Markierungen an der Wasserwaage in der richtigen Höhe auf die Wand.

Man hebt nach dem Abnehmen des Deckels die Ablaufarmatur nach oben heraus und reinigt die Dichtung oder tauscht sie ganz aus.

## WENN DER SCHWIMMER KLEMMT

Schließt die Ablaufarmatur vorschriftsmäßig, und es läuft dennoch ständig Wasser ins WC-Becken, wird das Einlaufventil nicht mehr richtig geschlossen. Das über den vorgesehenen Höchststand hinaus in den Kasten strömende Wasser fließt dann in das oben offene Standrohr hinein und über das WC-Becken in den Abfluss.

Ältere Spülkästen besitzen einen Schwimmer aus Hartschaum. Der kann sich mit der Zeit voll Wasser saugen. Er steigt nicht mehr hoch genug, um das Ventil zu schließen. Manchmal klemmt der Schwimmer auch und verursacht so ein ständiges Nachfließen von Wasser.

Im einfachsten Fall verschiebt man den Schwimmer, um ihn wieder gängig zu machen, oder man verstellt das Gestänge zum Ventil.

Es gibt auch Universal-Zulaufarmaturen, die in praktisch jeden alten Spülkasten eingebaut werden können. Wenn man das Innenleben komplett austauscht, empfiehlt sich der Einbau einer Wassersparamatur, bei der sich die Menge des ablaufenden Wassers begrenzen lässt. Im Sparmodus wird beim Spülvorgang nur ein Teil des Kasteninhalts abgelassen.

## AUSTAUSCH DES SPÜLKASTENS

Ist ein alter Spülkasten sehr marode, empfiehlt sich statt einer Reparatur gleich ein Komplettaustausch. Der neue Kasten – nach Möglichkeit ein Modell mit Wasserspartaste – wird so montiert, dass das Spülrohr möglichst gerade ins WC eingeführt werden kann, weil Umlenkungen die Fallgeschwindigkeit verringern und damit die Spülwirkung verschlechtern.

Der korrekte Abstand zwischen Kastenboden und WC-Einlauf beträgt je nach Fabrikat zwischen 12 und 20 Zentimeter. Zum Anreißen der Löcher wird das Ablaufrohr montiert und in den Einlauf gesteckt. Man markiert dann die Oberkante des Kastens an der Wand und misst von dort den

**5** Man bohrt die Dübellöcher, dreht die Hakenschrauben ein und hängt den Spülkasten darüber. Anschließend wird das Spülrohr von unten mit dem Kasten verschraubt.

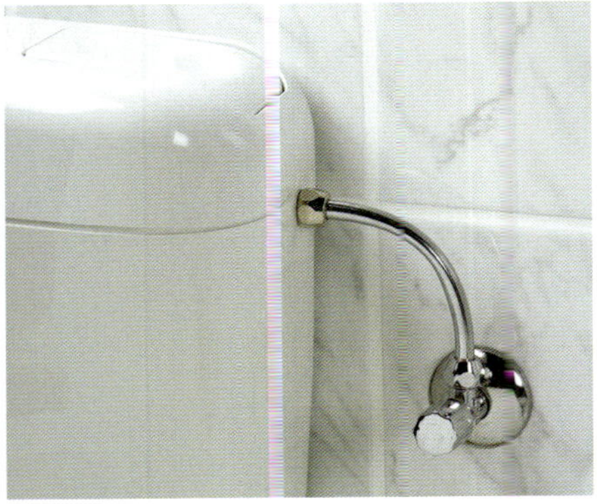

**6** Mit einem biegsamen verchromten Kupferrohr verbindet man Einlaufstutzen und Eckventil. Quetschdichtungen unter den Überwurfmuttern dichten die Verbindung ab.

Abstand zu den Befestigungslöchern nach unten. Entsprechend bohrt man die Dübellöcher für die zwei Befestigungsschrauben.

## REPARATUR EINES EINGEBAUTEN SPÜLKASTENS

Ein in die Wand eingebauter Spülkasten setzt in der Regel eine stabile Vorwand-Installation aus, die auch ein hängendes WC tragen kann.

Um Störungen zu beheben, reicht es, die eingeklipste Zierblende und die darunter liegende zweite Blende zu entfernen. Dann sind alle Funktionselemente zugänglich.

Die Wahrscheinlichkeit, dass ein integrierter Spülkasten komplett ausgetauscht werden muss, tendiert gegen Null. Sollte dies dennoch einmal der Fall sein, heißt es: WC abbauen und Wand öffnen.

**TIPP: NICHT KNICKEN**

Das verchromte Kupferrohr darf beim Biegen auf keinen Fall geknickt werden, weil das den Wasserdurchfluss erheblich behindern würde. Besonders bei engen Radien empfiehlt es sich, statt des starren Rohres einen Flexschlauch einzusetzen.

# FLIESEN UND FUGEN

Verschmutzte oder beschädigte Fliesenfugen lassen sich reinigen beziehungsweise wieder „in Form" bringen. Bei von Schimmelpilz befallenen Fugen ist der Renovierungsaufwand etwas umfangreicher.

## FLIESENFUGEN REINIGEN UND ERNEUERN

Beschädigte Fugen werden vor der Auffrischungsbehandlung repariert. Dazu benutzt man ein Werkzeug zum Auskratzen (besser als ein Schraubendreher sind mit Hartmetall bestückte Fugenkratzer). Die Fugenteile sollte man bis zum Grund – auf jeden Fall aber alle losen Partikel – entfernen. Die Fliesenränder werden sorgfältig mit einem Cutter gesäubert, um ein akkurates Fugenbild zu erzielen. Mit einem Staubsauger wird die Fuge endgültig schmutzfrei gemacht. Der neue Fugenfüller wird angerührt und mit einem Gummiwischer eingeschlemmt. Wenn er beginnt anzutrocknen, entfernt man mit einem feuchten Schwamm das überschüssige Material von den Fliesen und reibt mit einem trockenen Tuch nach.

Für das Reinigen, Auffrischen und sogar Umfärben von Fugen werden Komplettsets angeboten. Sie enthalten verschiedene Schwämme und ein Auffrischmittel, das in den gängigen Sanitärfarben erhältlich ist. Voraussetzung für eine erfolgreiche Anwendung dieser Mittel sind glasierte, nicht saugende Kacheln, (Mosaik-)Fliesen oder Glasbausteine etc. Vor der Anwendung sollten die Fugen trocken sein. Das Mittel im gewünschten Farbton wird direkt aus der Flasche mit einem weichen Schwamm auf die verschmutzten Fugen deckend aufgetragen. Nach dem Trocknen (die Fugen werden matt) wird das überschüssige Material auf den Fliesenflächen mit einem Schwamm in kreisenden Bewegungen entfernt. Das Mittel haftet nur noch in den Fugen.

**Sie brauchen** für das Reinigen und Erneuern von Fliesenfugen:

- *Auffrischungsset*
- *Alte Zahnbürste*
- *Haushaltsreiniger*
- *Auskratzwerkzeug*
- *Cutter*
- *Fugenfüller*
- *Schwamm, Lappen*

**1** Schimmelspuren in Fliesenfugen sollten vor dem Auffrischen gründlich mit Isopropylalkohol (70-prozentig), Brennspiritus oder auch Schimmelentferner behandelt werden.

**2** Nach kurzer Einwirkzeit (ist auf dem Gebinde angegeben) wird der Belag mit einem Schwamm entfernt. Dann kann mit der Auffrischungsbehandlung begonnen werden.

### TIPP: HAUSMITTEL

Bei kleineren Verschmutzungen lassen sich mit einer alten Zahnbürste und einem üblichen Haushaltsreiniger oder einer Seifenlauge gute Ergebnisse erzielen. Zum Schluss werden die Fliesen mit kaltem Wasser abgewaschen und mit einem trockenen, fusselfreien Lappen nachgewischt.

# SILIKONFUGEN ERNEUERN

**Sie brauchen** für das Erneuern von Silikonfugen:

- *Auskratzwerkzeug*
- *Auspresspistole*
- *Fugenvorstrich*
- *Glättwerkzeug*
- *Klebeband*
- *Hinterfüllschnur*
- *Schraubendreher*
- *Silikon-Dichtmasse*
- *Spüllösung*

Kaum ein Baumangel tritt so häufig auf wie falsch angelegte Dehnungsfugen in Fliesenbelägen. Vor allem die Randfugen zwischen Bodenbelag und Sockelfliesen sind betroffen.

## DEHNUNGSFUGEN WURDEN VERGESSEN ODER FALSCH ANGELEGT

Wird ein Bodenbelag aus keramischen Fliesen verklebt, müssen über allen Fugen im Trockenestrich dauerelastische Dehnungsfugen angelegt werden. Da sich die Estrichplatten durch Ausdehnung bei Erwärmung gegeneinander verschieben, darf es dort keine starren Mörtelfugen geben, da diese unweigerlich reißen würden.

Das Gleiche gilt für die umlaufende Randfuge zwischen Boden- und Sockelfliesen. Hier müssen nicht nur Ausdehnungsbewegungen des Estrichs aufgefangen werden: Jeder frische Estrich sackt in den ersten Monaten etwas ab, weil sich die darunter liegende Trittschalldämmung unter der Belastung verdichtet. Häufig macht es sich der Fliesenleger leicht, indem er die Randfuge einfach mit Fugenmörtel füllt. Risse sind dann auf jeden Fall programmiert. Zusätzlich entstehen hier Schallbrücken, die den Effekt der Trittschalldämmmung zunichte machen.

Doch selbst wenn die Fuge als Dehnungsfuge aus dauerelastischem Silikon angelegt wird, kann sie durch das Absacken des Estrichs reißen. In vielen Fällen würde die Silikonfuge ein geringes Absacken des Estrichs sogar mitmachen, wenn sie korrekt angelegt wäre: Häufig wird missachtet, dass das Silikon nur an den zwei Kanten der Fliesen beziehungsweise Kacheln, nicht aber am Untergrund – meist die Wand – haften darf. Durch die Verwendung von Fugenfüllmaterial sorgt man dafür, dass der Dichtstoff nicht am Fugengrund haftet, denn nur dann erreicht er seine optimale Dehnfähigkeit. Als Hinterfüllmaterial werden Rundschnüre unterschiedlicher Dicke aus

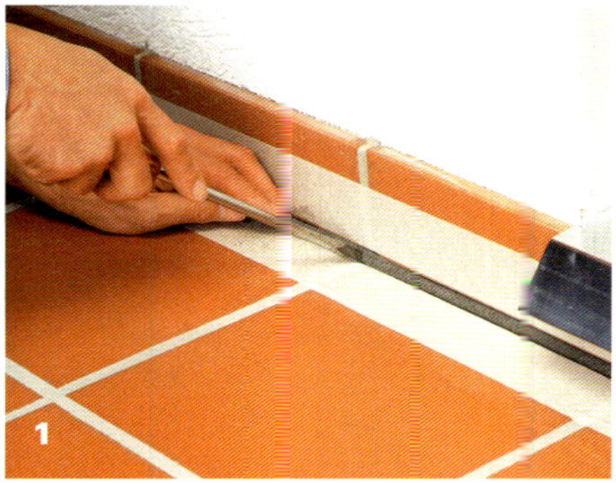

**1** Die sauber ausgekratzte Fuge wird abgeklebt und mit einem Fugenvorstrich behandelt. Dann drückt man die Hinterfüllschnur aus Schaumstoff tief in den Fugengrund ein.

**2** Die neue Dichtmasse wird aus der Kartusche gleichmäßig in die Fuge gespritzt.

**3** Das Glättwerkzeug mit Spüllösung benetzen und das überschüssige Silikon abheben.

**4** Das Klebeband entfernen und aus einer Flasche mit feiner Düse das Spülwasser aufsprühen.

**5** Zum letzten Glätten streicht man vorsichtig mit der Fingerkuppe über das noch feuchte Silikon.

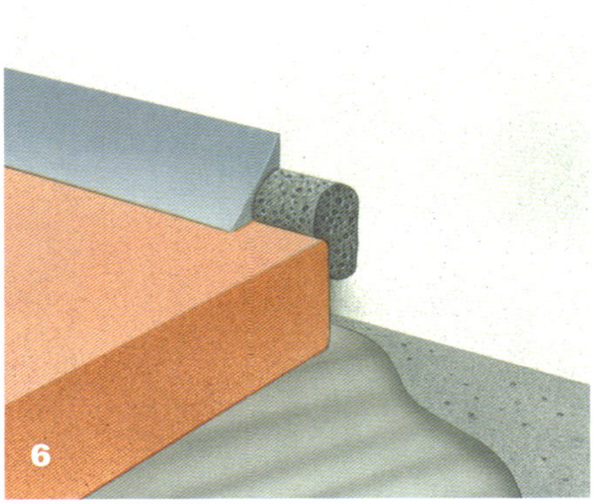

**6** Schnitt durch eine fachgerecht angelegte Randfuge (hier im Außenbereich). So erhält das Silikon seine höchste Elastizität.

**TIPP: SEIFENLÖSUNG**

Als Alternative zur Spüllösung aus der Sprühflasche kann man eine Spülmittellösung auch in einem Glasschälchen ansetzen, in das man den Finger tunkt. Beim Glätten muss man den Finger aber öfter benetzen, weil sonst das Silikon doch daran hängen bleibt.

aufgeschäumtem Kunststoff (PE) angeboten, die man komprimieren und dann zum Beispiel mit dem Schraubendreher in die Fuge eindrücken kann.

## DIE RANDFUGE NEU ANLEGEN

Wenn die Randfuge gerissen ist, muss sie umgehend repariert werden, damit keine Feuchtigkeit eindringen kann.

Bei Mörtelfugen kratzt man das Fugenmaterial so tief wie möglich heraus. Mörtel„brücken" zwischen Boden- und Sockelfliesen müssen ebenfalls so tief wie möglich herausgekratzt werden. Zwischen Boden- und Sockelfliesen darf keine Verbindung bestehen.

Eine gerissene Silikonfuge wird mit dem Cutter herausgeschnitten. Etwaige Reste lassen sich mit einem speziellen Silikonlöser entfernen.

Damit die Fliesen sauber bleiben, werden die Fugenflanken mit Kreppband abgeklebt. Um die Haftung des neuen Silikons zu verbessern, trägt man Fugenvorstrich auf.

Dann wird mit Hilfe einer Schraubendreherklinge eine passende Hinterfüllschnur tief in die Fuge eingedrückt. Dadurch vermeidet man, dass das anschließend in die Fuge gespritzte Dichtmittel Kontakt mit dem Fugengrund bekommt; es soll nur mit den Flanken der beiden Fliesenreihen in Berührung kommen. So entsteht ein relativ dünner Silikonauftrag, der nach dem Aushärten höchstmögliche Elastizität aufweist.

# IMPRÄGNIERUNG ALS FUGENSCHUTZ

**Sie brauchen**
für das Imprägnieren von Fugen:

- *Imprägnierlösung*
- *Gummiwischer*
- *Fusselfreien Lappen*

Wer bei Fliesenbelägen im Außenbereich (Balkon oder Terrasse) einmal im Jahr fachgerecht eine Imprägnierlösung aufträgt, schützt Fliesen und Fugen vor Frostschäden.

Vor allem bei in die Jahre gekommenen Außenbelägen weisen Zementmörtelfugen oft feinste Risse auf. Hier dringt Wasser ein, das sich dann bei Frost ausdehnt und mit der Zeit die Fliesen löst. Unbehandelt wird der Zementmörtel der Fugen mit der Zeit also porös. Wenn es erst einmal soweit ist, muss man die Schäden ausbessern, die Fugen also auskratzen und mit frischem Zementmörtel auffüllen.

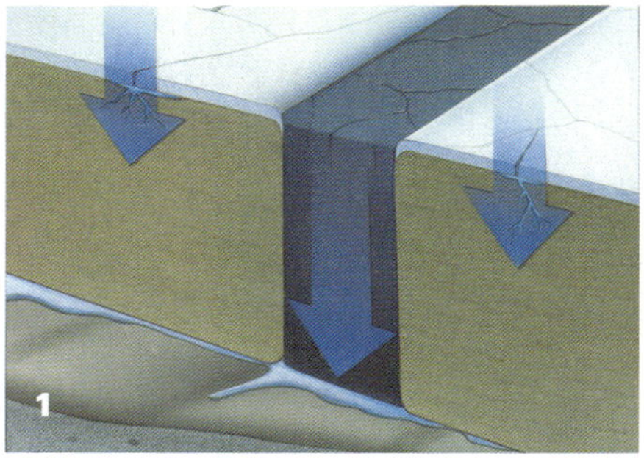

**1** Die Schnittzeichnung zeigt, wie Oberflächenwasser in gerissene Fugen oder eine poröse Fliesenglasur eindringt.

**2** Die Imprägnierlösung wird aus dem Kanister auf den sauberen Boden gegossen.

**3** Mit einem Gummiwischer verteilt man die Imprägnierung gleichmäßig.

**4** Nun das Mittel etwa fünf Minuten einwirken lassen und überschüssiges Material mit einem Lappen aufwischen.

**5** Risse bis 0,2 Millimeter Breite sind versiegelt. Das Wasser perlt ab.

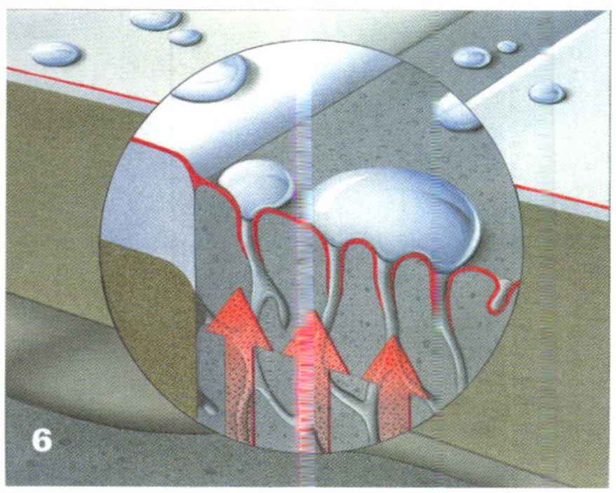

**6** Die Schnittzeichnung zeigt die Wirkung der Imprägnierung (rote Linie) im Detail. Wasser dringt nicht ein, obwohl der Belag noch „atmen“ kann.

# FLIESEN AUSTAUSCHEN

Ist eine Fliese gerissen oder beschädigt, lässt sie sich auch einzeln austauschen. Jetzt wird es belohnt, wenn Sie beim Neuverfliesen einen kleinen Vorrat an Ersatzfliesen zur Seite gelegt haben oder der Vermieter noch einen kleinen Restbestand auf Lager hat.

Achten Sie beim Einkauf des Fugenmörtels darauf, einen möglichst ähnlichen Farbton auszuwählen.

Erst wird die umlaufende Fuge um die beschädigte Fliese ausgekratzt, am besten mit einem Fugenkratzer, bevor man sie mit Hilfe eines kleinen Meißels herausschlägt und den Untergrund sorgfältig säubert.

Zum Verkleben einen flexiblen Kleber verwenden und anschließend im gleichen Farbton neu verfugen.

**Sie brauchen** für das Austauschen von Fliesen:

- *Elektroschaber*
- *Fugenkratzer*
- *Hammer, Meißel*
- *Zahnspachtel*
- *Gummiwischer*
- *Schwamm*
- *Dispersionskleber*
- *Ersatzfliese*
- *Fugenmörtel*

**1** Von der Mitte aus zu den Rändern schlägt man die alte Fliese heraus.

**2** Der Klebemörtel muss restlos entfernt werden. Bewährt hat sich dabei ein Elektroschaber.

**3** Für Reparaturarbeiten gibt es Kleber auch in extra kleinen Gebinden.

**4** Die neue Fliese in das Kleberbett drücken und auf die gleiche Höhe zur Umgebung bringen.

**5** Am nächsten Tag kann verfugt werden.

**6** Sobald der Fugenmörtel beginnt abzubinden, reinigt man die Oberfläche mit einem feuchten Schwamm.

# FLIESEN BESCHICHTEN

**Sie brauchen** für das Beschichten von Fliesen:

- *Schaumstoffrolle*
- *Schwamm, Pinsel*
- *Fliesenbeschichtung*
- *Selbstklebende Fugenstreifen*
- *Versiegelungslack*
- *Evtl. Schleifleinen*
- *Reinigungsmittel*
- *Evtl. Spachtelmasse*

**1** Zunächst werden die Fugen mit der Beschichtung versehen. Man trägt sie in waagerechten und senkrechten Streifen auf.

**2** Solange der Auftrag im Fugenbereich noch frisch ist, wird dann die gesamte Fläche mit der Schaumstoffrolle beschichtet. Dabei die Rolle senkrecht, waagerecht und auch diagonal führen, damit ein möglichst gleichmäßiger Auftrag entsteht.

**3** Wenn der zweite Auftrag der Farbbeschichtung hart ist, werden die Fugen mit selbstklebenden Fugenstreifen in der gewünschten Farbe versehen.

Bei einer Badrenovierung ist oft auch ein neuer Fliesenbelag fällig. Sind die alten Fliesen abzuschlagen, gibt es eine Menge Schmutz. Klebt man neue Fliesen direkt auf die alten, kann das zu Problemen mit Anschlüssen führen. Die Alternative: Die Fliesen mit einer Beschichtung versehen.

## EINE WIDERSTANDSFÄHIGE KUNSTSTOFFHAUT

Ein unmodern gewordenes Fliesendekor verschwindet unter einer Beschichtung, die eine ähnlich hohe Oberflächenhärte gewährleistet wie die Fliesenglasur.

Damit die im Baumarkt als Komplettsystem angebotene Beschichtung eine tragende Verbindung mit den Fliesen eingehen kann, muss der Untergrund mit einem Grundreiniger von allen Fett- und Schmutzbelägen befreit werden. (Dübel-)Löcher und Abplatzungen werden mit Universalspachtelmasse sorgfältig gefüllt und geglättet.

Neben dem hier gezeigten Weiß gibt es das Beschichtungsmaterial in allen gängigen Sanitärfarben. Alle Farbaufträge werden erst vorgenommen, wenn der vorherige gut durchgetrocknet ist.

Bei der Verarbeitung der Beschichtungen ist unbedingt für eine gute Durchlüftung zu sorgen. Es dürfen dennoch weder Insekten noch Staubflusen in den Raum gelangen, da sie auf dem frischen Belag festkleben könnten.

Um die Hände zu schützen, trägt man Gummihandschuhe. Das Beschichtungsmittel lässt sich nämlich weder mit Seife noch den üblichen Lösungsmitteln entfernen.

Anschließend kann man die Fugen mit selbstklebenden Fugenstreifen farblich absetzen. Ihre endgültige Härte erhält die Beschichtung durch das Auftragen eines transparenten Spezialacks (seidenmatt oder glänzend). Auch die transparente Versiegelung wird zweimal aufgetragen.

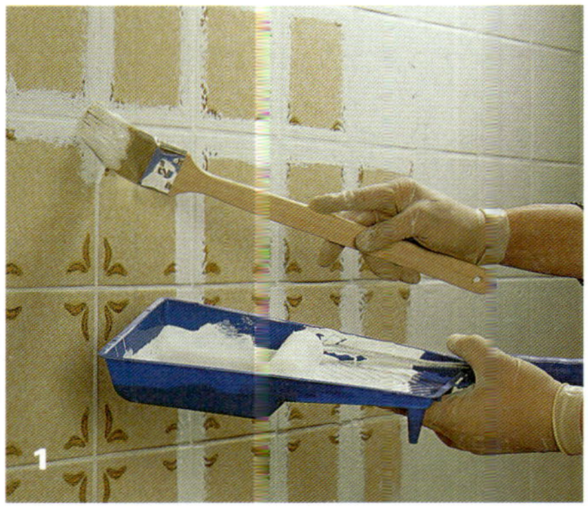

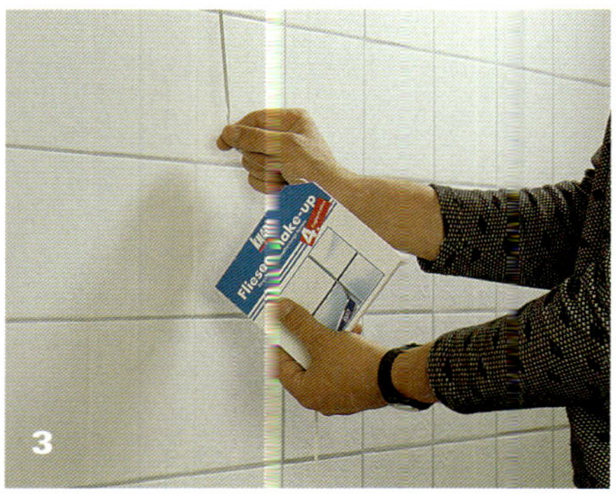

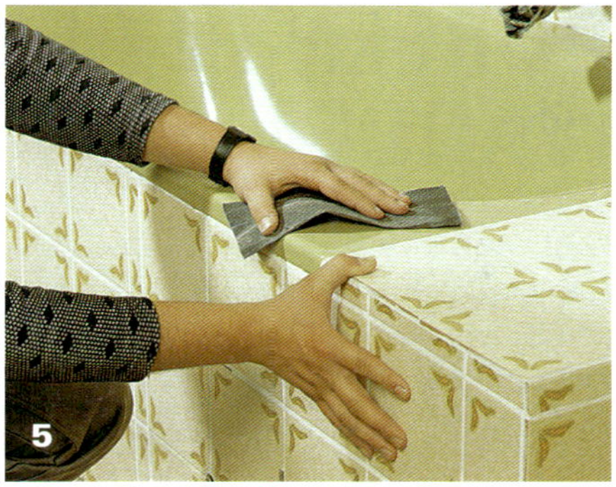


**4** Eine zweite Behandlung der Fläche mit Versiegelungslack macht sie endgültig strapazierfähig.

**5** Wanne oder Waschtisch werden zuerst mit feinem Schleifleinen angeraut. Dann erfolgt die Beschichtung wie bei Wandfliesen.

**6** Auch alte Bodenfliesen kann man beschichten. Die Oberflächenhärte der Kunststoffhaut ist der eines keramischen Belags vergleichbar.

## AUCH FÜR KERAMIK UND EMAILLE

Eine matt oder unansehnlich gewordene Keramik-Badewanne kann man bei der Fliesenbeschichtung – mit Einschränkungen – gleich mitbehandeln: Bei den größeren glatten Flächen der Badewanne können Unebenheiten im Auftrag stärker auffallen als bei einem durch Fugen stark strukturierten Fliesenbelag.

### TIPP: ANSCHLEIFEN

Für die Beschichtung von Sanitärobjekten ist eine optimale Vorbereitung der Oberfläche sehr wichtig. Beim Anschleifen darf keine Partie ausgelassen werden, weil das den gewünschten Effekt infrage stellen würde.
Außerdem muss jeglicher Schleifstaub äußerst sorgfältig entfernt werden. Dazu wird er mit einem leicht feuchten Schwamm (immer wieder ausspülen) oder Lappen abgewaschen.

**7** Das Ergebnis der Renovierung kann sich sehen lassen. Mit überschaubarem Aufwand bekam das Bad ein neues Gesicht.

# DÜBELN IN GEFLIESTEN WÄNDEN

**Sie brauchen** für das Dübeln in Fliesen:

- *Bohrmaschine*
- *Akkuschrauber*
- *Reißnadel*
- *Passende Dübel*
- *Für Spiegel: komplettes Dübelset mit Schrauben und Klammern*

Auch wenn Wandfliesen dabei beschädigt werden, lässt es sich nicht immer vermeiden, dass Dübellöcher für Spiegel und andere Bad-Accessoires gebohrt werden müssen.

## WO SINNVOLL, IN DIE FUGE BOHREN

Handtuchstangen, Spiegelschränke, Spiegel oder Ablagen benötigen eine solide Dübelbefestigung. Wohnungsmieter sind vertraglich verpflichtet, unnötige Beschädigungen der Fliesen zu vermeiden. Wo die Fugen breiter sind als die notwendigen Dübel, wird man zwischen den Platten bohren, damit bei der Umgestaltung durch Nachmieter möglichst keine Bohrlöcher ehemaliger Befestigungen zu sehen sind. Die Fugen sind oft aber nur zwei bis drei Millimeter breit, zuwenig, um einen Dübel zu setzen, ohne die Fliesenränder zu beschädigen. Lässt es sich also schon nicht vermeiden, eine Fliese in der Fläche anzubohren, sollte man den Randbereich meiden und den Befestigungspunkt möglichst nahe der Mitte wählen.

Einen Spiegel kann man heute übrigens auch mit speziellen doppelseitigen Klebebändern oder Silikonkleber auf den Fliesen befestigen.

## ZUERST DIE GLASUR DURCHBRECHEN

Das Bohrloch wird am besten mit wasserfestem Filzstift angezeichnet. Man muss beim Anbohren vermeiden, dass die Bohrerspitze auf der glatten Glasur wegrutscht. Daher empfiehlt es sich, die Glasur dort mit Hammer und Reißnadel zu „knacken". Damit ist dann ein Ansatzpunkt für den Bohrer geschaffen. Wer einen Universalbohrer mit scharf geschliffenen Hartmetallschneiden verwendet (übliche Steinbohrer haben eine fast stumpfe Spitze) kann auch damit vorsichtig die Glasur durchbrechen.

Wie bei allen Dübelbefestigungen gilt auch im Bad, dass das Bohrloch einige Millimeter tiefer als die Dübellänge sein muss. Das Bohrmehl wird ausgeblasen oder herausgesaugt, ehe der Dübel eingeschoben wird.

## DÜBELLÖCHER VERSCHWINDEN LASSEN

Nicht mehr benötigte Dübellöcher optisch akzeptabel zu verschließen, ist

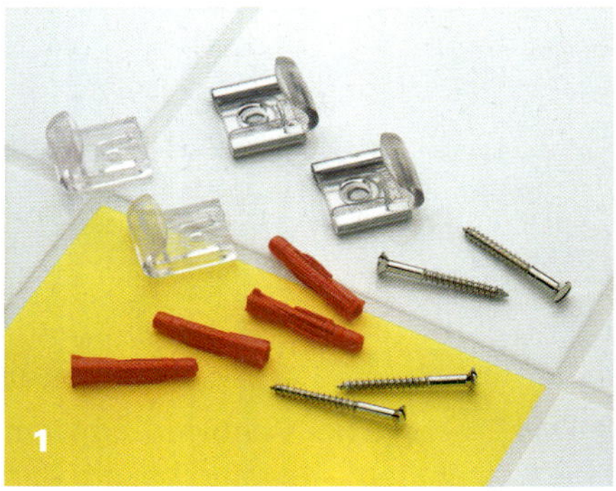

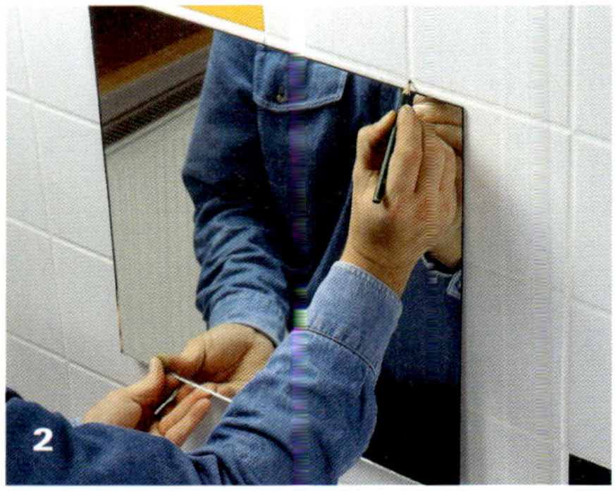

**1** Am besten verwendet man komplette Dübelsets, die auch die passenden Schrauben enthalten. Für Badezimmerspiegel werden Sets mit Klammern angeboten.

**2** Befestigungspunkte sollten möglichst in Fugen liegen. Bei den verschiebbaren Spiegelklammern ist dies kein Problem.

## TIPP: CLEVER BOHREN

Wenn bei einer Badrenovierung auch neue Gegenstände (wie zum Beispiel Handtuchhalter und Seifenspender) zu montieren sind, sollte man nach Möglichkeit die alten Bohrungen mit den Montageplatten verdecken oder – im Idealfall – die alten Bohrungen wenigstens teilweise nutzen.

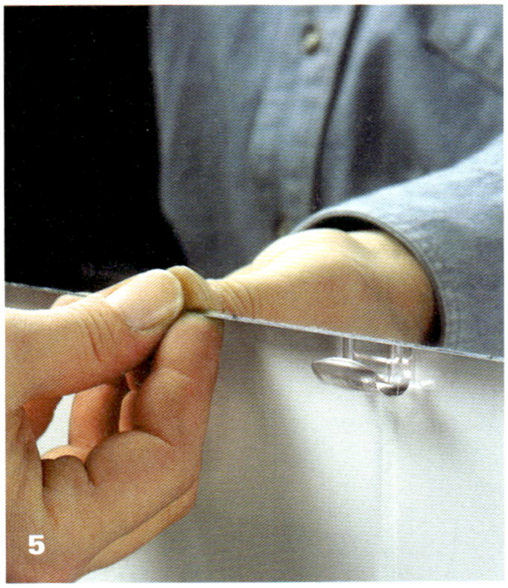


vor allem bei farbigen Fliesen ziemlich heikel, bei weißen funktioniert es einigermaßen.

Das Problem ist nicht das Füllen der Löcher, dafür gibt es passende Reparaturspachtelmassen, mit denen sich die Dübellöcher absolut oberflächenbündig auffüllen lassen, und die auch nach dem Abtrocknen bündig bleiben. Nahezu unmöglich ist es aber, die Oberflächenglasur der Fliese so nachzuempfinden, dass die Füllung „unsichtbar" wird.

Man kann dann nur durch einen Spiegel, ein Bild oder einen Regalboden die Stelle kaschieren.

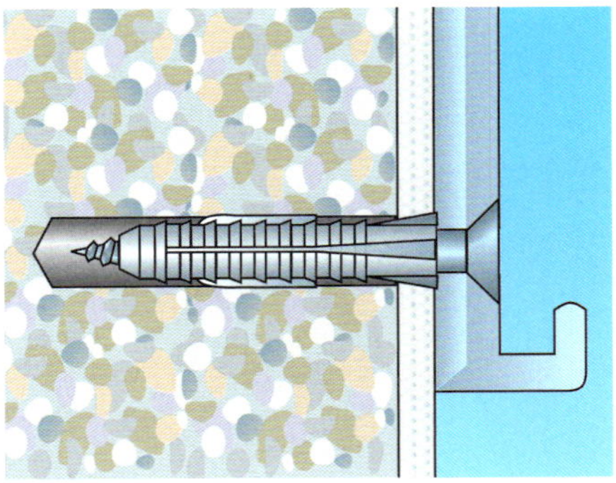

Die Spiegelbefestigung im Schnitt. Hier wurde ein Universaldübel eingesetzt, der sich allen gängigen Baustoffen anpasst.

**3** Bis Fliese und Putz durchgebohrt sind, sollte ohne Schlagwerk gearbeitet und anschließend nur dann auf Schlagbohren umgeschaltet werden, wenn die Wand aus Beton oder aus Vollmauerwerk besteht. Bei Lochziegeln, Porenbeton oder Bims kann das Schlagbohren die Steinstruktur zerschlagen, sodass ein zu großes Bohrloch entsteht.

**4** Der Dübel wird bündig zum Fliesenbelag eingeschoben. Dann die Schraube (mit Klammer) eindrehen. Den Akkuschrauber auf das niedrigste Drehmoment einstellen und für die letzten Umdrehungen besser einen Schraubendreher zu Hilfe nehmen.

**5** Der Spiegel wird zuerst auf die unteren starren Klammern gesetzt. Die oberen kann man hochziehen, den Spiegel einschieben und durch Loslassen diesen unter leichter Spannung fixieren. Alternativ werden mit dem Spiegel die oberen Federklammern hochgeschoben und der Spiegel dann auf die unteren starren abgesenkt.

# KÜCHENAUSSTATTUNG

Innenarchitekten, Designer und Normungsinstitute beschäftigen sich seit langem mit der Optimierung von Kücheneinrichtungen. Ein Ergebnis ist die Standardisierung zumindest der wichtigsten Möbelmaße, die sich auch auf die Anordnung von Arbeits- und Stellflächen auswirkt.

## WARENKUNDE

Die gebräuchlichsten Grundformen von Einbauküchen werden unterschieden nach ein- und zweizeiliger, L-, U- und G-förmiger Anordnung. Dazu kommen Insellösungen und offene Küchen.

Die einzeilige Küche ist ideal für enge, lange Räume oder für die Wand eines Einzimmer-Apartements.

Bei der zweizeiligen Küche stehen sich die Elemente in zwei parallelen Reihen gegenüber. Meist sind auf der einen Seite Spüle, Herd, Oberschränke und auf der gegenüberliegenden Seite Kühlkombination, große Arbeitsflächen sowie Ober- und Schubladenschränke angeordnet.

Gelungene Vereinigung der Hauptarbeitsbereiche in einer L-förmigen Einbauküche: Herd, Spüle und um sie herum ausreichend große Arbeitsflächen.

Beim L-förmigen Aufbau sind zwei Küchenzeilen über Eck angeordnet. Wer relativ viel Schrankraum und Arbeitsfläche benötigt, ist mit einer U-förmigen Lösung gut beraten. Dabei werden zwei parallele Zeilen an einer Stirnseite verbunden.

G-förmige Anlagen, Insellösungen (hier befindet sich das Kochzentrum in der Raummitte) und offene Küchen setzen, um richtig wirken zu können, relativ große Räume voraus.

Küchenmöbel müssen bestimmte Voraussetzungen erfüllen, um eine akzeptable Lebensdauer zu gewährleisten (statistisch gesehen hält eine Einbauküche etwa 15 Jahre): Türbänder sollten aus Metall bestehen, Schubladen müssen leicht laufen. Griffe dürfen nicht scharfkantig sein. Griffleisten haben den Nachteil, dass sich in ihnen leicht Schmutz ansammeln kann. Regal-/Einlegeböden müssen dick genug sein, um sich auch beladen nicht durchzubiegen. Die Oberflächen sollten strapazierfähig sein. Offene Borde und Regale sind preiswerter als geschlossene Schränke. Die Regale sollten nicht tiefer als 20 Zentimeter sein, um an jeder Stelle einen guten Zugriff zu haben. Nachteil ist, dass der Küchendunst eingeräumte Gegenstände schneller verschmutzt.

Die durchschnittliche Arbeitshöhe beträgt 85 Zentimeter. Wer sich eine Küche planen lässt, sollte darauf achten, dass die Arbeitshöhe den individuellen Bedürfnissen angepasst wird. Gute Unterschränke sind mit verstellbaren Sockelfüßen ausgestattet. So sind Unebenheiten im Küchenboden leicht auszugleichen.

Besonders bei schmalen Schränken sind Auszüge sinnvoll, weil so der gesamte Inhalt bequemer zu erreichen ist. Schränke mit Auszügen bieten leicht zugänglichen Stauraum. Bei der Auswahl ist wichtig, dass die Auszüge stabil und herausgezogen tragfähig genug sind, auch schwere Lasten zu halten.

Die Arbeitsplatte ist das am meisten beanspruchte Element in einer Küche. Deshalb muss sie robust, möglichst hitzebeständig, unempfindlich gegen Kratzer und pflegeleicht sein. Sie dient als Arbeitsfläche und deckt dabei gleichzeitig Geräte und Unterschränke ab.

Angeboten werden Arbeitsplatten in verschiedenen Materialien. Die gebräuchlichsten sind: Massivholz, Verbundwerkstoffe (beschichtete Spanplatte), Kunststoff, Edelstahl, Granit, Keramik und Fliesen. Massivholz ist meist mit Kunststofflack versiegelt oder gewachst. Fleckige Platten können einfach abgeschliffen und neu behandelt werden. Beschichtete Spanplatten werden mit unzähligen Dekoren angeboten. Sie sind wasserfest, pflegeleicht und relativ unempfindlich, nicht aber gegen heiße Töpfe. Ähnliches gilt für Kunststoffplatten. Edelstahlplatten sind besonders hygie-

Besonders in einer Küche mit hohen Oberschränken praktisch: eine Trittleiter als herausziehbare Sockelschublade.

Ein schmaler, von beiden Seiten zu bestückender Hochschrank für Vorräte aller Art: der Apothekerschrank. Wegen der guten Übersichtlichkeit und Zugriffsmöglichkeit werden diese Schränke zunehmend auch in Küchen eingesetzt.

Fast schon obligatorisch: die Mülltrennung. In einem Unterschrank wird ein Set mit verschiedenen Abfallsammlern untergebracht, um Abfälle zu trennen und sie so einer Wiederverwertung zuführen zu können.

In einem solchen Drahtgestell sind Topfdeckel aller gebräuchlichen Größen bequem und gut erreichbar aufgehoben.

Fast schon ein Klassiker: der ausziehbare Handtuchhalter. Mit ihm lassen sich selbst kleine Lücken in Unterschränken auf sinnvolle Art nutzen.

nisch, temperaturbeständig und pflegeleicht. Natursteinplatten (zum Beispiel aus Granit) sind zwar teuer, aber sehr strapazierfähig und relativ unempfindlich gegen Hitze, Kälte und – bedingt – in einer Küche übliche Säuren. Der Einbau sollte einem Fachmann überlassen bleiben, weil das Material ziemlich spröde ist und leicht brechen kann. Bei einer mit hitzebeständigen Keramikfliesen belegten Fläche ist zu berücksichtigen, dass sie ständig einer intensiven Reinigung bedürfen, weil sich in den Fugen leicht Schmutzreste festsetzen.

Um Ordnung in die Küche zu bringen, sind zahlreiche Hilfsmittel erhältlich. Dazu gehören Drehgestelle, Sockelschubladen, Behälter zum Mülltrennen, Geschirrkörbe, Klemmvorrichtungen und Halterungen für Besen, Schrubber und Staubsauger, ausziehbare Handtuchhalter, (herausziehbare) Drahtkörbe und -gestelle in vielen Formen und Maßen.

Eine funktionsgerechte Beleuchtung ist in einer Küche äußerst wichtig. Die zentrale Deckenbeleuchtung reicht auf keinen Fall aus. Für eine schattenfreie Ausleuchtung der Arbeitsfläche eignen sich Leuchtstoffröhren oder beliebig positionierbare Minihalogenspots, die hinter einer Blende unter den Oberschränken montiert werden.

### TIPP: ERGONOMIE

Die ergonomische Anordnung einer Küchenzeile sieht, von der rechten Wand ausgehend, zunächst eine 60 Zentimeter breite Abstellfläche, das Kochfeld, eine Arbeitsfläche, die (breitere) Spüle und erneut eine Arbeitsfläche vor. Ausgeprägte Linkshänder sollten die genannten Arbeitsbereiche in umgekehrter Reihenfolge anordnen. Gerade bei der Planung einer Küche ist es für Linkshänder wichtig, die richtige Anordnung/Reihenfolge der Arbeitsstationen zu beachten. Dazu gehört beispielsweise, wie die Türen angeschlagen sind. Die Türanschläge bei Kühl- und Gefrierschranken (ab Werk in der Regel für Rechtshänder) sind heute wechselbar.

# SPÜLE MONTIEREN

In einer Küche ist durch die vorhandenen Wasserzu- und -abläufe die Lage der Spüle in etwa vorgegeben. Der Spülen-Unterschrank ist normalerweise deshalb so positioniert, dass sich die Anschlüsse zwischen seinen Wänden befinden.

Erst nach dem Fixieren der Arbeitsplatte wird der Ausschnitt für die Spüle (und das Kochfeld) ausgesägt.

Beim Einsetzen der Spüle ist darauf zu achten, dass die umlaufende Moosgummidichtung gleichmäßig auf der Platte liegt und nicht irgendwo gequetscht ist. Als nächstes wird die Armatur angebracht.

**1** Vor dem Einsetzen der Spüle in die Arbeitsplatte wird das Überlaufrohr montiert. Bei einer bereits eingebauten Spüle wäre das wesentlich unbequemer.

**Sie brauchen** für das Montieren einer Spüle:

- *Zollstock*
- *Bohrmaschine*
- *Stichsäge*
- *Schraubendreher*
- *Schleifmittel*

### TIPP: MIT SCHABLONE

Qualitätsspülen liegen meist Montageschablonen bei. Von ihnen werden entweder alle wichtigen Maße für den Ausschnitt abgenommen oder seine Kontur direkt auf die Platte übertragen, was das Festlegen des richtigen Ausschnitts erleichtert.

**2** Das Einsetzen der Spüle in die Aussparung der Arbeitsplatte sollte sehr vorsichtig geschehen, damit die anhängenden Befestigungsklammern nicht die Plattenoberfläche verletzen. Zur Not zu zweit arbeiten.

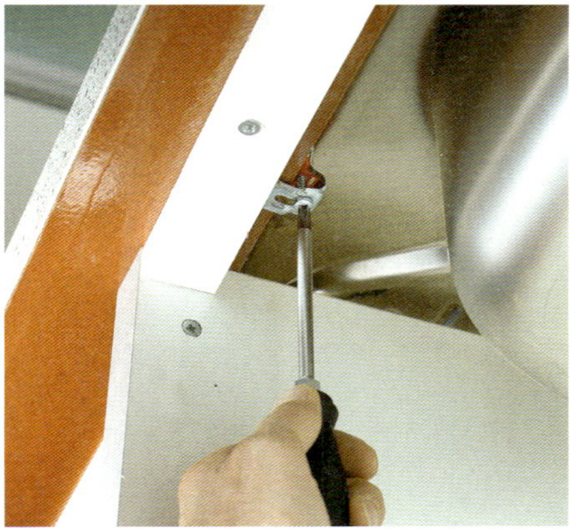

**3** Wenn der Spülenkörper richtig ausgerichtet ist, werden von unten die Schrauben der Befestigungsklammern (jeweils gegenüber liegend) angezogen.

# MISCHBATTERIE ANBRINGEN

**Sie brauchen** für Anbringen einer Mischbatterie:

- *Standhahnschlüssel*
- *Maulschlüssel/ Gabelschlüssel*
- *Evtl. Biegespirale*
- *Mischbatterie*

Bevor mit dem Anschluss der Armatur begonnen wird, ist eventuell angefallener Montageschmutz aus den Eckventilen zu entfernen. Die Batterie könnte durch die Partikel beschädigt werden.

Nach dem Durchstecken der Mischbatterie wird sie von unten, je nach Konstruktion, entweder mit einem Standhahnschlüssel (Ringmutter) oder einem Maulschlüssel/Gabelschlüssel (lange Sechskantmutter) fixiert. Dabei ist der Schwenkbereich so einzustellen, dass alle vorhandenen Becken gut erreicht werden.

Jetzt folgt das Verbinden der Armaturleitungen mit den Eckventilen. Bei starren Rohren müssen die Rohrenden so gebogen werden, dass sie genau senkrecht in die Öffnungen der Eckventile gleiten. Dann erfüllen Quetschdichtung und Überwurfmutter ihre Funktion optimal. Eine Biegespirale verhindert, dass die Rohre abknicken.

In den meisten Fällen sind die Rohre zu kürzen (Rohrabschneider oder Metallsäge). Wichtig ist das anschließende Entgraten innen und außen. Müssen Rohre verlängert werden, sind dazu passende Rohrstücke und spezielle Rohrverschraubungen erforderlich.

**TIPP: FLEXIBEL**

Armaturen mit flexiblen Schläuchen sind solchen mit starren Rohren vorzuziehen, weil sie problemloser zu montieren sind.

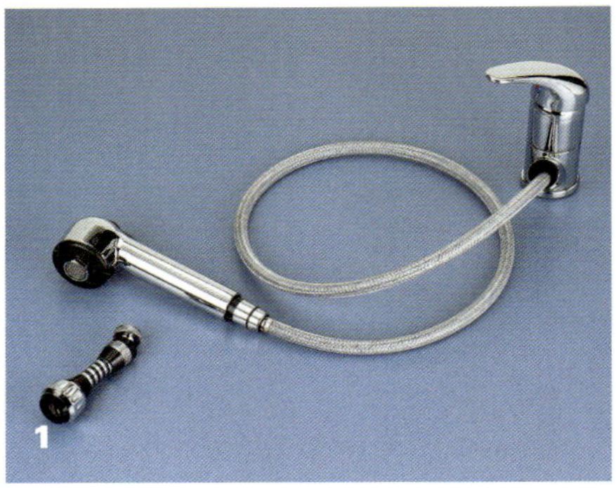

**1** Mehr Komfort: eine Armatur mit herausziehbarer Handbrause und ein schwenkbarer Luftsprudler (unten).

**2** Die Mischbatterie wird von oben durch die bereits vorhandene Öffnung gesteckt. Dabei die Dichtung nicht vergessen und nicht durch Verkanten quetschen.

**3** Mit einem Standhahnschlüssel wird die Ringmutter der Batterie befestigt. Alternative: eine lange Sechskantmutter.

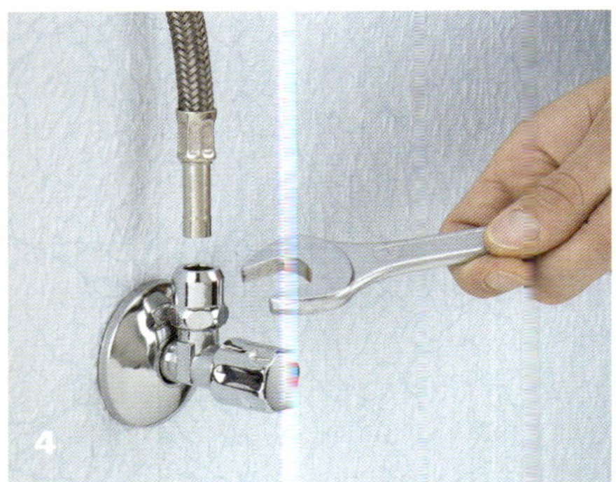

**4** Vor der Montage des Siphons werden die beiden Armaturanschlüsse (hier sind es Flexschläuche) mit den Eckventilen verbunden.

# UNTERTISCHSPEICHER MONTIEREN

Für einen elektrischen Niederdruck-Heißwasserspeicher wird eine Niederdruckarmatur mit drei Leitungsrohren benötigt. Die Armatur führt dem Niederdruckspeicher Kaltwasser zu. Eine freie Steckdose sollte nicht weit sein.

Die Armatur wird mit Standhahn- oder Maulschlüssel/Gabelschlüssel befestigt und das zum Eckventil führende Kupferrohr so gebogen, dass es genau senkrecht in die Öffnung des Eckventils gleiten kann. Dann wird die dem Gerät beiliegende Stufendrossel nach Bedarf gekürzt. Sie reduziert den Fließdruck aus dem Netz für das Niederdruck-Untertischgerät.

Die gekürzte Drossel wird in das Rohr eingesetzt, die Einzelteile der Quetschdichtung auf das Rohr geschoben und alles mit der Überwurfmutter am Eckventil verschraubt. Das Untertischgerät wird so montiert, dass die beiden restlichen Rohre der Armatur problemlos angeschlossen werden können.

## TIPPS: MONTAGE

- Bevor Sie sich an den Ausbau einer alten Armatur machen, sperren Sie die Wasserzufuhr an den Eckventilen unter der Spüle.
- Die Farbsymbolik beziehungsweise die Aufkleber auf den Rohren helfen, diese den richtigen Anschlüssen zuzuordnen.
- Das Gerät nur mit gefülltem Speicher an das Stromnetz anschließen.
- Durch einen falschen Wasseranschluss kann das Gerät beschädigt werden.
- Die Stufendrossel ist bei drucklosen Heißwasserspeichern unverzichtbar. Ist sie nicht eingebaut, kann das Gerät durch Staudruck beschädigt werden.

**Sie brauchen** für die Montage eines Untertischspeichers:

- *Zollstock*
- *Wasserwaage*
- *Bohrmaschine mit diversen Bohrern*
- *Maulschlüssel/ Gabelschlüssel*
- *Cutter*
- *Niederdruckarmatur*
- *Druckloser Untertischspeicher*

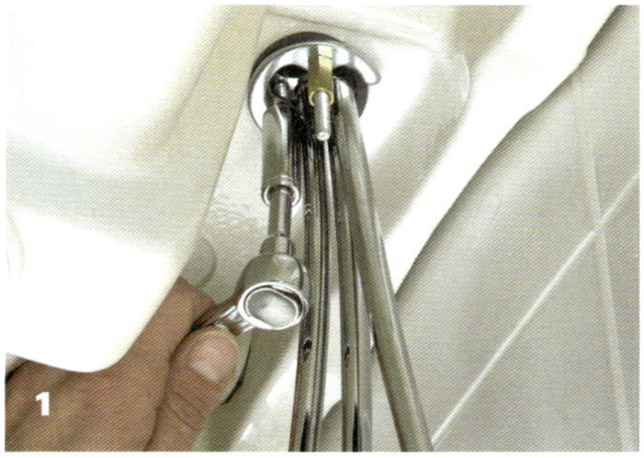

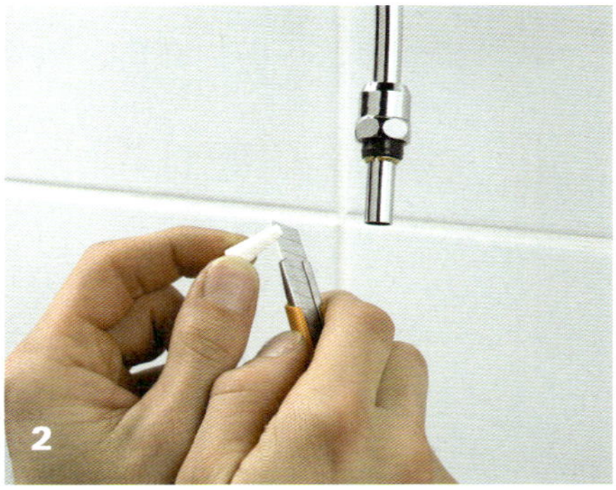

**1** Zunächst wird die Spezialarmatur für das Untertischgerät fixiert.

**2** Die Stufendrossel reduziert den Fließdruck am Verwendungsort. Sie wird nach Bedarf gekürzt.

**3** Zum Schluss werden die Rohre am Untertischgerät verschraubt.

# DUNSTABZUGSHAUBE INSTALLIEREN UND REINIGEN

**Sie brauchen** für das Installieren und Reinigen von Dunstabzugshauben:

- *Zollstock*
- *Bohrmaschine mit diversen Bohrern*
- *Fäustel, Meißel*
- *Schraubendreher*
- *Reinigungsmittel*
- *Geschirrspüler*
- *Dunstabzugshaube*

Vor allem in offenen Küchen, die in den Wohnraum integriert sind, und solchen, die nicht durch Fenster zu belüften sind, empfiehlt es sich, Dunstabzugshauben zu installieren. Das Angebot umfasst Unterbau-, Einbau-, Kamin-, Flachschirm- und Inselhauben (Essen). Achten Sie darauf, ob an der vorgesehenen Einbaustelle ein freier Stromanschluss zur Verfügung steht.

Ein Dunstabzug sollte bei möglichst geräuscharmem Lauf eine ausreichende Luftförderleistung erbringen. Zwangsläufig nehmen mit der Leistungssteigerung die Betriebsgeräusche; weniger durch die höhere Motordrehzahl, als vielmehr aufgrund der Strömungsgeräusche in der Haube. Das Volumen der Raumluft soll etwa neun- bis zwölfmal mal pro Stunde umgewälzt bzw. erneuert werden. Dies ist die Basis bei der Wahl der Luftförderleistung.

Die Mehrzahl der heute angebotenen Dunstabzugshauben sind Universalgeräte, die sich einfach zwischen Abluft- und Umluftbetrieb umstellen lassen. Bei Umluftbetrieb bleiben Ge-

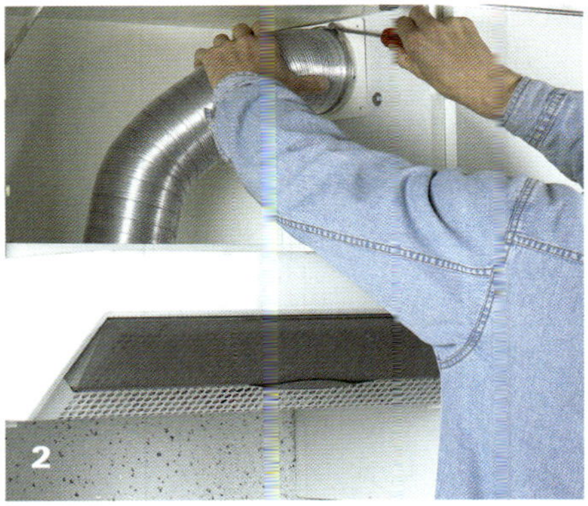

**1** Die für den Schrankeinbau konstruierte Abzugshaube wird an der Unterseite des Oberschranks befestigt.

**2** Die Verbindung zwischen Haube und Abluftkanal erfolgt mit einem flexiblen Schlauch. Befestigt wird er mit speziellen Schlauchschellen.

**3** Diese Abzugshaube aus Edelstahl ist in einem vorgegebenen Bereich höhenverstellbar.

**4** Die Verblendung wird auf den Abzugshaubenschirm aufgesetzt, über den Wandkanal gestülpt und verschraubt.

## TIPP: AUF ABSTAND

Die Höhenabstände zwischen Haube und Kochfeld differieren. Zu Elektro-Kochmulden oder Keramik-Kochfeldern sollten mindestens 50 Zentimeter, über Gaskochstellen soll grundsätzlich ein Mindestabstand von 65 Zentimetern eingehalten werden.

rüche und Fettpartikel, überschüssige Wärme und Feuchtigkeit größtenteils im Raum. Bei Umluftbetrieb sind lediglich die Fettfilter zu reinigen (Metallfilter in der Geschirrspülmaschine bei Intensivprogramm) oder auszutauschen (Vliesmatte, alle drei Monate). Der integrierte Aktivkohlefilter zur Geruchsbindung sollte etwa einmal im Jahr erneuert werden.

Im Abluftbetrieb ist die Wirkung der Abzugshauben eindeutig effektiver, da Gerüche und Feuchtigkeit mit nach draußen transportiert werden. Im Winter geht so aber auch die geheizte Raumluft verloren.

Der Abluftbetrieb setzt natürlich einen Mauerdurchbruch nach draußen voraus. Erforderlich sind dazu eine Mauerdurchführung (die von außen mit einem Lüftungsgitter verdeckt wird) und eine Flexrohrverbindung zwischen Haubenstutzen und Mauerdurchführung. Idealerweise sitzt die Abzugshaube an einer Außenwand. Falls nicht, kann ein auf den Oberschränken verlegtes Rohrsystem die Verbindung übernehmen.

Ausrüstung und Reinigung beziehungsweise Austausch der Fett bindenden Filter sind beim Abluft- und beim Umluftbetrieb identisch. Aktivkohlefilter zur Geruchsbindung sind bei Abluft nicht erforderlich.

**5** Bei Flachschirmhauben können die Bedienungselemente für Gebläse und Licht auch oben auf dem Auszug liegen. Sie verschwinden beim Einschieben, das Licht verlöscht in der eingeschobenen Endstellung automatisch.

**6** Die Flachschirmhaube ist mit zwei herausnehmbaren Filterelementen bestückt. Eines davon sitzt unbeweglich im hinteren Rahmenteil, das zweite wird beim Herausziehen mit nach vorne bewegt, sodass sich die Fläche vergrößert. Beim Einschieben gleiten beide Elemente übereinander.

5

6

# SCHRÄNKE ANBRINGEN

**Sie brauchen** für das Anbringen von Schränken:

- *Zollstock*
- *Wasserwaage*
- *Beschläge*
- *Schraubendreher*
- *Akkuschrauber*
- *Bohrmaschine*
- *Oberschränke*

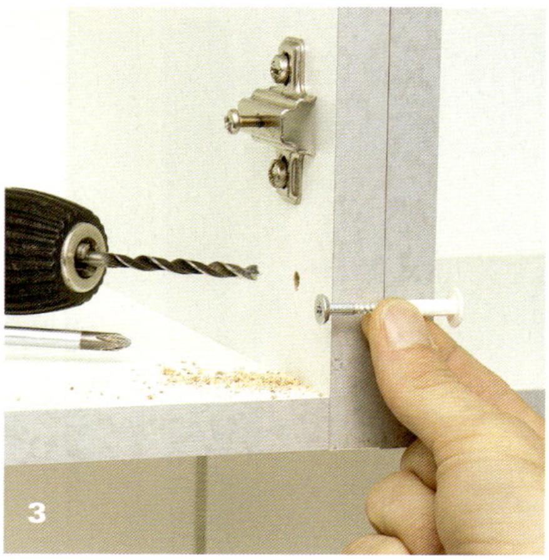


**1** Das Aufhängen mit Wandleiste setzt eine präzise Montage der Leiste voraus, da der Korpus einfach nur eingehängt wird. Eine Feinjustierung ist kaum möglich.

**2** Wesentlich geeigneter für millimetergenaues Einstellen sind solche separaten Eckbeschläge.

**3** Für die Verbindung der Korpusse untereinander dienen spezielle Verschraubungen.

Schränke, insbesondere Oberschränke, müssen sehr sorgfältig an den Wänden befestigt werden. Wenn später durch Schlampigkeit Schränke herabfallen, können sie erhebliche Sach- und Personenschäden verursachen. Dazu gehört auch die Prüfung, ob die Wand selbst tragfähig genug ist. Vorsicht bei Rigips- oder Leichtbauwänden! Hier im Zweifelsfall besser einen Fachmann beauftragen.

Um die Verwendung zu schwacher Schrauben und falscher Dübel zu verhindern, bauen renommierte Küchenmöbelhersteller ab Werk in die Oberschränke Beschlagsysteme ein. Das darauf abgestimmte Befestigungsmaterial ist den Schränken beigefügt. Die entsprechende Norm für Schrankaufhänger sieht eine Prüflast vor, die doppelt so hoch wie die angegebene Maximalbelastung (Nennlast) ist.

## TIPP: ABSTÄNDE

Fast alle renommierten Küchenmöbelhersteller bieten bei Oberschränken verschiedene Höhen an. Die Wahl der Höhe ist zum einen abhängig von der Deckenhöhe und zum anderen von der Reichweite der benutzenden Personen. Manchmal ist sie auch einfach nur Geschmackssache. Beim **ABSTAND ZUR KOCHSTELLE** sind die Wärmeentwicklung und bestimmte Sicherheitsvorschriften zu berücksichtigen. Die meisten Hersteller (vor allem von Dunstabzugshauben) legen ihren Produkten diesbezügliche Informationen bei.

# ARBEITSHÖHEN EINSTELLEN

Küchen-Unterschränke stehen auf verstellbaren Füßen und sind so vor Wasserschäden geschützt. Durch ihre Verstellbarkeit gleichen sie nahezu jede Fußbodenunebenheit aus.

Die daran angeklipsten Sockelblenden auf der Frontseite sind jederzeit abnehmbar, was das Sauberhalten erleichtert. Außerdem kann dieser Raum durch den Einbau von Sockelschubladen genutzt werden.

Zunehmend werden auch sichtbare Sockelfußsysteme eingesetzt. Im Inneren dieser Füße befindet sich ein Gewinde, mit dem Höhenunterschiede ausgeglichen werden können.

## TIPP: ARBEITSHÖHE

Die Ellbogenhöhe über Boden bei waagerecht abgewinkeltem Unterarm messen, zum Beispiel 112 Zentimeter.
Als **OPTIMALE ARBEITSHÖHE** gilt: Gemessene Höhe minus 15 Zentimeter = 97 Zentimeter.

Ergonomische Anpassungen an eine körpergerechte beziehungsweise individuelle Arbeitshöhe können auf diese Weise vorgenommen werden, allerdings nur in Grenzen.

Will man das Höhenniveau der Unterschränke für einen großen Menschen von den früher üblichen 85/86 Zentimetern deutlich anheben, muss man die Unterschränke „aufbocken", also entweder auf eine selbstgebaute Plattform stellen oder die stabilen Sockelstreifen mit Platten aus dem gleichen Material verlängern.

**Sie brauchen**
für das Einstellen von (Schrank-)Arbeitshöhen:

- *Zollstock*
- *Schraubendreher*
- *Wasserwaage*
- *Sockelfüße*

**1** Bei diesen Sockelfüßen wird die Rohraufnahme getrennt vom Standrohr am Boden des Unterschranks befestigt.

**2** Über ein Gewinde ist jeder einzelne Sockelfuß verstellbar.

**3** Besonders große Höhenanpassungen sind durch verstellbare Füße nicht mehr auszugleichen. Hier empfiehlt sich das Auffüttern durch entsprechend bemessene Sockelstreifen. Sie werden mit Hilfe stabiler Flacheisen fixiert.

# ARBEITSPLATTE ERNEUERN

**Sie brauchen** für das Erneuern einer Arbeitsplatte:

- *Zollstock*
- *Wasserwaage*
- *Schraubendreher*
- *Standhahnschlüssel*
- *Maulschlüssel/ Gabelschlüssel*
- *Bohrmaschine*
- *Stichsäge*
- *Bleistift*
- *Neue Arbeitsplatte und Umleimer*

Das mit Abstand am meisten strapazierte Element in einer Küche ist die Arbeitsplatte. Besonders bei Massivholzplatten und kunststoffbeschichteten Spanplatten können die Oberflächen durch unsachgemäßes Behandeln beschädigt werden. Ist ein solcher Schaden nicht mehr zu beheben, hilft nur noch der Austausch der Arbeitsplatte. Ein weiterer Grund ist natürlich der Wunsch nach einer neuen Optik in der Küche.

Ehe die alte Platte abgenommen werden kann, sind umfangreiche Demontagen zu erledigen. Das Entfernen der Spüle dürfte der aufwendigste Schritt sein. Hier sind zunächst sowohl die Mischbatterie (Eckventile schließen!) als auch die Ablaufgarnitur zu demontieren. Dann folgen das Lösen des Kochfelds und das Entfernen aller Wandabschlussleisten. Jetzt sind von innen noch die Verbindungen zu den Korpussen der Unterschränke zu lösen, dann kann die Platte abgenommen werden.

Das Vorbereiten einer neuen Arbeitsplatte stellt kein Problem dar, solange es sich um Holz oder Holzwerkstoffe handelt: Die Ausschnitte für das Kochfeld und die Spüle können originalgetreu übernommen und ausgesägt werden, sofern dafür nicht andere Einbauplätze vorgesehen sind. Das Aussägen passender Aussparungen bei einer Steinplatte sollten Sie besser dem Lieferanten überlassen.

## TIPP: DICHTUNGEN

Beim Herausnehmen von Spüle und Kochfeld können Sie versuchen, den umlaufenden Dichtstreifen vollständig von der Arbeitsplatte lösen, ohne ihn zu beschädigen. Dann kann er bei der neuen Platte wieder verwendet werden. Oder Sie besorgen gleich neue Dichtstreifen im Baumarkt.

**1** Die oberen drei Platten sind beschichtete Spanplatten. Darunter eine Buche-Leimholzplatte und zwei Granitplatten mit unterschiedlichen Dicken und Farbgebungen.

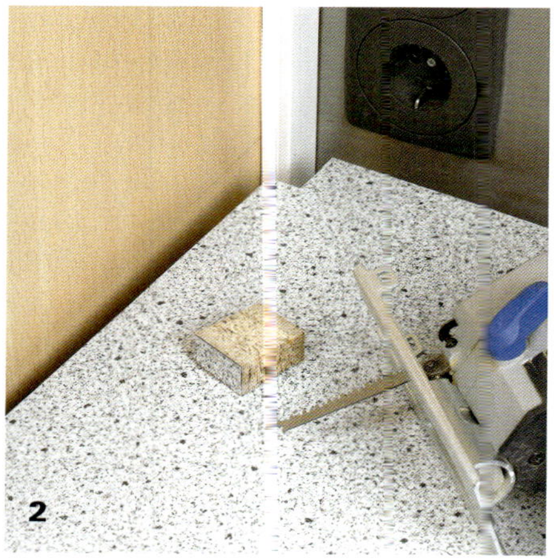

**2** Nicht immer ist das Verlegen einer Arbeitsplatte ohne Einschnitte möglich. Voraussetzung für ein sauberes Ergebnis: ein scharfes, feinzahniges Sägeblatt, geringer Vorschub und ausgeschalteter Pendelhub.

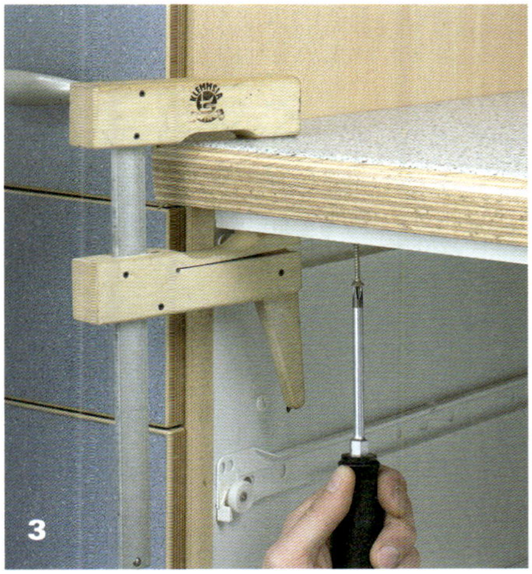

**3** Beim Verschrauben der Arbeitsplatte mit den Korpusstegen hilft eine Klemmzwinge, die Verbindung zu stabilisieren.

**4** An der offen liegenden Schnittkante der Arbeitsplatte wird ein im Dekor passender Umleimerstreifen aufgebügelt.

**5** Mit einem gut geschärften, breiten Beitel oder einem speziellen Kantenschneider wird der Umleimer-Überstand entfernt (etwas gegen die Platte geneigt) und die Kante leicht geschliffen.

**6** Nachdem die Montageleiste auf der Arbeitsplatte befestigt ist, lässt sich die Wandabschlussleiste einfach aufklipsen. Die Abschlusskappe wird auf die gleiche Weise fixiert.

# MÖBELFRONTEN ERNEUERN

**Sie brauchen**
für das Erneuern der Möbelfronten:

- *Zollstock*
- *Schraubendreher*
- *Beschläge*
- *Raster-32-Loch-schablone*
- *Neue Möbelfronten*

Der Austausch der Möbelfronten ist unproblematisch, wenn die Maße der betroffenen Elemente Normen unterliegen.

Meist ist es sogar möglich, die Türbänder weiter zu verwenden, sofern ihre Position übereinstimmt und sie noch einwandfrei funktionieren.

**1** Unansehnlich gewordene oder nicht mehr zeitgemäße Küchenfronten kann man austauschen, wenn die Korpusse noch in Ordnung sind.

### TIPP: EURO-NORM

Türbänder werden nur noch auf eine am Korpus fixierte Montageplatte aufgeklipst. Beim Austausch von Möbelfronten ist zu prüfen, ob die Montage neuer Bänder sinnvoll wäre. Sind die Positionen nicht identisch, sollten die neuen direkt mit einer sogenannten **RASTER-32-LOCH-SCHABLONE** festgelegt werden. Sie gibt Abstände sowohl für Topfbänder als auch für Einlegeböden vor. Dieses Euro-Rastermaß ist mittlerweile in allen relevanten Bereichen im Möbelbau maßgebend.

**2** Mit Hilfe dieser Raster-32-Lochschablone lassen sich die Löcher für die Fixierung der Topfbänder exakt vorbohren.

**3** Die Topfbänder erlauben das Justieren der Tür sowohl in ihrem Abstand als auch in ihrer Neigung zum Schrankkorpus.

# HEIZUNG

# WENN DIE HEIZUNG NICHT FUNKTIONIERT

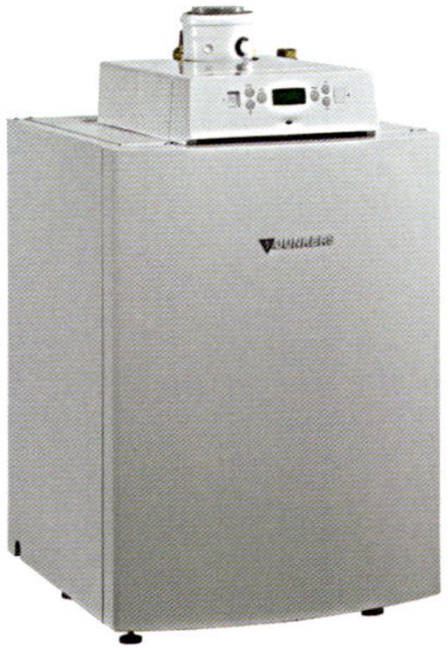

Brennwertheizungen gehen sehr sparsam mit dem Brennstoff um.

Die störungsfreie Funktion der Heizung ist eine Voraussetzung für unser Wohlbefinden – nicht nur in der kalten Jahreszeit.

Fehler an Heizungsanlagen haben meist eine der folgenden Ursachen:

1. Störungen an der Elektrik und Steuerung,
2. an der Brennstoffversorgung,
3. am Rauchabzug,
4. am Brenner, Kessel und Wasserkreislauf.

Die häufigsten Störungen treten bei Heizungsanlagen an der Elektrik und Steuerung auf. Diese Probleme können Sie oft sogar selbst beseitigen, zum Beispiel wenn eine herausgesprungene Sicherung oder ein ausgeschalteter Stromkreis die Ursache ist. Deshalb gilt es als erstes, die Spannungsversorgung der Heizungssteuerung zu prüfen und gegebenenfalls die Sicherung wieder einzuschalten.

Zu Beginn der Heizperiode kann es vorkommen, dass die Uhrzeit der Steuerung nicht mehr stimmt und die Heizung zu ungewollten Zeiten anspringt oder eben auch aus bleibt. Wie Sie die Heizungssteuerung neu einstellen, erfahren Sie ab Seite 339.

Auch ein zugedrehter Gashahn oder zu geringer Ölstand im Öltank sind typische Störungsursachen, die Sie leicht beseitigen können.

Störungen am Rauchabzug können sich je nach Brennstoffart durch Qualm oder Abgasgeruch bemerkbar machen. Mit einem Taschenspiegel, den Sie unten in die Wartungsöffnung des Schornsteins halten, können Sie überprüfen, ob der Abzug frei ist. Wenn der Abzug dicht ist, wenden Sie sich an Ihren zuständigen Bezirksschornsteinfeger/Rauchfangkehrer.

Den Wasserstand im Heizungssystem können Sie dagegen leicht selbst überprüfen, und falls sich zu wenig Wasser in der Heizungsanlage befindet, dieses wieder auffüllen.

Bei Störungen am Brenner, der Umwälzpumpe oder am Mischersystem sind Eigenleistungen nicht möglich. Hier muss der Fachmann ran.

Wandheizgeräte sind sehr kompakt und fallen auch in Wohnräumen kaum auf. Allerdings kann das Betriebsgeräusch stören.

**WAS TUN BEI HEIZUNGSSTÖRUNGEN?**

| **Fehler** | **Mögliche Ursachen** | **Fehlerbehebung** | **Seiten** |
|---|---|---|---|
| Heizung funktioniert nicht. | Heizung wird nicht mit elektrischer Spannung versorgt. | Sicherung prüfen, gegebenenfalls wieder einschalten. Wenn die Sicherung wieder abschaltet, den Service rufen. | 201 f. |
| | Heizungsnotschalter aus | Heizungsnotschalter wieder einschalten, springt der Schalter wieder heraus, Service rufen. | |
| | Heizungssteuerung ist verstellt. | Heizungssteuerung prüfen und gegebenenfalls neu einstellen, Thermostat oder Außentemperaturfühler prüfen. | 339 f. |
| | Öl-/Gaszufuhr ist abgesperrt, verstopft. | Sperrhahn zum Beispiel am Ölfilter bzw. Gasleitung öffnen, Ölfilter reinigen. | |
| | Zu wenig Heizöl im Tank | Heizöl nachtanken | |
| | Brennerstörung | Störknopf am Brenner betätigen (nur einmal!), sonst Service rufen | 341 |
| Heizung läuft, die Heizkörper bleiben aber kalt. | Umwälzpumpe sitzt fest | Legen Sie Ihre Hand auf die Umwälzpumpe (Vorsicht: heiß!), wenn die Pumpe läuft, sollten Sie Vibrationen spüren, Verschlussschraube an der Pumpe abdrehen und Pumpenrad mit einem Schraubendreher bewegen, gegebenenfalls Pumpe austauschen | |
| | Zu wenig Wasser im Heizungskreislauf | Heizungswasser auffüllen | 342 |
| Einzelne Heizkörper bleiben kalt oder werden nur teilweise warm. | Luft im Heizkörper | Heizkörper entlüften | 343 |
| | Zu wenig Wasser im Heizungskreislauf | Heizungswasser auffüllen | 342 |
| | Heizkörperventil hängt fest oder ist defekt | Mehrmals mit einem Hammer oder Schraubenschlüssel auf das Ventil (Metallteile) klopfen, Heizkörperventil auswechseln | 344 ff. |
| Heizkörper wird nur lauwarm. | Thermostatventil abgedeckt | Sorgen Sie dafür, dass das Thermostatventil frei von der Raumluft umströmt werden kann und nicht durch Gardinen oder Verkleidungen abgedeckt ist. | |
| Heizkörper ist immer heiß, lässt sich nicht regeln. | Thermostatventil sitzt fest. | Thermostatventil mehrmals betätigen, mit einem Hammer oder Schraubenschlüssel auf das Ventil (Metallteile) klopfen, Heizkörperventil auswechseln | 344 ff. |
| Heizung qualmt, es riecht nach Abgasen. | Schornstein/Rauchfang verstopft, ungenügender Zug | Schornstein/Rauchfang überprüfen, reinigen lassen, Schornsteinfeger/Rauchfangkehrer rufen | 336 |

## HEIZUNGSSYSTEME IM ÜBERBLICK

| Heizungsart | Energieträger | Ausführung | Besonderheiten | Vorteile | Nachteile |
|---|---|---|---|---|---|
| Blockheizkraftwerk | Gas, Öl, Biodiesel | Verbrennungsmotor | Erzeugt neben Wärme auch Strom | Vergütung des Stroms | Hohe Anlagenpreise |
| Elektroheizung | Strom | Heizlüfter | Nur für das Beiheizen einzelner Räume geeignet | Günstig, keine Bevorratung | Teuer im Betrieb |
| | Strom | Nachtspeicherofen | Räume/Häuser mit unregelmäßiger Nutzung (Ferienwohnungen) | Keine Bereitschaftsverluste, keine Bevorratung | Teuer im Betrieb |
| Gaskessel | Erdgas | Niedertemperatur/Brennwert | Keine Einschränkung im Bereich des Versorgungsnetzes | Günstige Anlagenpreise, keine Bevorratung | Fossiler Brennstoff, Preis unterliegt teils starken Schwankungen |
| | Flüssiggas | Niedertemperatur/Brennwert | Überall dort, wo kein Gasnetz existiert. | Günstige Anlagenpreise | Tank ober- oder unterirdisch im Garten verbaut |
| Holzkessel | Stückholz | Schwedenofen/ Kachelofen | Ausreichend Lagerplatz, Holzbearbeitung (Sägen, Spalten) notwendig | Günstige Anlagenpreise, nachwachsender Rohstoff | Höherer Wartungsbedarf, Nutzereingriff |
| | Stückholz | Niedertemperatur | Ausreichend Lagerplatz, Holzbearbeitung (Sägen, Spalten) notwendig | Günstiger Brennstoff, nachwachsender Rohstoff | Hohe Anlagenkosten mit Pufferspeicher, tägliches Befüllen von Hand, große Lagerflächen, höherer Wartungsbedarf |
| | Pellets | Niedertemperatur/Brennwert | Keine Einschränkung | Günstiger Brennstoff, nachwachsender Rohstoff | Großes Lager, höherer Wartungsbedarf |
| | Hackschnitzel | Niedertemperatur | Ausreichend Lagerplatz, Holzschredder von Vorteil | Günstiger Brennstoff, nachwachsender Rohstoff | Höherer Wartungsbedarf |
| Ölkessel | Heizöl | Niedertemperatur/Brennwert | Keine Einschränkung | Günstige Anlagenpreise | Fossiler Brennstoff, Preis unterliegt teils starken Schwankungen |
| Solarthermie | Sonnenlicht | Heizungsunterstützend | Nur in Kombination mit einem Heizkessel | Kostenlose Heizenergie für acht Monate im Jahr. Deckungsrate von 20% im Jahr möglich | Hohe Installationskosten für Pufferspeicher und Solarmodule, nur bei gut gedämmten Häusern wirtschaftlich |
| | Sonnenlicht | Brauchwassererwärmung | Nur in Kombination mit einem Heizkessel | Kostenloses Warmwasser im Sommer, Abschaltung des Kessels möglich | Mittlere Installationskosten |
| Wärmepumpe | Strom | Abwärme | Nutzt Prozesswärme in Industrie oder Landwirtschaft | Extrem effektiv, keine Bevorratung | Eingeschränkter Nutzerkreis |
| | Strom | Grundwasser | Entzieht dem Grundwasser die Wärme | Sehr effektiv, keine Bevorratung | Genehmigungsverfahren, teures Anlegen von Saug- und Schluckbrunnen |
| | Strom | Erdwärme (Oberfläche/ Tiefensonde) | Nutzt Wärme aus oberflächennah verlegten Rohren oder Tiefenbohrung. | Sehr effektiv, keine Bevorratung | Hohe Kosten, eingeschränkte Gartennutzung durch Oberflächenkollektoren |
| | Strom | Luft | Entzieht der Außenluft Wärme | Mäßig effektiv, günstige Installation, keine Bevorratung | Nur bei niedrigen Systemtemperaturen (Flächenheizung) und guter Dämmung effektiv |

# REPARATUR ODER UMBAU

Können Sie die Störung an Ihrer Heizung nicht selbst beseitigen, müssen Sie den Heizungsmonteur kommen lassen. Stellt dieser einen größeren Schaden fest, sollten Sie als Eigentümer je nach Alter der bestehenden Heizungsanlage und Zustand des Gebäudes darüber nachdenken, die Anlage teilweise oder komplett zu erneuern. So verbraucht beispielsweise ein alter Einfachbrenner deutlich mehr Brennstoff für eine definierte Heizleistung als eine neue Brennwerttherme.

Entlässt Ihr Haus zudem Wärme ungenutzt in die Umgebung, weil etwa die Dämmung unzureichend ist, besteht hier weiteres Einsparpotential. Wie groß es ausfällt, lässt sich durch ein staatlich gefördertes Energiegutachten (www.bafa.de) feststellen. Ein Energieberater besichtigt Ihr Haus und berechnet nicht nur die Leistung der Heizungsanlage, sondern bilanziert auch die Energieverluste des Gebäudes. Er stellt die Baukosten, verfügbare Förderungen sowie aktuelle und zukünftige Energiekosten gegenüber. Da der Berater verschiedene Varianten durchrechnet, etwa mit und ohne solare Brauchwassererwärmung, können Sie die Amortisationszeiten der Umbaumaßnahmen gegeneinander abwägen und entscheiden, ob sich Investitionen in die alte Heizungsanlage noch rentieren.

Nähere Informationen finden Sie im test-Spezial „Energie" von 2009 und dem test-Ratgeber „Modernisieren und Energie sparen". Einen ersten orientierenden Überblick über die heute verfügbaren Heizungsoptionen gibt Ihnen die Tabelle links.

# HEIZUNGSSTEUERUNG EINSTELLEN

Die Steuerung der Heizungsanlage passt die Heizleistung an den gewünschten Wärmebedarf an. Dabei wird die Leistung abhängig von einem Raumthermostaten oder einem Außentemperaturfühler gesteuert. Eine Schaltuhr ermöglicht die Programmierung unterschiedlicher Temperaturen für den Tag- und Nachtbetrieb.

Die werksseitige Einstellung der Heizungssteuerung ist oft nur eine Grundeinstellung. Wer Energie sparen will, sollte die Programmierung seinen persönlichen Bedürfnissen nach und nach anpassen. Neben den Thermostatventilen an jedem Heizkörper ist dazu vor allem die raumtemperaturabhängige oder witterungsgeführte Regelung der Temperatur des Heizungswasservorlaufs entscheidend.

Zentralheizungen in Mehrfamilienhäusern werden entsprechend der Außentemperatur geregelt. Wenn diese sinkt, steigt die Vorlauftemperatur und umgekehrt. Der Außentemperaturfühler sollte dazu an einer vor Wind und Sonne geschützten Position angebracht sein.

In Einfamilienhäusern und bei Etagenheizungen wird dagegen die

Die Demontage des Gehäuses der Gastherme ist Sache des Fachmanns. Er sollte das Gerät regelmäßig (alle ein bis zwei Jahre) reinigen und prüfen.

Eine solche Gastherme ist in vielen Wohnungen als Etagenheizung zu finden. Die Einstellung der Betriebszustände ist relativ übersichtlich.

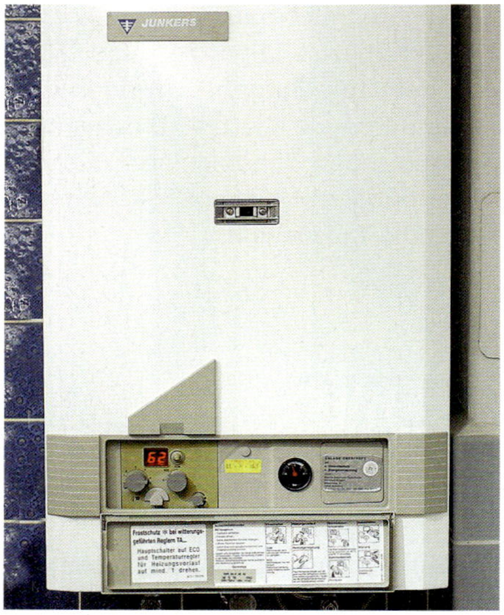


## TIPP: RICHTIG STEUERN

Damit der zentrale Raumthermostat ungestört funktionieren kann, müssen die Thermostatventile der Heizkörper in diesem Raum vollständig aufgedreht sein. Die Wohnraumtemperatur wird nur noch über den Raumthermostaten gesteuert.
In den anderen Räumen der Wohnung regeln die Thermostatventile an den einzelnen Heizungen die Temperatur. Die Heizkörper können aber keine Wärme mehr liefern, wenn der zentrale Raumthermostat die Heizung heruntergeregelt hat.

## ELEKTRONISCHE HEIZUNGSSTEUERUNGEN

Elektronische Schaltuhren für die Heizungssteuerung können eine individuelle Programmierung der Raumtemperatur für jeden Wochentag regulieren. Ferien- und Partyprogramme sowie eine Umschaltung auf manuellen Betrieb erlauben eine schnelle Anpassung der Raumtemperatur an die jeweiligen Bedürfnisse, ohne die Programmierung zu ändern.

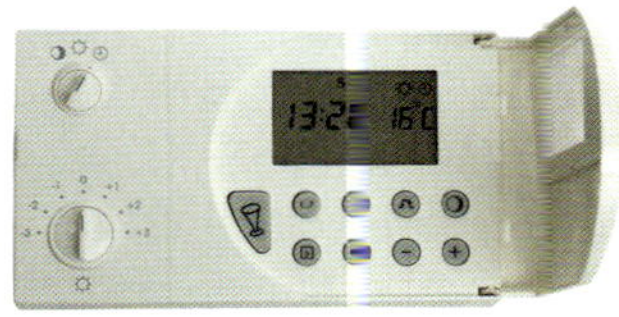

Elektronische Schaltuhren werden wie Digitaluhren oder der Videorekorder per Tastendruck programmiert. Die Einstellung der unterschiedlichen Schaltmöglichkeiten ist meist kompliziert und sollte nach der in der Bedienungsanleitung beschriebenen Anweisung vorgenommen werden.

Steuerung über einen im Wohnbereich angebrachten Raumthermostaten bevorzugt.

Um Energie zu sparen, stellen Sie die Schaltuhr für die Steuerung Ihrer Heizung so ein, dass die Zeiten für den Normalbetrieb und den Betrieb bei abgesenkter Temperatur Ihren persönlichen Gepflogenheiten entsprechen. Senken Sie die Temperatur in der Nacht und zu Zeiten, an denen Sie nicht zu Hause sind, um fünf bis sechs Grad gegenüber dem Normalbetrieb ab. Die Temperatur fällt ja dann ganz allmählich auf den niedrigen Wert ab.

## TIPP: HEIZVERHALTEN

- Heizen Sie nicht bei geöffnetem Fenster. Lassen Sie die Fenster nicht in Kippstellung über einen längeren Zeitraum aufstehen, sondern lüften Sie regelmäßig einige Minuten lang bei vollständig geöffneten Fenstern intensiv. Drehen Sie beim Lüften das Thermostatventil herunter.
- Senken Sie die Raumtemperatur bei Nacht und bei längerer Abwesenheit (bei Berufstätigen auch tagsüber) um fünf bis sechs Grad Celsius ab.
- Stellen Sie Thermostatventile so ein, dass die gewünschte Raumtemperatur gerade erreicht wird.
- Eine alte Heizungsanlage arbeitet meist nicht besonders effektiv. Ist sie älter als 15 bis 20 Jahre, sollten Sie überlegen, ob eine Generalüberholung mit Verbesserung der Regelungstechnik Sinn macht.
- Mit dem blauen Engel ausgezeichnete Heizungen bieten hohe Nutzungsgrade und haben niedrige Emissionswerte.
- Reduzieren Sie über die Schaltuhr der Heizwasser-Zirkulationspumpe (wenn vorhanden) deren Laufzeit, so weit es eben geht. Takten Sie etwa zwischen den Stoßzeiten morgens und abends, und schalten Sie gegebenenfalls die Pumpe nachts ganz aus. Tun Sie das nicht, kühlt das zirkulierende Brauchwasser über das Leitungssystem den Brauchwasserspeicher unnötig ab.

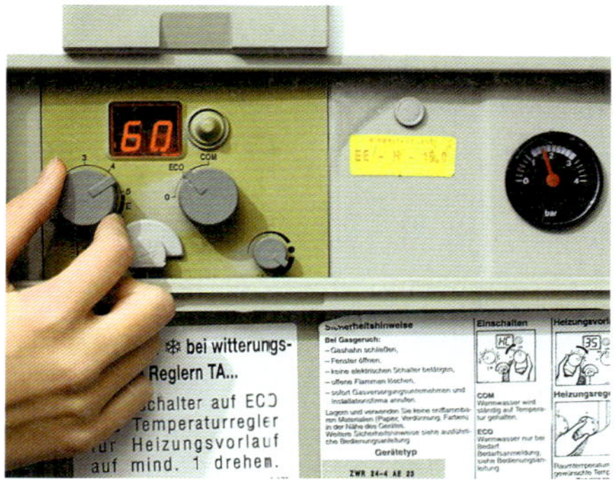


Mit einem Drehknopf lässt sich die Vorlauftemperatur des Heizwasserkreislaufs einstellen. Stellen Sie den Regler nur so hoch wie nötig ein. Für den Sommerbetrieb können Sie diesen Regler ganz herunterdrehen.

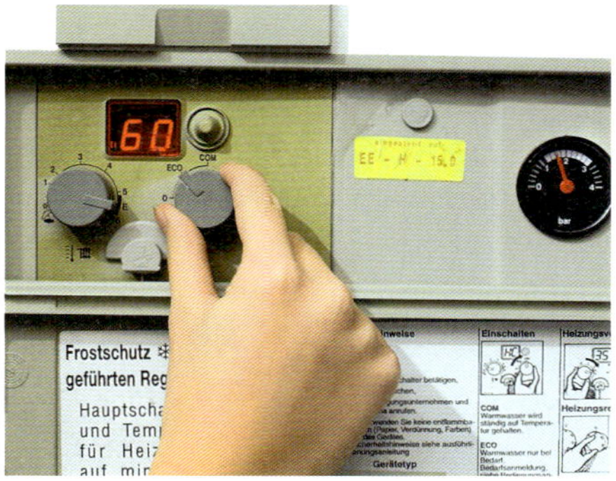


Der Hauptschalter für die Heizung. In der Position ECO wird Warmwasser nur bei Bedarf erhitzt. Die Stellung COM hält das Warmwasser ständig auf Temperatur. Der Knopf über dem Regler ist die Entstörtaste. Bei Störungen nur einmal drücken.

Zum Einstellen der Schaltuhr drehen Sie die Scheibe mit den Zeigern im Uhrzeigersinn. An den beiden Thermostatreglern (unten rechts) können Sie die Raumtemperaturen für Tag- und Nachtbetrieb vorwählen.

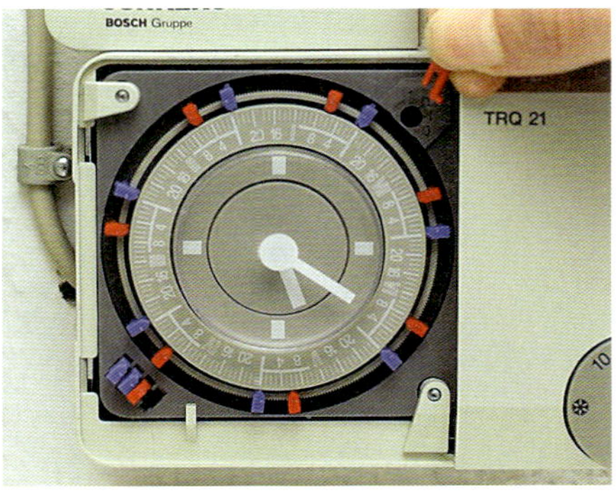


Rote und blaue Reiter auf dem 24-Stunden-Ring geben die Schaltimpulse. Rote Reiter schalten auf Normalbetrieb, blaue auf Nachtbetrieb. Die Reiter müssen jeweils abwechselnd gesteckt werden.
Es sind Schaltzeiten von mindestens 30 Minuten möglich.

# HEIZUNGSWASSER AUFFÜLLEN

**Sie brauchen** zum Auffüllen des Heizungswassers:

- *Schlauch mit Anschluss für die Heizungsanlage*
- *Je nach Ausführung des Ventils eventuell einen passenden Schraubenschlüssel*

Für eine effiziente Funktion der Heizungsanlage muss das Rohrsystem vollständig mit Wasser gefüllt sein. Sollte sich zu wenig Wasser in der Heizungsanlage befinden, wird es nicht möglich sein, genügend Wärme in die Wohnräume zu leiten.

Kontrollieren Sie den Wasserdruck in Ihrer Heizungsanlage mindestens zwei Mal im Jahr, am besten zu Beginn und Ende der Heizperiode.

Entspricht der Wasserdruck nicht mehr den Vorgaben des Herstellers (bei Etagenheizungen meist 1 bar bei kaltem Wasser), muss Wasser nachgefüllt werden. Hierzu hat Ihre Heizungsanlage einen Schlauchanschluss, an den Sie zum Beispiel einen Gartenschlauch anschließen können, der mit dem anderen Ende am Wasserhahn angeschlossen ist. Füllen Sie am besten zuerst den Schlauch mit Wasser, bevor Sie ihn an der Heizungsanlage anschließen, damit nicht unnötig Luft in das System gelangt.

Vor dem Auffüllen des Heizungswassers drehen Sie zuerst alle Heizkörperventile ganz auf und schalten die Umwälzpumpe aus. Nach dem Auffüllen schalten Sie die Umwälzpumpe wieder ein und lassen sie 10 bis 15 Minuten laufen. Danach sollten Sie die Heizkörper entlüften (→ Seite 343).

Beachten Sie beim Auffüllen des Heizungswassers die Angaben des Herstellers. Bei zu hohem Druck muss wieder Wasser abgelassen werden. Hierzu schrauben Sie den Schlauch vom Wasserhahn ab und lassen über ihn das überschüssige Wasser aus der Heizungsanlage wieder ab. Danach stellen Sie die Heizkörperventile wieder auf die gewünschten Werte ein.

Verliert das Heizungssystem ständig Wasser, sollten Sie die Anlage von einem Fachmann überprüfen lassen.

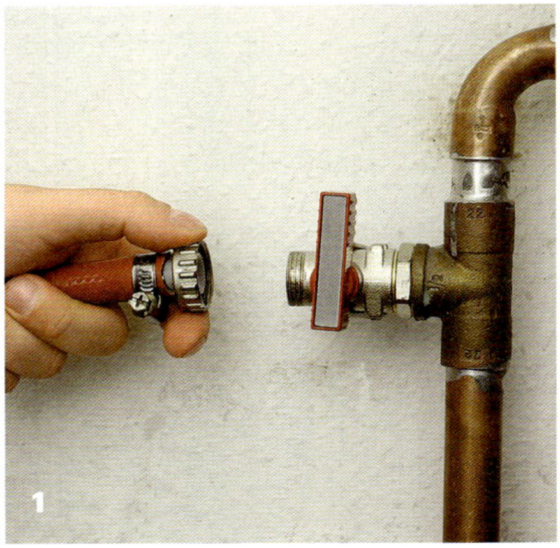

**1** Schließen Sie einen Schlauch an den Stutzen der Heizungsanlage an.

**2** Den Wasserhahn aufdrehen und dann das Ventil am Anschlussstutzen öffnen.

**3** Beobachten Sie beim Nachfüllen die Druckanzeige an der Heizungsanlage. Gegebenenfalls einen Helfer damit beauftragen.

# HEIZKÖRPER ENTLÜFTEN

Wird ein Heizkörper nicht mehr richtig warm, befindet sich meist Luft in seinem Inneren. Diese können Sie leicht selbst herauslassen.

Heizkörper einer Warmwasserheizung haben ein Entlüftungsventil, das in der Regel auf der dem Thermostatventil entgegengesetzten Seite angebracht ist. Es gibt zwar auch vollautomatische Entlüftungsventile, in Privathaushalten werden jedoch meist Entlüfter verwendet, die manuell betätigt werden.

Zum Entlüften brauchen Sie dann einen kleinen Heizkörperschlüssel (Innenvierkant), in manchen Fällen auch einen Schraubendreher. Sollten Sie keinen Heizkörperschlüssel besitzen, kann eventuell der Nachbar aushelfen, oder Sie kaufen ihn im Baumarkt.

1

Bevor Sie einen Heizkörper in Ihrer Wohnung entlüften, sollten Sie den Wasserdruck in der Heizungsanlage prüfen, eine Umwälzpumpe ausschalten und das jeweilige Thermostatventil ganz aufdrehen.

Öffnen Sie die Schraube am Heizkörper mit dem Schlüssel und lassen die Luft entweichen, bis ein konstanter Wasserstrahl austritt. Benutzen Sie ein kleines Gefäß und einen Schwamm, um die Wasserspritzer aufzufangen.

Nach dem Entlüften sollten Sie den Wasserdruck der Anlage überprüfen und gegebenenfalls Wasser nachfüllen (→ Seite 342).

Zum Schluss stellen Sie das Heizkörperventil wieder auf den gewünschten Wert ein. Jetzt sollte der Heizkörper wieder warm werden.

**1** Das Entlüftungsventil an der Heizung mit einem Heizkörperschlüssel vorsichtig aufdrehen.

**2** Zuerst entweicht die überschüssige Luft, anschließend spritzen Luft und Wasser heraus.

**3** Erst wenn ein konstanter Wasserstrahl austritt, kann das Ventil wieder geschlossen werden.

2

3

**Sie brauchen** zum Entlüften eines Heizkörpers:

- *Heizkörperschlüssel oder Schraubendreher*
- *Gefäß zum Auffangen des Wassers*

### AUTOMATISCHE HEIZKÖRPER-ENTLÜFTER?

Prinzipiell ist eine automatische Entlüftung bei einer neuen Heizungsanlage eine feine Sache. Die pfiffigen Helfer werden statt der klassischen Entlüfterventile in die Heizkörper eingeschraubt. Sie beseitigen Gluckern im Rohrsystem; bildet sich im Heizkreis Luft, kann sie sofort entweichen. Aber: Wo Luft austritt, wird irgendwo auch Luft angesogen. Ist etwa das Ausdehnungsgefäß defekt und dazu noch der Wasserstand im Heizkreislauf zu gering, gluckert es erst recht – trotz automatischer Entlüftung.

# THERMOSTATVENTIL EINBAUEN

**Sie brauchen** zum Einbau eines Thermostatventils:

- *Schraubenschlüssel*
- *Wasserpumpenzange*
- *Armaturenzange*
- *Stufenschlüssel und Knarre*
- *Drahtbürste*
- *Hanf und Hanffett oder Dichtungsband*

Thermostatventile regeln die Wärmeabgabe jedes einzelnen Heizkörpers. Seit 1998 sind sie in Mietwohnungen in Deutschland Vorschrift. Dennoch sind bis heute längst nicht alle Heizkörper damit ausgestattet.

Thermostatventile an den Heizkörpern bestehen aus dem Ventilkörper (metallisch) und dem Fühlerelement (in vielfältigen Varianten). Sie halten eine gewählte Raumtemperatur möglichst konstant.

Sinkt die Raumtemperatur ab, öffnet sich das Thermostatventil und lässt mehr warmes Wasser durch den Heizkörper fließen. Erwärmt sich der Raum, zum Beispiel durch Sonneneinstrahlung, verringert das Thermostatventil den Durchfluss, bis die vorgewählte Raumtemperatur wieder erreicht ist. So wird ein Überhitzen und manuelles Nachregeln vermieden.

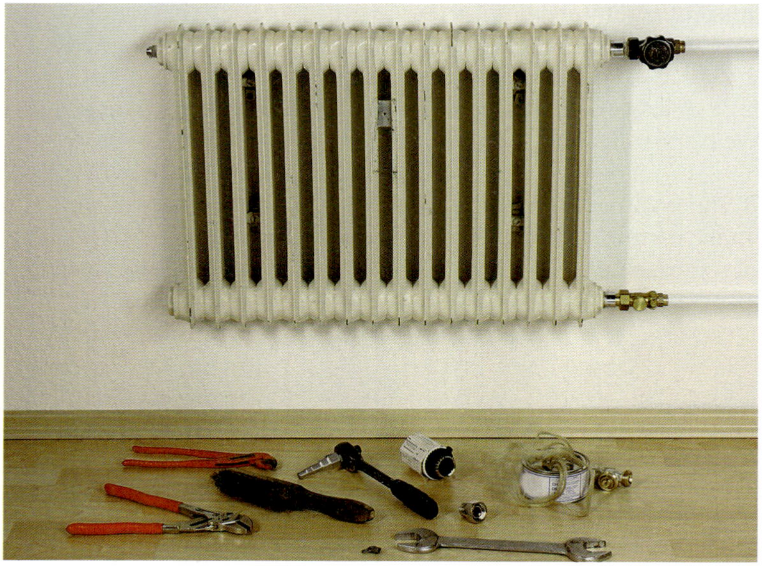

**1** Der alte Stahlheizkörper ist in Ordnung. Nur das Ventil entspricht nicht mehr den aktuellen Vorschriften. Für den Einbau eines Thermostatventils ist einiges an Handwerkzeug erforderlich.

Zum Aufheizen eines Raumes genügt es, das Thermostatventil auf die gewünschte Raumtemperatur einzustellen, nicht höher.

Bis zu 30 Prozent des Energieverbrauchs sollen sich durch die Installation von Thermostatventilen sparen lassen. So lassen sich die Anschaffungskosten für ein Thermostatventil von etwa 10 bis 20 Euro meist schon in der ersten Heizperiode wieder einspielen.

**TIPP: VERCHROMTES**

Benutzen Sie für verchromte Verschraubungen an den Heizkörperventilen einen speziellen Schraubenschlüssel oder eine Armaturenzange mit glatten, parallelen Backen, sodass die Chrombeschichtung nicht beschädigt wird. Falsches Werkzeug verursacht scharfkantige Abdrücke.
Auch anderen Chromteilen sollten Sie nur mit sachgemäßer Ausrüstung zu Leibe rücken.

Wer Wert auf mehr Komfort und größere Energieeinsparung legt, kann auch elektronisch gesteuerte Thermostatfühler anschaffen, mit denen die herkömmlichen einfach ausgetauscht werden. Zu Preisen ab 25 Euro aufwärts bieten sie zum Beispiel die Regelung über ein Zeitprogramm oder erkennen automatisch offene Fenster und schalten den Warmwasserzulauf für die Lüftungszeit ab.

Achten Sie bei der Montage eines Thermostatventils darauf, dass die Raumluft das Ventil ungehindert erreichen kann. Sind die Heizkörper hinter

**2** Wenn Sie zuerst die Befestigung des Heizkörpers etwas lösen, lässt sich das alte Heizkörperventil viel leichter auswechseln.

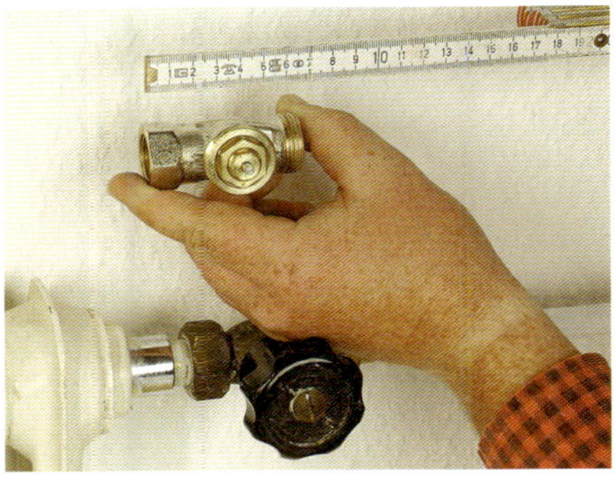

**3** Messen Sie zuerst noch einmal nach, ob die Länge des neuen Ventils mit dem alten übereinstimmt.

einer Verkleidung versteckt, funktioniert die Regelung nicht mehr einwandfrei. Schon eine lange, bis zum Boden reichende Gardine kann den Luftstrom um das Heizkörperventil beeinflussen. In solchen Fällen sollten Sie ein Thermostatventil mit Fernfühler einbauen. Der externe Temperaturfühler wird dann so montiert, dass er die Raumtemperatur korrekt erfasst.

Für den Austausch eines Ventilkörpers müssen Sie die Heizung ausschalten und das Heizungswasser so weit ablassen, dass an der Ventilverschraubung kein Wasser mehr austreten kann. Der Fachmann kann Heizkörperventile auch bei gefülltem Wasserkreislauf wechseln. Dazu benutzt er teure Spezialgeräte, die den Heizkörperzulauf und -ablauf für die Dauer der Reparaturarbeiten vereisen. Für den Heimwerker ist das Ablassen und Wiederauffüllen des Heizungswassers jedoch die billigere Lösung.

Vergessen Sie nach dem Austausch des Heizungsventils nicht, den Heizkörper gründlich zu entlüften (→ Seite 343) und den Wasserdruck im Heizungssystem zu kontrollieren.

## TIPP: ELEKTRONISCHE THERMOSTATE

Als Faustregel gilt: Jedes Grad Raumtemperatur weniger senkt die Energiekosten um sechs Prozent. Aber selbst bei einer modernen, durch die Außentemperatur geführten Heizungsanlage können einzelne Räume überheizt werden. Ein typischer Fall: Abends wird zum Fernsehen das Ventil im Wohnzimmer auf kuschelige Temperaturen eingestellt, morgens vergessen, es während Ihrer Abwesenheit wieder zurückzudrehen.

Diese Arbeit können elektronische Thermostate erledigen. Sie steuern per Funk oder nach vorher programmierten Regeln den jeweiligen Heizkörper. Dazu werden sie einfach statt des herkömmlichen Thermostatkopfs auf das Heizungsventil geschraubt (→ Abbildung 17). Die Anschaffungskosten von rund 25 Euro haben sich bei korrekter Programmierung schnell amortisiert. Nur an eines müssen Sie denken: Alle zwei Jahre wird ein Batteriewechsel fällig.

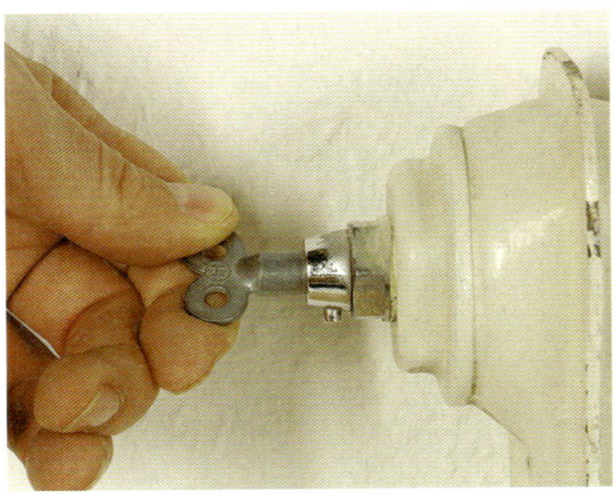

**4** Zum Auswechseln des Heizungsventils muss das Wasser der Heizungsanlage bis unter das Ventil abgelassen werden. Öffnen Sie dazu auch das Entlüftungsventil am Heizkörper.

**5** Öffnen Sie mit einem Schraubenschlüssel die Verschraubung zwischen Heizkörper und Ventil. Eine Armaturenzange verhindert, dass sich dabei das Ventil mitdreht.

**6** Da die Heizkörperventile meist sehr dicht an der Wand montiert sind, muss vor dem Abschrauben zuerst der Stellknopf abgeschraubt werden.

**7** Ist die Schraube entfernt, können Sie den Stellknopf einfach abziehen.

**8** Nun lässt sich das alte Ventil vom Heizungszulauf abschrauben. Mit einer Wasserpumpen- oder Armaturenzange sichern Sie das Heizungsrohr gegen Verdrehen.

**9** Jetzt können Sie das alte Ventil entfernen. Kontrollieren Sie das Gewinde auf Beschädigungen.

**10** Mit einem Stufenschlüssel können Sie den alten Ventilnippel herausdrehen, falls dieser unbrauchbar ist.

**11** Der neue Ventilnippel wird mit Hanf oder Dichtungsband umwickelt. Wickeln Sie immer rechtsherum straff auf das Gewinde.

5

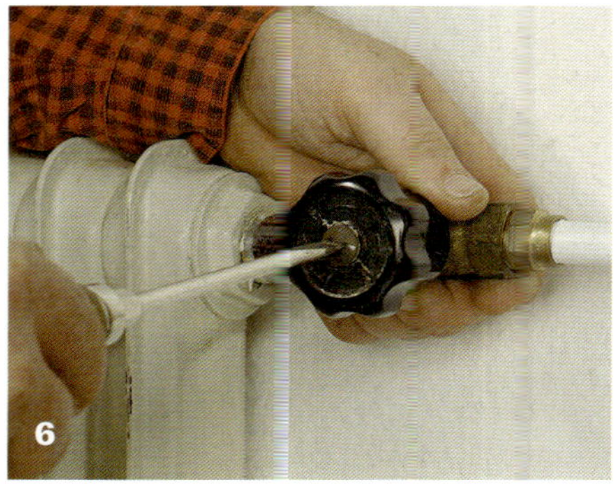
6

7

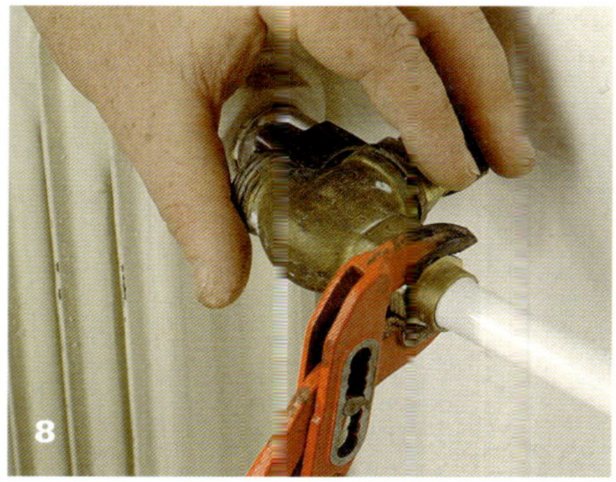
8

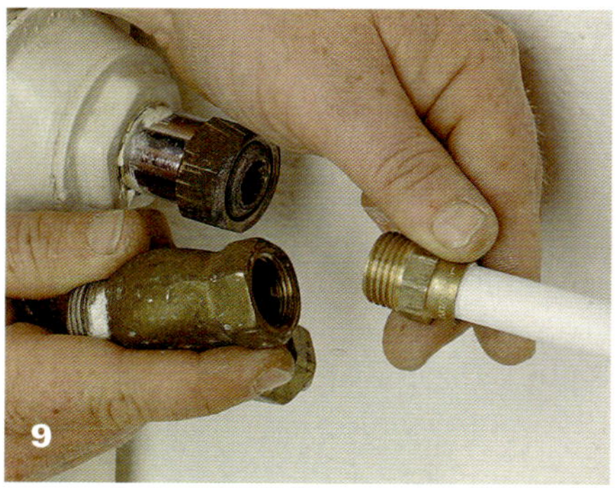
9

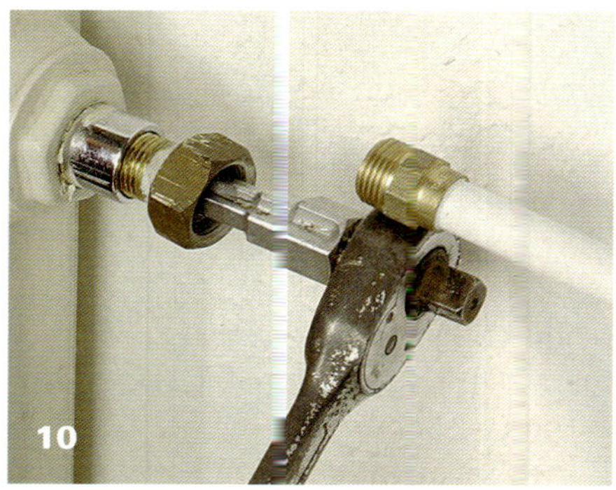
10

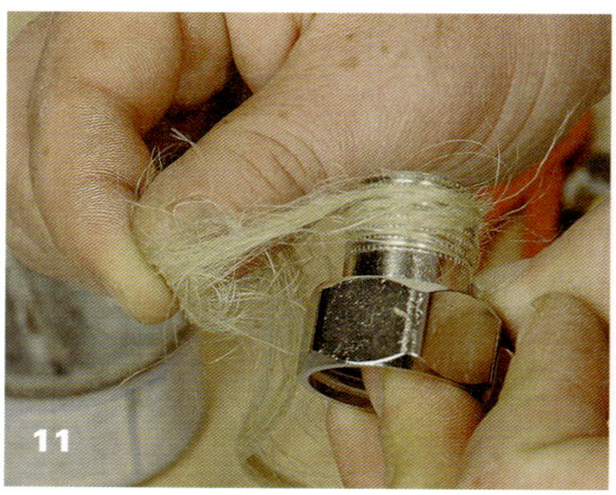
11

12

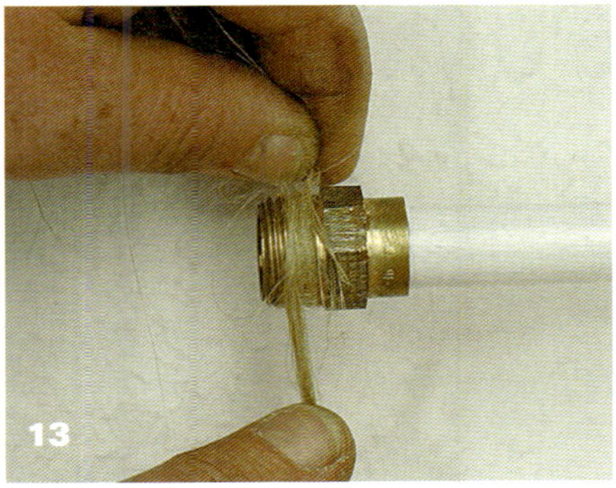


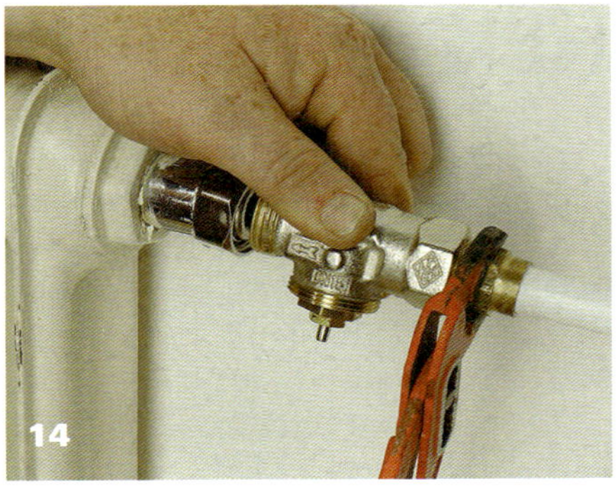

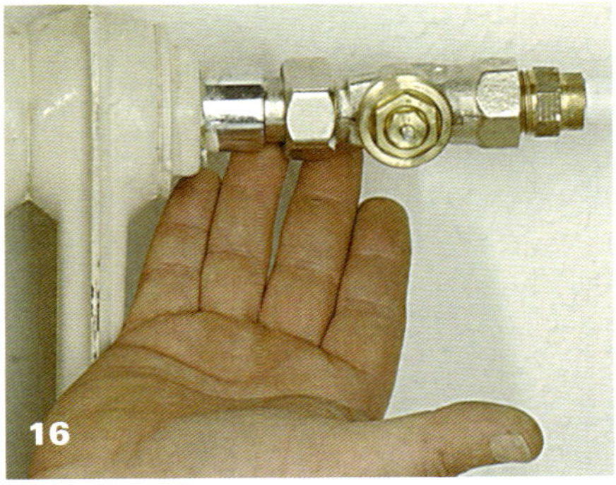

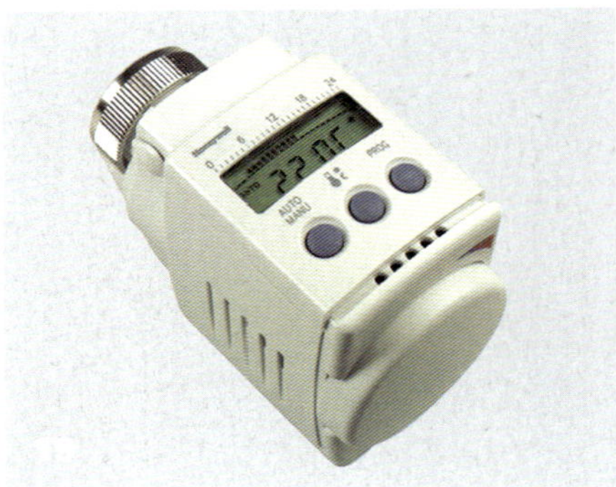

**12** Anschließend Gewindedichtmittel auf das eingehanfte Gewinde streichen.

**13** Auch das Gewinde des Heizungsrohrs wird in gleicher Weise vorbereitet.

**14** Schrauben Sie den neuen Ventilkörper mit der Hand auf das Heizungsrohr. Die Zange dient nur zum Festhalten des Rohres.

**15** Anschließend die Überwurfmutter auf der Heizkörperseite mit einem Schraubenschlüssel festziehen. Auch hier die andere Seite des Ventilkörpers mit einer Zange gegen Verdrehen festhalten.

**16** Nach dem Auffüllen des Heizungswassers prüfen, ob die Verschraubungen dicht sind.

**17** Setzen Sie den Thermostatkopf auf das Ventil und schrauben Sie ihn fest.

**18** Jetzt können Sie am Thermostatfühler die gewünschte Temperatur einstellen.

**19** Ein elektronischer Thermostatkopf steuert den jeweiligen Heizkörper individuell.

# HEIZUNGSROHRE DÄMMEN

**Sie brauchen** zum Dämmen von Heizungsrohren:

- *Meterstab*
- *Scharfes Messer*
- *Gehrungslade*
- *Spezialklebstoff*
- *Rohrdämmmaterial*

Die Heizungsrohre geben ihre Wärme auch an das Mauerwerk und die Umgebung ab, zum Beispiel in ungeheizten Kellerräumen. Um diesen Energieverlust zu verringern, sollten Heizungsrohre gedämmt werden.

Bei neueren Heizungsanlagen sind gedämmte Rohre selbstverständlich. Die Dicke der erforderlichen Dämmung ist in Deutschland in der Heizungsanlagen-Verordnung vorgeschrieben (siehe Tabelle rechts). Noch gibt es aber Anlagen, bei denen die Heizungsrohre ungedämmt durch Kellerräume oder andere, nicht geheizte Räume verlaufen. Die Energie, die hier an die Luft abgegeben wird, geht den Heizkörpern der Wohnung verloren. Eine nachträgliche Wärmedämmung der Rohre ist relativ einfach anzubringen und spart mehr Energie, als sie kostet. Laut EnEV (Energieeinsparverordnung) gilt sogar eine Nachrüstpflicht für alle Heizungs- und Warmwasserleitungen in ungeheizten Räumen.

Im Handel gibt es unterschiedliche Materialien für die Rohrdämmung: Schläuche aus Weichschaum, Polyurethanschalen sowie Produkte aus Mineralwolle (Glaswolle, Steinwolle). Schläuche aus Weichschaum werden meist vor dem Verlegen auf die Rohre geschoben.

Für die nachträgliche Wärmedämmung müssen Sie die Schläuche mit einem scharfen Messer der Länge nach aufschlitzen. Nach dem Überstülpen auf die Heizungsrohre werden sie mit Spezialklebstoff wieder verklebt oder mit Bandagen umwickelt.

Es gibt auch Materialien mit einer Art Reißverschlusssystem. Diese lassen sich leichter nachträglich auf ver-

**DÄMMDICKEN FÜR HEIZUNGSROHRE**

| Nennweite (DN in mm) der Rohrleitungen | Mindestdicke der Dämmschicht |
|---|---|
| bis DN 20 | 20 mm |
| DN 22 bis DN 35 | 30 mm |
| DN 40 bis DN 100 | gleich DN |
| über DN 100 | 100 mm |

Bei **Wand- und Deckendurchbrüchen** sowie für Heizkörperanschlussleitungen gelten die halben Maße.

Die **Mindestdämmdicke** gilt für Dämmstoffe mit einer Wärmeleitfähigkeit von 0,035 W/mK. Bei Materialien mit anderen Wärmeleitfähigkeiten sind die Dämmschichtdicken umzurechnen.

Angaben laut deutscher Heizanlagen-Verordnung § 6.

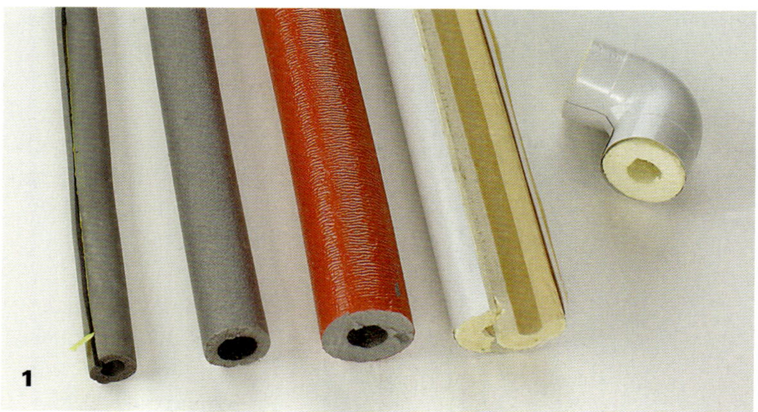

1 Für die Rohrdämmung gibt es unterschiedliche Materialien im Handel. Sie unterscheiden sich in der Verarbeitung und in den Dämmstoffdicken.

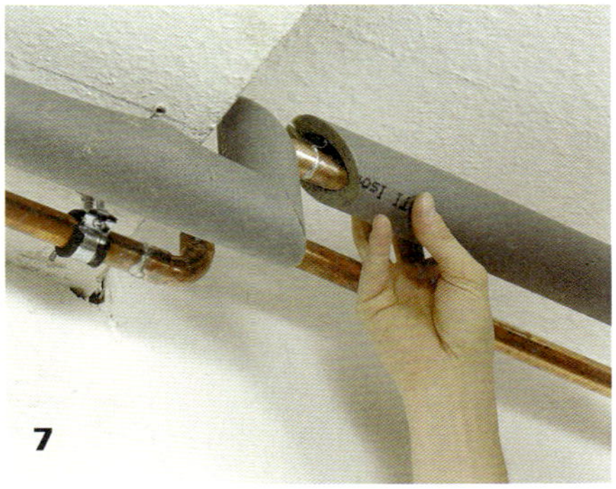


legte Rohre stecken und werden dann einfach zusammengedrückt. Allerdings funktioniert der Verschluss in der Praxis nicht immer. Dann muss der Dämmmantel doch geklebt oder bandagiert werden.

Damit die Wärme an Stößen und Schnittstellen nicht entweicht, müssen auch diese sorgfältig abgeklebt werden. An Bögen und T-Stücken sind je nach Material oft aufwendigere Gehrungsschnitte erforderlich. Einige Hersteller liefern sogar fertige Bogenstücke. Die Schläuche aus Weichschaum lassen sich dagegen in vielen Fällen auch ohne Aufschneiden um größere Bögen führen.

**2** Beim Dämmen von Rohrleitungen machen Bögen und Anschlussstücke die meiste Arbeit, da die Dämmstoffe hier individuell angepasst werden müssen.

**3** Mit einer Gehrungslade und einem scharfen Messer lassen sich Dämmstoffschläuche am einfachsten auf das genaue Maß zuschneiden.

**4** Mit einem Klingenmesser lassen sich die Dämmschläuche am besten aufschlitzen.

**5** Die Schnittkanten werden vor dem Verlegen mit Spezialklebstoff eingestrichen.

**6** Auch auf die Stirnseiten der Dämmschläuche wird Dämmstoff aufgetragen, um die einzelnen Stücke wärmebrückenfrei zu verbinden.

**7** Zwei Gehrungsschnitte reichen für diesen Bogen unter dem Deckenträger, wenn clever geplant wird.

# HEIZKÖRPER LACKIEREN

**Sie brauchen** zum Lackieren von Heizkörpern:

- *Schleifpapier*
- *Klebeband und Abdeckpapier*
- *Heizkörperpinsel und Heizkörperrolle*
- *Alternativ: Niederdruckspritzpistole*
- *Universalgrund*
- *Heizkörperlack*
- *Schutzmaske*

Alte Heizkörper sehen mit der Zeit nicht nur vergilbt und schmutzig aus, sondern haben manchmal auch Roststellen. Diese gilt es vor einem Neuanstrich zu beseitigen.

Reinigen Sie den Heizkörper mit einem Küchenschwamm und etwas Seifenlauge, um ihn von Fett und Schmutz zu befreien. Danach mit klarem Wasser nachspülen.

Ist der alte Heizkörperlack nicht beschädigt, sondern nur vergilbt, genügt in vielen Fällen auch das Abwaschen des Heizkörpers mit einem Lackauffrischer. Entsprechende Produkte gibt es allerdings nur im Malerfachhandel zu kaufen.

Roststellen können Sie mit Schleifpapier mittlerer Körnung (120er bis 180er Korn) sorgfältig abschleifen. Abblätternde Farbschichten müssen vollständig entfernt werden.

Nach dem Schleifen müssen Sie den Heizkörper sorgfältig abstauben und eventuell nochmals feucht abwischen, bevor Sie mit den Lackierarbeiten beginnen.

Lackieren Sie nur kalte Heizkörper, und schalten Sie die Heizung erst nach dem Trocknen der Farbe wieder ein. Es ist deshalb am besten, diese Arbeit im Sommer durchzuführen. Allerdings sollten Sie, nachdem die Farbe durchgetrocknet ist, auch im Sommer den Heizkörper einmal vollständig erhitzen. Das erspart eine längere Geruchsbelästigung, wenn die Heizung im Herbst wieder angeschaltet wird.

Beim Streichen mit Pinsel und Rolle zuerst die schwer zugänglichen Stellen mit dem Pinsel streichen. Der Rest kann dann gerollt werden.

**1** Zum Arbeiten mit der Spritzpistole muss die Umgebung des Heizkörpers besonders gründlich abgeklebt werden.

## MIT PINSEL UND ROLLE STREICHEN

Vor allen Lackierarbeiten sollten Sie benachbarte Flächen und Gegenstände sorgfältig abkleben. Das erspart später größere Reinigungsarbeiten. Kleben Sie vor allem das Heizkörperventil und auch das Entlüftungsventil besonders gründlich ab.

Falls der Heizkörper Schadstellen hatte, müssen diese zuerst mit einer Grundierung behandelt werden. Tragen Sie die Grundierung mit einem flachen Pinsel gleichmäßig auf.

Danach komm der Anstrich mit Heizkörperlack. Es gibt ihn als umweltfreundlichen wasserverdünnbaren Heizkörperlack und auf Kunstharzbasis. Beide Sorten sind hitzebeständig und unempfindlich gegenüber häufigem Temperaturwechsel bei Wärmeeinwirkung. Außerdem sollen sie nicht so schnell wie normale Lacke vergilben und verspröden. Neben den weißen Heizkörperlacken gibt es im

Handel auch eine Reihe farbiger Heizkörperlacke in glänzender oder matter Ausführung.

Je nach Zustand des Heizkörpers genügen meist ein bis zwei Anstriche. Streichen Sie zuerst die schwer zugänglichen Stellen des Heizkörpers mit einem leicht gebogenen Heizkörperpinsel. Danach lassen sich die restlichen Flächen mit einer Heizkörperrolle am einfachsten streichen. Nach dem Trocknen des ersten Anstrichs ist die Arbeit gegebenenfalls zu wiederholen.

## LACKIEREN MIT DER SPRITZPISTOLE

Eine Alternative zum Streichen ist das Lackieren des Heizkörpers mit einer Niederdruck-Spritzpistole. Da diese Geräte nur einen geringen Farbnebel erzeugen, eignen sie sich auch zum Arbeiten in bewohnten Räumen.

Dennoch muss die Umgebung des Heizkörpers großflächiger abgeklebt werden als beim Streichen. Dafür geht anschließend das Arbeiten schneller voran.

Wichtig für ein gutes Spritzergebnis ist die richtige Viskosität (Zähflüssigkeit) des Lackes. Die Viskosität ermitteln Sie mit Hilfe eines genormten Messbechers (100 cm$^3$), der unten eine Auslauföffnung hat. Tauchen Sie den Messbecher vollständig in die Farbe ein und ziehen ihn wieder heraus. Nun messen Sie die Zeit, die verstreicht, bis der unten herausfließende Farbfaden abreißt. Diese Zeit kennzeichnet die Viskosität der Farbe in DIN-Sekunden.

Da die meisten Lacke zum Streichen mit dem Pinsel abgestimmt sind, müssen sie zum Farbspritzen verdünnt werden. Bei wasserverdünnbaren Lacken sollte die Viskosität etwa 20 bis 25 DIN-Sekunden betragen, bei löse-

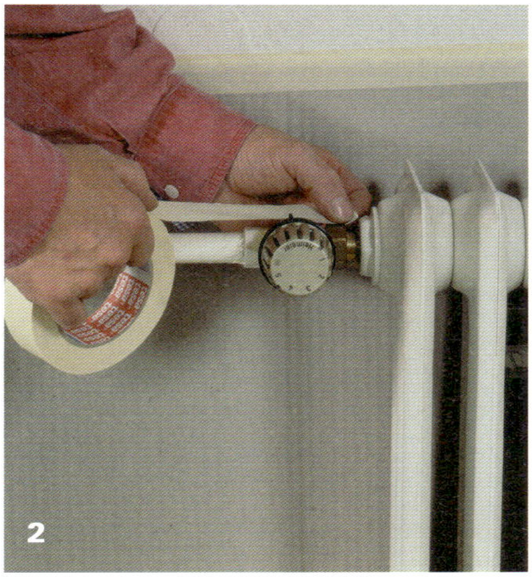

**2** Heizkörperventile und Rohrverschraubungen müssen auch abgeklebt werden. Die Anschlussrohre werden meist aus optischen Gründen mitlackiert.

**3** Reinigen und entfetten Sie den Heizkörper mit einem Küchenschwamm. Anschließend die Oberfläche mit feinem Schleifpapier oder einem Schleifvlies anschleifen. Dort, wo bis zum Metall durchgeschliffen wurde, muss zuerst grundiert werden.

**4** Verdünnen Sie den Originallack entsprechend der Herstellerangabe mit Wasser oder Lösemittel (bei Kunstharzlacken). Bei wasserverdünnbaren Lacken sollte die richtige Viskosität für Niederdruck-Spritzpistolen 20 bis 25 DIN-Sekunden betragen.

**5** Kontrollieren Sie die Viskosität des Lackes. Tauchen Sie dazu den Messbecher vollständig in die Farbe ein und zählen die Sekunden, bis der Farbfaden reißt.

5

**6** Sprühen Sie zuerst auf die hinteren Teile des Heizkörpers. Halten Sie dabei die Spritzpistole mit einem Spritzabstand von 5 bis 15 Zentimetern.

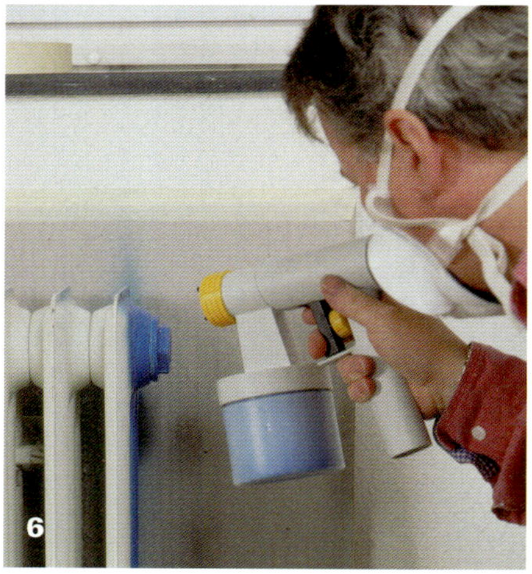
6

**7** Gehen Sie so Lamelle für Lamelle durch und spritzen Sie die Farbe auf die hinteren Teile. Erst danach wird die Farbe auf die vorderen Teile und die Oberseite des Heizkörpers aufgetragen.

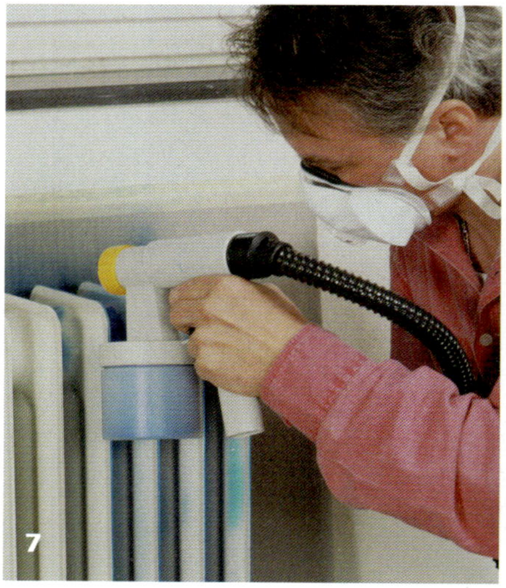
7

**8** Ist die Farbe getrocknet, sollte der Anstrich leicht angeschliffen werden und ein zweiter Farbauftrag erfolgen. Wenn auch der zweite Anstrich trocken ist, den Heizkörper einmal vollständig durchheizen.

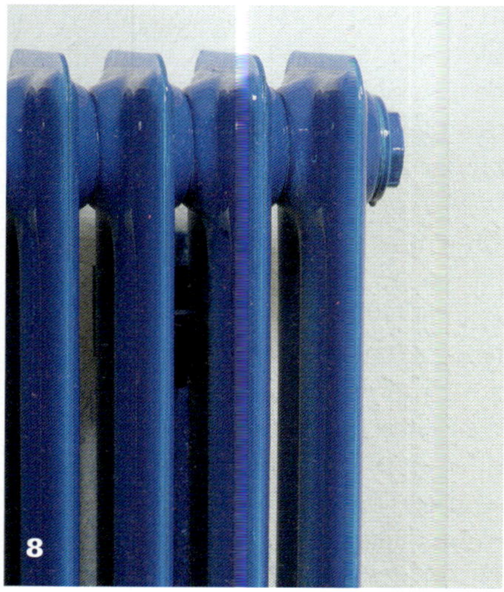
8

mittelhaltigen Lacken 15 bis 30 DIN-Sekunden. Ist die Viskosität größer (= längere Zeit), muss die Farbe weiter verdünnt werden. Danach rühren Sie die Farbe nochmals gut durch und messen die Viskosität erneut.

Ist die Viskosität kleiner (= kürzere Zeit) als erforderlich, muss die Farbe durch Zugabe von Originallack wieder etwas angedickt werden. Beachten Sie immer die vom Lackhersteller angegebene Viskosität für das jeweilige Verarbeitungsverfahren. Befinden sich keine Angaben darüber auf dem Gebinde, können Sie im Internet auf der Homepage des Herstellers nachschauen, oder Sie fordern das technische Merkblatt des Herstellers an.

# KAMINÖFEN

Kaminöfen erfreuen sich dank einfacher Aufstellung steigender Beliebtheit. Schon ab 100 Euro sind die Wärmespender samt Zubehör im Baumarkt erhältlich. Die meisten – auch Schwedenöfen genannten – Feuerstätten sind nach DIN 18891 ausschließlich als Zusatz- oder Zweitheizung zugelassen. Natürlich kann man sie nur dann betreiben, wenn ein entsprechender Rauchrohranschluss am Standort vorhanden ist.

Vor dem Kauf steht jedoch stets der Gang zum Schornsteinfeger, denn der muss jede zusätzliche Feuerstätte genehmigen. Er erlaubt den Betrieb des Schwedenofens an der vorhandenen Abgasanlage oder berechnet den Querschnitt eines eventuell nötigen neuen Kamins. Zudem überwacht er, ob Mindestabstände zu brennbaren Bauteilen eingehalten werden und ob ausreichend Zufuhr von Verbrennungsluft gegeben ist. Wichtig: Ist eine Dunstabzugshaube in der Nähe des Ofens in Betrieb, muss am Fenster, das der Abzugshaube am nächsten ist, ein Schaltkontakt eingebaut werden. Der Schalter verhindert, dass die Esse eingeschaltet wird, ohne das Fenster zu öffnen. Der Grund: Die Abzugshaube saugt Luft aus dem Wohnraum ab. Ist der Ofen in Betrieb, könnten Rauchgase in den Wohnraum nachströmen.

Steht der Schwedenofen, müssen Sie ihn an den Abgang zum Kamin anschließen. Die Verbindungsrohre vom Doppelwandfutter zum Kaminofen sollten möglichst kurz sein und senkrecht verlaufen. Hier gibt es eine Vielzahl möglicher Durchmesser (zwischen 10 und 15 Zentimeter) und Ma-

Beim Aufstellen von Kaminöfen sind einige Voraussetzungen zu beachten.

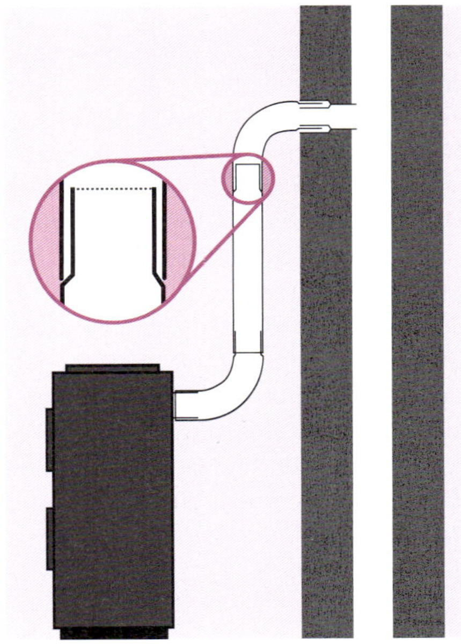

Einzelne Rohrstücke verbinden den Schwedenofen mit dem Kamin. Sie werden ausgehend vom Ofen in das jeweils darüber liegende Teil eingeschoben.

### VORSCHRIFTEN UND NORMEN

**DIN 1298**
Abgasanlagen – Verbindungsstücke für Feuerungsanlagen

**DIN EN 1856-2**
Abgasanlagen – Anforderungen an Metall-Abgasanlagen

**DIN 1056**
Freistehende Schornsteine

**DIN 4133**
Schornsteine aus Stahl

**DIN V 18160-1: 2006-1**
Abgasanlagen – Planung und Ausführung

**DIN EN 13384**
Abgasanlagen – wärme- und strömungstechnische Berechnungsverfahren

**Landesbauordnungen** und Feuerstättenverordnungen der Bundesländer

Verordnung über kleine und mittlere Feuerungsanlagen – **1. BlmSchV** (Bundes-Immissionsschutzgesetz)

terialien. Haben Ofen und Wandfutter unterschiedliche Durchmesser, stellt ein Reduzierstück den passenden Übergang her. Passende Adapterstücke bekommen Sie im Fachhandel. Die einzelnen Rohrstücke müssen – ausgehend vom Ofen – in das jeweils darüber liegende Stück eingeschoben werden. So können keine aufsteigenden Rauchgase in den Wohnraum austreten.

Wer für die Reinigung des Rauchrohrs zum Schwedenofen zuständig ist, ist je nach Bundesland unterschiedlich geregelt. In manchen Bundesländern ist die Reinigung des Verbindungsrohrs Privatsache – der Kaminkehrer fegt dort nur den Hauptzug zur zentralen Heizungsanlage. In anderen Bundesländern ist der Schornsteinfeger auch für die Reinigung des Abzugsrohrs eines Kaminofens zuständig.

# SCHAMOTTSTEINE KAPUTT

Schwedenöfen haben üblicherweise einen Stahltorso. Im Brennraum sind viele Modelle mit Schamottsteinen ausgekleidet. Sie schützen zum einen vor den Flammen und speichern zudem die Wärme.

Statt Schamott verarbeiten manche Hersteller Platten des Minerals Vermiculite oder auch feuerfesten Mörtel. In der Praxis können alle diese Verkleidungsmaterialien schnell brechen. Auslöser können sowohl ein zu schwungvoll eingelegter Scheit als auch die Hitze sein.

Bei einfachen Rissen im Stein kann der Ofenliebhaber auf den Austausch verzichten. Es gibt im Ofenfachhandel auch Reparaturkleber zur Ausbesserung von Rissen und Bruchstellen bei Keramik, Schamotte und Vermiculite im Feuerraum, die bis zu 1 300 Grad Celsius aushalten.

Sollten jedoch Löcher sichtbar werden, müssen die Steine erneuert werden. Im Sortiment vieler Baumärkte finden sich zwar Schamottsteine, die für kleine Öfen geeignet sind. Aber: Diese Platten passen nur selten auf Anhieb – meist müssen sie noch mit einem Winkelschleifer zugeschnitten werden. Wegen des spröden Materials und der Zuschnittreserve für die Wärmeausdehnung sollten sich daran nur versierte Handwerker wagen.

Markenhersteller bieten für ihre Kaminöfen passende Steinsets an. Damit ist ein Austausch bedeutend einfacher durchzuführen. Fragen Sie also bei kaputten Schamottsteinen zuerst bei Ihrem Ofenhersteller an, ob er ein Austauschset liefern kann.

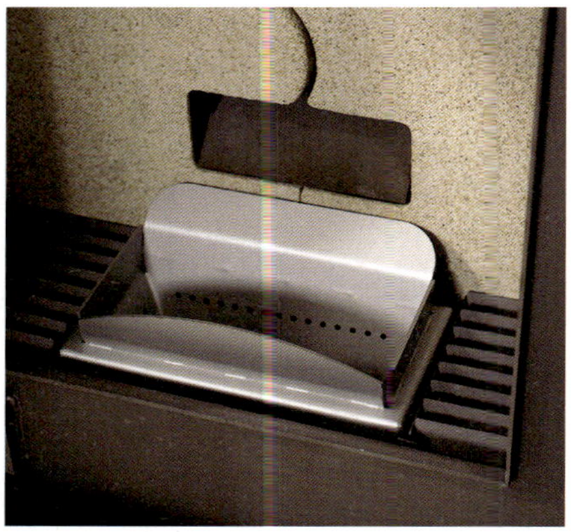

Hier kann man schön den hellen Schamottstein in einem neuen Ofen erkennen.

# WARTUNG VON PELLETHEIZUNGEN

Als Pellets werden gepresste Holzabfälle bezeichnet. Man nennt sie auch „flüssiges Holz", denn mit ihnen ist das Heizen fast so komfortabel wie mit Öl oder Gas. Allerdings ist die Wartung von Pelletheizungen etwas aufwendiger, denn beim Verbrennen bleiben 0,5 Gewichtsprozent Asche übrig. Bei einer Tonne Pellets (sie decken den Energiebedarf eines durchschnittlichen Einfamilienhauses für rund zwei Wintermonate) sind das fünf Kilogramm Asche.

Der Aschekasten muss somit drei bis sechs Mal im Jahr geleert werden. Die Heizung kann während der Leerung weiterlaufen.

Tragen Sie beim Leeren hitzefeste Handschuhe, um Verbrennungen zu verhindern. Schütten Sie die heiße Asche zum Auskühlen zunächst in einen Blecheimer oder ein anderes feuerfestes Behältnis.

Die Asche enthält Schadstoffe. Sie soll deshalb nicht auf dem Kompost landen. Wenn sie abgekühlt ist, wird sie über den Restmüll entsorgt.

Je nach Heizungsmodell muss außerdem ein oder zwei Mal im Jahr der Kessel gereinigt werden. Denn die Flugasche setzt sich innerhalb des Brennraums und in den Rauchgasführungen des Wärmetauschers ab. Hochwertige Kessel reinigen sich zwar automatisch, dennoch lagert sich auch in ihrem Kesselraum Asche ab. Oft reinigt der Heizungsbauer den Kessel – sofern der Pellet-Kunde einen Wartungsvertrag mit ihm abgeschlossen hat. Falls nicht, muss sich der Holz-Heizer selbst darum kümmern.

Holzpellets werden aus dem Tank durch den Schlauch ins Vorratslager gepumpt.

Der Pelletofen im Wohnraum wird aus dem Keller mit Brennstoff versorgt. Er heizt auch das Brauch- und Heizungswasser mit auf.

Eine Förderschnecke für Holzpellets

Der Brenner für die Holzpellets

Dazu sollte der Kessel mindestens eine Stunde vor der Reinigung abgeschaltet werden. Je nach Bauart sind zum Reinigen auch einige Verkleidungsteile abzuschrauben.

Aus dem Inneren der Brennkammer entfernt ein Staubsauger die Asche von Deckel und Rauchgasführung. Nutzen Sie entweder einen günstigen Werkstattsauger oder einen Standardstaubsauger mit zusätzlichem Aschevorsatz. Niemals mit dem normalen Staubsauger heiße Asche absaugen! Im besten Fall geht der Staubsauger nur kaputt, im schlimmsten fängt er Feuer. Das Auskehren mit Bürsten ist ebenfalls keine Alternative, denn dabei verteilen Sie einen Großteil der Asche im Heizungsraum.

Als fester Brennstoff müssen Pellets mechanisch in den Kessel transportiert werden. Zur Kesselwartung gehört deshalb auch, die Antriebskette der Pelletförderung mit handelsüblichem Schmierfett abzuschmieren. Darüber hinaus müssen auch die Lagerböcke der Förderschnecke geschmiert werden, sofern sie nicht wartungsfrei sind.

# SERVICE

# INFORMATIONEN IM INTERNET

## SUCHMASCHINEN UND INFORMATIONSPORTALE FÜR HEIMWERKER

www.dha.de
Informationsportal der Deutschen Heimwerker Akademie

www.haus.de
Umfassender Informationsdienst der Zeitschrift „das Haus" mit aktuellen Informationen und umfangreichem Ratgeber- und Adressteil. Tägliche Aktualisierung. Kostenlos

www.label-online.de
Informationen zu Produktlabeln und Gütesiegeln

www.selbst.de
Die Online-Parallelausgabe der Zeitschrift „Selbst ist der Mann" ist ein Onlinedienst mit Informationen über alle Spielarten des Heimwerkens von Innenausbau über Gartenbau, Bauen und Renovieren bis hin zu Basteln und Dekorieren. Mit Techniklexikon und Heimwerker-Grundwissen. Monatliche Aktualisierung. Kostenlos

www.suchbagger.de
Eine Suchmaschine speziell zu den Themen Bauen, Heimwerken, Handwerk, Wohnen, Garten und Baugewerbe

## EINKAUF UND PRODUKTINFORMATIONEN

www.baumarkt.de
Brancheninformationsdienst mit Anleitungen für Heimwerker und Hobbygärtner, Checklisten, Güteklassen, Informationen rund um Neubau, Umbau und Renovierung. Monatliche Aktualisierung. Kostenlos.

www.baumarkt-shopping.de
Die erste deutsche Shopping Mall speziell für Heimwerker und Bauherren mit Zehntausenden von Angeboten

www.bosch-do-it.de/heimwerker
Bosch-Helpline: Wer Tipps zur Arbeit mit Heimwerkermaschinen braucht, findet hier Hilfestellung.

www.heimwerker.de
Onlinebaumarkt mit Heimwerkerlexikon: Mit Material- und Werkzeugkunde und vielen Tipps zum Renovieren, Bauen, Schweißen, Tapezieren usw. Kostenlos

www.hornbach.de
Onlineportal der Firma Hornbach mit Tipps und Anleitungen rund ums Renovieren im Haus

www.werkzeug-news.de
Das Werkzeug-Portal für Heimwerker und Handwerker

# ADRESSEN

## VERMITTLUNGSSTELLEN DER HANDWERKSKAMMERN

Die Handwerkskammern können qualifizierte Handwerksunternehmen nennen und Sachverständige als Gutachter zur Verfügung stellen. Die Liste ist alphabetisch nach Ortsnamen sortiert.

52062 Aachen
Sandkaulbach 21
Tel. 02 41 / 4 71 – 0
Fax 02 41 / 4 71 – 1 03
E-Mail: info@hwk-aachen.de

59821 Arnsberg
Handwerkskammer Südwestfalen
Brückenplatz 1
Tel. 0 29 31 / 8 77 – 0
Fax 0 29 31 / 8 77 – 1 60
E-Mail: email@hwk-suedwestfalen.de

86161 Augsburg
Handwerkskammer für Schwaben
Siebentischstraße 52 – 58
Tel. 08 21 / 32 59 – 0
Fax 08 21 / 32 59 – 12 81
E-Mail: info@hwk-schwaben.de

26603 Aurich
Handwerkskammer für Ostfriesland
Straße des Handwerks 2
Tel. 0 49 41 / 17 97 – 0
Fax 0 49 41 / 17 97 – 40
E-Mail: info@hwk-aurich.de

95448 Bayreuth
Handwerkskammer für Oberfranken
Kerschensteinerstraße 7
Tel. 09 21 / 9 10 – 0
Fax 09 21 / 9 10 – 3 49
E-Mail: info@hwk-oberfranken.de

10961 **Berlin**
Blücherstraße 68
Tel. 0 30 / 2 59 03 – 01
Fax 0 30 / 2 59 03 – 2 32
E-Mail: info@hwk-berlin.de

33602 **Bielefeld**
Handwerkskammer
Ostwestfalen-Lippe zu Bielefeld
Obernstraße 48
Tel. 05 21 / 56 08 – 0
Fax 05 21 / 56 08 – 1 99
E-Mail: hwk@handwerk-owl.de

38100 **Braunschweig**
Handwerkskammer
Braunschweig-Lüneburg-Stade
Burgplatz 2 / 2a
Tel. 05 31 / 12 01 – 0
Fax 05 31 / 12 01 – 3 33
E-Mail: info@hwk-bls.de

28195 **Bremen**
Ansgaritorstraße 24
Tel. 04 21 / 3 05 00 – 0
Fax 04 21 / 3 05 00 – 1 09
E-Mail: service@hwk-bremen.de

96450 **Coburg**
Hinterer Floßanger 6
Tel. 0 95 61 / 5 17 – 0
Fax 0 95 61 / 5 17 – 60
E-Mail: info@hwk-coburg.de

03046 **Cottbus**
Altmarkt 17
Tel. 03 55 / 78 35 – 4 44
Fax 03 55 / 78 35 – 2 27
E-Mail: hwk@hwk-cottbus.de

64295 **Darmstadt**
Hindenburgstraße 1
Tel. 069 / 9 71 72 – 0
Fax 069 / 9 71 72 – 2 99
E-Mail: info@hwk-rhein-main.de

44135 **Dortmund**
Reinoldistraße 7 – 9
Tel. 02 31 / 54 93 – 0
Fax 02 31 / 54 93 – 1 16
E-Mail: info@hwk-do.de

01099 **Dresden**
Am Lagerplatz 8
Tel. 03 51 / 46 40 30
Fax 03 51 / 4 71 91 88
E-Mail: info@hwk-dresden.de

40221 **Düsseldorf**
Georg-Schulhoff-Platz 1
Tel. 02 11 / 87 95 – 0
Fax 02 11 / 87 95 – 1 47
E-Mail: info@hwk-duesseldorf.de

24937 **Flensburg**
Johanniskirchhof 1 – 7
Tel. 04 61 / 8 66 – 0
Fax 04 61 / 8 66 – 1 10
E-Mail: info@hwk-flensburg.de

60325 **Frankfurt / Main**
Handwerkskammer Rhein-Main
Hauptverwaltung
Bockenheimer Landstraße 21
Tel. 0 69 / 9 71 72 – 0
Fax 0 69 / 9 71 72 – 1 99
E-Mail: info@hwk-rhein-main.de

15230 **Frankfurt / Oder**
Handwerkskammer Frankfurt / Oder
Region Ostbrandenburg
Bahnhofstraße 12
Tel. 03 35 / 56 19 0
Fax 03 35 / 53 50 11
E-Mail: info@hwk-ff.de

79098 **Freiburg**
Handwerkskammer Freiburg / Breisgau
Bismarckallee 6
Tel. 07 61 / 2 18 00 – 0
Fax 07 61 / 2 18 00 – 3 33
E-Mail: info@hwk-freiburg.de

07545 **Gera**
Handwerkskammer Ostthüringen
Handwerkstraße 5
Tel. 03 65 / 82 25 – 0
Fax 03 65 / 82 25 – 1 99
E-Mail: info@hwk-gera.de

06110 **Halle / Saale**
Graefestraße 24
Tel. 03 45 / 29 99 – 0
Fax 03 45 / 29 99 – 2 00
E-Mail: info@hwkhalle.de

20355 **Hamburg**
Holstenwall 12
Tel. 0 40 / 3 59 05 – 0
Fax 0 40 / 3 59 05 – 2 08
E-Mail: info@hwk-hamburg.de

30175 **Hannover**
Berliner Allee 17
Tel. 05 11 / 3 48 59 – 0
Fax 05 11 / 3 48 59 – 32
E-Mail: info@hwk-hannover.de

74072 **Heilbronn**
Handwerkskammer Heilbronn-Franken
Allee 76
Tel. 0 71 31 / 7 91 – 0
Fax 0 71 31 / 7 91 – 2 00
E-Mail: info@hwk-heilbronn.de

31134 **Hildesheim**
Handwerkskammer
Hildesheim-Südniedersachsen
Braunschweiger Straße 53
Tel. 0 51 21 / 1 62 – 0
Fax 0 51 21 / 3 38 36
E-Mail: hgf@hwk-hildesheim.de

67655 **Kaiserslautern**
Handwerkskammer der Pfalz
Am Altenhof 15
Tel. 06 31 / 36 77 – 0
Fax 06 31 / 36 77 – 1 80
E-Mail: info@hwk-pfalz.de

76133 **Karlsruhe**
Friedrichsplatz 4 – 5
Tel. 07 21 / 16 00 – 0
Fax 07 21 / 16 00 – 1 99
E-Mail: info@hwk-karlsruhe.de

34117 **Kassel**
Scheidemannplatz 2
Tel. 05 61 / 78 88 – 0
Fax 05 61 / 78 88 – 1 65
E-Mail:
handwerkskammer@hwk-kassel.de

56068 **Koblenz**
Friedrich-Ebert-Ring 33
Tel. 02 61 / 3 98 – 0
Fax 02 61 / 3 98 – 3 98
E-Mail: hwk@hwk-koblenz.de

50667 **Köln**
Heumarkt 12
Tel. 02 21 / 20 22 – 0
Fax 02 21 / 20 22 – 3 60
E-Mail: info@hwk-koeln.de

78462 **Konstanz**
Webersteig 3
Tel. 0 75 31 / 20 50
Fax 0 75 31 / 1 64 68
E-Mail: info@hwk-konstanz.de

04103 **Leipzig**
Dresdner Straße 11–13
Tel. 03 41 / 21 88–0
Fax 03 41 / 21 88–4 99
E-Mail: info@hwk-leipzig.de

23552 **Lübeck**
Breite Straße 10–12
Tel. 04 51 / 15 06–0
Fax 04 51 / 15 06–1 80
E-Mail: info@hwk-luebeck.de

21335 **Lüneburg**
Handwerkskammer
Braunschweig-Lüneburg-Stade
Friedenstraße 6
Tel. 0 41 31 / 7 12–0
Fax 0 41 31 / 4 47 24
E-Mail: info@hwk-lueneburg-stade.de

39112 **Magdeburg**
Humboldtstraße 16
Tel. 03 91 / 62 68–0
Fax 03 91 / 62 68–1 10
E-Mail: info@hwk-magdeburg.de

55116 **Mainz**
Handwerkskammer Rheinhessen
Dagobertstraße 2
Tel. 0 61 31 / 99 92–0
Fax 0 61 31 / 99 92–63
E-Mail:info@hwk.de

68159 **Mannheim**
Handwerkskammer
Mannheim – Rhein-Neckar-Odenwald
B1, 1–2
Tel. 06 21 / 1 80 02–0
Fax 06 21 / 1 80 02–1 99
E-Mail: info@hwk-mannheim.de

80333 **München**
Handwerkskammer für
München und Oberbayern
Max-Joseph-Straße 4
Tel. 0 89 / 51 19–0
Fax 0 89 / 51 19–2 95
E-Mail: info@hwk-muenchen.de

48151 **Münster**
Bismarckallee 1
Tel. 02 51 / 52 03–0
Fax 02 51 / 52 03–1 29
E-Mail: info@hwk-muenster.de

17033 **Neubrandenburg**
Handwerkskammer
Ostmecklenburg-Vorpommern
Friedrich-Engels-Ring 11
Tel. 03 95 / 55 93–0
Fax 03 95 / 55 93–1 69
E-mail: info@hwk-omv.de

90489 **Nürnberg**
Handwerkskammer für Mittelfranken
Sulzbacher Straße 11–15
Tel. 09 11 / 53 09–0
Fax 09 11 / 53 09–2 88
E-Mail: info@hwk-mittelfranken.de

26122 **Oldenburg**
Theaterwall 32
Tel. 04 41 / 2 32–0
Fax 04 41 / 2 32–296
E-Mail: info@hwk-oldenburg.de

49088 **Osnabrück**
Handwerkskammer Osnabrück-Emsland
Bramscher Straße 134–136
Tel. 05 41 / 69 29–0
Fax 05 41 / 69 29–2 90
E-Mail: info@hwk-os-el.de

94032 **Passau**
Handwerkskammer
Niederbayern.Oberpfalz
Nikolastraße 10
Tel. 08 51 / 53 01–0
Fax 08 51 / 53 01–2 22
E-Mail: info@hwkno.de

14467 **Potsdam**
Charlottenstraße 34–36
Tel. 03 31 / 37 03–0
Fax 03 31 / 37 03–1 34
E-Mail: info@hwkpotsdam.de

72762 **Reutlingen**
Hindenburgstraße 58
Tel. 0 71 21 / 24 12–0
Fax 0 71 21 / 24 12–4 00
E-Mail: handwerk@hwk-reutlingen.de

18055 **Rostock**
Handwerkskammer
Ostmecklenburg-Vorpommern
Schwaaner Landstraße 8
Tel. 03 81 / 45 49–0
Fax 03 81 / 45 49–1 39
E-Mail: info@hwk-omv.de

66117 **Saarbrücken**
Handwerkskammer des Saarlandes
Hohenzollernstraße 47–49
Tel. 06 81 / 58 09–0
Fax 06 81 / 58 09–1 77
E-Mail: info@hwk-saarland.de

19053 **Schwerin**
Friedensstraße 4a
Tel. 03 85 / 7 41 70
Fax 03 85 / 71 60 51
E-Mail: info@hwk-schwerin.de

70191 **Stuttgart**
Handwerkskammer Region Stuttgart
Heilbronner Straße 43
Tel. 07 11 / 16 57–0
Fax 07 11 / 16 57–2 22
E-Mail: info@hwk-stuttgart.de

98527 **Suhl**
c/o Handwerkskammer Südthüringen
Rosa-Luxemburg-Straße 7–9
Tel. 0 36 81 / 3 70–0
Fax 0 36 81 / 3 70–2 90
E-Mail: info@hwk-suedthueringen.de

54292 **Trier**
Loebstraße 18
Tel. 06 51 / 2 07–0
Fax 06 51 / 2 07–1 15
E-Mail: info@hwk-trier.de

89073 **Ulm**
Olgastraße 72
Tel. 07 31 / 14 25–0
Fax 07 31 / 14 25–5 00
E-Mail: info@hk-ulm.de

65189 **Wiesbaden**
Bierstadter Straße 45
Tel. 06 11 / 1 36–0
Fax 06 11 / 1 36–1 55
E-Mail: info@hwk-wiesbaden.de

97070 **Würzburg**
Handwerkskammer für Unterfranken
Rennweger Ring 3
Tel. 09 31 / 3 09 08–0
Fax 09 31 / 3 09 08–53
E-Mail: info@hwk-ufr.de

## SCHLICHTUNGSSTELLEN DES HANDWERKS

Die Aufgabe der Schlichtungsstellen ist es, eine gütliche und für beide Seiten zufriedenstellende Beilegung der Streitigkeit zu erreichen. Neben diesem Vorteil bietet die Schlichtungsstelle auch die Möglichkeit, eine kostengünstigere und schnellere Entscheidung zu erhalten, als sie über ein Urteil eines Gerichts erreicht werden kann, auf das Sie oft Monate warten können. Manchmal geht es dann noch in die Berufung, es vergeht weitere Zeit bis zu einer endgültigen Entscheidung.

Im Bundesgebiet gibt es 53 Handwerkskammern, die gesetzlich verpflichtet sind, Streitigkeiten zwischen selbstständigen Handwerkern und ihren Auftraggebern in sogenannten Vermittlungsstellen zu schlichten (§ 91 Absatz 1 Nr. 11 Handwerksordnung). Daneben gibt es auch Schiedsstellen bei den einzelnen Handwerksinnungen, die regional aufgegliedert sind. Anfragen bei Handwerksinnungen ohne förmlich eingerichtete Schlichtungsstellen können an die Geschäftsstellen gerichtet werden.

Für das Verfahren und die Zusammensetzung der Vermittlungsstellen, die meist den Rechtsabteilungen der Handwerkskammern zugeordnet sind, gibt es keine festen Regeln. Zuständig ist in der Regel die Vermittlungsstelle der Handwerkskammer, in deren Bezirk der Handwerker seinen Sitz hat.

Die Schiedsstellen sind mit Sachverständigen und teilweise mit Juristen besetzt, die Sie in einem Gerichtsverfahren möglicherweise teuer bezahlen müssten. Das Verfahren selbst ist kostenfrei, im Einzelfall können aber Kosten durch Sachverständige entstehen.

Die Sachverständigen-Abteilung der Handwerkskammer steht zur Benennung von Sachverständigen für private Antragsteller und Gerichte sowie zur Abwicklung außergerichtlicher Begutachtungen zur Verfügung.

Die aktuellen Adressen der jeweils zuständigen Handwerkskammern finden Sie auf der Homepage des Zentralverbands des deutschen Handwerks: www.zdh.de/handwerksorganisationen/handwerkskammern.html

## VERBRAUCHERZENTRALEN

Bundesländer in alphabetischer Reihenfolge

**Baden-Württemberg**
70178 Stuttgart
Paulinenstraße 47
Tel. 07 11 / 66 91 – 10
Fax 07 11 / 66 91 – 50
E-Mail: info@verbraucherzentrale-bawue.de

**Bayern**
80336 München
Mozartstraße 9
Tel. 0 89 / 53 98 70
Fax 0 89 / 53 75 53
E-Mail: info@vzbayern.de

**Berlin**
10623 Berlin
Hardenbergplatz 2
Tel. 0 30 / 2 14 85 – 0
Fax 0 30 / 2 11 72 01
E-Mail: mail@verbraucherzentrale-berlin.de

**Brandenburg**
14473 Potsdam
Templiner Straße 21
Tel. 03 31 / 2 98 71 – 0
Fax 03 31 / 2 98 71 – 77
E-Mail: info@vzb.de

**Bremen**
28195 Bremen
Altenweg 4
Tel. 04 21 / 1 60 77 – 7
Fax 04 21 / 1 60 77 – 80
E-Mail: info@verbraucherzentrale-bremen.de

**Hamburg**
20099 Hamburg
Kirchenallee 22
Tel. 0 40 / 2 48 32 – 0
Fax 0 40 / 2 48 32 – 2 90
E-Mail: info@vzhh.de

**Hessen**
60313 Frankfurt/Main
Große Friedberger Straße 13 – 17
Tel. 0 180 5 – 97 20 10 (0,14 € pro Minute aus dem Festnetz der Deutschen Telekom AG; seit 1.3.2010 maximal 0,42 € pro Minute aus dem Mobilfunk)
Fax 0 69 / 97 20 10 – 40
E-Mail: vzh@verbraucher.de

**Mecklenburg-Vorpommern**
18055 Rostock
Strandstraße 98
Tel. 03 81 / 2 08 70 50 (keine Beratung)
Fax 03 81 / 2 08 70 30
E-Mail: info@nvzmv.de

**Niedersachsen**
30159 Hannover
Herrenstraße 14
Tel. 05 11 / 9 11 96 – 0
Fax 05 11 / 9 11 96 – 10
E-Mail: info@vzniedersachsen.de

**Nordrhein-Westfalen**
40215 Düsseldorf
Mintropstraße 27
Tel. 02 11 / 38 09 – 0
Fax 02 11 / 38 09 – 2 16
E-Mail: vz.nrw@vz-nrw.de

**Rheinland-Pfalz**
55116 Mainz
Seppel-Glückert-Passage 10
Tel. 0 61 31 / 28 48 – 0
Fax 0 61 31 / 28 48 – 66
E-Mail: info@vz-rlp.de

**Saarland**
66111 Saarbrücken
Trierer Straße 22 (Haus der Beratung)
Tel. 06 81 / 5 00 89 – 0
Fax 06 81 / 5 00 89 – 22
E-Mail: vz-saar@vz-saar.de

**Sachsen**
04109 Leipzig
Brühl 34 – 38
Tel. 03 41 / 69 62 90
Fax 03 41 / 6 89 28 26
E-Mail: vzs@vzs.de

**Sachsen-Anhalt**
06108 Halle
Steinbockgasse 1
Tel. 03 45 / 2 98 03 29
Fax 0345 / 2 98 03 26
E-Mail: vzsa@vzsa.de

**Schleswig-Holstein**
24103 Kiel
Andreas-Gayk-Straße 15
Tel. 04 31 / 5 90 99 – 0
Fax 04 31 / 5 90 99 – 77
E-Mail: info@verbraucherzentrale-sh.de

**Thüringen**
99085 Erfurt
Eugen-Richter-Straße 45
Tel. 03 61 / 5 55 14 – 0
Fax 03 61 / /5 55 14 – 40
E-Mail: info@vzth.de

## MIETFRAGEN

**Deutscher Mieterbund e.V. (DMB)**
10179 Berlin
Littenstraße 10
Tel. 0 30 / 2 23 23 – 0
Fax 0 30 / 2 23 23 – 1 00
E-Mail: info@mieterbund.de

In allen größeren Städten und in vielen kleineren Gemeinden gibt es **örtliche Mietervereine** mit Beratungsstellen. Sie helfen ihren Mitgliedern bei Mietproblemen. Bei Wahl der Servicenummer 0 180 5 / 83 58 35 werden Sie sofort zum nächsten Mieterverein weiterverbunden.

**Haus & Grund Deutschland**
Zentralverband der Deutschen Haus-, Wohnungs- und Grundeigentümer e.V.
10117 Berlin
Mohrenstraße 33
Tel. 0 30 / 2 02 16 – 0
Fax 0 30 / 2 02 16 – 5 55
E-Mail: zv@hausundgrund.de

# ANALYSEN DER STIFTUNG WARENTEST

Die Stiftung Warentest bietet Ihnen zu einer Vielzahl von Schadstoffen in Wohnräumen Analysen an. Infos zu allen Analysen (inklusive Mitmachkupon) finden Sie im Internet unter: www.test.de/analysen.

Die Mitmachkupons können Sie auch telefonisch bei uns anfordern.
Telefon: 0 180 5 / 00 24 67
(14 Cent / min aus dem deutschen Festnetz, Mobilfunk maximal 42 Cent / min).
Bitte dabei die jeweilige Bestellnummer (zum Beispiel M 9606) angeben.
Noch Fragen zu unseren Umweltanalysen? Wir beantworten sie Ihnen donnerstags zwischen 10 und 12 Uhr unter 0 30 / 26 31 – 29 00.

**Asbest in Materialien M 9607**
Analyse von Materialproben auf Asbest mit Handlungsempfehlungen (52 Euro).

**Gift unter dem Parkett M 9905**
Unter unzähligen Parkettböden tickt eine chemische Zeitbombe. Unsere Analyse Ihres Parkettklebers auf PAK und PCB zeigt die Risiken (70 Euro).

**Hausstaub und Luft M 9802**
Untersuchung des Staubs (98 – 180 Euro) auf schwerflüchtige Stoffe (zum Beispiel Pestizide) und der Luft auf Lösemittel und Aldehyde (90 – 128 Euro).

**Holzschutzmittel-Altlasten M 9702**
Wir untersuchen Holzproben auf Lindan, DDT, Pentachlorphenol und neue Holzschutzmittel (72 – 87 Euro).

**PCB in Materialien M 0004**
Analyse von Materialproben auf PCB, PCT und andere organische Chlorverbindungen (70 Euro).

**Problemstoffe im Kunststoff M 0005**
Wir untersuchen PVC-Böden und andere Kunststoffe auf bedenkliche Weichmacher und Organozinnverbindungen (70 – 133 Euro)

**Radon M 9902**
Das Edelgas kann Lungenkrebs verursachen. Bestimmung von Radon in Innenräumen (35 Euro).

**Schädlinge im Haus M 9903**
Schädlinge lauern überall im Haus. Wir helfen bei der Fahndung und geben Tipps (18 Euro)

**Schimmel im Haus M 0001**
Wir messen die Schimmelbelastung in Ihren Wohnräumen (47 Euro).

**Schwermetalle im Trinkwasser M 9606**
Analyse von Wasserproben für 28 Euro auf Blei, Zink, Kupfer und Kadmium.

# STICHWORTVERZEICHNIS

# BILDNACHWEIS

**Für die freundliche Überlassung danken wir:**
AEG GmbH, Winnenden, 52, 55
Albrecht JUNG GmbH & Co. KG, Schalksmühle, 263
APC Deutschland GmbH, München, 268
Artur Fischer GmbH & Co. KG, Waldachtal, 59, 61
AVM GmbH, Berlin, 267
Beiersdorf AG, Hamburg, 122
Black & Decker GmbH, Idstein, 48
Bosch Thermotechnik GmbH; Wetzlar, 336
Bosch-Elektrowerkzeuge, Leinfelden-Echterdingen, 49, 52, 54, 64, 75–77, 204
Busch-Jaeger Elektro GmbH, 248, 263
C. & E. FEIN GmbH & Co. KG, Stuttgart, 53
Calimax Energietechnik GmbH, A-Altach, 353, 354, 356
Conrad Electronic GmbH, Hirschau, 211, 265
devolo AG, Aachen, 284
DeWalt, Idstein, 51, 54, 56–58, 207
Emil Lux GmbH & Co. KG, Wermelskirchen, 75, 221
Gebr. Knauf, Westdeutsche Gipswerke, Iphofen, 119, 129, 318, 319
Gira Giersiepen GmbH & Co. KG, Radevormwald, 213
Hager Vertriebsgesellschaft mbH & Co. KG, Blieskastel, 214
Hailo Rudolf Loh GmbH & Co. KG, Haiger, 44
Hauch Elektronikentwicklungs- und Produktionsgesellschaft mbH, Leonberg, 214
Heinrich Kopp AG, Kahl, 211, 213, 236–238, 241, 244
Henkel (Ceresit) KGaA, Düsseldorf, 120, 121, 123, 124, 314–317
Honeywell GmbH, Mosbach, 347
Kingston Technology GmbH, München, 283
Knipex-Werk, Wuppertal, 42
Makita Werkzeug GmbH, Duisburg, 52
Marley Deutschland GmbH, Wunstorf, 153
Metabowerke GmbH, Nürtingen, 49, 75, 76
NETGEAR Deutschland GmbH, 283
Novus Befestigungstechnik, Lingen, 67, 72
Osram, München, 226
Paradigma Deutschland GmbH, Karlsbad, 355, 356
Prüm-Türenwerk, Weinsheim/Eifel, 152, 153
PUR, PUR/Reinbold, Mechernich, 137
Redaktion „Selbst ist der Mann", Köln, 130, 131, 137–139
rekord Fenster + Türen, Dägeling, 164, 165, 167, 183, 197
Roto Frank AG, Leinfelden-Echterdingen, 166, 167
S. Siedle & Söhne, Telefon- und Telegrafenwerke Stiftung & Co., Furtwangen, 260
Tarkett Sommer AG, Frankenthal, 135
telefon.de Handels AG, Osnabrück, 275, 276
Tormek AB, Lindesberg, Schweden, 79, 80
Vodafone D2 GmbH, Düsseldorf, 268
Wera – Hermann Werner GmbH & Co. KG, Wuppertal, 65
Windhager Zentralheizung GmbH, A-Seekirchen, 355

**Illustrationen**
Kati Hammling, Berlin, 182, 200, 210, 218, 219
Urte von Bremen, Berlin, 206, 247, 266, 273, 274, 276–278, 282, 353

**Fotos**
Andreas Batke, Berlin, 12, 15, 18, 21, 22, 26, 27, 37
de.wikipedia (Kirschblut), 210
heise Netze, Hannover, 282
istockphoto (firina/marpalusz), 14, 16
Michael Haase, Berlin, 184
Nada Quenzel, Berlin, 40, 42–45, 47, 53, 58, 60, 63, 66, 76, 79, 80, 82, 84, 201, 216, 217, 220, 227, 228, 252–256, 293
Pressebüro Bastian, Brühl, 145, 146, 187, 197, 320, 321
Tobias Kleitsch, Köln, 86–116, 125–128, 132–134, 136, 141, 142, 147–150, 154–163, 167–181, 185, 189–198, 262, 263, 287–291, 292–306, 308–313, 322–334
Tom Philippi, Stuttgart, 41, 42, 46, 56, 62–66, 69–74, 77, 80, 201, 209, 212, 214, 215, 221, 222, 224, 229–236, 239, 240, 242, 243, 245, 246, 249–251, 257–259, 271, 272, 281, 336, 340–352
Shutterstock, liveo, 25

# IMPRESSUM



**1. Nachdruck der 3., komplett überarbeiteten Auflage**

Stiftung Warentest
Lützowplatz 11 – 13
10785 Berlin
Tel. 0 30 / 26 31 – 0
Fax 0 30 / 26 31 – 25 25
www.test.de

**Vorstand:**
Dr. jur. Werner Brinkmann

**Weiteres Mitglied der Geschäftsleitung:**
Hubertus Primus (Publikationen)



**Autoren:** Peter Birkholz; Michael Bruns; Karl-Gerhard Haas; Hans-Jürgen Reinbold
**Lektorat:** Uwe Meilahn
**Fachliche Beratung:** Lukas Kreuz, Elektrotechnikermeister; Dipl.-Ing. (FH) Markus Wölfel
**Titelentwurf, Grafik und Satz:** Florian Brendel, Berlin
**Verlagsherstellung:** Rita Brosius (Ltg.), Susanne Beeh
**Produktion:** Vera Göring
**Bildredaktion:** Florian Brendel, Berlin
**Bildnachweis – Titel:** Skip ODonnel istockphoto
**Litho:** tiff.any GmbH, Berlin
**Druck:** Firmengruppe APPL, aprinta druck, Wemding

**Einzelbestellung:**
Stiftung Warentest
Tel. 0 180 5 / 00 24 67
Fax 0 180 5 / 00 24 68
(je 14 Cent pro Minute aus dem Festnetz, maximal 42 Cent pro Minute aus dem Mobilfunknetz)
www.test.de / shop

**Redaktionsschluss:** März 2010

**ISBN:** 978 – 3 – 86851 – 012 – 6